店招

漂流木
富华杰专卖店
辞旧迎新
欢度春节
送爱情兔
全场包邮
（特价、秒杀除外）
贺年
HAPPY NEW YEAR 2011
兔年吉祥
店铺首页 HOME
信用评价 FEEDBACK
给你颜色 COLOR
超值换购 REDEMPTION VALUE
千人秀 SHOW
收藏本店 BOOKMARK
售后服务 SERVICE
「时间之外自由自

鲜果城堡疯抢店
鲜果LANUOS带您一起FLY……
首页
信用评价
热卖专区
送红包
会员及批发
购物必读
买家秀帖
城主出书啦
淘宝超高人气
人气宝贝

鲜果城堡
疯抢店
HOME
返回首页
信用评价
购物必读
会员及批发
人气宝贝
收藏我们
更多惊喜等你拿

SKYRING [时尚先锋，扮靓品位人生!]
7月主题
仲夏夜之夢
Skyring 在這頭，你在那頭……

8月 www.skyring520.com
妍家花园 · 约定之地
I have a date with Skyring

我们的承诺

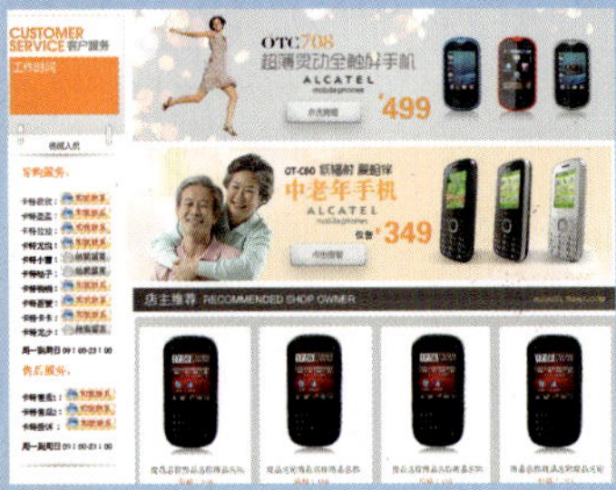
CUSTOMER SERVICE 客户服务
ALCATEL
499
中老年手机
ALCATEL
349

旺铺

童乐慧旗舰店
秋装上市
全场秋装买就
还送礼品
收藏店铺并截图给客服
即可获得5元抵价券
季末大清仓
动作要快哟
小王子活动区
小公主活动区

Walnut
健脑 丰胸 绿色无污染
Mushrooms
肉厚味香 无根免摘 纯野生
Hashima
can be beauty
美容养颜 提高免疫力
Honey
健康营养 纯天然
Ginseng
原生态带土鲜人参6年根
免疫保健的万能养生品
补气养血 滋阴补肾
高档盒装 质优价廉

宝贝描述

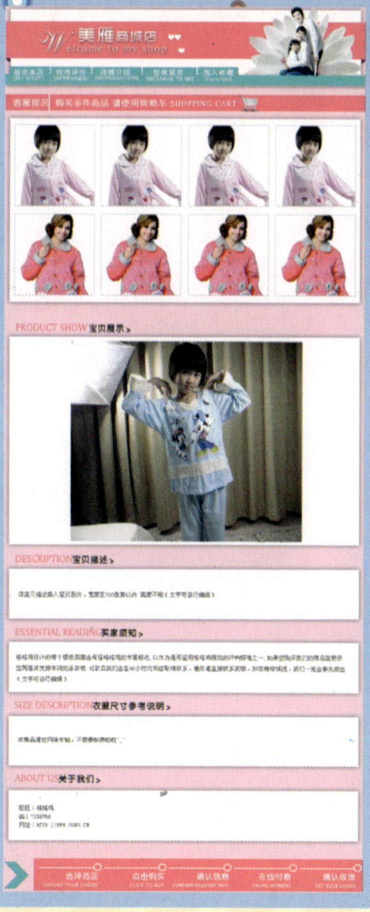

美雁商城店
Welcome to my shop
PRODUCT SHOW 宝贝展示 >
DESCRIPTION 宝贝描述 >
ESSENTIAL READING 买家须知 >
SIZE DESCRIPTION 衣服尺寸参考说明 >
ABOUT US 关于我们 >

Dr.Amy
搪瓷美肌
柔潤絲淨膏
BEAUTY MAGIC POWER
LONG-LASTING SKIN NOURISHING
MOISTURIZING 60g
快速脱毛 輕松享受
肌膚如絲幼滑
快速 · 无痛 · 滋润
搪瓷美肌系列
Enamel skin
搪瓷美肌
柔润絲淨
更温和
新改良配方
最新科学研究及试验
更滋润
补水滋养成分
肌肤更加骨润柔软
更有效
新改良配方
最新科学研究及试验

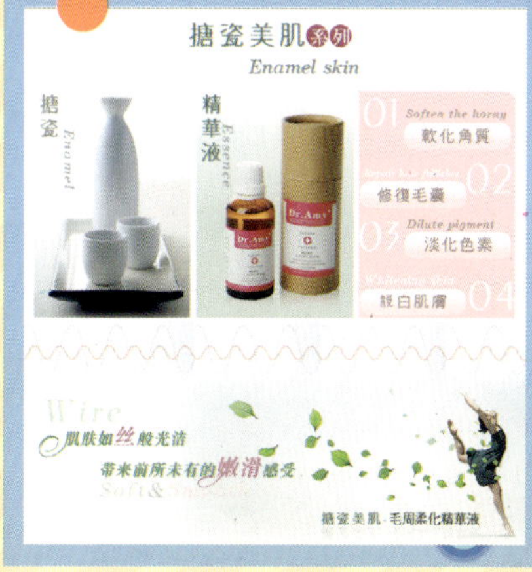

搪瓷美肌系列
Enamel skin
搪瓷
精華液
01 Soften the horny
軟化角質
修復毛囊 02
03 Dilute pigment
淡化色素
靓白肌膚 04
肌肤如丝般光洁
带来前所未有的嫩滑感受
搪瓷美肌 · 毛周柔化精華液

宝贝展示
GIRL'S SHOP
100% 实物展示 GIRL'S SHOP 辛苦拍摄制作 切勿盗图!
GIRL'S SHOP
宝贝描述
GIRL'S SHOP
品牌 L'ORÉAL PARIS 欧莱雅

01 功效分类导购
02 彩妆专区导购
03 问题肌肤导购
专业的包装 GIRL'S SHOP
Packaging
多重保护 包装坚固
品质保障 安心购物
我们会尽力让每个货物都能安全到您手上

店标

效果图提供者：格格坞设计空间/ Design by www.ggwu.cn

视觉推广

赚钱淘宝店铺装修 全攻略 第2版

●刘涛　编著●

電子工業出版社·
Publishing House of Electronics Industry
北京•BEIJING

内 容 简 介

想要自己动手对淘宝店铺进行装修，并且要求相关的技巧和方法又简便易学，那么就选择这本书吧。本书系统地讲述了淘宝店铺的装修，并且每章都独立成文，读者可以根据自己所关注的重点进行学习。

全书共分为 4 篇，第 1 篇为店铺装修工具的使用，主要讲解了在店铺装修过程中，需要用到的一些软硬件工具的操作，包括数码照相机的选择、图片的拍摄、图片的编辑处理和 Dreamweaver 在店铺装修中的基本使用；第 2 篇为淘宝店铺装修基本知识，主要讲解了淘宝各类店铺的主要特点、可供装修的区域，特别是配合淘宝的改版，重点介绍了淘宝卖家中心的使用；第 3 篇为店铺装修，在这里以淘宝旺铺标准版为例，系统地介绍了淘宝旺铺标准版的各部分装修技巧，并且对旺铺拓展版的特有装修内容进行了较为详尽的讲述；第 4 篇为店铺推广，简单地介绍了店铺推广宣传的方式，其中对改版后的直通车及淘宝客的相关操作做了说明。

图书在版编目（CIP）数据

视觉推广：赚钱淘宝店铺装修全攻略 / 刘涛编著. —2 版. —北京：电子工业出版社，2013.4
ISBN 978-7-121-19731-4

Ⅰ. ①视… Ⅱ. ①刘… Ⅲ. ①电子商务－商业经营－中国 Ⅳ. ①F724.6

中国版本图书馆 CIP 数据核字（2013）第 041456 号

策划编辑：林瑞和
责任编辑：王 静
印　　刷：北京丰源印刷厂
装　　订：三河市皇庄路通装订厂
出版发行：电子工业出版社
　　　　　北京市海淀区万寿路 173 信箱　邮编 100036
开　　本：787×980　1/16　印张：39.5　字数：940 千字　彩插：2
印　　次：2014 年 2 月第 2 次印刷
印　　数：4001～5500 册　定价：79.00 元

凡所购买电子工业出版社图书有缺损问题，请向购买书店调换。若书店售缺，请与本社发行部联系，联系及邮购电话：（010）88254888。

质量投诉请发邮件至 zlts@phei.com.cn，盗版侵权举报请发邮件至 dbqq@phei.com.cn。

服务热线：（010）88258888。

前言

毋庸置疑，淘宝网是一个成就了很多人梦想的舞台，并且还有越来越多的人为了追逐自己的梦想，仍在不断地投身其中，收获属于自己的那片天地。

只有当我们真正置身其中时，才会发现经营一个淘宝店铺并不是光靠一腔热忱就能成功的。当付出得不到回报时，茫然无助的感觉就会随之而来。为摆脱困境就要寻求方法，幸好，淘宝社区里面有许多朋友都在社区中无私地分享自己的经验，以供我们这些新手进行学习，学习让我们豁然开朗，让我们知道了店铺经营的好坏在极大程度上取决于店铺装修的优劣。

装修是新手卖家面临的最大问题

作为一个新手卖家，我认为店铺的装修无疑是一项高难度的工作，对于那些店铺装修高手也是崇拜无比。我在淘宝店铺装修的过程中有时遇到某个问题，百思不得其解。幸好，淘宝社区里面有许多朋友都在无私地分享自己的经验，供我们这些新手进行学习。但是向高手们请教后，得到的只是只言片语的提示，虽然受益良多，然而这种不系统的店铺装修知识的积累，对于我自己装修店铺并没有什么益处，反而让我的店铺装修得不伦不类。

于是，我在淘宝网上找到了店铺装修类的卖家，请他们对我的店铺进行了系统装修，店铺整体效果自然很棒。但随着时间的推移，店铺经营的产品有所调整，原来的装修已经不适应现在的店铺，我希望能对店铺的装修进一步更改。由于当时装修卖家承诺终身免费使用店铺装修文件，所以对于我的要求，他们也很爽快地答应了，但是要先交费，并且只是修改一下店铺分类中的文字就要5元钱！

这个代价也太高了！特别是对于我们这些小卖家来说，省钱就是赚钱！于是我萌生了自己装修店铺的想法。我买来很多相关资料进行系统学习，经过一个多月的摸索，终于明白了店铺装修的那些事儿！我利用学到的知识，把自家店铺装修得焕然一新！

为众多新手卖家解决装修中的问题

为了让更多的店主像我一样装修自己的店铺，我陆续在淘宝社区里发表了一些关于店铺装修类的帖子，没想到这些帖子发表之后，竟然得到众多淘友的热捧。

自从帖子发布之后，我就多了一个任务，那就是每天义务为各位卖家解答装修的问题。不管是红心卖家，还是三皇冠卖家，我都一一为他们详尽回答。

本书的出版

但是我写的帖子并不系统，只是侧重某个方面来写，想到哪里就写到哪里，正是由于帖子的杂乱，才造成了淘友们读后一知半解。此时正好电子工业出版社约我写一本淘宝店铺装修的书籍，借此机会，我将店铺装修的内容进行了系统而全面的整理，**希望通过本书的讲解，让天下没有难装的店铺！**

致谢

由于本书所讲的部分内容是我自己从淘宝社区中学习并积累的经验，可能会和其他朋友的观点有相似的地方，这是在所难免的，在这里向先前发表这种观点的人致以敬意，因为正是众多卖家的无私奉献，才能让我们这些新手卖家能够更快更好地掌握相关的知识和技能，从而可以随心所欲地装修自己的店铺！

在本书的编写过程中，旺旺 ID 为“邂逅私家摄影”的老冯，在数码照相机的选择和图片的拍摄方面为我提供了大量的专业建议，并为我提供了图片处理中所需要的各类图片素材；旺旺 ID 为“紫罗兰 229”的淘友也无私地为我提供了关于淘宝中关闭交易给卖家带来影响的信息；内蒙古农业大学美术专业的赵振兴为本书的图形设计提供了大量的专业建议……正是由于像他们这样众多朋友的无私帮助，才使本书迅速成稿，在此对他们致以衷心的感谢！

最后，希望广大卖家在学习了本书之后，能真正地掌握淘宝店铺装修的方法，并灵活应用，享受自主装修带来的无限乐趣。

编 者

图片宝贝

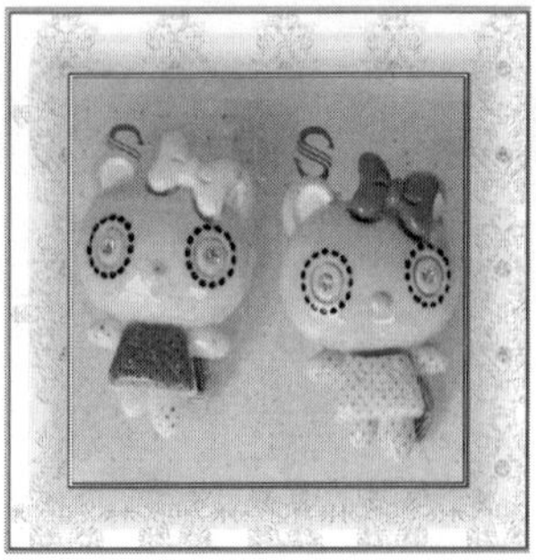

目　录

第 1 篇　装修工具的使用

图片宝贝

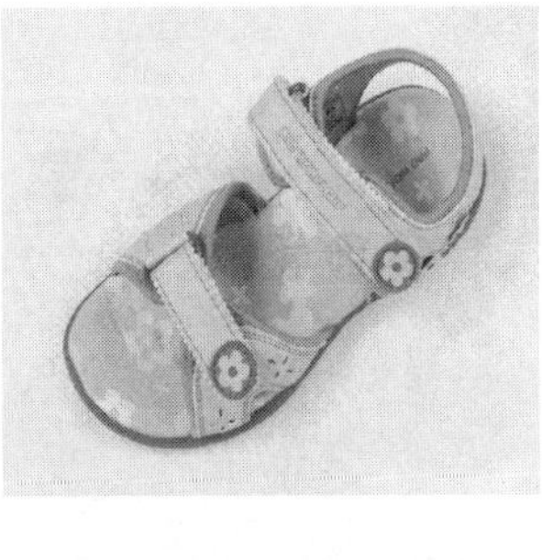

图片宝贝

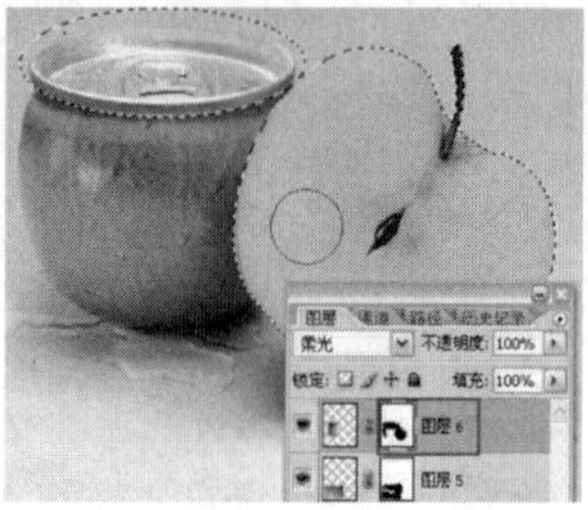

图片宝贝

图片宝贝

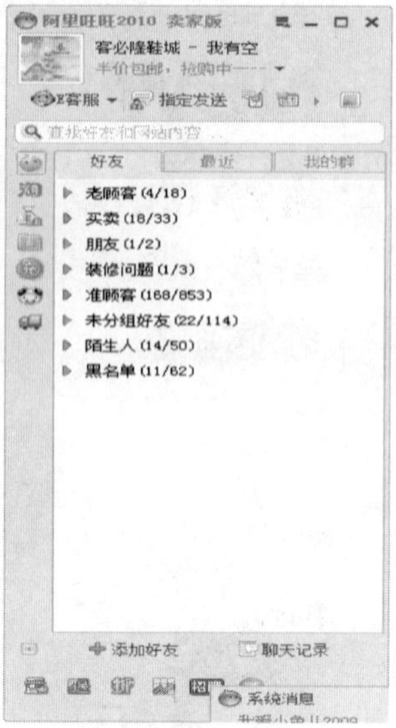

第6章 淘宝店铺管理平台——卖家中心

第3篇 店铺装修

第 8 章 店标……290

第 9 章 左侧模块……305

图片宝贝

图片宝贝

图片宝贝

2010 声声不息网店
www.shengshop.cn

客必隆鞋城
本店商品全部实物拍摄

2010年夏季新款帆布鞋

热卖商品
简单大方 透气鞋底

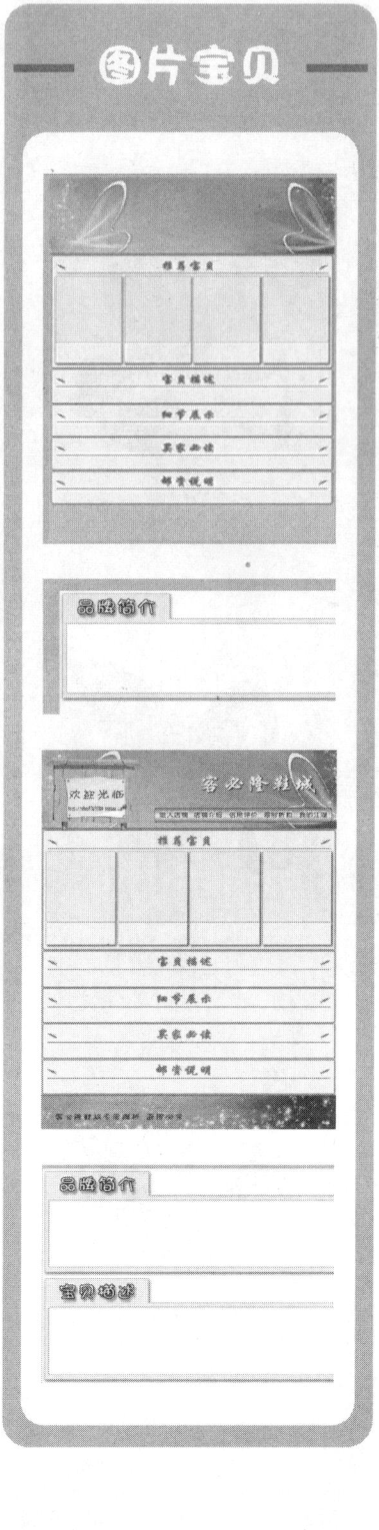

第 14 章

第 4 篇　店铺推广

第 15 章 店铺推广路路通

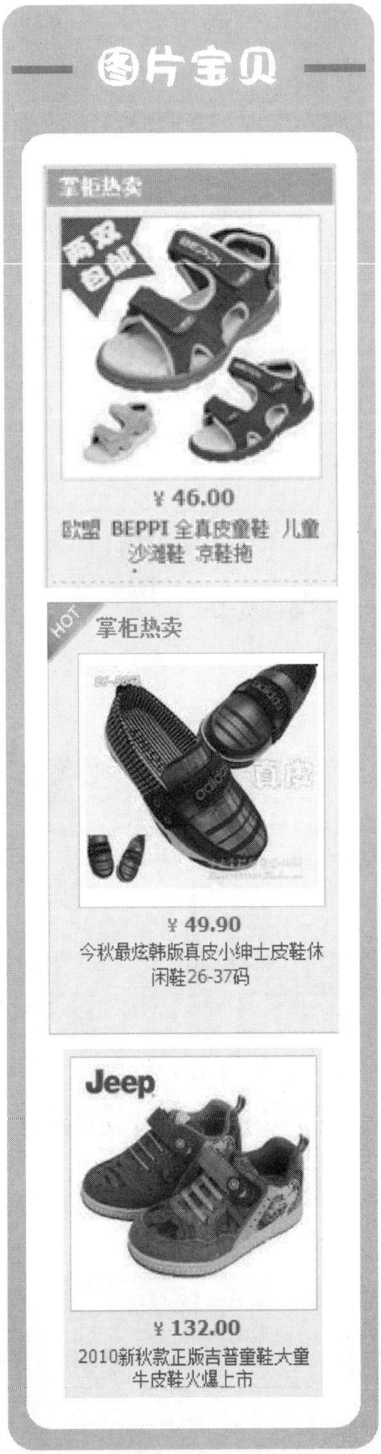

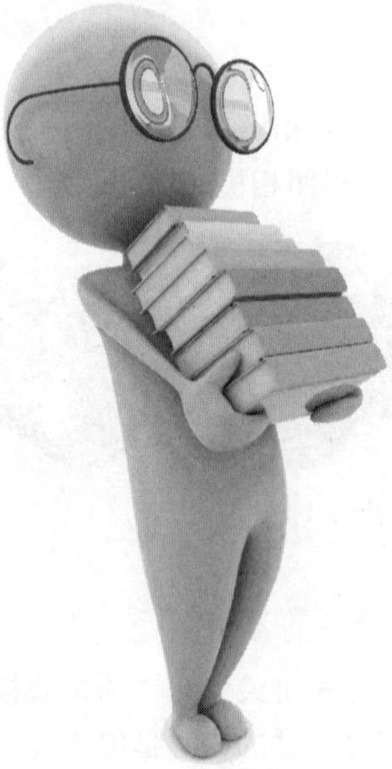

第1章 宝贝图片任我拍

1.1 数码照相机轻松选

数码照相机又称数字式照相机（Digital Camera，DC），它是一种利用电子传感器将光学影像转换成电子数据的精密电子设备。

数码照相机对于一般的个人用户来说，其主要用于旅游摄影留念和日常生活拍摄等方面。不过在个人用户中，还是有将近半数的用户用它来进行专业摄影及为自己的工作提供便利；而作为单位用户，数码照相机最主要还是用于工作中。

对于淘宝卖家来说，数码照相机主要是用来拍摄宝贝的图片，以方便宝贝在店铺内展示，获得买家的认可。由于网络购物的特殊性，买家对产品的认识主要是通过店铺中的图片，因此一张好图胜过千言万语，所以拍出好的图片是淘宝卖家梦寐以求的事情。如何才能拍出好的图片呢？前提条件是要选择一款适合自己的拍照工具。

为了帮助卖家快速挑选一款适合自己的数码照相机，在这里先为各位读者简要介绍一下数据照相机的基本参数。只有了解了这些基本内容，才可以让我们在挑选数码照相机时，轻松拨开厂家及商家设下的层层迷雾。

按用途来分，数码照相机现在主要分为卡片照相机、长焦照相机和单反照相机三种，分别如图 1-1 所示。不管是哪一种照相机，对于一台数码照相机好坏的评定，主要看以下几个参数。

图 1-1

1.1.1 感光元件

感光元件是数码照相机的心脏，也是数码照相机最为关键的核心技术，当然这些技术也只掌握在少数厂家手中。而在目前，数码照相机的感光元件的核心是传感器，而组成传感器主要分两种：一种是光感应式的电荷耦合元件（简称 CCD），如图 1-2 所示；另一种是互补金属氧化物半导体（简称 CMOS），如图 1-3 所示。

图 1-2

图 1-3

由于 CCD/CMOS 是数码照相机用来感受光线的电子元器件，它类似于传统照相机的胶卷，CCD/CMOS 面积越大，其感光性能就越好，成像效果也就越佳。衡量 CCD/CMOS 好坏的指标很多，有像素数量、CCD/CMOS 尺寸、灵敏度及信噪比等，其中像素数量及 CCD/CMOS 尺寸是最重要的衡量指标。

像素数量指的是 CCD/CMOS 上感光元件的数量，数量越多，当然所得图像就越清晰。对于 CCD/CMOS 尺寸而言，现在市面上的消费级数码照相机主要有：2/3 英寸、1/1.8 英寸、1/2.7 及 1/3.2 英寸四种，数值越大，相应感光元件的尺寸也就越大。

在挑选数码照相机时，对于感光元件的尺寸和像素数量要综合考虑。因为在保持 CCD/CMOS 尺寸不变的情况下，让 CCD/CMOS 的像素数增加虽然是一件好事，但这种增加一定会导致单个像素的感光面积缩小，而单个像素的感光面积缩小，就又会增加曝光不足的可能性。换而言之，我们想在增加 CCD/CMOS 像素数的同时，并维持现有的图像质量，那就必须在维持单个像素面积不减小的基础上增大 CCD/CMOS 的总面积。

在现阶段，由于技术原因，大尺寸 CCD/CMOS 加工制造比较困难，成本非常高。因此，CCD/CMOS 尺寸较大的数码照相机，价格也较高。超薄、超轻的数码照相机一般 CCD/CMOS 尺寸也小，并且越专业的数码照相机，CCD/CMOS 尺寸也就越大，当然价钱也就越高。

1.1.2　像素

通常情况下，我们一般都认为像素指的就是一台数码照相机的分辨率。它是由照相机里的 CCD/CMOS 上的光敏元件数目所决定，一个光敏元件就对应一个像素。因此像素越高，意味着光敏元件就越多，相应的成本肯定就越高，但同时也就意味着这种照相机捕捉下来的画面也就越精细。

在当前市场中，商家关于数码照相机的像素的宣传有三个不同的概念：第一个是插值像素（将数码照相机中的感光器件所形成的实际像素，通过照相机中内置的软件，根据实际感光影像的像素，按照一定的运算方法进行计算，产生出新的像素点，并将其插入到原来像素附近的空隙处，从而实现增加了像素总量和增大了像素密度的目的）；第二个是总像素（感光器件的真实像素，这个数据通常包含了感光器件边缘的非成像部分）；第三个是有效像素（指真正参与感光成像的像素）。

基于这种情况，我们在选择数码照相机时，应该注重看数码照相机的有效像素，而不要轻信商家偷换概念的鼓吹。有效像素才是决定图片质量的关键。

1.1.3　镜头变焦

数码照相机镜头（如图 1-4 所示）的一个非常重要特征就是变焦能力，现在我们所说的镜头变焦能力包括光学变焦与数码变焦两种。通常变焦倍数越大越适合用于望远拍摄。

光学变焦和数码变焦两者虽然都有助于望远拍摄时放大远方物体，但二者之间是有本质区别的。光学变焦同传统照相机设计一样，取决于镜头的焦距，所以在变焦时分辨率及画面质量不会发生任何改变。也就是说光学变焦可以支持图像主体成像后增加更多的像素，让主体不但变大，同时也相对更清晰。

图 1-4

数码变焦只是将原先的图像尺寸裁小，让图像在 LCD 屏幕上变得比较大，但并不会有助于使细节更清晰。因此在购买数码照相机时，希望读者能留意数码照相机的光学变焦倍数。

镜头口径也需要注意。如果镜头口径小，那么即使有再高的像素，在光线比较暗的情况下也拍摄不出好的效果来。

上面几个参数是我们选择数码照相机的主要参考指标，但是当我们身处数码产品大卖场去选购数码照相机时，面对琳琅满目的各种数码照相机，肯定还是会感到左右为难。因为目前数码产品的竞争已经达到白热化的状态，产品同质化的倾向非常严重。各个数码照相机厂商提供的产品功能基本上大同小异，即使有所不同，那也只是厂家自己炒作的卖点，根本就不值得考虑。所以，在这里再为读者提供几个购买建议。

1．购买时要有好心态

千万别老是想着如何用 1000 元预算买到 10000 元的数码照相机（用 1000 元买到 10000 元的数码照相机的情况也存在，那就是电视购物中大话特话的那种，不过千万不要信！），不然你就准备寻找到天荒地老吧，毕竟一分钱一分货！

2．尽量选择一线品牌产品

由于数码照相机的核心技术只掌握在少数一线厂家手中，相应这些品牌的产品质量保证度就更高一些，例如佳能（Canon）、尼康（Nikon）、奥林巴斯（OLYMPUS）、柯达（Kodak）、宾得（Pentax）、理光（Ricoh）、富士（Fujifilm）、索尼（Sony）及松下（Panasonic）等。

3．要知道三个基本准则

（1）数码照相机有效像素的确定

下面来做一道简单的算术题。淘宝网店铺中用到的最大图片是宝贝描述图片，宝贝描述模板又分为宽版（无侧边栏）和窄版（有侧边栏）一般窄版描述区间的宽度是 750 像素，按照适合的视觉比例 4：3 来讲，窄版宝贝描述图片大小应该是 750×560=420000。如果是宽版，其描述区间的宽度是 950 像素，同样按照适合的视觉比例 4：3 来讲，宽版宝贝描述图片大小应该是 950×712=676400。换句话来说，店铺中一张宝贝描述图片的大小最多也就是 68 万像素！

这样算下来，如果我们店铺中的宝贝描述图片能够达到 300 万像素就足够了。更进一步讲，如果你是拍照高手，200 万像素就可以用了。不信可以到淘宝社区的“经验畅谈居”下的拍照作图板块看一看，里面有淘掌柜分享如何用手机拍好宝贝图片的经验分享，因为现在好多手机所带的摄像头的有效像素就能达到 200 万像素。针对这种情况来看，像素的高低与宝贝描述图片清晰度就没有特别大的关系！因此一个数码照相机的有效像素能达到 500 万像素至 800 万像素，对于我们淘宝卖家而言就足够了，像素再高就是浪费。

（2）CCD/CMOS 尺寸的选择

在前面我们讲数码照相机的技术参数时就说过，如果 CCD/CMOS 尺寸越大，那么说明其采集光线的效果就越好，所以利用其所拍摄的图像也就更加完美漂亮。但是我们在前面还说过，大尺寸 CCD/CMOS 加工制造比较困难，成本也非常高。所以在一般情况下，我们没有必要去片面地追求太大尺寸的 CCD/CMOS，500 万至 800 万像素的照相机及 1/1.8 英寸的 CCD/CMOS 就行了。

（3）镜头焦距的涵盖范围

通常来说，我们在淘宝网店铺中的展示图片有两种，一种是全景图片，另一种是细节图片。对于全景图片来说，焦距为 50mm 左右的镜头拍出来的图片不会发生变形，也能把宝贝全部表现出来。而对于细节图片来说，由于我们是想展现出宝贝的细节特征，这时就可能要用到长焦或者微距，因为利用长焦或者微距拍摄的图片能够把细节表现得更加清晰好看，因此镜头的焦距最好能够涵盖 20 ~ 200mm。

4．要明白两个基本道理

（1）卖家的照相机是用来拍摄宝贝实物的展示图片，不是用来摆着当装饰品的，一定要注意性价比，没有必要买非常昂贵的照相机！

（2）购买照相机前要搞清楚自己愿意投入多少钱，这是一个很实际的问题。如是你不在意价格，又特别喜欢摄影，那就直接买单反照相机，毕竟单反照相机有着显著的成像质量优势。如果手头不宽余，钱不够多，那么卡片照相机和长焦照相机也是不错的选择，毕竟由于科技的发展及不断创新，已经可以让卡片照相机和长焦照相机在好的环境下拍出接近单反照相机的效果了！但有一点要注意，你所选择的数码照相机最好是带手动挡的！

最后一定要记住：一张好的图片 80%靠的是个人拍摄技术，另外 20%才是靠照相机的质量。因此对于一般的淘宝卖家来说，照相机只选对的，不选贵的，合适才是硬道理！

1.2　数码照片的拍摄技巧

数码照相机为拍摄的普及提供了重要的条件，因为使用数码照相机后就不用再怕浪费胶卷了！数码照相机的操作也非常简便，但是要想利用数码照相机拍出好的图片，那也是要付出艰苦努力。那么到底怎样才能拍摄出好图片呢？

从专业的角度看，可以列出很多要素，但对于我们淘宝卖家来说，只需要从下面几个方面着手，并多加练习，就一定能够拍出理想的宝贝图片。

（1）抓稳照相机

数码照相机在曝光时，任何抖动都会对影像的清晰度产生致命的影响。虽然现在市面上有很多照相机生产厂家都声称自己的照相机具有光学防抖功能，但也并不能完全避免按动快门时所带来的震动。为了从根本上避免这个问题，在进行宝贝拍摄时，最好利用三脚架来固定住自己的数码照相机，然后再来拍摄，如图 1-5 所示。毕竟我们拍宝贝图片绝大多数都是静态拍摄，不需要跟随抓拍。

（2）照明和用光

好的照明和灯光可以使我们的宝贝图片更具有吸引力，色彩更丰富艳丽。可以这样说，如果在拍摄的过程中，能创造性地用光，那么一定能够化腐朽为神奇，使平凡的图片产生不平凡的效果。具体怎么用光，那是仁者见仁，智者见智，并没有什么统一的规定。这个只有自己在实践中去积累适合自己宝贝特点的用光方法了。如图 1-6 所示就是一种布光方法。

图 1-5

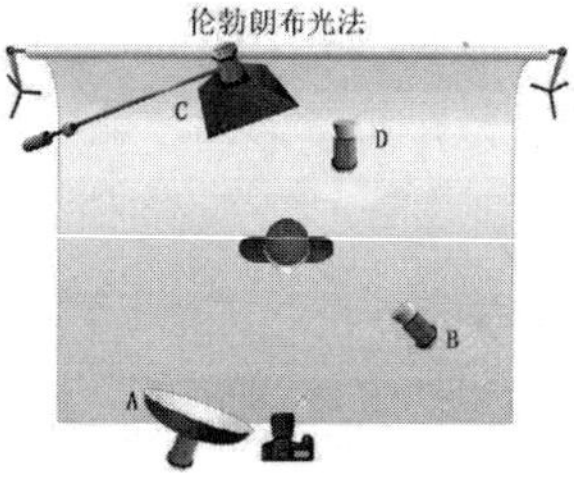

图 1-6

（3）背景简单化

在网上销售产品，产品的展示就应该是绝对的主体，那么只有使用简单的背景，才可能让人的注意力全部集中在宝贝上。为了实现这个目的，可以购买柔光摄影棚，如果打算购买柔光摄影棚，一定要买专业的品牌，不要贪图便宜。因为柔光布的好坏直接影响了摄影棚拍出的效果，如图 1-7 所示。

当然这一整套设备添置下来，也需要不少预算，为了省钱，可以尝试着自制摄影棚。假如你是一个动手能力很强的掌柜，可以在“经验畅谈居”看一看，学一学别人的制作经验，然后自己制作一个摄影棚，这也是一个不错的选择。如图 1-8 所示是某位网友自制的简易摄影棚，比较简陋，但如果有着很好的效果，那也值得肯定。

要是我们没有条件购买摄影棚，自己也不想动手，此时我们可以去购买一些专业的背景纸，如图 1-9 所示。这种纸具有很好的吸光性，在拍摄时将背景纸展开，把要拍摄的宝贝搁置在背景纸之上就可以拍摄了。如果用普通纸，因为吸光性不好，背景会很容易出现光的分布不均匀，出现曝光过度的区域。

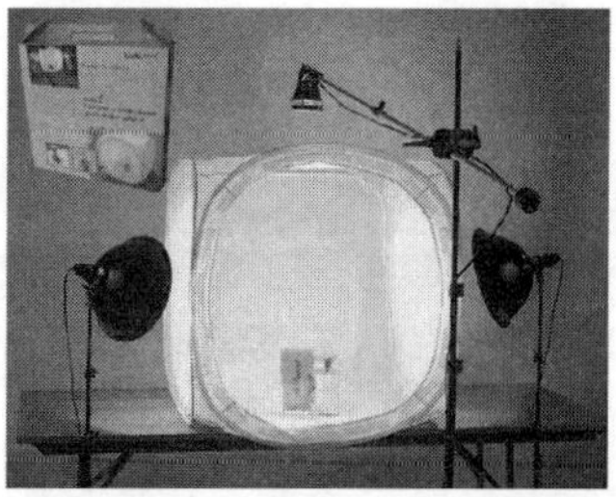

图 1-7

图 1-8

图 1-9

市面上还有一种材料也可以用来作为背景纸用，和进口的专业背景纸比，这种材料要便宜很多，这种材料叫做无纺布，很厚实。不要说你不知道什么是无纺布！你在逛超市时，许多购物袋就是无纺布材制的，如图 1-10 所示。

这种材料不仅价钱便宜，而且颜色还很丰富，但是它也有着先天性的缺点，那就是面料表面分布着排列整齐的小孔，如图 1-11 所示。使用中低档数码照相机进行拍摄，被摄物体离背景比较远就没问题，要是被摄物体比较近，就能清楚地看到背景布上这些小孔（如图 1-12 所示）。当然，如果要求不是那么高，这种问题完全是可以忽略的。

图 1-10

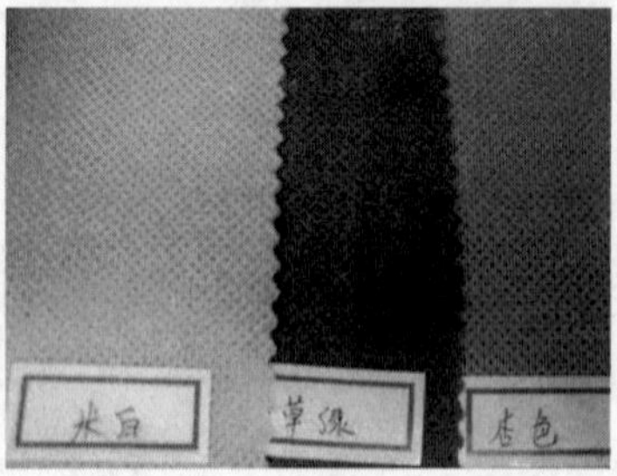

图 1-11

图 1-12

（4）精心调整白平衡

在拍摄之前，设置好数码照相机的白平衡，才能保证拍出的照片不偏色，也就是我们所说的没有色差。那么我们该如何设置白平衡呢？有些朋友可能会说：根本不用设置，照相机里面有自动白平衡，我们抓起照相机直接拍就行。如果真是这样，那岂不是人人都能成为专业摄影师！

我们在平常的拍摄当中应该会有这样的经历：在数码照相机的 LCD 屏幕上看到的拍摄效果是非常理想，一旦我们将照片上传到计算机中进行显示，就会发现我们所拍图片的效果真是惨不忍睹！这是什么原因？这就是数码照相机自动白平衡惹的祸。请大家千万不要迷信照相机的自动白平衡，否则你会因为它而抓狂的。

为了避免这种问题，在给自家宝贝拍图片之前，最好亲自告诉我们所使用的数码照相机，在当前所使用的光照情况下，什么才是真正的白色，这个过程就是手动调整白平衡。手动调整白平衡，对于我们淘掌柜拍摄产品图片显得尤为重要。

关于这一点，在以前笔者也总是掌握不好，后来经过摄影高手的指导和遍查资料，才了解其中的奥秘。这该如何进行？其实很简单，只要随时准备一张标准灰卡（如图 1-13 所示）就行了，这种灰卡在很多地方都有得卖，价格也不贵。它有两面，一面是灰色，另一面是白色。首先，我们把灰卡放在正式拍摄时宝贝所陈列的位置上，将标准灰卡纸白色的那一面对着我们的数码照相机，将我们的数码照相机设置为手动白平衡，使灰卡的白色充满照相机屏幕中间的框，按下设置键即可完成白平衡的设置。这样数码照相机就能知道在当前光照情况下什么才是真正的白色，从而也就一定能够准确还原物体的真实色彩，这样就可以在最大程度上减少色差的出现。如果换一个地方拍摄，那么就需要重新设置手动白平衡。

图 1-13

（5）准确曝光

我们在拍摄图片时，曝光过度或者曝光不足都会严重破坏一张图片。恰到好处的曝光也是拍摄出好图片必不可少的要素。可以看一看下面一组对比图片（如图 1-14 所示），这是一组对比图片。

图 1-14

那么我们所使用的数码照相机在测光时，它是依据什么原理来进行测光的呢？这个原理如果从纯理论上来讲，那将是非常枯燥无味的！其实，这个道理可以简化成一句话：数码照相机在测光过程中，会把所有的物体都默认为反射率为 18%的灰色（也是“标准灰”），并以此作为测光的基准。

也就是说，在数码照相机预设的测光程序中，被拍摄的所有物体都被看成是灰色的，而我们曝光的目的就是为了正确还原这种标准灰。如果被拍摄主体的反射率不是 18%，那么数码照相机的测光系统测量出来的数据就不是准确的了，此时我们还直接按数码照相机测得的数值进行曝光，那么我们所拍摄出的图片就会出现曝光不足或曝光过度的问题。

明白了这点之后，前面说过的标准灰卡纸将再一次派上用场，因为标准灰卡纸上灰色的那一面正好是反射率为 18%标准灰。

首先把标准灰卡纸放在将要拍摄的宝贝陈列位置上，将灰色的那一面对着数码照相机。

其次把数码照相机的模式调成自动模式，半按数码照相机的快门，看看照相机显示出来的数据（当然可能有部分数码照相机无此功能，我们在选择照相机时要注意一下），因为当我们将数码照相机的快门半按时，数码照相机就会开始自动测光。这时主要看 3 个数据，一个是 ISO 值，第二个是快门，第三个是光圈。把这 3 个数据记下来（假定 ISO 是 200，光圈是 F5.6，快门速度是 1/60 秒）。

最后把照相机开到 M 挡（手动挡），把 ISO 调成 200（如果照相机 ISO 没有 200 这一挡，那就调成最为接近的那一个数值），光圈调整为 F5.6，快门速度调整为 1/60 秒。如果在这里你不知道如何调整自己所用数码照相机的曝光组合值，那就看一看自己的照相机的说明书。在这里我也不能具体和大家说怎么调，因为大家所用的照相机各不相同，设置方法也是有所区别的。

经过这样处理之后，所拍摄下来的图片的曝光就应该是准确的。看来标准灰卡纸的用途还真是挺大的，它也应该是淘宝掌柜们的必备用品！另外，为了拍好宝贝的图片，需要手动调整数码照相机的白平衡和曝光组合值，这就是为什么在前面说选数码照相机时一定要选择带用手动功能数码照相机的原因。

如果各位淘掌柜们能够真正掌握以上几点，拍摄出好的宝贝图片已经不是难事了，但是要想真正拍出好的图片，还是要在实践中不断地探索，积累经验，实践才能出真知。

1.3 数码照相机的保养

摄影是极富魅力的一件事情，因为即使是同一个拍摄对象也会因为不同的用光组合，拍摄之后可能会得到完全不同的效果。不过现在有很多初次接触摄影的朋友，都认为摄影是一件非常简单的事儿。简单到什么地步呢？一按快门就可以完成。其实这种认识是极其肤浅的，真正意义上的摄影，它需要我们具备多方面的技巧和全面的摄影知识。

当然，在这里我们并不能强求所有的人都能做到这些，如果所有的人都做到了，那么世上就没有摄影大师了。不管怎么样，既然我们把数码照相机作为一种拍摄工具，至少应该能够做到让我们手中的数码照相机时时刻刻保持在最佳的工作状态，不要因为设备的原因影响了我们所拍摄图片的质量。

随着社会的发展和时代的进步，数码照相机已经走下神坛，并且已经逐渐深入到寻常百姓的生活中。但是由于数码照相机是一种构造比较精密、科技含量比较高的设备，它除了拥有传统照相机的物理、光学设备之外，还增加了大量的电子部件，简直就可以称得上是传统与现代的完美结合，所以数码照相机在维护上与传统照相机就有所不同。在这里就为各位读者详细说明一下数码照相机在使用和维护时应该注意的一些地方，希望大家能够在以后的使用过程中加以注意，从而让自己的照相机更好地为我们服务，拍出更多更好的宝贝图片。

1.3.1 把照相机放在包里

我们需要一个结实、好用的摄影包来装数码照相机、数码存储卡、电池套件，再奢侈一些还需要装辅助镜头或小型便携式三脚架。当我们暂时不使用照相机时，把照相机装进包里就相当于帮我们的数码照相机穿上了一层保护衣，可以避免因一些意外对数码照相机造成伤害。

摄影包的领先制造厂商有 Tamrac、Lowepro 和 Domke，这些一线厂商所生产的摄影包使用的都是高质量的原材料，能够提供更好的防震保护，就连背带和金属配件也是上乘品质，确实值得信赖，如图 1-15 所示。并且这些装置都已针对数码照相机进行了尺寸优化，更适合于放置数码照相机。

图 1-15

如果想买新款摄影包，最好买稍大一点的。如果买的摄影包在每次取照相机时，都要把里面的东西全部拿出来，肯定是非常麻烦的。所以在购买摄影包时，最好把数码照相机和附件全都带上，看一看哪一种摄影包最适合我们，能一次性把我们的东西全部装下。

如果要进行外景拍摄，那么也要将数码照相机带去户外。事实上，将数码照相机放在摄影包中带出户外，如何背挎包也是非常有讲究的。背数码照相机时，镜头一定要朝里（向着你的身体），这样也可起到保护镜头的作用，因为镜头这个光学元件实在太娇嫩，经不起大风大浪。

1.3.2 保持照相机干净

1. LCD 的擦拭

在现在的数码照相机上，一般都有一个 LCD 取景器，如图 1-16 所示。

图 1-16

LCD 取景器除了可以取景之外，另外也可以方便浏览数码照相机中所拍摄的图片，所以说它是照相机中使用频率非常高的一个部件。我们在浏览照片时，免不了在 LCD 取景器上留下难看的指纹或是一些油垢灰尘之类的覆盖物，虽然说问题不是很大，但看起来会不舒服。针对这种情况，一般可用眼镜布来轻轻擦拭，不能用力，否则就有可能损坏液晶屏。

最简单有效的方法就是购买使用屏幕保护贴，只要拿回来将其剪裁成适当大小，贴在数码照相机的 LCD 屏幕上，就可以大大减小 LCD 屏幕被刮伤刮坏的几率。

2. 镜头的保养

镜头对于数码照相机而言，它就是数码照相机的眼睛，是数码照相机的一个非常重要组成部分，只要是数码照相机处于使用状态，它就暴露在外界环境中。在外界恶劣的环境中，镜头想洁身自好也是不可能的，因此镜头上沾染一些灰尘等污染物也是比较正常的一件事情。如果我们长期使用数码照相机而又不注重对镜头进行清洁维护，那么数码照相机镜头上的污染物就会越来越多，这样会大大降低数码照相机成像效果，并且还会影响数码照相机的工作性能。另外在使用过程中，我们的手指碰到镜头并在镜头上留下指纹，这样的事情也是不可完全避免的，这些指纹同样也会使取景的效果下降，而且如果这些指纹长时间不清除，那么就会对镜头上的镀膜产生严重的伤害。

如果镜头上有灰尘需要清洗时，一般要使用软刷和吹气球（见图 1-17）来清除灰尘。如果用软刷来清扫数码照相机镜头上的灰尘，一般应先用吹气球吹拂，然后用软刷进行单方向的擦拭。

如果在不使用数码照相机时，最好记得盖上数码照相机的镜头盖，这样可以减少镜头的清洗次数。如果要清洗镜头，最好使用软刷和吹气球先清除镜头上所落下的尘埃颗粒，然后再滴一小滴镜头清洗液在拭纸或专用镜头清洗布上，并用拭纸或镜头清洗布反复擦拭镜头表面，最后用一块洁净的棉纱布擦净镜头，直到把整个镜头擦拭得一尘不染为止。

图 1-17

如果你没有专用的清洗液，可以直接对着镜头表面哈气，不过千万不要把自己的口水喷到镜头上。这样做虽然效果比不上清洗液，但同样也能将镜头擦拭干净。

注意

> 在擦拭镜头时，不要用力挤压，因为镜头表面有一层比较易受损的镀膜。

另外，千万不要用家用的面巾纸或者餐巾纸来擦拭数码照相机娇嫩的镜头，主要是因为这些纸张中都包含有粗糙的木质纤维。这些纤维对于我们的皮肤而言，可能没有什么感觉，但对照相机的镜头而言，它们就是砂布！用它们进行擦拭会严重损害照相机镜头上的镀膜，造成镜头永久性的损伤。

1.3.3　数码照相机保存及使用注意事项

1. 数码照相机保存

数码照相机的保存一定要远离灰尘和潮湿环境，在保存数码照相机之前，一定要先取出电池。如果数码照相机长期不用，不仅应取出电池，还要卸掉皮套，并将其存放在放有干燥剂（见图 1-18）的盒子里。干燥剂在日常生活中可以经常接触到，现在各种食品包装袋中都有，只要收集一下，就可以自己动手制作一个简易的干燥箱。

当然，如果有条件，应该将数码照相机放在能够控制温度、湿度的封闭空间中。数码照相机是一种精密的设备，放在平常的衣橱、柜子里，很容易受到湿气的影响，虽然这些湿气不会立刻让数码照相机损坏，但长期这样也不是一件好事儿，所以能够将数码照相机保存在专用防潮箱（见图 1-19）中是最好的选择。存放之前一定记得先把皮套、机身和镜头上的指纹、灰尘擦拭干净。

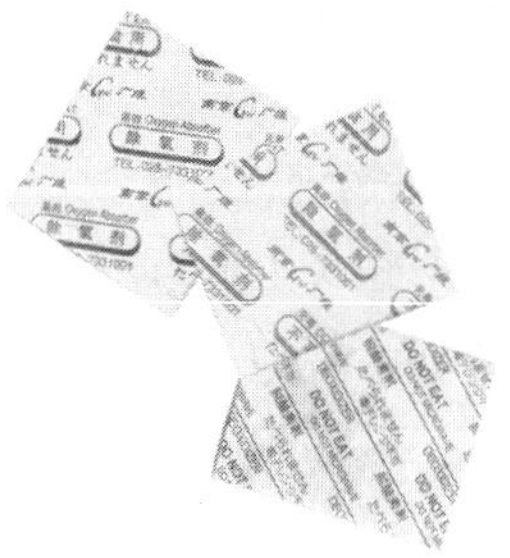

图 1-18

图 1-19

2．使用时要注意防烟避尘

数码照相机这种精密的设备应当在清洁的环境中使用和保存，这样可以避免因外界的灰尘和污物等导致数码照相机所产生的故障。另外在进行户外实拍时，可能会有突然造访的风沙，而这种风沙很容易刮伤数码照相机的镜头或者渗入数码照相机的一些机械装置中，造成这些机械装置意外损伤。因此除了正在拍摄之外，应随时用镜头盖将镜头盖住，并尽可能将数码照相机装入摄影包中，从而尽量减少这种不必要的伤害。

3．数码照相机要注意预防高温

在使用数码照相机时，不要将数码照相机直接暴露在高温环境下，以避免高温对数码照相机的镜头带来不良影响。如果我们不得不在夏天强光之下进行外景拍摄，那么一定要记得用一些工具来临时为我们的数码照相机遮挡强光。即使在室内使用，也不要把照相机放在高温、潮湿的地方。

数码照相机除了要预防高温之外，还要预防寒冷，因为太低的温度会让电池失效从而导致照相机罢工。如果一定要在两种极端环境下来回交替使用数码照相机进行拍摄，在拍摄之前，要将数码照相机先放置一段时间，直到数码照相机适应了工作环境的温度再来进行拍摄。

4．防水防潮不能忽视

在实际使用数码照相机过程中，不排除有突发原因或者其他方面的因素，必须在潮湿环境下工作，这时我们一定要采取严格的防护措施，确保在这种恶劣的环境下照相机不受伤害或者少受影响。

1.3.4　数码照相机其他配件保养

1．充电电池的保养

数码照相机跟传统照相机不同，它对电力的需求非常大，因为它本身就是一种电子设备，各项工作都是需要电力进行驱动的。数码照相机的充电电池主要有两种，一种是镍氢充电电池，另一种是锂充电电池。不管是哪一种充电电池，都有其使用技巧。镍氢充电电池有记忆效应，尽量将电池电力用完之后再进行充电，并且每次充电时间一般都要超过 10 小时以上。如果不这样做，电池是不可能充满的，长此以往，就会降低电池的总容量和使用时间。如果是一般数码照相机专用的锂电池，每次充电时间一般要超过 6 小时。

2．数码照相机存储卡保养

对于数码摄影而言，数码照相机存储卡的性能在摄影过程中扮演着相当重要的角色。存储卡是数码照相机上较贵的附件（见图 1-20），并且种类繁多，必须精心保护。如果我们对存储卡漫不经心地使用、处理，将导致存储卡上存储的有用信息丢失，甚至损坏存储卡。如果真的出现存储卡损坏，而恰好当中的信息又是我们所需要的，那会非常让人抓狂的。因此必须注意存储卡的维护和保养。

图 1-20

为了避免以上情况的发生，我们在使用时要注意以下问题。

（1）绝对不要热插拔

在开机状态下，数码照相机有可能正在处理或保存数据，如果此时我们进行插入存储卡或取出存储卡操作，不仅会造成数码照相机损坏，还会造成存储卡上数据的丢失。

（2）谨慎进行格式化

存储卡投入使用前需进行格式化处理，并且这种格式化处理最好在数码照相机中进行操作，不要在计算机上进行，因为数码照相机也都有自己的操作系统，对于存储格式都有自己的要求，如果用计算机对存储卡进行格式化，很有可能造成存储卡格式化之后不被数码照相机识别，从而不能使用。

另外，过多地格式化存储卡也会对存储卡造成一定的损害，所以在不必要的情况之下，不要对存储卡进行格式化，可以使用数码照相机的“全部删除”功能来删除存储卡上的所有影像，从而在一定程度上替代格式化操作。

（3）收藏存放防重压

不要对存储卡施以过重的压力，不要弯曲存储卡，避免存储卡掉落和受撞击。有些人根本就没有这种意识，取出存储卡后就随手放置，这很容易使数码照相机的存储卡因受到外力而变形，甚至会被折断。最好将存储卡放在抗静电袋中或者专用的存储盒中进行妥善保管。

第 2 章 神奇的光影魔术手

在第 1 章中，我们学会了如何利用手中的数码照相机进行拍照，但是这并不意味着所拍的宝贝图片就一定能够达到我们所期望的效果。因为利用数码照相机拍摄也是一个不折不扣的技术活，不然，现在淘宝网上也不会出现专门为卖家提供宝贝拍图服务的卖家了。

根据第 1 章的讲述，如果各位读者能够真正地做到所说的那些内容，我们所拍摄的图片质量应该不会很差，只不过可能有些参数需要调整一下，才能达到最佳效果，因为我们毕竟不是专业摄影师，即使是专业摄影师，他们也会使用软件对所拍的图片进行后期制作。

这就意味着我们不可避免地要接触一些图像编辑软件，其中“光影魔术手”是这类软件中最容易上手，也是效果非常不错的一款图像编辑软件。

那么光影魔术手到底是什么呢？其实它就是一款能够改善数码图片画质，并对数码图片进行个性化处理的软件（见图 2-1）。它的特点是简单、易用，每个人都能制作精美相框、艺术照、专业胶片效果，而且是完全免费的！

可以从光影魔术手的官方网站（http://www.neoimaging.cn）上下载这款免费软件的最新版本（本书介绍的为 3.1.2.101 版，如图 2-2 所示）。

图 2-1

图 2-2

按照软件安装提示进行光影魔术手软件的安装，安装完毕就可以运行该软件，从而进入我们的神奇体验之旅。运行光影魔术手之后，会出现如图 2-3 所示的界面。

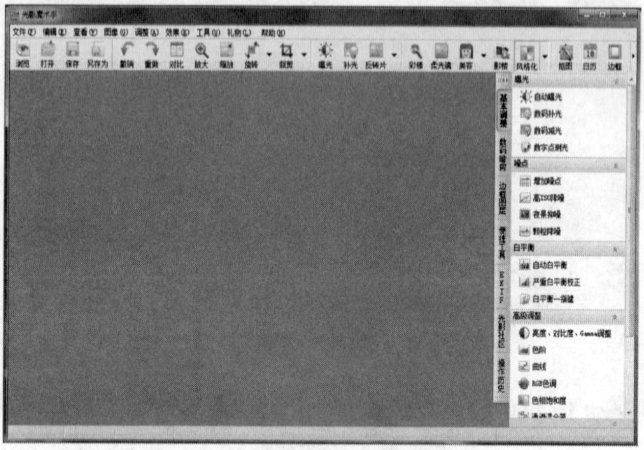

图 2-3

2.1　光影魔术手界面介绍

从图 2-3 可以看出，光影魔术手的界面比较简洁，整个界面主要由以下四部分构成。

第一部分是菜单栏，根据光影魔术手的主要功能，分为文件、编辑、查看、图像、调整、效果、工具、礼物和帮助共 9 个菜单，每个菜单下都有一组相关的子菜单，选择相应的菜单并单击就会执行相应的操作，从而实现相应的功能，如图 2-4 所示。

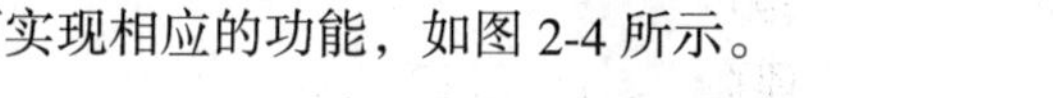

图 2-4

第二部分是快捷工具栏，这里的工具栏主要是把光影魔术手这个软件的一些常见功能以图标形式集中显示，如果要想执行某个操作，只需用鼠标单击相应的图标，即可完成相应的功能，这样就避免了在菜单中查找相应的功能项，然后再进行操作的烦琐。所以，为了能够熟练利用光影魔术手来进行图片处理，我们一定要先熟悉快捷工具栏上各种工具的功能，如图 2-5 所示。

图 2-5

第三部分是光影魔术手的图像工作区，这个区域是用来显示当前正在被光影魔术手处理的图片，通过观察这里的图片，我们可以随时看到执行相应的操作时，反映在图片上的实时处理效果，如图 2-6 所示。

图 2-6

第四部分为右侧浮动工具面板，如果你是一位细心的读者就会不难发现，这个右侧浮动工具面板里面分为七个板块，分别是“基本调整”、“数码暗房”、“边框图层”、“便捷工具”、“EXIF”、“光影社区”和“操作历史”。用鼠标分别单击不同板块的侧边栏，都会在面板中显示当前工具面板所汇集的一些快捷功能，而这些功能同时也会出现在菜单栏的相应菜单项和快捷工具栏中，只不过在这个浮动工具面板中把光影魔术手的功能进行了进一步的细化和归类，以方便我们对图片进行更为精准的调整，如图 2-7 所示。

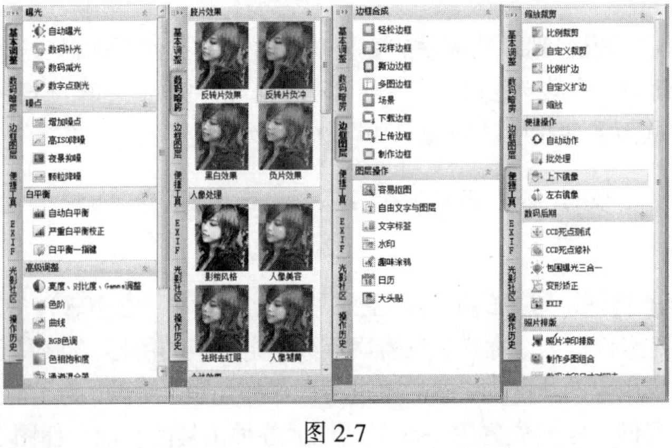

图 2-7

2.2　光影魔术手功能介绍

光影魔术手的图片处理功能主要分为四大类，下面逐一介绍，希望读者能够通过下面的介绍对光影魔术手这款软件有一个初步的认识。事实上这些内容也是笔者从光影魔术手的官方网站中所收集的一些资料，部分图片也是来自于光影魔术手的官方网站，毕竟为了展示软件的功能，网站所采用的图片更能体现出处理后的效果。如果读者有兴趣，想了解更多光影魔术手的相关内容，可以自行到光影魔术手的官方网站或论坛去查阅相关的内容。

2.2.1　特色功能

光影魔术手的特色功能主要包括“正片效果”、“反转片负冲”、“负片效果”、“数码补光”、“数码减光”、“水印”、“黑白效果”、“高 ISO 去噪”、“晚霞渲染”和“IE 魔术图”。虽然其功能非常丰富，但并不是所有的特色功能我们都会用到，下面只挑选一些和淘宝卖家处理图片相关的功能进行介绍。

1．胶片效果

胶片效果指模拟反转片的效果，这是光影魔术手最重要的功能之一。官方宣称经过这种处理后的数码图片反差会更鲜明，色彩会更加自然靓丽，如图 2-8 所示。光影魔术手的这种模拟反转片的算法已经经过多次优化，到现在已经非常成熟。

图 2-8

经过最新的算法处理后，对于数码图片的暗部细节可以得到最大程度上的保留，而数码图片的高光部分绝不会发生溢出。至于较早版本中的红色还原不是很准的问题已经得到了根本性的解决，现在最新版本的红色还原十分准确，并且还能让整个数码图片的色彩过渡自然艳丽，绝对不会再有以前版本中的色斑出现!经过修改之后独有的暗部增补算法不仅可以增强暗部的表现效果，同时还可以使数码图片的高光部分表现得更加出色。这种功能对于我们宝贝图片的处理非常有用。

2．数码补光

当我们利用数码照相机进行逆光拍摄时，所拍摄的照片很有可能会出现所拍摄的主体正面发暗的情况，特别是当我们所拍摄的照片出现曝光不足的状况时，这种情况就更为明显。如果出现这

图 2-9

种情况，我们就可以利用光影魔术手的数码补光功能。经过光影魔术手的数码补光之后，图片暗部的亮度可以得到显著的提高，如图 2-9 所示。同时，高光部分的画质还不会因为补光受到影响，这个功能还是比较“牛”的！

经过数码补光之后，图片明暗之间的过渡也显得比较自然，如果觉得效果还是不明显，就可以手动调节“强力追补”参数，从而增强数码补光的效果，该效果十分强劲，但是不能过分应用，否则就会造成图片曝光过度！

3．数码减光

在利用数码照相机进行拍摄时，很有可能会出现这样的情况：我们近距拍摄时使用了闪光灯，那么就会造成画面中有的部分亮度太高，反而让我们看不清楚原来物体是什么颜色。对于这类局部曝光过度的数码照片，我们可以使用光影魔术手的“数码减光”功能来进行校正。在光影魔术手中，只需要设置两个很简单的参数（范围选择和强力增效）可以在不影响正常曝光内容的情况下，把照片中亮度太高的那部分给“还原”回来。与“数码补光”功能一样，在简化操作的同时，效果也十分明显，图像过渡很均匀，不会出现边界光晕，如图 2-10 所示。

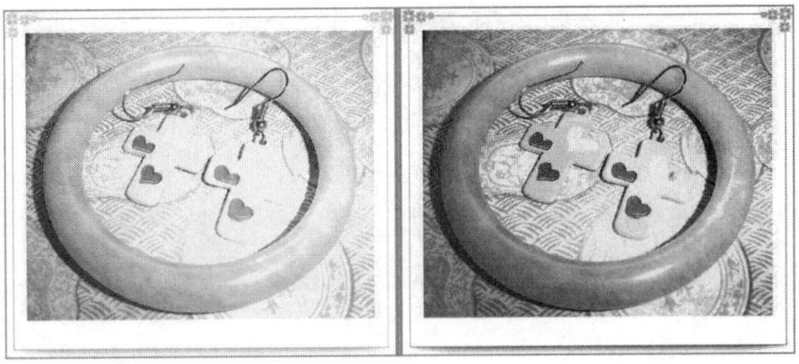

图 2-10

4．水印

很多卖家并不是自己亲自拍摄宝贝图片，而是在淘宝网上寻找和自己经营的产品相同的卖家，找到之后，就直接把对方的图片据为己有，直接使用。这样做肯定是不对的，毕竟拍摄照片和处理照片是一件费神费力的事儿，不经过别人的同意，直接把别人的劳动成果据为己有是很不道德的。

淘宝网对于这种图片盗链现象也进行了一些控制，但这种控制方法没有多大的实际意义，因为其他卖家只要把图片另存下来或者截图进行保存，依然可以把别人的图片据为己有。为了防止别人盗用自己的图片，很多卖家都会在自己的图片上加上防盗水印，这样做可以一举两得，既可以保护自己图片的版权，还可以彰显店主的个性。

在以前，为宝贝图片加水印是一件令人非常痛苦的事情，因为这件工作实在是枯燥乏味，而有了光影魔术手之后，我们就可以利用它为我们的图片加上水印（如图 2-11 所示），并且光影魔术手的水印支持 PNG、GIF 等透明或半透明的文件格式，更为特别的是，我们还可以利用光影魔术手的批处理功能，一次性把自己的所有宝贝图片全部“盖章”，这可是一个非常体贴的功能，从此我们就不用再费神费力地逐张添加水印了。

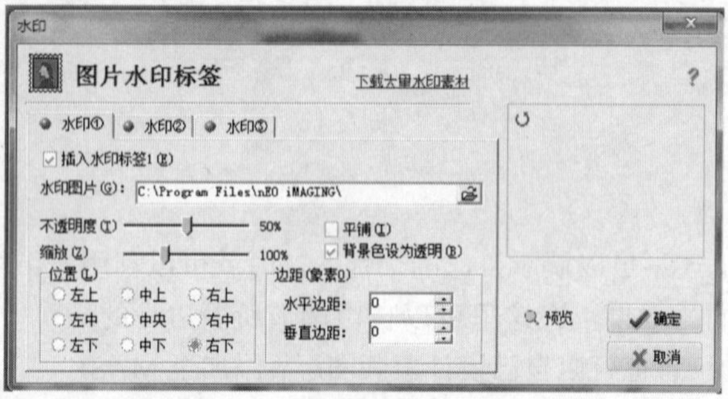

图 2-11

在光影魔术手官方网站的素材下载页面中，提供 1000 多张半透明的 PNG 水印图，可以随便挑选！

2.2.2　人像处理

光影魔术手中的人像处理主要包括“影楼风格人像”、“人像美容”、“花样边框”、“撕边效果”、“柔光镜模拟”、“人像褪黄”、“去红眼”、“素描”、“褪色旧像”和“证件照排版”。这么多人像处理功能，对于我们来说真的是用不上，因为淘宝卖家主要是处理自己所售宝贝的图片，而不是人像图片。虽说如此，但光影魔术手中的人像处理中有两个在宝贝图片处理中也要应用的功能，下面对这两个功能加以介绍，希望读者能够灵活利用，为自己的宝贝图片增光添彩。

1. 花样边框

有时为了让自己店铺中的宝贝图片与众不同，给买家朋友更强烈的视觉冲击，我们可以考虑为宝贝图片添加一个精美的边框。这样不仅让自家店铺的图片统一，而且还可以给买家朋友一种比较专业的感觉，从而留下好印象。

光影魔术手的花样边框功能就能轻松解决这些实际问题。如果觉得光影魔术手自带的边框太少了不过瘾，可以到主页的“下载”栏目中下载其他热心网友所提供的免费边框素材包。最特别的是，还可以自己制作属于自己的个性边框。如图 2-12 所示是利用光影魔术手添加边框之后的效果图。

图 2-12

2．撕边效果

如果觉得花样边框还不足以展示自己的个性，这时就可以利用光影魔术手的撕边效果，从而来打造出更为与众不同的效果。在这里可以自由调节所撕边缘的颜色，并且会设计图片的读者也可以自己设计蒙版图层，添加至 MASK 文件夹内，如图 2-13 所示。

图 2-13

2.2.3 高级功能

光影魔术手的高级功能主要包括“夜景效果”、“制作组合图”、“包围曝光三合一”、“红饱和衰减”、“CCD 死点修复”、“对比和处理模式”、“色阶和曲线”、“变形校正”、“白平衡一指键”和“严重白平衡校正”，下面介绍一些和淘宝卖家处理图片相关的功能。

1．制作组合图

制作组合图的功能简直就是光影魔术手专门为在淘宝网上开店的淘掌柜们量身定做的。利用这个功能，可以轻松地把很多张照片合并成一张大照片，用多角度向买家展示说明自家的宝贝详情。在这里，光影魔术手还预设了很多种布局方式。使用时可以同时打开很多张照片，随意决定显示隐藏哪张照片，可以对小照片进行简单的特效处理，如图 2-14 所示。

2．色阶和曲线

利用数码照相机拍摄完宝贝图片之后，如果发现自己所拍摄的图片太暗、太亮或者对比度不够，此时就可以用光影魔术手的色阶功能来进行调整色彩的亮度、暗度及反差比例。光影魔术手的“色阶调整”对话框允许通过调整图像的阴影、中间调和高光的强度级别，校正图像的色调范围和色彩平衡。“色阶调整”对话窗口中的黑、灰、白三角形滑钮的作用是：黑色的滑钮向右移，亮度将减少，白色滑钮向左移则增加亮度。灰色滑钮则控制中间色调，当它向左移会增加亮度，向右移会减少亮度，如图 2-15 所示。

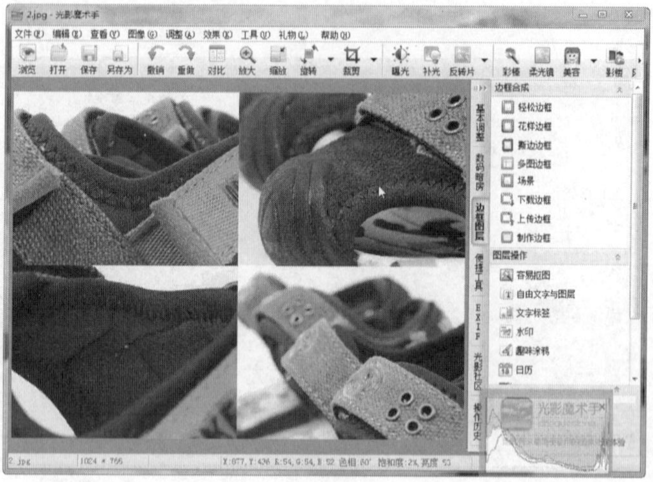

图 2-14

与“色阶调整”对话框一样，“曲线调整”对话框也允许调整图像的整个色调范围。但是，“曲线调整”不是只使用三个变量（高光、暗调、中间调）进行调整，可以调整 0 ~ 255 范围内的任意点，同时保持 15 个其他值不变。如果我们要想对图片进行比较精准的调整，就可以试一试光影魔术手的“曲线调整”功能，如图 2-16 所示。

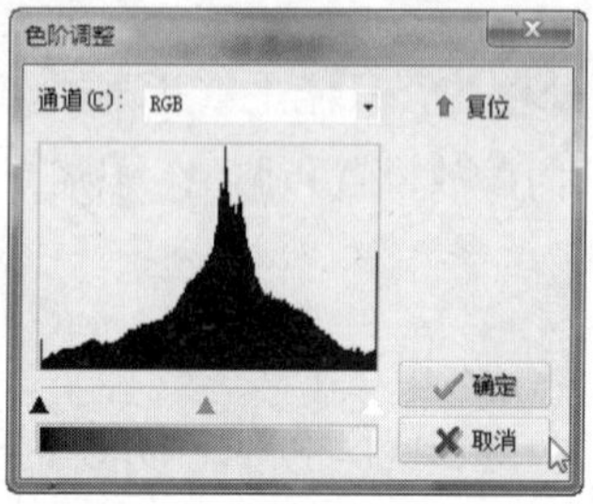

图 2-15

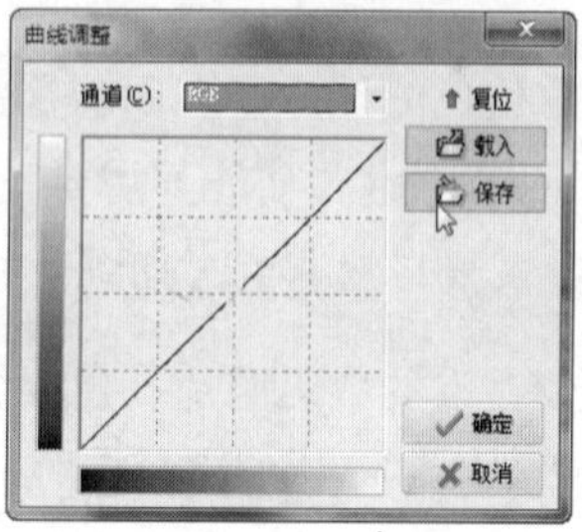

图 2-16

3. 白平衡一指键

在前面介绍数码照片的拍摄时讲过，在拍照时一定要精心调整白平衡，否则，所拍摄的照片就会严重偏色。而各个 DC 厂商对白平衡的处理算法并不一样，另外由于光线的复杂性与信号保留之间的平衡，导致了白平衡困难。即便号称白平衡最准确的奥林巴斯照相机，在室内钨丝灯的环境下，也无法准确判断色温。那么后期手工校正画面白平衡还是有必要的。光影魔术手中的“白平衡一指键”采用的校正原理与照相机白平衡功能的原理是一样的。

在使用“白平衡一指键”时，我们只要能从画面中找到“无色物体”就能还原画面真实色彩。什么是无色物体？无色物体主要是指图片当中本来应该是白色或者浅灰色的物体或者其中的某一部分，如图 2-17 所示。

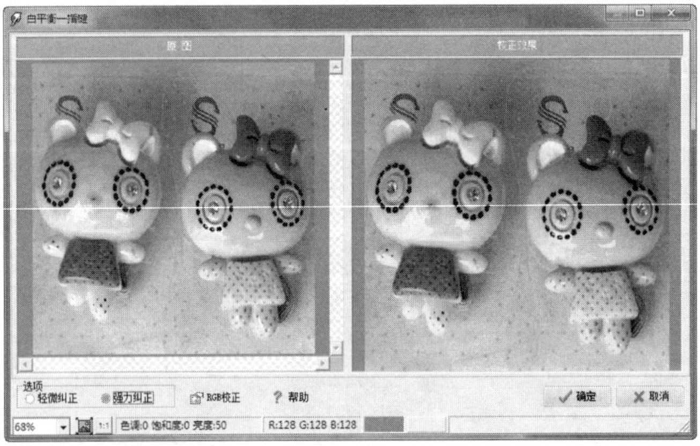

图 2-17

4. 严重白平衡校正

在利用数码照相机拍摄自家宝贝图片时，很难避免出现由于拍摄时手动白平衡设置错误，导致在拍摄的过程中发生很严重的偏色情况。如果发生这种情况，那么此时宝贝图片的某些色彩就会发生溢出。

针对这种严重偏色的照片，在以前是没有办法处理的，只能是重新再拍。但现在光影魔术手所提供的“严重白平衡校正”功能不需要我们进行任何参数设置和调整，只需要将手中鼠标轻轻一点，瞬间照片就会恢复自然本色，如图 2-18 所示。

对于偏色比较严重的数码照片，建议各位淘宝卖家先用这个功能校正一下，如果觉得效果不满意，可以再用“白平衡一指键”功能进行进一步的处理，这样也许能够取得令人满意的效果，但不能保证所有的偏色照片它都能够修补回来，如果你的拍摄水平实在太差，所拍摄出来的图片每张都偏色，那再怎么修补也无济于事！

图 2-18

2.2.4　其他常用功能

对于淘宝卖家来说，光影魔术手的其他常用功能主要有“比例裁剪”、“自定义裁剪”、“比例扩边”、“自定义扩边”、“缩放”和“批量自动处理”功能。

1．图片裁剪

在网店里展示自家宝贝时，为了能让买家朋友对我们的宝贝有一个更全面的认识，通常都会拍摄一些宝贝的细节图，而我们用手中的数码照相机所拍摄的图片往往尺寸过大，这时就需要对图片进行一些裁剪，以让其适合作为细节图来进行展示。此时，利用光影魔术手的图片裁剪功能就能轻松完成这个任务！

光影魔术手的图片裁剪分为两种，一种是“比例裁剪”，光影魔术手内置了十二种常用的裁剪比例，我们可以根据自己的需要选择相应的裁剪比例，系统会自动按照我们所选择的比例进行裁剪，如图 2-19 所示。

第二种是自定义裁剪，这种裁剪就是由用户自行来设定图片的裁剪区域，当确定好裁剪区域之后，光影魔术手就会自动按照我们的设定进行图片裁剪。

其中自定义裁剪的模式分为三种，分别为“自由裁剪”、“按宽高比例裁剪”和“固定边长裁剪”。自由裁剪就是由我们利用选择工具在图片上拖出裁剪范围，然后系统就严格按照我们所拖出的裁剪范围对图片进行裁剪，如图 2-20 所示。

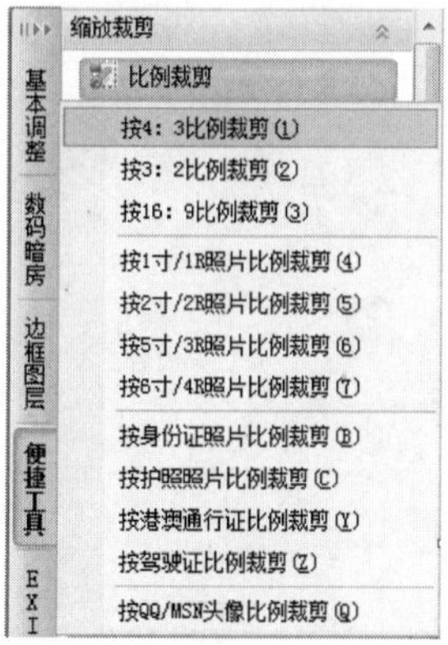

图 2-19

图 2-20

按宽高比例裁剪就是由我们指定要裁剪的图片宽高之比后，光影魔术手就按照这一比例对当前的图片进行裁剪，如图 2-21 所示。

图 2-21

固定边长裁剪就是由我们指定裁剪之后图片的宽度和高度，然后系统按照这一数值将图片进行裁剪，如图 2-22 所示。

至于具体要采用哪一种裁剪方式，各位朋友可以根据自己的实际需要来进行选择，不管采用哪一种方式，都是非常方便的。

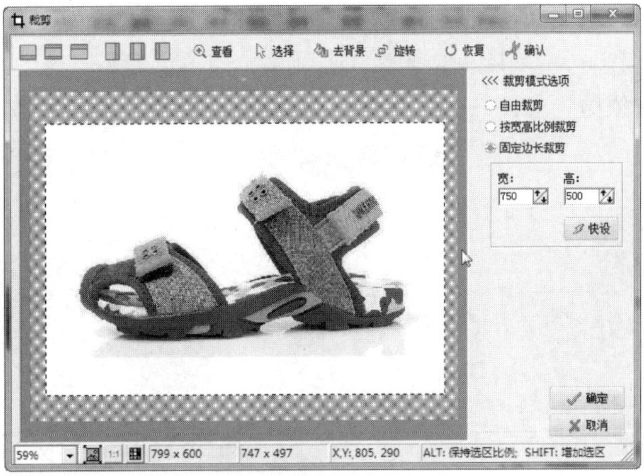

图 2-22

2．缩放

光影魔术手为我们提供了一种对所拍摄的宝贝图片进行整体缩放的功能。有时我们拍摄的图片由于尺寸过大，并不一定适合直接作为宝贝展示图片，但是我们又不想进行裁剪，怕破坏整个图片的布局，此时就可以选择光影魔术手所提供的图片缩放功能对图片进行缩放，如图 2-23 所示。

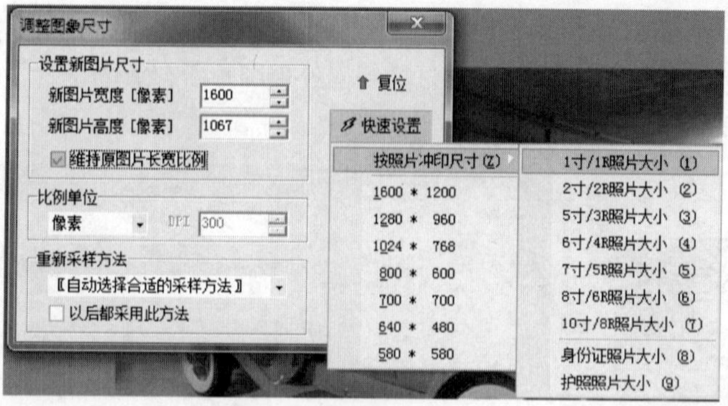

图 2-23

3. 批量自动处理

对大批的图片进行处理是我们每个淘宝卖家最头痛的一件事情。如果单纯地为了艺术欣赏去处理某一张或几张图片，对于任何掌握了图片处理软件的人都不是一件难事儿。但是每次大量上货时都要重复地工作真是很让人头疼。

而光影魔术手就提供了这样一种功能，只要能把处理图片的每一个步骤按顺序排列好，系统就会自动按照设定对指定的图片进行批量处理，省事又省心，效果真的是很不错，如图 2-24 所示。

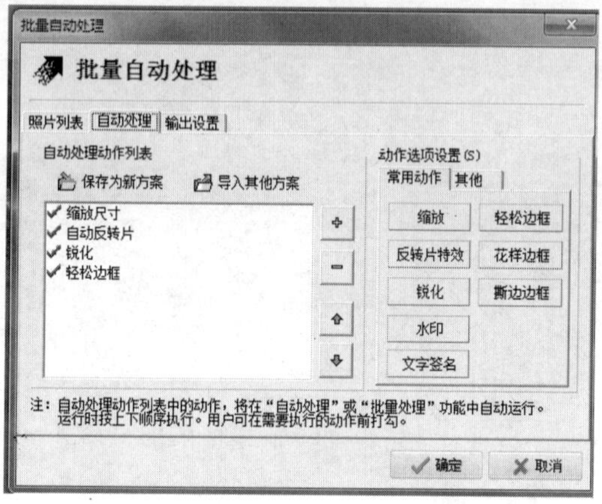

图 2-24

2.3　光影魔术手之淘宝实战使用

2.3.1　图片的快速处理

光影魔术手安装完毕后，会在计算机桌面上显示如图 2-25 所示快捷方式。

双击该快捷方式，系统就会运行光影魔术手，单击快捷工具栏上的浏览按钮，此时就打开如图 2-26 所示的光影管理器窗口。在左侧窗口找到待处理图片所存放的位置，该位置所有图片都会在窗口右侧显示出来。

图 2-25

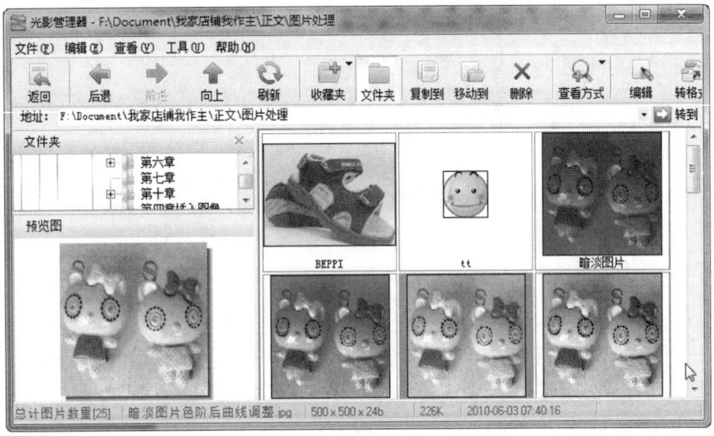

图 2-26

选中要处理的图片，用鼠标双击即可在光影魔术手中打开待处理的图片，如图 2-27 所示。

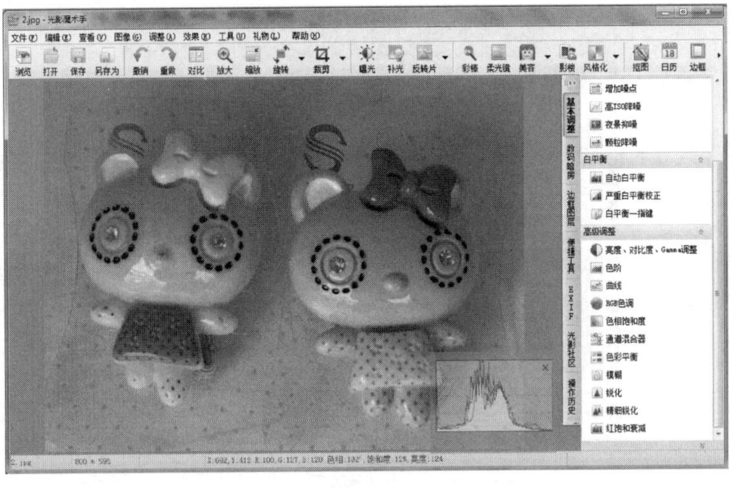

图 2-27

1．图片减肥

由于利用数码照相机所拍摄的图片体积会过大，每张图片所占有的空间都达到了 3MB 以上。假定一个宝贝若用 10 张描述图片来进行全方位展示，那么为了展示这一个宝贝，它的图片就会占用宝贝的图片空间达 30MB，而现在如果有 30 种宝贝，那么需要的图片空间至少为 900MB！

现在淘宝网为每个新开店铺都免费提供了 30MB 的图片空间，对于新加入的朋友来说，要想办法尽量使用这个免费资源！那么为了在最大程度上利用有限的图片空间来存储更多的宝贝图片，现在我们唯一能做的就是为图片减肥。

作为淘宝卖家应该知道，在淘宝首页、宝贝分类及宝贝详情页中，所有的宝贝展示图片默认都是方形的，这样就可以把图片铺满展示窗口，如图 2-28 所示。

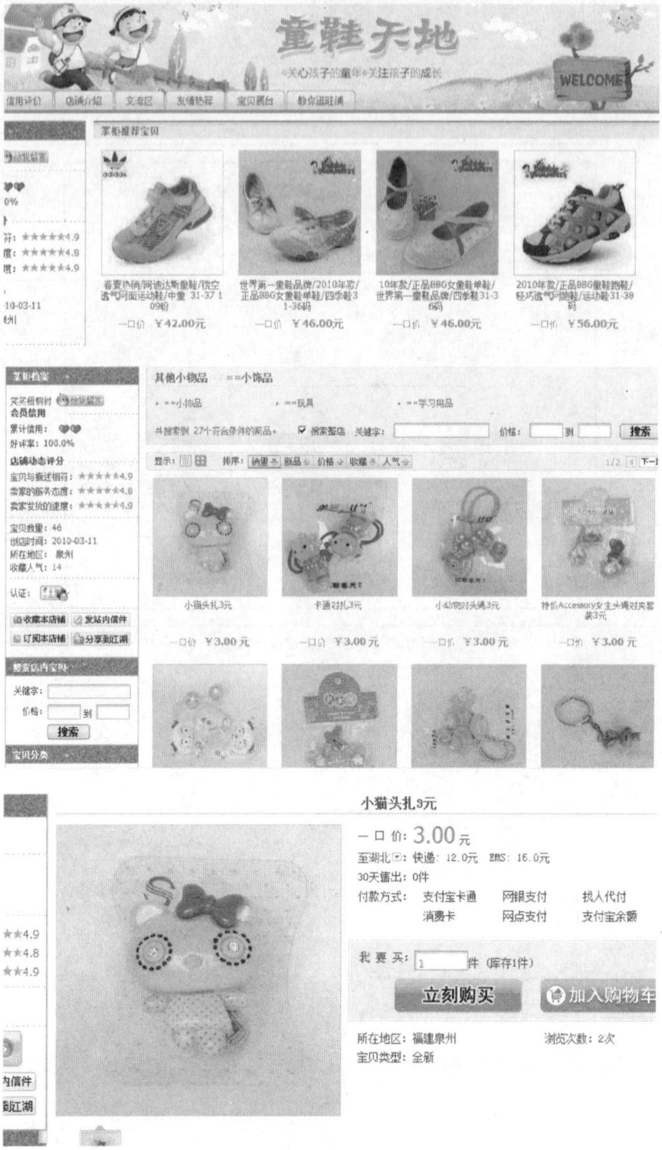

图 2-28

如果图片不是方形的，那么在以上页面显示宝贝时，就会出现非常难看的空白区，如图 2-29 所示。

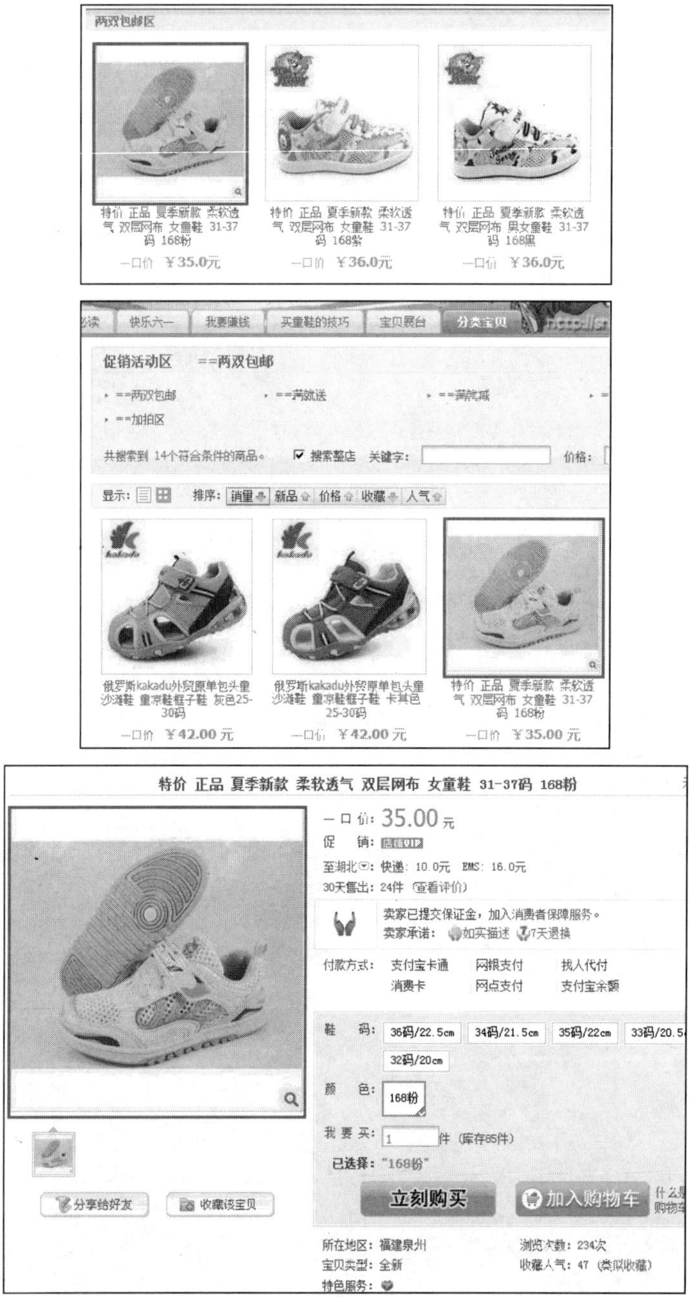

图 2-29

虽然这不是一个大问题，但毕竟它的出现会破坏整个页面的美感。至于会不会影响买家的购买心情，这就说不清了！

既然这个问题能够影响到自己的心情，估计也会影响到买家心情。所以为了避免出现这个问题，可以利用光影魔术手的裁剪功能把数码照相机所拍摄的图片裁剪成方形，以备使用。

单击工具栏上的“裁剪”按钮，出现如图 2-30 所示的“裁剪”对话框。

在这个对话框中，可以自由选择裁剪模式，这里裁剪模式共分为三种：自由裁剪、按宽高比例裁剪和固定边长裁剪。在这里选择自由裁剪。选择矩形选择工具，用鼠标拖动虚线选框，将虚线选框变成正方形，如图 2-31 所示。

图 2-30

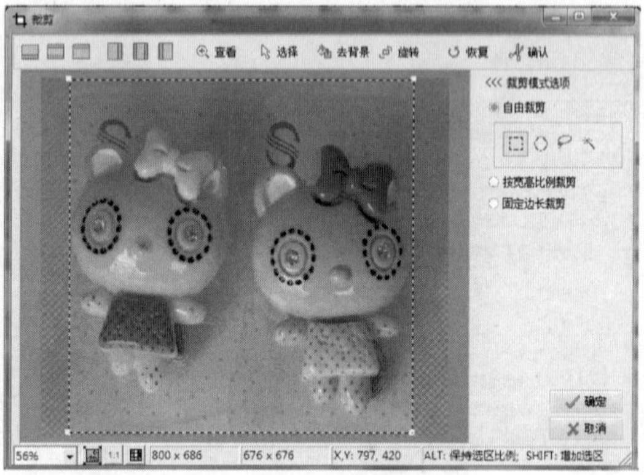

图 2-31

单击“确定”按钮，即可完成图片的裁剪，此时在光影魔术手的工作窗口中就已经出现了一个方方正正的宝贝图片，如图 2-32 所示。

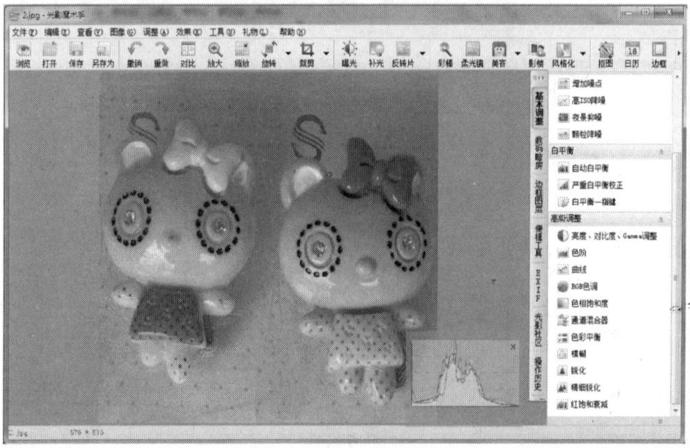

图 2-32

经过上面的裁剪处理之后，已经把数码照相机所拍摄的长方形图片变成了标准的正方形。虽然经过裁剪，图片的体积也只是有所减小，并没有得到根本性的改善。

接下来，我们就要对宝贝图片进行缩放了。单击“缩放”按钮，就会弹出 “调整图像尺寸”对话框，在这里，我们需要设置缩放后的图片长和宽，假定在这里设置图片为 500 像素 × 500 像素，如图 2-33 所示。

设置完毕后，单击“开始缩放”按钮，光影魔术手就会自动按要求进行图片缩放。此时在光影魔术手的工作窗口中就已经出现了一个 500 像素 × 500 像素方方正正的宝贝图片，如图 2-34 所示。

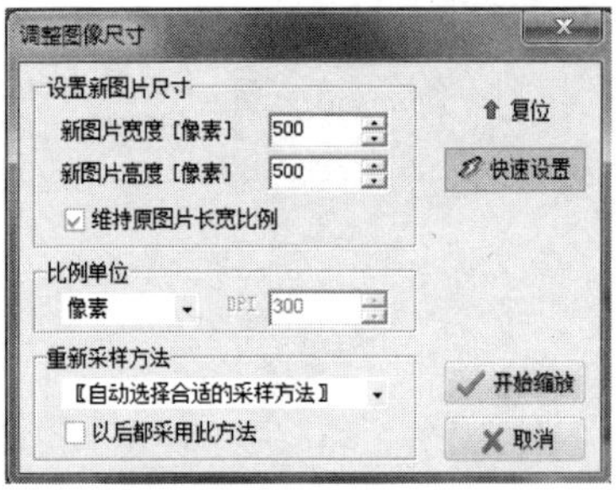

图 2-33

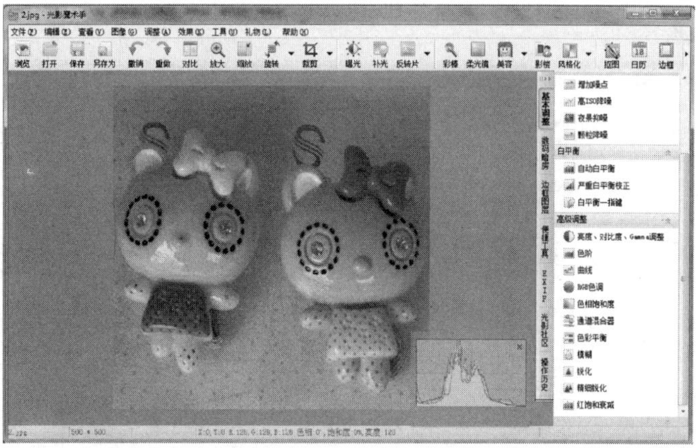

图 2-34

处理之后，一定要记得保存我们的劳动成果。保存之后，再来看一看处理后的图片的属性，如图 2-35 所示。

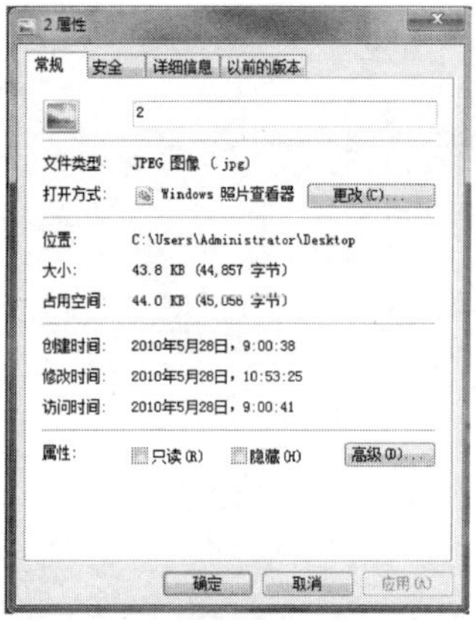

图 2-35

现在图片的大小已经变为 43.8KB，其占用的空间大小为 44KB。

这只是我们对首页、宝贝分类及宝贝详情页中的宝贝展示图片的处理。对于宝贝描述页中的图片也是按照相同的方法进行处理。只不过要注意处理的过程要稍微发生一些变化。

首先，用光影魔术手打开一张要处理的宝贝详情图片，如图 2-36 所示。

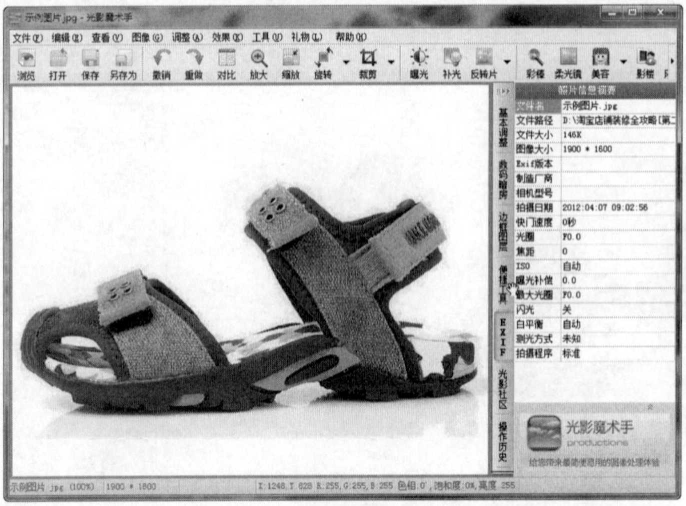

图 2-36

从 EXIF 数据来看，此张图片的大小为 1900 像素 × 1600 像素，这个宽度不适合使用窄版宝贝描述模板，因为窄版宝贝描述模板中的图片最宽只能为 750 像素，需要对这个图片进行裁剪。

单击工具栏上的“裁剪”按钮，出现如图 2-37 所示的裁剪对话框。

图 2-37

在其中选择“按宽高比例裁剪”单选框，将宽高比例设为 4∶3，并用鼠标调整好裁剪框的位置。设置完毕之后，单击裁剪对话框上的“确定”按钮，系统就会将宝贝图片按照 4∶3 的比例把裁剪框内的图片裁剪下来。裁剪之后的效果如图 2-38 所示。

图 2-38

此时图片的尺寸已经变为 1031 像素 × 773 像素，还是太大了，但是我们不能再次裁剪了，如果再裁剪就会把宝贝本身裁掉一部分。

接下来就要进行图片的缩放处理了。缩放处理操作和前面相同，我们不再说明了。经过处理之后，图片大小已经变为 42.7KB，其占用的空间大小为 44KB。

回过头来再来算一算：一个宝贝使用 10 张细节描述图片，一个图片大小为 44KB，如果有 30 个宝贝，那么这些图片所占用的空间也就只有 13MB，而没有处理之前，我们计算的结果是 900MB。

按照这种处理方式，30MB 免费图片空间至少还可以再容纳 30 个宝贝的描述图片，也就是说总共可以容纳 60 个宝贝描述图片。

2. 图片亮度调整

经过光影魔术手的裁剪和缩放之后，我们也确实得到了大小合适的宝贝图片，但打开来仔细看一看，总还是觉得有些问题。问题存在于什么地方呢？原来我们的这些图片的整体亮度和对比度不是很好，从而导致图片整体有些暗淡，不能很好地表现我们宝贝实物，如图 2-39 所示。

现在就让我们来给这个图片添加一束阳光，照亮它们吧！用光影魔术手打开我们裁剪和缩放后的图片。

在光影魔术手的快捷工具栏中，用鼠标单击“补光”按钮，此时光影魔术手会自动对照片进行补光。我们来看一下补光后的效果图，如图 2-40 所示。

图 2-39

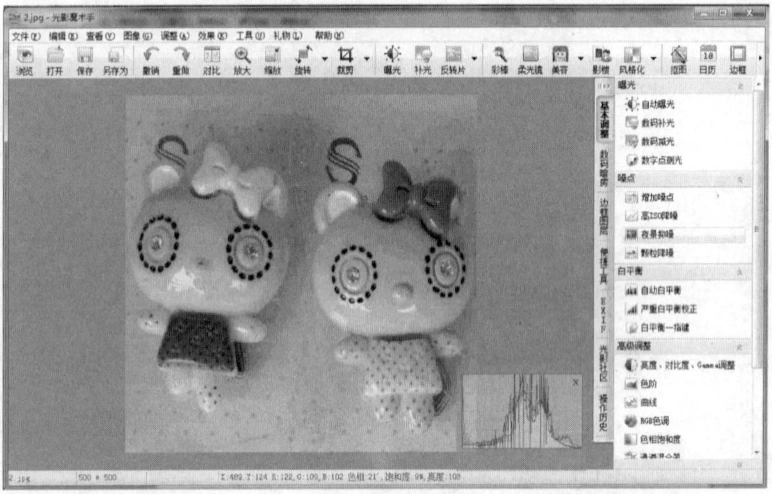

图 2-40

怎么样？效果还是比较明显吧！如果还是觉得不满意，那么可以多次单击“补光”按钮，直到调整到令自己满意的效果为止。

一般经过多次补光以后，都可以解决图片亮度不够的问题。但与此同时也可能存在这样一个问题，也就是利用光影魔术手的补光功能对图片进行智能补光时，可能会出现多补光一次，亮度就有些偏高，少补一次光，亮度又不够！什么意思呢？也就是我们利用光影魔术手的补光功能是不能自主控制补光效果的。

其实这个问题光影魔术手也考虑到了！事实上如果想精准调整图片的亮度，可以通过光影魔术手提供的“曲线”功能来进行实现。“曲线”功能在两个地方可以调用，一个是在菜单中：选择“调整”菜单，在弹出的下拉菜单中就有“曲线”子菜单选项，单击就可以打开“曲线调整”对话框，如图 2-41 所示。

另一个是在光影魔术手的右侧浮动工具面板中，也可以直接调用“曲线”功能，如图 2-42 所示。

正所谓“条条大路通罗马”，不管用哪种方式，我们都可以实现相同的效果。这当然需要我们对此工具非常熟悉。不管是采用哪种方式，最终都会在光影魔术手的图片工作区中弹出如图 2-43 所示的“曲线调整”对话框。

在这个对话框中，通道有四种选择：“RGB”、“R 红色通道”、“G 绿色通道”和“B 蓝色通道”。其中“RGB”代表整幅图片的综合色调，“R 红色通道”代表的是图片中的红色，同样，“G 绿色通道”代表的是图片中的绿色，“B 蓝色通道”代表的是图片中的蓝色。

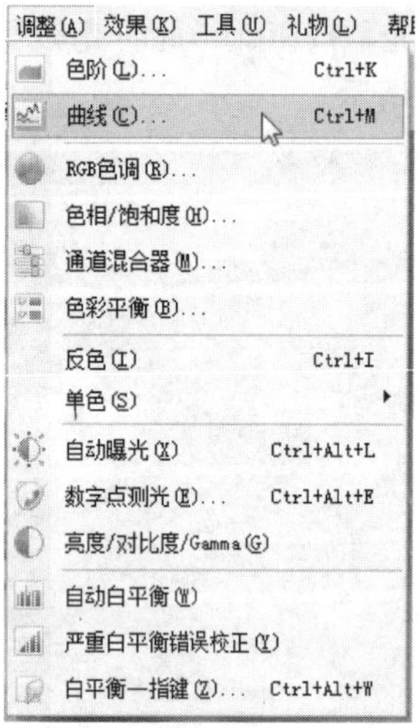

图 2-41

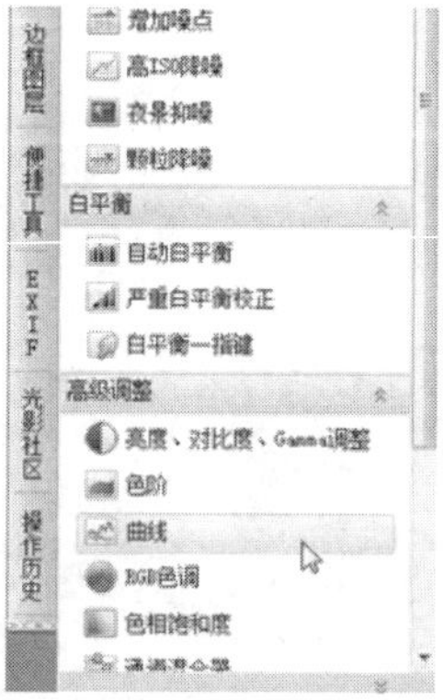

图 2-42

可以在曲线上选择一个或多个点，如果通道选择为“RGB”，向上拉动曲线，就会看到整个照片的色调变亮了，相反，往下拉动曲线，整个照片的色调就变暗了。如果通道选择为“R 红色通道”，把曲线向上拉动，图片中整体红色调加强，向下拉动，图片的红色调减弱。其他两个通道的选择大体相同，只不过是调整的颜色不同而已。

由于这里要调整图片的亮度，让其整体变亮，所以要选择 RGB 通道，然后在曲线上用鼠标选择几个点，向上拉动曲线。在调整的过程中，可以随时查看图片调整的效果，如果对调整的效果满意，符合自己的要求，就可以单击对话框上的“确定”按钮，完成调整，如图 2-44 所示。

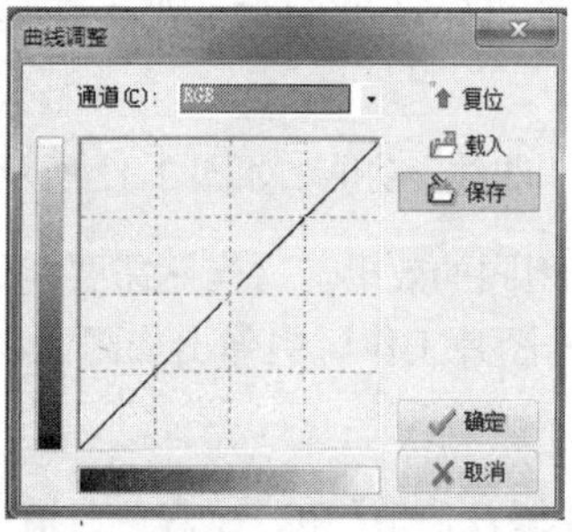

图 2-43

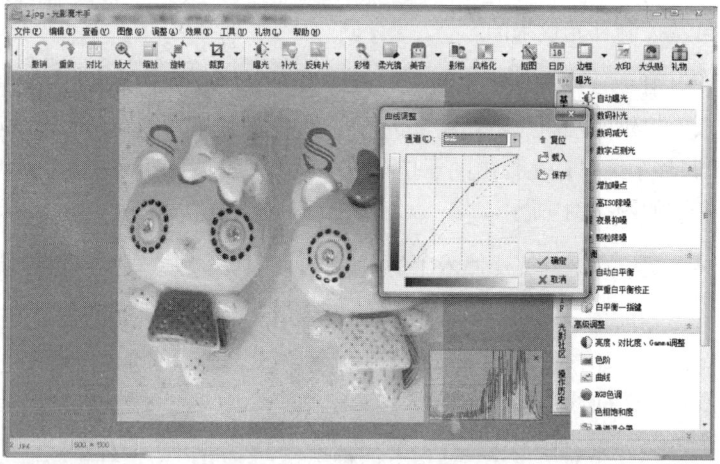

图 2-44

在“曲线调整”对话框的右侧有三个按钮，分别为“复位”、“载入”和“保存”。其中“复位”

按钮功能很简单，它只是把我们用鼠标调整后的曲线恢复原样，也就是恢复成一条直线，图片不做任何调整。

在这里要强调的是另外两个按钮。我们用同一台数码照相机拍摄的同一批宝贝图片，如果有一张图片的亮度出现问题，那也就意味着所有的图片都会出现这样的问题。如果只有一两张，可以用曲线一个个地来进行调整，但数量一多，还是得用鼠标拖动曲线一个个地调整，这就很难保证这一批图片亮度的调整能够完全相同。

为了确保这一批图片的亮度调整是完全一致的，可以采用下面的方式来进行操作。

① 首先用曲线调整好一张图片的亮度，达到令人满意的效果，如图 2-45 所示。

② 调整好后，单击“保存”按钮，此时光影魔术手就会弹出“保存曲线”对话框，如图 2-46 所示。

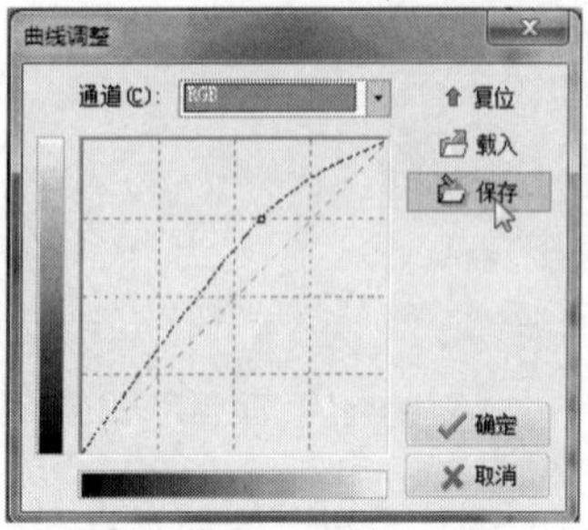

图 2-45

图 2-46

③ 在对话框中设定好所要保存的曲线数据文件名及文件存放位置，光影魔术手就会把当前曲线调整的设置以文件形式保存起来，并放在我们所指定的位置。

④ 保存完毕后，打开另一张需要处理的图片，同样选择“曲线”功能，在弹出的“曲线调整”对话框中，单击“载入”按钮，此时就会弹出“载入曲线”对话框，如图 2-47 所示。

在这里找到刚才所保存的曲线调整数据文件选中并打开，此时“曲线调整”对话框的曲线形式就和上一次调整时的曲线完全相同，这也就意味着我们这一次的调整是和上一次的调整是一致的，这样就能最大限度地保证同一批图片亮度的一致性。

最后，看一看光影魔术师处理前后的图片对比效果，如图 2-48 所示。

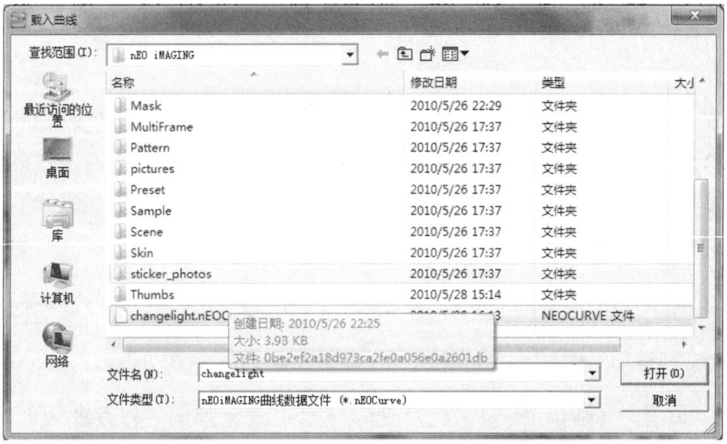

图 2-47

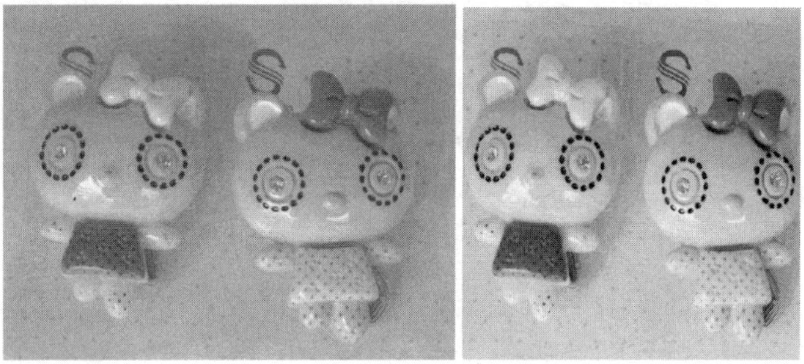

图 2-48

3．图片颜色改善

经过上面的进一步处理，我们现在已经得到了一个比较令人满意的图片效果。然而还有一个问题，虽然图片的亮度增加了，但是经过我们处理过的图片的颜色和实物颜色有一定的差异。如果把这个图片上传到店铺中，买家会因为色差问题而投诉我们。

对于人类而言，人眼看到的任何一种彩色光都是由明度、色相和饱和度三个方面共同作用的综合效果，这三个特性即是色彩的三要素。

什么是色彩的明度？所谓明度指的是表示色彩所具有的亮度和暗度的总称。计算明度的基准是灰度测试卡，黑色为 0，白色为 10，在 0 ~ 10 之间等间隔地排列为 9 个阶段。色彩可以分为有彩色和无彩色，但后者仍然存在着明度。作为有彩色，每种颜色各自的亮度、暗度在灰度测试卡上都具有相应的位置值。彩度高的颜色对明度有很大的影响，不太容易辨别。在明亮的地方鉴别颜色的明度比较容易，在暗的地方就难以鉴别。

从本质上讲，色彩是由于物体上的光反射到人眼的视神经上所产生的感觉。色彩的不同是由光的波长的长短差别所决定的。作为色相，指的是这些不同波长的色彩。波长最长的是红色，最短的是紫色。把红、黄、绿、蓝、紫和处于它们各自之间的橙、黄绿、青绿、蓝紫、紫红这 5 种中间色——共计 10 种颜色组成色相环，如图 2-49 所示。

在色相环上排列的颜色是纯度高的颜色，被称为纯色。这些颜色在色相环上的位置是根据视觉和感觉的相等间隔进行安排的。在色相环上，与环中心对称，并且夹角呈 180° 两个颜色被称为互补色。

用数值表示颜色的鲜艳或鲜明的程度称为彩度。有彩色的各种颜色都具有彩度值，无彩色的颜色的彩度值为 0，对于区别有彩色的颜色的彩度（纯度）的高低方法是根据这种颜色中含灰色的程度来计算的。彩度由于色相的不同而不同，而且即使是相同的色相，因为明度的不同，彩度也会随之变化的。

现在我们就使用光影魔术手来实际操作一下。

用光影魔术手打开经过亮度调整后的图片，如图 2-50 所示。

图 2-49

图 2-50

现在如果想对图片所表现出的颜色进行调整，那么可以通过光影魔术手所提供的“色相饱和度”功能来进行实现。

“色相饱和度”功能在两个地方可以调用，一处是在光影魔术手的系统菜单中：可以选择“调整”菜单，在弹出的下拉菜单中有“色相/饱和度”子菜单项，用鼠标单击就可以打开“调整饱和度”对话框；另一处在光影魔术手的右侧浮动工具面板中：可以直接调用“色相饱和度”调整功能，如图 2-51 所示。

不管我们采用哪一种方式调整色相饱和度，最终都会在屏幕上显示出如图 2-52 所示的“调整饱和度”对话框。

图 2-51

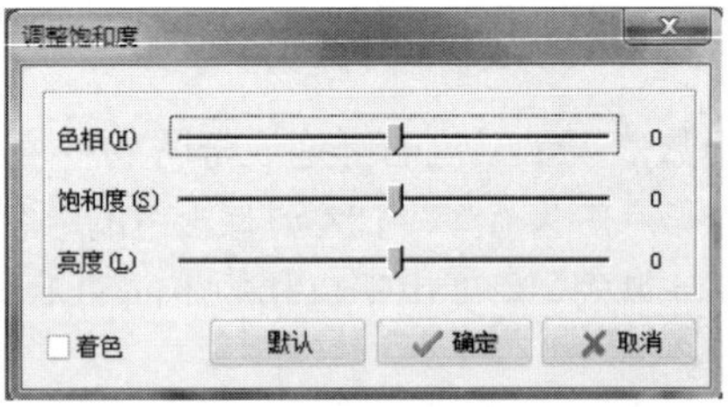

图 2-52

用鼠标拖动色相、饱和度及亮度滑块可以试一下，在拖动的过程中可以随时注意观察图像变化情况，并和实物进行对比，一直调整到图片的颜色和实物颜色接近为止，如图 2-53 所示。

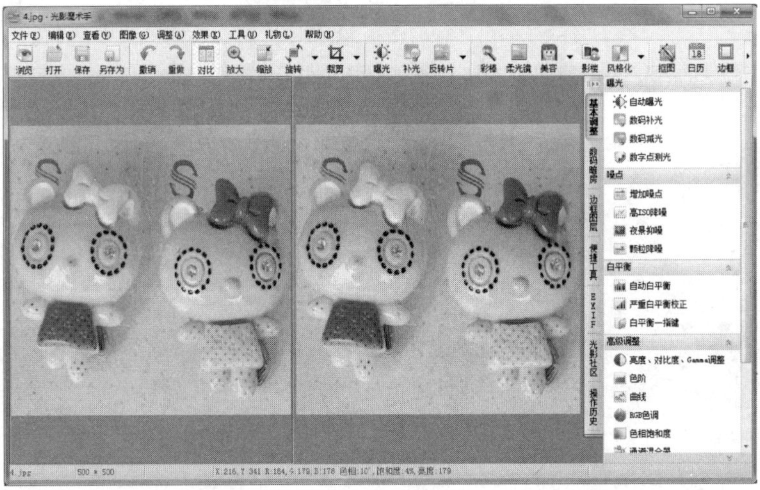

图 2-53

2.3.2 给宝贝图片“穿花衣”

下面看一看如图 2-54 所示的图片。

这家店铺的方形图片上都有一个边框，别具一格，并且在图片右下方都有一行不是很显眼的“水印”。

其实这些操作利用光影魔术手也能轻轻松松搞定！

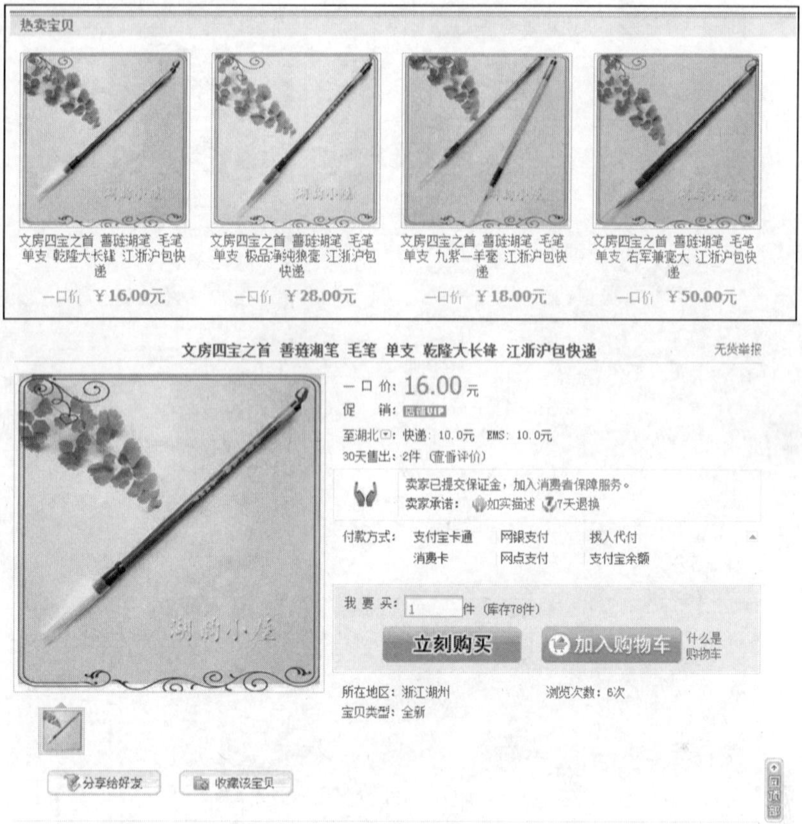

图 2-54

利用光影魔术手打开要加边框装饰的图片，如图 2-55 所示。

在菜单栏中，单击“工具”菜单项，光影魔术手就会弹出一个下拉菜单，在这个快捷菜单中，可以发现关于边框的菜单项有“轻松边框”、“花样边框”、“撕边边框”、“多图边框”、“场景”、“下载边框”、“上传边框”和“制作边框”八项。除此以外，我们还可以在快捷工具栏中看到“边框”按钮，在这个按钮旁有一个下拉箭头，单击一下也会弹出一个下拉菜单，这个下拉菜单里面也完全包含了关于设置边框的八个菜单项。光影魔术手另外还在窗口右侧浮动工具面板上再次将边框的全部功能放置其上，如图 2-56 所示。

下面就来具体看一看这些边框选项到底有什么不一样！

1．轻松边框

单击“轻松边框”选项，就会弹出“轻松边框”对话框，在这个对话框中，可以看到在右侧边框上有三类选择，分别是“在线素材”、“本地素材”和“内置素材”如图 2-57 所示。

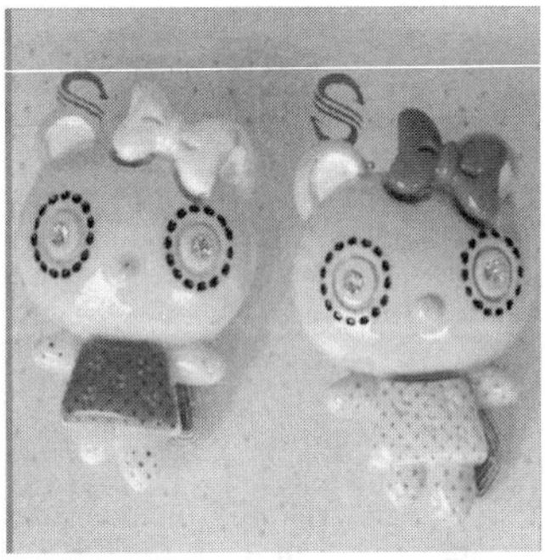

图 2-55

图 2-56

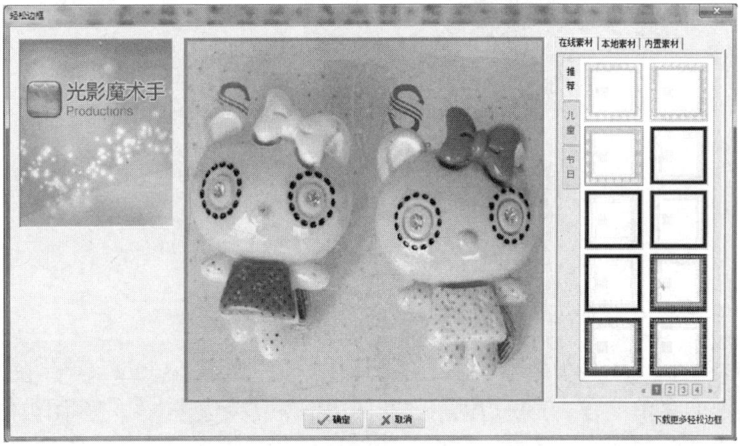

图 2-57

“在线素材”边框又分为“推荐”、“儿童”和“节日”三种，这些边框都是其他热心网友制作并共享出来并上传到光影魔术手的官方网站上的，属于在线资源，如果你的计算机能连接网络，就随时能下载这些在线边框资源，并且我们还可以看到这些在线素材又细分为很多项，在这里总能找到自己中意的边框！

如果觉得这些素材还不能满足自己的需要，在“轻松边框”对话框的窗口右下角还特意加一个“下载更多轻松边框”超链接，用鼠标单击就会进入光影魔术手的官网，在这里我们就会有更多的选择，如图 2-58 所示。

图 2-58

“本地素材”边框里也有几个边框资源列在其中，这是光影魔术手在安装时附带的几个简单边框。本地素材边框里有两个按钮，第一个是“导入”按钮 导入...，如图 2-59 所示。

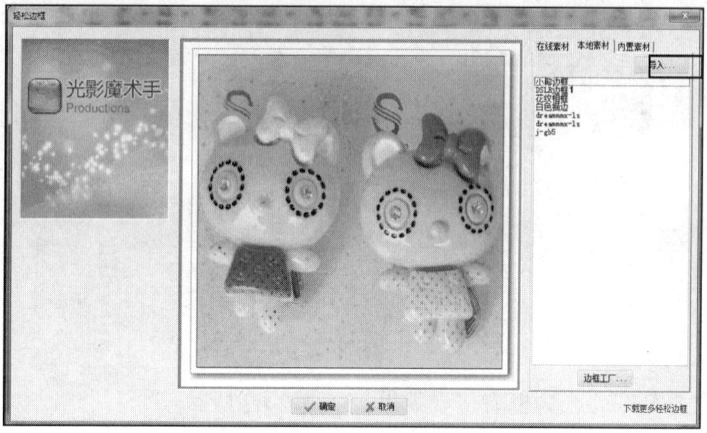

图 2-59

单击“导入”按钮，光影魔术手就会允许我们把自己制作或者从其他地方得到的边框文件导入到软件系统之中，从而供我们使用，如图 2-60 所示。

第二个是“边框工厂”按钮 边框工厂...，单击一下，就会出现一个名为“边框工厂”的对话框，如图 2-61 所示。

光影魔术手允许我们在这里自己设计边框，这样一来就能在最大程度上发挥我们的创造力，设计出独一无二的边框。

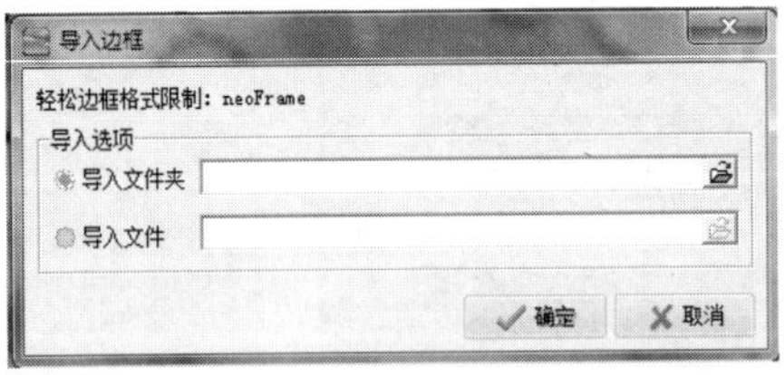

图 2-60

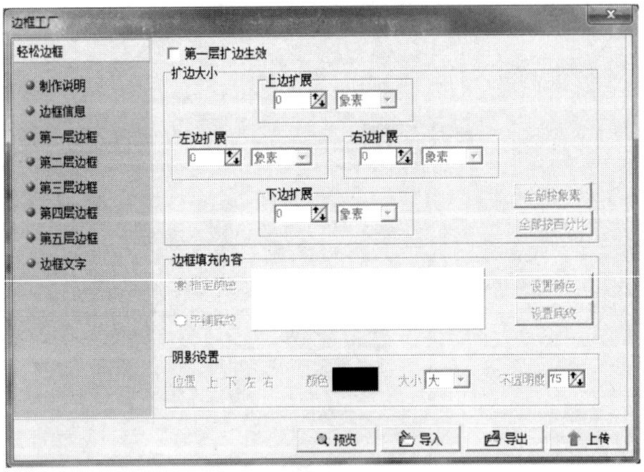

图 2-61

“内置素材”分类相对而言就要简单一些，这里只是汇总了系统自带的边框，只要选择某一种边框类型后，就可以在对话框中预览效果，如图 2-62 所示。

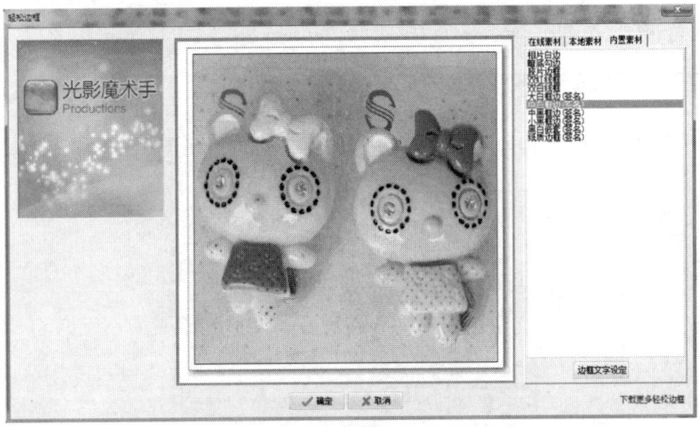

图 2-62

在这里随便选择几个轻松边框看一看效果，如图 2-63 所示。

图 2-63

2．花样边框

单击“花样边框”选项，同样会弹出“花样边框”对话框，在这个对话框中，我们可以看到在右侧边框的选择只有两类，分别是“在线素材”和“本地素材”。

“在线素材”边框又分为“推荐”、“简洁”和“节日”三种，这些边框也都是其他热心网友制作并共享，属于在线资源，可供我们免费使用，如图 2-64 所示。

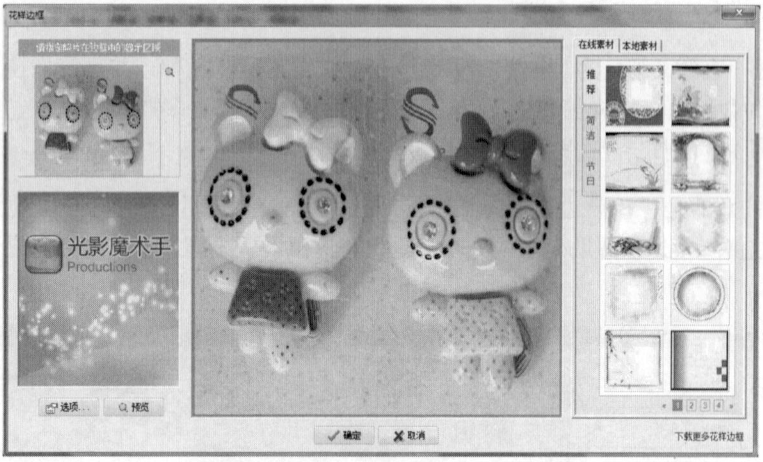

图 2-64

在窗口右下角还有一个“下载更多花样边框”超链接，单击就会进入光影魔术手的官网，在这里我们就会有更多的选择！

“本地素材”也有几个本地边框资源列在其中，在这里也可以导入花样边框，方法和前面的导入简单边框的操作完全相同。

下面随便选择几个花样边框看一看效果，如图 2-65 所示。

图 2-65

3．撕边边框

撕边边框可以说是光影魔术手提供的一种效果非常另类的图片装饰边框。不过笔者个人总觉得这类边框并不太适合做我们宝贝图片的边框，至少是不适合绝大多数卖家使用，除非你所经营的产品也是非常另类的。

单击“撕边边框”选项，会弹出“撕边边框”对话框，在这个对话框中，右侧边框的选择有“在线素材”和“本地素材”两个选项。

“在线素材”边框又细分为“推荐”、“春节”和“情人节”三种，并且我们还可以看到这些在线素材又细分为很多页，同样窗口右下角还特意加一个“下载更多撕边边框”超链接，单击它，进入光影魔术手的官网，在那里我们将会有更多的选择。

在这里要注意的是，在撕边边框对话框的左上角有一个底纹设置，在这个地方可以设置边框底纹类型、底纹颜色及边框透明度。同一个边框，在这里设置不同，最终效果也是不一样的，如图 2-66 所示。

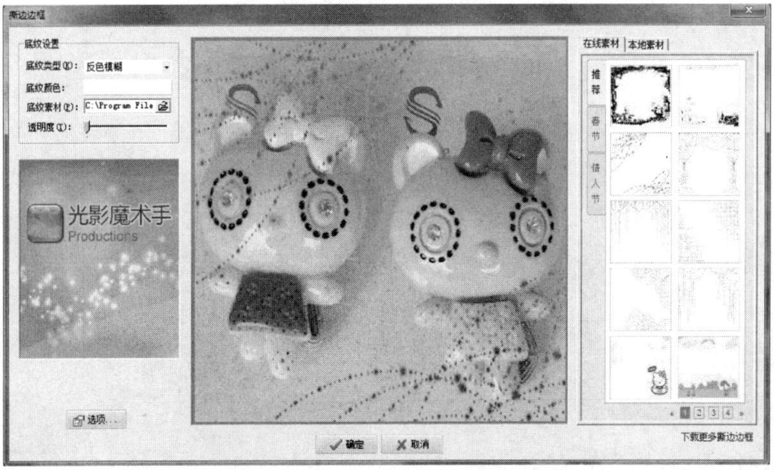

图 2-66

在这里选择撕边边框来看一看效果，如图 2-67 所示。

4．多图边框

在说明光影魔术手的多图边框之前，先来看一个在淘宝店铺中常见的宝贝细节描述图片，如图 2-68 所示。

这张宝贝的细节描述图片是由四张图片组合而成，每一张图片只是重点展示这件宝贝的某一个侧面，这样四张图片组合在一起构成一张完整的图片。通过这一张图就能从不同侧面展示宝贝细节，不仅可以让买家更集中地了解自家产品，还能减少描述图片的张数，从而减少图片空间的使用。

图 2-67

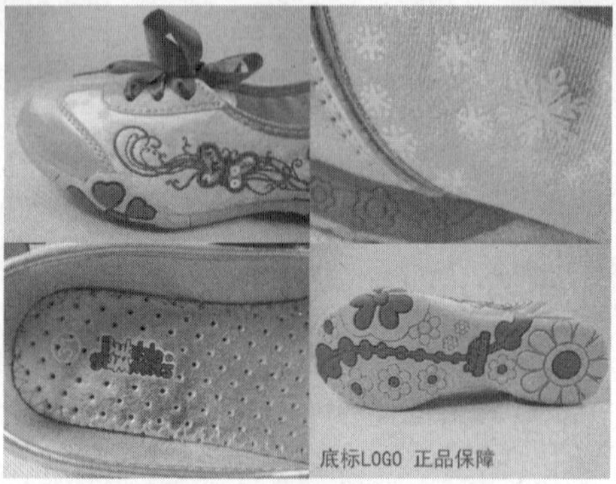

图 2-68

下面就以这个图为例来看一看如何通过光影魔术手的多图边框功能实现图像组合功能的。

当然在制作之前，首先要准备好要组合的四张细节图，并且要保证这些图片已经调整完可以直接使用，如图 2-69 所示。

用光影魔术手打开其中的任意一张图片，如图 2-70 所示。

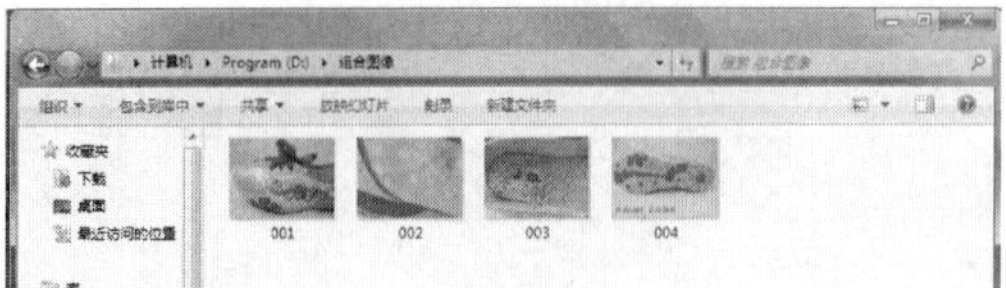

图 2-69

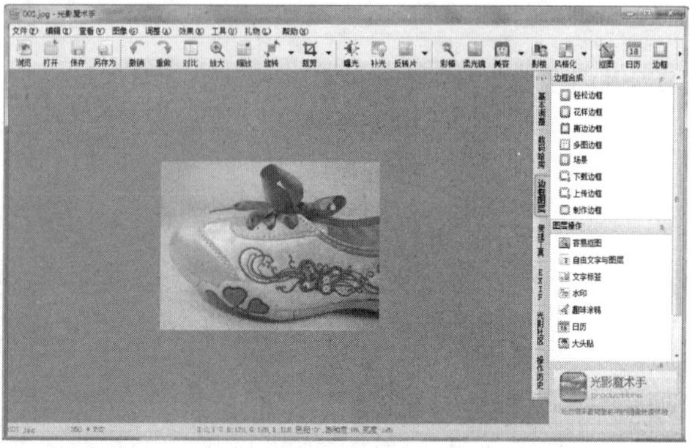

图 2-70

用鼠标单击“多图边框”选项，出现如图 2-71 所示对话框。

在“在线素材”分类中选择四图组合边框，在预览界面中出现如图 2-72 所示效果。

图 2-71

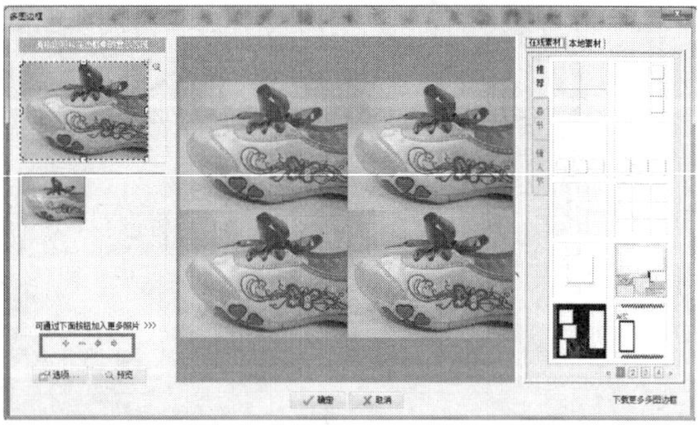

图 2-72

由于还没有把其他三张细节图片加进来，界面上四张图片是完全一样的。

在“多图边框”的左下角分别有“+”、“-”、“←”和“→”四个按钮。每按一次“+”按钮就在当前多图边框中增加一个图片，每按一次“-”按钮就在当前多图边框中减少一个图片，“←”和“→”按钮是用来调整不同图片在边框中的摆放位置。由于现在只有一张图片，所以我们现在要按“+”按钮添加另外三张图片，如图 2-73 所示。

依次增加图片，直到另外三张图片加入到边框之中，如图 2-74 所示。

图 2-73

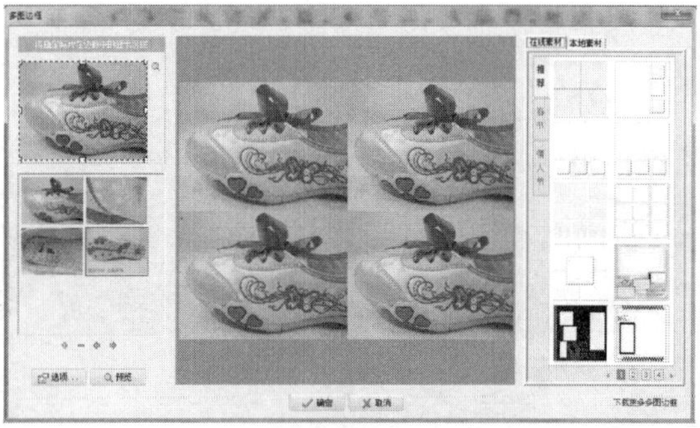

图 2-74

当把其他细节图片全部加入，并按要求摆放好，但预览窗口并没有发生任何变化，因为系统并不知道我们已经把图片添加完毕，所以现在我们要告诉光影魔术手，图片全部添加完毕，可以开始进行图像组合了。只需要用鼠标单击一下左下角的“预览”按钮就可以了，效果如图 2-75 所示。

如果你对效果还比较满意，就用鼠标左键单击多图边框对话框上的“确定”按钮，系统就会生成一张四小图组合的新图，并且将其在光影魔术手的工作窗口中显示出来，如图 2-76 所示。

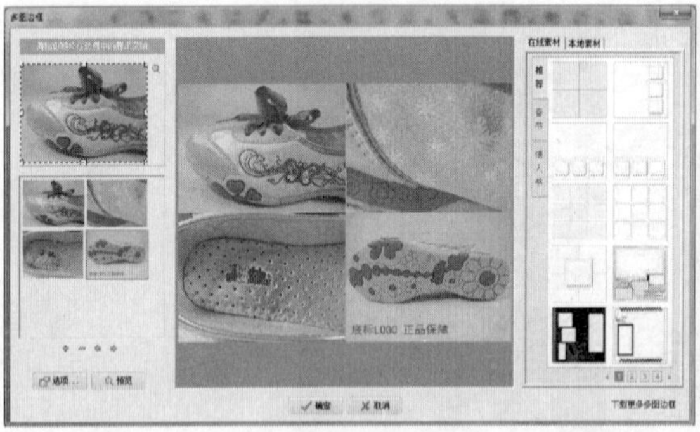

图 2-75

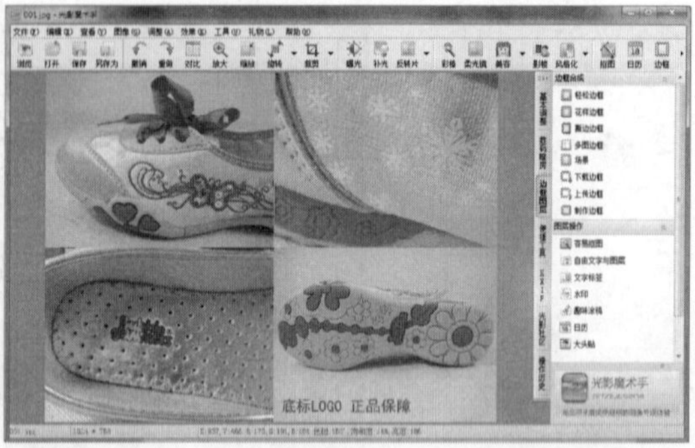

图 2-76

接下来保存我们的劳动成果，保存之后就可以使用了，就这样一个组合细节图就生成了。

当然，在多图边框中，还有很多其他边框可供选择，可以根据自己的需要选择自己认为合适的多图边框来制作属于自己的宝贝细节组合图，至于操作过程就和上面的操作大同小异，具体就要靠自己去实践。

5．场景

接下来光影魔术手最“酷”的边框就要闪亮登场了，这种边框的到底是什么样子，一起来领略一下。

首先，还是用光影魔术手打开需要增加边框的图片，如图 2-77 所示。

用鼠标单击“场景”按钮，系统就会弹出“场景”对话框，从这个对话框中可以看出，“场景”也允许同时增加多个图片，让这几个图片同时出现在一个场景之中，这有点类似多图边框，如图 2-78 所示。

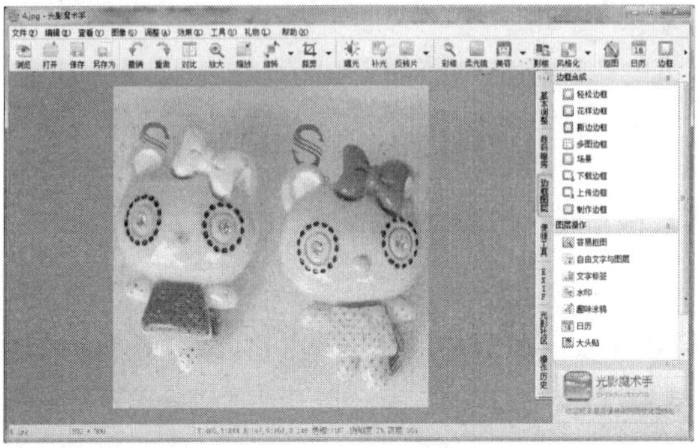

图 2-77

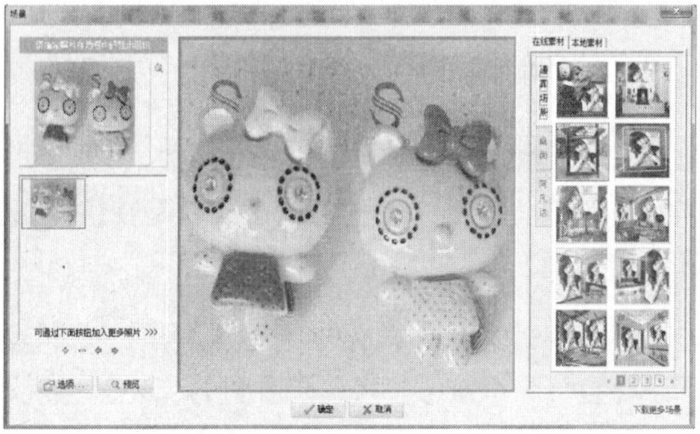

图 2-78

在光影魔术手所提供的场景中选择几个样式，看一看效果到底有什么不同，如图 2-79 所示。

图 2-79

2.3.3 给宝贝图片盖“公章”

经过我们的一番努力，宝贝图片已经是近乎完美。但是自己精心处理的宝贝图片上传之后被别人盗用怎么办？可以为自己的宝贝图片加上水印！把水印加在我们的产品图片之上，不仅可以让我们的宝贝图片更生动，让更多顾客记住我们的网店，而且还可以增加其他卖家盗图的难度，真是一举多得！

在光影魔术手中，如何为图片添加水印？当然，添加水印的目的，一是为了增加别人盗用我们图片的难度，另外可能还会起到一定的宣传作用。既然出于这种考虑，我们就不能随便找一个图片作为水印，一般都是要用工具软件（以 Photoshop 居多）制作一个水印文件，然后保存下来。在这里一定要提醒各位读者：在制作水印文件时，背景一定是透明的，并且保存为 PNG 格式或 GIF 格式的。

当水印制作完毕后，在光影魔术手中如何将制作的水印添加到图片上呢？

首先，还是用光影魔术手打开需要添加水印的宝贝图片，如图 2-80 所示。

然后在光影魔术手的菜单中或者是在快捷工具栏中单击“水印”选项，弹出如图 2-81 所示“水印”对话框。

从这个“水印”对话框中不难看出，光影魔术手可以让我们为一张图片同时最多添加三个水印，并且每一个水印都可以单独进行指定。系统默认情况下只是增加一个水印，那就是“水印①”。另外你还可能注意到了，水印①下的“插入水印标签 1”复选框处于勾选状态，这就表明当前是第一个水印。

图 2-80

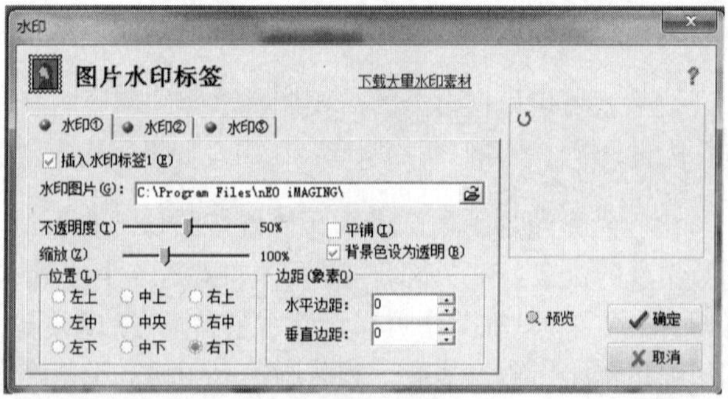

图 2-81

单击“水印图片”列表框的下拉按钮，如图 2-82 所示。

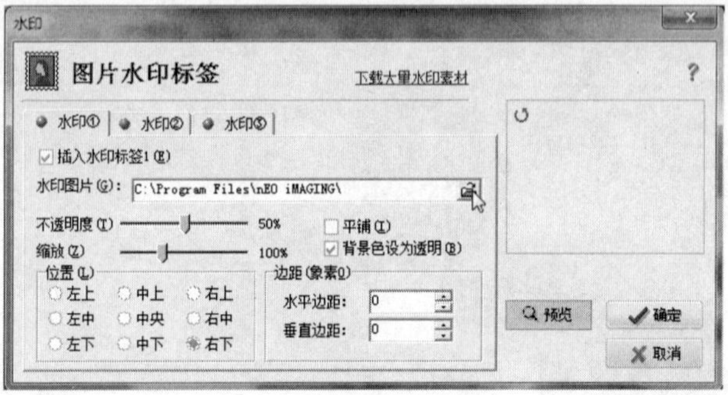

图 2-82

弹出“请指定签名图片”对话框，在此对话框中找到自己事先制作好的水印文件，并单击“打开”按钮，如图 2-83 所示。

图 2-83

此时，我们制作的水印就会出现在“水印”对话框中。

之后就可以根据自己的需要调整水印的不透明度和水印的大小了，调整完毕后，可以单击“预览”按钮，看一看我们所加水印的效果。如果不满意就继续调整，一直到合适为止，如图 2-84 所示。

由于光影魔术手默认将水印放置在图片的右下角，其实我们可以根据自己的需要来指定水印图片出现的位置。在“水印”对话框中共有 9 个位置可供选择。另外，在对话框中还有一个“边距（像素）”设置框，在其中可以设置水平和垂直边距，这又是干什么用的呢？其实这里的边距是以我们所设定水印位置为基准，然后调整水印相对于基准点的水平和垂直距离。

设置完毕并达到了自己满意的结果就可以单击“确定”按钮，完成水印的添加了。好了，下面看一看效果，如图 2-85 所示。

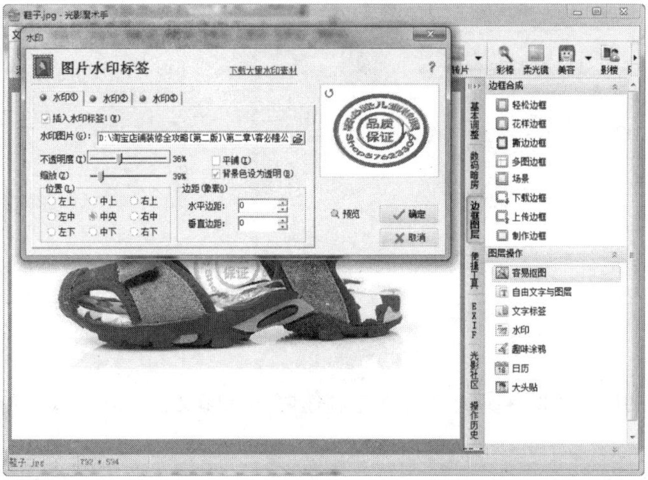

图 2-84

图 2-85

看到这里，可能有读者会问，我不会使用 Photoshop，当然也就没有事先做好的水印图片，是不是就不可以添加水印了？不用着急，如果你不会使用 Photoshop，那也只是说不能自行制作水印文件，从而也就不能把自己所制作的水印文件增加到宝贝图片之上，但我们在光影魔术手中还可以添加文字水印。

可以在光影魔术手菜单栏“工具”菜单里找到“文字标签”命令。其实在软件界面右侧浮动工具面板中也有它的身影，如图 2-86 所示。

单击“文字标签”选项，就会弹出“文字标签”对话框，如图 2-87 所示。看看这个对话框，是不是有似曾相识的感觉？这和我们上面图片水印的对话框非常类似，并且在这里，光影魔术手竟然可以让我们同时增加 5 个文字水印，每一个文字水印都可以单独指定，当然系统默认只是插入“标签①”。

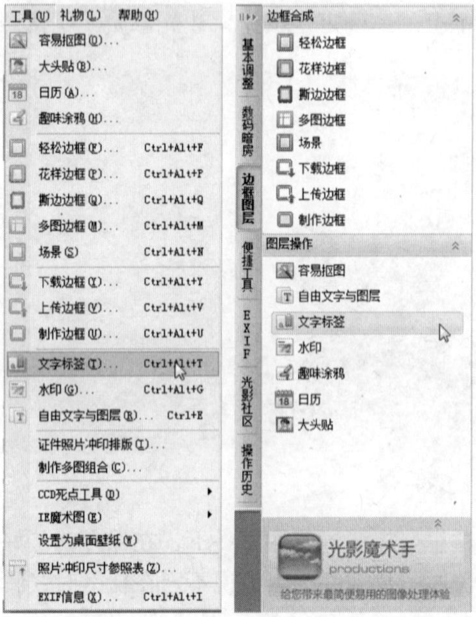

图 2-86

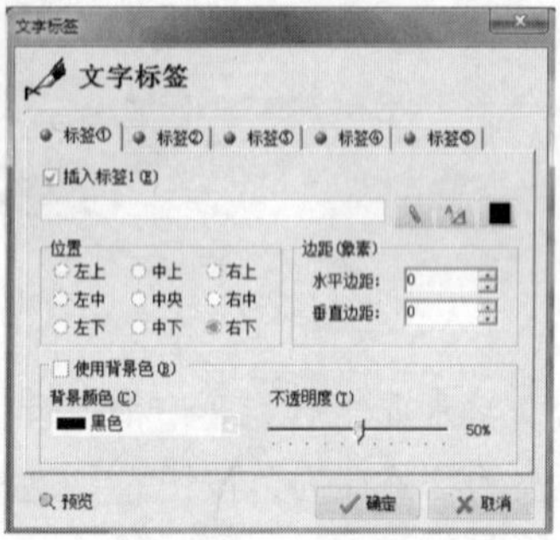

图 2-87

在这里可以输入我们要插入的文字、改变文字字体及颜色，还可以指定文字水印出现的位置及其透明度。这里加入了两个文字标签，第一个是我的淘宝旺旺名“客必隆鞋城”，第二个是我的淘宝店址 http://shop57623309.taobao.com，并设置了这两个文字标签文字颜色、字体及文字标签出现的位置，接着预览一下效果，如图 2-88 所示。

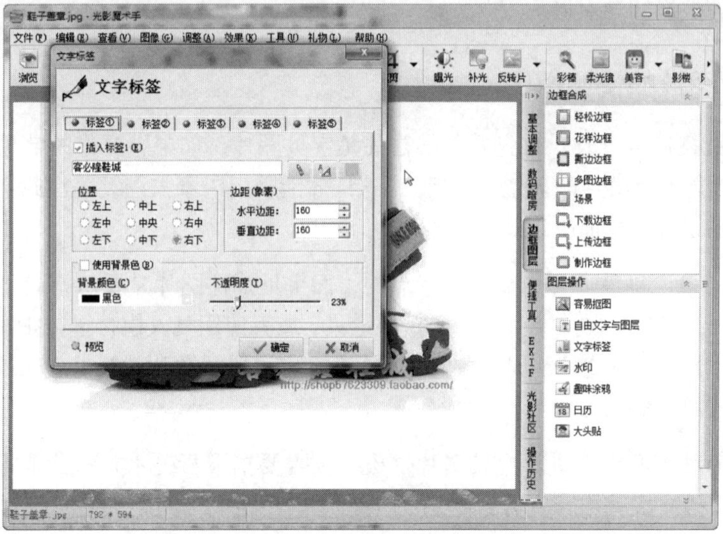

图 2-88

如果效果合适，就单击“文本标签”对话框上的“确定”按钮，让光影魔术手按照我们的设计来生成文本标签。

最终效果如图 2-89 所示。

图 2-89

生成文字水印之后，要记得保存一下！在这里要提醒读者注意一下，在保存时最好是单击快捷工具栏上的“另存为”按钮，这样不会覆盖原图片文件。因为说不定在什么时候我们还需要使用这张原图。

现在我们总算可以初步防止别人盗用我们的图片，至少别人再盗用我们的图片，是不能直接使用的，因为在图片上有我们店铺的名称，如果他直接使用，那对我们来说就是一种免费宣传。

如果所加的水印和宝贝主体结合得非常紧密，并且图案还很复杂，那么盗图者即使想处理掉这个水印，也得大费一番周折，假如盗图者的图片处理技巧不高，他即使下工夫，效果也可能很差，这样一来就可以使他们知难而退。

2.3.4　图片的快速抠图

买家进入店铺挑选宝贝时，首先看到的往往是宝贝图片，如果想要你的宝贝能吸引住买家，那宝贝图片一定要能非常好地凸显宝贝的特点，这样才能吸引买家去继续关注此宝贝的细节描述图片，加深对宝贝的了解，从而决定购买。

纯白色背景应该说是最适合凸显宝贝特点的，而宝贝描述图片是要从不同角度展示宝贝，并且为了达到某种效果，有时在拍摄时还需要搭配道具，或者使用真人模特进行拍摄，此时当然就不适宜使用纯白色背景。基于这种情况，在发布宝贝时，宝贝展示图片就要处理成纯白色背景，而宝贝描述图片就保留原有的拍摄背景。

这是不是就意味着我们在进行宝贝图片拍摄时，需要拍摄两次才能满足需要呢？一次用纯白色背景进行拍摄，另一次就用真实背景进行拍摄？这里存在一个问题，纯白色背景图片的拍摄是需要具有一定的拍摄技术的人才可以胜任，并不是所有的人都可以拍摄的。

如图 2-90 所示，这是拍摄的一张纯白色背景的图片。虽然是纯白色的背景，但最终给我们的感觉是灰色的背景。所以对于一般卖家来说，还是首先拍摄好宝贝描述图片，然后再来利用拍摄好的图片制作纯白色背景的宝贝图片。当我们的拍摄技巧积累到了一定的高度，再来尝试拍摄这种纯白色背景的图片吧！

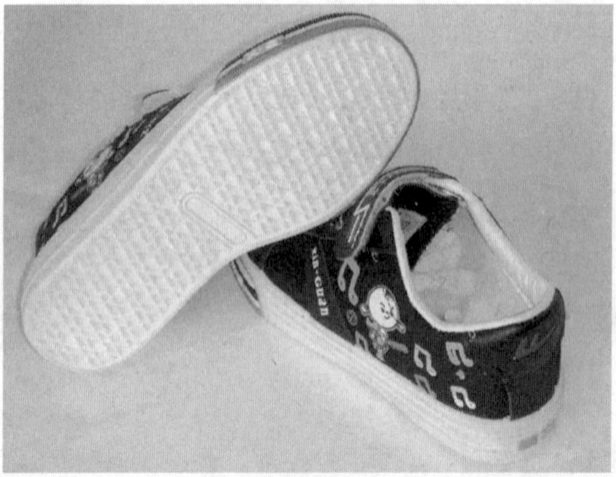

图 2-90

那么如何把有背景的图片处理成纯白色背景图片？可以利用光影魔术手所提供的工具把宝贝从背景图片中抠取出来，然后将它放在纯白色背景上。

下面具体介绍如何利用光影魔术手提供的工具来进行抠图作业，完成纯白色背景图片的制作。

在抠图之前，首先要打开光影魔术手，如图 2-91 所示。

在工具栏中单击“抠图”按钮，此时光影魔术手就会弹出一个“容易抠图”对话框，如图 2-92 所示。

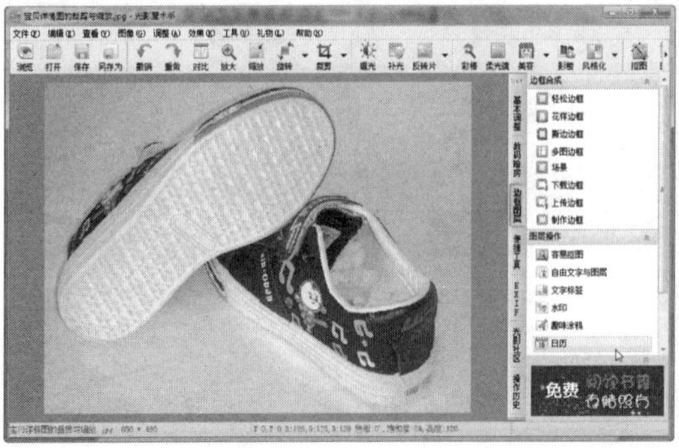

图 2-91

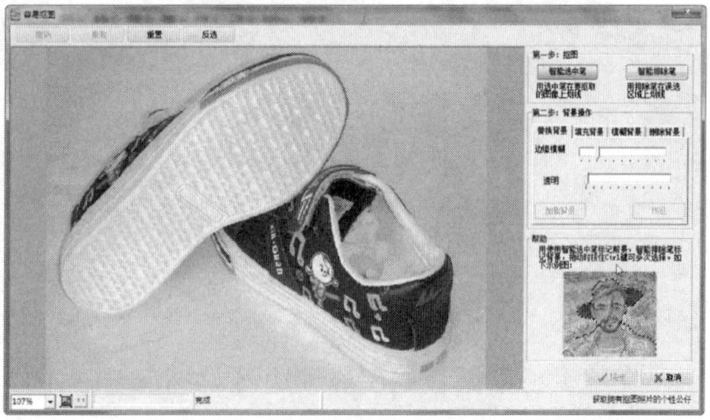

图 2-92

在此对话框右边部分可以清楚地看到，利用光影魔术手进行抠图只需要简单的两步操作就行了。

第一步抠图，如图 2-93 所示。

图 2-93

从上面的介绍中可以知道，要分别利用两种笔形工具来在图片上确定什么区域需要选取，什么区域需要排除。在这里，利用笔形工具进行区域选择时，在边缘部位一定要小心操作，否则就会造成主体部分内容的缺失，如图 2-94 所示。

第二步背景操作。在这里，光影魔术手会提供以下几种选择，如图 2-95 所示。

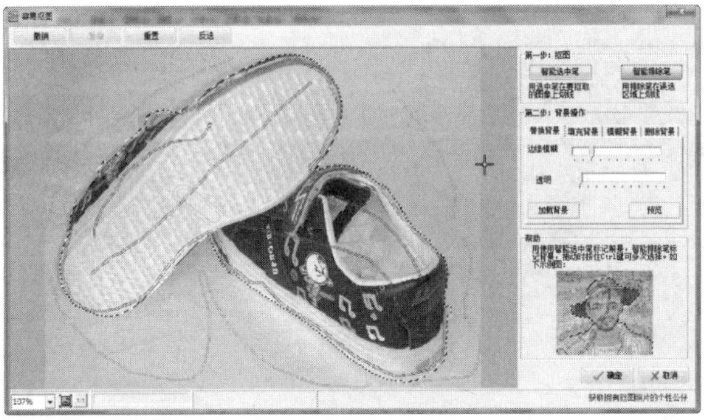

图 2-94

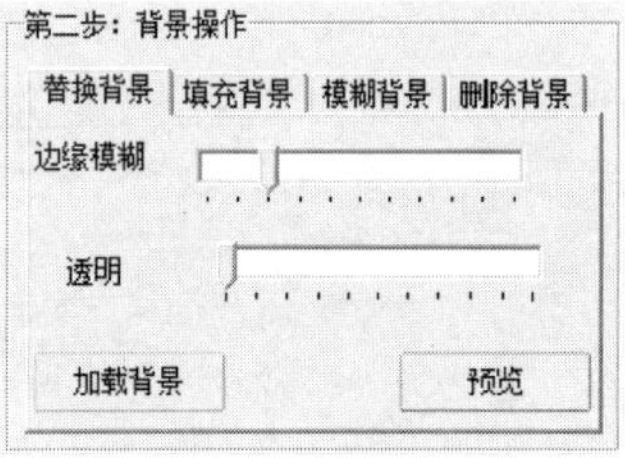

图 2-95

- 替换背景：也就是我们自己事先找好一张背景图片，单击“容易抠图”对话框上的“加载背景”按钮，系统就会弹出一个名为“打开”的对话框，如图 2-96 所示。

选中背景图片并打开，就可以看到添加背景之后的效果，如图 2-97 所示。

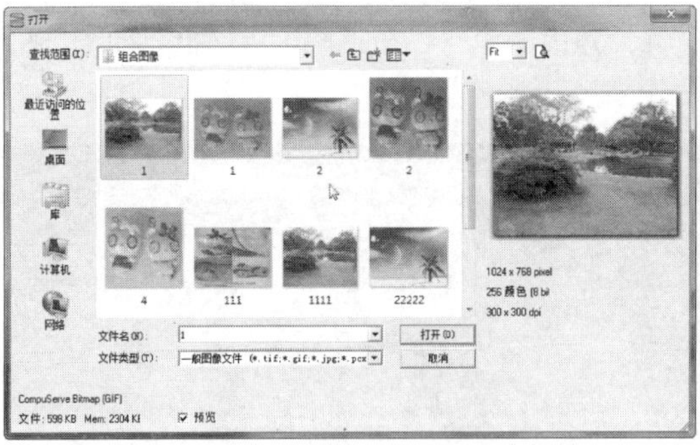

图 2-96

图 2-97

在这里可以调整透明度和边缘模糊值，让图片和背景更好地融入在一起。设置完毕之后，单击“确定”按钮即可。

- 填充背景：也就是让我们自主选择要填充的背景颜色，然后系统就会把抠出的图像放在所设置的背景色之上，如图 2-98 所示。

如何更改颜色？单击如图 2-98 所示的“选择颜色”按钮，弹出“颜色”对话框，如图 2-99 所示。

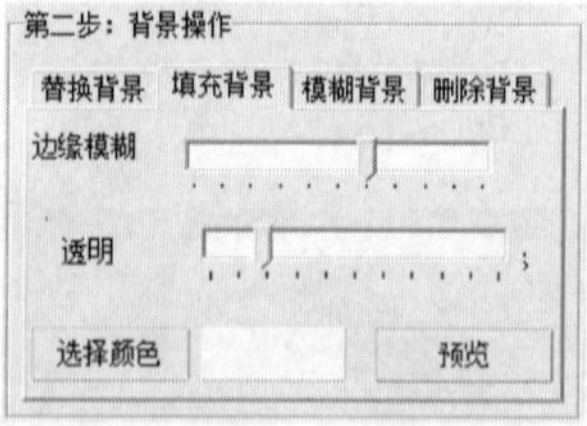

图 2-98

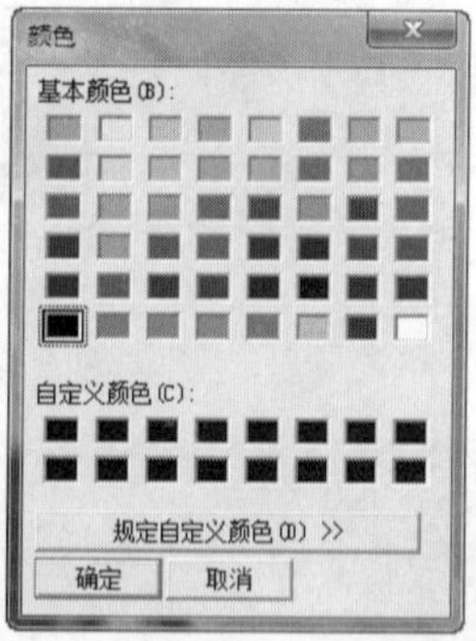

图 2-99

在这里选择自己所需要的颜色，当然如果觉得系统的基本颜色不适合自己，自定义颜色也可以，我们现在是要将背景处理成纯白背景，那么只需要选择白颜色，然后单击对话框上的“确定”按钮即可。

单击“确定”按钮之后，就会返回“容易抠图”对话框，此时就可以看到“选择颜色”按钮的旁边的图标颜色变为白色，如图 2-100 上标注位置处所示。

此时表明已经成功选择了白色作为背景色，单击“预览”按钮看一看效果，如图 2-101 所示。

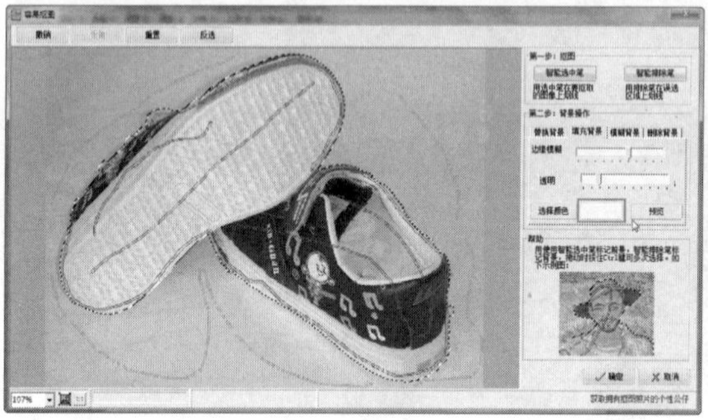

图 2-100

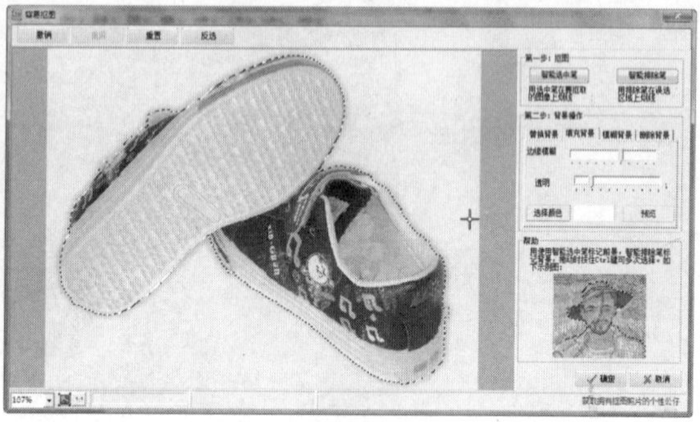

图 2-101

如果觉得效果不错，就直接单击“确定”按钮完成纯白背景的图片制作，此后只需要将该图片保存下来就可以使用了，如图 2-102 所示是保存之后的预览图。

- 模糊背景：这种操作主要是将我们所排除的背景区进行模糊处理，以达到弱化原有背景的目的。这里只需要调整两个参数，一个是边缘模糊，另一个就是强度，如图 2-103 所示。

下面看一看这种模糊背景有什么效果，如图 2-104 所示。

图 2-102

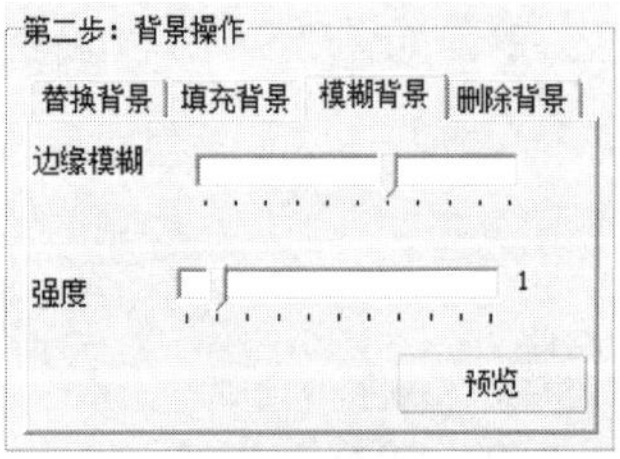

图 2-103

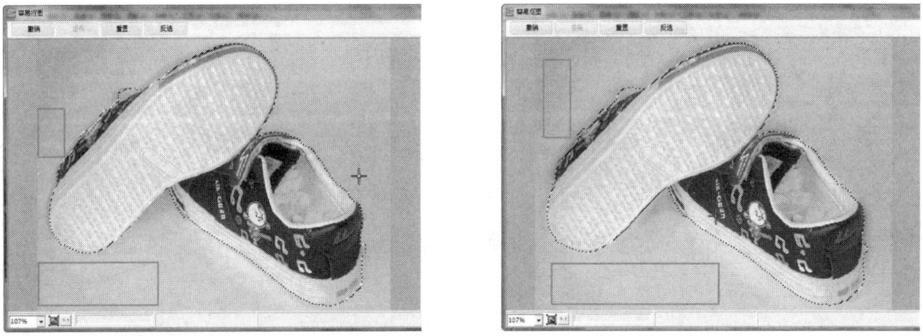

调整前　　调整后

图 2-104

• 删除背景：也就是把当前图片的背景区删除，看一看具体效果，如图 2-105 所示。

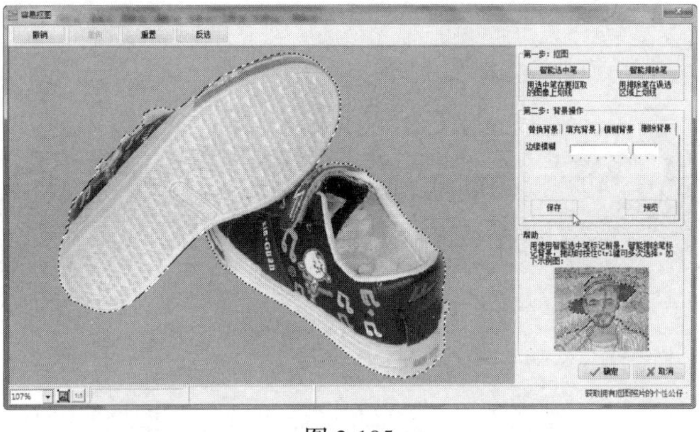

图 2-105

2.3.5 图片批量处理

作为淘宝卖家来说，由于店里的商品更新非常快，如果每次都这样去费时费力地处理一张张图片，确实是一件非常让人头痛的事儿。

利用光影魔术手的“批处理”功能可以进行批量图片处理。

NO.1：正常启动光影魔术手，单击“文件”菜单项，在弹出的下拉菜单项中可以看到“批处理”菜单命令，如图 2-106 所示。

在光影魔术手的工作窗口中弹出一个“批量自动处理”对话框。在这个对话框中，有三个页面，分别是“照片列表”、“自动处理”和“输出设置”，如图 2-107 所示。

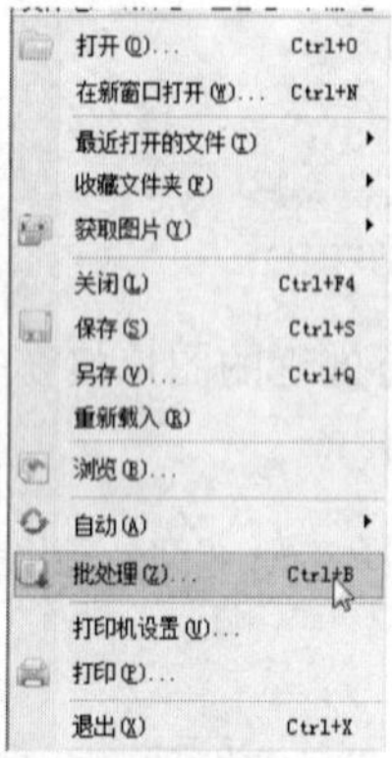

图 2-106

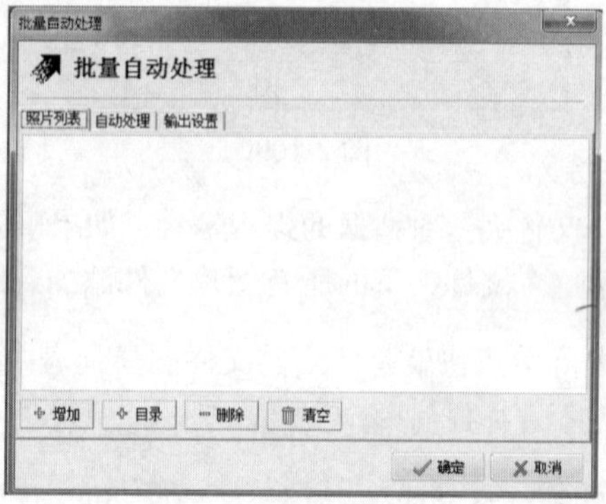

图 2-107

NO.2：在“批量自动处理”对话框中，显示当前页面是“照片列表”，并且在列表空白区下面有一行按钮，分别为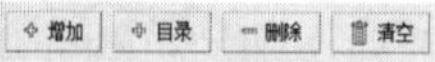，当单击“增加”按钮时，此系统会弹出“打开”对话框，在这个对话框中可以选择一个或多个图片文件。假定在这里我们选定三个图片文件，选择完毕单击“打开”按钮，如图 2-108 所示。

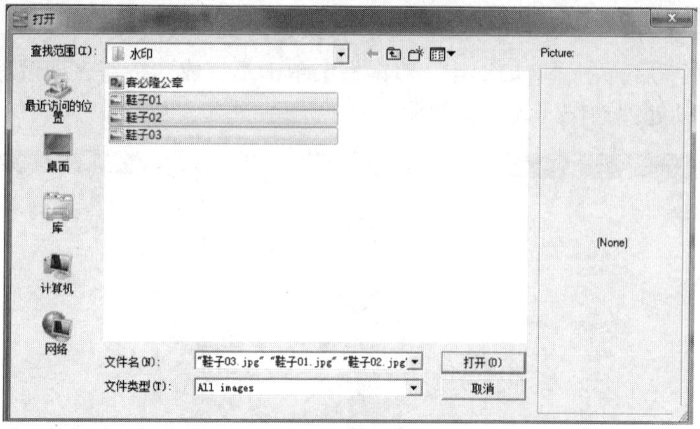

图 2-108

此时会发现，我们刚才所选择的三个图片已经出现在图片选择列表中了，如图 2-109 所示。

当然，如果单击“目录”按钮，会弹出如图 2-110 所示对话框。

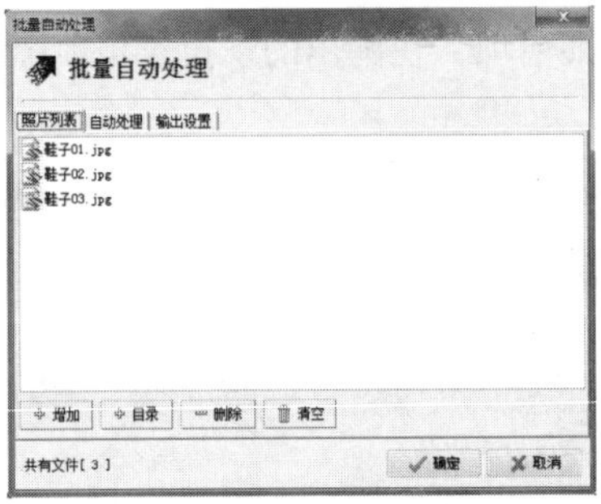

图 2-109

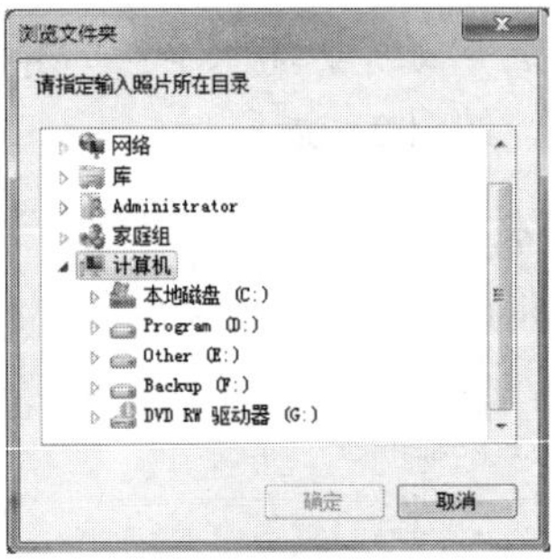

图 2-110

从“浏览文件夹”对话框的提示来看，如果事先把要批量进行处理的图片放在一个文件夹中，现在就可以把这个文件夹下的所有图片文件添加到图片选择列表中。

至于“删除”按钮就是从当前文件选择列表中清除某一个选择，而“清空”按钮就是清除当前文件列表，不选择任何一个文件。

NO.3：图片选择完毕后，在“批量自动处理”对话框中单击“自动处理”选项卡，对话框就会变成如图 2-111 所示的效果。

单击“+”按钮，此时会弹出“增加动作”对话框，在这个对话框中可以选择所需要对图片进行处理的动作，并通过单击对话框中的“增加”按钮将所选动作添加自动处理动作列表中，也可以通过双击所选动作将该动作增加到自动处理动作列表中。

当然，在选择动作之前，先要规划好批量处理图片的先后顺序，然后进行选择。根据单张的图片处理，这里把这批图片的处理就按先后顺序依次定为“缩放尺寸”、“数码补光”、“轻松边框”和“水印”。选择完毕后，在“增加动作”对话框中单击“完成”按钮，即可返回，此时所选择的动作已经出现在自动处理动作列表中，如图 2-112 所示。

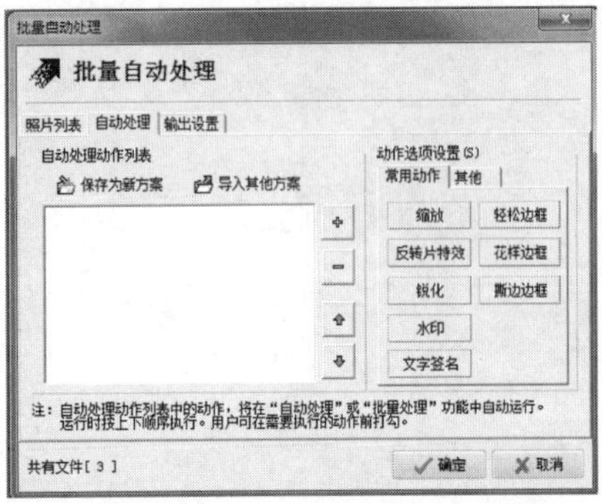

图 2-111

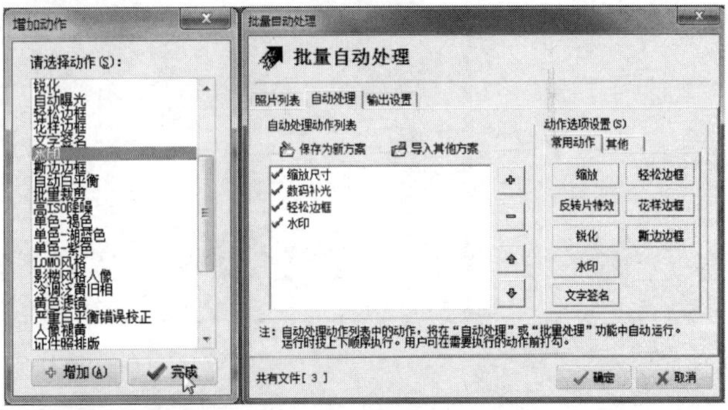

图 2-112

NO.4：动作全部加载完毕之后就要分别为每个动作进行设置。在什么地方进行动作设置呢？在批量自动处理窗口右侧中可以看到动作选择设置。在这里就按照列表依次单击相应的按钮。首先单击“缩放”按钮，在弹出的“批量缩放设置”对话框中按要求进行设置，如图 2-113 所示。

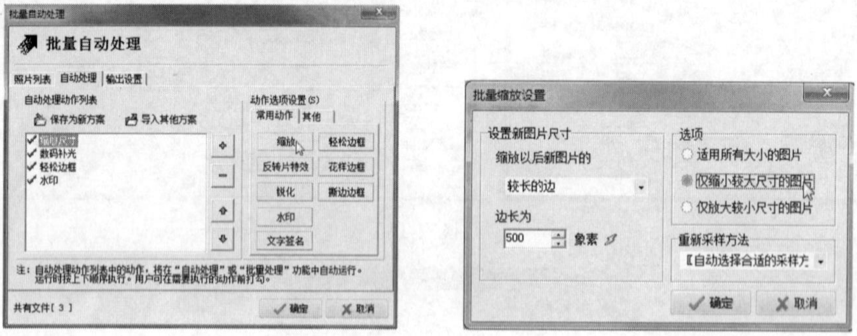

图 2-113

NO.5：由于数码补光是系统自动处理，不需要我们设置任何参数，所以在动作选项设置里也就没有出现。因而可以直接进行下一个动作的设置。由于下一个预设动作是“轻松边框”，只需要单击“轻松边框”按钮，在弹出的“轻松边框”对话框中选择我们喜欢的边框，并单击“确定”按钮，完成边框的预设，如图 2-114 所示。

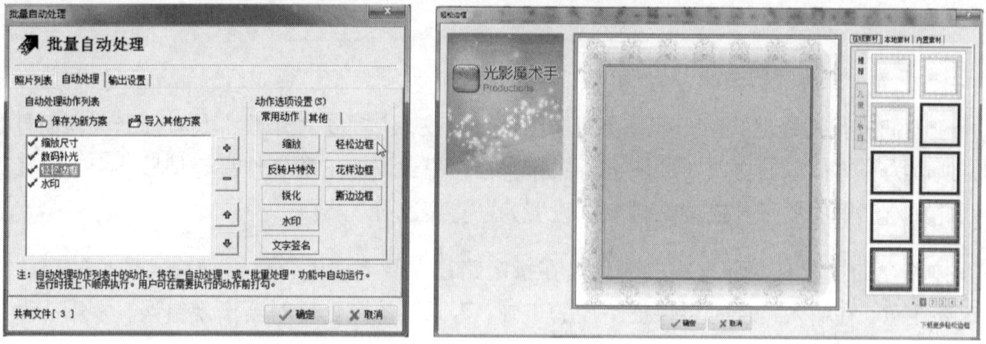

图 2-114

NO.6：接下来再设置“水印”。在动作列表中选择“水印”选项，然后在常用动作中单击“水印”按钮。在弹出的“水印”对话框中，完成水印的设置，设置完毕后单击“确定”按钮，如图 2-115 所示。

NO.7：水印设置完毕之后，在“批量自动处理”对话框中单击“输出设置”选项卡，如图 2-116 所示，从这里可以指定处理完毕后的图片的存放位置及文件名，还可以选择当同名文件存在时的处理方式及批处理之后的文件输出格式，如图 2-116 所示。

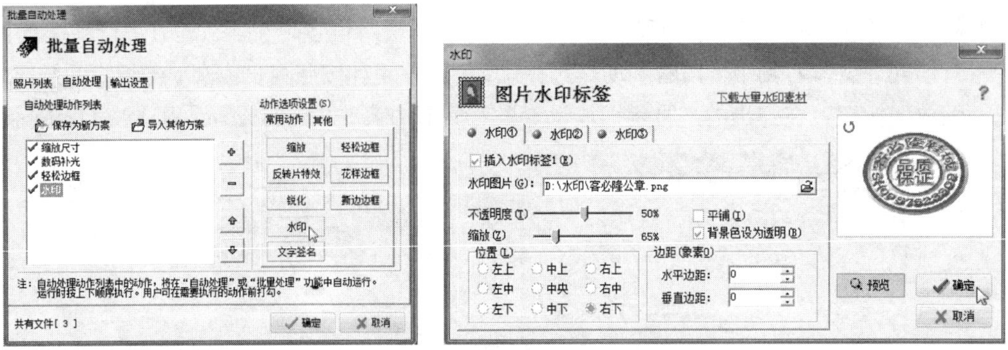

图 2-115

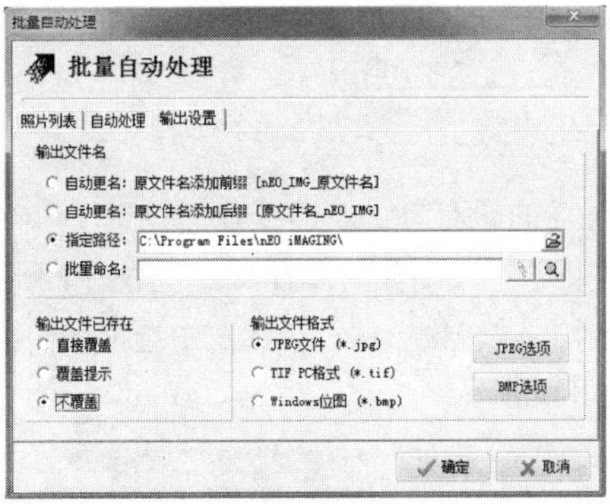

图 2-116

由于我们进行批处理的动作都是要对原图进行修改，并且这种修改都是有损修改，而且是不可逆的，所以为了方便以后再次对原图进行操作，在这里建议输出的文件最好是另外指定路径进行保存，因此在对话框中关于“输出文件名”设置为“指定路径”。

具体路径的指定有两种方式，一种是在指定路径左侧空白区自己手动输入图片的存放路径，但一定要注意，在输入路径时要保证路径的正确，否则系统在处理时会出现错误。另外一种方式是可以单击指定路径选项最右侧的类似文件夹标志的按钮，此时系统就会弹出“浏览文件夹”对话框，在这个对话框中可以直接选择文件要存储的位置。两种方法对比，会发现使用后一种方式应该是一种最好的选择，如图 2-117 所示。

至于输出图片格式，在对话框中虽然有三种选择，但一般都采用的是 JPEG 格式，因为这种格式的特点是可以在最大压缩的情况下最大限度保持原图的色彩信息。如果选定为 JPEG 格式，在这里就可以单击“JPEG 选项”按钮，在弹出的“保存图像文件”对话框中对生成的 JPEG 文件的质量和大小进行设置，当然也可以在这里对生成的每一个 JPEG 文件的大小进行统一限制，这样就可以保证生成的文件大小都是一致的，如图 2-118 所示。

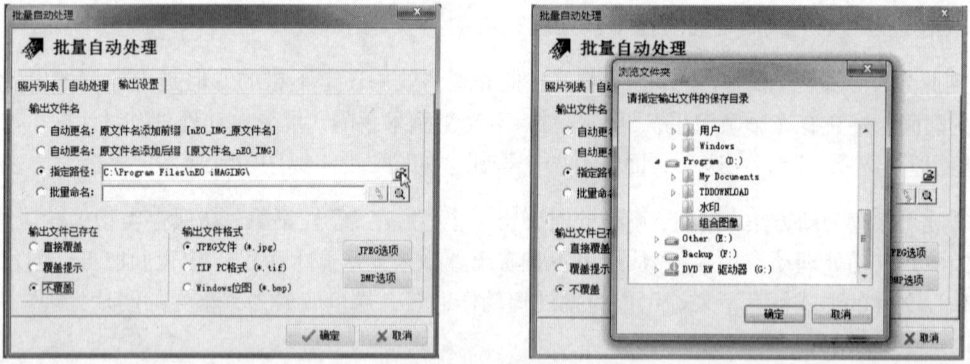

图 2-117

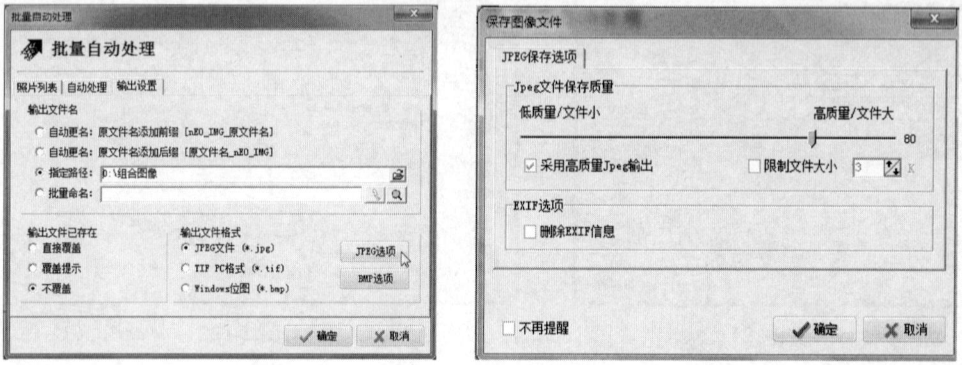

图 2-118

当“输出设置”选项中的内容设定完毕后，下面就可以单击“批量自动处理”对话框中的“确定”按钮，之后系统就会自动把选择的图片按照预选的动作进行批量处理，并且处理完毕后也会按照生成的文件输出到指定位置。我们现在要做的就是等待，如图 2-119 所示。

批处理的速度很快，3 秒的时间就完成了 3 张图片的处理，如图 2-120 所示。

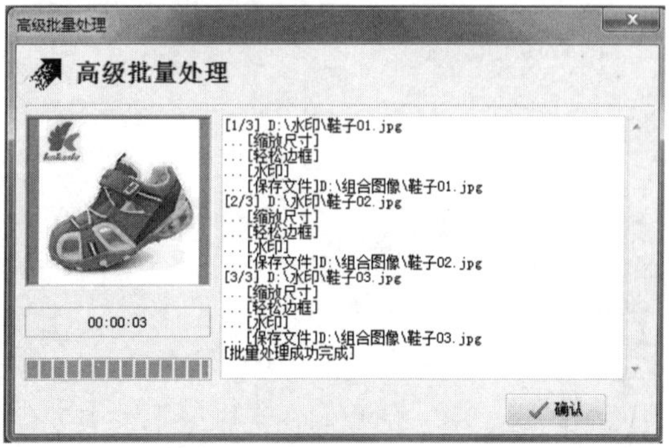

图 2-119

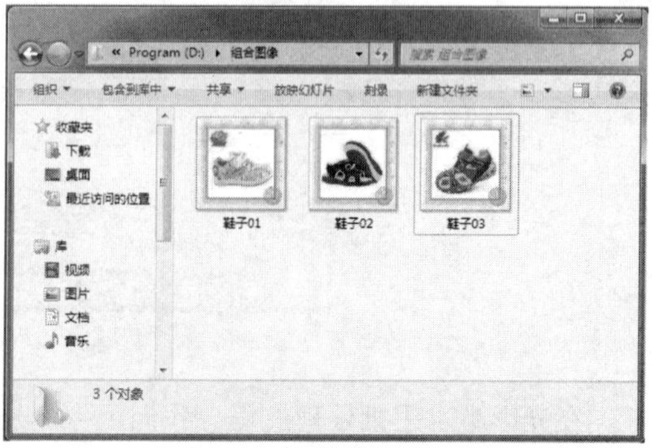

图 2-120

在指定的目录中我们看到图片都被处理完毕。

到此为止，批处理才算是真正结束了！批处理的效果还是不错的，但是批处理的设置也得花很长的时间。好在有光影魔术手，再仔细看一下光影魔术手的“批量自动处理”对话框，当切换到“自动处理”选项卡时，在这个页面中有两个按钮，如图 2-121 标注位置所示。

单击“保存为新方案”按钮，系统此时弹出一个“另存为”对话框，在保存类型中默认为“nEO iMAGING 自动处理动作列表”，从这里不难看出，原来光影魔术手可以让我们把自己创建的批处理动作以文件的形式保存下来。可以为批处理动作取名，这里取名为“小吴的图片处理”并保存，如图 2-122 所示。

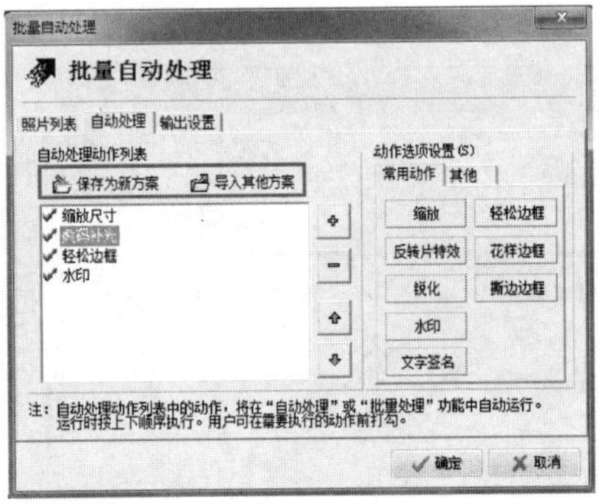

图 2-121

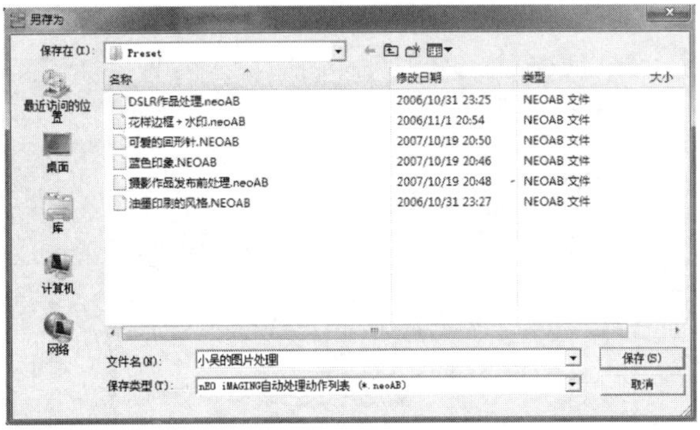

图 2-122

再单击“导入其他方案”按钮，此时系统会弹出一个名为“打开”的对话框，如图 2-123 所示。在此对话框中我们可以看到刚才保存的那个文件！下次如果再进行同样的操作，只需要选择要处理的图片，把这个我们自设的预定方案直接导入就可以投入使用了。

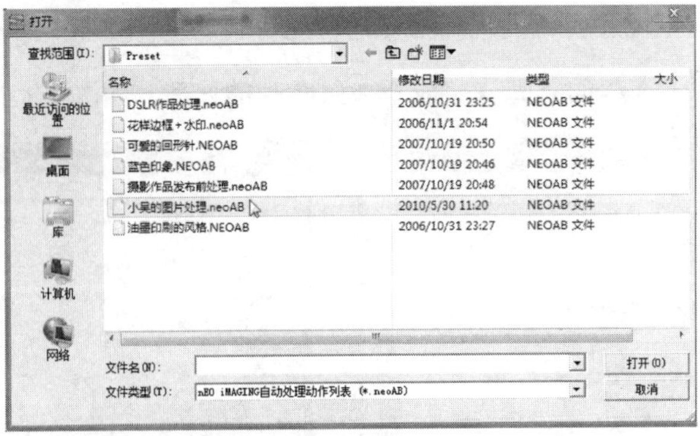

图 2-123

在光影魔术手批处理过程，我们至少能发现有两个问题。第一是我们在光影魔术手中进行批处理中，没有增加图片的裁剪动作，可图片的裁剪是我们在批处理前要最先处理的！这是为什么呢？

是不是批处理功能不能进行图片的裁剪呢？

其实批处理功能也支持图片的裁剪，在“批量自动处理”对话框的动作选项设置的其他选项中就有批量裁剪，如图 2-124 所示。

单击“批量裁剪”按钮，系统弹出一个名为“批量裁剪设置”的对话框，在这个对话框中可以设置图片的裁剪比例，这里的裁剪都是按固定好的比例进行裁剪的，对于卖家来说，宝贝图片裁剪有时并没有什么固定的比例，最好是进行自由裁剪，而这里并没有自由裁剪的选项，所以说批处理这个功能虽然很适用，但并不意味着所有的动作都可以交给系统自动处理的。换句话说，我们在使用光影魔术手的批处理功能时，可能也是要对图片先进行一些预处理，这样才能得到一个满意的效果，如图 2-125 所示。

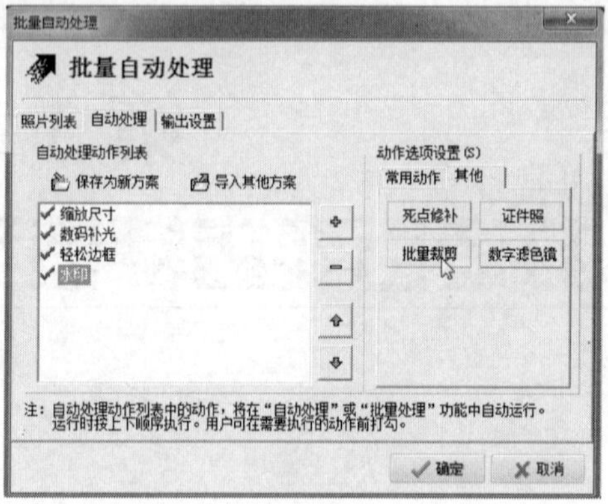

图 2-124

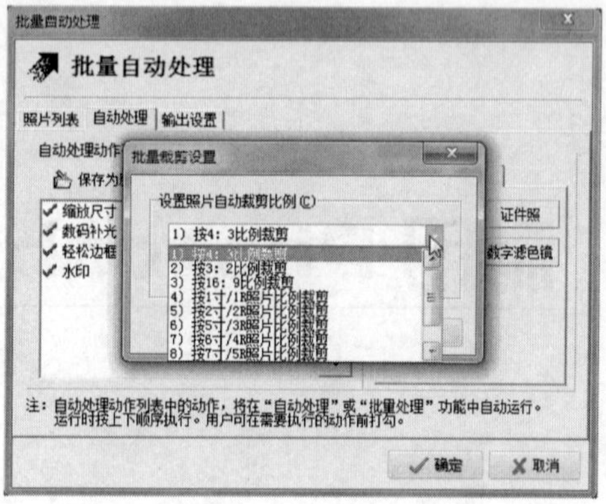

图 2-125

第二个问题是由于批处理是光影魔术手按照我们的预先设置，只会机械地从头到尾依照统一的标准对所有的图片执行完全相同的操作，它对于待处理图片的具体情况是不了解的，如果待处理的图片拍摄时间不同，成像条件不一样，那么进行批处理所生成的图片效果就可能有很大的差异，甚至可能出现越处理效果越糟糕的情况。

鉴于此种情况，建议在使用批处理时一定要保证待处理的图片色彩的偏差不是很大，也就是说尽量是同一批拍摄的图片放在一起进行批处理，这样才能达到理想的效果。

工具毕竟是工具，它不是万能的，它只能在某种程度上减轻我们的负担，千万不要把自己所用的希望都寄托在工具上，否则期望越高，失望就会越大！

第3章 利用 Photoshop 打造百变店铺造型

在第 2 章中读者了解了光影魔术手，也学会了如何利用光影魔术手对店铺中要使用的宝贝图片进行处理。但是不知读者有没有这样一种体会：虽然光影魔术手在一定程度上能够完成图片的调整，但是不能让我们在图片编辑时自由发挥及创造性地设计所需要的图片。

其根本原因就在于光影魔术手只是一个面向大众、主要针对数码照片的调整工具，它并不是真正意义上的图片编辑工具。但事实上在很多情况下，淘宝卖家也需要对图片进行深层次的加工（比如在店铺中制作促销的创意广告），此时就需要一些专业的图像处理软件了。

至于该选择哪一个图像编辑软件，那一定是非 Photoshop 莫属了。Photoshop 是集图像扫描、编辑修改、图像制作、广告创意、图像输入与输出于一体的图形图像处理软件，深受广大平面设计人员和计算机美术爱好者的喜爱，它目前是世界上公认的功能最强大的图像编辑软件。

Photoshop 从诞生到现在已经经历了很多版本，作为淘宝卖家，对于 Photoshop 的选择并不一定要求是最新版本，因为版本越高，就意味着其对计算机的配置要求越高，适合才是最好的，特别是在 Photoshop 最近几个版本中，关于图像编辑的功能大体相同，只是做了一些细微的调整，使用方法都是差不多的，所以用哪个版本的 Photoshop 都可以。本书所采用的版本是 Photoshop CS4，如图 3-1 所示。

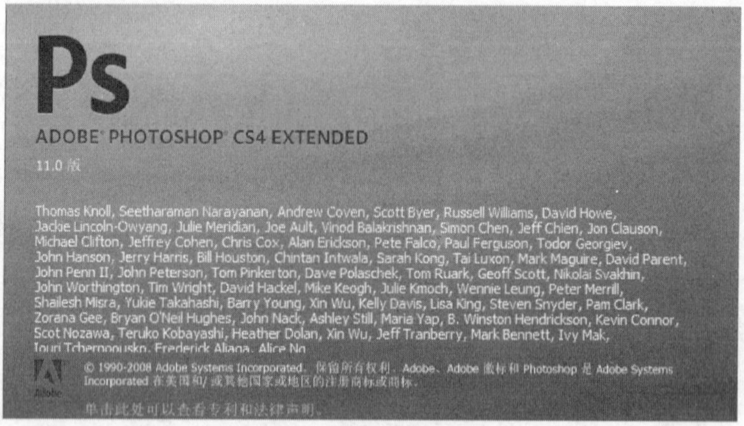

图 3-1

3.1　Photoshop 基本知识

3.1.1　界面介绍

运行 Photoshop 后，可以看到如图 3-2 所示的工作界面。整个工作界面由六部分构成：菜单栏、工具选项栏、工具箱、图形工作区、控制面板及状态栏。

图 3-2

当 Photoshop 启动之后，一些常用的面板就已经显示在工作界面中，并且窗口右侧的面板可以通过窗口菜单来进行指定，如图 3-3 所示。

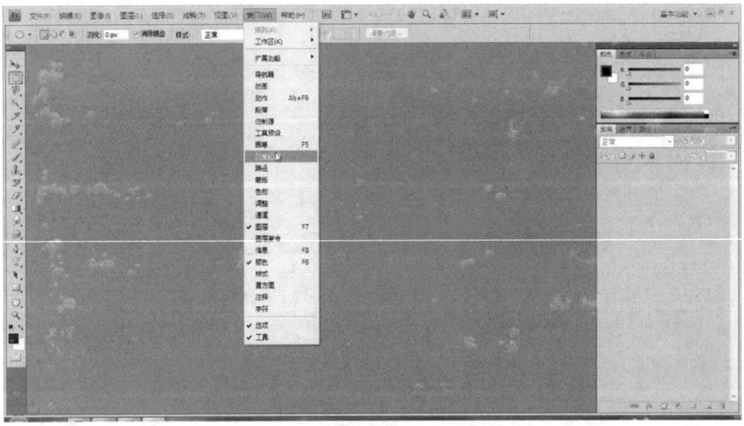

图 3-3

在此菜单中，凡是菜单项之前有✔标记的，都是已经显示在当前工作窗口中面板，没有✔标记的就是面板没有显示在当前工作窗口中。可以通过鼠标单击此菜单项来决定是否显示该面板，如果该菜单项之前没有✔标记，单击一下，就会在此菜单项前增加一个✔，表明在当前工作窗口中要显示这个面板；如果该菜单项之前有✔标记，单击一下，就会取消此菜单项之前的✔标记，这就表明在当前工作窗口中隐藏这个面板。

我们可以按照自己的工作习惯来设置工作窗口。下面介绍 Photoshop 的各个面板。

1．菜单栏

和以前的版本相比，Photoshop 的菜单栏发生了很大的变化，现在菜单栏位于整个工作界面的最上方，它由四部分组成，如图 3-4 所示。由于这个区域比较长，下面分别进行说明。

图 3-4

菜单栏的第一部分如图 3-5 所示。

图 3-5

这里集成了 Photoshop 所有不同功能指令的菜单，事实上也是以前版本的菜单栏。可以根据自己的需要在其中进行相应的选择，选择之后，Photoshop 就会执行相应的操作。通过这些菜单命令基本上就可以完成所有的图像编辑工作。在菜单栏中，如果菜单命令以浅灰色显示时，则代表该命令在当前状态下不能执行。命令右侧的英文是该命令的键盘快捷键，按下该快捷键则可以快速启动执行该命令。如果经常要使用 Photoshop 进行图片的处理，就要记住一些常用功能的快捷键，这对于今后的操作是大有帮助的。

菜单栏的第二部分如图 3-6 所示。

图 3-6

这个部分主要是用来调整当前工作窗口的工作模式，还有一些常见的工具，比如抓手工具和缩放工具等。

菜单栏的第三部分如图 3-7 所示。

这个部分可以让我们来根据需要来选择 Photoshop 相应的工作窗口，窗口不同相应的面板也有所变化。可以根据自己的需要进行选择。

菜单栏的第四部分如图 3-8 所示。

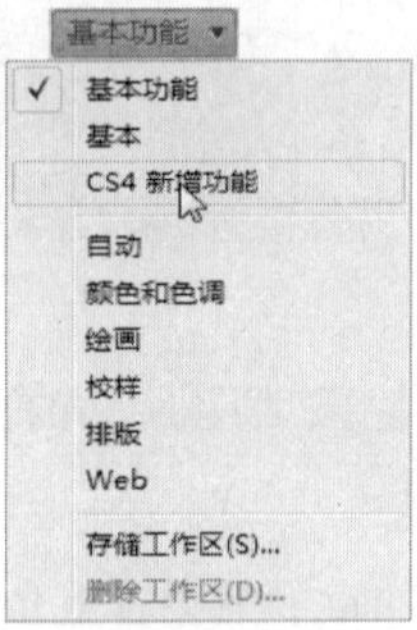

图 3-7

图 3-8

这部分就是进行窗口控制的区域。

2．工具选项栏

它是显示在菜单栏下面的一个面板，Photoshop 中所提供的绝大多数工具的“选项”设置都显示在选项栏中。选项栏中的具体内容会随所选工具的不同而发生相应的变化。但选项栏中也有一些设置（例如，绘画模式和不透明度）是针对许多工具通用的，但是有些设置则专用于某个工具，如图 3-9 所示。

图 3-9

3．工具箱

Photoshop 的工具箱集成了进行图像处理的各种必要的工具按钮，在安装后的默认状态下，工具箱会出现在界面左侧，并且是以单列形式出现，当然也可以把它变成双列显示，如同以前的版本。与工具箱相对应的工具选项栏中会自动显示用于设置当前工具的选项，设定这些选项能够帮助我们更好使用该工具，如图 3-10 所示（由于单列显示过长，所以将单列工具箱截成两段显示）。

工具箱是我们在图像设计和处理过程中使用频率最高并且相当重要的面板，它按照功能属性大体上分为 22 个选项，不同选项还被分成了不同的工具按钮，并且有些按钮图标右下角还有一个小三角图标，单击此图标，可以显示其他相关按钮，如图 3-11 所示。

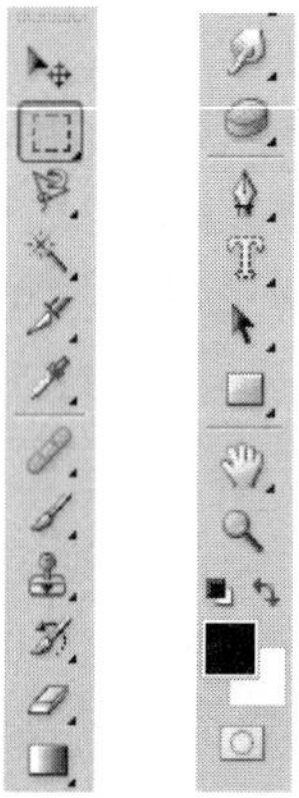

图 3-10

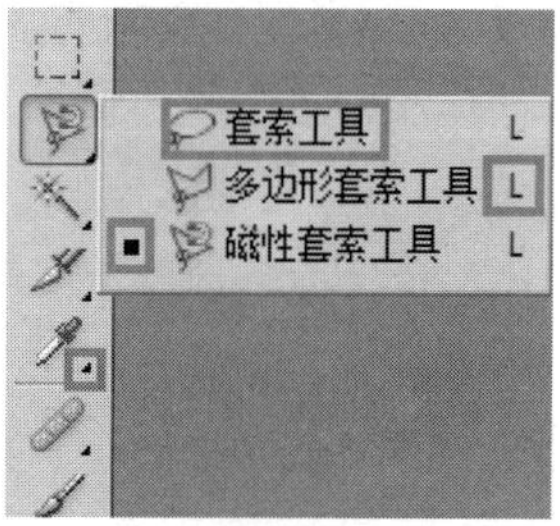

图 3-11

如图 3-11 所示，其上所标记处从左到右分别表示：隐藏工具小三角标志、隐藏工具中当前所使用工具、工具名称和该工具的快捷键。

由于这个地方是我们使用频率最高的地方，在后面的章节中会着重介绍各种工具的使用。

4．图形工作区

图形工作区域是利用 Photoshop 进行图像处理的主要工作区，我们操作的对象就显示在这个区域中，所有的操作最终效果都会体现在这个地方，让我们能够直接观察到图片的处理效果，如图 3-12 所示。

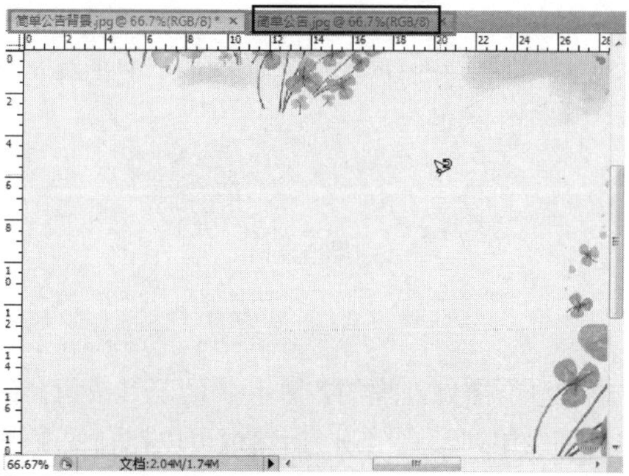

图 3-12

从图 3-12 中可以看到，如果在工作区中有多个工作对象，那么此窗口是以 Tab 页的方式组织多个工作对象。在多个工作对象之间进行切换时可以利用鼠标单击工作区中的页首（如图 3-12 所标注位置处），并且当前工作对象的页首是以浅灰色显示，其他非当前工作对象的页首是以深灰色显示。

5. 控制面板

控制面板主要是用来监视和修改图像，可以利用菜单栏上的“窗口”菜单中的命令来打开和关闭面板。我们可以自由移动控制面板组，重新排列面板组中的面板，也可以从面板组中关闭相应的面板，如图 3-13 所示。

控制面板中最重要的莫过于图层面板了，如图 3-14 所示。

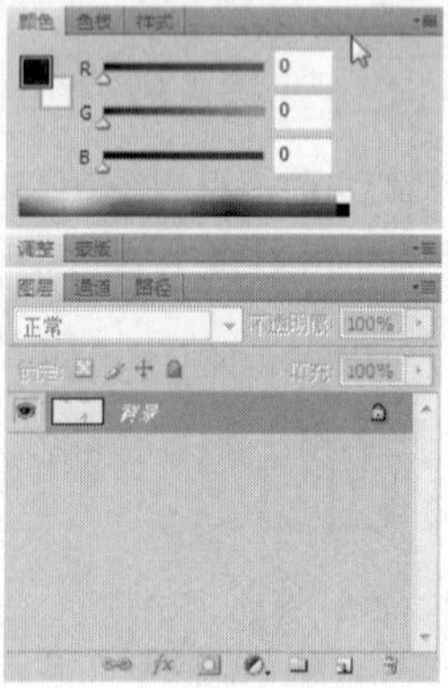

图 3-13

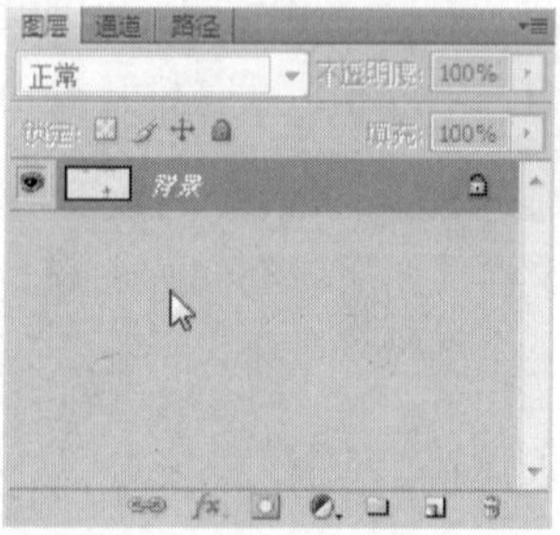

图 3-14

在 Photoshop 中设计和处理图片时，图层面板列出了当前处理图片中的全部图层、图层组和图层效果，图层面板还可以用来显示和隐藏图层、创建新图层，以及处理图层组。另外在图层面板中还有各种功能按钮和菜单选项。

（1）模式 图层 通道 路径 正常：是指定图层或图层组的混合模式，混合模式有多种形式，单击模式选择框的下拉三角图标就可以显示如图 3-15 所示的菜单，利用它可以将图层与其他图层以各种方式混合显示。

（2）不透明度 不透明度: 72%：用来指定图层或图层组的不透明度级别，百分比的值越小，图像就越透明。可以单击百分值右侧的三角形按钮，打开不透明度调节拉杆，通过拖动拉杆来调节选择不透明度的百分值，如图 3-16 所示。

（3）锁定 锁定：这里共分为四个选项，从左到右分别是锁定透明像素、锁定图像像素、锁定位置和全部锁定。那么我们可以根据自己的需要来对当前图层的某种内容进行锁定，这个功能对于店铺装修而言，使用的次数并不是很多。

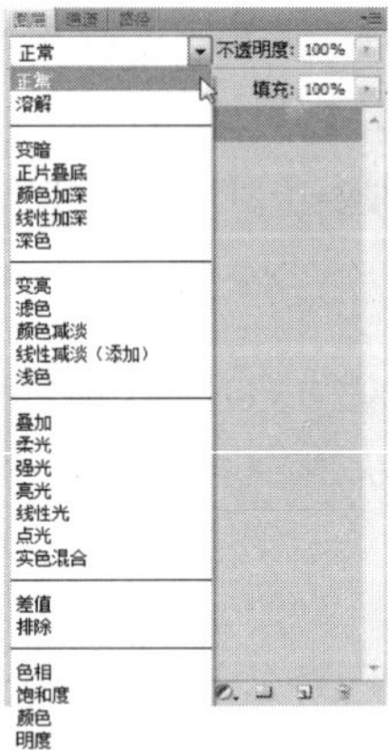

图 3-15

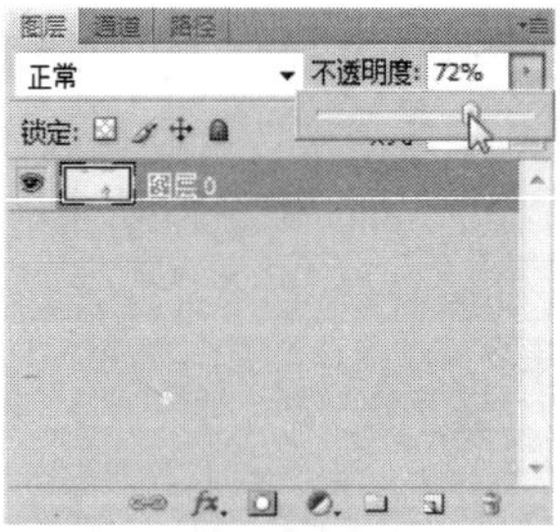

图 3-16

（4）填充：用来设定当前图层或图层组的模糊级别，百分比值越大，图像越清晰，单击百分值右侧的三角按钮，可以打开滑动按钮，拖动滑动按钮可以调节百分值，如图 3-17 所示。

（5）图层：它是 Photoshop 中的重要功能，图层应该说是图像处理中的最小元素，一个完整的图像应该由多种这样的图层元素叠加而成，所有元素之间是互不相干的独立部分，但更改任何一个部分，都会影响整个图像的效果。

（6）图层功能按钮：具体介绍如下。

- 链接图层及取消图层链接按钮：是指以链接两个以上的图层或图层组，让它们之间保持相互关联，使它们的相对位置固定在一起，直至我们取消它们的链接关系为止。
- 添加图层样式按钮：单击此按钮，可以弹出如图 3-18 所示的菜单。

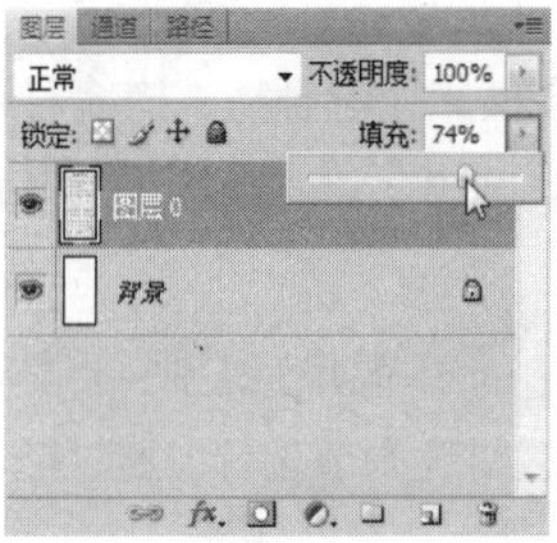

图 3-17

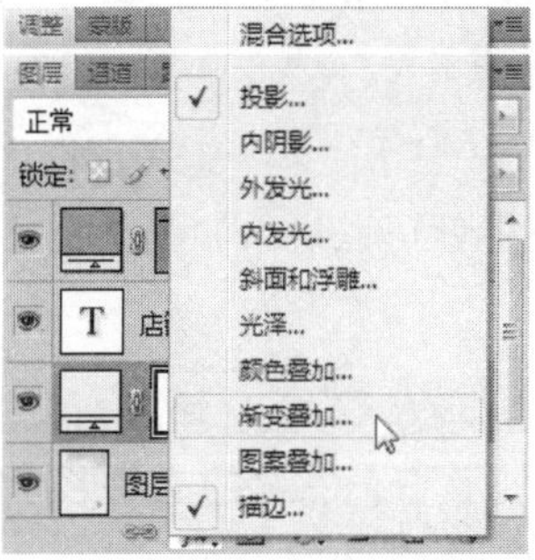

图 3-18

利用这里所提供的功能，可以为当前所选中的图层指定特别的效果。这个可是在后面店铺装修过程中经常要使用的。事实上我们也可以通过在图层面板中双击某一个图层调出“图层样式”对话框，并在“图层样式”对话框中指定相应的图层样式，如图 3-19 所示。

当然也可以选中某一个图层，单击鼠标右键，在弹出的菜单中选择“混合选项...”命令，同样可以达到调出“图层样式”对话框的目的，如图 3-20 所示。

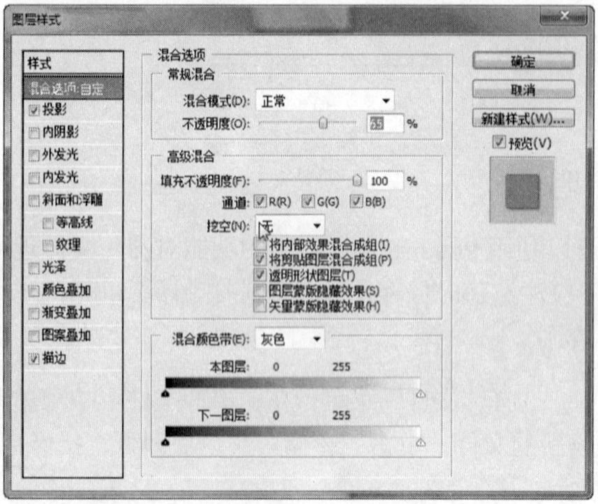

图 3-19

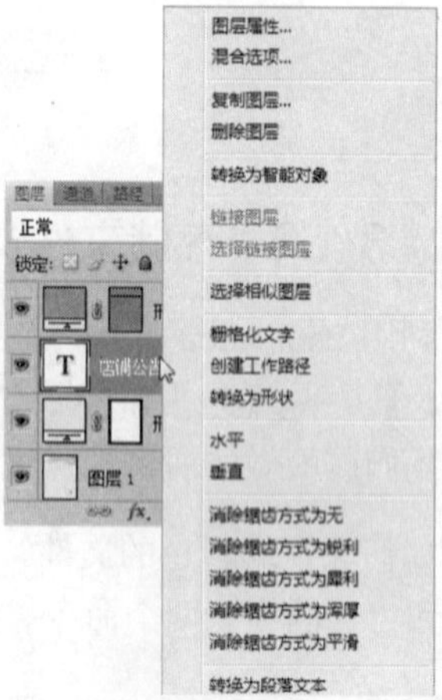

图 3-20

- 添加图层蒙版按钮：利用此按钮可以添加图层蒙版来隐藏或显示图层，当然也可以保护蒙版区域的内容在编辑时不受破坏。
- 创建新图层组按钮：此按钮主要用于在图层面板中新建一个图层组，可以将相关的图层都放在这个组之下，以方便我们更好地管理相关的图层。单击此按钮之后，系统就会新建一个组，如图 3-21 所示。

Photoshop 可以在组中新建图层，也可以将现有图层用鼠标拖进组中，如果图层在组中，图层名会以缩进的格式显示，以区别组外的图层，如图 3-22 所示。

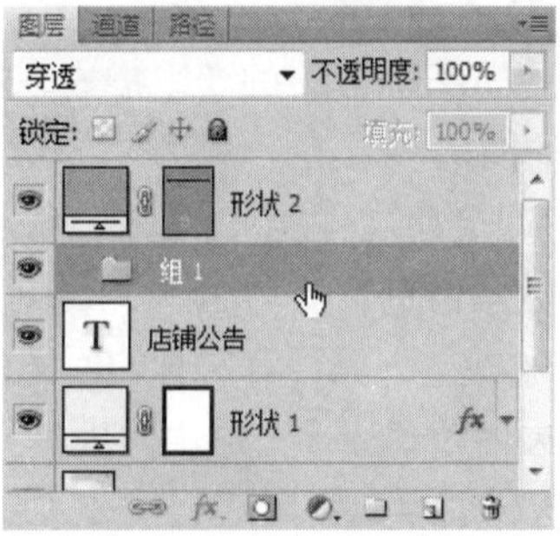

图 3-21

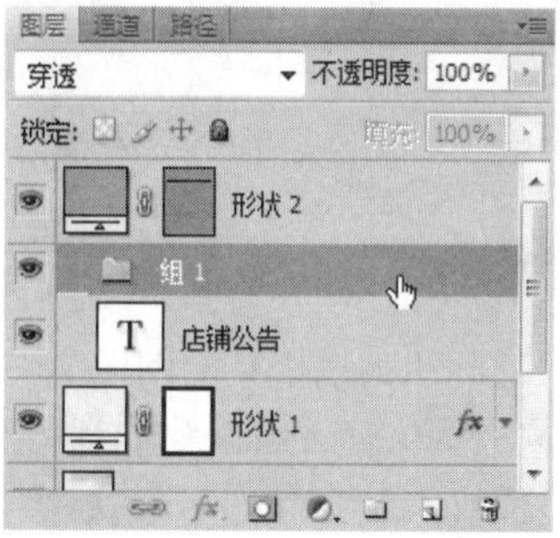

图 3-22

- 创建新的图层按钮：单击此按钮可以在图层面板中新建一个空白图层。
- 删除图层按钮：在设计和处理图像时，如果有些图层不需要，就可以选择该图层，然后单击“删除”按钮，或者直接将图层拖到“删除”按钮上，就可以删除所选的图层。

6．状态栏

状态栏主要是用来显示当前工作区的工作对象的一些状态信息，如图 3-23 所示。

图 3-23

3.1.2 存储文件及文件格式说明

利用 Photoshop 打开一个文件之后，就可以利用 Photoshop 所提供的功能对图片文件进行编辑处理，但是我们要注意一点，在处理的过程中应注意随时保存文件，否则一旦计算机死机或突然断电，我们前面做的所有工作就有可能前功尽弃了。

如何保存编辑过的文件？在 Photoshop 中，选择“文件”菜单，在弹出的文件下拉菜单有“存储”和“存储为”两个命令。如果想保存修改后的文件，单击“存储”菜单项即可直接保存图片，如图 3-24 所示。

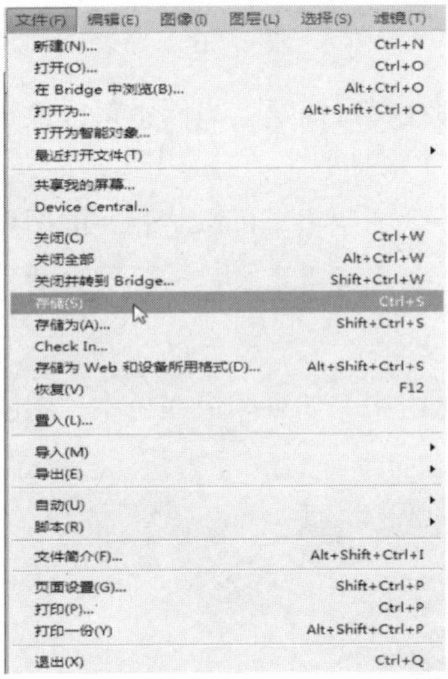

图 3-24

当然，选择“存储为”命令也可以保存文件，只不过要注意的是，如果选择“存储为”命令，系统会弹出一个名为“存储为”的对话框，在这个对话框中我们可以指定存储图片的位置、名称，以及存储的格式等。

事实上，作为淘宝卖家而言，利用 Photoshop 编辑文件，经常要用到四种文件格式。下面我们就具体来说一说和我们相关的四种文件格式。

1．PSD 和 PDD 格式

PSD 和 PDD 格式是 Photoshop 中的专用格式，这种格式可以存储 Photoshop 中所有的图层、通道、参考线、注解和颜色模式等信息。PSD 格式在保存时会将文件压缩，以减少占用磁盘空间，但 PSD 格式所包含图像数据信息较多（如图层、通道、剪辑路径、参考线等），因此比其他格式的图像文件要大得多。由于 PSD 文件保留有所有的原图像数据信息，因而修改起来较为方便，所以我们利用 Photoshop 制作相关店招、店标、促销模板、分类图片、宝贝描述模板及其他相关内容时，最好以 PSD 格式保存，这样就可以随时进行修改了。

2．JPEG 格式

JPEG 也是常见的一种图像格式，它由联合照片专家组（Joint Photographic Experts Group）开发并命名的，JPEG 仅仅是一种俗称而已。JPEG 文件的扩展名为.jpg 或.jpeg，其压缩技术十分先进，它用有损压缩方式去除冗余的图像和彩色数据，获取极高的压缩率的同时能展现十分丰富生动的图像。换句话说，就是可以用最少的磁盘空间得到较好的图像质量。对于淘宝卖家来说，我们的宝贝图片以 JPEG 格式存储并上传到网络中比较有利于买家浏览。

3. GIF 格式

GIF（Graphics Interchange Format）的原意是“图像互换格式”，是 CompuServe 公司在 1987 年开发的图像文件格式。GIF 文件的数据是一种基于 LZW 算法的连续色调的无损压缩格式。目前几乎所有相关软件都支持它。GIF 图像文件的数据是经过压缩的，而且是采用了可变长度等压缩算法。GIF 格式的另一个特点是其在一个 GIF 文件中可以存多幅彩色图像，如果把保存于一个文件中的多幅图像数据逐幅读出并显示到屏幕上，就可以构成一种最简单的动画。

在这里特别要提醒读者，GIF 动画是目前淘宝网上唯一允许用户自行制作上传的动画。但由于 GIF 格式动画的色彩表现能力先天不足，制作 GIF 动画时，图片颜色尽量避免复杂化，特别是不能使用渐变色，否则制作出来的 GIF 动画的颜色就会严重失真，效果会惨不忍睹！

如图 3-25 所示，可以对比两张图片看一下差异是不是很明显。

JPG 格式

GIF 格式

图 3-25

4. PNG 格式

PNG 格式是 20 世纪 90 年代中期开始开发的图像文件存储格式，全称为“Portable Network Graphics”，中文翻译为“移植的网络图像文件格式”。

PNG 格式最大特征在于其属于无损压缩格式。因而，最后保存下来的图像所占空间的大小会因为压缩而显著减小，但图像的质量却不会因为体积的压缩而有任何缺损。这与用牺牲一定图像质量为代价来减小文件大小的 JPEG 有损压缩方式有根本的区别。

不同于 GIF 受到最大 256 色调色板的限制无法得到丰富的色彩和 JPEG 受到灰阶、真彩色的限制，PNG 支持上述的所有色彩类型，更可以提供 64 位/像素的高品质图像形式。所以，这种格式的图像在色彩的选择上有更大的适用性。

PNG 支持图像的透明属性。正是由于这种格式的文件颜色丰富细腻，并且背景颜色可以全透明，所以在淘宝网上制作的水印图片一般都以 PNG 格式保存。

3.2 Photoshop 的神奇作用

3.2.1 Photoshop 的功能介绍

如果你要问 Photoshop 是什么，可能绝大多数人都会回答：“它是一个很好的图像编辑软件。”实际上，Photoshop 的应用领域很广泛，在图像、图形、文字、视频、出版各方面都有涉及。因为这些内容都涉及太多专业内容，作为淘宝卖家并不需要太深入研究，只需要关注 Photoshop 的图像编辑、图像合成、校色调色及特效制作部分就足够应付日常的淘宝店铺装修工作了。

图像编辑是图像处理的基础，可以对图像做各种变换，如放大、缩小、旋转和裁剪等，也可进行复制，去除斑点，修补、修饰图像的残损等。这在宝贝图片的后期处理制作非常有用。但有一点必须要注意，对于卖家而言，虽然可以使用 Photoshop 所提供的图像编辑功能对图像进行美化，但是在编辑的过程中要尽量还原实物，而不要刻意去美化，以免造成实物与宝贝描述不符，就适得其反了。

图像合成则是将几幅图像通过 Photoshop 的图层及其他相关工具的应用来合成一幅完整的、能够向受众传达一种明确意义的图像。Photoshop 提供的绘图工具能够让图像与我们自己的创意很好地融合，从而使图像天衣无缝的合成成为可能。利用这个功能，在进行店招、促销模板、宝贝描述模板，以及店铺广告宣传图片制作时，我们就可以大胆发挥，打造出美轮美奂的效果。除此以外，我们也可以利用这个功能制作宝贝细节组合图片，如图 3-26 所示。

校色调色是 Photoshop 中最具威力的功能之一，使用 Photoshop 所提供的丰富多样的调整工具，利用这些功能，可以非常方便地对所拍摄的宝贝图片进行精准调校，让宝贝以最完美的状态展现在买家眼前，当然要想达到这个地步，那不是一日之功。另外利用 Photoshop 对图片进行调整也是有前提条件的，那就是要求所拍摄的图片也要有一定的效果，如果非要将一张报废的照片调整成优秀作品，那显然是不可能的。

特效制作在 Photoshop 中主要由滤镜、通道及工具综合应用完成，包括图像的特效创意和特效字的制作。特别是图像的特效创意和特效字的制作，对于打造特色店铺装修会非常有用，如图 3-27 所示。

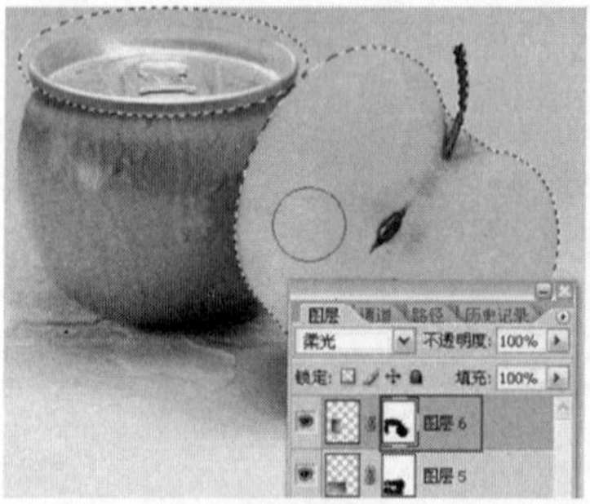

图 3-26

图 3-27

3.2.2　Photoshop 的常用工具介绍

通过上面的介绍，是不是有一种对 Photoshop 跃跃欲试的感觉呢？先不要急着去试，磨刀不误砍柴工，还是先来了解 Photoshop 的常用工具。只有先把要使用的 Photoshop 的工具熟悉之后，我们才能够在本书后面的章节中熟练加以运用。下面介绍在淘宝店铺装修时要用到的工具的具体功能。

（1）移动工具：利用此工具可以在 Photoshop 中进行图层或选区的移动。使用移动工具的前提条件是要选择一个图层，或者一个选区，然后在选区边框内拖曳鼠标，将选区拖移到新位置；或者利用键盘上的方向键来移动位置，如图 3-28 所示。

图 3-28

（2）选框工具：选框工具分为四种，从上到下分别为矩形选框工具、椭圆选框工具、单列选框工具和单行选框工具。

矩形选框工具：可以对图像创建一个规则的矩形选择范围。

椭圆选框工具：可以对图像创建一个椭圆形的选择范围。

单列选框工具：可以对图像在垂直方向选择一列像素。

单行选框工具：可以对图像在水平方向选择一行像素。

各个工具创建选区的效果如图 3-29 所示。

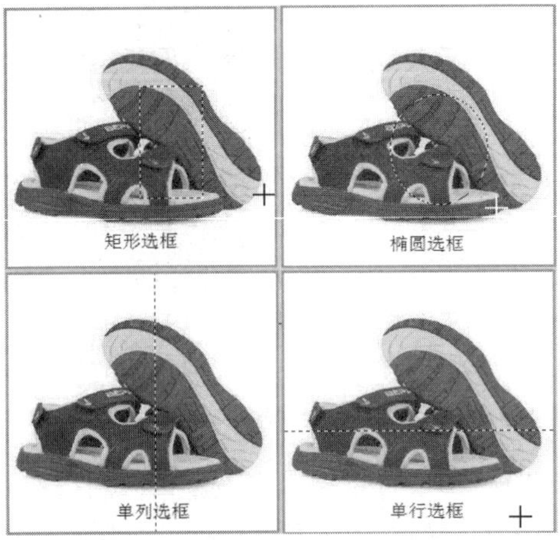

图 3-29

（3）套索工具 ：此工具分为套索工具、多边形套索工具和磁性套索工具。

套索工具：可以通过拖曳鼠标选择一个不规则范围，如图 3-30 所示。

多边形套索工具：可以用鼠标在图像上某点确定一个起始点，然后在工作区中进行多次单击，选中要选择的范围。当选取没有圆弧的图像时可以使用这个工具，所创建出的选区都是由多条线组成的，如图 3-31 所示。

磁性套索工具：这个工具比较特别，不需单击鼠标而直接移动鼠标即可，只需要在开始位置单击一下鼠标，然后沿着要选择的区域的边缘移动鼠标，在工具图标处会出现自动跟踪的线，这条线总是走向两种颜色的边界处，边界越明显磁力越强，将首尾连接后可完成选区创建，一般此工具用于颜色差别比较大的图像选择，如图 3-32 所示。

图 3-30

图 3-31

图 3-32

（4）快速选择工具 ：从上到下依次为快速选择工具和魔棒工具。

快速选择工具：此工具是从 Photoshop CS2 之后才开始加入的一个新工具，大有替代魔棒工具之势。此工具允许我们用画笔画出所要的选区，并且是一种智能化工具，只需要按住鼠标左键在选区上拖动，快速选择工具会自动调整我们所涂画的选区大小，并寻找到边缘使其与选区分离，如图 3-33 所示。

魔棒工具：它是一个对相近的颜色进行快速选取的工具，如果图片的颜色比较单一，那么就可以使用魔棒工具选择图像了。其使用方法很简单，在选中该工具之后，用鼠标在选择区上单击就可以进行选择了。此工具在工具栏中有两个选项，一个是容差选项，容差越大就意味着选择相近的颜色范围越大，勾选“连续”复选框，只有颜色连续的部分才能被选取，否则就对图片所有和鼠标单击部分相同的颜色进行选取，如图 3-34 所示。

图 3-33

图 3-34

（5）裁剪工具：从上到下分别为裁剪工具、切片工具和切片选择工具。

裁剪工具：利用此工具可以对图像进行剪裁，选择此工具后可以在图片上拖曳鼠标形成一个裁剪区，松开鼠标，此时图片上一般出现 8 个节点边框，可以在节点上拖动鼠标进行缩放，也可以用鼠标对选择框进行旋转，双击选择框或按 Enter 键即可以结束裁切操作，如图 3-35 所示。

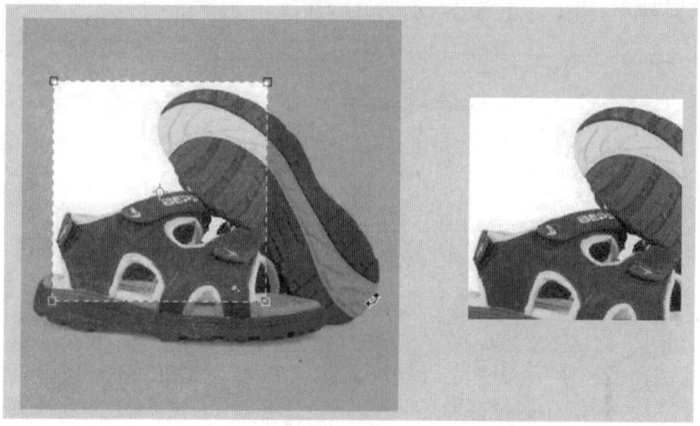

图 3-35

切片工具：切片工具主要是用来将大图片分解为几张小图片，这个功能在制作促销模板和宝贝描述模板时用得比较多。因为在制作促销模板和宝贝描述模板时，为了追求更好的视觉效果，往往用一幅整图来进行网页布局，也正因如此，打开这个网页所需的时间就比较长。为了不让浏览网页的买家等待时间太长，所以要将图片切为几个小的图片，这样就可以尽可能减少网页加载的时间，如图 3-36 所示。

切片选择工具：利用此工具可以对已经切片完毕的图片切片进行选择，选择方式就是单击某一个切片，然后可以对切片进行移动、复制、组合、划分、调整大小和删除操作，如图 3-37 所示。

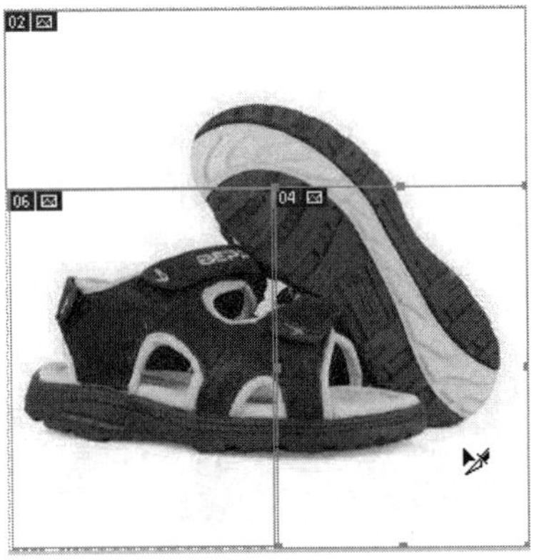

图 3-36

图 3-37

（6）吸管工具：从上到下依次为吸管工具、颜色取样器工具、标尺工具、注释工具和计数工具。

吸管工具：主要用来吸取图像中某一种颜色，如果不善于调色，而又想用到图片上的某一颜色，只要利用该工具对着需要的颜色单击一下即可吸取所需颜色，并且这种颜色可以立即在工具箱中的前景色或背景色中显示出来，如图 3-38 所示。

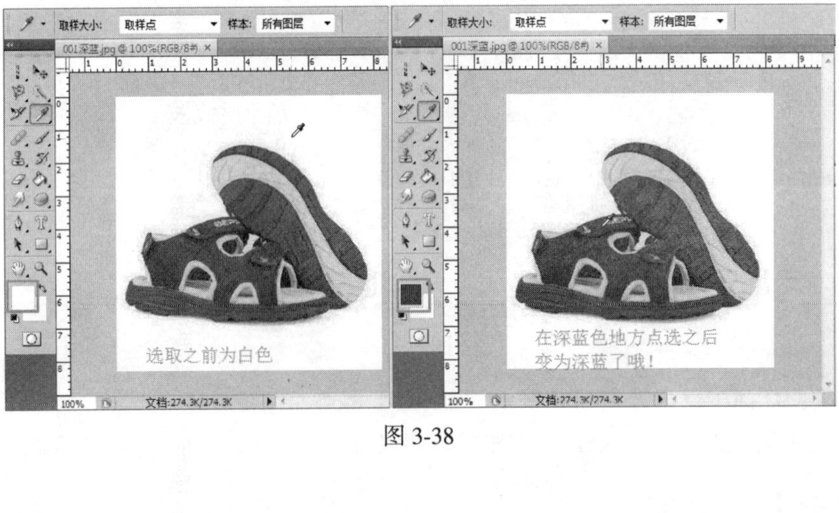

图 3-38

颜色取样器工具：该工具主要是在图像中选取几个基准点，并将基准点的颜色值显示出来，此工具用于将图像的颜色组成进行对比，如图 3-39 所示。

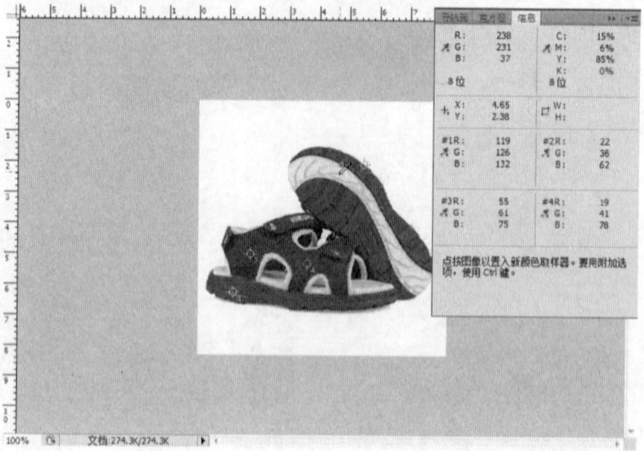

图 3-39

（7）修复工具：分为污点修复画笔工具、修复画笔工具、修补工具和红眼工具。这些工具可用于校正瑕疵。

在修复画笔工具中，污点修复画笔工具和修复画笔工具为同一类型工具，修补工具和红眼工具为同一类型工具。其中污点修复画笔工具和修复画笔工具用于修复图形上的瑕疵，使图片达到正常的显示效果，但二者略有区别，污点修复画笔工具是系统自动从污点周围选择相近的颜色进行修补，修复画笔工具是自己选择取样源点，然后利用源点处的图案来对污点处进行修补。在实际应用的过程中，可以根据具体情况灵活地加以运用，如图 3-40 所示。

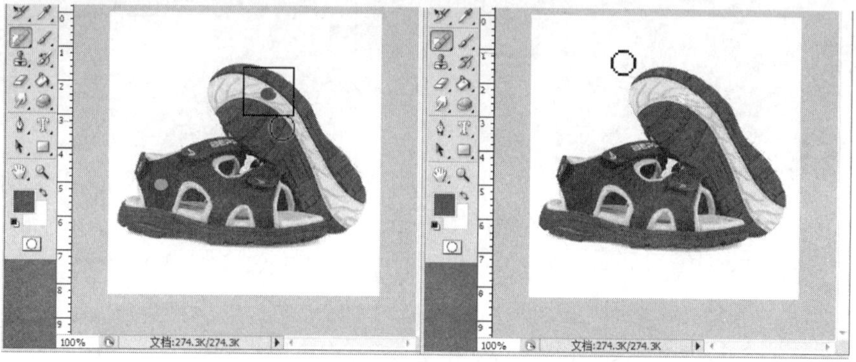

图 3-40

（8）图章工具：图章工具包括仿制图章工具和图案图章工具。

仿制图章工具也是由我们从图片中自行指定取样位置，然后将样本应用到其他图像或同一图像的其他部分，也可以将一个图层的某一部分仿制到另一个图层，如图 3-41 所示。图案图章工具则是将我们在工具选择栏中所选择的图案描绘到图层中，如图 3-42 所示。

图 3-41

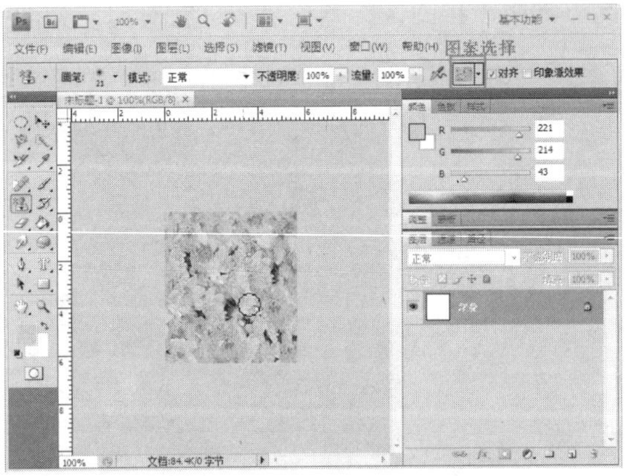

图 3-42

（9）橡皮擦工具：包括橡皮擦工具、背景橡皮擦工具和魔术橡皮擦工具。

橡皮擦工具：主要用来擦除不必要的像素，如果要擦除背景层，则背景色是什么颜色擦除后显示的就是什么颜色，如图 3-43 所示；如果对背景层以外的图层进行擦除，则会将这层颜色擦除，显示出下面图层的颜色，如图 3-44 所示。擦除笔头的大小可以在右侧的画笔面板中选择一个合适的笔头。

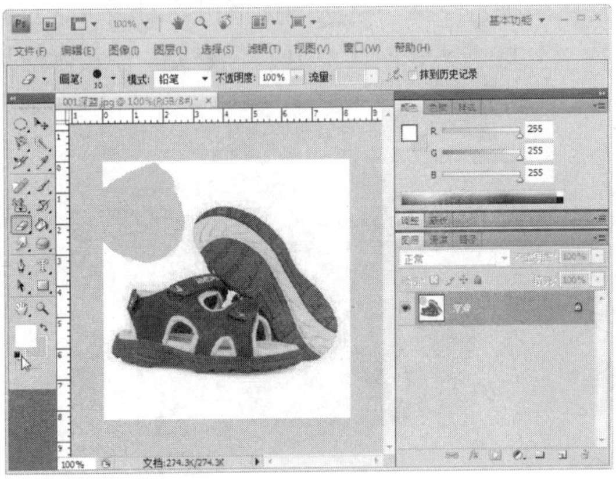

图 3-43

图 3-44

背景橡皮擦工具：可将图层上的像素擦抹成透明的，从而可以在擦除背景的同时在前景中保留对象的边缘，如图 3-45 所示。

魔术橡皮擦工具：魔术橡皮擦工具的作用与背景橡皮擦类似，都是将像素擦除以得到透明区域。只是两者的操作方法不同，背景橡皮擦工具采用了类似画笔的绘制（涂抹）型操作方式。而魔术橡皮擦则是区域型（即单击一次就可针对一片区域）的操作方式，如图 3-46 所示。

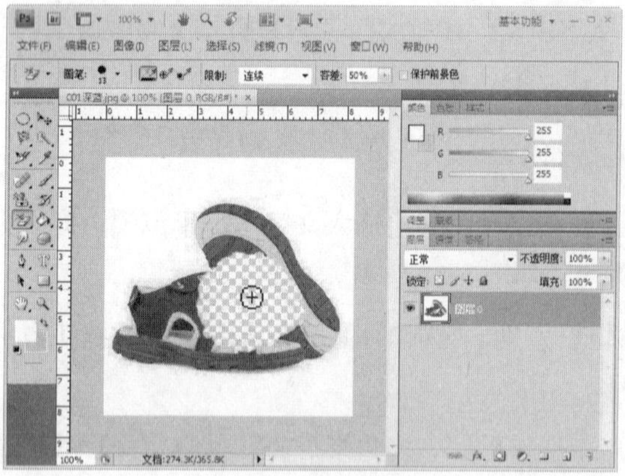

图 3-45

图 3-46

（10）填充工具：分为渐变工具和油漆桶工具。

渐变工具：主要是对图像进行渐变填充，双击渐变工具，在渐变工具选项栏的渐变的类型选项中，单击右边的三角形下拉菜单按钮会列出各种渐变类型，在图像中需要渐变的地方拖曳鼠标到另一处即可。如果想图像局部渐变，则要先选择一个范围再应用渐变，如图 3-47 所示。

油漆桶工具：其主要作用于填充颜色，其填充的颜色和魔棒工具相似，它只是将当前的前景色填充到当前工作区中，其填充的程度由右上角的选项的“容差”值决定，其值越大，填充的范围越大，如图 3-48 所示。

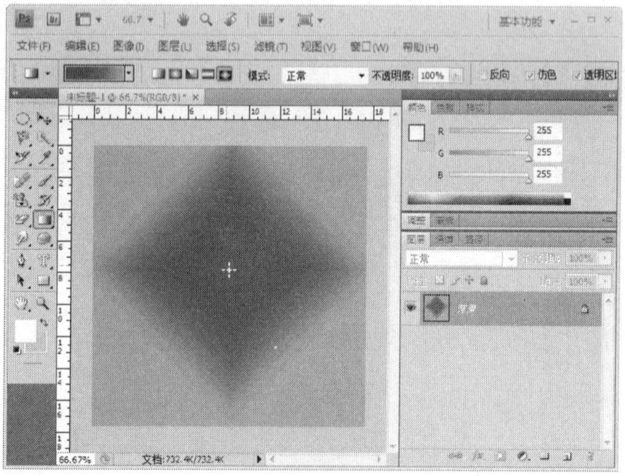

图 3-47

图 3-48

（11）钢笔工具：包括钢笔工具、自由钢笔工具、添加锚点工具、删除锚点工具和转换点工具。

其中钢笔工具是用来勾画平滑的曲线，并且在缩放或者变形之后仍能保持平滑效果。一般都是将钢笔工具和锚点工具组合使用以建立复杂的选区进行抠取图像，如图 3-49 所示。

（12）文字工具T：包括横排文字工具、直排文字工具、横排文字蒙版和直排文字蒙版工具。

横排文字工具：利用此工具可以在图层上进行横向文字输入。

直排文字工具：利用此工具可以在图层上进行纵向文字输入。

横排文字蒙版和直排文字蒙版工具：利用此工具可以在图层上输入文字的选择范围，即只是一个虚框，然后可以选择在虚框内进行任意颜色填充，如图3-50所示。

（13）图形绘制工具：包括矩形工具、圆角矩形工具、椭圆工具、多边形工具、直线工具和自定形状工具。

利用此工具组可以在图层之上进行矩形、圆角矩形、椭圆、多边形、直线及自定义形状的描绘，如图3-51所示。

图3-49

图3-50

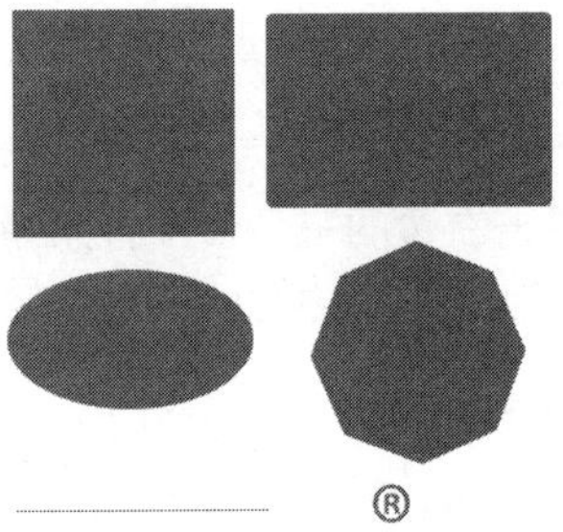

图3-51

3.3 图片处理基本功能

作为一位淘宝卖家，对数码照相机所拍摄的图片进行处理使其成为效果完美的宝贝展示图片是必须要面对的一项工作，并且还是必须要做好的一项工作。很多卖家对于图片的处理都是叫苦连天，因为这件工作确实是一件劳神费力的事儿。

下面具体看一看在Photoshop这个图形编辑软件中如何实现图片的编辑。

3.3.1 图片的裁剪

启动Photoshop，选择“文件”菜单，在打开的菜单中选择“打开”命令，此时系统会弹出一个名为“打开”的对话框，如图3-52所示。

在此对话框中，找到要处理的图片所存放的位置，选中要处理的图片并单击“打开”按钮。此时Photoshop就会自动把选中的图片打开，并显示在图形工作区中，如图3-53所示。

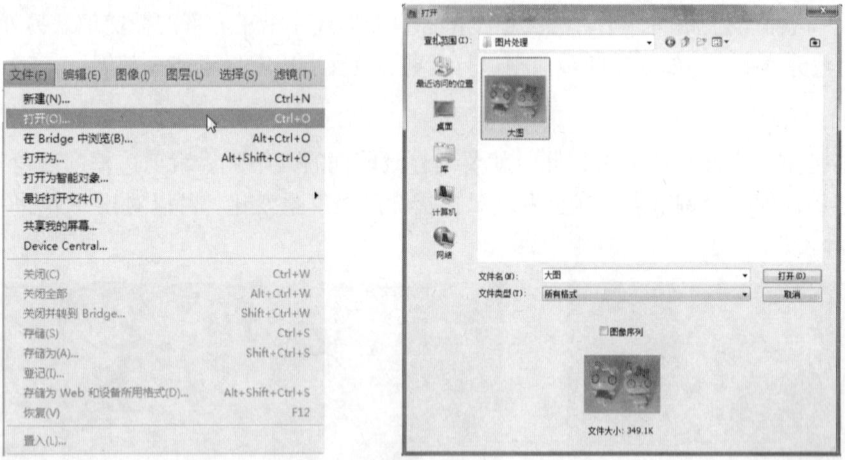

图 3-52

图 3-53

单击工具箱上的裁剪工具，在菜单栏下的裁剪选项栏中填写需要裁剪的比例。由于这里要得到一个正方形的图片，所以这里只要把宽和高的值设成一致就行了，这里设置为“6 厘米”，单位为默认状态，如图 3-54 所示。

图 3-54

宽高设置完毕之后，在图形工作区上拖曳鼠标，形成一个裁剪框，如图 3-55 所示。

由于宽高数值设置相同，不管怎么拖曳鼠标只能形成一个正方形的裁剪框。另外，从图 3-55 来看，这个裁剪框过小，如果按此裁剪框进行裁剪，就会造成宝贝不能全部展示，部分图像将会被裁剪掉。

为了能把宝贝全部裁剪下来，此时就要调整裁剪框的大小了。裁剪边框的四角都有调节点。当把鼠标移到任何一个调节点，就会发现鼠标指针已经发生变化。可以对比一下看一看效果，如图 3-56 所示。

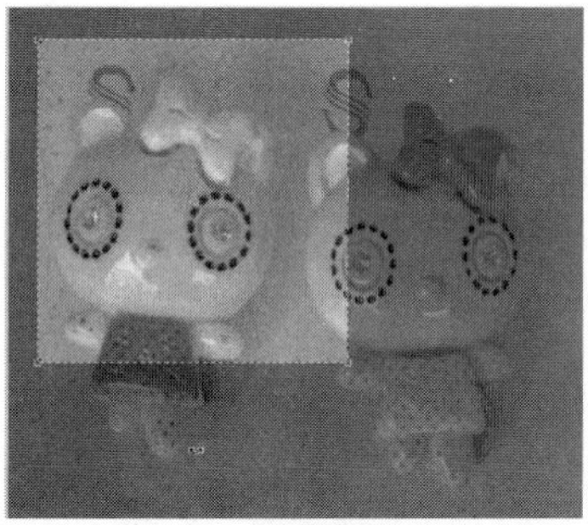

图 3-55

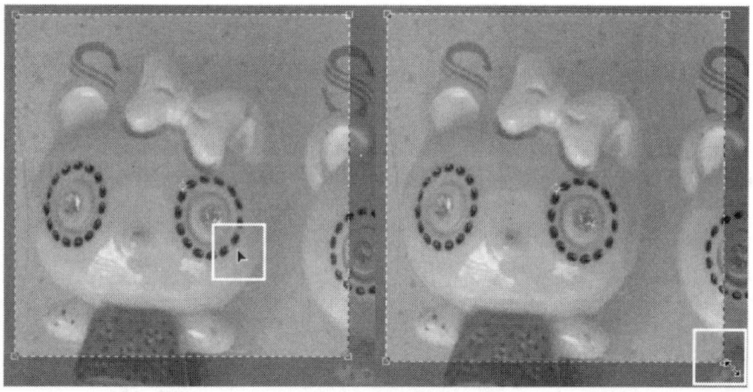

图 3-56

当鼠标指针变成此种形式时，直接拖曳鼠标，此时就可以改变裁剪框的大小，直到满足我们的要求为止，如图 3-57 所示。

当然，当把鼠标移到裁剪框之上时，鼠标指针就会变成如图 3-57 所示形状，此时拖曳鼠标时就可以调整裁剪框的位置。不过也可以通过键盘上的方向键来调整裁剪框的位置。

当一切都调整完毕之后，双击鼠标或直接按 Enter 键确认裁剪操作，这时 Photoshop 会自动按照裁剪框的选择范围进行裁剪，并将裁剪后的内容显示在当前图形工作区中，如图 3-58 所示。

图 3-57

图 3-58

再次利用 Photoshop 打开要处理的宝贝细节描述图片。单击工具箱上的裁剪工具，此时在菜单栏下的裁剪选项栏中填写裁剪的比例。由于这里要得到一个长宽比为 4：3 的宝贝细节描述图片，所以在这里只要把宽和高的比值设成 4：3 就行，至于具体的数值是多少没有规定，这里把宽设为“4 厘米”，高设为“3 厘米”，如图 3-59 所示。

图 3-59

不过，在这里请读者一定要记住，完成操作之后要保存自己的成果。并且在保存时最好选择“存储为”命令，因为这样才不会覆盖原图，方便以后再次利用原图进行其他操作。

3.3.2　图片的缩放

首先利用 Photoshop 打开要缩放的图片文件。选择“图像→图像大小”命令，弹出“图像大小”话框，如图 3-60 所示。

从这个对话框中不难看出，对图像的缩放有两种方式：一种方式是改变图像像素的大小来缩放图像，也就是在像素大小数值框中填上所需要缩放图像的像素数，如果填写的数据比原数据大，就表明要放大图像，反之，如果填写的数据比原数值小，就表明要缩小图像。另一种方式是通过改变文档的大小来缩放图像，操作和第一种方式相同，只需要在文档大小数值框中填上所需要文档的宽高值即可。

但是我们在装修的过程中，对于图片的尺寸都是以像素为单位的，很难换算文档大小的长度和像素大小之间的关系，为了避免这一点，在利用 Photoshop 进行图片缩放时最好采用第一种方式。

根据实际需要，通过选择调整像素方法，在“图像大小”对话框中设定图片的缩放参数，如图 3-61 所示。

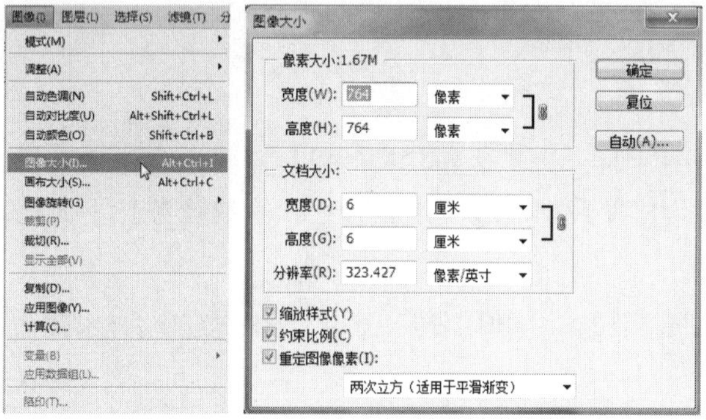

图 3-60

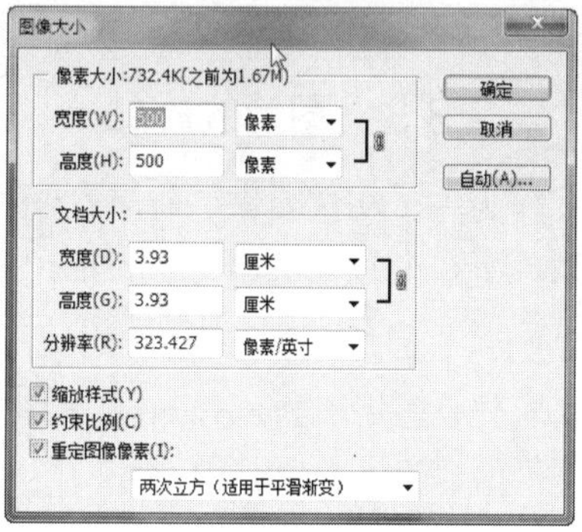

图 3-61

在这里只是把像素大小的宽度设为 500 像素，其他选项都选用系统默认值，然后单击“确定”按钮就可完成图像的缩放任务。完成之后，还是要记得保存图片。

最终完成效果如图 3-62 所示。

按着同样的方式，将经过裁剪后的宝贝描述图也进行缩放，最终如图 3-63 所示。

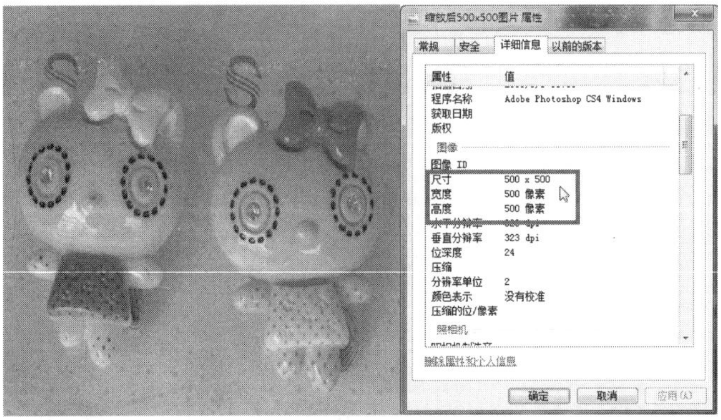

图 3-62

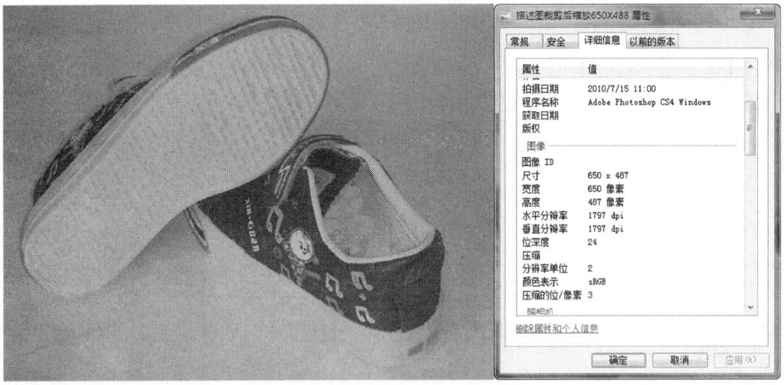

图 3-63

3.3.3 图片的旋转

作为一个淘宝卖家，有时在制作宣传图片时，为了达到某种效果，需要把自己的宝贝进行造型，事实上只要利用 Photoshop 提供的图片旋转功能就可以轻轻松松完成任务！下面就来试一试吧。

首先，还是用 Photoshop 打开图片，选择“图像→图像旋转”命令，此时会自动弹出此命令的子菜单项，如图 3-64 所示。

在这个子菜单中，我们可以看到 Photoshop 提供了 6 种图像旋转方式。

选择“180 度”命令，当前打开的图片将旋转 180° 角，效果如图 3-65 所示。

依次选择“90 度顺时针”、“90 度逆时针”、“任意角度”、“水平翻转画布”和“垂直翻转画布”选项，最终效果如图 3-66 所示。

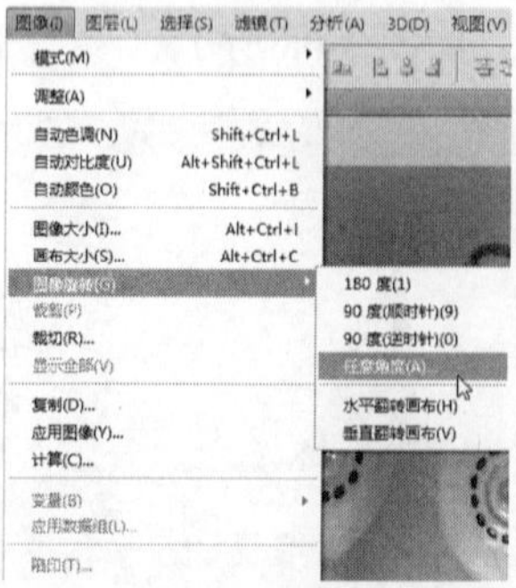

图 3-64

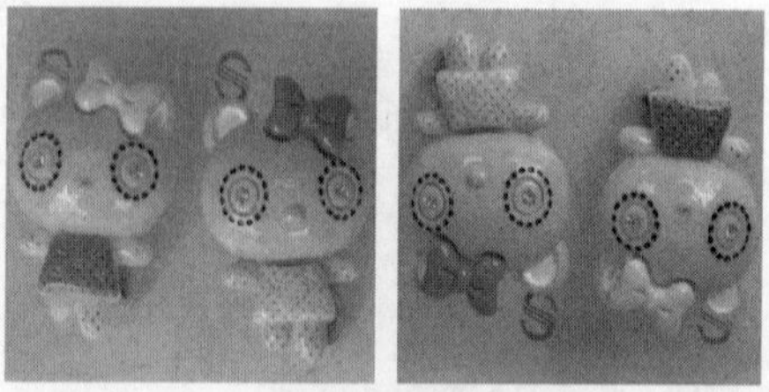

图 3-65

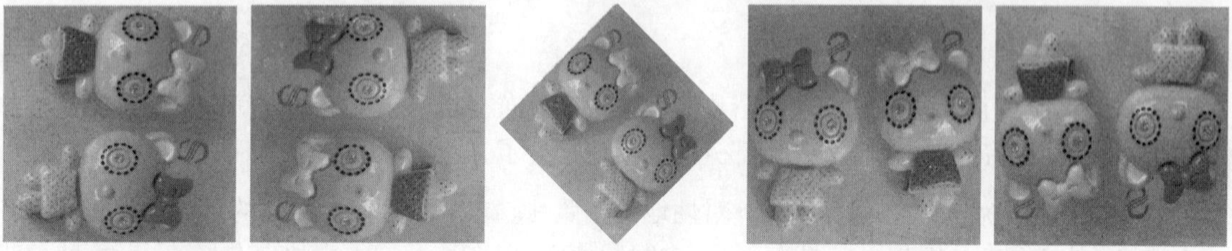

图 3-66

从这里可以看出，在 Photoshop 中，对图片进行旋转是一件非常轻松的事儿。

实际上，利用 Photoshop 提供的功能，可以打造出更酷的图片效果！在这里有一点要注意，关于“自由变换”和“变换”操作没有做具体说明，其实自由变换的操作和上面的操作类似，执行自由变换命令之后，所选择的图像周围会有选择框，选择框上会出现调节点，用鼠标拖动调节框就可进行变换了。

3.4　图片处理的高级技巧

3.4.1　缤纷色彩自由调节

1. 图片亮度的调整

有时宝贝拍出的图片有可能亮度会不够，给人一种暗淡无光的感觉，这样的图片当然不可能把它作为宝贝描述图片上传到店铺中。

如果你不会使用图像编辑软件，那么重新再拍就是唯一的选择。不过现在有了 Photoshop，解决这种问题再简单不过了。下面我们就来看一看如何通过 Photoshop 为宝贝图片添加灿烂的阳光。

还是用 Photoshop 打开要处理的图片，如图 3-67 所示。首先通过 Photoshop 来了解一下为什么这张图片是暗淡的。

选择“图像→调整→色阶”命令，弹出“色阶”对话框，如图 3-68 所示。

图 3-67

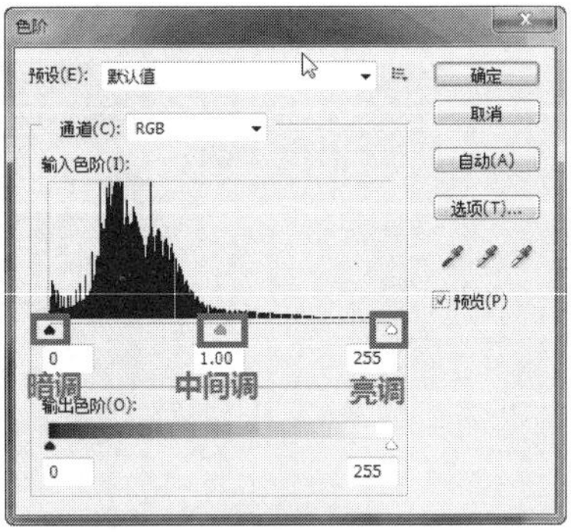

图 3-68

从输入色阶的直方图来看，这张图片的像素大多分布在暗调和中间调之间，也就是说是整体偏向暗调，中间调有一部分像素，亮调部分的像素就很少了，这就是为什么这张图片会偏暗的原因。

知道了原因之后，现在就可以有针对性地调整照片。在“色阶”对话框的色阶直方图下有三个小滑块，从左到右分别是用来调整暗调、中间调和亮调。如果将暗调滑块向右移动，就意味着我们在增加暗调的范围，那么这也就意味着亮调的范围在减小，此时图像会变得更暗谈。

相反，如果把亮调滑块向左移动，就会增加图片中亮调的范围，同时也就压缩了暗调的范围，此时图片就会变亮。但在这里要注意，不能一下子调整太多，否则图片颜色就会太过生硬，反而达不到我们所需要的效果，如图 3-69 所示。

图 3-69

虽然我们对这个图片做了调整，也发生了变化，但效果并不是很理想。为了得到更好的效果，此时还需要再次进行精确调节。

选择“图像→调整→曲线”命令，系统弹出“曲线”对话框，如图 3-70 所示。

在“曲线”对话框中，可以通过改变曲线的形状来调整图像的亮度，将曲线向上弯曲可以使图像亮度增加，将曲线向下弯曲就能使图像亮度降低，并且在这里也可对图像进行暗调、中间调和亮调的调整。如果要调整图像的高光部分，就可以在曲线右上方取点，然后拖曳鼠标；同时，如果要调整图像的中间调，只需要在曲线中部取点，如果想调整图像的暗部，就应该在曲线左下方取点了。

图 3-67 经过色阶处理之后，虽然变亮了，高光部分的亮度不足，中间调依然偏弱。在曲线上的中间部分和右上方各取一个点，并将曲线上向上弯曲，如图 3-71 所示。

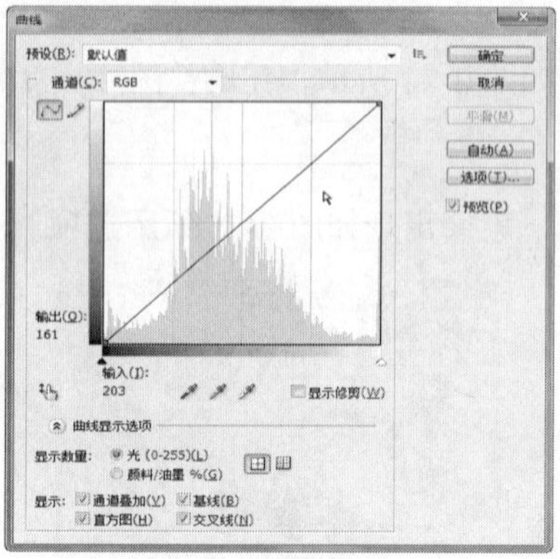

图 3-70

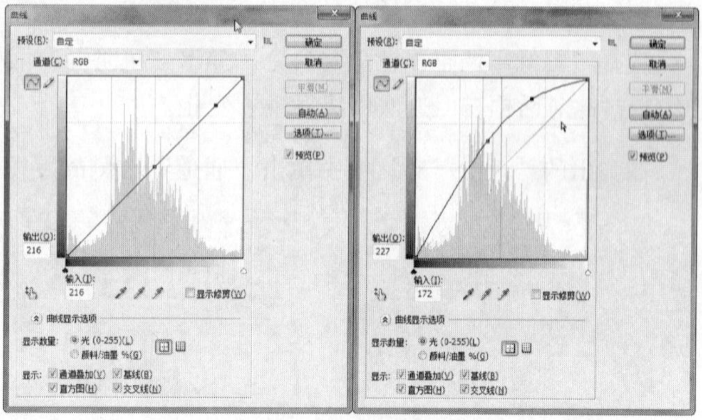

图 3-71

在调整时，要随时注意观察图像的变化，当我们对调整的效果觉得满意时，单击“确定”按钮可以完成这次曲线调整。如图 3-72 所示是曲线调整前后的图片对比效果。

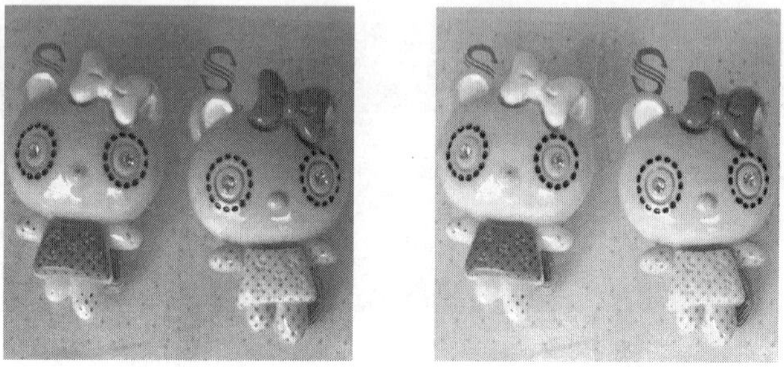

曲线调整前　　曲线调整后

图 3-72

2. 图片色差的处理

对于一般的淘宝卖家来说，用数码照相机所拍摄的图片因为灯光、照相机及拍摄技巧等问题，很有可能会造成所拍摄图片的颜色和实物的颜色有一定的差距，也就是我们常说的色差。

什么是色差？通俗地讲就是感觉某一种颜色太浓了或太淡了，造成图片的颜色失真。这种情况是不可能完全避免的。为了避免这种情况的出现，接下来介绍一种利用 Photoshop 进行处理色差的简单方法。在处理之前，我们先要了解一下颜色的基本原理。

按照颜色的三原色理论，自然界中的任何颜色都可以由三种基本颜色按照不同的比例混合而成，反之每种颜色又都可以分解成三种基本颜色，这三种基本颜色就是红色、绿色、蓝色。从这个三原色理论来看，我们所拍摄的图片出现色差根本原因就在于红、绿和蓝三色的混合比例不对。根据这个原理，只需要调整图片中的红、绿和蓝三色的比例就可以从根本上解决色差问题了。

还是先打开要处理的图片，如图 3-73 所示。

选择“图像→调整→色阶”命令，弹出“色阶”对话框，如图 3-74 所示。在调整图片亮度就曾经用过此对话框，但这次用法发生了变化。

在弹出的“色阶”对话框中单击“通道”右侧的下拉按钮，就会出现如图 3-75 所示选项。

图 3-73

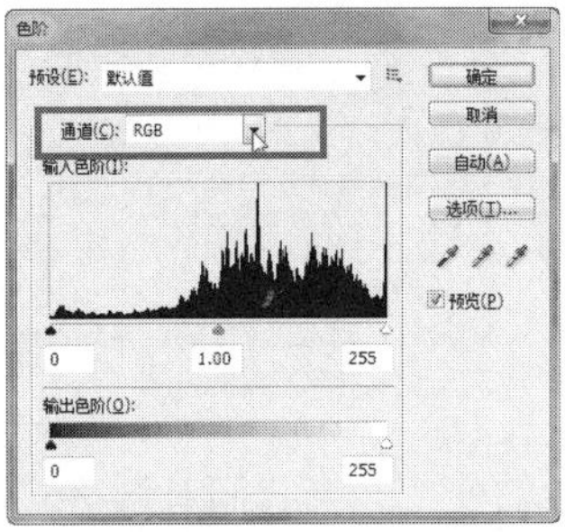

图 3-74

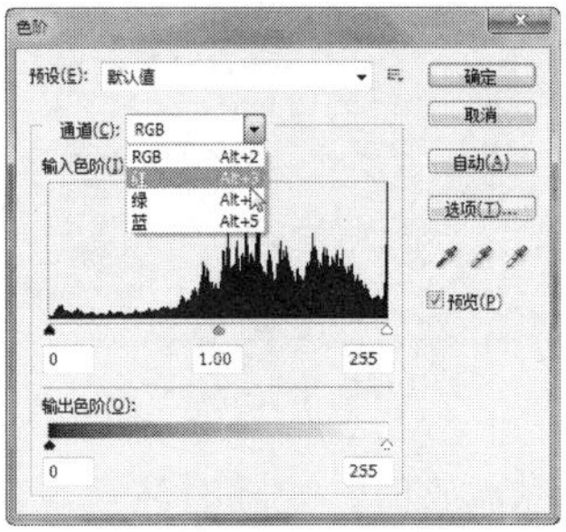

图 3-75

在这里红、绿、蓝三个通道就分别代表当前图片中红、绿和蓝三色，如图 3-76 所示。

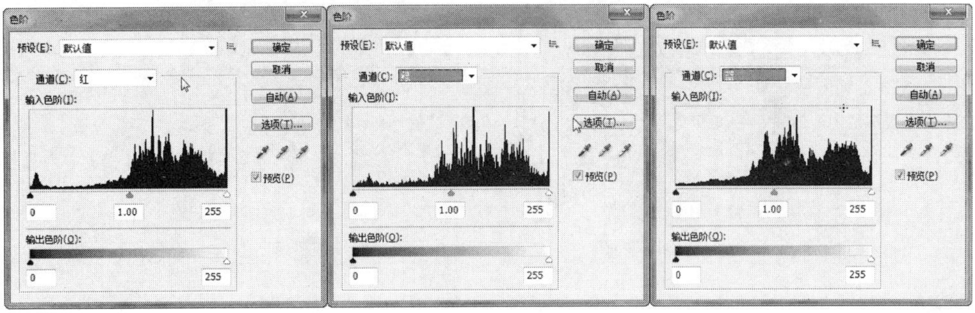

红　　　　绿　　　　蓝

图 3-76

首先调整红色，将红色通道的输入色阶下的暗调滑块向左拖动。为什么要将暗调滑块向左移？可以这样理解：在输入色阶的直方图上，黑色越浓的地方，色彩就越纯，如图 3-77 所示。

图 3-77

接下来再来调整绿色，调整方法依然和调整红色一样，把绿色通道的输入色阶下的暗调滑块向左拖动。最后调整蓝色。同样把蓝色通道的输入色阶下的暗调滑块向左拖动。

调整完毕之后，单击“色阶”对话框中的“确定”按钮。现在对比一下调整前后的效果，如图 3-78 所示。

调整前

调整后

图 3-78

效果是不是显而易见呢？对于颜色的调整是没有统一标准的，凭自己的感觉，如果觉得调整之后的效果和实物接近目的就达到了。至于想达到既快又准确的色彩调整，只有通过苦练基本功来积累经验。

当然，在 Photoshop 中对色彩的调节方法是多种多样，我们在这里只是介绍了最简单的一种，如果读者有兴趣，可以在网上搜一搜，关于此类的文章数不胜数。但是要注意一点，每种方法都只能是在一定程度上改善问题，但是并不能从根本上解决问题，要想从根本上解决问题，那就只有在拍摄阶段多下工夫了。

3.4.2 曝光效果的处理

作为一个非专业的拍摄人员，由于装备和技术上的不足，我们所拍摄的图片当然无法和专业人员利用专业设备所拍摄出来的图片相提并论。所以我们在拍摄实物图片时，时常会发生因曝光不足造成图片灰暗；也会发生因曝光过度造成整个图片发白。

这样的问题图片能不能用 Photoshop 处理呢？答案是肯定的，当然前提条件是图片不能严重欠曝，也不能严重过曝。

下面就来看一看如何利用 Photoshop 处理由于曝光不对造成的问题图片。

1．曝光不足

首先用 Photoshop 打开一张图片，如图 3-79 所示。

图 3-79

由于在拍摄图片时曝光不足，整个图片显得非常暗淡，并且无法显示宝贝特有的光泽。利用 Photoshop 的色阶工具来看一看具体的数据，如图 3-80 所示。从输入色阶图来看，整个图片的高光和暗调处几乎没有像素，像素全部集中在中间调上，从而造成整个图片显得非常灰暗。既然是暗调和高光缺失，所以我们现在就要有针对性地进行补救。

这里有两种方式供我们选择，一种方式是在“色阶”对话框中将暗调和亮调滑块均向中间调拖动，此时就可以增加整个图片的亮调和暗调的比例，从而达到补光的目的，效果如图 3-81 所示。

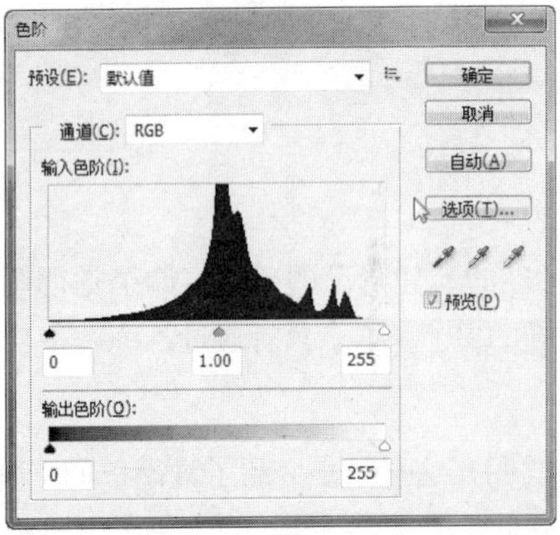

图 3-80

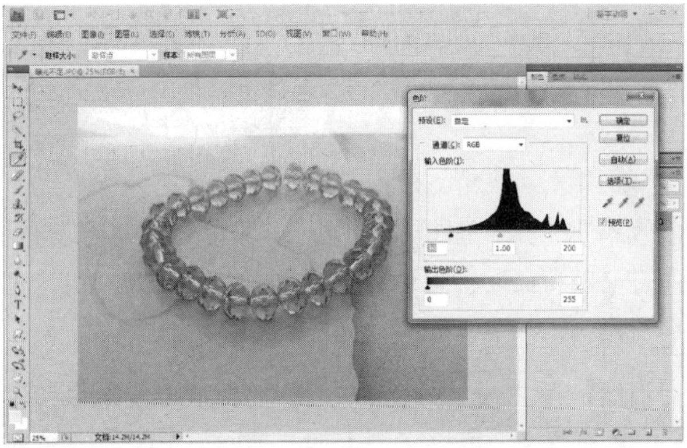

图 3-81

在拖动滑块的过程中，还是要随时观察图像的变化，如果调整达到了合适的效果就要停下来，之后单击对话框上的“确定”按钮完成本次调整。

利用这种方式，虽然在一定程度上可以取得一定的效果，但是对图片的调整来说应该不是非常准确，为了能够快速而又准确地调整，最好还是利用 Photoshop 的“曲线”功能。

选择“图像→调整→曲线”命令，弹出“曲线”对话框。根据色阶中的直方图分析数据，可以知道这张图片的问题出在暗调和亮调部分像素缺失，所以在曲线上的偏上（偏上的这点代表亮调部分）和偏下（偏下的这点代表暗调部分）位置选取两点，如图 3-82 所示。

由于暗调部分像素缺失，所以将偏下的这一点向下方调整；另外亮调部分像素也缺失，那么再将偏上的那一点向斜上方调整，如图 3-83 所示。

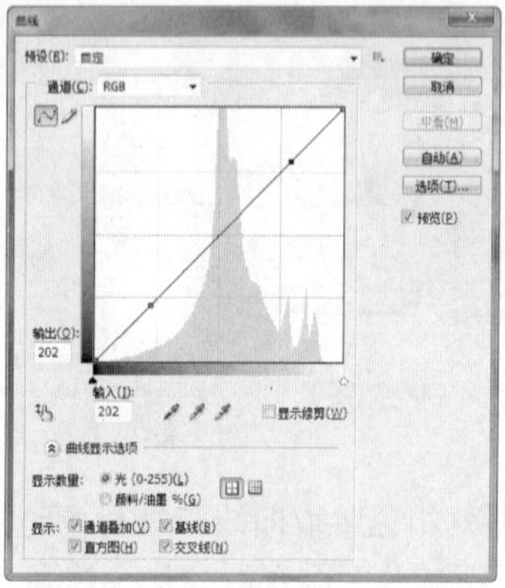

图 3-82

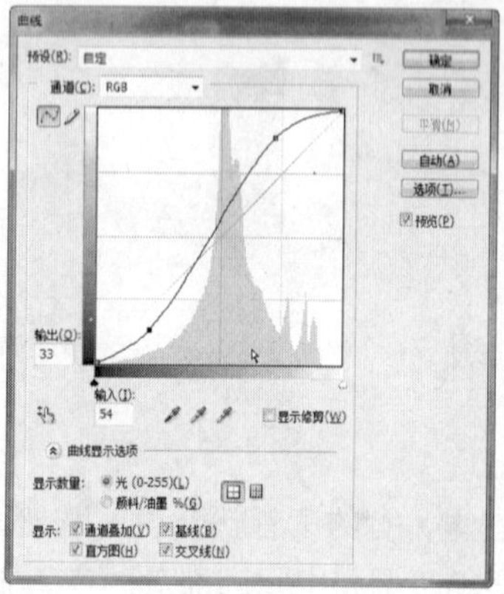

图 3-83

在调整曲线时也要注意观察调整效果，达到令人满意的效果之后单击“确定”按钮即可完成调整。现在对比看一下调整前后的效果，如图 3-84 所示。

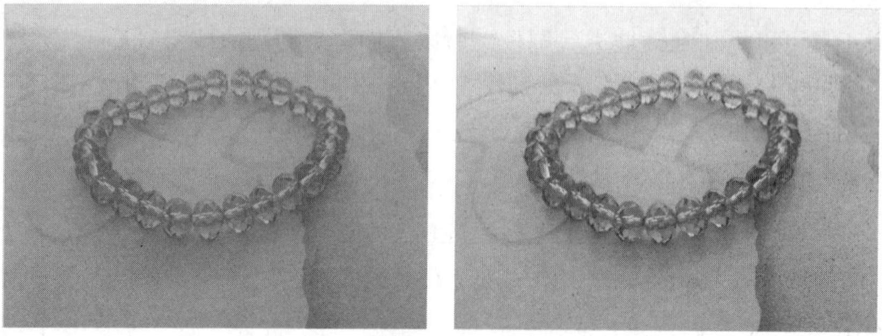

图 3-84

调整之后，不仅整个图片亮度得到了提升，而且也能更好体现宝贝晶莹剔透的质感。

2. 曝光过度

打开一张曝光过度的图片，如图 3-85 所示。

从图 3-85 中我们就不难看出，整张图片由于曝光过度，图片显得非常苍白，更谈不上能体现宝贝的细节。至于图片是不是曝光过度，还是要看一看数据。选择“图像→调整→色阶”命令，弹出“色阶”对话框。从输入的色阶的直方图上看，整个图片几乎所有的像素都分布在高光区，中间灰场几乎没有像素，在暗调区域（黑场）只有少数像素。这就是典型的曝光过度造成的结果，难怪整张图片发白，如图 3-86 所示。

图 3-85

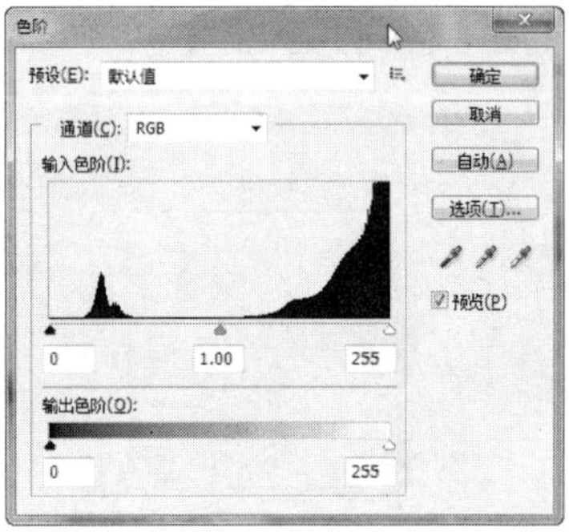

图 3-86

讲到了这里，有的读者就会说，既然图片发白，那就用色阶或曲线来进行调整，减少高光部分的像素，增加暗调和中间调部分的像素不就行了？下面试一下看有没有什么效果。

首先用色阶工具来试一下，在这里我们把暗调和中间调滑块向右拖动，这样一来照片的发白的现象就得到了改善，但是仍然有很多细节不能显示，可以看出，利用色阶工具来调整严重曝光过度的图片效果不是很好，如图 3-87 所示。

由于曲线工具可以更加准确地进行调校，所以我们再来利用曲线工具调整这张严重曝光过度的照片。在这条曲线上分别取三个点，分别代表暗调、中间调和亮调。拖动这三个点向下移动。这次效果比用色阶工具处理的效果相对而言要好一些，但效果仍然不是很理想。因为从图上还是看到很多区域的细节不清楚，如图 3-88 所示。

以上这两种调整方式的最终效果都不是很理想，这是为什么呢？曝光过度不仅会让画面表现苍白，还会使图片缺乏反差，但最为重要的是，曝光过度将会使图像丢失很多细节信息。

因此，利用 Photoshop 的色阶和曲线工具进行调整，只能算是一个提高图片对比的补救措施。从某种意义上来讲，这种调整只是尽可能地改善效果，但绝对不可能达到正确曝光应有的效果，毕竟图像的细节信息是不可能利用色阶工具和曲线工具进行弥补的。

图 3-87

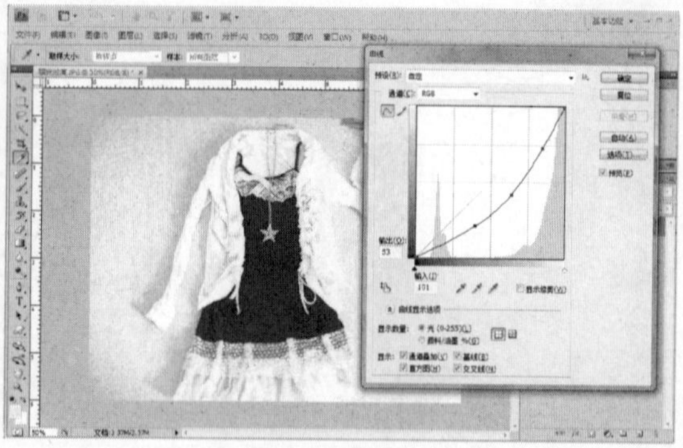

图 3-88

下面就利用另外一种方式来看一下能不能有效地改善图片效果。

首先，还是在 Photoshop 中打开要处理的曝光过度的图片。在图层面板上的背景图层上单击鼠标右键，在弹出的快捷菜单中选择“复制图层”命令，系统此时就会弹出一个名为“复制图层”对话框，保持默认设置，直接单击“确定”按钮即可，如图 3-89 所示。

此时可以在图层面板中看到已经复制了一个名为“背景副本”图层，当然其中的内容和背景图层内容完全一致，如图 3-90 所示。

图 3-89

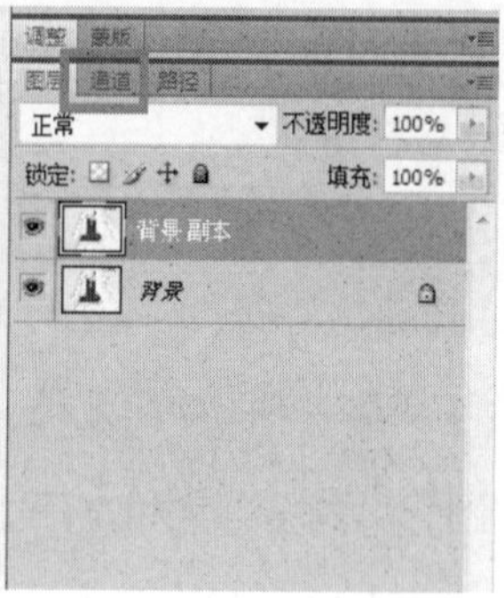

图 3-90

在图层面板旁单击“通道”按钮（如图 3-90 中标注位置所示），打开通道面板，单击通道面板下方的按钮，这个按钮的作用是将通道作为选区载入，单击之后，工作区的图片就会变成如图 3-91 所示的样式。

此时再次单击工具面板上的“图层”选项标签，回到图层面板中，再单击图层面板下方的（添加矢量蒙版）按钮，为“背景副本”图层添加矢量蒙版，如图 3-92 所示。

单击“背景副本”图层，在图 3-93 中标注位置，将图层的混合模式改为“线性加深”。图层混合模式修改完毕之后，如图 3-94 所示。

图 3-91

图 3-92

图 3-93

图 3-94

此时，可以看一下图片的效果，只不过此时图片的颜色还有些深，下面再来处理一下。

选择“图像→调整→色相/饱和度”命令，弹出“色相/饱和度”对话框，如图 3-95 所示。

在此对话框中将饱和度降低，在降低的过程中，注意观察图片效果，直到达到最佳效果，即可完成调整。现在来看一下处理后的效果，如图 3-96 所示。

现在图片的效果是不是比利用曲线和色阶工具处理得要好一些呢？这里主要通过将图层进行复制叠加，在一定程度上弥补由于曝光过度而丢失的图像信息，所以这种处理方式效果要好一些。

尽管利用这种方式对图片进行了一些弥补，但由于图片本身严重曝光造成大量的图像信息缺失，不可能从根本上解决这个问题。

虽然在很多情况下可以利用 Photoshop 提供的一些工具对于曝光不够理想的图片做一些后期处理，为了尽可能提高宝贝图片的质量，还是要在照相前控制曝光情况，事后利用工具只能是尽量弥补图片曝光，而不可能完全改善图片质量。

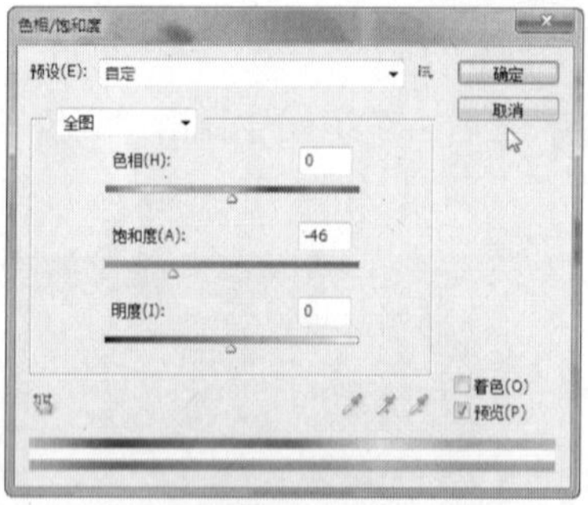

图 3-95

图 3-96

3.4.3　清晰照片由你打造

在前面讲数码照相机的拍摄技巧中曾说过，照相机的抖动会对影像的清晰度产生致命的影响。虽然现在有很多照相机都声称自己有光学防抖功能，但也并不能完全避免按动快门时带来的震动。为了避免这个问题，在拍摄宝贝时，最好利用三脚架来固定照相机，然后再来拍摄。

但很有可能也有一部分读者认为曝光只是一瞬间，因此就直接手持照相机进行拍摄。我并不否定这样也可以拍摄出好的图片，但并不是每个人都能达到这个水平的。

如图 3-97 所示，这张图片就是在拍摄时由于手的抖动造成图像成像质量不高，图像比较模糊。一般是不能选用这样的图片的，对于这种图片是否也能够用 Photoshop 进行补救?

下面看一看 Photoshop 提供的工具能否弥补这个问题。

NO.1：首先，还是用 Photoshop 打开要处理的这张问题图片。将该图层复制一份，在图层面板中新建一个名为“背景副本”的图层，如图 3-98 所示。

图 3-97

图 3-98

NO.2：选中“背景副本”图层，选择“图像→调整→去色”命令，系统就会自动把背景副本图层去色，变成黑白图像，如图 3-99 所示。

NO.3：然后选择“滤镜→其他→高反差保留”命令。之后，系统就会弹出“高反差保留”对话框，如图 3-100 所示。

图 3-99

图 3-100

在此对话框中设置半径为 1.0 像素。在这里要注意，半径值指的是保留范围，就是在图像中颜色明显的过渡处，保留指定半径内的边缘细节，并隐藏图像的其他部分。数值设置不要过大，一般不要超过 4 像素。

NO.4：设置完毕后，单击“确定”按钮。此时背景图层就变成如图 3-101 所示情形了。

可是现在图片根本就看不清！不要紧，继续处理。选中“背景副本”图层，并在图层混合模式中选择“叠加”模式，如图 3-102 所示。

图 3-101

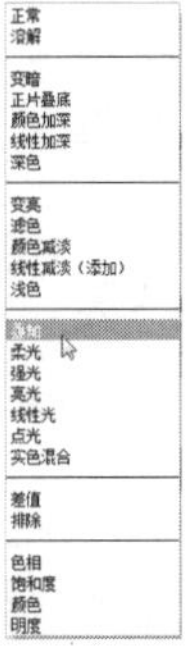

图 3-102

此时我们再来看一看叠加后的效果，如图 3-103 所示。

现在图像清晰了不少！如果还觉得不满意，可以把背景副本图层再复制一份，强化边缘，如图 3-104 所示。

图 3-103

图 3-104

至此，对于这个模糊的手机图片就处理完毕了，下面我们来看一看效果，如图 3-105 所示。

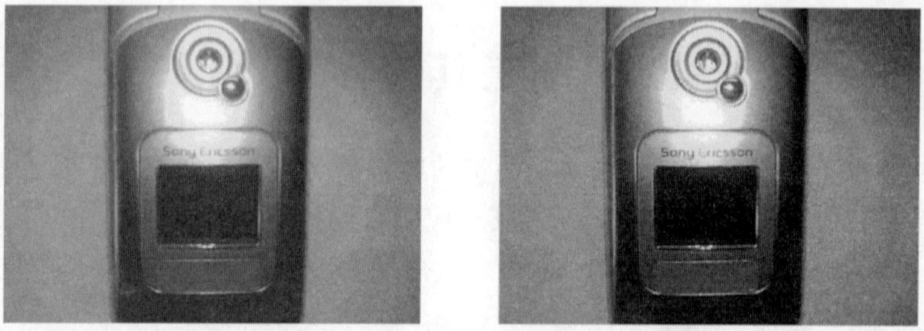

处理前　　处理后

图 3-105

从对比情况来看，图片处理之后，清晰度确实提高了一些，但感觉效果不是很好，有没有更好的方法来解决这个问题呢？看来只有拿出“终极武器”来解决这个问题了。这个“终极武器”就是 TOPAZ 滤镜，它是一款非常优秀的滤镜，非常适合用来把模糊照片清晰化。这是一个外挂滤镜，需要单独安装。

在 Photoshop 中安装好 TOPAZ 滤镜，直接打开待处理的图片。选择“滤镜→TOPAZ Vivacity→Topaz Sharpen”命令，就会弹出“Topaz Sharpen”对话框。在 Main 选项中将锐利值增加至 1.59，在“Advanced”选项卡中将线性特色值增加至 0.88，如图 3-106 所示。

设置完毕后，单击“确定”按钮，可以看一看最终的效果了，如图 3-107 所示。

TOPAZ 滤镜真的很不错。虽然利用 TOPAZ 滤镜解决了图片的模糊问题，但是要记住，照片如果过于模糊，特别是由于抖动产生了重影，就是“终极武器”也无能为力！

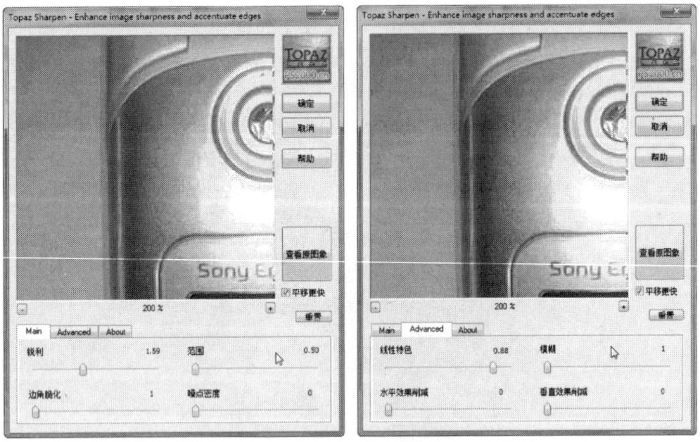

图 3-106

图 3-107

3.5 抠图工具的简单运用

如图 3-108 所示，这是双金冠卖家西溪漫步的店铺首页截图，从这个截图上看，这家店铺所有在首页展示宝贝图片的都是纯白背景，但其对应的宝贝描述图片并不是纯白背景，如图 3-109 所示。

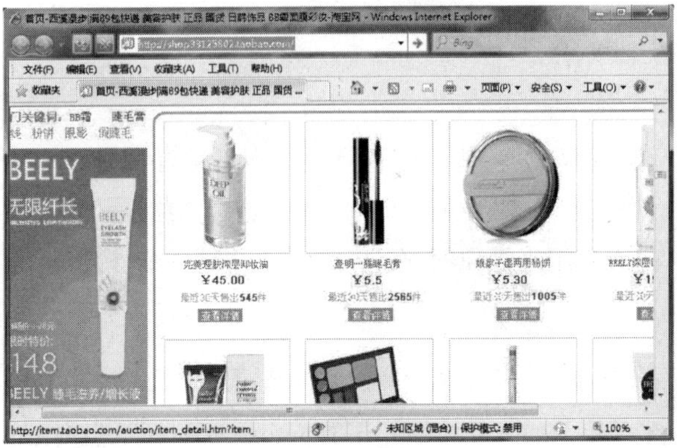

图 3-108

图 3-109

为什么宝贝图片不都做成一样的背景呢？我们知道，当买家进入店铺挑选宝贝时，往往首先看到的是宝贝展示图片，如果想要宝贝能吸引住买家，宝贝展示图片一定要能更好地凸显宝贝的特点，这样才能吸引买家去继续关注此宝贝的细节描述图片，加深对宝贝的了解，从而决定是否购买。

纯白色背景是最适合凸显宝贝特点的，而宝贝描述图片要从不同角度展示宝贝，并且为了达到效果有时在拍摄时需要搭配道具，或者使用模特进行拍摄，此时当然就不适宜使用纯白背景。所以，在发布宝贝时，我们就要把自己的宝贝展示图片处理成纯白背景，而宝贝描述图片就保留原拍摄背景。

下面就具体介绍如何利用 Photoshop 提供的工具来进行抠图，完成纯白色背景图片的制作。

3.5.1　利用魔棒工具抠图

魔棒工具是一种选择工具，它主要用来在图层上选择颜色相近的区域。将魔棒工具在当前图层上任意位置处单击，与该点颜色相近的区域都将被选中，这个相近区域的大小由魔棒工具的容差值来决定，容差值越大，所选择的相邻范围相应也就要大。我们来看一看如何利用魔棒工具进行抠图。

NO.1：打开一个待处理的图片，并将其转换为普通图层，如图 3-110 所示。

图 3-110

NO.2：在工具箱中选择魔棒工具，在工具选项栏中设定魔棒容差值为 20。由于整个图片的背景颜色并不是单一的颜色，可能存在多次选择的问题，所以在工具选项栏中选定“添加到选区”选项，这样就可以把魔棒多次的选择范围进行合并，形成一个较大的选择范围，如图 3-111 所示。

图 3-111

NO.3：用魔棒工具在图片背景区单击，选择背景区。由于魔棒工具设置“添加到选区”，每单击一次就会扩大选区，如图 3-112 所示。

NO.4：现在还有很多背景区没有选中，继续用魔棒工具在背景区单击，一直到背景区全部被选中为止，如图 3-113 所示。

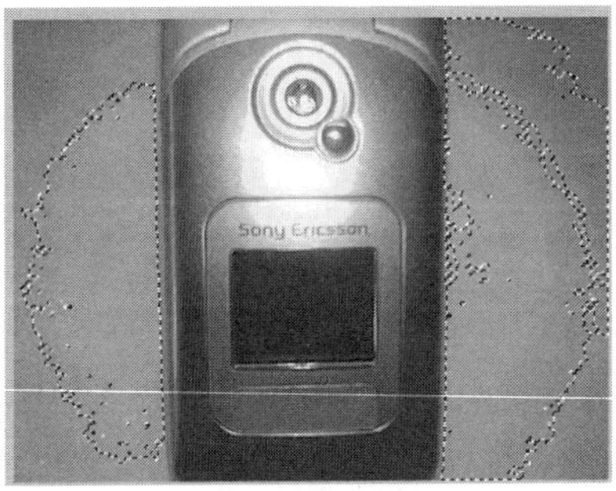

图 3-112

图 3-113

NO.5：选择完毕后，按 Delete 键，即可把所选定的背景删除，并取消选择（可在选择菜单中选择“取消”命令，也可按组合键 Ctrl+D），如图 3-114 所示。

NO.6：如图 3-114 所示，现在图片中大部分背景都被删除了，但边缘部分处理得不是很好，所以我们再次选择“橡皮擦”工具，并将显示比例放大（按住 Ctrl 键不松开，然后单击键盘上的+键，每单击一次，显示比例就增大一些，如果是按住 Ctrl 键单击键盘上的-键，每单击一次，显示比例就减小一些），小心地擦除图像边缘部分，如图 3-115 所示。

图 3-114

图 3-115

NO.7：在工具箱中选择设置背景色工具，在弹出的“拾色器（背景色）”对话框中设定背景色为白色，并单击“确定”按钮，如图 3-116 所示。

此时一个纯白背景的图片就出现在我们面前，最终效果如图 3-117 所示。

小结

利用此种方式可以进行图像的快速抠取，但是这种方式似乎只适合于图片中宝贝主体颜色和背景颜色差异很大的情况，并且选取的效果比较粗糙，如果想达到好的效果还需要后期手工擦除。

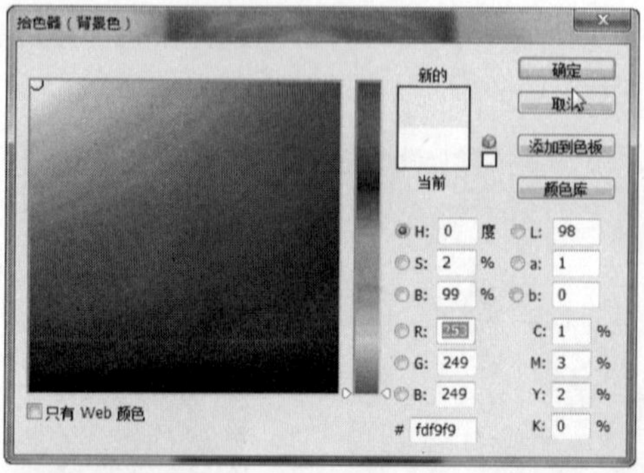

图 3-116

图 3-117

3.5.2 利用快速选择工具抠图

从 Photoshop CS3 版本开始，Adobe 公司就在工具箱中增加了快速选择工具，它是一个功能强大的选择工具。

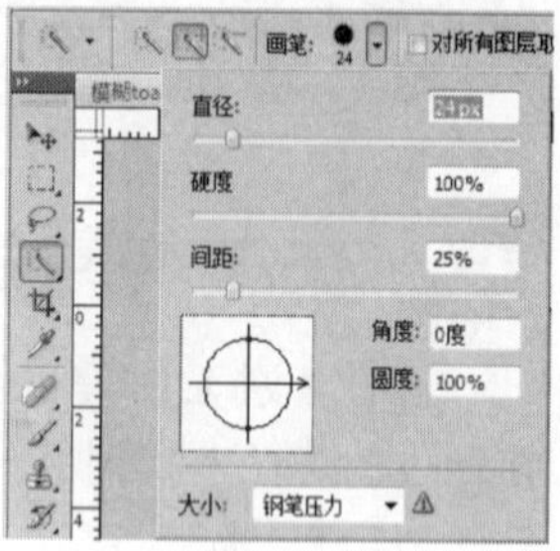

图 3-118

快速选择工具也是一种用来选定颜色相近的区域的选择工具，当用快速选择工具的画笔进行描绘，画笔所到之处的相近颜色都是我们的选择范围，并且画笔的大小可以在工具选项中进行调整。画笔大，可以比较粗略地选择图像范围；画笔小，则可以比较细致地选择图像范围，如图 3-118 所示。

下面就来看一下快速选择工具在抠图上的应用。

NO.1：打开待处理的图片，并将图层转换为普通图层。在工具箱中选择快速选择工具，在工具选项栏中设定画笔为 20 像素，并将快速选择工具指定为“添加到选区”选择模式，这样就可以把快速选择工具选取的范围进行合并，并形成一个较大的选区，如图 3-119 所示。

图 3-119

NO.2：按住鼠标左键不松开，在背景区拖动鼠标。在该图像向左拖一下鼠标，再向右拖一下鼠标，就形成了如图 3-120 所示选区。

NO.3：如图 3-120 所示，图像边缘部分选择过多，此时在工具选项栏中将选择模式改为“从选区中减去”，并将画笔直径减小为 8 像素，在边缘部分重新拖动鼠标减小选区范围，以达到最佳选择效果，如图 3-121 所示。

NO.4：选择完毕后，按 Delete 键，即可把所选定的背景删除。如果边缘有一些区域处理得不是很好，选择橡皮擦工具，小心擦除边缘部分，直到满意为止。而后将背景色设为白色。至此，一个纯白背景的图片就展现在我们面前，如图 3-122 所示。

图 3-120

图 3-121

图 3-122

小结

和魔棒工具相比，利用此种方式可以更快速方便地创建选区，但是这种方式也同样只适合于宝贝的主体颜色和背景颜色差异很大的情况，但选取的效果要比魔棒工具要好，对于比较复杂的背景，如果想达到好的效果还是需要后期进行手工擦除。

3.5.3 利用磁性套索工具抠图

磁性套索工具是一种可自动分辨出图像边缘的选择工具，它的原理就是分析色彩边界，它在经过的路径上找到色彩的分界处并把它们连接起来形成选区。

选定磁性套索工具之后，在工具选项栏上有几个参数需要说明一下，如图 3-123 所示。

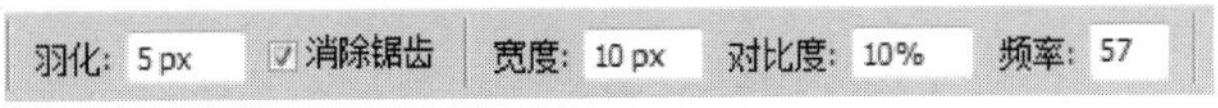

图 3-123

“羽化”选项能软化选区的边缘，也就是使选区内外衔接的部分虚化，起到渐变的作用，从而达到图像自然衔接的效果。在数值框中可填入的值为 0 ~ 250 像素，数值越大，虚化的边缘越宽。

选择工具选项栏中的“消除锯齿”复选框，可以使选区更平滑。

“宽度”选项是用来指定工具的探测范围，在数据框中可填入的值为 1 ~ 256 像素，它可以设置一个像素宽度，注意，磁性套索工具只检测从鼠标光标到指定的宽度距离范围内的边缘，然后在视图中绘制选区。

“对比度”选项用于设置磁性套索工具检测边缘图像灵敏度。在数值框中可填入 1 ~ 100 的百分比值，如果要选取的图像与周围的图像之间的颜色差异比较明显（对比度较强），那么就应设置一个较高的百分比数值。反之，对于图像较为模糊的边缘，应输入一个较低的边缘对比度百分比数值。

"频率"选项用来设置此工具在选取时关键点创建的速率。在数值框中可填入 0～100 的值，设定的数值越大，标记关键点的速率越快，标记的关键点就越多；反之，设定的数值越小，标记关键点的速率越慢，标记的关键点就越少。当查找的边缘较复杂时，需要较多的关键点来确定边缘的准确性，可采用较大的频率值；当查找的边缘较光滑时，就不需要太多的关键点来确定边缘的准确性，可采用较小的频率值。下面我们就用磁性套索工具来看一看如何抠图。

NO.1：首先打开待处理的图片，在工具箱中选择磁性套索工具，各选项参数的设置如图 3-124 所示。

图 3-124

NO.2：在鞋子边缘单击鼠标选择起点，然后将鼠标沿着鞋子边缘移动，系统会自动在鞋子边缘处生成连接点。如果有些地方选择得不是很好，可以通过单击鼠标生成连接点。当终点和起点重合时，光标右下角会出现一个小圆圈图标，表示选择区域已封闭，再单击鼠标即完成选择操作，如图 3-125 所示，表明此时鞋子已经被选中。

NO.3：选择完毕后，选择菜单中的"编辑"中的"剪切"或"复制"命令（在这里我们以剪切操作为例），选择"剪切"命令后，在工作区中的显示效果如图 3-126 所示。

图 3-125

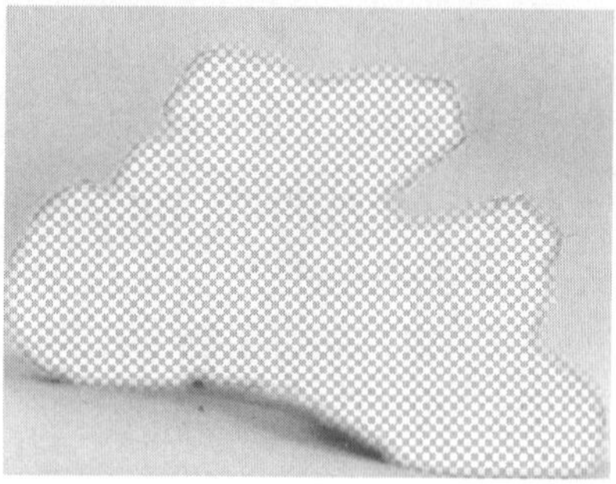

图 3-126

NO.4：单击菜单中的"文件→新建"命令，在弹出对话框中设定背景内容为"白色"，其他选项为默认设置，直接单击"确定"按钮，如图 3-127 所示。

NO.5：新建工作完成之后，在"编辑"菜单中选择"粘贴"命令，或直接按组合键 Ctrl+V，即可将上面剪切的鞋子粘贴到刚新建的工作区中，如图 3-128 所示。

效果还不错吧！如果觉得还有一些地方不满意，就可以在此图中将显示比例放大，选择橡皮擦工具进行修饰。

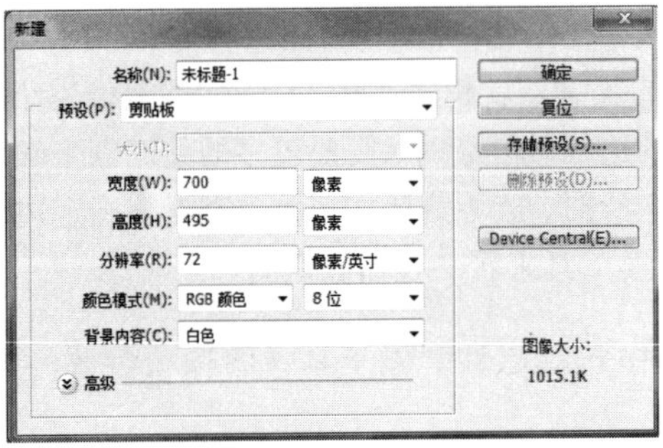

图 3-127

图 3-128

这种工具特别适用于快速选择背景对比强烈和边缘复杂的对象，当需要处理的图形与背景有颜色上的明显反差时，此工具非常好用。这种反差越明显，磁性套索工具抠图就越精确。选取图像时一定要非常细心，如果你有足够的耐心，一定会得到最满意的抠图效果。

小结

3.5.4 利用钢笔工具抠图

钢笔工具是 Photoshop 中最好的抠图工具之一，它可以用来勾画直线和平滑的曲线并作为路径，创造路径后，还可再进行编辑，从而让路径更适用自己的选择范围，并且此路径在缩放或者变形之后仍能保持平滑效果。

当然，如果想熟练掌握钢笔工具，那么对于钢笔工具的一些选项设置就必须要了解。

在工具箱中单击图标，在菜单栏下就可以看到钢笔工具选项栏。钢笔工具创造路径有两种工作方式：一种是创建新图层，另外一种是创建新路径，如图 3-129 所示。

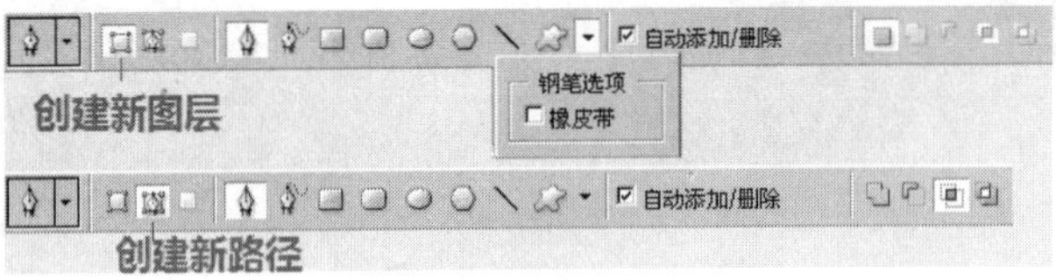

图 3-129

如果选择“创建新图层”选项，在这种模式下不仅可以在路径面板中新建一个路径，同时还在图层面板中创建了一个形状图层。如果选择“创建新路径”选项就只是在路径面板中新建一个路径。

勾选“自动添加/删除”复选框，可以对绘制出的路径添加或删除锚点，单击路径上的某点可以在该点添加一个锚点，单击原有的锚点可以将其删除，如果未勾选此选项可以通过在路径上的某点单击鼠标右键，在弹出的菜单中选择“添加锚点”命令或在原有的锚点单击鼠标右键，在弹出的菜单中选择“删除锚点”命令来达到同样的目的，如图 3-130 所示。

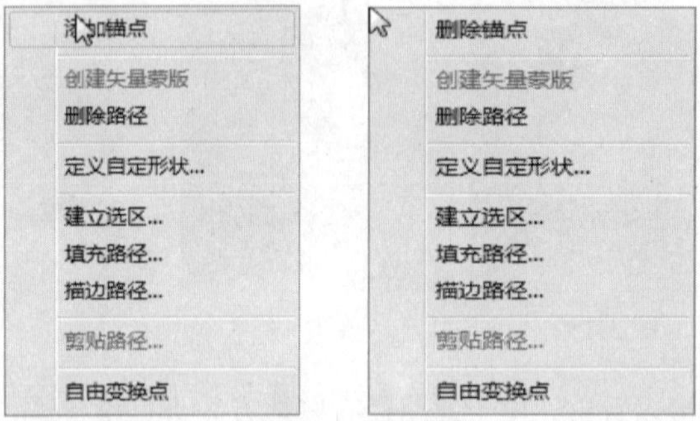

图 3-130

勾选“橡皮带”复选框后，可以看到下一个将要定义的锚点所形成的路径，这样在绘制的过程中会比较直观。

接下来看一看如何通过钢笔工具来进行精准抠图。

NO.1：利用 Photoshop 打开待处理的图片，单击工具箱中的按钮，选项栏中的设置如图 3-131 所示。

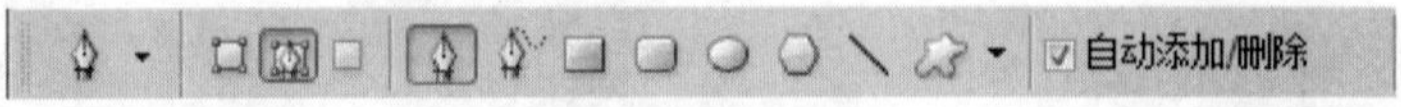

图 3-131

NO.2：在待处理图片上的鞋子边缘单击，定义一个路径的开始点，然后将鼠标沿着鞋子边缘开始抠图，每隔一小段距离就单击一下鼠标，此时系统就会生成一个连线锚点，如图 3-132 所示。

由于图片上鞋子的边缘很平滑，用钢笔工具所勾画的路径可能不是很贴合鞋子的边缘，此时就要调整路径的方向。

将鼠标移到这条直线路径中间某处，此时光标会变为形状，单击鼠标将在此处增加一个锚点，按住 Ctrl 键不松开，就可以用鼠标拖动刚才增加的锚点，将此锚点拖到鞋底边缘，此时直线路径已经变成曲线。如果此曲线依然不能很好地贴合边缘，那么就可以按住 Alt 键，鼠标会变为形状，将鼠标移到调节杆的两个端点进行曲率调整，一直到满足要求为止，如图 3-132 所示。

当然，如果在边缘处每隔一小段距离就增加一个锚点也可以让路径贴合曲线边缘。最后闭合时，将鼠标箭头靠近路径起点，当鼠标箭头旁边出现一个小圆圈时，单击鼠标，就可以将路径闭合，形成一个封闭的路径，如图 3-133 所示。

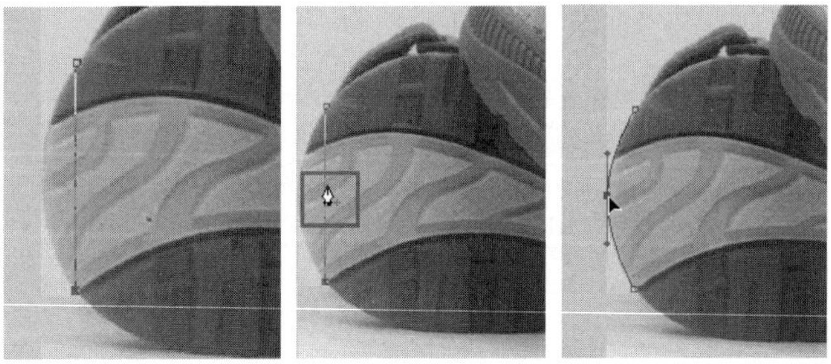

图 3-132

图 3-133

NO.3：由图 3-133 可以看出，由于此路径有些地方并不是很合适，所以再做一些调整。按住 Ctrl 键不松开，用鼠标在路径上的任意位置单击一下，此时路径上的锚点全部显现出来，用鼠标拖动并调整锚点到合适的位置，如图 3-134 所示。

NO.4：锚点位置调整完毕之后，再来调整一下路径曲线，按住 Alt 键不松开，鼠标变成形状，此时就可以精确地调整路径曲线，如图 3-135 所示。

NO.5：当全部路径调整完毕之后，在浮动面板中单击“路径”面板，如图 3-136 所示。

图 3-134

图 3-135

图 3-136

NO.6：在“路径”面板下单击“将路径转为选区”按钮，如图 3-137 所示。此时系统就会将路径变为选区，将路径所包围的鞋子选中，如图 3-138 所示。

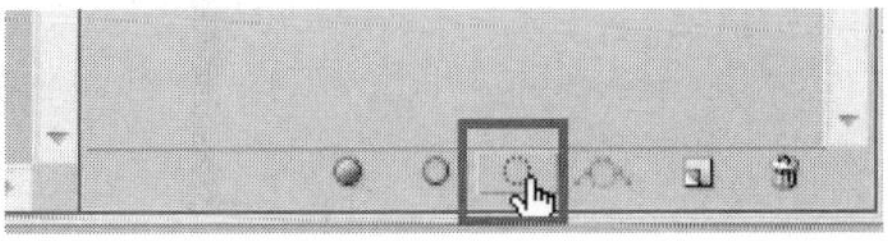

图 3-137

图 3-138

NO.7：在“编辑”菜单中选择“剪切”或“复制”命令，这里选择“剪切”命令，效果如图 3-139 所示。

NO.8：在“文件”菜单中选择“新建”命令，新建一个背景为白色的新文件，并将抠下的鞋子粘贴到新建的文件中，如图 3-140 所示。

图 3-139

图 3-140

这样就完成全部工作，一张纯白背景图片就出现在我们眼前。

小结

用钢笔工具可以根据对象的形状创建路径，再将路径转换成选区，从而将对象与背景分离，用这种方法抠图的精确度非常高，不受任何背景的限制，只要我们肯付出时间，就可以解决复杂的图像抠图问题。不过，如果想真正利用好钢笔工具，必须反复练习才能熟练掌握这种工具的使用技巧，这样才能让它更方便地为我们服务。但有一点要说明，使用钢笔工具抠图这种方式有一个不足，那就是对边缘细碎的图像无能为力（比如毛绒公仔之类的宝贝）。

3.5.5　利用抽出滤镜抠图

抽出命令是一种特殊滤镜，也是选取图像的一种方法，常用于在复杂的背景中抠选某一部分图像。使用抽出命令可以方便地选取所需的图像并清除其余的背景，同时将原背景图层转换为普通图层。抽出图像的方法是：用对话框中的“边缘高光器”工具勾选出要选取的图像边缘，再单击“填充”按钮，在选取的范围内单击鼠标，填充图像，最后单击“确定”按钮将画笔中的图像选取出来，而画笔外的图像将自动被清除成为透明背景。

下面看一看如何使用抽出滤镜抠取宝贝图片。

NO.1：利用 Photoshop 打开待处理的图片，如图 3-141 所示。

NO.2：选择“滤镜→抽出”命令，弹出“抽出”对话框，在此对话框中左侧工具栏中选择边缘高光器工具，并设定适当的画笔大小，同时勾选右侧工具选项中的“智能高光显示”复选框。

勾选此复选框，用鼠标沿图像边缘绘制的时候，它会自动跟踪图像边界，从而保证抽出的图像更加细致，它有点类似磁性套索工具。高光和填充选项使用系统默认设置值即可，如图 3-142 所示。

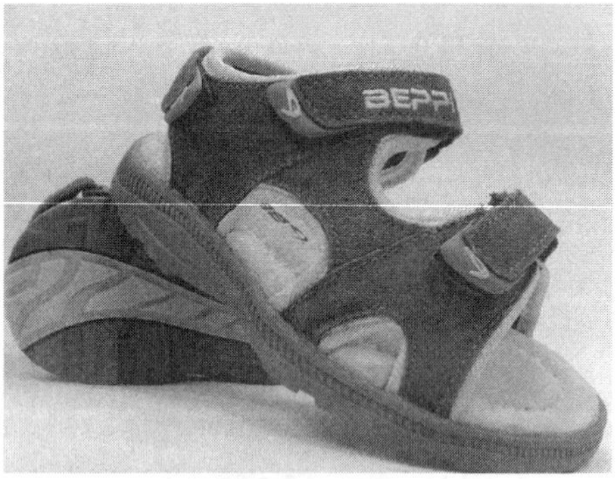

图 3-141

图 3-142

NO.3：用边缘高光器工具沿着鞋子的边缘绘出一个选择区域，如图 3-143 所示。

NO.4：从图 3-143 中可以看出，在绘制的过程中，边缘部分选择了多余的地方，此时在“抽出”对话框左侧工具栏中选择擦除边缘高光工具，对多余选择的高光区域进行擦除，以达到最佳选择效果。

NO.5：在“抽出”对话框的左侧选择油漆桶工具，在闭合区域中单击鼠标进行填充，如图 3-144 所示。

图 3-143

图 3-144

NO.6：单击“预览”按钮，查看选区中图像的效果。如果满意，单击“确定”按钮即可，如果不满意，按住 Alt 键，然后单击“复位”按钮，重新进行边缘勾画。

NO.7：单击“确定”按钮后，系统就自动把鞋子以外的背景全部删除。此时仔细观察一下边缘位置，如果有多余的部分就选择工具箱中的橡皮擦工具进行擦拭，直到达到满意的效果，如图 3-145 所示。

NO.8：先在工具箱中将图层背景色改为白色，如图 3-146 所示。

图 3-145

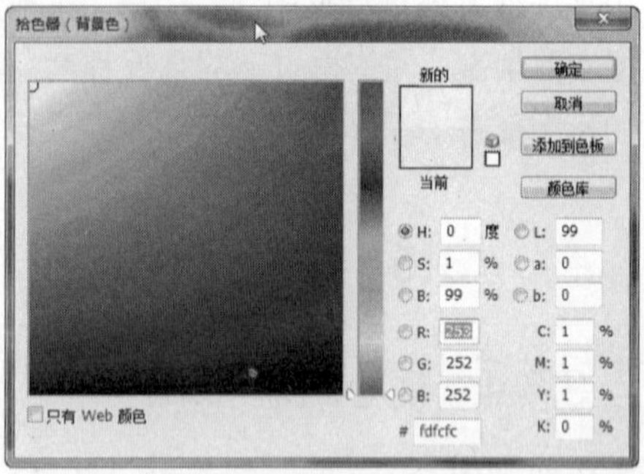

图 3-146

NO.9：选择“图层→新建→背景图层”命令，此时就会出现一个纯白背景的图片，如图 3-147 所示。

图 3-147

小结

抽出滤镜为我们提供了一种更为高级的抠图方法，即使对象的边缘再细微、再复杂或者无法确定，我们也不需要用太多的操作就可以把宝贝从背景中抠出。但有一点要注意，当使用抽出滤镜时，Photoshop 会自动将图片的背景层删除并变为透明，这种处理将会造成对象边缘上的部分像素丢失，为了避免丢失原来图片中的信息，最好将原图层复制一份，然后在副本图层上进行操作，如果操作结果满意，就可以将原图层删除，如果不满意，可以重新复制原图层来进行操作。

事实上，Photoshop 提供了很多方式以供我们完成抠图任务，并不只是限于上面所说的几种方式，但这几种方式比较具有代表性，作为淘宝卖家，掌握这几种方式是非常有用的。另外在网上也有很多热心网友提供的各种抠图教程。但不管是何种方式，要想抠出完美的图像，不可能一蹴而就，需要不断的练习，在学习中积累经验。

还有一点要说明，由于为了说明某种抠图方式的具体操作方法，在上面所讲的案例都是单纯地使用某一种方式进行抠图。要注意，在现实操作过程中，任何一种抠图方式都不是孤立的，一定要根据实际情况，并依据自己的掌握程度，灵活地将多种抠图方式加以综合运用，才能更好地完成图片的抠图任务。

3.6 Photoshop 在店铺装修中的其他应用

3.6.1 精心制作水印

在介绍利用 Photoshop 制作水印之前，先来看一组图片，如图 3-148 所示。

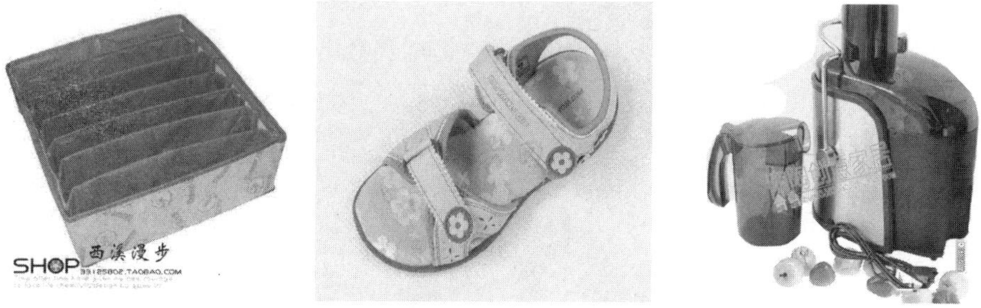

图 3-148

这组图片都是从淘宝网上四皇冠以上的大卖家店里截图而来的。虽然是不同类别的卖家，不同的商品，但是却有着共同的特征，那就是这些图片无一例外地都加了水印。

按理来说，当在图片上添加水印时，最后合成图片后一定会对图片造成破坏，但为什么这些大卖家还是乐此不疲地往自家宝贝图片上“盖公章”呢？事实上，从上面一组图片可以看出，在这些图片中添加的水印，不仅没有破坏图片的整体美观，反而处理得很恰当，增加了图片的美感。另外在所有图片上都添加水印，可以让自己的宝贝图片有一个统一的风格。当然，加水印还有另外一个用途，就是可以防止其他同类商品卖家未经许可就盗用我们的宝贝图片，不过由于现在图像处理软件功能太强大，加了水印也有可能被别人盗用，但这样做至少可以增加他们盗图的难度。

正是由于水印存在着上述三个方面的作用，才会使得这些大卖家乐于在自家图片上添加水印。水印主要分为三种形式，第一种是单纯的文字水印，这类水印主要内容就是一些诸如自己店铺 ID 之类的文字；第二种就是图片水印，这类水印一般是把自己的店铺 Logo、店铺 ID 文字或其他图片标志加在图片上；第三种就是设计得比较另类的水印，这类水印主要是卖家设计的富有个性的创意水印。

下面，我们就来利用 Photoshop 讲解如何制作以上三种水印。

1. 文字水印

这类水印的制作比较简单，首先打开 Photoshop，选择“文件→新建”命令，弹出“新建”对话框，在此对话框中设置好要新建文件的宽度和高度，这里设定为 500 像素 × 500 像素。要注意，在“背景内容”选项中一定要选择“透明”，其他的选项就直接使用系统默认值，不需更改，直接单击“确定”按钮。此时，系统就会按照我们刚才的设置自动新建一个 500 像素 × 500 像素透明背景文件，并在工作区显现出来，如图 3-149 所示。

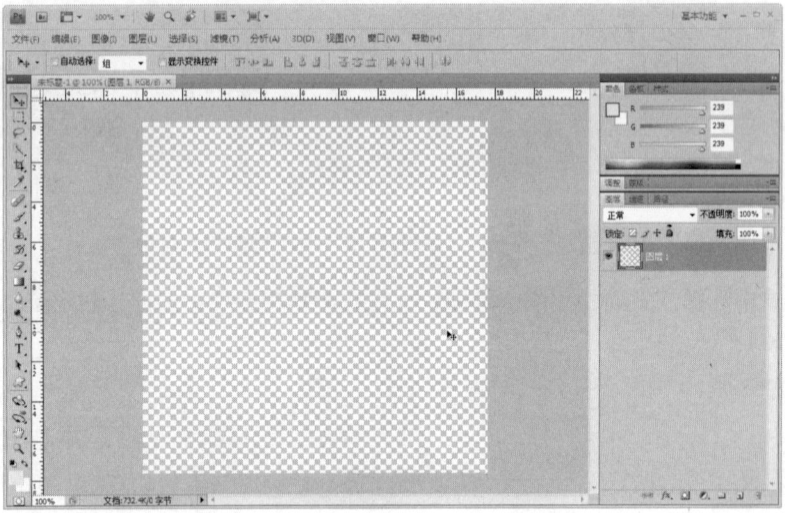

图 3-149

在工具箱中选中文字工具，并在文字工具选项栏中选择合适的字体，这里就选择“华文彩云”，并将字号设为 48 点。将文字颜色设为灰色，如图 3-150 所示。

图 3-150

设置完毕之后，在图形工作区中单击鼠标，并输入水印文字，这里输入“客必隆鞋城”，然后重新设置字号后再输入第二行文字为“Shop57623309.taobao.com”，并调整好它们的相应位置，如图 3-151 所示。

为什么在工作区看不出效果？我们添加水印本来就是不能破坏原图片的内容，所以水印文字的颜色大多选择的是中间色。如果觉得不是很突出，可以设置另一种效果。在图层面板中选择“客必隆鞋城”图层，单击鼠标右键，弹出快捷菜单，如图 3-152 所示。

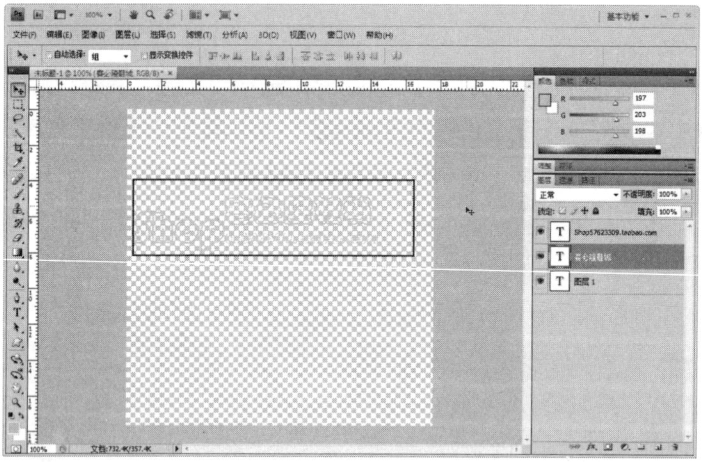

图 3-151

在弹出菜单中选择“混合选项”命令，系统弹出“图层样式”对话框。

在左侧样式中选择“斜面和浮雕”选项，并在右侧结构选项中的样式栏中选择“浮雕效果”选项，如图 3-153 所示。

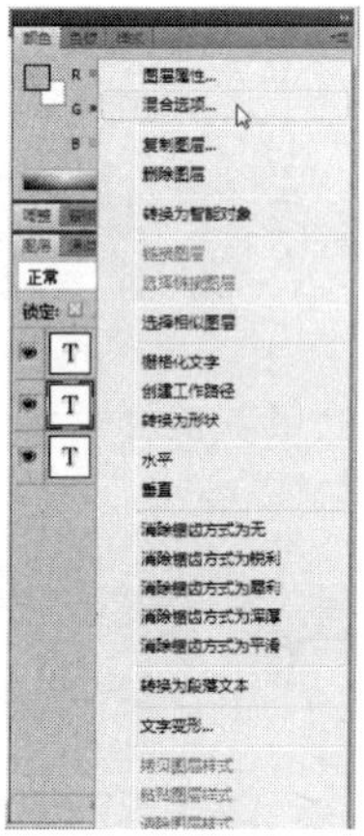

图 3-152

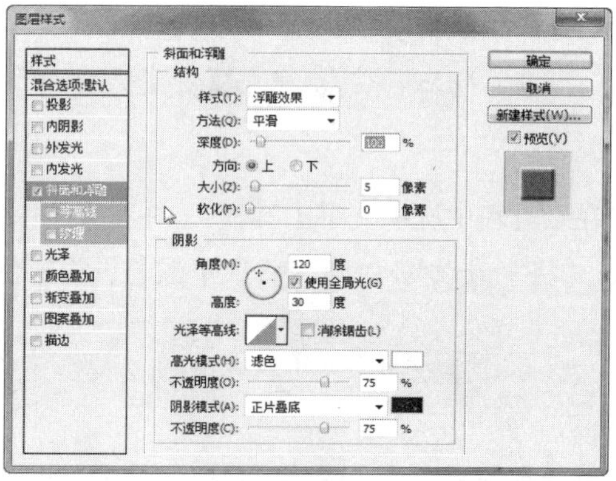

图 3-153

为了更进一步加深文字效果，接下来在左侧样式中选择“光泽”选项，其他的就不用更改了。按照同样的方式将第二行文字也进行同样处理。看一下效果，如图 3-154 所示。

效果还不错。到这里我们的工作还没有结束，选择“文件→存储为…”命令，在弹出的对话框中设定这个水印图片的存放位置和水印图片的文件名，并且一定要指明水印图片文件的存储类型为“PNG”或者为“GIF”，因为只有这两种格式支持透明背景。

如果设定保存类型为 PNG，设定好之后，单击“保存”按钮，此时会弹出“PNG 选项”对话框，如图 3-155 所示。

图 3-154

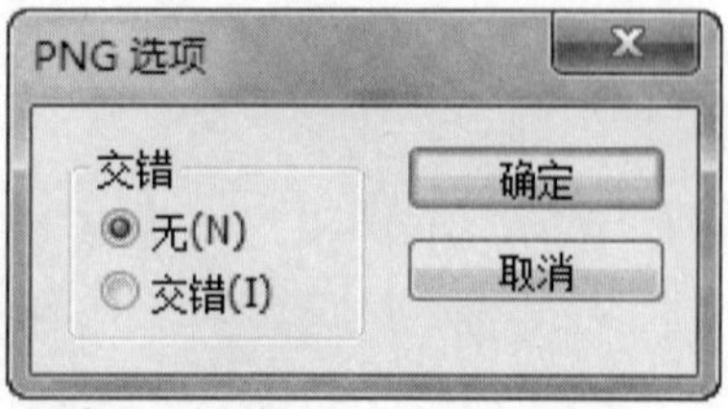

图 3-155

在这个对话框中我们要指定是否交错显示。什么是交错显示？如果在对话框中选中“交错”单选框，那么在使用浏览器欣赏该图片时就会以由模糊逐渐转为清晰的效果方式渐渐显示出来。

在对话框中单击“确定”按钮，一个文字水印图片就制作好并被保存下来了。当然在这里最好我们把这个水印的原文件保存下来，方便以后修改。制作好这个水印之后我们该如何使用？下面具体介绍操作过程。

用 Photoshop 分别打开要添加水印的宝贝图片和我们刚制作成功的水印图片，如图 3-156 所示。

在工作区中选择水印图形文件作为当前工作文件。选择“选择→全选”命令，此时在工作区中会发现，此水印图形文件已被选择框所包围，如图 3-157 所示。接下来选择“编辑→复制”命令。

图 3-156

图 3-157

然后将宝贝图片文件粘贴在当前工作区中，此时系统就会把图片水印的内容作为一个新的图层叠放在宝贝图片之上，如图 3-158 所示。

如果觉得水印所在位置及大小不合适，此时可以在图层面板中选中刚刚复制的图层，利用工具箱的移动工具进行位置调整，再利用“编辑”菜单下的“自由变换”或“变换”命令对水印进行变换，以达到自己想要的效果，如图 3-159 所示。

图 3-158

图 3-159

现在操作基本上完成了，但有一点美中不足，那就是水印效果太明显了，能不能把这个水印效果变得淡一些？这个问题很好解决，在图层工作面板中选择水印文件所在的图层。

如图 3-160 所示，在图层面板中选择“不透明度”的选项。拖动调整不透明度的滑块，调整这个水印图层的不透明度，在调整的过程中随时注意观察效果，一直调整到自己认为合适时为止。在这里我们将不透明度调整到 60%，效果如图 3-161 所示。

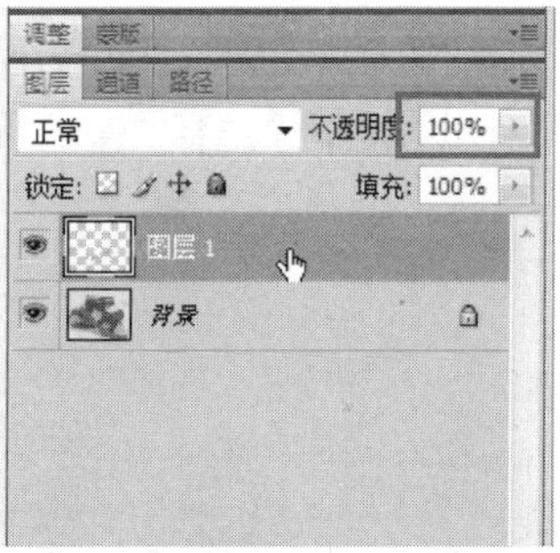

图 3-160

图 3-161

如果觉得效果还不错，就把这个图片另存起来。

到这里，可能有些读者会问，为什么不直接在图片上加文字水印？那样不是更方便！不错，直接在图片上加文字做水印也是可行的，但是我们知道，宝贝发布时有很多图片都需要添加水印，如果直接在图片上输入文字制作水印，那岂不是每一张图片都要加入文字，都要调整，这样工作量太大了，并且还不能保证所加的水印统一。所以可以把水印制作成图片，这样既可以保证水印统一，又能减少工作量。并且这里制作水印完毕之后，也可以在光影魔术手中使用。

2. 图片水印

对于水印，不同的卖家有不同的观点。有些卖家可能觉得纯文字水印效果不是很好，所以希望能做一个图文并茂的水印，那就更能引起别人的注意。那么在 Photoshop 中能不能制作一个图文并茂的水印？回答当然是肯定的。

如图 3-162 所示，这里要把这张图片做成一个水印图案，放在宝贝图片上面。下面我们就来看一看在 Photoshop 中如何制作一个图文并茂的水印。

首先在 Photoshop 中将图片中的这个小姑娘图像抠出来，放到一个透明的背景中，如图 3-163 所示。

图 3-162

图 3-163

选择“文件→新建”命令，弹出对话框。在对话框中设定文件的宽度 700 像素、高度为 400 像素，并一定要记得将“背景内容”设为透明，其他的选项为系统默认值即可。设定完毕之后，单击“确定”按钮，系统就会按照我们的设定生成所需的文件，如图 3-164 所示。

在新建的文件中，选择“图层→新建→图层”命令（或者直接用组合键 Shift+Ctrl+N），此时系统会新建一个图层，将抠好的小姑娘图像放在这个新建图层中，并使用“编辑”菜单下的“自由变换”或“变换”命令对图像适当地缩放，如图 3-165 所示。

图 3-164

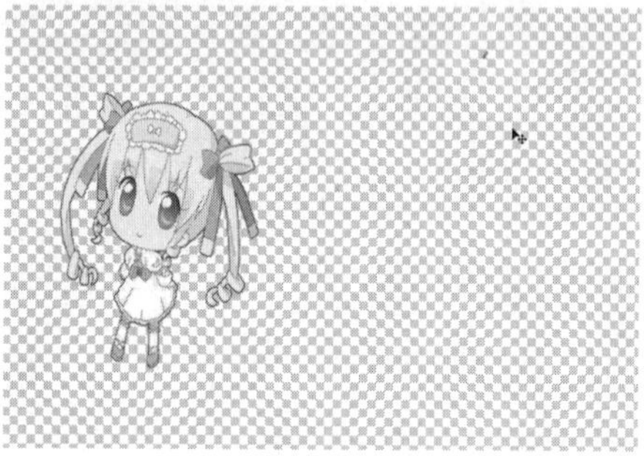
图 3-165

在工具箱中选择文字工具 T，在文字工具选项栏中将字体设为“华文彩云”，文字大小设为 60 点，并将文字颜色字设为灰色，如图 3-166 所示。

图 3-166

设置完毕之后，用鼠标在图形工作区中单击并输入自己想作为水印的文字，这里我们输入“客必隆鞋城”，然后重新设置字号再输入第二行文字为“Shop57623309.taobao.com”，并调整好它们的相应位置，如图 3-167 所示。

为了让文字内容更突出，和制作上面的文字水印一样，将这两行文字及图片所在图层的混合样式选择为“斜面和浮雕”及“光泽”，效果如图 3-168 所示。

图 3-167

图 3-168

接下来将这个设定好效果的图片水印以 PNG 格式保存起来备用。

用 Photoshop 分别打开制作好的水印及要加水印的图片。将制作好的图片水印复制并粘贴到要加水印的图片之上，如图 3-169 所示。

图 3-169

此时水印所在位置及大小都不合适，可以在图层面板中用鼠标单击刚刚复制过来的图层，把它选中，利用工具箱的移动工具进行位置调整，并且利用“编辑”菜单下的“自由变换”或“变换”命令对水印进行变换，以达到自己想要的效果，如图 3-170 所示。

现在工作基本上完成了，但还是有一点美中不足，那就是水印效果太过明显，接下来我们就要把这个水印效果变得淡一些。在图层工作面板中选择水印文件所在的图层。在图层面板中拖动不透明度设置滑块，调整这个水印图层的不透明度，在调整的过程中随时注意观察效果，一直调整到自己认为合适时为止。在这里将不水印的透明度调整到 40%，效果如图 3-171 所示。

图 3-170

图 3-171

现在效果还不错，保存之后一个图文并茂的水印文件就添加完毕了。

提示

不过，在这里要说明一下，上面只是提供一种制作和使用图片水印的方法。由于篇幅有限，这里不可能花很长时间来讲述这种水印的设计方法，其实只要你有灵感，再利用上面所讲的操作方法，你一定可以设计出更为出色并且更适合自家店铺的图文水印的。

3. 另类水印

在第 2 章讲解光影魔术手时，我们在宝贝图片上加了一个水印，如图 3-172 所示。

如果把这个立体感非常强的水印“盖”在自家宝贝图片上是不是感觉到很“酷”呢？下面就介绍如何利用 Photoshop 制作店铺的公章。

首先在 Photoshop 中新建一个文档，设置如图 3-173 所示，也即设置新建文档宽度和高度均为 500 像素，背景内容一定要为透明，其他选项为系统默认值。设置完毕之后，单击“确定”按钮，系统就会按照我们的设置新建一个 500 像素 × 500 像素且背景透明的新文档，如图 3-173 所示。

图 3-172

图 3-173

在工具箱中选择自定形状工具，在工具选项栏中单击按钮，在弹出的下拉框中设定自定形状选项为固定大小，宽和高均设为 400 像素，如图 3-174 所示。

另外，在工具选项栏中单击按钮，在弹出的形状下拉框中选择圆形，如图 3-175 所示。

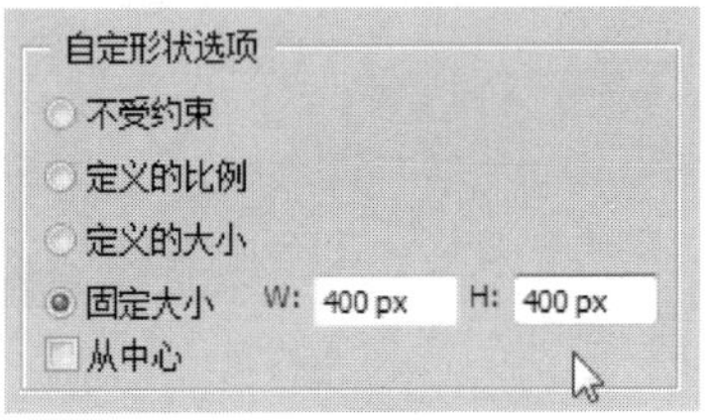

图 3-174

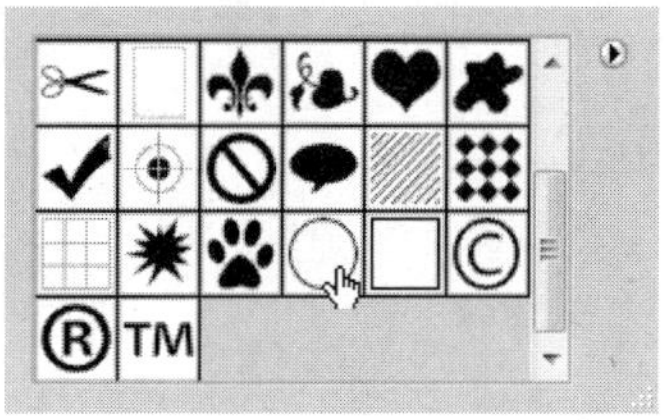

图 3-175

由于要制作的水印是公章样式的，所以还要在工具选项栏中将自定义形状的颜色设为红色，如图 3-176 所示。

图 3-176

一切设置完毕之后，在图形工作区中单击鼠标，系统会自动在透明背景的空白工作区中显示一个红色圆形，如图 3-177 所示。

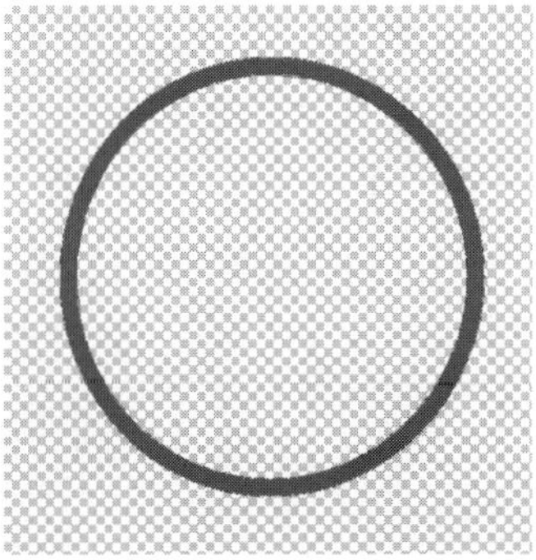

图 3-177

在图层面板中选中此图层，单击鼠标右键，在弹出的菜单中选择“复制图层”命令，将此图层复制一份。复制完毕之后，在图层面板中将副本图层选为当前工作图层。

选择“编辑→自由变换路径”命令（或用快捷键 Ctrl+T），在菜单栏下的工具选择项中将宽和高的缩放百分比均改为 50.0%，如图 3-178 所示。

图 3-178

此时就会看到一个比原来小 1/2 的圆形出现在工作区中，如图 3-179 所示。

在工具箱中选择“横排文字工具”，将字体选择为“黑体”，并将文字颜色设为红色，字号大小设为 48 号，输入“客必隆鞋城”。输入完毕之后，在文字工具的选项栏中选择“创建文字变形”选项，在“变形文字”对话框中将样式设为“扇形”，并把弯曲设为 100%，如图 3-180 所示。

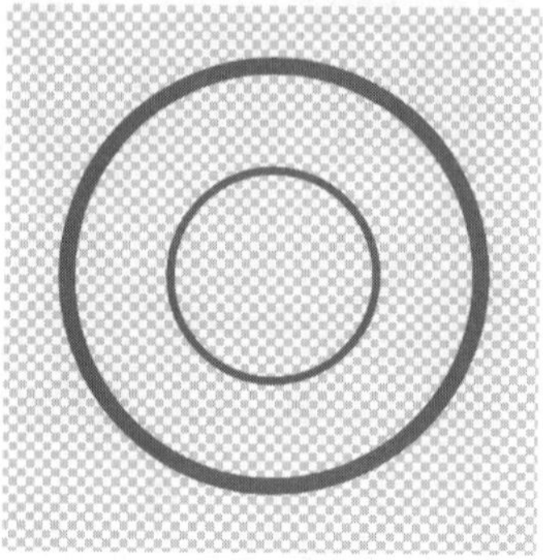

图 3-179

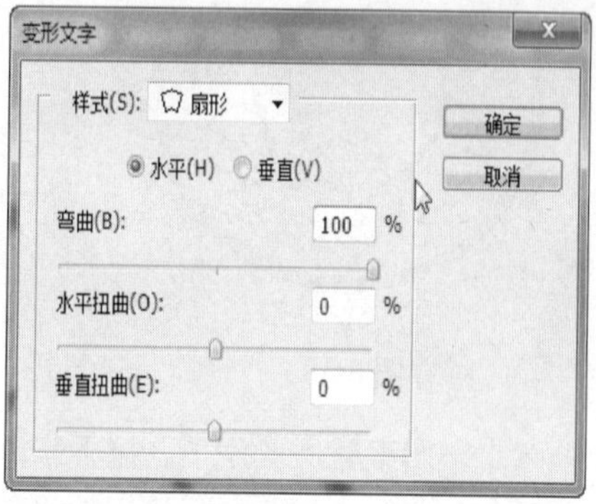

图 3-180

设定完毕之后单击“确定”按钮，并利用移动工具将此文字调整好位置，如图 3-181 所示。

再次利用“横排文字工具”输入“Shop57623309”，同样将字体设置为“黑体”，文字颜色设为红色，字号大小设为 48 号。输入完毕之后，在文字工具的选项栏中选择“创建文字变形”选项，在“变形文字”对话框中将样式设为“扇形”，并把弯曲设为-100%，如图 3-182 所示。

设定完毕之后单击“确定”按钮。选择“编辑→自由变换”命令（或用快捷键 Ctrl+T），选择文字后，用鼠标将此行字调整到大小合适为止，并利用移动工具将此文字调整好位置，如图 3-183 所示。用同样的文字设置，在小圆中输入“品质保证”，如图 3-184 所示。

这样水印大致的样子已经有了，但是立体感不是很强，在每个图层的混合选项中选择“外发光”和“斜面和浮雕”样式，其中在“斜面和浮雕”样式中选择“外斜面”样式，方法为“雕刻清晰”，深度为 100%。对所有图层设置完毕之后，再来看一看效果，如图 3-185 所示。

图 3-181

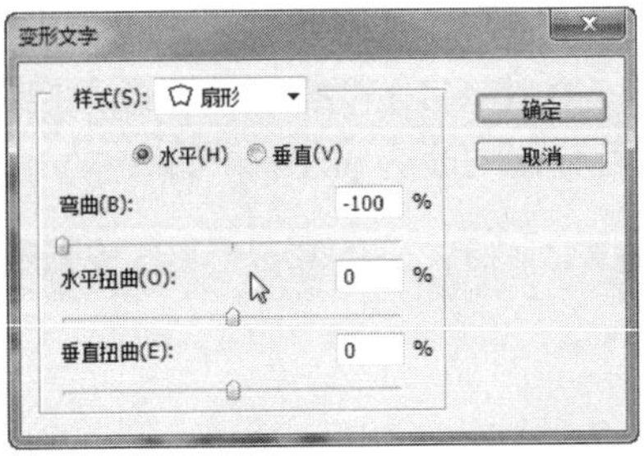

图 3-182

图 3-183

图 3-184

一个公章水印图案就此诞生了，接下来的任务就是把这个公章水印图片保存成 PNG 格式。下面我们就来看一看这个公章的实际使用效果。

当然，在使用时要注意调整一下水印的大小和不透明度，一直调到满意为止，如图 3-186 所示。调整水印之后，效果明显好了很多。

图 3-185

图 3-186

从上面介绍的操作中不难看出，不管水印的内容是文字、图像，还是其他内容，最终都是要把这些内容在图像编辑软件中进行调整，并保存成一个透明背景的图片。而所谓的加水印就是把制作好的水印图片作为一个新图层放置在自己的宝贝图片之上，当然要调整好水印的放置位置，以达到最佳视觉效果。制作水印并不是一件非常复杂的事情，但是如果要想把水印设计得有特色那就要花费一番心思了，这就不是技术上的操作，而是艺术上的操作。

提示

虽然说为宝贝图片加水印有诸多益处，但同时也会破坏宝贝图片，所以是否给图片加水印，是仁者见仁，智者见智，可以根据自己的需要来进行选择。但有一点要提醒读者，在自家宝贝图片上加水印时一定不要覆盖掉原来宝贝图片，说不定什么时候我们还会需要使用原来的图片文件！

3.6.2 边框自由添加

作为淘宝卖家，如果能将自己的宝贝图片加上合适的边框，在某种程度上会美化宝贝图片，并且在买家搜索宝贝时，我们的宝贝会在众多类似宝贝中脱颖而出，从而达到一种意想不到的促销效果。

那么在 Photoshop 中如何为宝贝图片添加边框呢？下面就以添加不同类型的宝贝边框为例来介绍在 Photoshop 中如何为宝贝图片加上边框。

1. 简单边框

这类边框主要是利用 Photoshop 提供的一些基本功能添加的，这些功能虽然简单，但只要利用得好，一样可以达到令人称赞的效果。下面就具体介绍一种添加简单边框的方法。

首先还是要利用 Photoshop CS4 打开要增加边框的宝贝图片。选择“图像→画布大小”命令，系统弹出“画布大小”对话框。在此对话框中，设置新建大小的宽度和高度均为 2 像素，并一定要选中“相对”复选框，将“画布扩展颜色”选为白色，如图 3-187 所示。

设置完毕之后，单击“确定”按钮。此时系统就会在当前画布四周增加一个白色的细边。

然后再次选择“画布大小”命令，选项设置和第一步相同，只是将颜色选为黑色，设置完毕之后，单击“确定”按钮。第三次选择“画布大小”命令，设置新建大小的宽度和高度均为 40 像素，并一定要选中“相对”复选框，同时也将“画布扩展颜色”选为白色。设定好之后，单击“确定”按钮，此时我们的宝贝图片就会变成如图 3-188 所示的模样。

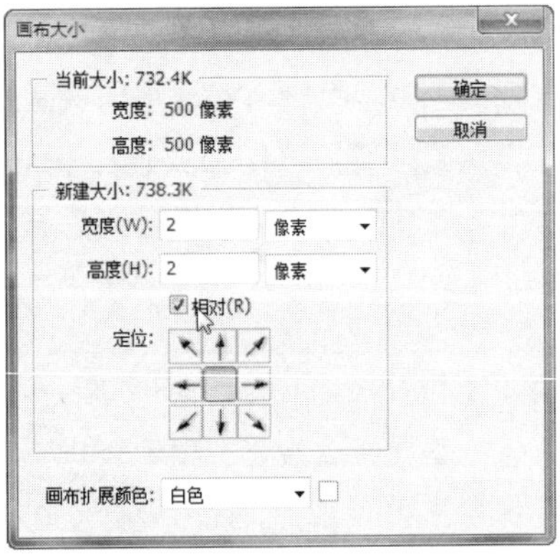

图 3-187

图 3-188

现在宝贝图片效果看起来还是很不错的，只不过效果太过简单。下面我们再次对它进行处理。在工具箱中选择“魔棒工具”，在图片最外层的白边上单击鼠标，选中最外层的白边，如图 3-189 所示。

图 3-189

选择“编辑→填充...”命令（快捷键为 Shift+F5），弹出“填充”对话框，在内容选项框的“使用”列表中选择“图案”，如图 3-190 所示。

单击“自定图案”右侧的下拉小三角按钮，此时系统弹出默认的图案，选择某一个选项就可以进行填充了，如果不喜欢系统默认的填充图案，可以单击下拉菜单中的小三角按钮，如图 3-191 所示。

系统弹出图案选择下拉列表，在这里选择“彩色纸”图案。弹出一个提示对话框，在这个对话框中提示是否用彩色纸中的图案替换当前的图案，如图 3-192 所示。

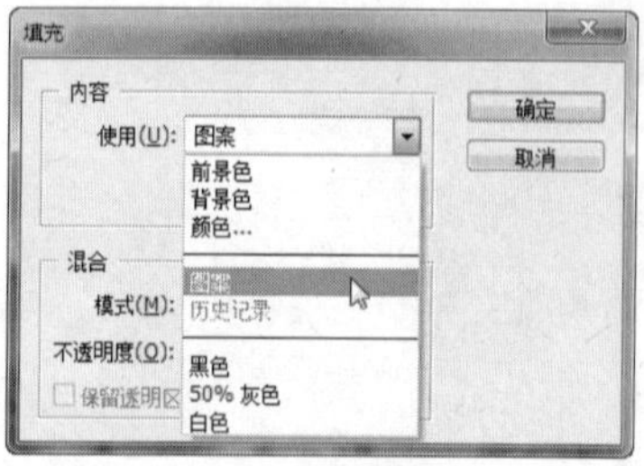

图 3-190

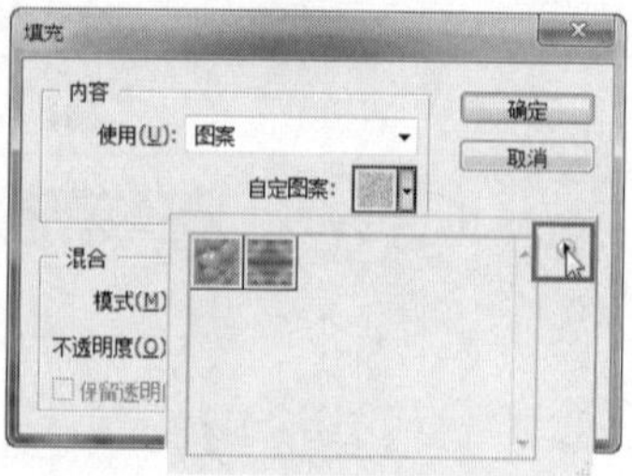

图 3-191

单击“确定”按钮，此时系统就会将所有彩色纸的图案全部放置在图案选择框中，这里选择“浅黄软牛皮纸”样式，效果如图 3-193 所示。

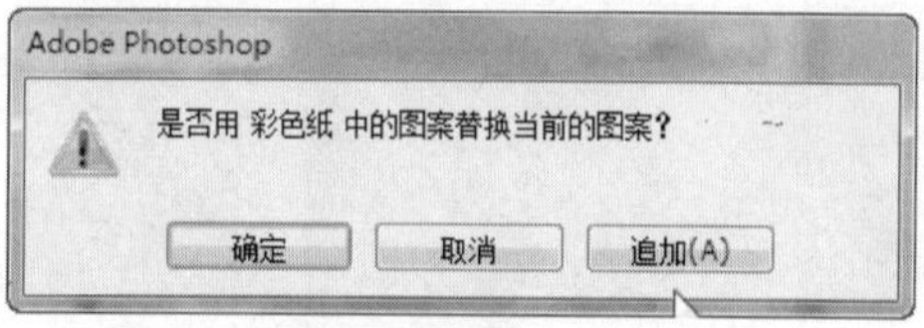

图 3-192

图 3-193

如果对这种填充不满意，还可以再次修改填充图案，并且这里的填充图案还允许自定义，总之在这里你一定能找到令自己满意的图案。

2．使用边框素材添加为图片添加边框

现在网上有很多非常好看的边框素材，其实这些素材大多数也是利用 Photoshop 制作的。可以在网上找到自己喜欢的边框素材并下载到计算机中。

首先用 Photoshop 打开下载的边框素材和需要加边框的图片，如图 3-194 所示。

为了能更好地显示图片，下面要把边框中央的白色背景去掉。双击边框所在图层，将此图层转换为普通图层。在工具箱中选择魔棒工具，在单击边框中央白色背景区，然后按 Delete 键删除。

为了避免删除之后图像边缘处过于生硬，在删除后的中央透明区单击鼠标右键，在弹出的菜单中选择“调整边缘”命令，弹出“调整边缘”对话框，如图 3-195 所示。

在这里设置“平滑”和“羽化”的值，从而避免边缘过于生硬。在这里还可以预览边缘效果，如果觉得满意，就直接单击“确定”按钮完成调整。调整之后，边框就变成了如图 3-196 所示的样式。

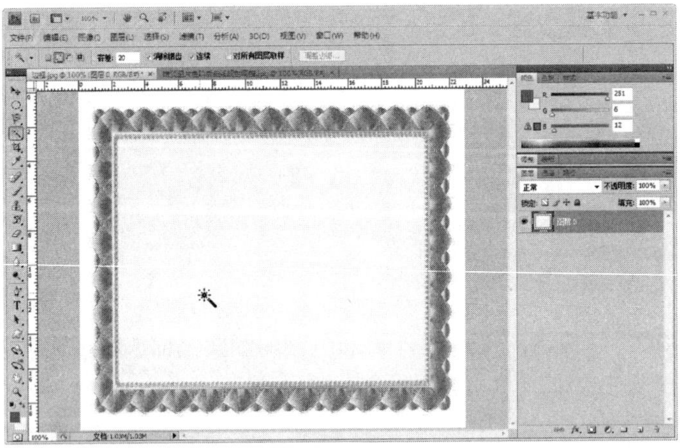

图 3-194

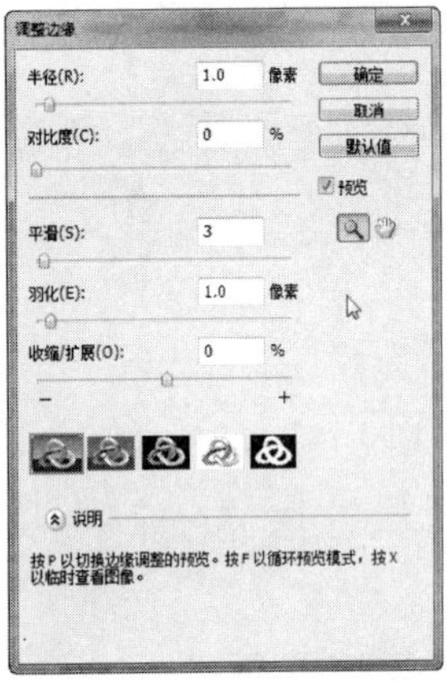

图 3-195

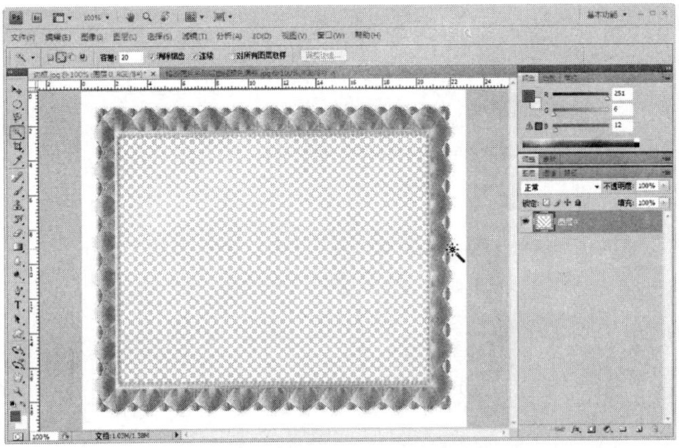

图 3-196

转到宝贝图片所在工作区，全选（快捷键为 Ctrl+A）宝贝图片并将宝贝图片复制（快捷键为 Ctrl+C），然后将边框图片选为当前工作区，并把宝贝图片作为一个新图层粘贴（快捷键为 Ctrl+V）到边框之上，如图 3-197 所示。

为了体现出层次感，可将边框图层上移一层，将边框置于图片之上。这个操作很简单，只要在图层工作面板中，选择边框所在图层并按住鼠标左键不松开，将此图层拖到宝贝图片所在图层上方即可，因为 Photoshop 默认的是上面的图层覆盖下面的图层。调整图层顺序之后的效果如图 3-198 所示。

这样图片效果好看了很多。但仔细观察一下，可以发现这样一个问题：由于图片宽度比边框中央空白区要小，所以图片左右两侧有透明区。为了解决这个问题，可以利用“编辑”菜单中的“自由变换”（快捷键为 Ctrl+T）命令对图片作变换，但在变换时要尽量避免图片变形。特别注意的是，如果宝贝图片过大，应该先进行裁剪，以充分保留宝贝主体，不要直接进行放缩。

图 3-197

图 3-198

经过调整之后，整个图片就都嵌入相框中，但有一点美中不足，作为相框和相框中的图片，相框中的图片应凹陷下去，这样才正常，如图 3-199 所示。

在图层面板中选择边框所在图层，单击鼠标右键，在弹出的菜单中选择“混合选项”命令，在弹出的名为“图层样式”对话框中选择“投影”样式，其他的选项就不用设置了，单击“确定”按钮，最终效果如图 3-200 所示。

图 3-199

图 3-200

这样一个边框就添加完毕了。

3．特殊效果边框

这类边框主要是利用 Photoshop 提供的滤镜来形成一种特别的效果。下面来看一看如何利用 Photoshop 提供的滤镜为宝贝图片添加特殊效果的边框。

首先打开要添加边框的图片。在工具箱中选择矩形选择工具，在宝贝图片上创建一个选择框，但这个选择框一定要比图片小，如图 3-201 所示。

在菜单栏中选择“选择→反向”命令（快捷键为 Shift+Ctrl+I），执行此命令后，系统将把矩形选择框外的区域全部选中，如图 3-202 所示。

图 3-201

图 3-202

在工具箱中单击“以快速蒙版模式编辑”按钮，效果如图 3-203 所示。

选择“滤镜→像素化→彩色半调”命令，系统此时会弹出如图 3-204 所示的对话框，在此对话框中进行设置。

图 3-203

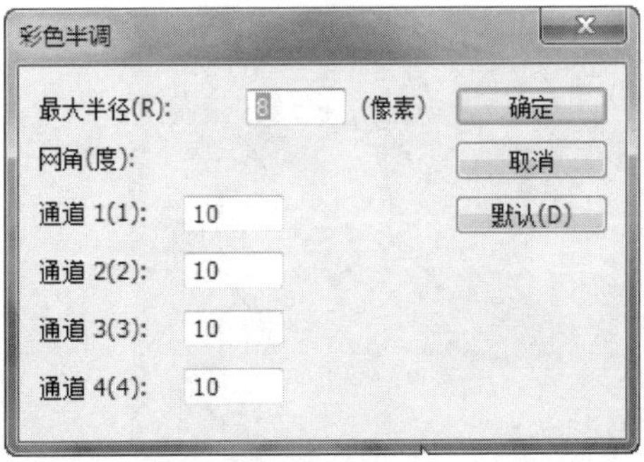

图 3-204

设置完毕之后，单击“确定”按钮。为了加强效果，连续执行三次彩色半调滤镜，效果如图 3-205 所示。

选择“滤镜→像素化→碎片”命令，系统就会执行碎片滤镜，执行完毕之后，在工具箱下面再次单击“以快速蒙版模式编辑”按钮，从而退出快速蒙版编辑模式，如图 3-206 所示。

按 Delete 键删除选择区中的内容，并取消选择（快捷键为 Ctrl+D），效果如图 3-207 所示。

这样一个比较特别的边框就添加在宝贝图片上了。

图 3-205

图 3-206

图 3-207

3.6.3　多图自由组合

许多卖家为了能让买家更好地了解自家的宝贝，都会在宝贝描述中上传大量宝贝的细节图片。虽然用大量的图片确实能够帮助买家全方位了解产品，但是如果所有宝贝都采用大量图片来进行描述，对图片空间的要求就比较大了。为了解决这个问题，可以采用将多个细节图拼接组合成一张图片，这样既可以让买家朋友多看图，而又不大量占用宝贵的图片空间。

在第 2 章中讲过通过光影魔术手就能很容易将多个细节图拼接成一个图片。在光影魔术手中要想对图片进行组合，只能按照光影魔术手的模板所指定的形式对图片进行组合，并不能真正按照我们的意愿自由组合，但是 Photoshop 却为我们的组图提供了最大的自由度。下面具体看一下如何在 Photoshop 中自由组合宝贝细节图。

下面要制作的是一个“一拖四”的组合图，也就是说有一个主图，另加上四张副图组合成一张图片。在组合之前，先在 Photoshop 中把要组合的五张图片整理好备用，如图 3-208 所示。

图 3-208

NO.1：首先，启动 Photoshop。选择“新建”命令，新建一个 700 像素 × 700 像素，背景为白色的空白文件。

NO.2：新建完毕之后将五个细节图全部用 Photoshop 打开，选择中央细节图作为当前工作区，全选图像（组合键为 Ctrl+A）并将中央细节图复制下来（快捷键为 Ctrl+C），复制之后转到新建文档工作区，将中央细节图作为一个新的图层粘贴到新建文档中。在工具箱中选择椭圆选框工具，

按住 Shift 键，然后用鼠标在中央图上创建一个圆形选择框，如图 3-209 所示。

NO.3：选择“选择→反向”（快捷键为 Shift+Ctrl+I）命令，并利用键盘上的 Delete 键删除反向选择的区域，从而使整个中央图像变成圆形，如图 3-210 所示。

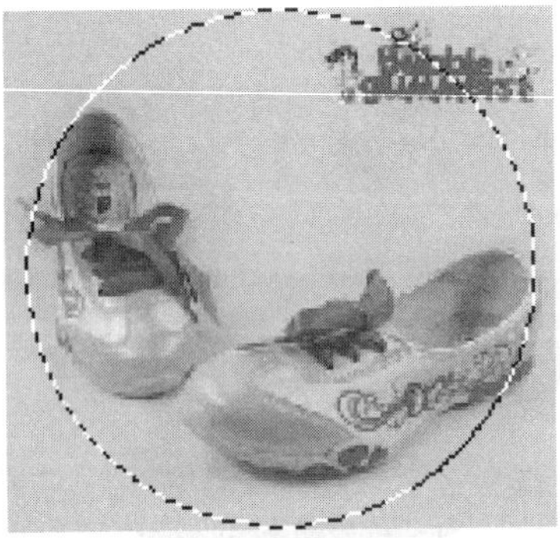

图 3-209

图 3-210

NO.4：接着把其他四个细节图分别作为新的图层粘贴到新建文档中，并保持中央图形处在其他四个细节图所在图层之上，如图 3-211 所示。

NO.5：在工具箱中选择移动工具，在图层面板上选择相应图层，移动图层之后，如果觉得各细节图大小不是很合适，可以在“编辑”菜单中选择“自由变换”命令，从而可将各个细节图自由缩放，直到各细节图大小和位置令人满意为止，最后将各细节图按如图 3-212 所示位置排好。

图 3-211

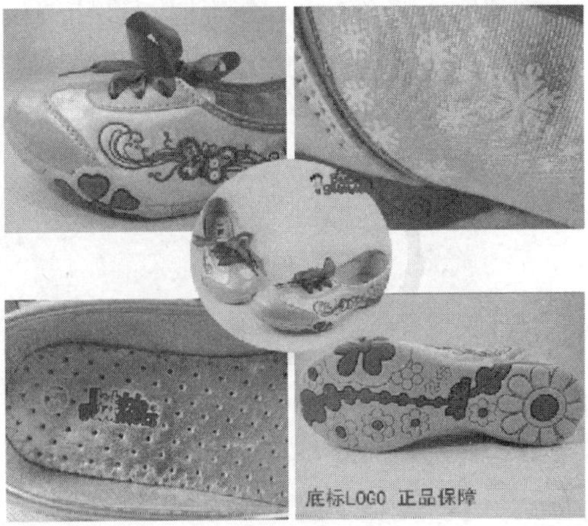

图 3-212

NO.6：为了增强效果，依次将每个图层的“混合选项”设置为投影样式和黑色 2 像素描边。设置方法就是在图层面板中依次选中每个图层，单击鼠标右键，在弹出的菜单中选择“混合选项”

命令，在“图层样式”对话框中选择“投影”样式并选择描边样式，描边大小为 2 像素，颜色为黑色。所有图层设置完毕之后，就可以得到如图 3-213 所示的组合图了。

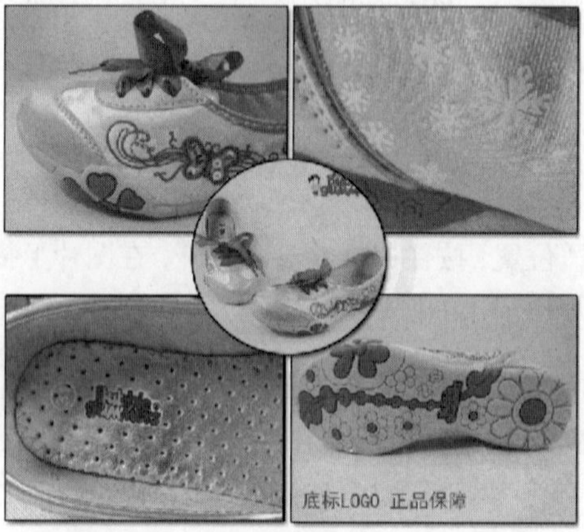

图 3-213

至此，一张“一拖四”的细节组合图就成功制作完毕，现在只需要保存下来就可以使用了。我们抛开多图边框的模板束缚，只需要利用 Photoshop 提供的移动工具和自由变换工具就可以做到图片想怎么排列就怎么排列，这也正是我们的终极目标：我的图片我做主。

3.6.4　图片分割任意切

在淘宝网上，很多卖家都会利用促销模板和宝贝描述模板来帮助展示宝贝的促销及宝贝的描述。

正因为促销模板和宝贝描述模板在我们网店中有着至关重要的作用，这两个模板的制作已经成为网店装修的重中之重。所以在制作促销模板和宝贝描述模板时，为了追求更好的视觉效果，往往采用一整幅图来进行网页布局，而在浏览网页时，图片文件只有完全下载到本地计算机之后才能看到，如果图片过大，而碰巧买家的网速很慢，那么在打开店铺首页或宝贝描述页进行浏览时，浏览器加载这个网页就需要很长时间了。

在现代的快节奏社会中，如果不是店铺的忠实顾客，买家是不可能长时间等待，一般都会毫不犹豫地关掉当前网页，转而去浏览另外的店铺，要知道同样的商品在淘宝网上不可能是一家店铺垄断经营的。为了避免这个问题带来的负面影响，我们往往要将图片切割为几个小的部分，化整为零，这样就可以尽可能地减少网页全图加载的时间。

那么在 Photoshop 中如何将一整幅图像进行切割呢？对于这个问题许多人都会认为可以用选择工具分别选取图像，然后将选取的部分进行剪切，将其粘贴到一个新文档中进行保存，重复进行此操作，直把把整个图片都分割完毕。

这种方式是否可行呢？从理论上讲这种方式没有任何问题，但是在操作时就显得异常麻烦，每切割一部分都要重新操作，并且如果对切割效果不满意，那就要重新再来。其实 Photoshop 对于这个问题早就有一种好的解决方案，那就是利用切片工具。下面具体来看一看如何利用切片工具对图片进行切割。

NO.1：首先用 Photoshop 打开待切割的图片。在工具箱中选择切片工具，将鼠标移到当前图片工作区中，可以发现鼠标指针形状已变成形状了。

NO.2：将移动鼠标至合适位置，按住鼠标左键不松开，在图片上拖出一个切割范围，Photoshop CS4 会自动在图片上标明切片标记，如图 3-214 所示。

NO.3：在图 3-124 中利用切片工具将图片划分成四部分，但是没有进行下一步操作之前，系统是不会将图片按照我们的规划进行切割。利用切片工具规划好之后，选择“文件→存储为 Web 和设备所用格式…→存储为 Web 和设备所用格式…”命令，如图 3-215 所示。

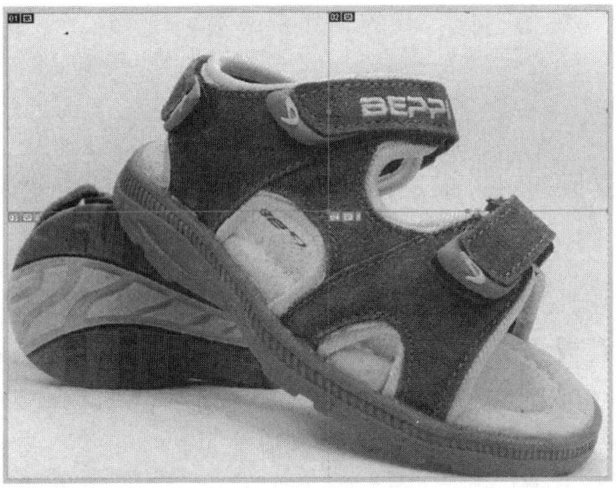

图 3-214

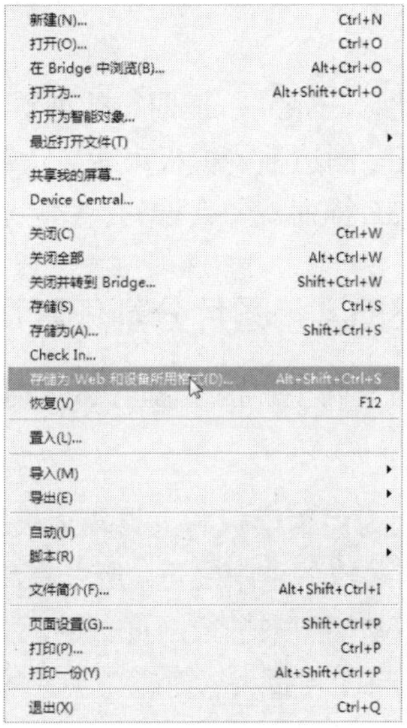

图 3-215

NO.4：系统弹出一个名为“存储为 Web 和设备所用格式”的对话框，如图 3-216 所示。

NO.5：在这个对话框中选择图片切片之后文件的保存格式及图片质量。设置之后如果没有其他问题就可以单击“存储”按钮。系统会再次弹出“将优化结果存储为”对话框，如图 3-217 所示。

NO.6：在这个对话框中设置保存类型为“仅限图像”，并指定存放位置，然后单击“保存”按钮，此时系统把会按照我们的规划将图片切成四片并依次保存到指定位置了，效果如图 3-218 所示。

图 3-216

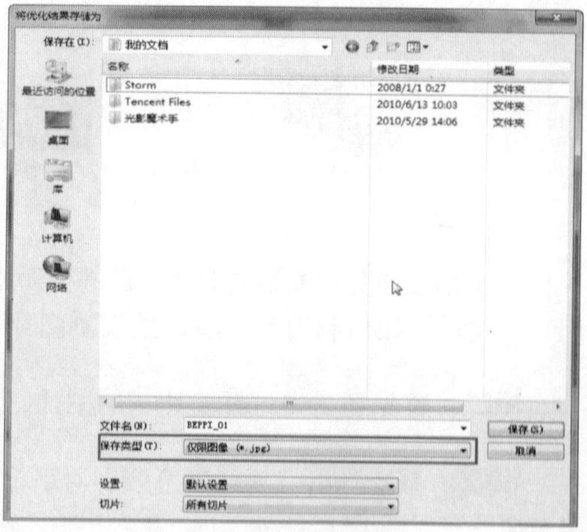

图 3-217

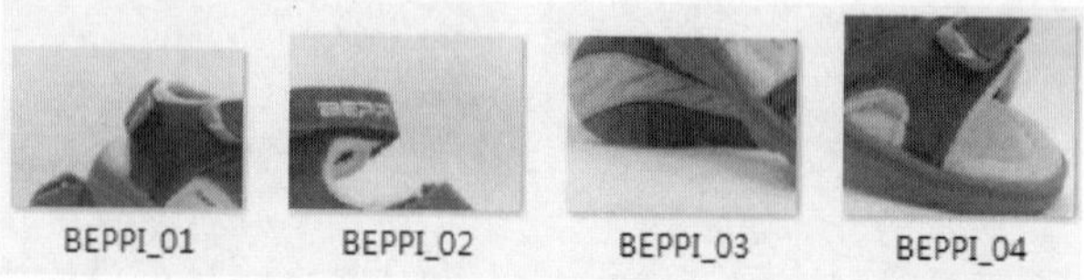

图 3-218

但事实上对于初次使用切片工具的新手们来说，很难将上面这个图片切为标准的四个部分。主要原因就在于选择第一个切片范围后，再次选择后面的切片范围时，很难保证后面的切片选择框的位置恰好和前面的选择框严丝合缝，那么切片就会出现意想不到的效果。

从图 3-129 中可以看到，由于切片范围选择框没有严丝合缝，本来想切成四片，结果切成了六个部分，其中 01、03、05 和 06 号切片比较大，另外的 02 和 04 号切片比较小，所以显示不出，但事实上系统也已经做了切割标记，如图 3-220 所示。

图 3-219

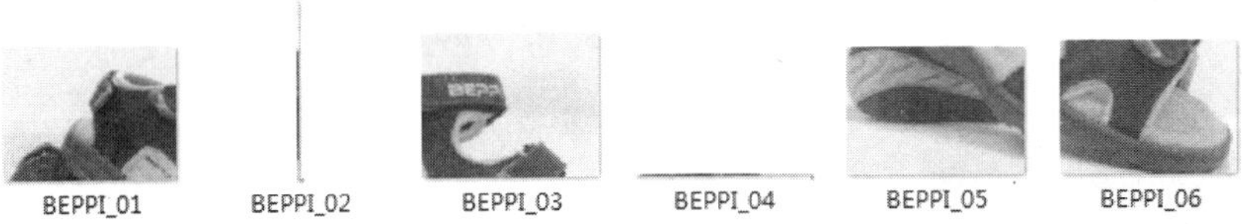

图 3-220

为了彻底避免出现这种情况，在进行切割时最好利用 Photoshop 提供的参考线来辅助图片的分割。下面讲解如何利用参考线辅助切割图片。

NO.1：首先还是先打开要切割的图片，选择“视图→新建参考线...”命令，如图 3-221 所示。

NO.2：系统弹出“新建参考线”对话框，如图 3-222 所示。在此对话框中可以选择是新建水平参考线还是垂直参考线。

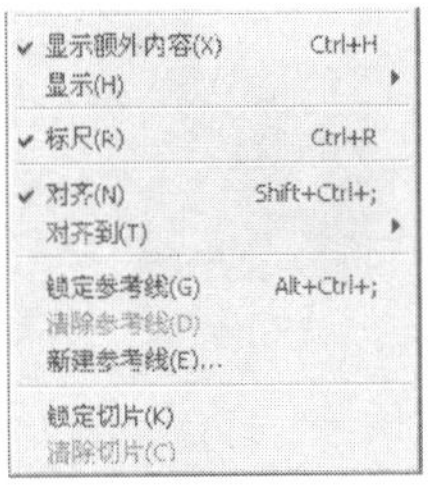

图 3-221

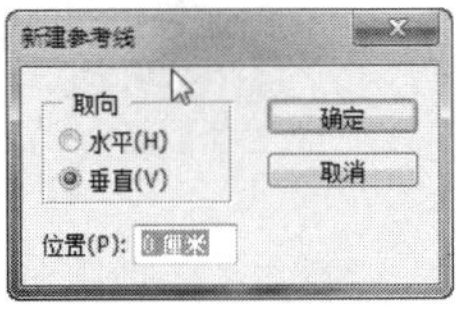

图 3-222

NO.3：选择完毕，单击“确定”按钮，系统就会按照设定在工作区上新建一条参考线。当然新建多少参考线是根据我们的切割要求来决定的，也就是说在切割之前，我们就要规划好该如何切割，然后根据自己的需求来建立参考线。

NO.4：这里是要把图片切割成四块，那么只需要水平参考线和垂直参考线各一条就行了。在水平和垂直方向各建一条参考线。

此时可以看到图片上出现了水平和垂直的两条青色的直线，这就是我们新建的两条参考线，如图 3-223 所示。

图 3-223

NO.5：将鼠标移到任意一条参考线上，鼠标指针就会变成÷形状，按住鼠标左键，拖动参考线到合适位置，完成切割规划，如图 3-224 所示。

NO.6：虽然此时利用了参考线描画出了我们的切割范围，但是在选择切片工具进行切割时依然不能保证切割无误。因为有参考线也并不意味着我们在拖动鼠标时刚好是这个参考线所规划的区域。那么为了显示参考线的作用，我们就必须规定系统在切割时一定要对齐参考线。

NO.7：要做到这一点其实很简单，只需选择“视图→对齐到→参考线”命令。再次打开“视图”菜单，就会发现系统已经规定要对齐到参考线，如图 3-225 所示。

图 3-224

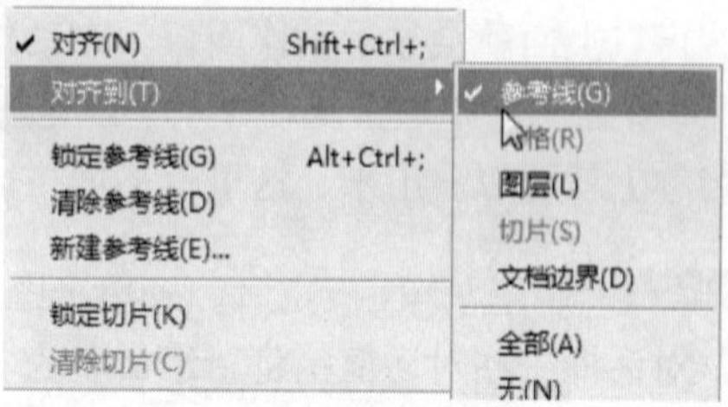

图 3-225

NO.8：在工具箱中选择切片工具再次进行切割，此时就会发现，在拖选切片区域时，经过参考线时系统就会把参考线变成虚线，从而提示我们已经到达规定区域的边缘，可以松开鼠标了。这样是不是简单了很多。希望读者今后在使用 Photoshop 进行图片切割时，多利用参考线，它真的可以给我们带来很多的帮助，特别是对新手卖家来说更是如此。

3.7　Photoshop 中的批处理

在前面我们已经领略了 Photoshop 的强大图像编辑功能，如果能熟练掌握 Photoshop CS4 提供的各种工具，并能够熟练加以运用，无疑会对我们的店铺装修有着莫大帮助。

但是到目前为止，我们利用 Photoshop 所做的一切操作都是针对单张图片而言的，假如有一批图片需要处理，那该如何是好呢？在光影魔术手中，可以利用批处理功能对图片进行批量处理，难道编辑功能更为强大的 Photoshop 就不能对图片进行批量处理吗？

事实上 Photoshop 提供了批处理功能，只不过它的图像处理功能太抢眼，以至于让人忽略了它的另外一些功能，批处理功能就是其中之一。下面就来看一看这个非常重要的批处理功能吧。

在了解批处理之前，先了解一下 Photoshop 的动作。什么是动作？动作是用来记录 Photoshop 的操作步骤，从而便于再次回放以提高工作效率和标准化操作流程。该功能支持记录针对单个文件或一批文件的操作过程。我们可以把一些经常进行的“机械化”操作转变成动作来提高工作效率。

动作虽然记录了编辑图片的整个操作过程，但如果每次将该动作应用到其他图片上时，就需要再次执行，当图片太多时就有些太烦琐了。可以将动作与批处理功能连接到一起，这样就可以对选中的一批图像，或某目录中所有的图像进行统一的操作了。

事实上在 Photoshop 中想对图片进行批量处理，那首先就要求我们在这批处理的图片中随便挑选一张，然后把对这张图片的处理过程录制为动作，最后用批处理功能对批量图片执行这个动作，从而达到批量处理图片的目的。下面讲解的操作就是为一批图片加上边框。

NO.1：启动 Photoshop，在窗口右侧看一看是否有动作面板，如果没有就选择“窗口→动作”命令，窗口上面就会显示动作面板。在动作面板的下方有一排按钮，从左至右依次为“停止播放/记录”、“记录”、“播放选定动作”、“创建新组”、“创建新动作”和“删除”按钮。这五个按钮的功能从名称上就可以看出来，这里就不用再详细解释了，如图 3-226 所示。

NO.2：调出动作面板之后，先单击图层面板上的“创建新组”按钮，系统就会弹出“新建组”对话框，在对话框中将新组命名为“批量添加图片边框”，如图 3-227 所示。

图 3-226

图 3-227

NO.3：单击“确定”按钮，此时在动作面板中就会出现一个名为“批量添加图片边框”的新组，如图 3-228 所示。

NO.4：在待处理的图片当中选取一张作为示范图片并用 Photoshop 打开，如图 3-229 所示。

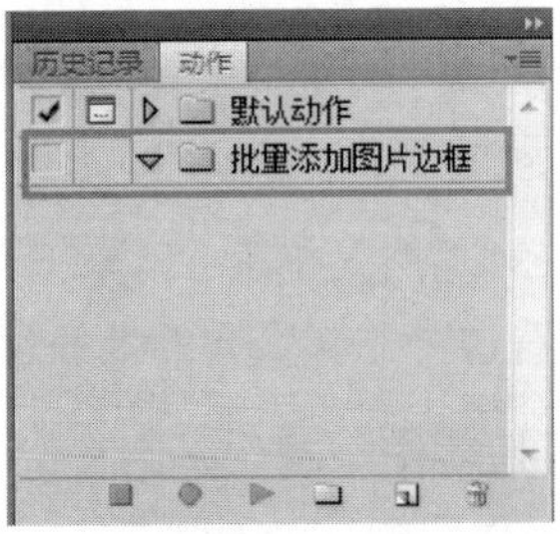

图 3-228

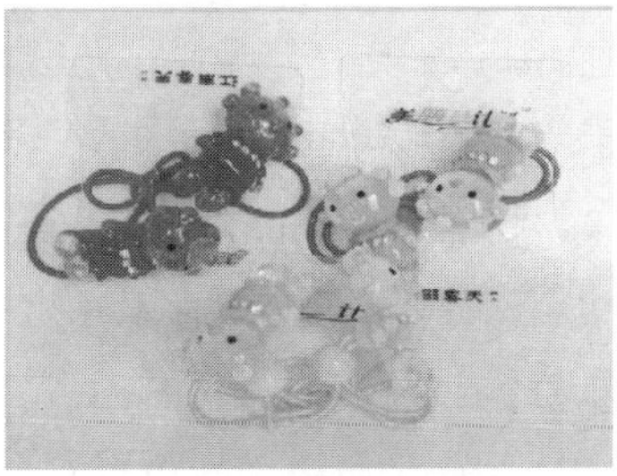

图 3-229

NO.5：在动作面板中单击“创建新动作”按钮，在系统弹出的“新建动作”对话框中，将此动作命名为“添加简单图片边框”，在“组”选项中选择“批量添加图片边框”选项，然后单击“记录”按钮，如图 3-230 所示。

此时在动作面板上就会出现一个名为“添加简单图片边框”的新动作，并且下面的记录按钮变成红色，表明现在系统已经开始录制了，下面的每一步操作系统都会记录下来。如果不想让系统记录，就要在动作面板上单击“停止播放/记录”按钮，就可以停止当前的录制了，停止之后想继续录制动作，就再次单击“录制”按钮，如图 3-231 所示。

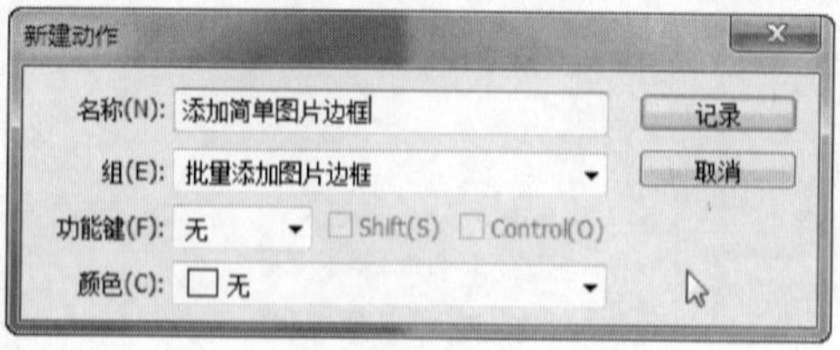

图 3-230

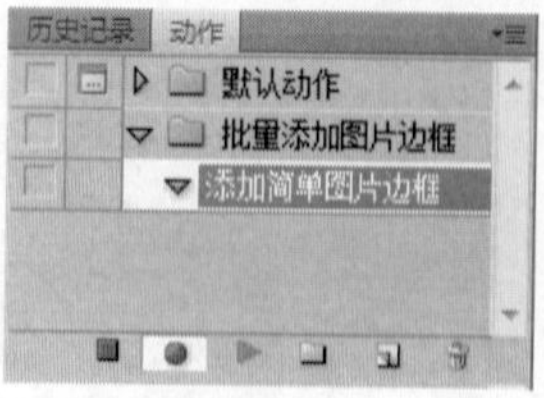

图 3-231

NO.6：把前面介绍的添加简单边框的过程在打开的图片上重新操作一次，即第一次为图片扩大 2 像素的白边，第二次扩大 2 像素的黑边，第三次扩大 40 像素的白边，然后用魔棒工具选择第三次的扩边，并选择填充图案。让 Photoshop 录制下操作过程，操作完毕之后，单击“停止播放/记录”按钮，如图 3-232 所示。

此时可以在动作面板中看到我们的完整操作过程，如图 3-233 所示。

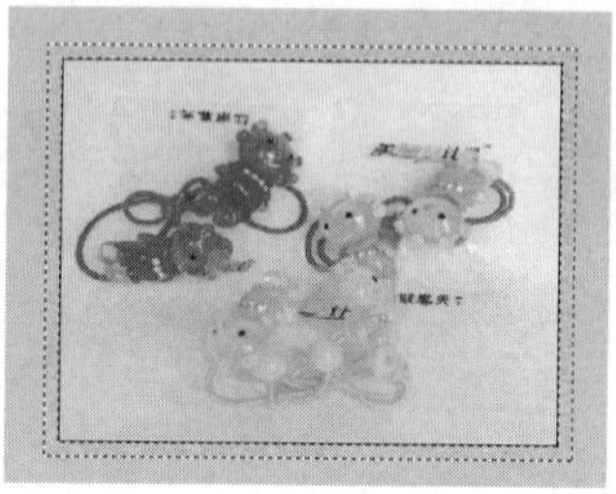

图 3-232

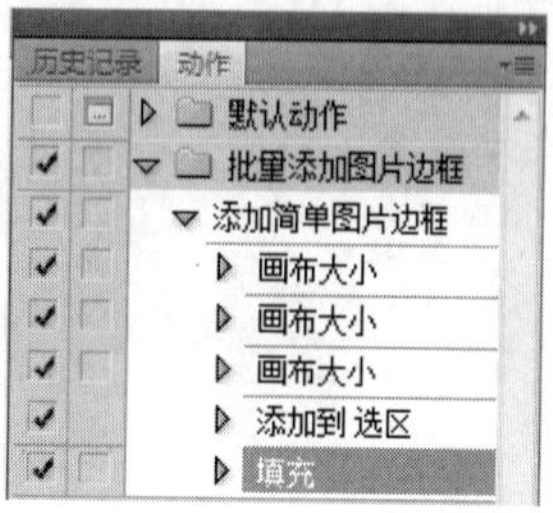

图 3-233

NO.7：关闭当前示范图片。

NO.8：选择“文件→自动→批处理...”命令，弹出“批处理”对话框，如图 3-234 所示。

NO.9：批处理参数设置。

① 设置播放组为“批量添加图片边框”，动作为“添加简单图片边框”，如图 3-235 所示。

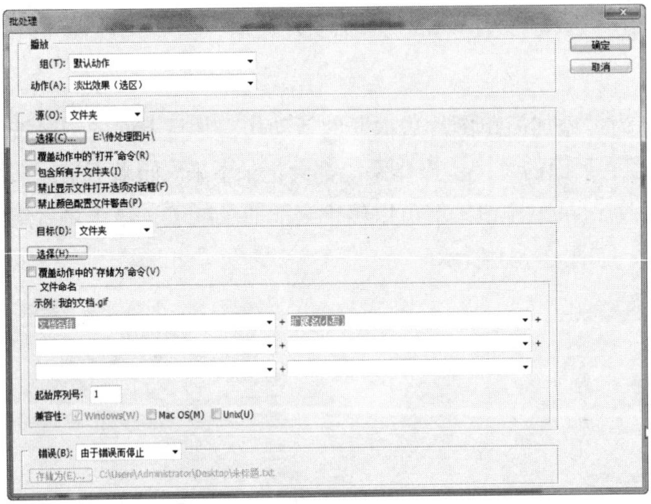

图 3-234

图 3-235

② 在图片来源中选择“文件夹”，并单击“选择”按钮 选择(C)... ，此时 Photoshop 就会弹出“浏览文件夹”对话框，如图 3-236 所示。

③ 在其中找到要处理的图片所存放的位置，选择后并单击此对话框中的“确定”按钮，其他设置如图 3-237 所示。

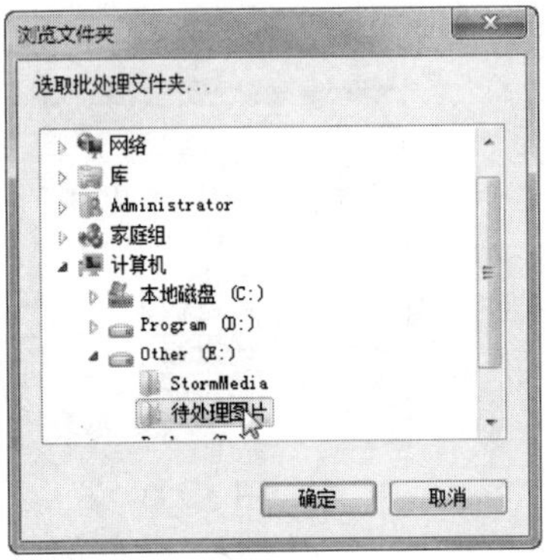

图 3-236

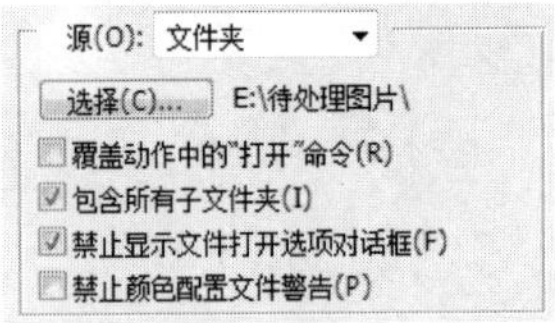

图 3-237

④ 在目标选项中同样选择“文件夹”，单击“选择”按钮 选择(H)... ，在弹出的“浏览文件夹”对话框中设置处理完毕后的图片存放位置，这里指定在 E 盘上的一个名为“处理完毕”文件夹作为目标文件保存位置，如图 3-238 所示。

在“浏览文件夹”对话框中设定好目标文件保存位置之后，单击“确定”按钮，其他的选项可以不用设置，如图 3-239 所示。

图 3-238

图 3-239

⑤ 在错误选项中选择“将错误记录到文件”选项，并单击“存储为...”按钮 存储为(E)... ，指定错误记录文件的保存位置，如图 3-240 所示。

图 3-240

⑥ 所有参数设置完毕之后，单击“批处理”对话框中的“确定”按钮，此时系统就会把指定的一批图片全部执行操作，并将处理结果保存到指定位置。

我们来看一看处理结果吧，所有的图片都按规定添加了边框，如图 3-241 所示。

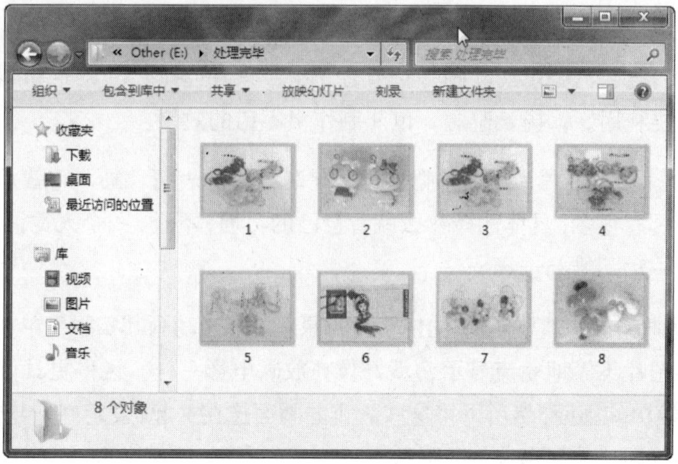

图 3-241

从这里可以看出Photoshop的批处理功能确实很强大，但在录制动作时并不是所有的动作都能被录制下来，至于具体有哪些动作不能被录制，以及相应的处理方式，各位读者如果有兴趣可以查找相关的资料，这里就不再一一说明。

总之，如果能够熟练地将动作和批处理功能相结合，可以大大减轻我们的工作量，节约我们的时间。

3.8 在Photoshop中制作简单的GIF动画

在店铺装修时为了吸引买家的注意，除了要将图片效果制作得很精美之外，往往还要加入很多动画，以引起买家的注意，增加成交的概率。

目前淘宝网所支持的动画格式有两种，一种是Flash制作的SWF格式动画，另一种就是GIF格式动画。如果要问我喜欢哪一种格式的动画，我会毫不迟疑地回答是SWF格式动画。但是如果问店铺装修用要选哪种动画，我只能回答说用GIF格式动画。

这是为什么呢？SWF格式动画的优点很多，但是目前淘宝网是不允许上传自己制作的SWF格式动画的。因为在Flash中制作动画时可以在动画中加入指令代码，如果被别有用心的人加以利用，上传之后会产生什么样的严重后果谁也不知道，所以淘宝网限制个人用户上传SWF格式动画，但对GIF格式动画是完全放开的。

为什么有很多店铺都使用了Flash制作的模板呢？不知读者注意到没有，要想使用Flash制作的模板，就必须定购123show宝贝展示服务，这样就可以选择使用淘宝网提供的Flash模板。虽然可以用Flash动画，但每个月都要支付一定的现金，更何况别人制作的模板也不可能完全满足自己的需要。

为了能够设计符合自己要求的动画并且节省支出，只有选择GIF格式动画了。虽然GIF动画有诸多不足，但只要利用好，扬长避短，也能制作出不错的效果。

读者应该对“”这个图片很熟悉吧！这就是旺旺里的表情动画，它就是GIF格式的。关于制作GIF动画的工具有很多，具体选择什么就看自己的习惯，不过，我个人觉得利用Photoshop CS4制作GIF动画也是一种不错的选择。

要制作GIF动画，首先就要明白GIF动画的原理。GIF动画其实很简单，其原理就是将一幅幅差别细微的静态图片不停地轮流显示，就好像在放映电影一样。说得更具体一些，就是要做好GIF动画中的每一幅单帧画面，然后再将这些静止的画面连在一起，设定好帧与帧之间的时间间隔，最后保存成GIF格式即可，如图3-242所示。

图 3-242

下面就以图 3-242 所示的笑脸为例来说明如何利用 Photoshop 制作 GIF 动画。

NO.1：首先启动 Photoshop。新建一个 48 像素×48 像素的白色背景文档，将背景图层转换成普通图层，利用 Photoshop 所提供的工具描绘和填充出第一张脸的模样，然后依次新建四个图层，每个图层都按照如图 3-242 所示的图像依次描绘和填充出第二到第五张笑脸的模样。绘制完毕之后，在图层面板上就可以看到如图 3-243 所示的情形。

NO.2：选择"窗口→动画"命令，在工作区下方就会出现动画（帧）控制窗口，如图 3-244 所示。

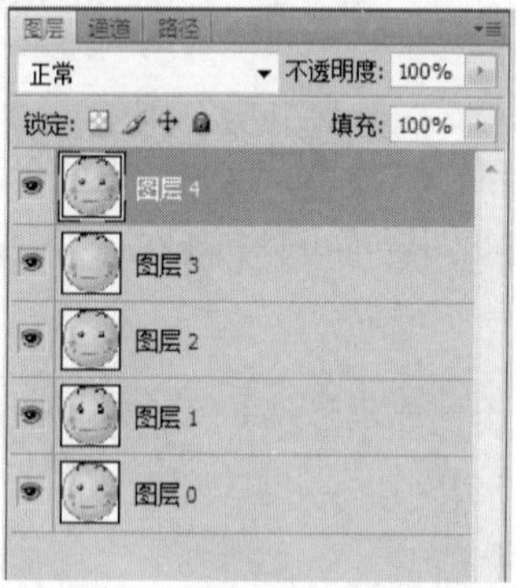

图 3-243

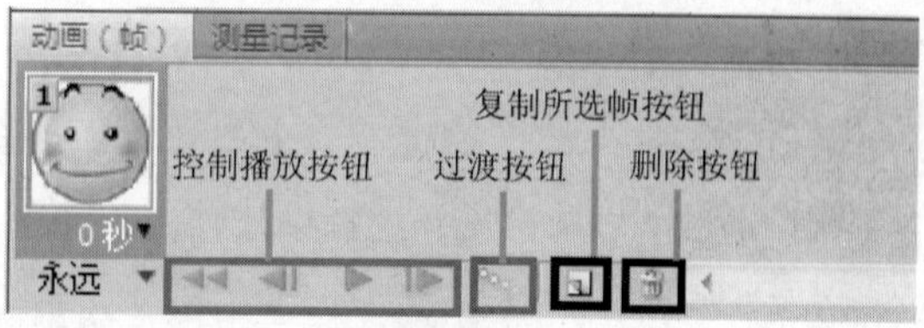

图 3-244

在这个窗口中有几个地方需要注意一下，控制播放按钮可以在动画窗口实现动画的播放和不同帧的选择。每单击一次复制所选帧按钮，就将当前帧复制一份。每单击一次删除按钮，就删除所选帧。

NO.3：单击四次复制所选帧按钮，从图 3-245 中可以看出，现在在动画窗口已经出现了五帧画面，并且当前帧是第五帧。

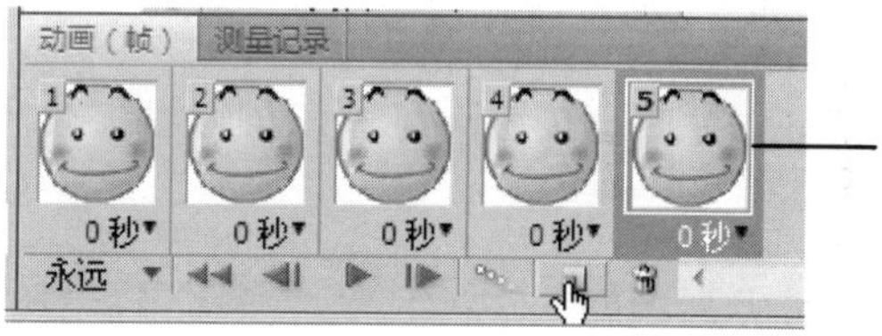

图 3-245

NO.4：下面我们就要开始让这五帧的画面分别发生一些变化。用鼠标单击动画窗口的第一帧，并在右侧图层面板窗口选定图层 0，如图 3-246 所示。

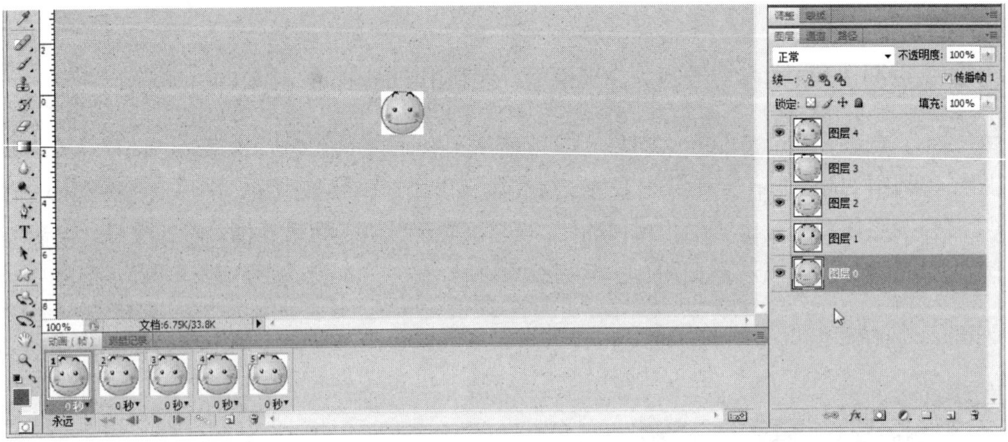

图 3-246

NO.5：在图层面板中将单击除图层 0 之外的所有图层右侧的标志，这个标志就会消失。这个标志如果显示出来，就表明此图层是可见的，不显示就表明此图层不可见，现在在第一帧中设置图层 0 是可见的，如图 3-247 所示。

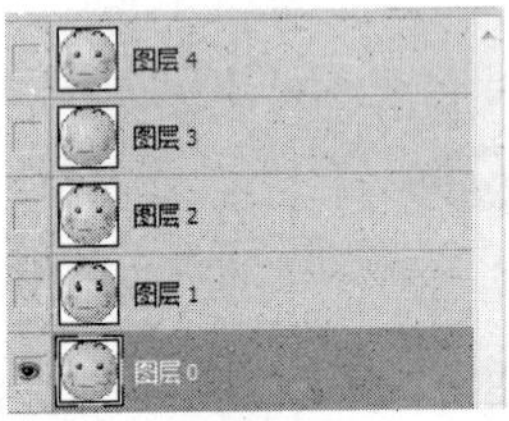

图 3-247

NO.6：此帧设置完毕之后，依次选择第二帧，并在第二帧设置图层 1 可见；选择第三帧，并在第三帧设置图层 2 可见……

NO.7：经过上一步的设置之后，我们就保证了每一帧所显示的画面都是不同的。得到了五个不同画面之后，就要开始设定帧与帧之间的时间间隔。细心的读者会发现，在每一帧下面都有一个“0 秒”，并且左侧还有一个下拉箭头按钮，单击此按钮会出现如图 3-248 所示的下拉列表。

这个地方就是设置本帧和下一帧延迟时间的，在这里可以选择系统给定的帧延迟时间，也可以单击“其他...”选项来自行设定帧延迟时间，这里我们选择时间间隔为 0.2 秒。对其他帧也依次设置时间间隔为 0.2 秒，如图 3-249 所示。

NO.8：设置完毕后，单击“播放”按钮，看一下动画效果，如果不满意，就继续调整，直到自己满意为止。

最后，当调试完毕，就该把自己的成果进行保存。选择“文件→存储为 Web 和设备所用格式…”命令，会出现如图 3-250 所示的对话框。

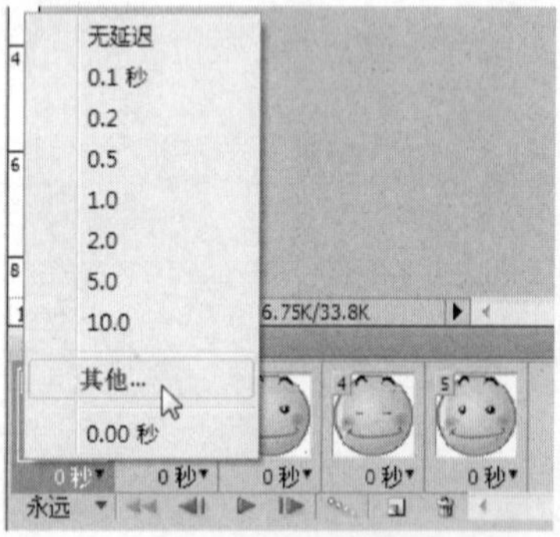

图 3-248

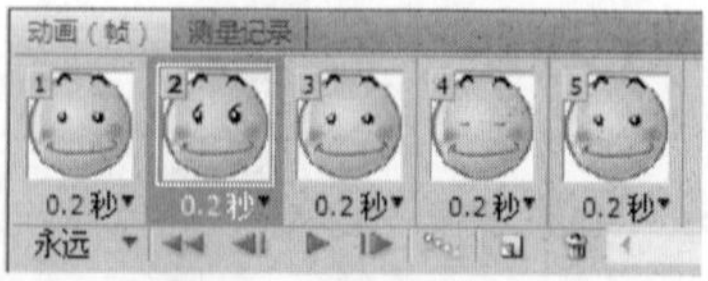

图 3-249

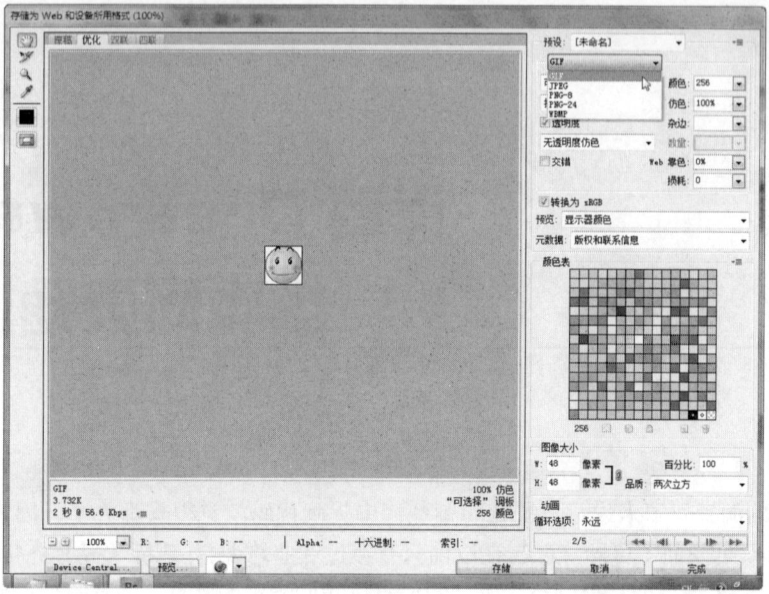

图 3-250

在对话框的文件类型中选择“GIF”，并单击“存储”按钮，此时系统会让我们选择文件存储位置及文件名，指定完毕后系统就会保存。至此 GIF 动画就制作完毕。

到这里关于 Photoshop 在店铺装修的使用功能基本上就讲解完毕。现在，对于图片的处理至少有两种选择，一种是使用光影魔术手，另一种是使用 Photoshop。不管使用哪种方法都可以完成常规的图片处理任务，并且在进行图片的常规处理时光影魔术手显得要简单一些，但是在涉及图片的高级处理时，光影魔术手就相形见绌，此时 Photoshop 就会体现出强大的优势。

作为淘宝卖家来说，在图片的处理过程中，究竟是使用光影魔术手，还是使用 Photoshop，并没有强制性的要求。一般来说适合自己的才是最好的，最好是两者兼用，各取所需。

第4章 详解 Dreamweaver 编辑网页随心所欲

对于一般的淘宝卖家来说，只要在店铺装修中提到代码就觉得头都大了，因为他们感觉代码是很专业的知识，可望而不可即。确实，在以前只有经过专业培训，并熟练掌握 HTML 标记、VBScript 和 JavaScript 的人才有可能写出网页代码，制作出供我们浏览的网页。随着时代的发展，各种网页制作工具应运而生，这些工具出现的目的就是为了让网络编程走下神坛，走向大众，让更多的人了解和熟悉网络编程，从而更好地推动网络的发展。

Dreamweaver 就是这些工具中最优秀的代表，Dreamweaver 是 Adobe 公司开发的集网页制作和网站管理于一身的“所见即所得”的网页编辑软件，它以强大的功能和友好的操作界面备受广大网页设计工作者的欢迎，现在已经成为网页制作的首选软件。使用 Dreamweaver，只需要具备一些基本知识，任何人都可以轻松制作出网页。

Dreamweaver 从 1997 年开始推出，发展到现在已经推出了 Dreamweaver CS6，每一次的新版本推出都会为专业网页设计师带来新的惊喜，但对于淘宝卖家们来说，这些新东西是没有多大意义，原因就在于我们网店装修的代码都是一些简单的 HTML 代码，如果对 HTML 标记非常熟悉，就是利用 Windows 自带的记事本也可以完成店铺装修代码的制作任务。

但遗憾的是，很多淘友对于 HTML 标记根本就不了解，因此就需要一种能够有效帮助我们进行装修代码编辑的软件。那么 Adobe 公司的 Dreamweaver 就成为我们的首选，因为它是一种所见即所得的网页编辑器，具有直观、使用方便和容易上手的特征，而这几个特征正是我们这些对代码毫不熟悉的“菜鸟”们所需要的。

为了能让各位读者能够迅速掌握 Dreamweaver，并在实际装修中加以应用，本章就来讲解 Dreamweaver 的使用。当然，由于我们使用的局限性，只是利用 Dreamweaver 极小一部分功能就可以完成店铺装修代码的制作任务，所以这里只是有针对性地把在店铺装修中所要用到的功能加以讲解，至于其他的高级功能，如果读者有兴趣可以自己去查阅相关资料，本书就不再另外说明。

还有一点要说明的是，由于 Dreamweaver 版本众多，每个人所使用的版本有可能不同，但实际应用是大同小异的，读者可以根据自己所使用的版本进行有针对性的调整。本书采用 Dreamweaver CS4 进行介绍，如图 4-1 所示。

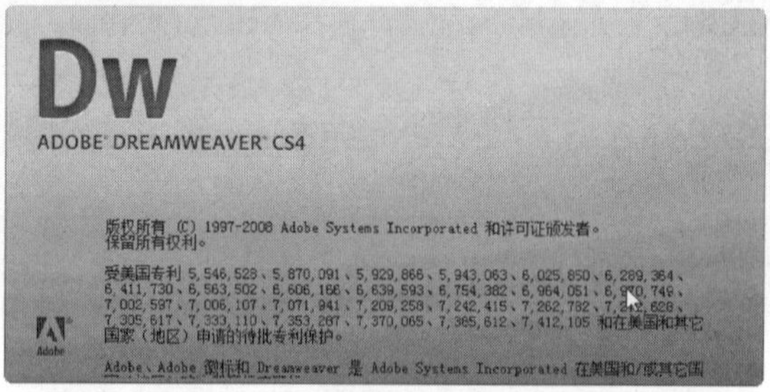

图 4-1

4.1　HTML 基本代码

事实上，许多卖家之所以把装修代码视为难题，就是在于对 HTML 标记语言不了解。虽然我们现在使用的 Dreamweaver 是一种优秀的所见即所得的网页编辑软件，能给我们不熟悉 HTML 标记语言的朋友带去莫大的帮助，但要想真正更好地了解装修代码，让它们更好地为我们的店铺装修服务，对于 HTML 的基本代码还是要有一个大致的了解。下面就来认识一下 HTML。

4.1.1　HTML 概述

HTML 是 Hypertext Marked Language 的缩写，即超文本标记语言，用 HTML 编写的超文本文档称为 HTML 文档，它能独立于各种操作系统平台，自 1990 年以来，HTML 就一直被用做 WWW（World Wide Web 的缩写，中文叫做万维网）的信息表示语言，使用 HTML 语言描述的文件，需要通过 WEB 浏览器显示出效果。

所谓超文本，是因为它可以加入图片、声音、动画、影视等内容，事实上每一个 HTML 文档都是一种静态的网页文件，这个文件里面包含了 HTML 指令代码，这些指令代码并不是一种程序语言，它只是一种排版网页中资料显示位置的标记结构语言，其易学易懂，非常简单。

4.1.2 HTML 文档的基本结构

一个 HTML 文档是由一系列的元素和标签组成。元素名称不区分大小写，HTML 用标签来规定元素的属性和它在文件中的位置，HTML 超文本文档分为文档头和文档体两部分，在文档头中，对这个文档进行了一些必要的定义，文档体中才是要显示的各种文档信息。

如图 4-2 所示是一个最基本但又完整的 HTML 文档的代码。

```
<html>
    <head>
        <title>我的HTML结构示范文档</title>
    </head>

    <body>
        <FONT SIZE= 7 COLOR= red>
            我的HTML结构示范文档<BR>这个文档虽然简单，但<BR>通过它仍然可以说清楚<BR>HTML文档的结构
        </FONT>
    </body>
</html>
```

图 4-2

如图 4-3 所示是这个 HTML 文档在浏览器中浏览的效果。

图 4-3

在 HTML 标记语言中，凡是用“<”和“>”括起来的内容称为标签，它是用来分割和标记文本的元素，以形成文本的布局、文字的格式及五彩缤纷的画面。

HTML 的标签分为单标签和成对标签两种。成对标签是由首标签<标签名> 和尾标签</标签名>组成的，成对标签的作用域只作用于这对标签中的文档。比如在我们上面的结构示范文档中，<HTML></HTML>、<HEAD></HEAD>、<TITLE></TITLE>、<BODY></BODY>及<FONT></FONT>就是五个成对标签，并且成对标签头尾缺一不可。单独标签的格式为<标签名>，单独标签在相应的位置插入元素就可以了，比如我们上面示范文档中的
标签就是单独标签。

大多数标签都有自己的一些属性，属性是标签里的参数的选项。属性要写在始标签内，属性用于进一步改变显示的效果，各属性之间无先后次序，属性是可选的，属性也可以省略而采用默认值。其格式如下：

```
<标签名字 属性 1 属性 2 属性 3 … >内容</标签名字>
```

比如我们上面的结构示范文档中有这样一段：

```
<FONT SIZE = 7 COLOR=red>
    我的 HTML 结构示范文档...
</FONT>
```

<FONT>头标签内就用 SIZE=7 COLOR=red，这就是<FONT>标签内的属性，这里的意思就是指明这一对标签内的文字的大小为 7 号，文字颜色为红色。

<HTML></HTML>这对标签在文档的最外层，文档中的所有文本和 HTML 标签都必须包含在其中，它表示该文档是以超文本标识语言（HTML）编写的。

<HEAD></HEAD>这对标签是 HTML 文档的头部标签，在浏览器窗口中， 头部信息是不被显示在正文中的，在此标签中可以插入其他标记，用以说明文件的标题和整个文件的一些公共属性。

<TITLE>和</TITLE>这对标签是嵌套在<HEAD>头部标签中的，标签之间的文本是文档标题，它被显示在浏览器窗口的标题栏。

<BODY> </BODY>这对标签之间的文本是正文，是在浏览器要显示的页面内容，这对标签之间的内容也正是我们装修模板的代码。我们后面所说到的保存装修代码就指的是保存这对标签之间的内容。

4.1.3　HTML 常见标签及其作用

HTML 常见标签及其作用介绍如下。

-
表示换行。
- <P></P>表示段落。
- <hr>表示水平线段（size 表示粗细；color 表示颜色；width 表示水平线的宽度，用占屏幕宽度的百分比或像素值来表示；align 表示水平线的对齐方式，有 left、right、center 三种；noshade 表示线段无阴影属性，为实心线段）。
- <font 属性></font>{(属性:SIZE=取值 1 ~ 7 face=字体)(粗体<B></B>.斜体<I></I>.加下画线<U></U>.中间线<S></S>。
- <strong></strong>表示特别强调。

1．表格的基本结构

<table>...</table> 定义表格（属性 width= height= border= CELLSPACING= 格线间

CELLPADDING=格线内 背景色彩 bgcolor= ）。

<caption>...</caption> 定义标题（属性 top 上方 bottom 下方）。

<tr></tr> 定义表行（横跨 colspan=几格竖跨 rowspan=几格 背景颜色 bgcolor= ）。

<td></td> 定义单元格。

2. 超链接

文字超链接：

<a href=资源地址>链接文字</a>。

图片超链接：

<a href=资源地址><img src=图形文件地址></a>。

3. 图形格式

<img src=图形文件地址>（属性：width= heigth= ）。

播放音乐/视频：

<embed src=音乐文件地址>（属性:循环开/关 loop=true/false 隐藏控制面板 hidden=true/false width= heigth= ）。

4. 背景音乐

<bgsound src=音乐文件地址>（属性:循环开/关 LOOP=TRUE/FALSE ）。

4.2 Dreamweaver 的操作界面

这一部分的内容可能有些枯燥乏味，不过，“工欲善其事，必先利其器”，让我们一起来了解 Dreamweaver 的操作界面。

启动 Dreamweaver 后首先将显示一个起始页，可以勾选这个窗口下面的“不再显示”复选框来隐藏它。在这个页面中包括“打开最近的项目”、“新建”和“主要功能”3 个方便实用的项目。在这里就可以选择要打开的文档或者新建文档的类型，如图 4-4 所示。

新建或打开一个文档，进入 Dreamweaver 的标准工作界面。Dreamweaver CS4 的标准工作界面包括菜单栏、文档栏、插入面板、设计窗口、状态栏、属性栏、代码编辑窗口和浮动面板及文件面板，如图 4-5 所示。

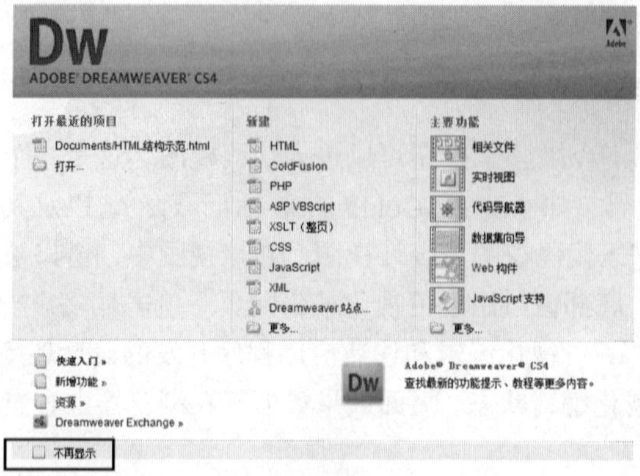

图 4-4

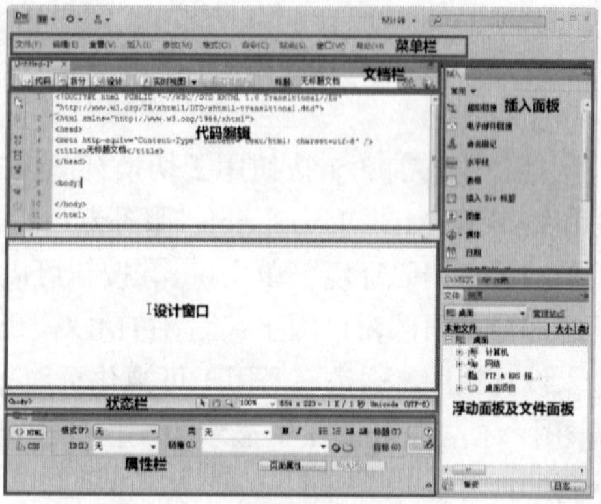

图 4-5

1. 菜单栏

Dreamweaver 的菜单共有 10 个，即文件、编辑、查看、插入、修改、格式、命令、站点、窗口和帮助，如图 4-6 所示。

图 4-6

文件：用来管理文件。例如新建、打开、保存、另存为、导入、输出打印等。

编辑：用来编辑文本。例如剪切、复制、粘贴、查找、替换和参数设置等。

查看：用来切换视图模式，以及显示、隐藏标尺、网格线等辅助视图功能。

插入：用来插入各种元素，例如图片、多媒体组件，表格、框架及超链接等。

修改：具有对页面元素修改的功能，例如在表格中插入表格，拆分、合并单元格。

格式：用来对文本操作，例如设置文本格式等。

命令：所有的附加命令项。

站点：用来创建和管理站点。

窗口：用来显示和隐藏控制面板以及切换文档窗口。

帮助：联机帮助功能。

2. 文档栏

文档栏中包含了代码视图、拆分视图、设计视图、实时视图、实时代码、文档标题、文件管理、浏览器预览、可视化选项等按钮，如图 4-7 所示。

代码
拆分
设计
实时视图
实时代码
标题：
无标题文档

图 4-7

文档栏中的前 3 个按钮用于切换视图模式。单击代码按钮可以进入代码视图，这是一个用于编写和编辑 HTML、JavaScript、服务器语言代码（如 ASP 或 ColdFusion 标记语言），以及其他类型代码的手工编码环境。单击拆分按钮可以进入代码视图与设计视图。在该视图中，窗口被分成上下两部分，顶部窗口用于编写 HTML 代码，底部窗口用于可视化编辑网页。单击设计按钮可以进入设计视图，这是一个用于可视化页面布局、可视化编辑和快速应用程序开发的设计环境。在该视图中，Dreamweaver 中显示的文档处于可视化编辑状态，页面效果类似于在浏览器中查看页面时看到的内容。

实时视图按钮是 Dreamweaver 新增功能，此按钮和前 3 个按钮可搭配使用，当单击此按钮之后，不管是在哪种视图之下进行编辑，系统将在真实的浏览器环境中设计网页，同时仍可以直接访问代码，并且呈现的屏幕内容会立即反映出对代码所做的更改。

3．文档窗口

当打开或创建一个项目后，进入文档窗口，我们可以在文档区域中进行输入文字、插入表格和编辑图片等操作，如图 4-8 所示。

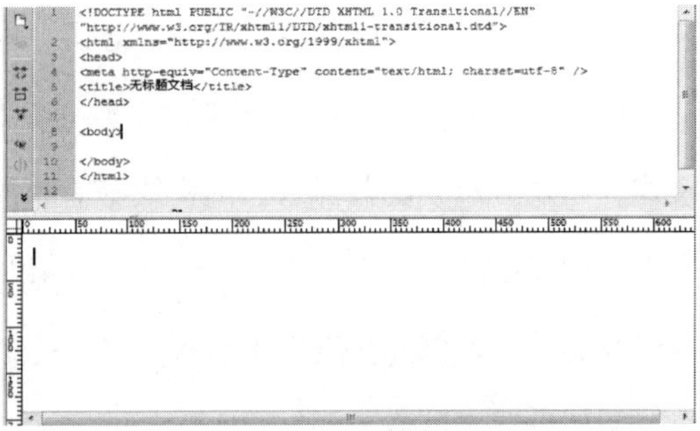
<!DOCTYPE html PUBLIC "-//W3C//DTD XHTML 1.0 Transitional//EN"
"http://www.w3.org/TR/xhtml1/DTD/xhtml1-transitional.dtd">
<html xmlns="http://www.w3.org/1999/xhtml">
<head>
<meta http-equiv="Content-Type" content="text/html; charset=utf-8" />
<title>无标题文档</title>
</head>
<body>
</body>
</html>

图 4-8

“文档”窗口用于显示当前文档。可以选择下列任意视图：设计视图是一个用于可视化页面布局、可视化编辑和快速应用程序开发的设计环境。在该视图中，Dreamweaver 显示文档的完全可编辑的可视化表示形式，类似于在浏览器中查看页面时看到的内容。代码视图是一个用于编写和编辑 HTML、JavaScript、服务器语言代码，以及任何其他类型代码的手工编码环境。拆分视图使你可以在单个窗口中同时看到同一文档的代码视图和设计视图。一般我们是选用拆分视图，所在文档窗口一分为二，上部分为代码编辑区，下部分为设计区。

4．插入面板

Dreamweaver 的插入工具面板中包含了 8 个标签，分别为：常用、布局、表单、数据、Spry、

InContext Editing、文本、收藏夹。单击工具栏中的不同标签可以进行切换，每一个标签中包括了若干的插入对象按钮，如图 4-9 所示。

单击“插入”工具栏中的对象按钮或者将按钮拖曳到编辑窗口内，即可将相应的对象添加到网页文件中，并可在网页中编辑添加的对象，如图 4-10 所示。

图 4-9

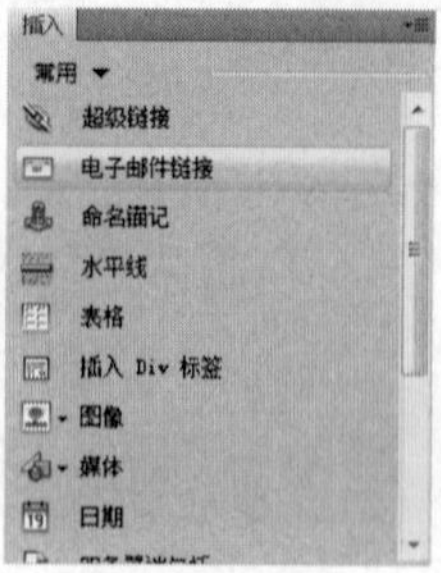

图 4-10

5．状态栏

在 Dreamweaver 状态栏中可以显示当前光标所在位置的 HTML 标记，通过此标记可以确定所编辑的网页内容。在状态栏上还可以显示当前网页的编辑窗口大小、当前网页文件的大小与网页的传输速度，如图 4-11 所示。

图 4-11

标签选择器<body>显示环绕当前选定内容的标签的层次结构。单击该层次结构中的任何标签以选择该标签及其全部内容。单击“<body>”可以选择文档的整个正文。另外，Dreamweaver 的状态栏上新增了视图控制工具，其中，选取工具用于选择页面中的操作对象；手形工具用于平移视图；缩放工具用于放大或缩小视图显示；而设置缩放比率选项框可以通过确切的数值控制视图的缩放。

6．浮动面板及文件面板

面板组是指组合在一起的功能面板集合，为编辑网页提供了既直观又快速的操作方法，是设计制作网页时不可缺少的工具。

所有这些面板也称为浮动面板，因为这些面板都是浮动于编辑窗口之外。在初次使用 Dreamweaver 时，这些面板根据功能被分成了若干组。在窗口菜单中，选择不同的命令可以打开或关闭面板。当打开一个面板时，与其成组的面板会同时出现，如图 4-12 所示。

7．属性栏

属性栏用于显示或修改当前所选对象的属性。在页面中选择不同的对象时，属性栏中将显示出不同对象的属性。例如，选择了文字，在属性栏中显示的是文字的属性；如果选择了图像，则属性栏中将显示图像的属性。另外，还可以直接在属性栏中修改所选对象的属性，修改后的效果可以在编辑窗口中反映出来，如图 4-13 所示。

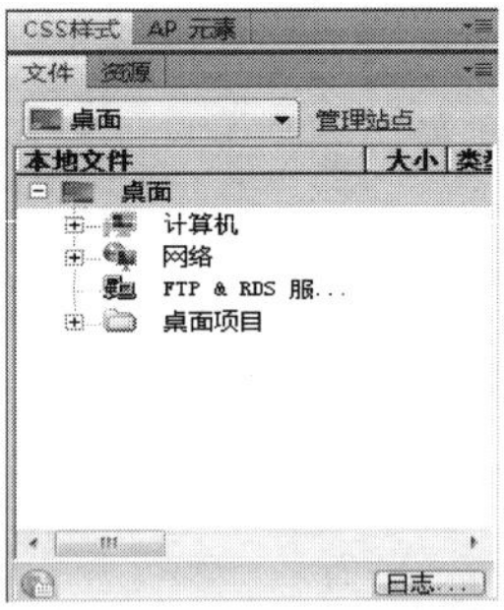

图 4-12

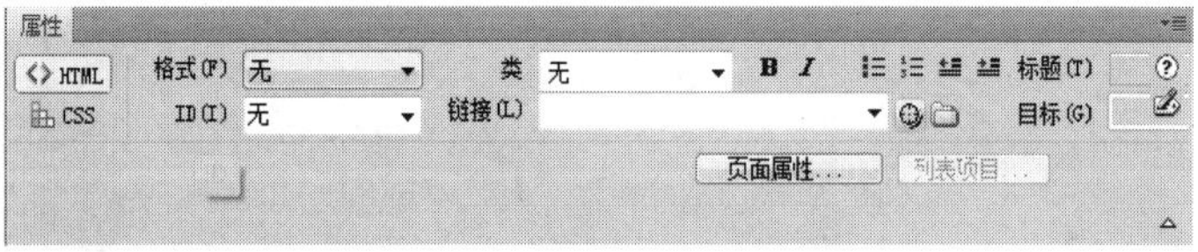

图 4-13

在属性栏的右下角单击三角形的切换按钮，可以将属性栏切换为常用属性或全部属性模式。

以上就是 Dreamweaver 的整个基本工作界面，希望通过以上的介绍，各位读者能够对 Dreamweaver 有初步的了解。当然，如果想对 Dreamveaver 有更进一步的了解，使自己能够更加得心应手地加以应用，那就需要靠自己去不断探索和积累。

4.3 Dreamweaver 的文本编辑

4.3.1 插入文本

要向 Dreamweaver 的文档中添加文本，有三种方式可以选择：第一种方式是直接在 Dreamweaver 的“文档”设计窗口中通过键盘输入文本；第二种方式就是可以通过复制、剪切并粘贴来插入文本；第三种方式就是直接从 Word 文档中导入文本。下面分别来看一看这三种方式的操作。

在设计窗口的空白区域单击鼠标，设计窗口中就会出现闪动的光标，提示文字的起始位置。如果选择自行输入文字，那么就可以从起始位置开始输入文字，这种方式和在文本编辑软件中输入文字没有什么区别。

如果选择的是从其他地方粘贴文字，首先选择好要粘贴的文字内容，并将其复制。然后在文本编辑区指定起始位置，并在此处单击鼠标右键，在弹出菜单中选择“粘贴”或“选择性粘贴”命令就可以将文字粘贴到文本编辑区中，如图 4-14 所示。

当然还可以选择从 Word 将文字导入进来。那么如何从 Word 文档中导入文字呢？

选择“文件→导入→Word 文档”命令，系统就会弹出一个名为“导入 Word 文档”的对话框，在此对话框中找到要导入的文档，选中并单击“打开”按钮，即可完成 Word 文档的导入。下面导入一个 Word 文档试一试，如图 4-15 所示。

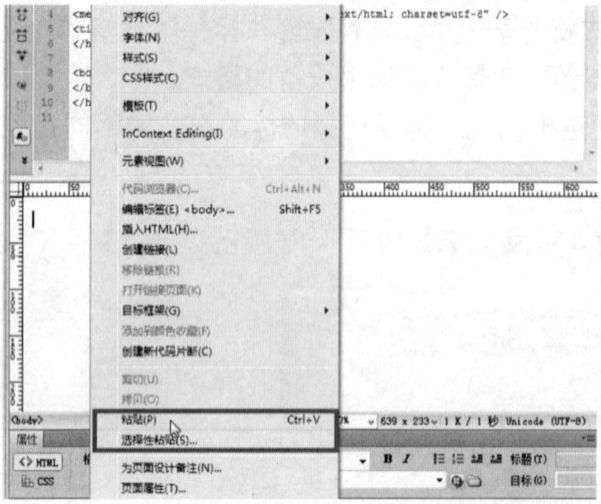

图 4-14

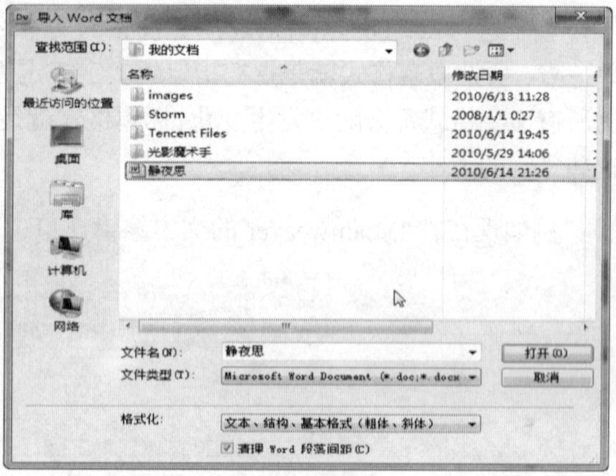

图 4-15

这里选择名为“静夜思”的 Word 文档，选中后单击“打开”按钮，如图 4-16 所示。

Word 文档中的内容一字不漏地导进来了。看来 Adobe 公司进行软件设计的时候，非常人性化，知道绝大多数人习惯使用 Word 来进行文本编辑，所以就增加了这项功能。如果在 Dreamweaver 想输入大量的文字，可以先在 Word 中进行输入，输入完毕之后再导入到 Dreamweaver 中。

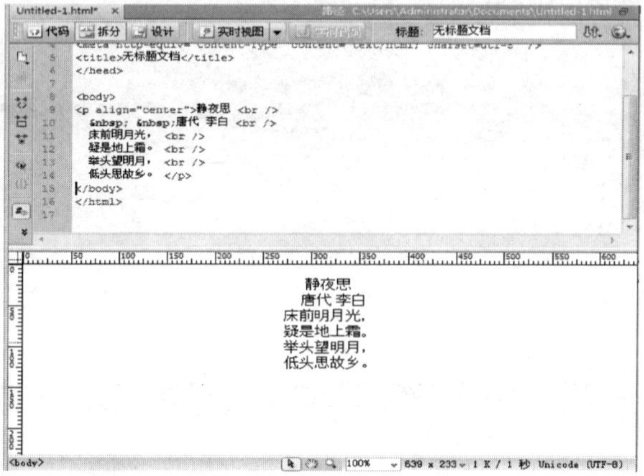

图 4-16

4.3.2　编辑文本格式

微软公司的 Word 字处理软件应该是我们使用次数最多的一种文本编辑软件，利用 Word 可以对文字进行非常复杂的格式编排，以满足我们对于文本编辑的需要。而 Dreamweaver 的主要功能是网页编辑，虽然具有一定的文本编辑功能，但它的这种文本编辑功能是不能和专业的文本编辑软件相提并论的。

基于这一点，Dreamweaver 所能设置的文本格式就非常简单，只有段落和标题两种格式。说简单一点，所谓段落格式就是指把指定的文字规定为段落，如果改变这个段落的格式，那么这个段落的所有文字格式都会随之发生变化；标题格式就是把选中的文字根据选择的标题级数的不同而改变这些文字的大小。

例如现在在 Dreamweaver 的文本编辑窗口中输入一段文字，如图 4-17 所示。

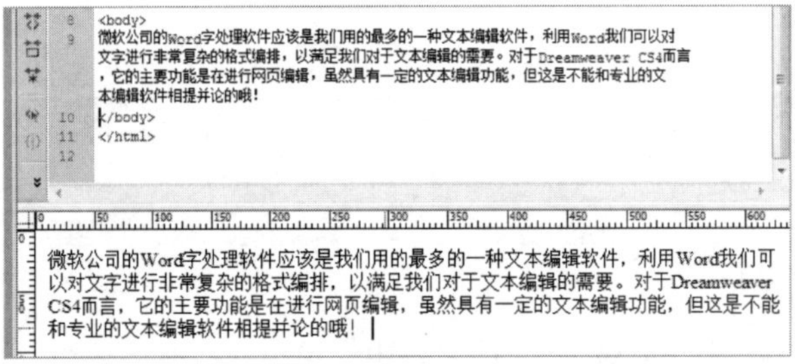

图 4-17

现在将鼠标移到设计窗口区中，按住鼠标左键不放，从这段文字的开始进行拖动鼠标，一直拖到段尾，从而选中这一段文字。选中之后，在属性栏中“格式”后的下拉列表框中选择“段落”选项把选中的文本设置成段落格式，如图 4-18 所示。

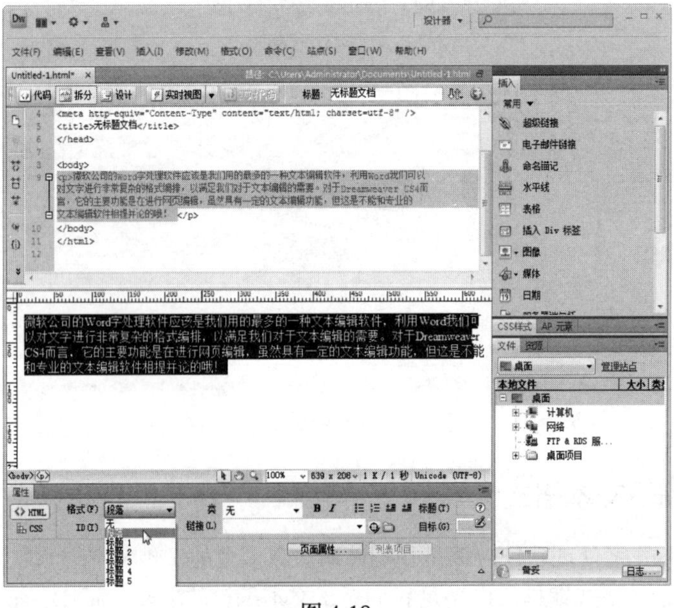

图 4-18

对比设置段落格式前后文本编辑区的文字效果发现没有什么差别，但仔细看一下前后两次的代码设计区，就会看到差别！文本设置为段落之后，在代码区的那一段文字的前后加了一对标签<p>和</p>，这就表明这一对标签中间的内容就是一个段落。

当然也可以选择格式为“标题 1”到“标题 6”各级标题，对应的字体由大到小，同时文字全部加粗。这里读者可以自己分别试一试，看每级标题都有些什么不同。

除此以外，还可以对文本做一些简单的排版，比如设定文字的字号、颜色、加粗、加斜、水平对齐等内容。这些功能是要通过在“格式”菜单中的命令实现的。

4.3.3　文字的其他设置

1．文本换行

当我们在 Dreamweaver 的设计窗口中输入大量文字时，很有可能存在文字换行的问题。在一般的文字编辑软件中，要想进行换行操作是一件非常简单的事情，只需要在键盘上按 Enter 键即可。

事实上，在 Dreamweaver 中，也可以直接在键盘上按 Enter 键进行换行。但是有一点要注意，那就是在 Dreamweaver 中通过 Enter 键换行的行距较大（在代码区中我们可以看到，系统已经生成了一对<p></p>标签），如图 4-19 所示。

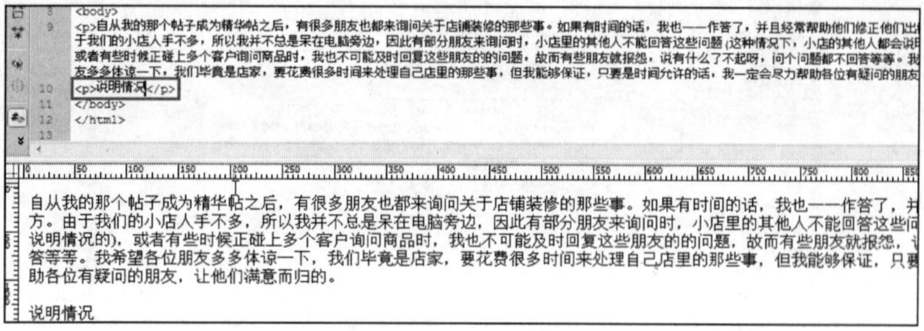
<body>
<p>自从我的那个帖子成为精华帖之后，有很多朋友也都来询问关于店铺装修的那些事。如果有时间的话，我也一一作答了，并且经常帮助他们修正他们出
于我们的小店人手不多，所以我并不总是呆在电脑旁边，因此有部分朋友来询问时，小店里的其他人不能回答这些问题（这种情况下，小店的其他人都会说
或者有些时候正碰上多个客户询问商品时，我也不可能及时回复这些朋友的的问题，故而有些朋友就报怨，说有什么了不起呀，问个问题都不回答等等。我
友多多体谅一下，我们毕竟是店家，要花费很多时间来处理自己店里的那些事，但我能够保证，只要是时间允许的话，我一定会尽力帮助各位有疑问的朋友
<p>说明情况</p>
</body>
</html>
自从我的那个帖子成为精华帖之后，有很多朋友也都来询问关于店铺装修的那些事。如果有时间的话，我也一一作答了，并
方。由于我们的小店人手不多，所以我并不总是呆在电脑旁边，因此有部分朋友来询问时，小店里的其他人不能回答这些问
说明情况的），或者有些时候正碰上多个客户询问商品时，我也不可能及时回复这些朋友的的问题，故而有些朋友就报怨，
答等等。我希望各位朋友多多体谅一下，我们毕竟是店家，要花费很多时间来处理自己店里的那些事，但我能够保证，只要
助各位有疑问的朋友，让他们满意而归的。
说明情况

图 4-19

从图 4-19 来看，换行之后段落之间的距离太大了，影响了文字的整体效果。为了解决这个问题，换行时在键盘上按住 Shift 键，然后再按 Enter 键，此时换行的行间距就是正常的（此时系统在代码区中生成的是
标签），如图 4-20 所示。

2．文本空格

在 Dreamweaver 的设计窗口区输入文本时，在默认情况下是不允许输入多个空格的。但事实上，在文字分段的段首或者特殊情况下，需要输入多个空格时，这该如何解决？

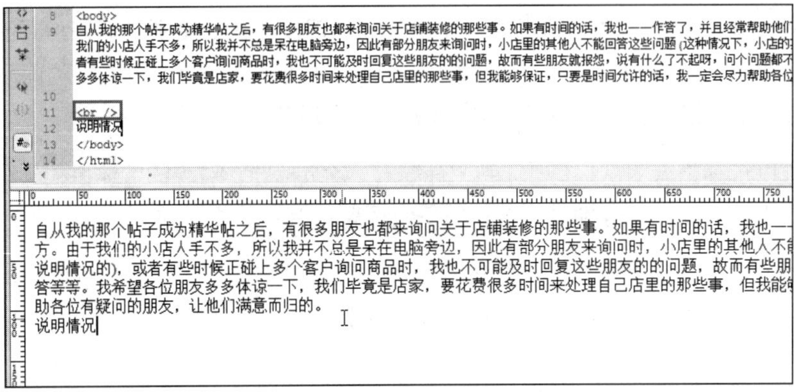
<body>

说明情况
</body>
</html>
自从我的那个帖子成为精华帖之后，有很多朋友也都来询问关于店铺装修的那些事。如果有时间的话，我也一
方。由于我们的小店人手不多，所以我并不总是呆在电脑旁边，因此有部分朋友来询问时，小店里的其他人不能
说明情况的），或者有些时候正碰上多个客户询问商品时，我也不可能及时回复这些朋友的的问题，故而有些朋
答等等。我希望各位朋友多多体谅一下，我们毕竟是店家，要花费很多时间来处理自己店里的那些事，但我能够
助各位有疑问的朋友，让他们满意而归的。
说明情况

图 4-20

事实上，Dreamweaver 也考虑到了这一点，只不过是在默认情况下是不允许的。为了能够输入多个连续的空格，这里选择“编辑→首选参数…”命令。

系统弹出一个名为“首选参数”的对话框，在弹出对话框中左侧的分类列表中选择“常规”选项，然后在右边选择“允许多个连续的空格”复选框，如图 4-21 所示。

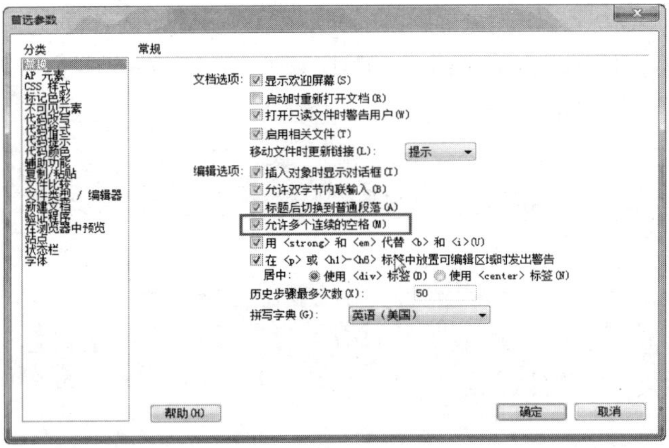
首选参数
分类
常规
文档选项：
显示欢迎屏幕 (S)
启动时重新打开文档 (R)
打开只读文件时警告用户 (W)
启用相关文件 (T)
移动文件时更新链接 (L)：
提示
编辑选项：
插入对象时显示对话框 (I)
允许双字节内联输入 (B)
标题后切换到普通段落 (A)
允许多个连续的空格 (M)
历史步骤最多次数 (X)：
50
拼写字典 (G)：
英语（美国）
帮助 (H)
确定
取消

图 4-21

选择之后，单击“确定”按钮，此后我们就可以直接按空格键为文本添加空格了。

4.4　Dreamweaver 中的图像操作

各位读者在使用促销模板和宝贝描述模板时，经常要插入宝贝图片。如果你对模板代码不是很熟悉，就会造成图片插入后模板变形了，非常难看。但是这项工作如果放在 Dreamweaver 中来做，就会变得异常轻松。

4.4.1　插入图像

插入图像时，将光标定位在设计窗口区中需要插入图像的位置，然后在插入面板中选择“常用”选项，在这里就可以找到“图像”按钮，如图 4-22 所示。单击此按钮，就会弹出一个下拉菜单，如图 4-23 所示。

图 4-22

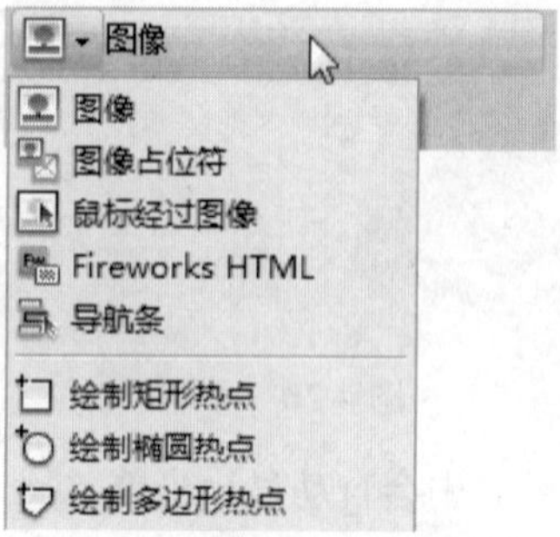

图 4-23

在这个弹出的菜单中选择“图像”选项，此时系统就会弹出“选择图像源文件”对话框，如图 4-24 所示。

此时，有两种选择：第一种选择，如果我们要插入本地计算机上的图片，可以在本地计算机上找到该图片并选中，此时选中的图片名称就会在文件名对话框中显示，如图 4-25 所示。然后单击“确定”按钮，就把图像插入到网页中，如图 4-26 所示。

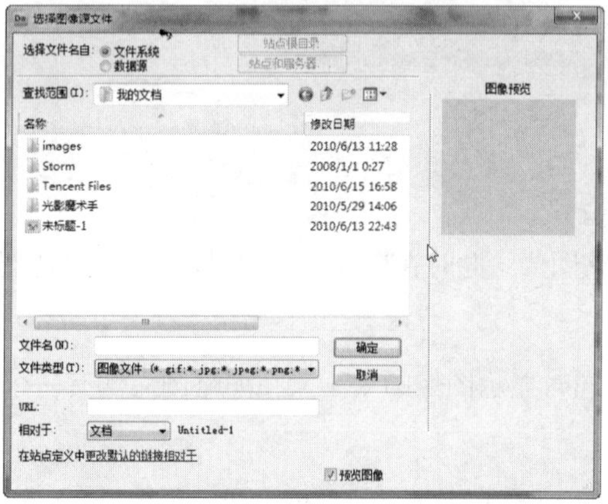

图 4-24

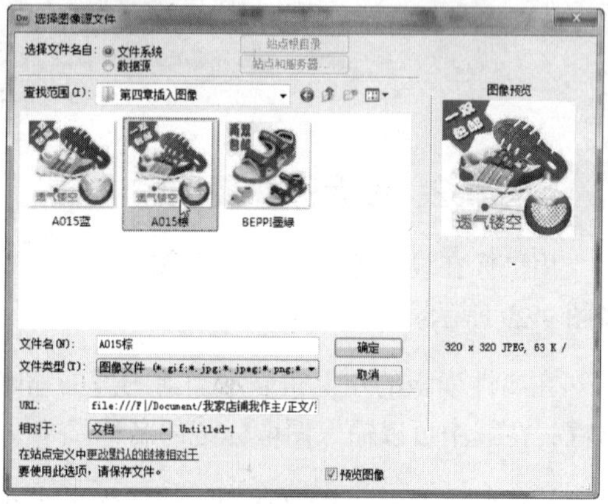

图 4-25

第二种选择，如果我们事先已经把图片上传到网络空间中，此时想把这张图片插入到网页中，就可以进行如下操作。首先在自己的网络图片空间中找到自己所需要插入图片的地址并复制下来。然后在弹出“选择图像源文件”对话框中的“URL:”文本框中清除原有的内容，粘贴上所要复制的图片地址，如图 4-27 所示。

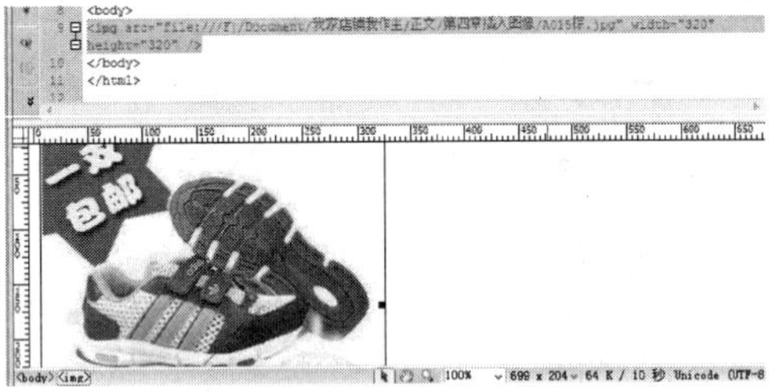

图 4-26

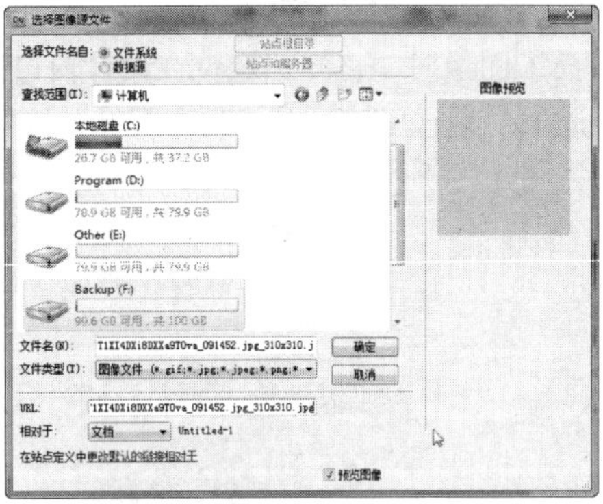

图 4-27

此时，文件名中会自动显示当前要插入的文件名称，单击“确定”按钮，就完成了自己图片空间的图片插入了，如图 4-28 所示。

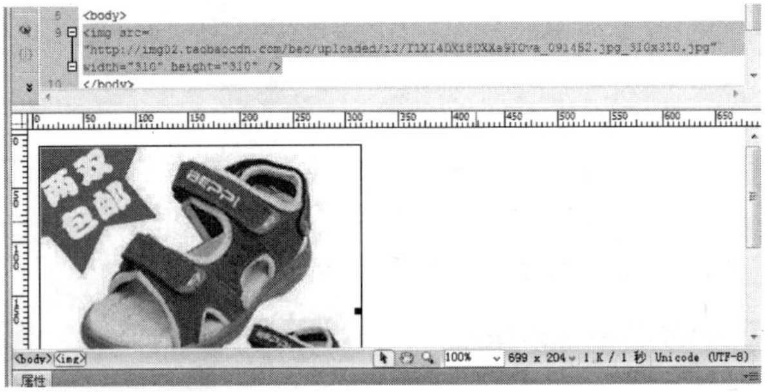

图 4-28

4.4.2 设置图像属性

用鼠标在设计窗口区单击任意图像，即可选中该图像，此时在属性面板中显示出图像的属性，如图 4-29 所示。

在属性面板的左上角显示当前图像的缩略图，同时显示图像的大小。在缩略图右侧有一个文本框，在其中可以输入图像标记的名称。

图像的大小是可以改变的，当图像的大小改变时，属性栏中“宽”和“高”的数值会以粗体显示，并在旁边出现一个弧形箭头，单击它可以恢复图像的原始大小，如图 4-30 所示。

“垂直边距”和“水平边距”文本框用来设置图像左右和上下与其他页面元素的距离。

“边框”文本框是用来设置图像边框的宽度，默认边框宽度为 0。

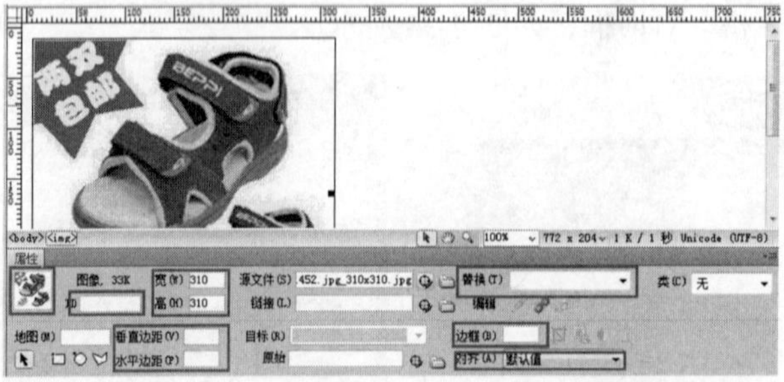

图 4-29

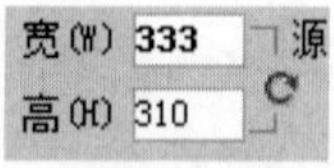

图 4-30

“替换”文本框用来设置图像的替代文本，可以输入一段文字，当图像无法显示时，将显示这段文字。

在属性面板中，“对齐”下拉列表框是设置图像与文本的相互对齐方式，共有 10 个选项。通过它，我们可以将文字对齐到图像的上端、下端、左边和右边等，从而可以灵活地实现文字与图片的混排效果。

4.5　Dreamweaver 中的表格操作

如图 4-31 所示，在这个模板中有一个区域是“联系我们”模块。

有不少人照着此模块进行制作,但是怎么也达不到如图 4-31 所示的这个排版效果。其实这里是用了表格来规划各个项目的排放位置，从而达到了整齐美观的效果。

表格是制作促销模板和描述模板不可缺少的元素，它能够以简洁明了和高效快捷的方式将图片和文本有序地显示在模板规定区域之上，从而可以设计出漂亮的页面，因此表格就成为制作各种模板最常用的排版方式。

图 4-31

鉴于表格对于我们店铺装修有着重要意义，下面就具体来讲解 Dreamweaver 中表格的相关操作。

4.5.1　插入表格

在以前，要在网页中进行表格的相关操作，即便对于训练有素的程序员来说也是一个噩梦。但随着可视化编辑工具的出现，这种操作就已经变成一件异常轻松的任务。

在 Dreamweaver 中向网页中插入表格的操作就更加简单。在设计窗口区中，将光标定位在要插入表格的地方，在插入面板中选择“常用”选项，在这里我们就可以找到“表格”按钮，见图 4-32 方框所标明的位置处。

单击此按钮，系统就会弹出“表格”对话框，如图 4-33 所示。

图 4-32

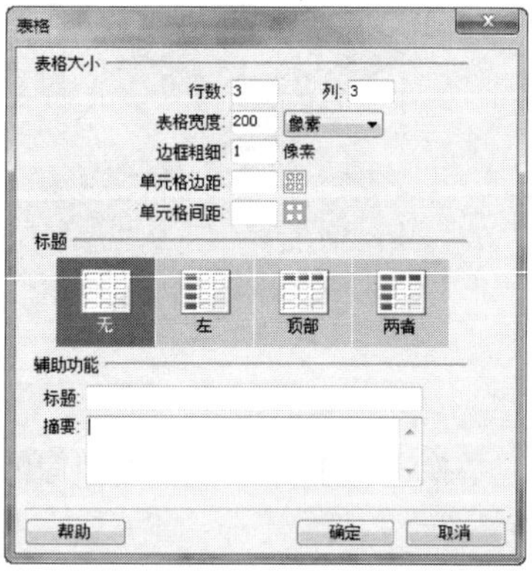

图 4-33

下面详细介绍各个参数的含义。为了方便说明，这里使用一个示例图片作以辅助说明，如图 4-34 所示。

其中，关于表格对话框中的各项参数的意义如下。

“行数”文本框 行数: 3 ：用来设置表格的行数，例如图 4-34 中的表格为两行。

“列”文本框 列: 3 ：用来设置表格的列数，例如图 4-34 中的表格为两列。

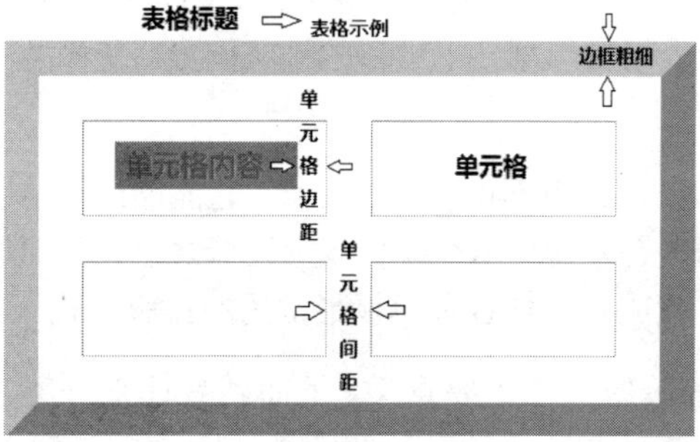

图 4-34

“表格宽度”文本框 表格宽度: 200 像素 ：用来设置表格的宽度，可以填入数值，在紧随其后的下拉列表框中设置宽度的单位，其中有两个选项——百分比和像素。当宽度的单位选择百分比时，表格的宽度会随浏览器窗口的大小而改变，如果单位选择像素时，表格的宽度就固定下来，不会随浏览器窗口的大小而改变。

“边框粗细”文本框 边框粗细: 1 像素 ：用来设置表格的边框的宽度。

“单元格边距”文本框 单元格边距: ：用来设置单元格的内部空白的大小，也就是单元格内所填内容和单元格边框的距离。

“单元格间距”文本框 单元格间距：用来设置单元格与单元格之间的距离。

“标题”选择项 标题：用来确定表格的行首和列首是否为行列标题，也就是是否为表头，如果是则此行列的文字内容以标题格式显示。

“标题”文本框 标题：用来定义整个表格的标题。

“摘要”：可以在这里对表格进行注释，这里的注释内容在设计窗口区是不可见的，只会显示在代码区中。

在这几个参数中，对淘宝卖家而言，真正要使用到的只是前六项，并且在做模板时为了精确显示样式，在设置表格宽度时一般选择“像素”作为表格宽度的单位，这样就可以保证我们的模板在显示时不会由于浏览环境的变化而产生变形。

对于边框的宽度一般都设置为 0，这样就可以避免在显示时出现表格的线条，如图 4-35 所示。

1	2
3	4

图 4-35

这个表格的边框宽度设为 0，在设计窗口区就可以看到边框是以虚线表示，而在浏览器中显示时没有任何表格的痕迹。

如果将表格的宽度设为 1，在设计窗口区就可以看到边框是以实线表示，如图 4-36 所示。

1	2
3	4

图 4-36

在浏览器显示时也就会把这个表格边框显示出来。

单元格的边距和间距可以根据自己的实际需要进行设置，其他的参数保持默认设置就可以了。

4.5.2　选择表格对象

在计算机操作中，如果想对任何一种对象进行具体的操作，就必须要保证当前这种对象已经被选中，在 Dreamweaver 中对表格操作时也是如此。

在 Dreamweaver 中，一个完整的表格中包括表格、行、列和单元格四种对象。我们在后面对于表格、行、列及单元格的属性设置就是以选择这些对象为前提的。那么在 Dreamweaver 中对于这些表格对象的选择有哪些要注意的地方？

1. 选择整个表格

整张表格的选择方式有很多，主要包括以下几种。

（1）在设计窗口区的表格任意单元格中单击鼠标，将光标定位在该单元格中。定位之后，单击鼠标右键，系统此时会弹出一个菜单，在此菜单中选择“表格→选择表格”命令，系统就会选中整个表格了，此时在代码区整个表格的代码呈现选中状态，设计窗口区上的表格外围就出现一个黑色选择框，如图 4-37 所示。

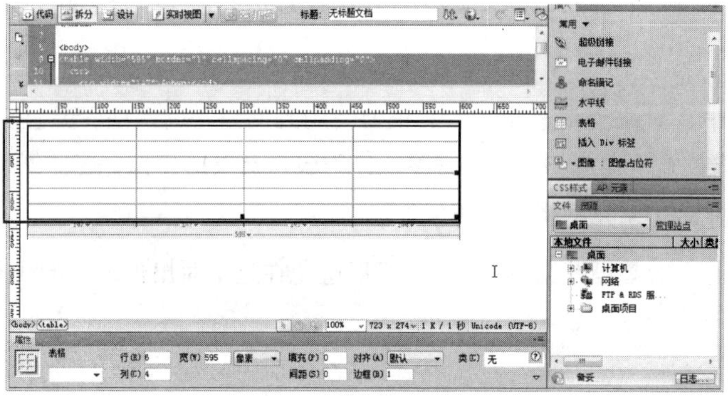

图 4-37

（2）将鼠标指针移动到设计窗口区的最左侧，当鼠标指针变成如“ ”形状，单击鼠标即可选中整个表格，如图 4-38 所示。

（3）用鼠标在表格内任意单元格单击，将鼠标指针移到状态栏上，单击<table>标签，即可选中整个表格，如图 4-39 所示。

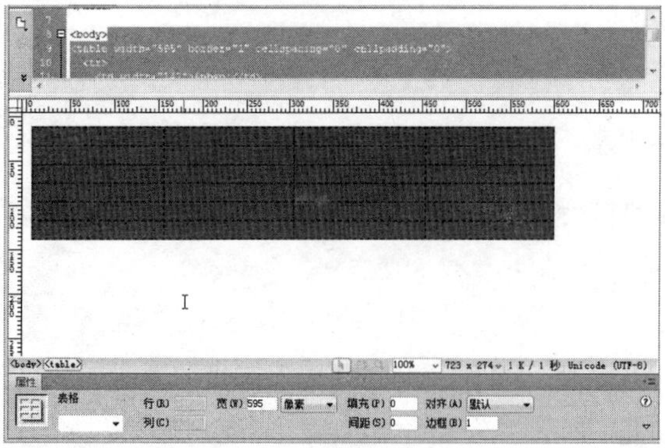

图 4-38

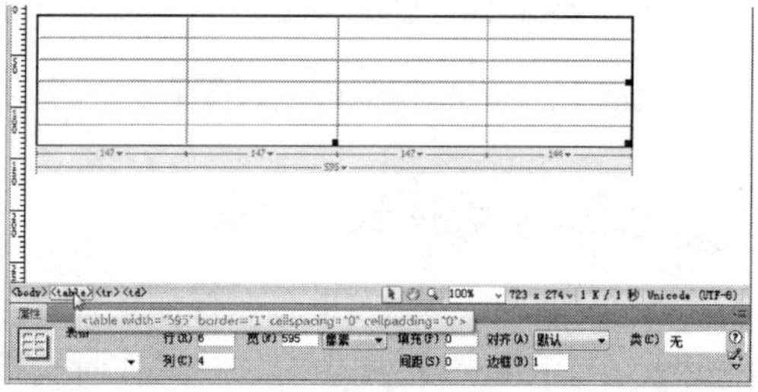

图 4-39

2. 选择单元格

（1）选择单个单元格：将鼠标指针移到表格之上，按住 Ctrl 键，此时鼠标指针变为 形状，单击任意一个单元格即可选中所单击的单元格。此时在代码区和设计区均有提示，如图 4-40 所示。

或者用鼠标在欲选中的单元格内单击一下，然后用鼠标单击状态栏上的<td>标签，也可选中此单元格，如图 4-41 所示。

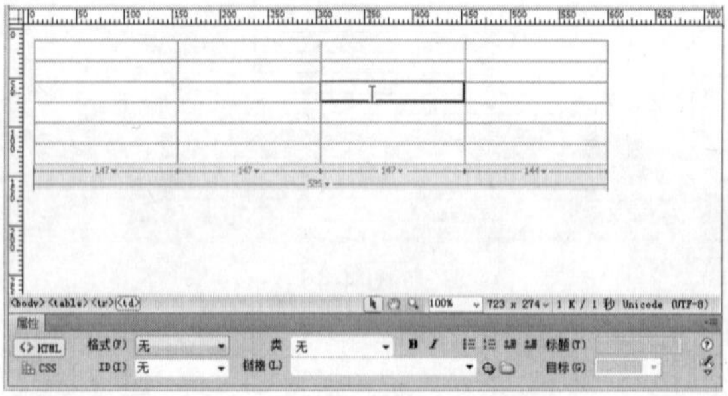

图 4-40

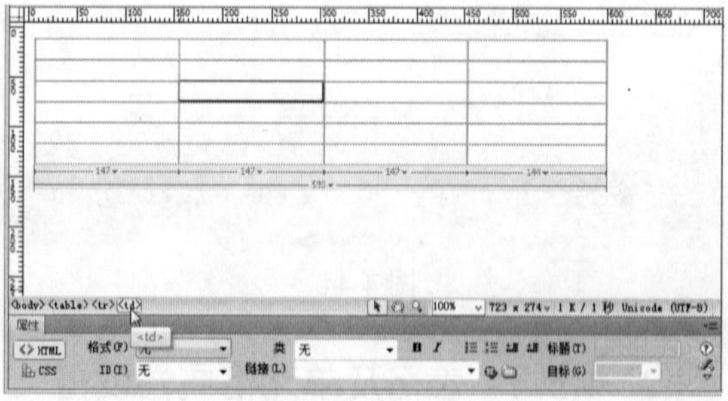

图 4-41

（2）选择连续相邻的几个单元格：按住鼠标左键从一个单元格的一侧开始向要连续选择单元格的方向拖动即可完成选择，如图 4-42 所示。

（3）选择不相邻的多个单元格：将鼠标指针移到表格之上，按住 Ctrl 键，此时鼠标指针变为形状，连续单击要选择的单元格即可选中所单击处的单元格，而不论这些单元是否相邻均可选取，如图 4-43 所示。

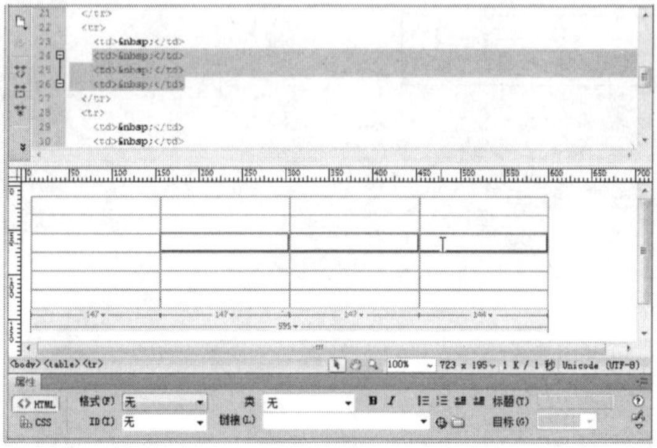

图 4-42

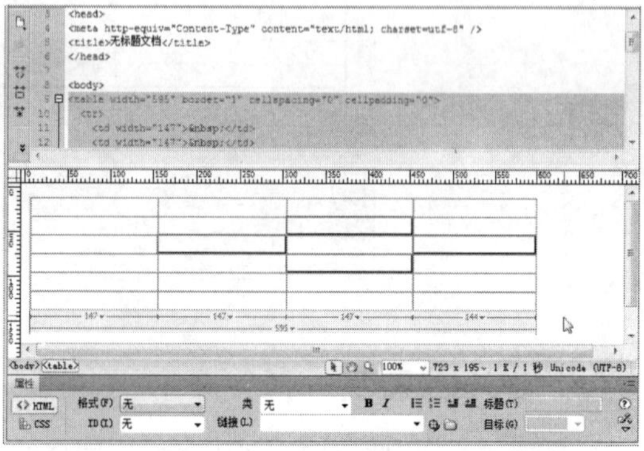

图 4-43

3. 选择行

将鼠标指针移到欲选择的某一行最左侧，当鼠标指针变成 ➜ 形状时，单击鼠标即可选中该行，如图 4-44 所示。

4．选择列

将鼠标指针移到欲选择的某一列的最上侧，当鼠标指针变成↓形状时，单击鼠标即可选中该列，如图 4-45 所示。

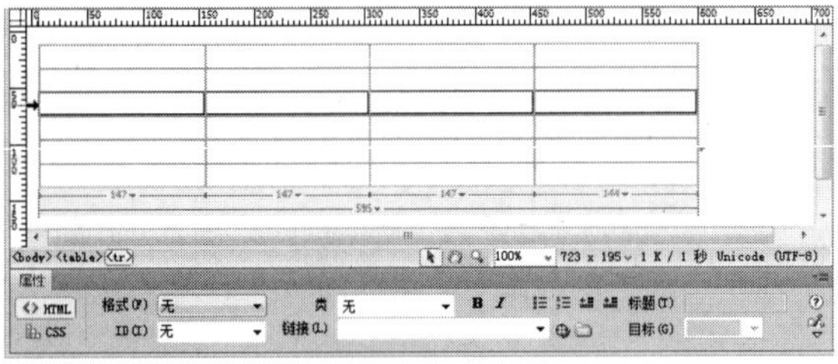

图 4-44

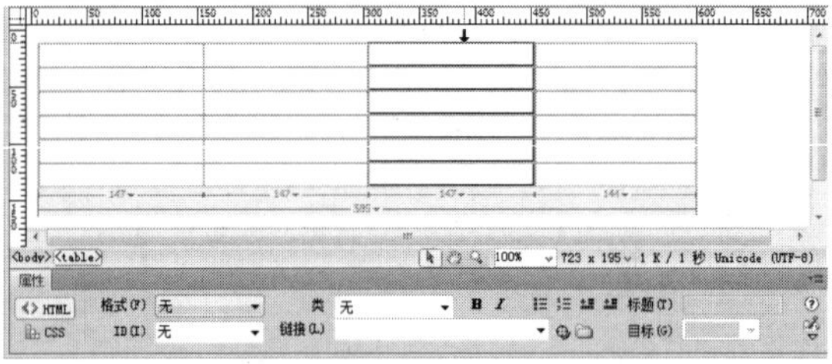

图 4-45

4.5.3　表格及单元格属性设置

1．设置表格属性

在 Dreamweaver 选中一个表格后，可以通过最下面的属性栏来更改表格的属性。默认情况下表格可供更改的属性只有属性栏中显示的几种，事实上在属性栏中单击▽按钮，即可展开表格的更多属性，如图 4-46 所示。

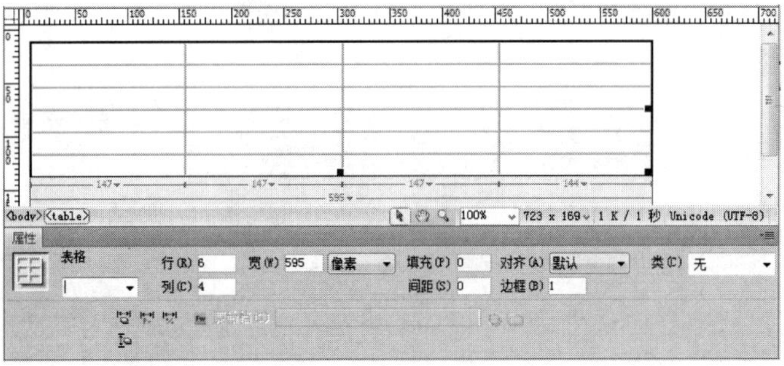

图 4-46

下面对这些属性一一进行说明。

表格：此选项主要用来设置表格的 ID 值。设置之后会在代码区中显示。比如在这里设置表格的 ID 值为“mytable”，可以看到代码区中也会发生变化，如图 4-47 所示。

行(R) 6 列(C) 4：用来设定该表格的行列数。

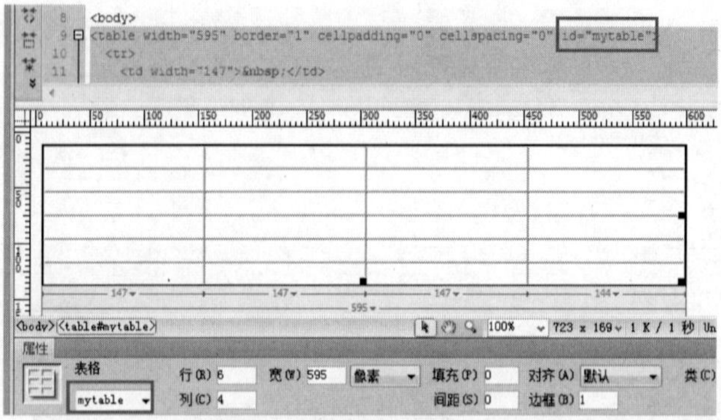

图 4-47

宽(W) 595 像素：用来设定表格的宽度，并可以在其后选择单位。

填充(P) 0：用来设置单元格边距，即单元格中的内容与边框的距离。

间距(S) 0：用来设置单元格间距，即两个单元格之间距离。

对齐(A) 默认：用来设置表格在网页中的对齐方式。共分为“左对齐”、“居中对齐”和“右对齐”三种方式。

边框(B) 1：用来设置表格边框线的宽度。

类(C) 无：用来设置表格的 CSS 样式。

：取消单元格的宽度设置，即代码中的 width 值。

：取消单元格的高度设置，即代码中的 height 值。

：将表格宽度单位转化为像素。

：将表格宽度单位转化为百分比。

2．设置单元格属性

在 Dreamweaver 中选中一个单元格后，是通过最下面的属性栏来更改单元格的属性的。和表格的属性不同，只要在属性栏中单击▽按钮，即可展开单元格的属性，如图 4-48 所示。

水平(Z) 默认：用来设置单元格内元素的水平排版方式，总共有居左、居右或居中三种选择。

垂直(T) 默认：用来设置单元格内的垂直排版方式，分为顶端对齐、底端对齐或居中对齐三种方式。

宽(W)：用来设置单元格的宽度。

高(H)：用来设置单元格的高度。

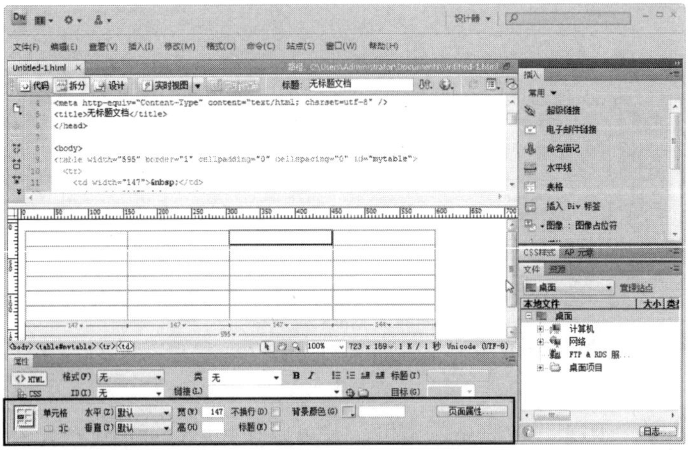

图 4-48

不换行(O) ：选中此复选框能防止单元格中较长的文本自动换行。

标题(E) ：选中此复选框使选择的单元格成为标题单元格，该单元格内的文字自动以标题格式显示出来。

背景颜色(G) ：用来设置该单元格的背景颜色。

在这里还有一个关键问题就是单元格背景图像的设置。

先来解释一下，在制作模板时为什么必须设置单元格背景。为了说明这个问题，还是先来看一个实例吧。

如图 4-49 所示，这是一个促销模板。为了保证模板的整体效果，整个模板在 Photoshop 中是用一整幅图片制作的，图片制作完成后利用了切片工具按照规划进行了如图 4-50 所示的切片安排。

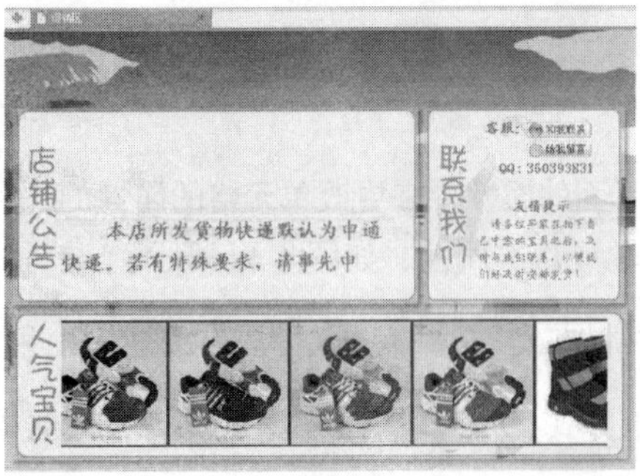

图 4-49

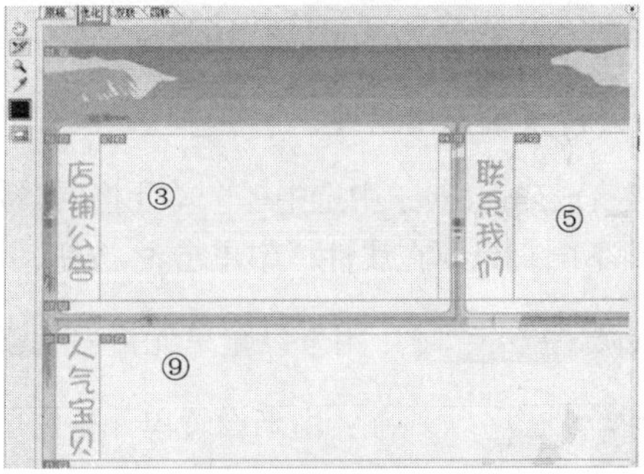

图 4-50

其中③号切片所在区域是用来显示店铺公告文字内容的，⑤号切片区域是用来显示我们的联系方式，⑨号切片区域是用来滚动显示宝贝图片。这个促销模板切片之后各个切片的位置是用表格组织起来的，那么也就是说③号、⑤号和⑨号切片都各自占用了一个单元格。现在出现一个问题，这几个单元格已经被 3 张图片占据了，那其他内容怎么放，并且还要分别放在这 3 张图片的上面保证图片整体的一致性？

各位读者可以在 Dreamweaver 中试一下，在一个单元格中插入图像，然后在这个单元格中加入文字，看一看文字和图片的位置是什么关系，如图 4-51 所示。

从图 4-51 中不难看出，在这个单元格中并不是文字叠加在图片之上，而是一种并行排列的关系。那怎么样才能让同一个单元格的文字叠加在图片之上呢？那就必须经过一种特殊设置，这个设置就是把图片设定为单元格的背景，相当于是把图片置于底层，然后正常输入文字，这样文字在单元格中就会显示在图片上面。

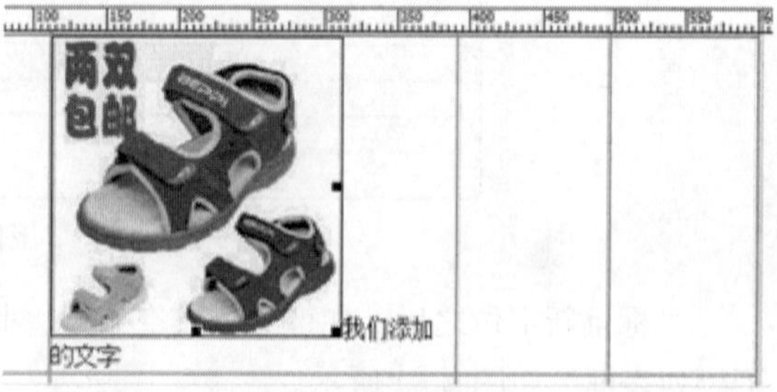

图 4-51

由于 Dreamweaver 在单元格的属性栏中已经取消了单元格背景图片的设置这个选项，笔者在刚使用 Dreamweaver 时也感到非常棘手，不知怎么解决这个问题。经过一番研究之后，笔者发现可以通过以下方式来为单元格添加背景图片。

首先在表格中单击要设置背景的单元格，如图 4-52 所示。

图 4-52

怎么样？代码区的光标是不是也随之发生变化了。现在它是出现在“<td>”和“ </td>”之间。接下来开始在代码区中进行操作了。在代码区中将光标的位置重新定位，让其在“<td”和“> </td>”之间出现，这个操作看起来很麻烦，实际上只要用鼠标在代码区中“<td”之后单

击一下就行了，如图 4-53 所示。

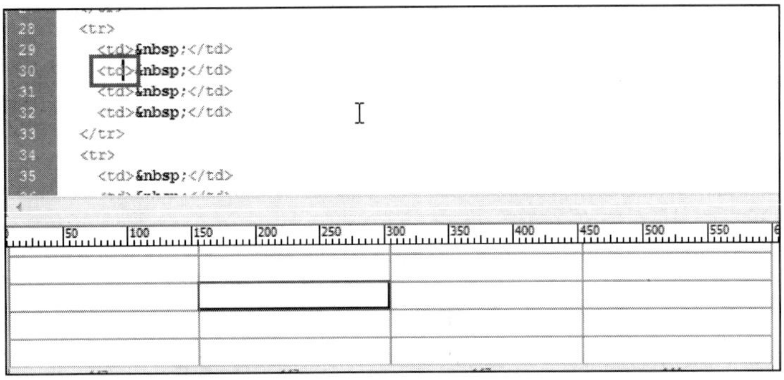
<tr>
<td> </td>
<td> </td>
<td> </td>
<td> </td>
</tr>
<tr>
<td> </td>

图 4-53

光标重新定位之后，在键盘上按空格键，此时 Dreamweaver 会自动弹出一个单元格属性选择下拉列表框，如图 4-54 所示。

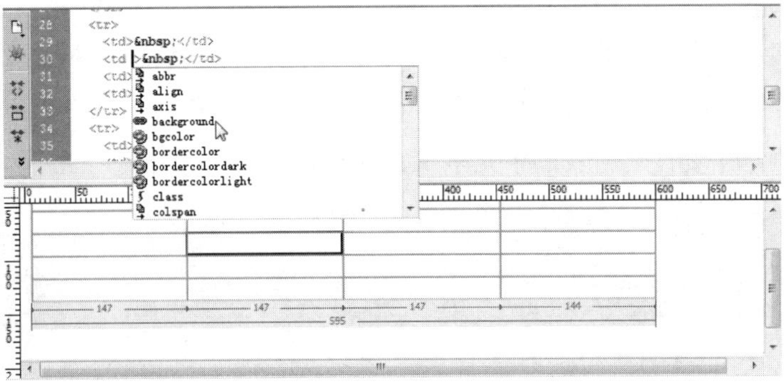
abbr
align
axis
background
bgcolor
bordercolor
bordercolordark
bordercolorlight
class
colspan

图 4-54

在图 4-54 光标所指位置有一个“background”选项，这就是单元格的背景属性，双击此项，再来看一看代码窗口区的变化，如图 4-55 所示。

<td> </td>
<td background=""> </td>
<td> </td>
浏览...
<td> </td>

图 4-55

此时“<td”之后出现了“background=" "”，并在其下有一个“浏览”按钮，用鼠标单击此处，就会弹出“选择文件”对话框，在此对话框中找到要设置为单元格背景的图片，选择之后并单击“确定”按钮即可将选中的图片作为单元格的背景，如图 4-56 所示。

单击“确定”按钮之后，我们再来看一看表格中的变化，如图 4-57 所示。

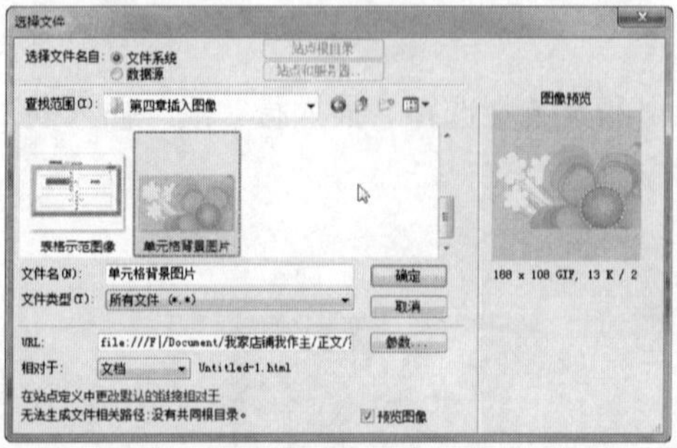

图 4-56

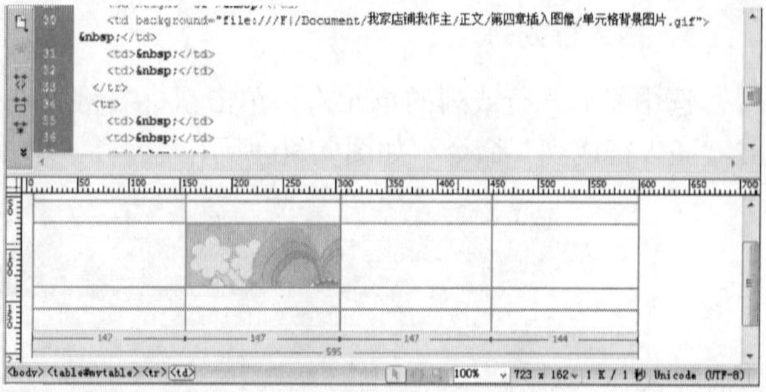

图 4-57

之前所选择的图片已经作为单元格的背景被插入进来了。

用鼠标在设计窗口区中单击被插入图片的单元格，重新输入“我们在 Dreamweaver CS4 成功插入单元格背景图片哦!”如图 4-58 所示。

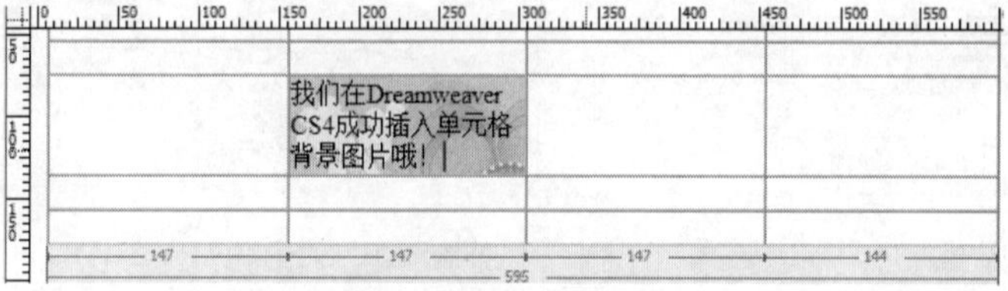
我们在Dreamweaver
CS4成功插入单元格
背景图片哦!
147
147
147
144
595

图 4-58

现在文字出现在图片之上，并且把图片设置成单元格背景之后，随着单元格的高度和宽度的变化，背景图片也会随之发生变化，始终保持对单元格背景的填充，如图 4-59 所示。

我们在Dreamweaver CS4成功插入
单元格背景图片哦!

图 4-59

由于这是一个比较难掌握的操作，所以希望自己动手装修店铺的读者在这里一定要熟记操作方式，因为在以后的章节中经常要使用这种设置方法。

4.5.4　表格的其他操作

在使用表格进行页面布局时，有时会由于设计的变化，导致原来的表格结构要发生变化，此时就需要对表格进行相应的调整。

对于表格的调整主要存在以下几种操作。

1．插入行或列

选中要插入行或列的单元格，单击鼠标右键，在弹出的菜单中选择“插入行”或“插入列”或“插入行或列”命令，如图 4-60 所示。

图 4-60

如果选择了“插入行”命令，在选择行的上方就插入了一个空白行，如果选择了“插入列”命令，就在选择列的左侧插入了一列空白列。

如果选择了“插入行或列”命令，会弹出“插入行或列”对话框，可以设置插入行还是列、插入的数量，以及是在当前选择的单元格的上方或下方、左侧或是右侧插入行或列，如图 4-61 所示。

图 4-61

2．删除行或列

选中要删除的行或列，单击鼠标右键，在弹出的菜单中选择“删除行”或“删除列”命令即可，如图 4-62 所示。

3．合并单元格

选中要合并的几个单元格，单击属性面板中的合并单元格按钮 ，就可以将所选择的单元格合并成一个单元格。如果原有单元格中存在内容，那么原来的那些内容也会组合在一起，放在新的单元格中。下面看一看单元格合并前后的对比效果，如图 4-63 所示。

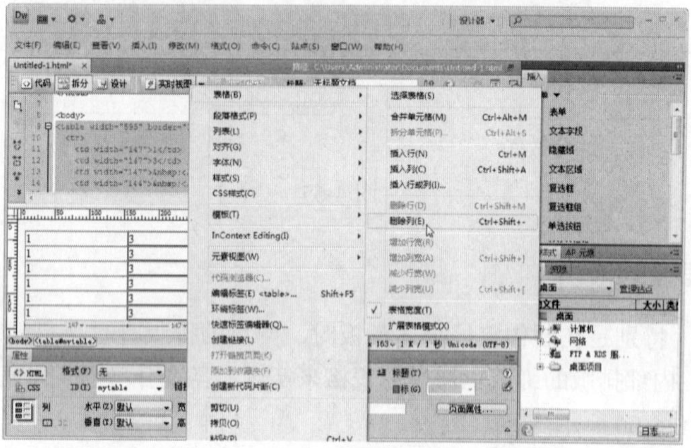

图 4-62

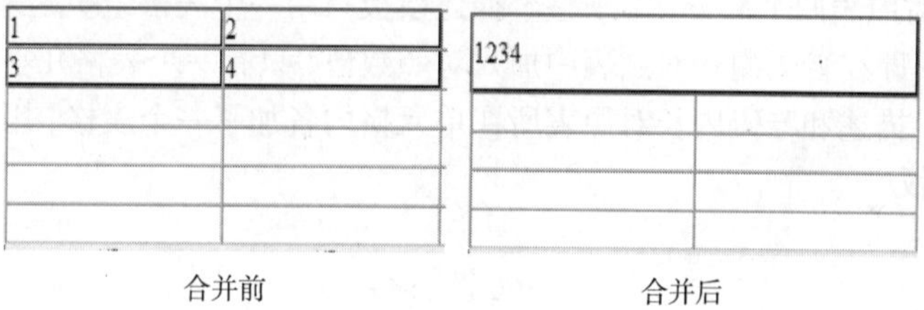

图 4-63

4. 拆分单元格

拆分单元格是合并单元格的逆操作，这种操作可以将一个单元格拆分成几个相邻的单元格。首先用鼠标单击要拆分的单元格，单击属性面板中的拆分单元格按钮，此时系统会弹出一个名为“拆分单元格”的对话框，如图 4-64 所示。

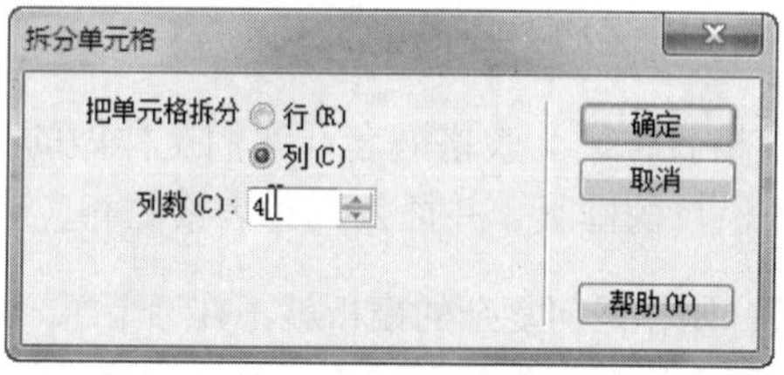

图 4-64

在此对话框中选择将单元格拆分成行还是列，并分别设置所要拆分成的行列数，设置完毕后单击“确定”按钮即可完成单元格的拆分，如图 4-65 所示。

1234
1234

拆分前　　拆分后

图 4-65

4.5.5　表格的嵌套

在制作模板时，特别是在制作宝贝描述模板时，网页的排版有时会很复杂，如果只用一个表格来控制总体布局，内部排版的细节也通过总表格来实现，容易引起行高列宽等冲突，会给表格的制作带来困难，如图 4-66 所示。

如图 4-66 所示，这是客必隆鞋城的宝贝描述模板在设计窗口区的部分截图。这里面包括了宝贝描述和鞋码内长对照表两个部分。本来整个描述模板只用一个表格组织起来的，但是如果在宝贝描述加入描述内容，即在鞋码内长对照表中加入对照数值，只有一个表格几乎是没有办法完成这个任务的，因此在宝贝描述和鞋码内长对照表所在单元格内各加了一个表格，用单元格中的表格再来进行具体的内容排版。

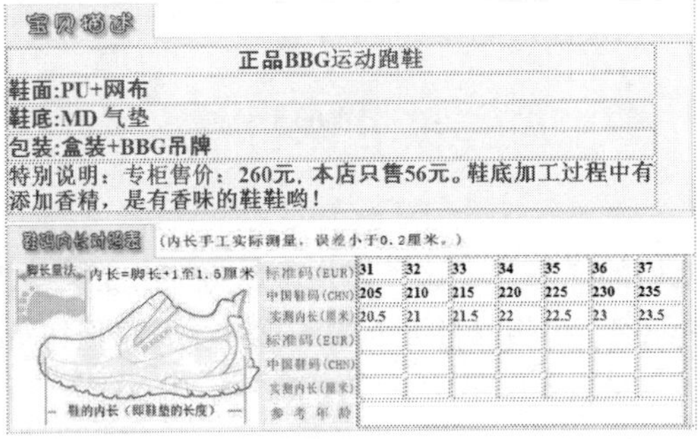
正品BBG运动跑鞋
鞋面:PU+网布
鞋底:MD 气垫
包装:盒装+BBG吊牌
特别说明：专柜售价：260元，本店只售56元。鞋底加工过程中有添加香精，是有香味的鞋鞋哟！
（内长手工实际测量，误差小于0.2厘米。）
内长=脚长+1至1.5厘米
标准码(EUR) 31 32 33 34 35 36 37
中国鞋码(CHN) 205 210 215 220 225 230 235
实测内长(厘米) 20.5 21 21.5 22 22.5 23 23.5
标准码(EUR)
中国鞋码(CHN)
实测内长(厘米)
参考年龄
鞋的内长（即鞋垫的长度）

图 4-66

那么这种表格之中还有表格就称之为表格嵌套。我们这样做的目的就是让总表格负责整体排版，由嵌套的表格负责各个子栏目的排版，并插入到总表格的相应位置中，互不冲突。

通过这种嵌套表格的方式，制作任何复杂的模板就不在话下了。那么在 Dreamweaver 中如何进行表格的嵌套？先在窗口设计区中按照事先规划插入一个总表格，如图 4-67 所示。

然后将光标置于要插入嵌套表格的地方，继续插入表格即可，如图 4-68 所示。

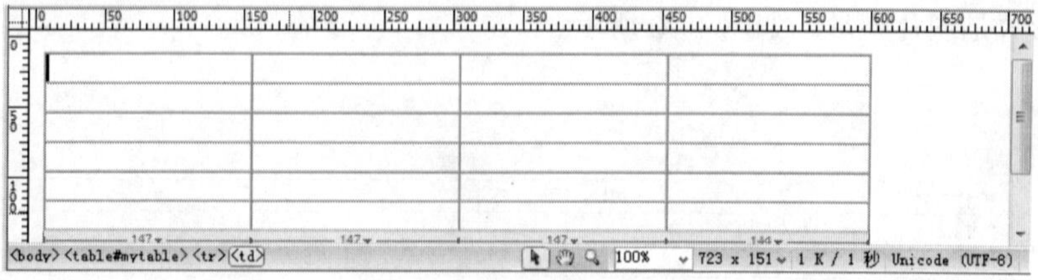

图 4-67

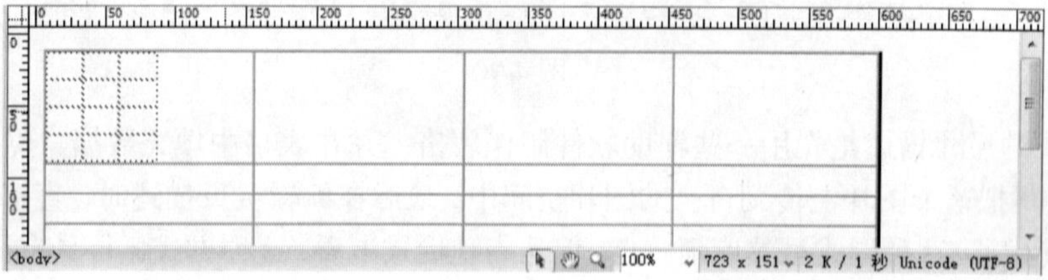

图 4-68

在这里要注意，表格的嵌套虽然容易，任何新手看了之后都可以着手进行，但是要想利用嵌套表格做出令人满意的排版效果就不是那么容易的了，这需要读者在制作的过程中不断积累经验，才能达到质的变化。

4.5.6　用 Dreamweaver 打造完美宝贝尺码描述表格

1. 常见宝贝尺码描述形式

作为淘宝卖家，特别是一些鞋帽服装类的卖家，由于经营产品的特殊性，经常要在自家宝贝描述中为宝贝的实际尺寸列举出具体的数据，以方便买家更好地挑选到尺码适合自己的宝贝。

根据笔者的观察，在淘宝店铺中的尺寸描述主要有两种形式。

第一种形式是纯文字列举，如图 4-69 所示。

尺码 150-170

尺码	衣长	胸围*2	袖长	肩宽
140	48	41	46	34
150	58	43	47	35
160	62	45	50	37
170	66	47	53	38

图 4-69

这种形式应该是最原始的一种尺码数据列举方式，只需要在编辑宝贝描述时，直接输入文字，方便易行。这种方式也是很多小卖家正在使用的方式。

第二种形式是图片列举，如图 4-70 所示。

尺码说明

SAME FUNDS NOT HOMOCHROMY

号型（身高）	肩宽	胸围 *2	衣长	袖长
110	21	28	40	34
120	22	31	42	35
130	23	32	45	40
140	24	33	46	42
150	25	34	48	44
因剪裁工艺和丈量手法不同，面料弹性等因素会存在 1-3cm 的误差范围，尺码表仅供参考，具体以实物为准。				

图 4-70

这种形式的尺寸描述是先用一些辅助软件制作表格，并在表格中填充数据，然后将这个表格处理成图片，再把这个图片上传到自己的图片空间中，最后在编辑宝贝描述时，直接将这个图片从空间中插入就行了。这种形式虽然麻烦一点，但从表现形式上看，这种方式显得具有很强的专业性，至少看上去很美观。并且利用这种方式，卖家还可以根据自己的需要，创造性地设计出很精美的表格，从而能更好地美化自己的店铺，如图 4-71 所示。

童鞋尺码对照表　　产品实测尺码，请量体选择

尺码	12码	13码	14码	15码	16码	17码	18码	19码	20码	21码
内长	11CM	11.5CM	12CM	12.5CM	13CM	13.5CM	14CM	14.5CM	15CM	15.5CM
尺码	22码	23码	24码	25码	26码	27码	28码	29码	30码	31码
内长	16CM	16.5CM	17CM	17.5CM	18CM	18.5CM	19CM	19.5CM	20CM	20.5CM

宝宝选鞋小贴士： 为宝宝选择鞋，应把合脚与舒适放在第一位。一般来说，穿薄袜季节，鞋内长 = 脚净长 + (0.5 ~ 1)CM为佳；厚袜季节，鞋内长 = 脚净长 + (1~1.5)CM最为舒适。因不同宝宝胖瘦不同，脚长也稍有区别所以需要实际测量脚长后选择最合适的尺码。

图 4-71

当然，创意是无限的，所制作的表格图片的样式也是无限的。这正是所谓只有想不到，没有做不到!

但回过头来再来看一下这两种尺寸描述形式。

第一种形式简单方便，如果数据发生变化，可以随时进行修改，而不会增加任何操作，但这种形式对于店铺形象的推广没有多大的益处，毕竟不太美观。

第二种形式专业美观，不仅列举出了数据，还可以用丰富的表现形式来为自己店铺的形象增色不少，但这种形式可操作性不强，因为一旦宝贝的尺码数据发生变化，只能重新制作表格，生成图片，上传图片，最后编辑修改。如果店铺中的宝贝数量很多，那么制作这种表格的工作量就会非常巨大。这也是为什么有那么多的小卖家宁愿选择文字列举形式的尺寸描述的一个非常重要的原

因，只有大卖家才会有富余的人手来进行这种表格的处理。

那能不能把这两种数据列举方式的优点统一起来，让数据可以随时修改，并且在最大程度上以专业的形式呈现在买家面前，做到鱼和熊掌两者兼得呢？

只要我们敢想，就一定可以做到。经过我的试验，我发现这种两者兼得的方式其实是存在的！

在我自己的店铺中目前正在使用经过改良之后的数据列举方式，效果如图 4-72 和图 4-73 所示。

标准码(EUR)	35	36	37	38	39		
中国鞋码(CHN)	225	230	235	240	245		
实测内长(厘米)	22.5	23.0	23.5	24.0	24.5		
标准码(EUR)							
中国鞋码(CHN)							
实测内长(厘米)							
参考年龄							

图 4-72

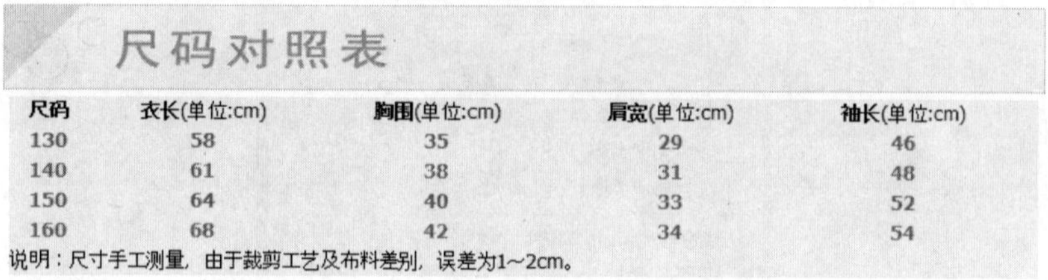

尺码	衣长(单位:cm)	胸围(单位:cm)	肩宽(单位:cm)	袖长(单位:cm)
130	58	35	29	46
140	61	38	31	48
150	64	40	33	52
160	68	42	34	54

说明：尺寸手工测量，由于裁剪工艺及布料差别，误差为1～2cm。

图 4-73

这是我的店铺中正在使用的两个尺寸数据列举形式，第一个表格是鞋子类的尺寸描述，第二个表格是服装类的尺寸描述。把这两个数据列举表格都做成了模板，这样在编辑宝贝时，直接将这些代码粘贴到宝贝描述中该出现的位置，一个样式美观的表格就有了，然后直接对表格中的数据进行修改并发布就完成了任务，简单易行。

下面就来讲一讲这种表格模板的制作方法，希望读者能了解并加以使用。为了方便说明，下面以图 4-73 为例来讲解具体的制作过程。

2．表格模板代码的制作

首先，启动 Dreamweaver，新建一个基本的 HTML 文件，如图 4-74 所示。

在这里要插入表格，只需要单击图 7-74 中方框所示的位置，就可以插入表格。读者可以自己试一试，不管是从哪里插入表格，都会出现如图 4-75 所示的对话框。

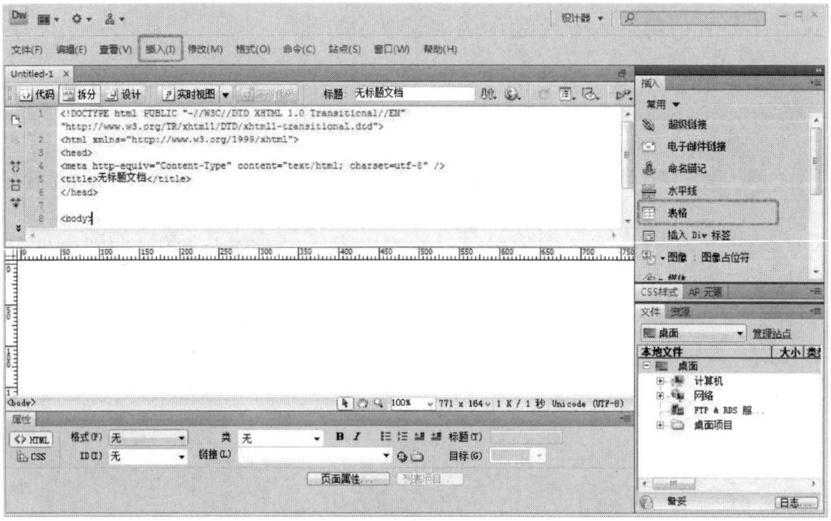

图 4-74

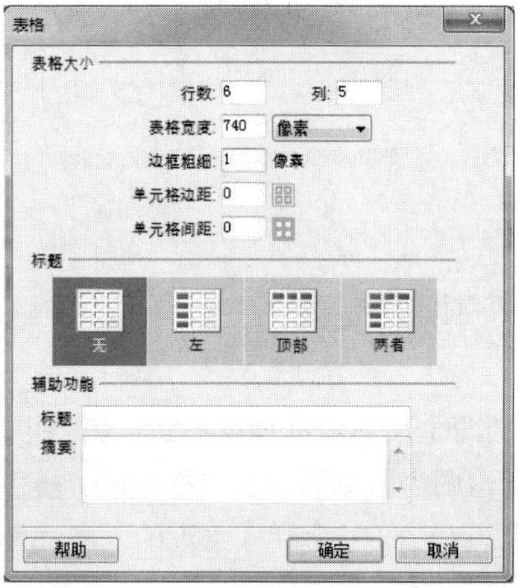

图 4-75

在这里，根据需要设计一个 6 行 5 列的表格，宽度为 740 像素，表格的宽度为 1 像素，如图 4-75 所示，对行、列、宽度及参数进行设置，其他参数就不要调整，直接按如图 4-75 所示设置就行。设置完毕之后，直接单击“确定”按钮即可。

在 Dreamweaver 的界面中就会出现如图 4-76 所示的表格。

这样一个表格的雏形就展现在我们面前了，下面将按照我们的设计将表格中的文字分别输入，并对表格进行调整。这里的调整主要是将单元格的对齐方式都设置为水平和垂直居中，调整文字的大小及颜色，再将最后一行单元格进行合并，最终处理结果如图 4-77 所示。

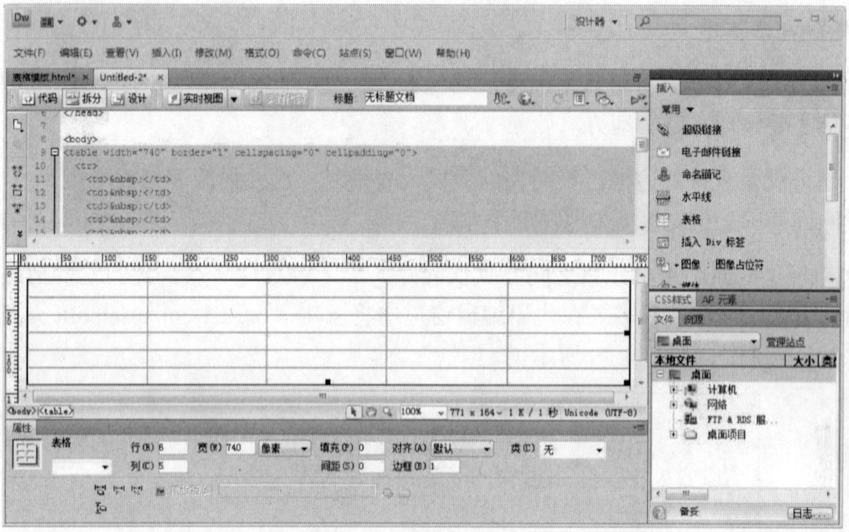

图 4-76

图 4-77

下面在浏览器中看一看这个表格的效果，如图 4-78 所示。

尺码	衣长(单位:CM)	胸围(单位:CM)	肩宽(单位:CM)	袖长(单位:CM)
130	58	35	29	46
140	61	38	31	48
150	64	40	33	52
160	68	42	34	54
说明：尺寸手工测量，由于裁剪工艺及布料差别，误差1-2cm				

图 4-78

3．表格的初步美化

从图 4-78 中可以看到，一个表格的雏形已经被我们建立起来了，但总觉得还是有些美中不足，这个美中不足主要体现在三个地方。

第一个地方就是表格的边框，我们在前面插入表格时，已经设定表格的宽度为 1 像素，但现在展现在我们面前的边框宽度是 2 像素的。

造成这种现象的原因是单元格之间有默认间距，为了解决这一点，我们就要把这个默认间距取消，取消的方法很简单，只需要在代码编辑窗口中将 style="border-collapse:collapse;"这个代码放在表格的 Table 标签中，如图 4-79 所示。

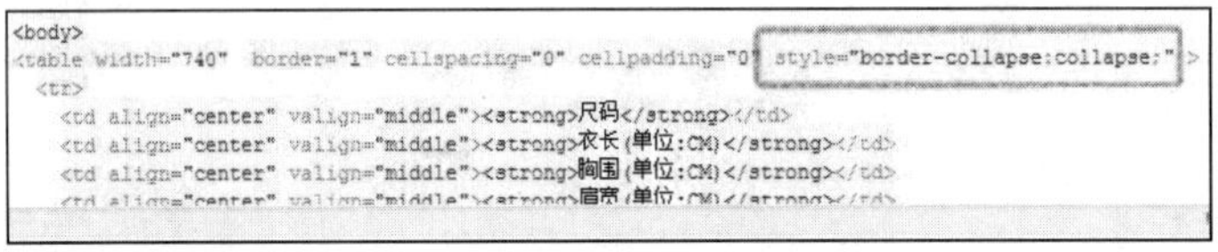
<body>
<table width="740" border="1" cellspacing="0" cellpadding="0" style="border-collapse:collapse;">
<tr>
<td align="center" valign="middle"><strong>尺码</strong></td>
<td align="center" valign="middle"><strong>衣长(单位:CM)</strong></td>
<td align="center" valign="middle"><strong>胸围(单位:CM)</strong></td>

图 4-79

保存代码，再用浏览器看一看效果，如图 4-80 所示。

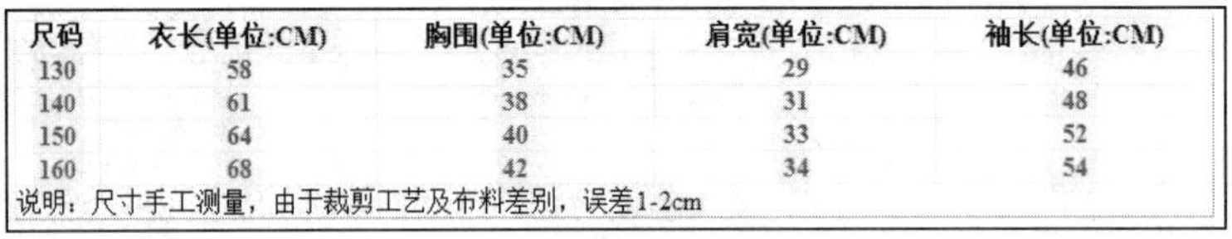

尺码	衣长(单位:CM)	胸围(单位:CM)	肩宽(单位:CM)	袖长(单位:CM)
130	58	35	29	46
140	61	38	31	48
150	64	40	33	52
160	68	42	34	54
说明：尺寸手工测量，由于裁剪工艺及布料差别，误差1-2cm				

图 4-80

怎么样，默认间距是不是消除了？但又出现了一个问题，那就是表格的边框线的颜色是系统默认的浅灰色，显示时不是很明显，能不能把边框颜色加深一些呢？答案当然是肯定的。我们还是再次回到 Dreamweaver CS4 的代码编辑窗口中，将鼠标定位到 Table 标签中，按空格键，此时代码区就会自动弹出表格的属性选择框，在其中选择“bordercolor”属性，如图 4-81 所示。

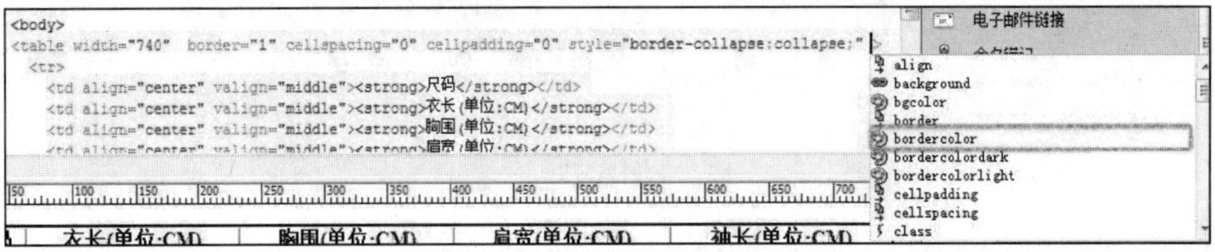
<body>
<table width="740" border="1" cellspacing="0" cellpadding="0" style="border-collapse:collapse;"
<tr>
<td align="center" valign="middle"><strong>尺码</strong></td>
<td align="center" valign="middle"><strong>衣长(单位:CM)</strong></td>
<td align="center" valign="middle"><strong>胸围(单位:CM)</strong></td>
电子邮件链接
align
background
bgcolor
border
bordercolor
bordercolordark
bordercolorlight
cellpadding
cellspacing
class

图 4-81

双击此属性，此时就会弹出边框颜色选择面板，在其中选择自己需要的颜色，如图 4-82 所示。

在这里，选择一种深灰色，之后保存文件，再次在浏览器中预览看一看效果，如图 4-83 所示。

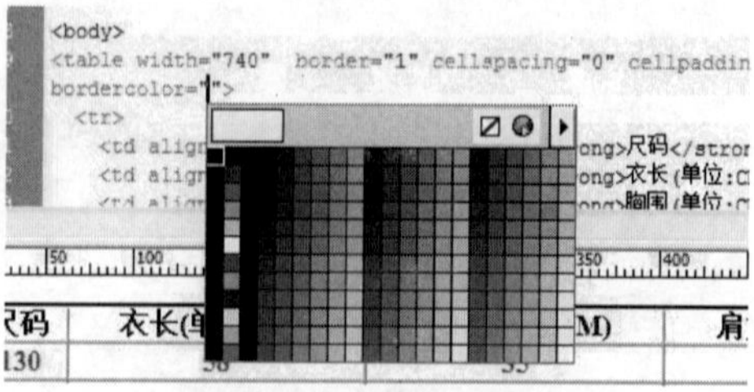
<body>
<table width="740" border="1" cellspacing="0" cellpaddin
bordercolor="">
<tr>

图 4-82

尺码	衣长(单位:CM)	胸围(单位:CM)	肩宽(单位:CM)	袖长(单位:CM)
130	58	35	29	46
140	61	38	31	48
150	64	40	33	52
160	68	42	34	54
说明：尺寸手工测量，由于裁剪工艺及布料差别，误差1-2cm				

图 4-83

怎么样？现在的表格的边框是不是很明显了。当然，你也可以选择你自己喜欢的其他颜色。

现在表格还存在一个问题，即表格的行高太小，整个表格给人的感觉很压抑。这主要是由于 HTML 中的表格的行高是自适应的，它会自动根据单元格中的内容来变化，这种功能对于单元格中输入大量的内容是很有帮助的，这里的单元格的输入内容很少，不需要它自适应，只希望它能按我们的设计显示。下面就着手解决这个问题。

在 Dreamweaver 的代码编辑窗口中，将光标定位到表格的第一行的 TR 标签中，按空格键，此时代码区就会自动弹出行的属性选择框，在其中选择“height”属性，如图 4-84 所示。

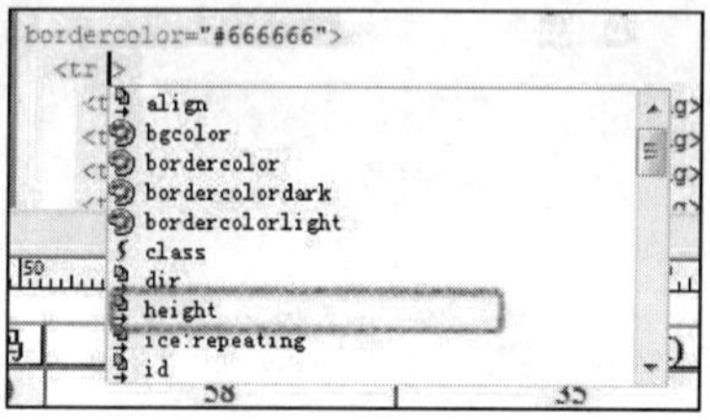
bordercolor="#666666">
<tr >
align
bgcolor
bordercolor
bordercolordark
bordercolorlight
class
dir
height
ice:repeating
id

图 4-84

双击 height 属性，此时就可以设置行高了，如图 4-85 所示，这里设置为 35。

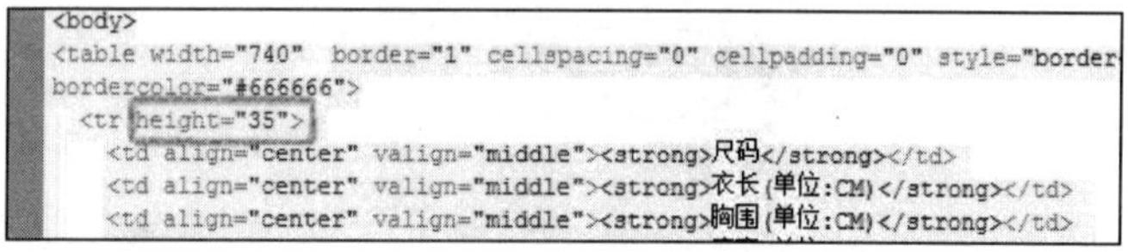
<body>
<table width="740" border="1" cellspacing="0" cellpadding="0" style="border-
bordercolor="#666666">
<tr height="35">
<td align="center" valign="middle"><strong>尺码</strong></td>
<td align="center" valign="middle"><strong>衣长(单位:CM)</strong></td>
<td align="center" valign="middle"><strong>胸围(单位:CM)</strong></td>

图 4-85

按照同样的方式，将所有的行高都设置为 35，保存代码，再预览效果，如图 4-86 所示。

尺码	衣长(单位:CM)	胸围(单位:CM)	肩宽(单位:CM)	袖长(单位:CM)
130	58	35	29	46
140	61	38	31	48
150	64	40	33	52
160	68	42	34	54
说明：尺寸手工测量，由于裁剪工艺及布料差别，误差1-2cm				

图 4-86

此时表格的外观的效果又美观了许多。

现在表格的背景是单纯的白色，给人的感觉不是很好，是否可以处理掉表格的纯白背景？答案也是肯定的。

在 Dreamweaver 的设计窗口中，用鼠标选择第一行表格，如图 4-87 所示。

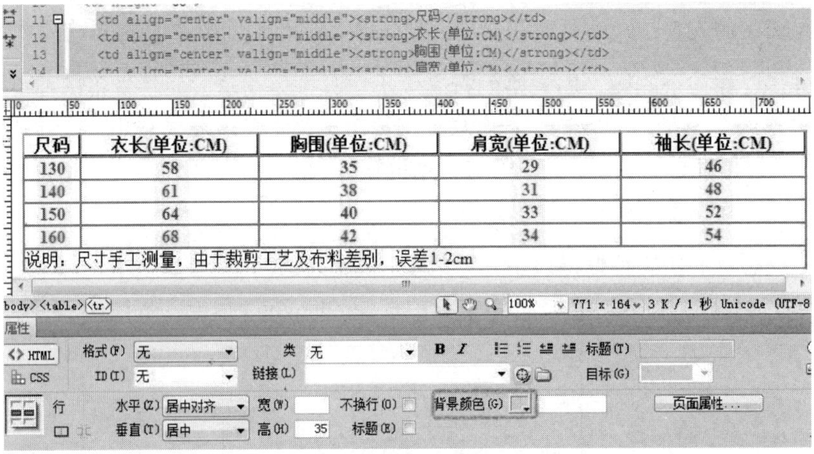

图 4-87

单击图 4-87 中方框中的背景颜色选择面板，在弹出的面板中选择合适的颜色，如图 4-88 所示。

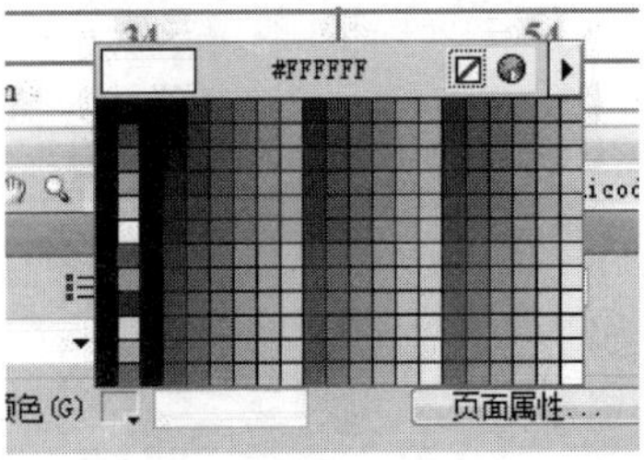

图 4-88

选择之后，就可以在设计区看到实时效果了，如图 4-89 所示。

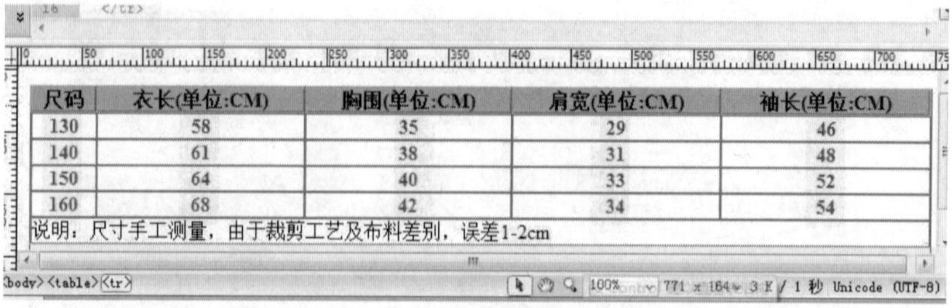

尺码	衣长(单位:CM)	胸围(单位:CM)	肩宽(单位:CM)	袖长(单位:CM)
130	58	35	29	46
140	61	38	31	48
150	64	40	33	52
160	68	42	34	54
说明：尺寸手工测量，由于裁剪工艺及布料差别，误差1-2cm				

图 4-89

按照同样的方式，将其他各行的背景颜色全部设置完毕并保存下来。最后再来预览一下最后的效果，如图 4-90 所示。

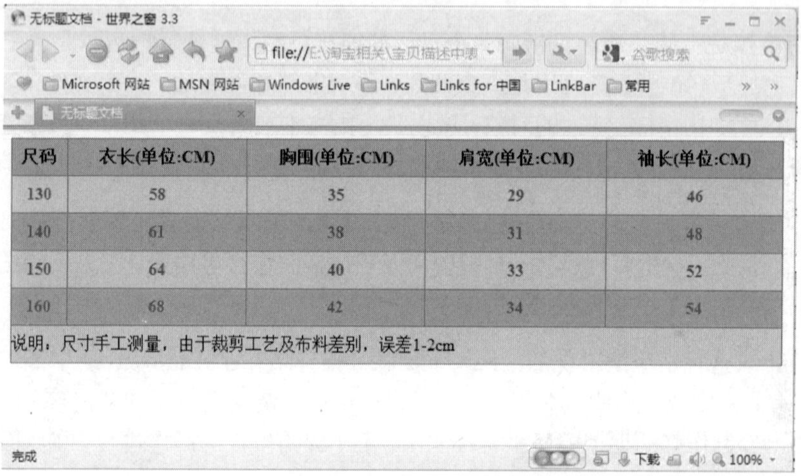

尺码	衣长(单位:CM)	胸围(单位:CM)	肩宽(单位:CM)	袖长(单位:CM)
130	58	35	29	46
140	61	38	31	48
150	64	40	33	52
160	68	42	34	54
说明：尺寸手工测量，由于裁剪工艺及布料差别，误差1-2cm				

图 4-90

至此，我们已经使用 Dreamweaver 利用其 HTML 的表格制作功能，完美地将文字表格的易编辑性和图片表格的美观性融为一体。

当然，这个表格模板还可以进一步地进行美化，达到更好的表现效果。由于篇幅的限制，在这里不再赘述，各位读者如果有兴趣可以在此基础之上进行深加工。

4.6　在 Dreamweaver 中为网页元素添加超链接

在讲这一部分内容之前，我们先到淘宝网上看一看，如图 4-91 所示。

不管将鼠标移到哪一块促销广告区，鼠标指针都会变成形状，单击一下，浏览器就会被转向到显示具体内容网页。这是为什么？主要原因就在于促销模板上的每一块促销广告上都被加了超链接。

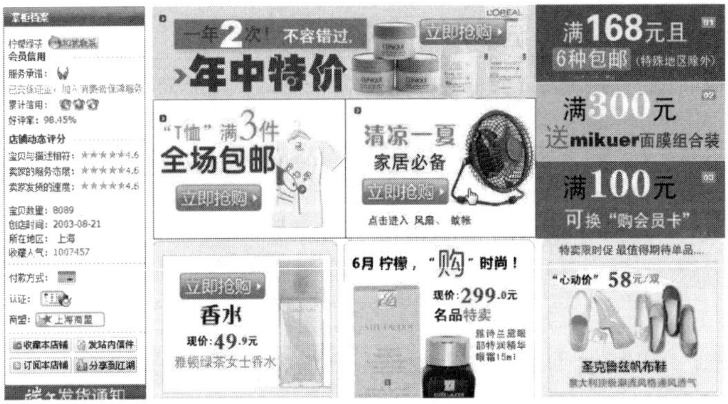

图 4-91

所谓的超链接是指从一个网页指向一个目标的连接关系，这个目标可以是另一个网页，也可以是相同网页上的不同位置，还可以是一个图片、一个电子邮件地址、一个文件，甚至是一个应用程序。而在一个网页中用来超链接的对象，可以是一段文本或者是一个图片。当浏览者单击已经链接的文字或图片后，链接目标将显示在浏览器上，并且根据目标的类型来打开或运行。

那么对于淘宝卖家来说，不仅要学会如何制作精美的模板，而且还要学会如何将促销模板上的图片或文字链接到正确的目标位置，否则即使促销模板制作得再精美，它也不能把买家带到正确的地方，买家即使单击了也是无益的。

为了避免出现这种不应该出现的错误，下面就具体介绍在 Dreamweaver 中如何为网页元素添加超链接。但有一点需要先申明，本节的重点是讲解如何为链接图像添加超链接，因此在下面的操作中都是使用已经制作好的促销模板来直接演示。至于促销模板的制作过程，在后面的章节中会详细介绍。

如图 4-92 所示是为了说明这个问题而临时制作的一个促销模板在浏览器中的显示效果图。

图 4-92

这个促销模板中并没有加入超链接，所以鼠标指针放在任何一张广告图片上都不会有任何变化。下面就来为这个模板添加超链接，从而引导买家进入正确的宝贝页面。

4.6.1　直接为图片或文字添加超链接

利用 Dreamweaver 打开促销模板源文件，如图 4-93 所示。

在设计窗口区中，用鼠标单击选中右侧第一个图片。此时可以看到属性栏中的内容就会发生变化，如图 4-94 所示。

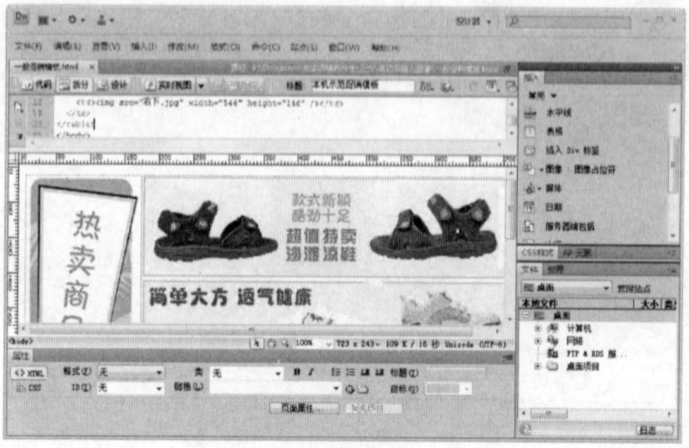

图 4-93

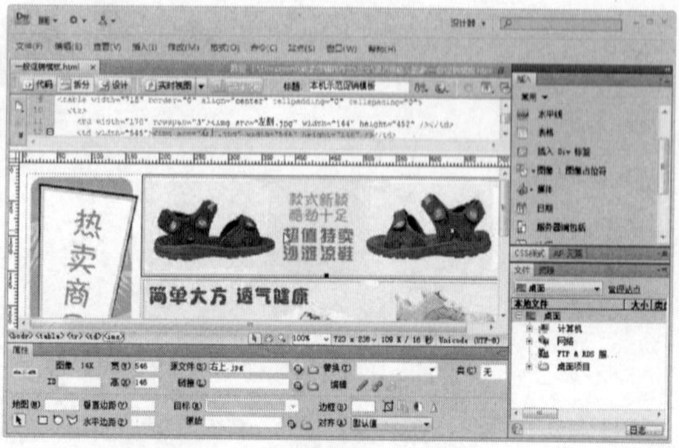

图 4-94

特别要注意在属性栏中有两个按钮，其中是指向文件按钮，是选择文件按钮，这两个按钮对淘宝卖家来说没有多大的意义，它们主要用于在网站制作时进行文件的链接指定。对于我们来说有意义的就是链接后面的那个文本框。

这个图片的作用就是引导买家去看这一款凉鞋，由于这款鞋有几种颜色，这里并不想具体引导买家去看哪一种，而是引导买家能看到这款鞋的所有链接，然后让买家自主选择看哪一种。那怎么到达这个位置呢？

此时先在店铺的宝贝分类中找到相关的分类并单击这个分类，在浏览器中就可以转到这个分类列表中了。接下来就是关键的一步！在地址栏中将这个地址复制下来，只需要用鼠标在地址栏中单击一下就会选中该地址了，如图 4-95 所示。

按 Ctrl+C 组合键将其复制。下面是复制的内容。

http://shop57623309.taobao.com/search-cat-57623309-196934879-PT011MI2yNXQwrW9y7myrrahybPMstCs.htm?checkedRange=true

这个内容看不懂没有关系，只要系统认识就行。现在转到 Dreamweaver 的设计窗口中，在“链接(L)”文本框中单击鼠标，将所复制的内容粘贴到这个文本框中。粘贴之后，效果如图 4-96 所示。

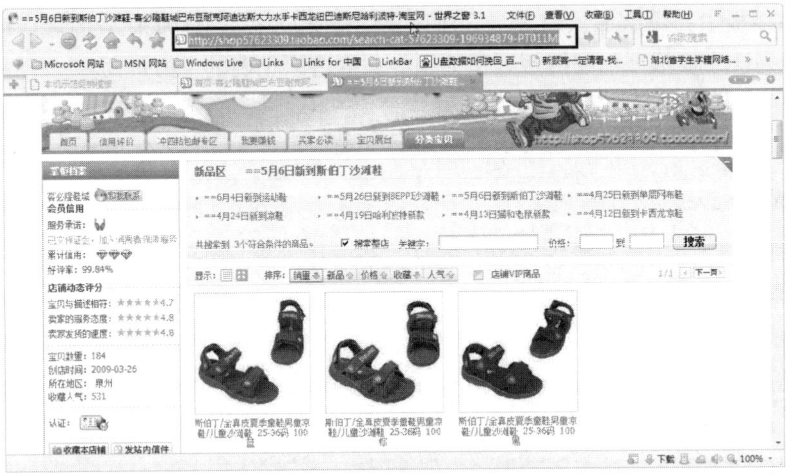

图 4-95

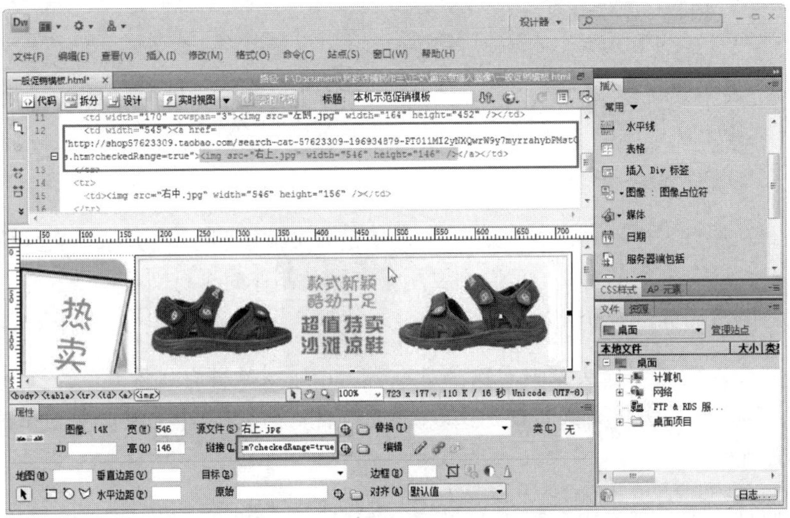

图 4-96

现在可以看到属性窗口和代码编辑区都有相应的变化，这就表明对第一个图片的超链接已经设置成功。

但还有几个细节问题需要加以说明。

替换文本框“替换(I)”：这个文本框中所输入的内容主要有两种，一种是在图片不能显示时用此文本框的内容加以替代，另一种是将鼠标移到图片之上时，这个文字会作为图片文字说明浮现。在这里可以根据自己的需要加以设置。

目标选择框“目标(R)”：这个选择框有“_blank”、“_parent”、“_self”和“_top”

四种选择，用来规定链接文档在浏览器中的打开方式，具体介绍如下。

- “_blank”：表示在新的浏览器窗口打开链接文档。
- “_parent”：表示在当前窗口的父级窗口中打开链接文档。
- “_self”：表示在当前窗口打开链接文档。
- “_top”：表示在整个浏览器窗口打开链接文档。

边框文本框“边框(B) 0”：这个文本框所设置的就是超链接边框的宽度，最好在这里设置为 0，不显示边框，否则图片周围就会出现非常不协调的蓝色边框。

在淘宝店铺装修时，一般选择“_blank”和“_self”两种方式，其他两种方式主要是针对网页中的框架页使用的。为了展示效果，将第一个图片的替代内容填充，并将打开方式选为“_blank”。

按照同样的方式，将第二张图和第三张图都做相同设置，只不过要注意，第三张图是要引导买家直接到达具体宝贝下面，所以复制地址时就要在浏览器中转到宝贝详情页中，然后再复制。

把所有的超链接设置完毕之后，保存模板，在 Dreamweaver 的文档栏中单击“在浏览器中预览/调试”按钮，如图 4-97 所示。

假如你的计算机系统中安装有多个浏览器，在这里选择要使用的浏览器就可以预览了，如图 4-98 所示。

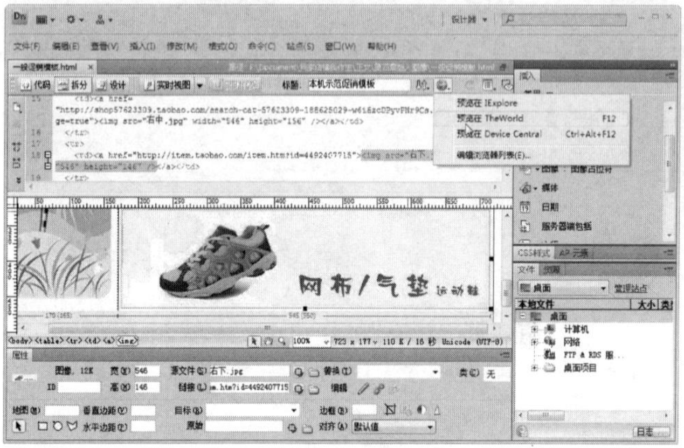

图 4-97

图 4-98

4.6.2　用热区添加超链接

不知道读者有没有留意一些手机充值卖家的店铺？如果留意过这类的店铺，对于这类店铺中的充值地图应该不会感到陌生。如果要充值，单击自己所在的省份，就可以对该省份的手机进行话费充值了。从某种意义上讲，这也是一个促销模板，因为客户通过单击相应的省份就可以被链接到相应的充值卡宝贝详情页中。

在这类模板上添加超链接有些特别。特别在什么地方？在前面讲过为图片添加超链接时，要为哪一个图片添加超链接，就选择该图片进行添加就行了。但中国地图上每一个省份区域的形状都是不规则的，至少在现阶段我们还无法利用 Photoshop 对这个不规则图片进行切片，那么也就不可能在整个中国地图中去选择具体某一个省份的地图切片了。

怎么办？那就必须采用特别的方式进行特别处理。这种特别的方式就是利用 Dreamweaver 提供的热区。热区（Hotspot）又称为热点，是图像上带有超链接的一块区域，它可以呈矩形、圆形、甚至还可以是多边形。和文本及普通图片超链接的情况一样，当浏览者将鼠标移动到热点上时，鼠标会变成手形，单击就可以链接到相应的目标位置。

为了说明这个问题，以图 4-99 为例进行讲解。

整个图片上由五块不规则巧克力构成的，现在的任务就是为左上角的这个心形巧克力加上一个链接，当将鼠标移到这个心形巧克力上的任何位置，鼠标都会变成手形，单击之后就链接到店铺的首页。

首先运行 Dreamweaver，将巧克力图片插入到网页中，如图 4-100 所示。

图 4-99

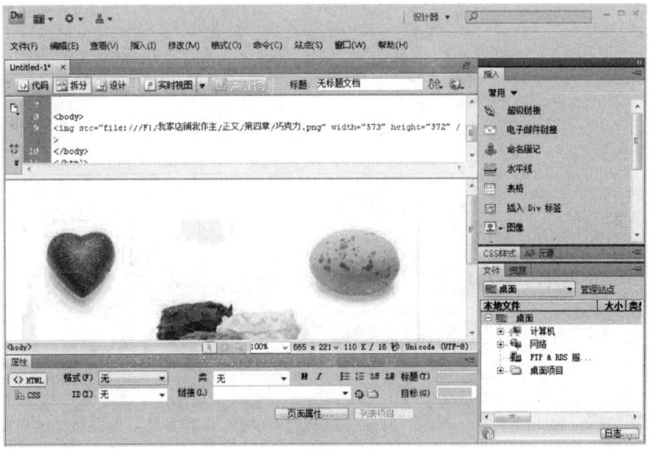

图 4-100

在设计窗口区中单击并选中这个图片。选中之后，属性栏中的显示内容已发生变化了，如图 4-101 所示。

在属性栏中有一块区域“”，这就是 Dreamweaver 为我们提供的热区相关工具。

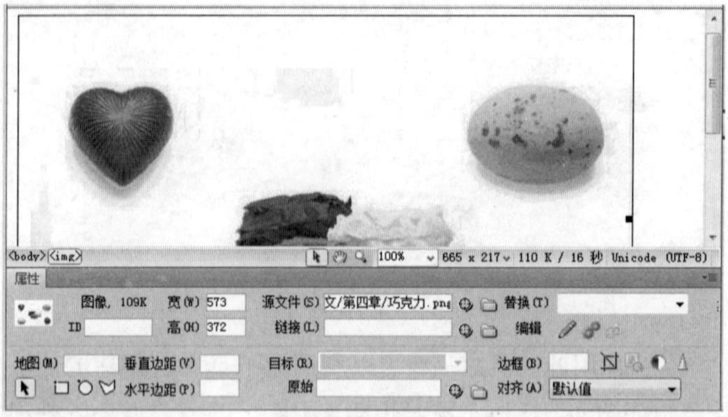

图 4-101

地图文本框“地图(M)”：这个地图对话框主要是用来设置本热区在代码中的 ID。

矩形热点工具“ ”：选择此工具之后，将鼠标指针移到图像之上，按住鼠标左键不松开，就可以形成一个矩形热点区域，如图 4-102 所示。

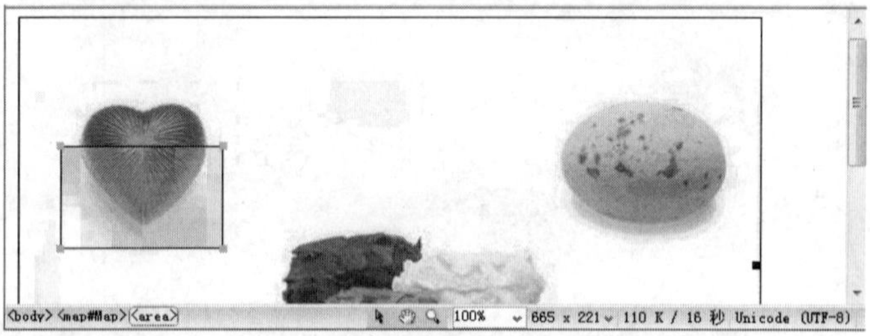

图 4-102

圆形热点工具“ ”：选择此工具之后，将鼠标指针移到图像之上，按住鼠标左键不松开，就可以形成一个圆形热点区域，如图 4-103 所示。

图 4-103

多边形热点工具“ ”：选用此工具之后，将鼠标指针移到图像之上，每单击鼠标一次，就会在图像之上形成一个热点，系统会自动将所有的热点区域串接起来形成一个封闭的热区，这个热区的形状就由鼠标的单击来决定，如图 4-104 所示。

图 4-104

指针热点工具"[指针图标]"：选用此工具之后，可以利用此工具对已创建的热区进行大小及位置的调整，及其他的相关调整。如图 4-105 所示就是把图 4-104 中的多边形热区利用此工具进行了大小和位置的调整。

很显然，如果现在要在左上角这个心形巧克力建立热区，只能选择多边形热区工具了，选择之后尽量沿着心形巧克力的边缘单击形成热点，以至最后形成一个热区，将心形巧克力包围起来，如图 4-105 所示。

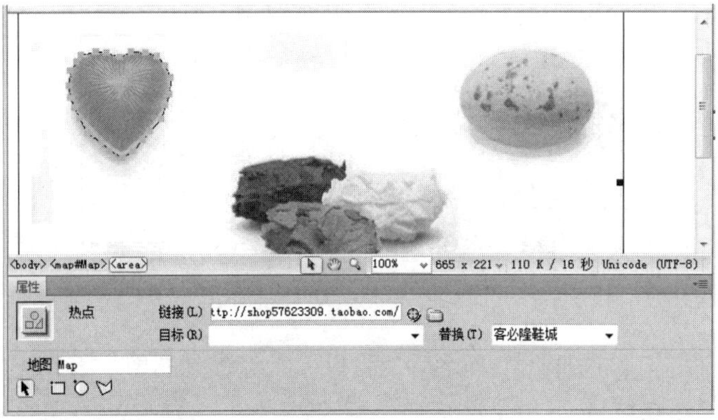

图 4-105

在这个地方，热点越多，所创建的热区范围就越精准，在图 4-105 中，我们已经用一个热区将图片上的心形巧克力全部覆盖住。当然，如果你觉得哪些地方不合适可以用指针热点工具进行调整，一直调整到自己满意为止。

该热区创建完毕之后，可以看到属性栏的显示内容又要发生了变化。

链接文本框 链接(L) #，其中[指向文件图标]是指向文件按钮，[文件夹图标]是选择文件按钮，这里主要是在网站制作时进行文件的链接指定。对于我们来说有意义的就是链接后面的那个文本框。在这里如果已经找到了目标链接地址，首先把这个文本框中的"#"清除，并将目标地址粘贴进来就行了。将目标地址设为 http://shop57623309.taobao.com。

目标选择框 目标(R) ，这个选择框有“_blank”、“_parent”、“_self”和“_top”四种选择。这里是用来规定链接文档在浏览器中的打开方式。这里的各种方式的意义在 4.6.1 节已经提及，就不再说明，这里选择的是“_blank”方式。

替换文本框 替换(T) ，在其中输入“× ×人民政府网站”。

设置完毕之后，在 Dreamweaver 中将文件保存，保存之后看一下效果，如图 4-106 所示。

图 4-106

现在将鼠标指针放在心形巧克力上的任何地区，鼠标都会变成手形。单击看一看能不能链接到正确位置。在这个心形巧克力上单击，如图 4-107 所示，此时浏览器就在新的窗口中打开目标地址。

图 4-107

这就表明不规则热区的超链接已经设置成功。

促销区是我们每个店家装修的重点区域，因此很多朋友都很关注促销模板的制作。但很多读者都会困惑：促销区的图片在进行制作时如何进行切片。

的确，对于那些不熟悉 Photoshop 的新手们来说，描绘参考线和切片真是一种折磨。如果事先规划不好，切片之后就会为促销区代码的制作带来很大的困难。并且由于 Photoshop 参考线及切片工具的限制，切片区只能是规则形状。如果要制作如图 4-108 所示的促销模板，商品应如何链接？

图 4-108

现在有了热区，这个问题就可以迎刃而解了。不仅这样，我们还成功地打造了一个异样促销模板。

到这里，Dreamweaver 的功能就介绍完了，当然 Dreamweaver 的功能并不是只限于此，其实它更主要的功能在于网页设计、网络编程及企业站点开发。由于本章只是介绍 Dreamweaver 这个工具在店铺装修中的使用，那些高级功能对于淘宝卖家来说是没有多大意义，只需要借助 Dreamweaver 良好的可视编辑环境，让我们方便地对装修代码进行修改，达到我们自己的目的就行了。

如果读者对 Dreamweaver 有兴趣，可以自行去研究一下其他的功能，当然这种研究对我们加深对模板代码的理解有很大的帮助作用。

第 5 章 淘宝店铺各版本特点介绍

在现实生活中，路边上的地摊、大卖场里的小摊位、步行街的独立门店，高档的专卖店等各类卖场充斥在我们的周围，不同的店铺所给我们的购物体验也是不尽相同的。淘宝网是一个虚拟的大卖场，各个卖家所开的店铺充斥在其中，和现实生活中一样，淘宝网里的店铺也由于各位卖家的选择不同，以不同的面貌展现在买家面前。

在淘宝网上，卖家可以选择哪些店铺？这些店铺有哪些特点？淘宝网又允许我们对这些店铺做哪些装修？这些应该是卖家要首先了解的事情，只有知道了这些事情之后，我们才能做出更好的选择。

5.1 普通店铺

5.1.1 普通店铺的特点

普通店铺是任何卖家成功经过淘宝实名认证，并至少成功发布十件宝贝之后在淘宝网上免费经营的场所。有了这个场所，卖家就可以在淘宝网上进行正式营业了。

不过自从 2011 年起，淘宝网为了打造放心购物平台，推出了“全民消保”服务。也就是说所有淘宝卖家都必须强制加入消费者保障服务（以下简称“消保”），并缴纳保证金，才能在淘宝网上进行经营活动，但普通店铺依然还是免费使用的！

由于是免费的，淘宝网对普通店铺未给予太多的重视。故而这类店铺的美观程度和功能在淘宝网的各类店铺中应该是最差的。虽然如此，也不排除有人能够利用普通店铺做大生意，但这种概率相对而言要小一些。

那么这类店铺有哪些特点呢？下面来看一个普通店铺首页和宝贝详情页面的截图，如图 5-1 所示。

普通店铺首页

普通店铺宝贝详情页面

图 5-1

图 5-1 中左图是一个标准的普通店铺首页，从这里可以看出，普通店铺有以下几个特点。

（1）普通店铺允许在众多宝贝中精选 16 件宝贝作为掌柜推荐，但系统只会随机展示 6 件宝贝，并放置在店铺首页显眼的位置，从而在第一时间引起买家的注意。

（2）在店铺首页的右上角有一块店铺公告区，这个区域允许滚动展示一些重要促销信息，从而让买家能够知晓店铺的优惠活动。

（3）在店铺首页左上角有一小块店标区，这一小块店标区可以使用动态或静态图片来展示自己想要传达给买家的一些信息。

（4）在首页左侧可以对店铺商品进行分类，以引导买家朋友从众多宝贝中快速翻阅自己感兴趣的产品。

而图 5-1 中的右图是普通店铺的宝贝详情页。在这里我们也可以看出在宝贝详情页中淘宝允许卖家使用宽幅图片和模板来对宝贝进行全方位展示。

5.1.2　可供装修的区域

对于普通店铺而言，可供装修的区域有以下几个地方。

1．店标

普通店铺装修能体现个性的地方实在太少了，因此店标对于普通店铺来说显得很重要。店标不仅具有识别作用，也是一扇让顾客简单了解店铺的窗口。店标会出现在什么地方？

店标出现的第一个地方是店铺首页的左上方。

店标出现第二个地方是最重要的，我们在淘宝网上搜索店铺时，在搜索结果的排列中也会出现店铺的店标，如图 5-2 所示。这里也是宣传自家店铺的一个非常重要的途径，这里店铺林立，如果你有一个别具特色的好店标，可以引起别人的注意，从而脱颖而出。

2．店铺公告区

店铺公告区位于普通店铺首页的右上角，卖家在此处可以随时发布滚动的文字信息，也可以通过网页代码发布图文并茂的公告信息，让公告栏更美观，并且可以插入动画让效果更醒目。这里是宣传推广最新发布的新产品，公布店铺最新促销信息，发布重要通知的最佳场所。虽然这个地方和位置不大，但对于普通店铺来说意义却是非常重大的。

对于普通店铺而言，普通店铺的公告区是整个店铺中不可多得的可以让卖家自由发挥的地方，如果想让自己的小店有个性，那就必须好好加以利用。因为只有在这里才能发布文字、图片、动画，以及使用装修代码来进行美化。

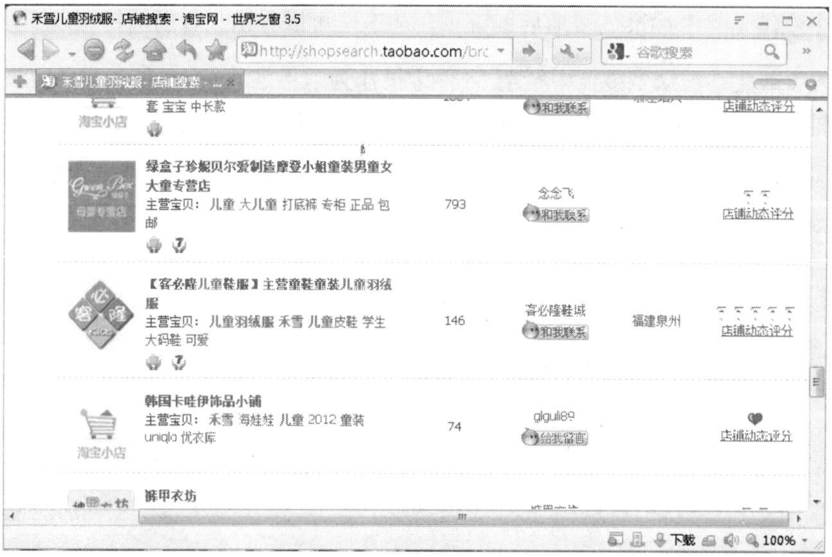

图 5-2

3．宝贝分类区

宝贝分类区也就是店铺左侧的店铺类目，可以是文字或者图片形式。并且要知道，宝贝分类是普通店铺中唯一和其他类型店铺完全相同的地区，所以宝贝分类也是普通店铺装修的重要环节，如果能设计出精美的图片分类，那么就会为店铺增色不少。

4．宝贝描述模板

宝贝描述模板只出现在宝贝详情页里，在首页上并看不到它的踪影，但是一旦买家打开每个产品之后，它就会呈现在各位买家面前。

相信绝大多数卖家都应该有网络购物经历。那么在决定购买某件宝贝之前，我们一定会详细地查看宝贝的展示和描述。如果卖家把自己的宝贝描述模板做得赏心悦目并且简洁明了，这对于增强顾客的购买欲望，营造良好的购物展示环境有着至关重要的作用。因此宝贝描述模板绝对应该是普通店铺装修中的重中之重，一定要把握好这为数不多的展示机会。

下面对比看一看两个普通店铺的宝贝描述模板的区别，如图 5-3 所示。

相信买家肯定愿意购买图 5-3 中右图这家店铺的商品，原因很简单，右图中的这个宝贝描述更具条理，更能全方位展示自家宝贝，从而能让买家更好地了解所要购买的商品。

作为普通店铺的店主，如果你能在这四个可供装修区域多下工夫，那么你也能把自己的店铺装出旺铺的感觉。

图 5-3

5.2　旺铺创业扶植版

5.2.1　旺铺创业扶植版的特点

淘宝为了扶植新店、信誉低的店铺创业，特地为一钻以下信誉的卖家免费开发了扶植版旺铺，各位新卖家只要申请就能马上开通，一定要抓住机会！

扶植版旺铺和普通店铺相比有哪些特点呢？下面看一下这两种店铺的首页对比，如图 5-4 所示。

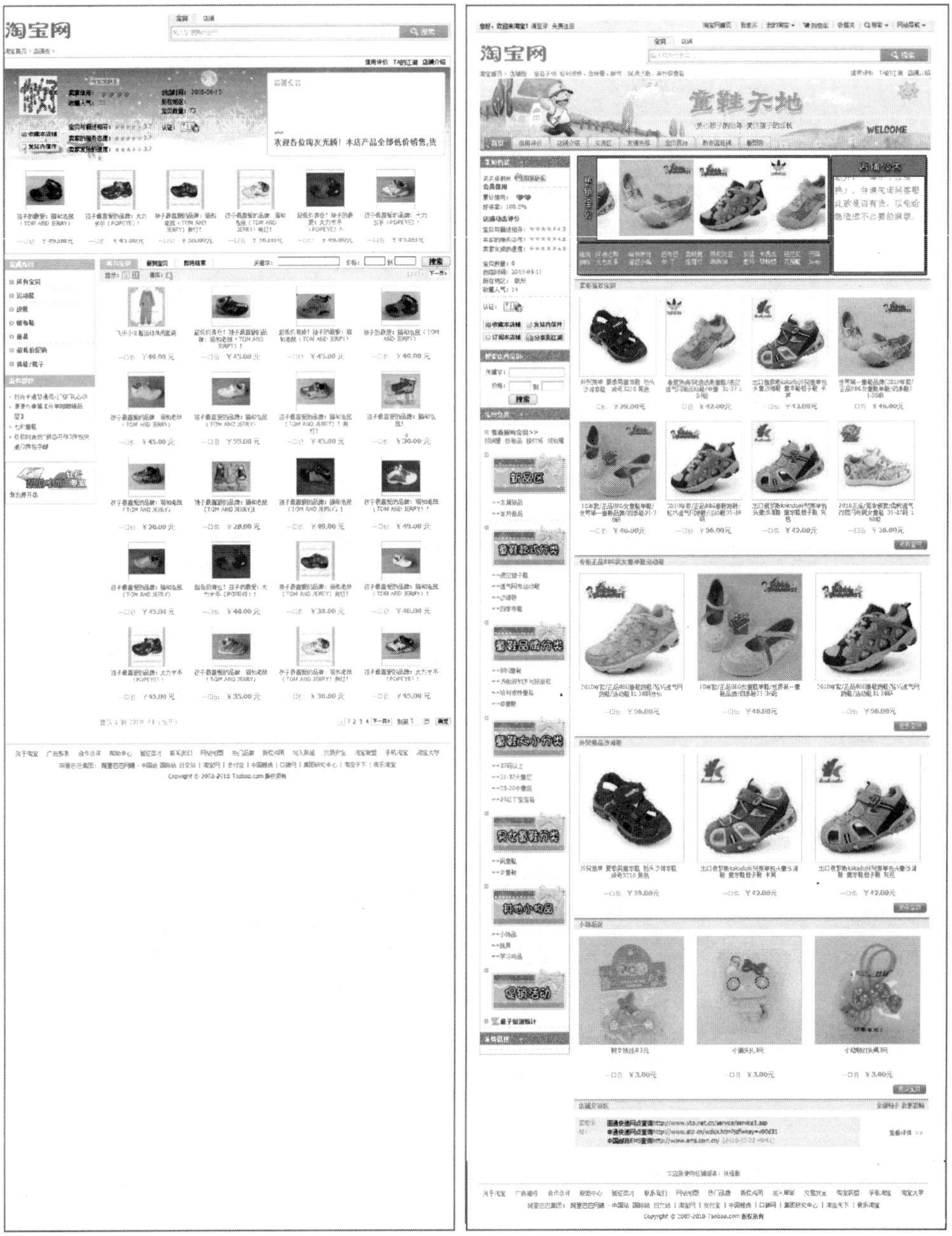

普通店铺　　　　　　　　　　扶植版旺铺

图 5-4

再来看一看两者的宝贝描述页面对比效果，如图 5-5 所示。

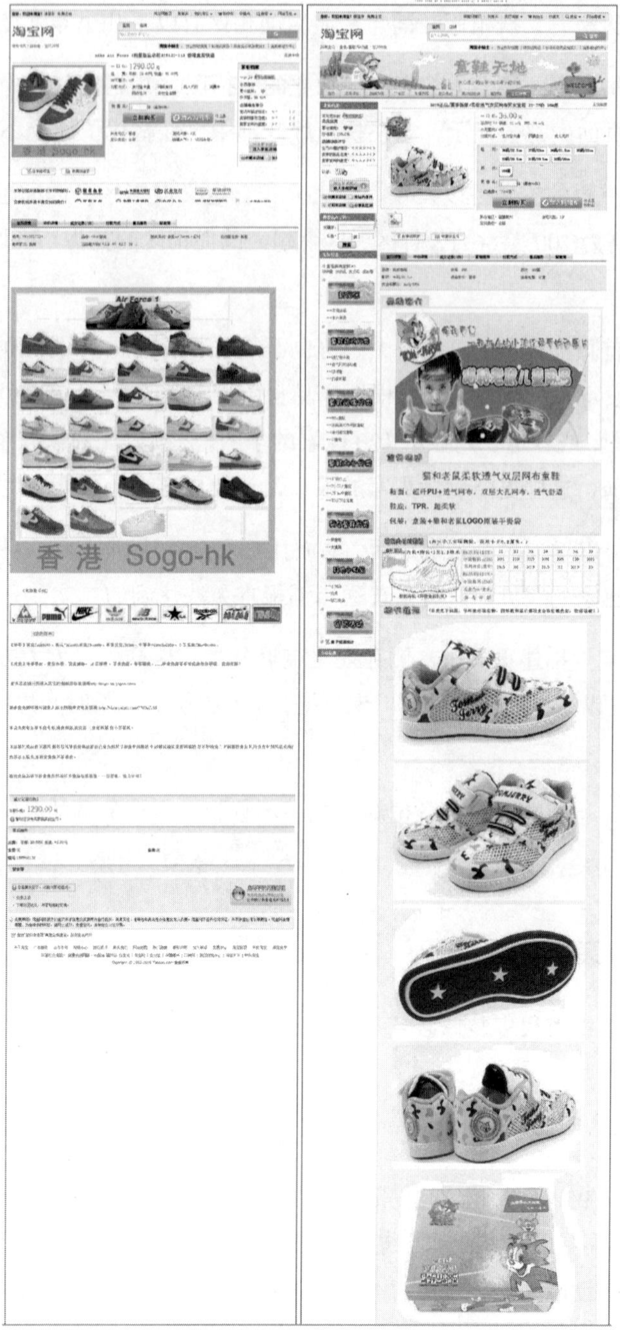

普通店铺　　扶植版旺铺

图 5-5

从上面两张图对比来看，扶植版旺铺与普通店铺相比有以下几个非常显著的特点。

（1）扶植版旺铺每个页面最上方都有一个独立的店招区，其宽为 950 像素，高为 150 像素，并且这个店招在任何页面中都会显示，它在扶植版旺铺中已经替代了那个小的店标。

（2）扶植版旺铺首页的右侧可以设置一个大面积自定义促销区，远远超过了普通店铺右侧上方宽仅为 350 像素，高为 200 像素的公告区，这个超大的促销区的宽为 740 像素，高度不限，完全可以自由发挥。

（3）扶植版旺铺首页上宝贝的“缩略图”再也不是普通店铺的 80 像素的小图，扶植版旺铺的产品图片的排列可以设定多种规格，可以根据产品自由设定为 3 列显示 220 像素的大图，或者 4 列显示 160 像素的中图，或者是 5 列显示 120 像素的小图，这就好比商家有超大的橱窗可以把热推的产品展示到顾客眼前，这样更能刺激买家的眼球，从而更容易让买家产生购买欲望。

（4）在店招下方可以增加多个系统页面，从而让页面选项达到 8 个。其中“宝贝展台”和“看图购”能更好地展示自家的宝贝，这可是普通店铺根本无法达到的。

（5）扶植版旺铺宝贝描述页面中左侧存在着宝贝分类，这样可以大大方便买家在店铺里中对其他相关宝贝的查找，以增加其他宝贝的出现概率，从而吸引买家长时间停留在自己店铺中，以增加成交的可能。

真是不比不知道，一比吓一跳！各位新掌柜还不赶紧去申请免费的旺铺试一试，谁说天下没有免费的午餐?

5.2.2　可供装修的区域

由于不同版本的店铺有很多装修区域是相同的，所以在前面说过的内容，下面不再进行详细说明，只介绍以下内容。

（1）店招区

在店铺首页上方的 950 像素 × 150 像素的超大区域里可以写上店铺名称、所经营的品牌、自家的经营理念，乃至广告等一切掌柜们自己想增加的东西。这个店招区除了可以使用 JPG 图片之外，更可以使用 Flash、GIF 动画来推广宣传店铺形象、品牌字号，这绝对是店铺装修的一个重点区域，因为它就代表着店铺的形象。

（2）自定义促销区域

在普通店铺中对店铺中信息的发布都只能通过一个 350 像素 × 120 像素小小的公告区。而现在扶植版旺铺允许卖家在店铺首页右侧添加一个宽度为 740 像素，高度不限的超大区域，这个区域中卖家完全可以自由发挥，可以做大幅的广告，也可以设定滚动的字幕，还可以穿插动画，甚至还能增加视频文件（当然需要定制服务才能实现），总之一切能够展现自家店铺风采的内容都可以添加在这个地方。

（3）宝贝描述模板

虽然我们在前面介绍了宝贝描述模板，但在这里要注意描述模板发生了变化，那就是对扶植版旺铺而言，宝贝描述的模板只能使用窄版形式，也就是描述模板的宽度不能超过 750 像素。

5.3　旺铺标准版

5.3.1　旺铺标准版的特点

淘宝旺铺标准版是淘宝网在普通店铺的基础上所新开发的，它更加体现店铺个性和店铺的精美界面，使得顾客购物体验更好，更容易刺激买家产生购买欲望。

淘宝旺铺标准版允许卖家在淘宝所允许的范围内使用各种装修手段和措施。但要注意的是，淘宝旺铺标准版是收费的，如果要使用必须订购。在 2011 年以前，其费用收取的标准是：如果是消保卖家，每季度收费 90 元；如果是非消保卖家，每季度收费 150 元。不过现在价格都统一为每季度 90 元。

至于标准版旺铺和普通店铺有什么不同，我们从 5.2 节的扶植版旺铺和普通店铺的对比就可以知道了，因为扶植版旺铺其实就是标准版旺铺的缩水版本，所在这里就不再说明了。而我们现在要关心的是，同样作为旺铺，为什么扶植版旺铺是免费使用，而标准版旺铺却要收取至少每月 30 元的使用费呢？

下面对比一下，看一看二者之间的区别在什么地方。首先来看一下两者的首页对比，如图 5-6 所示。

扶植版旺铺

标准版旺铺

图 5-6

接下来再来看一看二者的宝贝详情页对比图，如图 5-7 所示。

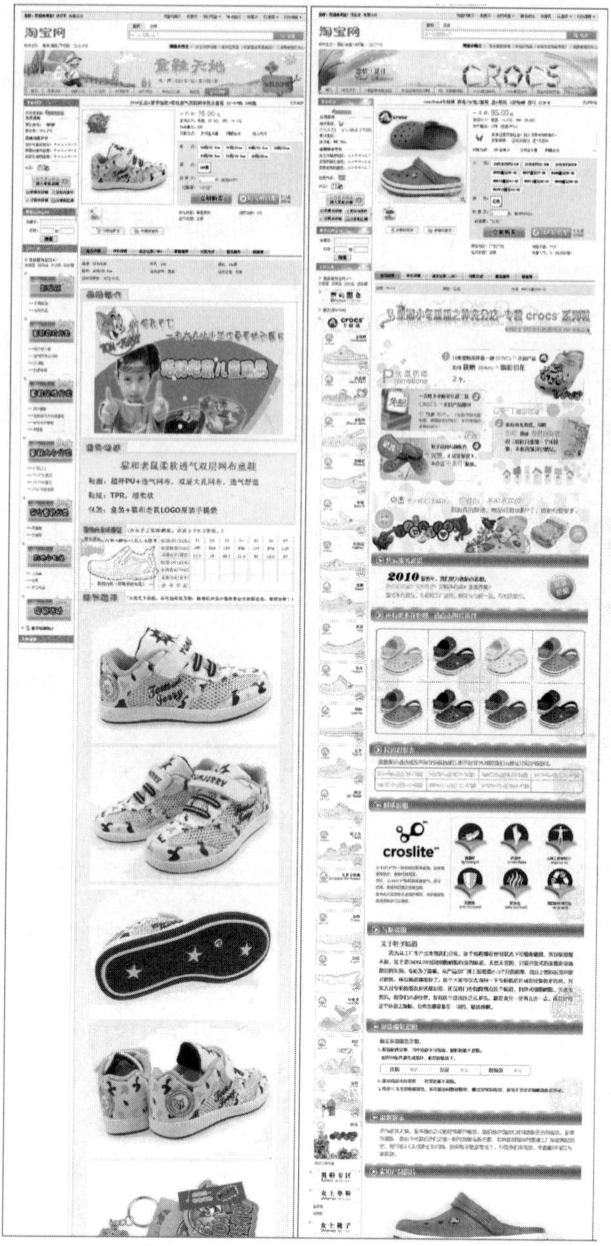

扶植版旺铺　　　　标准版旺铺

图 5-7

可能有些读者看不出上面两组图有什么差异，下面就一一说明，而这些差异也正是旺铺标准版的特点。

（1）扶植版旺铺只能在店招下添加系统规定添加的页面，且总数为 8 个，如图 5-8 所示。

图 5-8

而标准版旺铺除了可以添加这些系统规定的页面，还可以增加自定义页面，并且可多达 6 个。整整 6 个自定义页面，卖家想怎么发挥就怎么发挥，如图 5-9 所示。

图 5-9

（2）扶植版旺铺左侧栏目是固定的，只允许设置一些固定栏目，例如，搜索宝贝、宝贝分类、友情链接和销售排行榜等，而标准版旺铺在左侧栏目中还特别允许添加多个 HTML 自定义区，高度不受限制，内容随便添加，如图 5-10 所示。

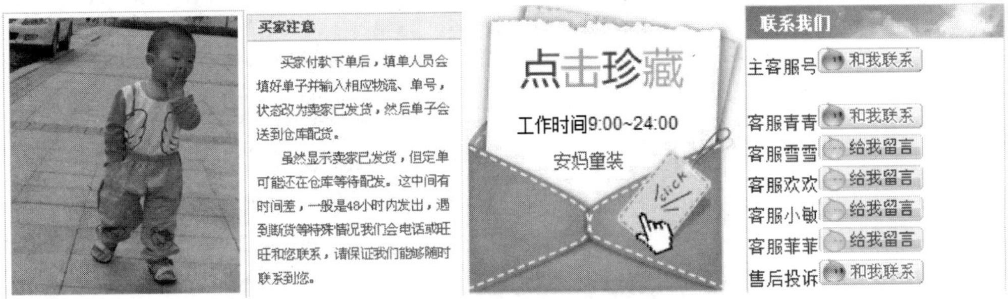

图 5-10

总之只要你能想到的内容都可以放在左侧栏目显示，功能非常强大。

（3）扶植版旺铺首页只能存在一个自定义促销区。而标准版旺铺首页可以设置多个自定区促销区，多个大幅广告位随便使用，如图 5-11 所示。

（4）扶植版旺铺首页只能存在三个宝贝推广区（自动）模块，而且这种宝贝推广区的推广内容由系统决定，自动变化，卖家无法干涉。标准版旺铺不仅可以设置多个宝贝推广区（自动）模块，而且更可以增加多个宝贝推广区（手动）模块。

（5）扶植版旺铺的宝贝描述页面只能使用模板来对宝贝描述进行美化，而标准版旺铺除此以外，还可以在宝贝详情页中增加 HTML 自定义区。有了这个自定义区，店铺的促销活动可以直接展示到每一款宝贝的描述页面中，不管买家从哪款宝贝进入店铺，都可以在第一时间让其了解。并且标准版旺铺还允许使用三个宝贝详情页面模板，有了这个功能之后，可以对不同类别的宝贝使用不同的宝贝详情页面模板，如图 5-12 所示。

图 5-11

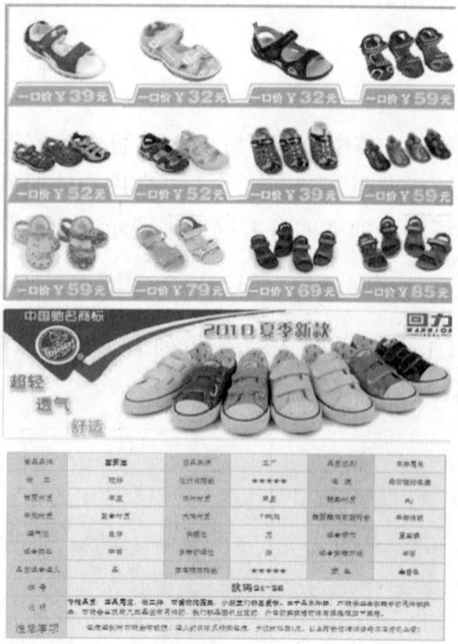

图 5-12

从上面的介绍不难看出，旺铺标准版的功能实在太强大了，那么到这里你也应该能明白为什么标准版旺铺不免费了吧！总之使用旺铺可以留住客户，留住关注，留住好印象，留住好生意，真正达到“旺铺”的目的。

5.3.2　可供装修的区域

旺铺标准版可供装修的区域包括以下几个。

（1）店标。

（2）店招。

（3）宝贝分类区。

（4）右侧自定义促销区域。

（5）左侧自定义区：允许在店铺首页左侧添加多个宽度是 200 像素，高度不限的大区域，此区域完全可以自由发挥。

（6）宝贝描述模板：可以根据自己的需要选择使用宽版形式还是使用窄版形式。

（7）自定义页面：自定义页面分为两种，一种是带左边栏的自定义页面，另一种就是通栏的自定义页面。自定义页面就是一张白纸，画笔在你手中，至于你画成什么样，就看你自己的水平了。

5.4 旺铺拓展版

在 5.3 节中介绍了旺铺标准版为卖家提供了很多的模块和扩展功能，而旺铺拓展版则是在原有的旺铺标准版基础上给予了更高用户体验和自由度，让喜欢自己动手的卖家更得心应手，而且其还提供了一个独立的官方网店来展示产品和服务，更显专业性。

那么和旺铺标准版相比，旺铺拓展版有哪些独特的地方？下面以图为例来说明。

（1）在旺铺拓展版宝贝列表页中可以直接显示宝贝的销售量，从而更容易凸显热销产品，如图 5-13 所示。

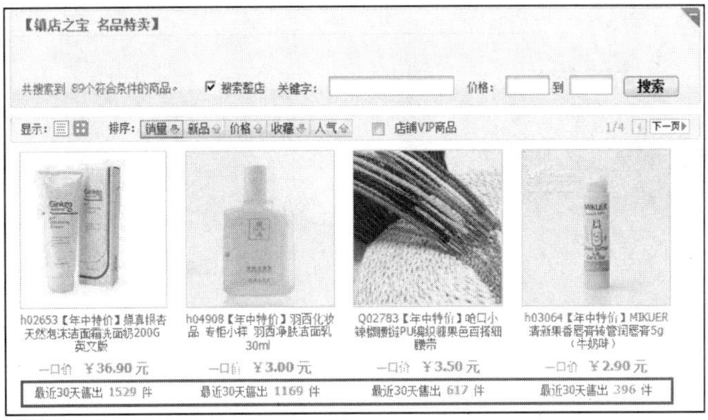

图 5-13

（2）在旺铺拓展版页面头部的店铺招牌可以删除，用自定义内容来替换它，从而让店铺更加个性化，如图 5-14 所示。

图 5-14

（3）可在旺铺拓展版的店招之下设置店铺宝贝搜索，让每一个页面都在店招之下显示，不用单独设置在页面左栏了，从而能保证让买家时刻能看到，方便买家在店铺中搜索宝贝，如图 5-15 所示。

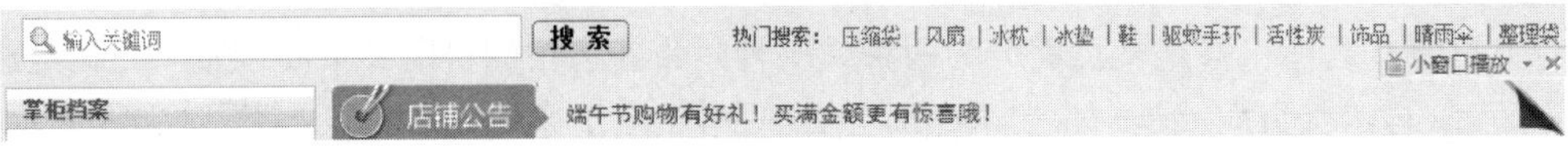

图 5-15

（4）旺铺拓展版的自定义页面布局，支持三栏或两栏混排，即打破了传统的左右两栏的页面布局模板。旺铺拓展版的自定页面可以随便设置，把左侧栏设置在右侧也可以，如图 5-16 所示。

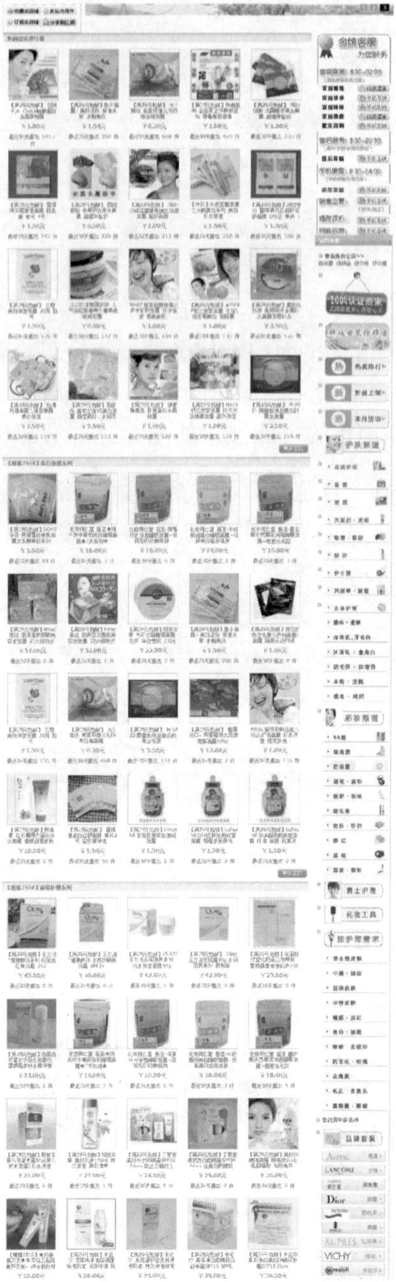

图 5-16

（5）旺铺拓展版可以自定义统一的店铺页尾，全部页尾都显示一样的尾部信息，也就是店铺里面全部的页面的下面都会显示一样的信息，如图 5-17 所示。

图 5-17

（6）在旺铺拓展版的宝贝详情页里面中增加了“同类宝贝推荐”功能。也就是买家看到了你这款宝贝的同时，在详情页面中也能看到店铺里同类商品的推荐，当然这个相关推荐是优先显示销量高的宝贝，从而增加产生关联销售的可能性，如图 5-18 所示。

（7）旺铺拓展版可以添加 50 个自定义页面，标准版旺铺只有 6 个。那么卖家可以根据不同的需要添加自定义页，并且那些不能完全展示出来的页面可以复制链接放在其他地方，这个功能方便用户制作促销专题，如图 5-19 所示。

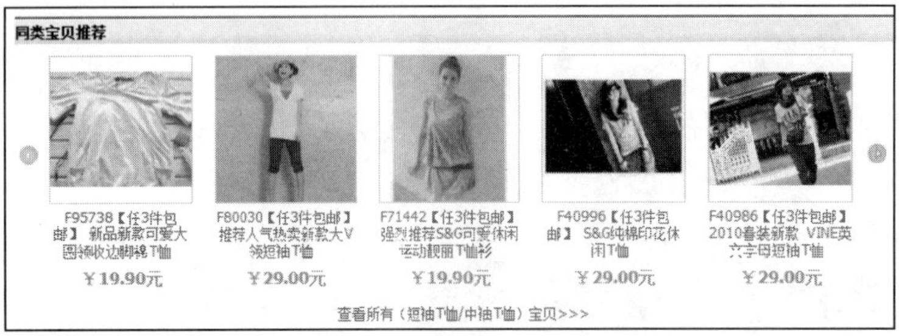

图 5-18

图 5-19

（8）旺铺拓展版的宝贝列表页新增多种排序方式，比如增加了按销量排序，如图 5-20 所示。

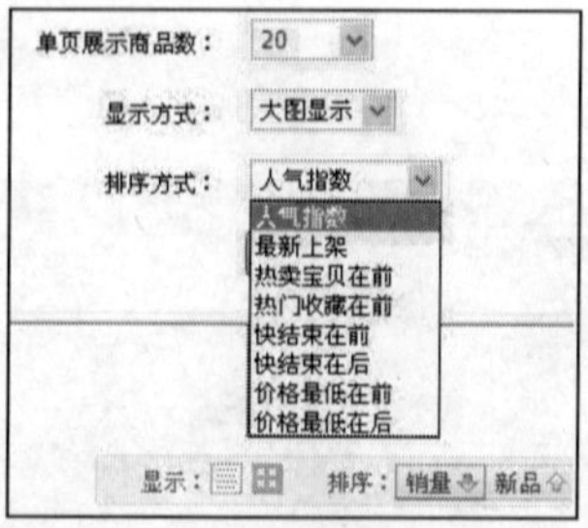

图 5-20

（9）旺铺拓展版可以给页面定义背景颜色。但经过测试，店铺页面中淘宝网页固有的页头和页脚仍然是白色的默认背景，如图 5-21 所示。

图 5-21

（10）旺铺拓展版允许在首页添加页头背景，让首页在页头全屏覆盖，配合页头模块的使用，可以实现超大区域的广告宣传，如图 5-22 所示。

（11）旺铺拓展版支持多达 10 个宝贝页面模板装修，这个功能可以让卖家根据不同种类的宝贝有针对性地进行设计，从而更好地展示该类宝贝的特性。也就是说不同的宝贝可以选择不同的装修模板，如图 5-23 所示。

（12）在旺铺拓展版的首页中可以添加店铺自定义 Logo，从而使店铺看起来更专业，如图 5-24 所示。

图 5-22

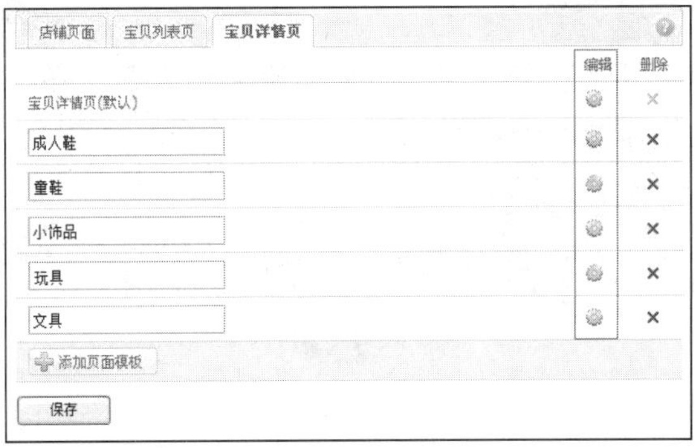

图 5-23

图 5-24

（13）旺铺拓展版自定义区域的容量比旺铺标准版更多，从而允许卖家在单个自定义区添加更多的内容。

如果我们能用好上述这些功能，店铺想不吸引人都难！但是这些好处可是要多花钱的，对于旺铺拓展版而言，以前都是每月 98 元，这当中包含了诸如量子统计、限时折和搭配套餐之类的工具。现在旺铺拓展版的收费变成了每月 68 元，但以前搭配的小工具都已经被取消。

5.5　店铺各部分装修尺寸规定

表 5-1 中列举淘宝店铺中各个可供装修模块的尺寸，各位卖家在装修店铺时，可以参考该尺寸进行设计制作，从而更快捷的完成店铺装修工作。

表 5-1

<table>
<tr><th rowspan="2">装修区域</th><th colspan="2">大　小</th><th rowspan="2">支持格式</th><th rowspan="2">说　明</th></tr>
<tr><th>尺寸[宽×高]</th><th>占用空间</th></tr>
<tr><td>店标</td><td>100 像素×100 像素</td><td>≤80KB</td><td>JPG、GIF、PNG</td><td>图片做好后直接上传</td></tr>
<tr><td>店招</td><td>950 像素×150 像素</td><td>≤120KB</td><td>JPG、GIF、PNG、SWF</td><td>图片做好后直接上传，也可在线制作</td></tr>
<tr><td>店铺 Logo</td><td>230 像素×70 像素</td><td>≤30KB</td><td>JPG、GIF、PNG</td><td>图片做好后直接上传</td></tr>
<tr><td>店铺分类</td><td>宽度<=160，高度随意</td><td>—</td><td>JPG、GIF、PNG</td><td rowspan="5">图片必须放置在网络空间或网络相册，没有可以先申请；非淘宝空间则需要支持淘宝外链</td></tr>
<tr><td>右侧自定义区</td><td>宽度<=750 像素，高度无限制</td><td>—</td><td rowspan="3">JPG、PNG、GIF、SWF（需购买）、HTML、文本</td></tr>
<tr><td>左侧自定义区</td><td>宽度<=190 像素，高度无限制</td><td>—</td></tr>
<tr><td>通栏自定义区</td><td>宽度<=950 像素，高度无限制</td><td>—</td></tr>
<tr><td>宝贝描述模板</td><td>宽度<=750 像素（窄版），宽度<=950 像素（宽版），高度随意</td><td>—</td><td>JPG、PNG、GIF、HTML、文本</td></tr>
<tr><td>自定义页面</td><td>宽度<=750 像素（带侧边栏），宽度<=950 像素（通栏），高度随意</td><td>—</td><td>—</td><td>页面中的模块进行装修时，尺寸和格式要依所用模块而定</td></tr>
</table>

第 6 章 淘宝店铺管理平台——卖家中心

淘宝网为了方便淘宝卖家对店铺的装修和管理，特意提供了一个高度集成的店铺管理平台——卖家中心，在这个高度集成的店铺管理平台上，卖家可以自由地对店铺各个方面进行管理。

下面具体介绍这个管理平台的使用方法，希望各位卖家通过本章的学习，能够了解并熟练掌握这个高度集成的店铺管理平台的基本操作，从而方便各位卖家更高效地打造自家的店铺。

6.1 淘宝店铺管理平台的进入方式

首先来看一看如何进入这个淘宝提供的店铺管理平台。进入淘宝店铺管理平台的方式有很多，在这里只介绍两种比较常用的方式：一种方式是通过阿里旺旺进入淘宝店铺管理平台，另外一种方式是通过网页登录直接进入淘宝店铺管理平台。

6.1.1 通过阿里旺旺快速进入淘宝店铺管理平台

首先在计算机的桌面上找到阿里旺旺的快捷方式。

作为一名淘宝卖家，阿里旺旺可以说是最重要的一个工具，它是一个集成了即时文字、语音、视频沟通，以及交易提醒、快捷通道、最新商讯等功能的即时聊天软件（IM），是淘宝网上交易必备工具。不过目前阿里旺旺有两种版本，作为卖家最好是使用阿里旺旺卖家版，因为这个版本为淘宝卖家进行了功能优化。

双击桌面上的阿里旺旺快捷方式，此时系统就会启动阿里旺旺，正常登录之后界面如图 6-1 所示。

在这个侧边框有一个“淘”按钮 淘，单击之后，整个旺旺的工作界面变成如图 6-2 所示样子了。

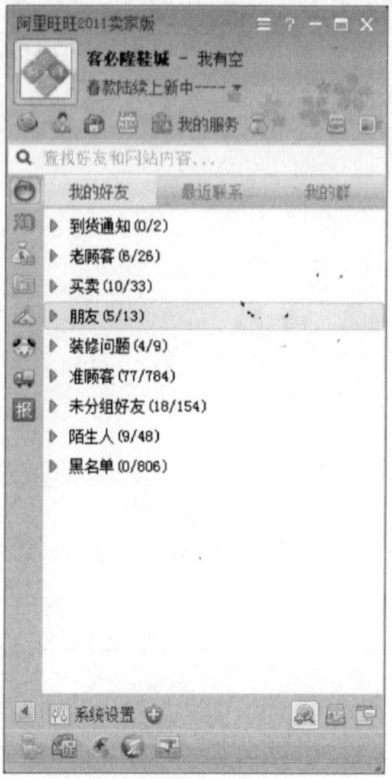

图 6-1

图 6-2

此时会发现在阿里旺旺的工作面板中，已经被分成了两个选项卡 快捷入口 诊断助手 ，其中“快捷入口”选项卡是默认的当前页，在此页面中和店铺管理相关的各种快捷方式图标都排列在其中。

如果想进入卖家中心，在“快捷入口”选项卡中用鼠标单击“我的淘宝”选项，此时阿里旺旺就会自动打开“我的淘宝”页面。

6.1.2　通过网页登录直接进入淘宝店铺管理平台

首先打开网络浏览器，在地址栏中输入 www.taobao.com，并按 Enter 键，进入淘宝网首页面。在这里，可不要被淘宝首页上的花花世界晃住眼！仔细看一看，在浏览器顶端有一行小字，如图 6-3 所示。

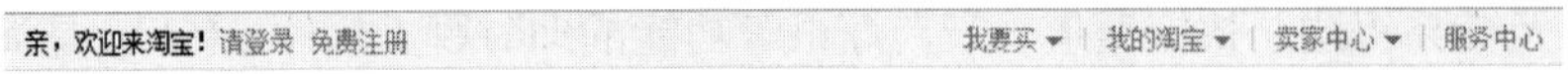

图 6-3

另外在浏览器的右侧还有几个按钮，如图 6-4 所示。

图 6-4

在这里可以有两种选择，第一种选择是单击图 6-3 中的请登录超链接，第二种选择是单击“登录”按钮，不管是单击哪一个按钮，最终结果都可以到达登录界面，如图 6-5 所示。

图 6-5

在账户名文本框中输入自己的淘宝用户名，也就是自己的旺旺 ID 号，在密码框中输入自己的密码，输入完毕，单击“确定”按钮即可完成网页登录任务，如图 6-6 所示。

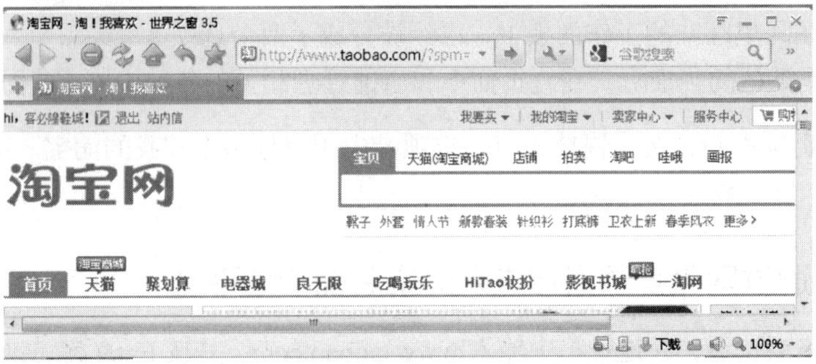

图 6-6

此时，在浏览器的最上方显示的内容发生了变化，如图 6-7 所示。

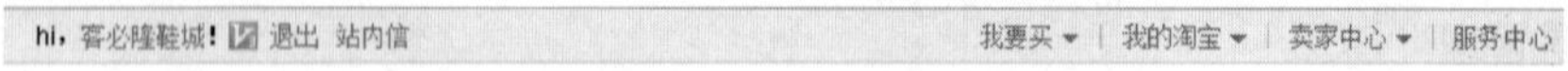

图 6-7

此显示表示我们已经正常登录淘宝网，在这个地方，单击可以进入卖家中心。

6.2　卖家中心的组成介绍

卖家中心是卖家经常要来光顾的地方，为了今后使用起来更加得心应手，下面具体介绍卖家中心的功能。

卖家中心其实就是一个工作平台。在这个工作平台上，淘宝网把淘宝店铺日常管理、维护，以及店铺的运营和系统通知的各项功能集中在一起，从而让卖家能在一个地方就可以对店铺进行全方位的管理和维护。

淘宝在 2011 年对卖家中心进行了全新改版，整个卖家中心的页面被划分为左右两部分，即左侧页面和右侧页面。

6.2.1　左侧页面

左侧页面中的内容是淘宝提供的所有管理和维护菜单选项，单击这些选项就会执行具体的功能。左侧页面主要分为以下几个部分。

1．快捷入口

快捷入口允许淘宝用户自行设置，把自己常用的功能集中放置，以免在使用时不停地上下翻滚页面寻找相应的功能选项，并且可以折叠显示，以免将整个页面拉长，如图 6-8 所示。

2．我购买的服务

“我购买的服务”区集中了卖家在淘宝中所订制的一些服务。单击“我购买的服务”选项，可以展开当前所订制的内容，如图 6-9 所示。

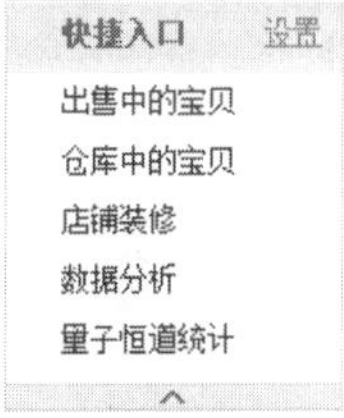

图 6-8

图 6-9

3. 交易管理

“交易管理”这个区域中提供了“已卖出的宝贝”、“发货”、“物流工具”、“发货设置”、“我有货物要运输”、“物流指数”和“评价管理”7项关于交易的管理功能，如图6-10所示。

4. 宝贝管理

“宝贝管理”区域里集成了“我要卖”、“出售中的宝贝”、“橱窗推荐”、“仓库中的宝贝”和“仓储管理”5项功能，如图6-11所示。

图6-10

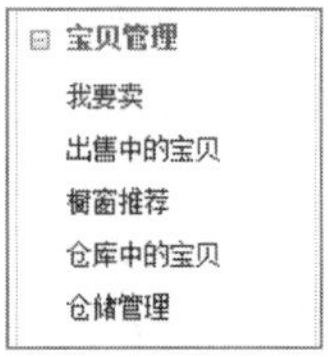

图6-11

5. 店铺管理

“店铺管理”区域里包含了“查看我的店铺”、“店铺装修”、“图片空间”、“宝贝分类管理”、“店铺基本设置”、“手机淘宝店铺”、“域名设置”、“掌柜推荐”、“媒体中心”、“淘宝贷款”、“子账号管理”和店铺管理相关的功能，对店铺进行装修就主要通过此区域来操作，所以要对这个区域所提供的功能要多加了解，如图6-12所示。

6. 货源中心

“货源中心”区域集中了“我要进货”和“分销管理”两项店铺进货渠道快捷进入方式，如图6-13所示。

图6-12

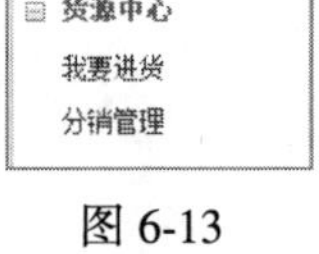

图6-13

7. 营销中心

“营销中心”区域中包含了“促销管理”、“数据分析”、“我要推广”和“活动报名”和营销相关的管理功能，如图 6-14 所示。

8. 软件服务

“软件服务”区域只提供了“我要订购”的快速入口功能，如图 6-15 所示。

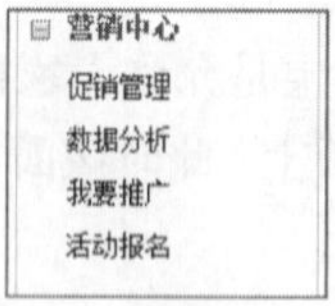

图 6-14

图 6-15

9. 客户服务

“客户服务”区域包含了“消费者保障服务”、“淘宝认证”、“退款管理”、“维权管理”、“举报管理”、“投诉管理”、“咨询回复”和“违规记录”和客户服务相关的功能的快速入口，如图 6-16 所示。

10. 友情链接

“友情链接”区域这里主要包含了“支付宝”、“全球速卖通”和“淘工作”三项服务的友情链接，如图 6-17 所示。

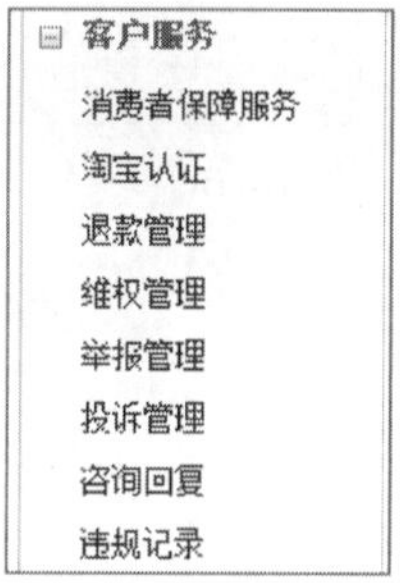

图 6-16

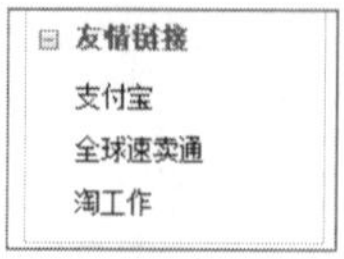

图 6-17

6.2.2　右侧页面

右侧页面主要以图文形式提供了一些与店铺运营方面相关的数据面板，并可通过此面板直接进入相关页面进行具体查询，从而对自己店铺实际运营情况有一个更好的了解。

从大的方面来看，右侧页面又被淘宝拆分为上下两部分。最上面的一部分为店铺基本情况面板，如图 6-18 所示。

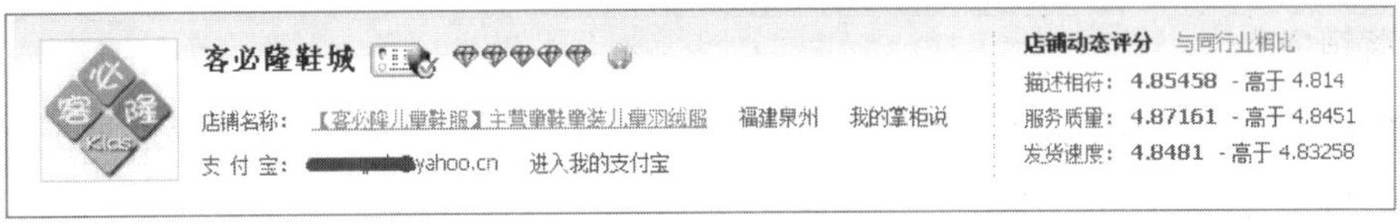

图 6-18

这里显示的是店铺的一些基本信息，单击其中的超链接，会进入相应的功能模块，以便进行更进一步的操作。这里不一一说明，读者有兴趣的话可以自己试一试。

右侧页面下半部分是卖家工作台。在这个区域中，淘宝是允许卖家根据自己的需要来调整各面板的排列位置。具体的调整方法就是把鼠标移到某一面板上，此时该面板上方的右上角就会显示类似窗口控制的按钮，如图 6-19 所示。

单击这些相关按钮就可以进行上下位置的调整了。

不仅如此，淘宝还允许自定义卖家工作台所显示的面板，其方式就是通过单击卖家工作台右上角的“添加免费模块”按钮，在弹出的窗口中选择将要显示的面板，选中之后系统就会自动将该面板在卖家平台中显示出来。系统默认显示的是一些重要的面板，对于店铺运营及装修也可以只通过这些面板就行了。重要的面板有以下几个。

（1）“支付宝专区”面板，如图 6-20 所示。

图 6-19

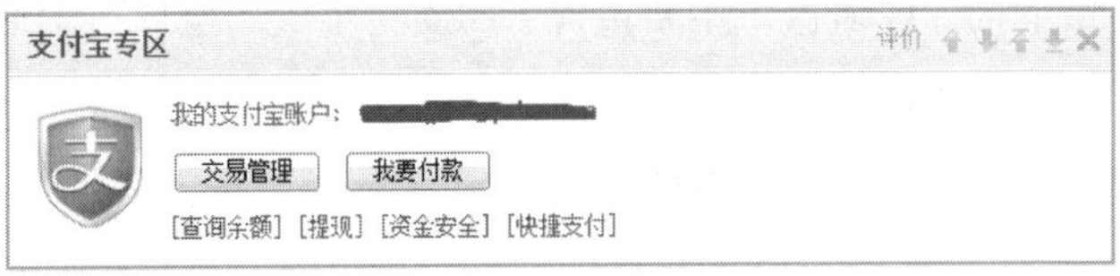

图 6-20

（2）“店铺提醒”面板，如图 6-21 所示。

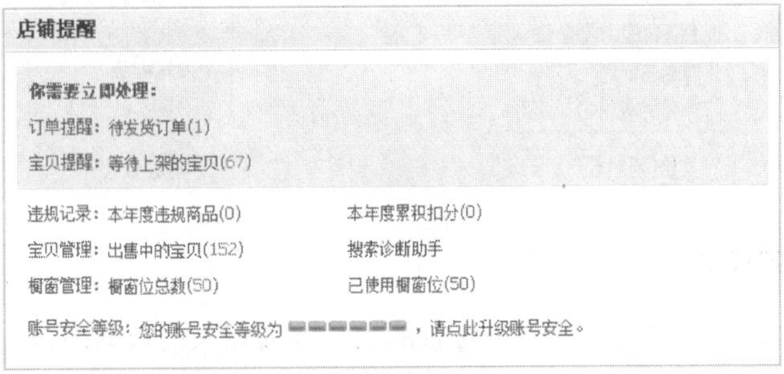

图 6-21

（3）“店铺运营助手”面板，在这里又分为“店铺排名”和“热搜关键词”两部分，如图 6-22 所示。

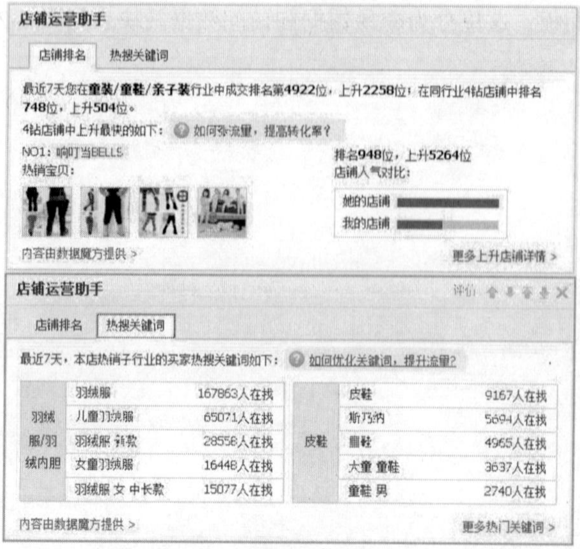

图 6-22

（4）“商家推广”面板，如图 6-23 所示。

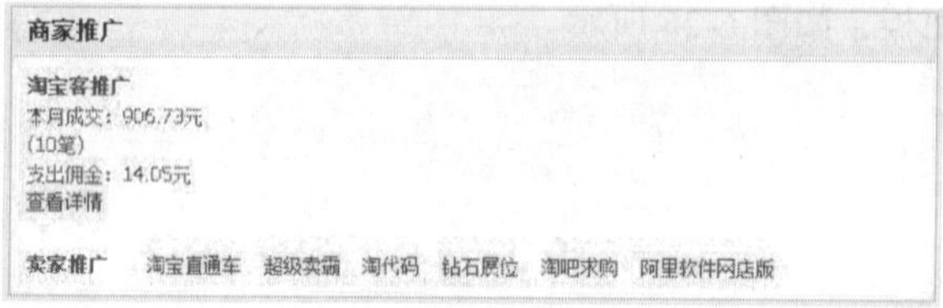

图 6-23

（5）“消保服务”面板，如图 6-24 所示。

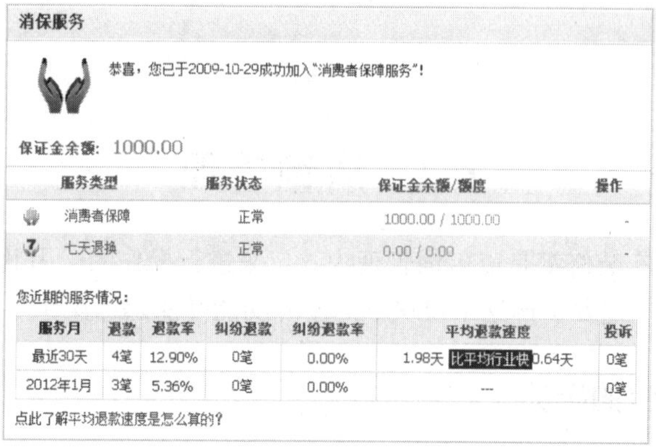

图 6-24

（6）“店铺数据”面板，这里分为交易数据和访问数据两块，如图 6-25 所示。

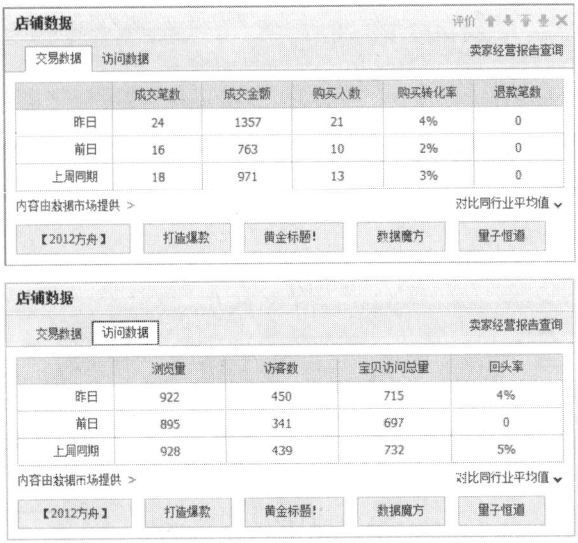

图 6-25

（7）“图片空间”面板，如图 6-26 所示。

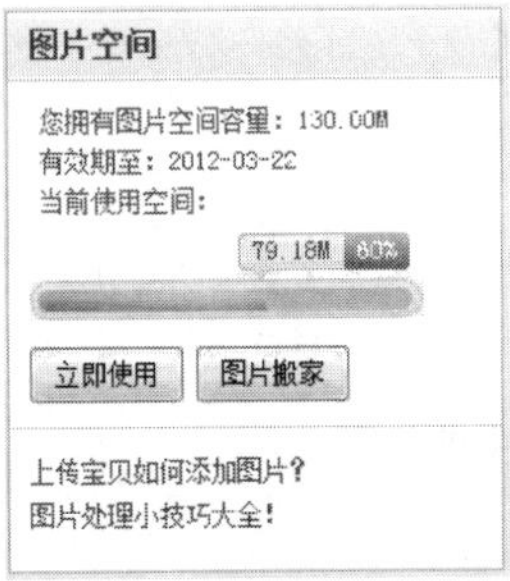

图 6-26

6.3 店铺管理

事实上对店铺的所有装修都是以店铺管理为入口来进行操作的，因此为了能更好地对店铺进行全方位的管理，卖家一定要掌握这个模块下的所有功能并能熟练操作。

6.3.1 查看我的店铺

“查看我的店铺”这个功能相对而言比较简单，当用鼠标单击“查看我的店铺”选项时，系统就会引导我们直接进入店铺的首页，如图 6-27 所示。

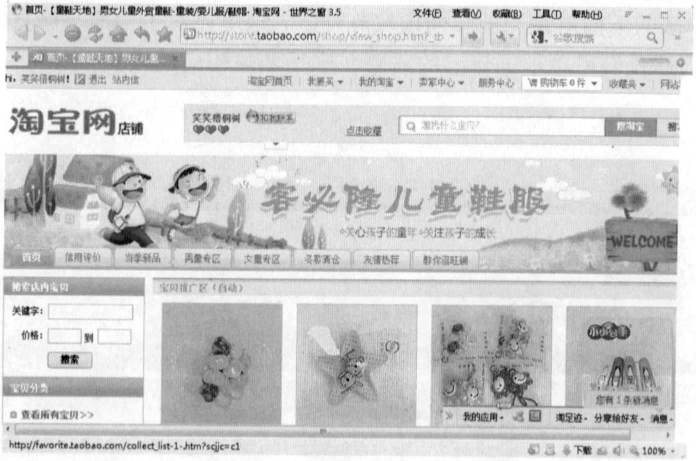

图 6-27

6.3.2　店铺装修

“店铺装修”选项是我们进入店铺装修的入口，当用鼠标单击“店铺装修”选项时，系统就会进入一种可视化的店铺装修管理平台，默认显示的是店铺首页的内容，如图 6-28 所示。

图 6-28

从这个页面上可以看到整个店铺装修管理平台分为上下两块。最上面一条为悬浮功能菜单区，从左至右分别排列着“页面”、“布局”、“模板”、“查看店铺”、“还原”、“预览”、“发布”、“账号”和“帮助”9 个菜单选项，如图 6-29 所示。

图 6-29

这个功能菜单区的下面就是当前页面模块陈列区，这里显示了当前装修页面的所有功能模板，如图 6-30 所示。当然我们可以根据自己的需要在这里调整相应的模块。

图 6-30

下面分别对店铺装修管理平台悬浮功能菜单中的几个主要选项进行具体讲解。

1．页面

“页面”菜单是我们对标准版店铺进行装修时用的最多的菜单。在这个菜单下，可以具体实现以下操作。

（1）装修页面的选择

如图 6-31 所示是在淘宝网上随意找到的两家店铺导航条截图。可以看到，对于任何一家标准版店铺而言，当打开店铺进行浏览时，会发现在店招之下的导航条都有很多选项，单击相应的选项就可以进入相应的页面进行浏览。既然一家店铺存在多个页面，在店铺装修时就存在着对多个页面装修的问题，那么在店铺装修管理平台上如何选择要装修的页面就是一个很现实的问题。

图 6-31

事实上店铺装修管理平台已经考虑到这个问题了，如图 6-32 所示，“页面”菜单右侧有一个下三角按钮▾。将光标移动到这个菜单上，会弹出如图 6-33 所示的下拉菜单。

只要用鼠标在这个下拉菜单中单击相应的页面选项，与之对应的页面中所有模块就会在店铺装修平台上陈列出来，从而可以对其进行装修处理。

图 6-32

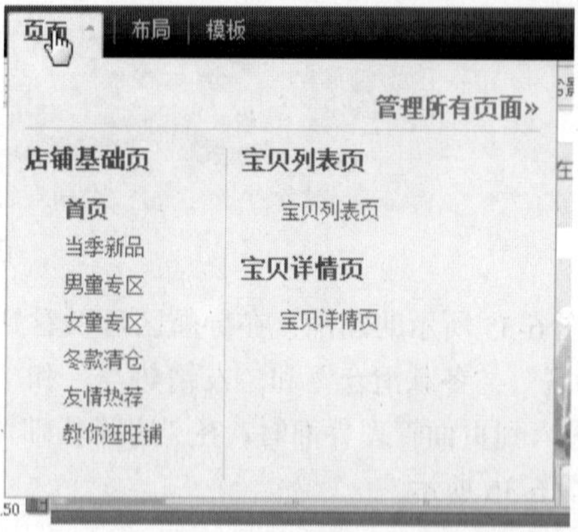

图 6-33

（2）页面的管理

在图 6-33 中，单击“管理所有页面”选项，则系统会显示如图 6-34 所示的界面。

图 6-34

从这里可以看到，淘宝店铺的页面被分成了三类。

① 店铺基础页

店铺基础页指的是我们用浏览器进行店铺浏览时，可以在店铺导航条中体现的所有页面。一个店铺中到底有哪些基础页面，从店铺的导航区上就可以看出来，如图 6-35 所示。

图 6-35

如图 6-35 所示的旺铺，在导航区可以看到“首页”、“信用评价”、“当季新品”、“男童专区”、“女童专区”、“冬款清仓”和“友情热荐”和“教你逛旺铺”8 个页面。当单击“管理所有页面”选项，进入到页面管理界面时，在“店铺基础页”选项卡右侧就可以看到这些内容已经显示在其中了，如图 6-36 所示。

图 6-36

在这个地方可以利用 、 、 和 按钮分别来上移、下移、删除和编辑页面。其中在这个店铺基础页选项卡最下方有一个添加新页面按钮 添加新页面 ，单击此按钮之后，系统就会弹出一个名为“添加新页面”的窗口，如图 6-37 所示。

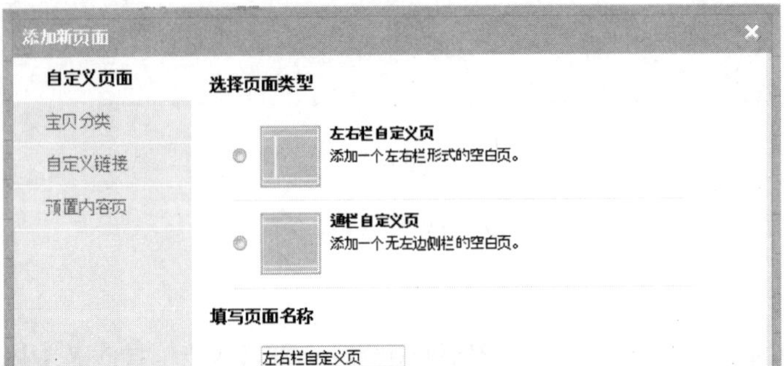

图 6-37

在这个窗口中，可以看到有很多类型的页面可以添加。对于我们来说，最大的惊喜就在于系统允许我们添加自定义页面！

在淘宝系统中，标准版旺铺所添加的自定义页面有两种形式，一种是左右栏自定义页面，另一种是通栏自定义页面。选择好页面的类型，设置好页面的名称，单击“添加”按钮就可以把页面添加进来。

② 宝贝列表页

宝贝列表页就是我们在分类列表中单击某个分类之后出现在浏览器中的显示页面，如图 6-38 所示。

图 6-38

下面看一看淘宝页面管理中的宝贝列表页，如图 6-39 所示。

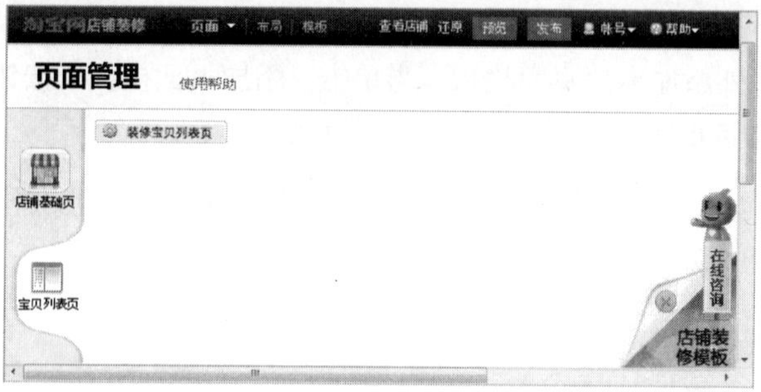

图 6-39

“宝贝列表页”选项卡中只有一个“装修宝贝列表页”按钮。

③ 宝贝详情页

宝贝详情页事实上就是我们的宝贝描述页面，“宝贝详情页”选项卡出现在这个地方有什么作用呢？打开看一看，如图 6-40 所示。

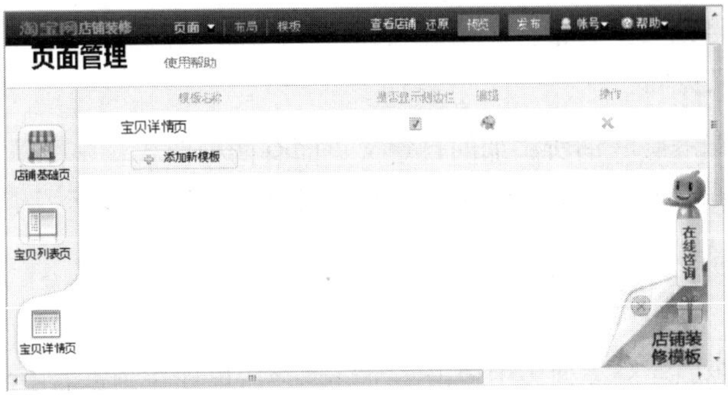

图 6-40

这里已经有一个系统的默认的宝贝详情页在其中。在这个地方可以对这个系统默认的宝贝详情页进行编辑，也就是装修，只需要单击编辑按钮就可以了。

其中对宝贝详情页进行装修时，允许在宝贝描述页中添加自定义区。这就意味着我们可以把促销活动添加到宝贝描述页面中，并且只要我们在宝贝详情页中增加了自定义内容区之后，店铺中所有的宝贝在显示详情时都会把这个自定义区的内容显示出来。不过淘宝开放了这个功能之后，很多卖家在装修页面时把很多和宝贝不相关的内容都在宝贝详情模块之前展示，淘宝认为这会影响买家的购物体验，故而从 2012 年开始，淘宝限制宝贝详情页的自定义内容区只能放在宝贝详情模块之后，各位卖家在使用时要注意这一点。

这里还有一个地方要注意，那就是系统允许我们选择当前宝贝详情页面是否显示侧边栏。如果显示侧边栏，就意味着这个宝贝描述页整个分成左右两部分显示，也就是所说的窄版形式，宝贝描述页的宽度为 750 像素。不选择此项，宝贝描述页就是宽版形式，宽度达到 950 像素。当然这只是针对旺铺及以上的版本适用。

在这里我们可以另外添加宝贝页面模板。当单击“添加页面模板”按钮 

时，系统就可以让我们自己新建宝贝描述模板，如图 6-41 所示。

如图 6-42 所示，在宝贝模板名文本框中输入自己的模板名称“羽绒服”，单击“确定”按钮，此时宝贝详情页列表之中就多了一个名为“羽绒服”的页面模板。

图 6-41

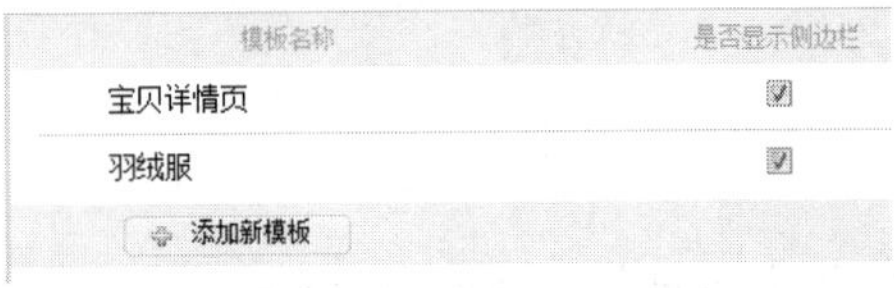

图 6-42

单击“保存”按钮，这个羽绒服宝贝详情页面模板就成功保存下来。

此时可能就有些读者感到困惑：宝贝详情页面模板和平常所说的促销模板有什么区别呢？

宝贝详情页面模板是针对整个页面而言的，也就是宝贝详情页面模板是直接对页面进行装修，装修后，每个宝贝的上方或下方自动会全部添加上去。当然，店铺里的不同宝贝想添加上不同的内容也是可以的，可以通过添加多个宝贝详情页模板，应用到不同宝贝上去。

而我们平常所说的促销模板只是针对页面中的模块而言的，我们所做的装修代码只是针对这个模块进行装修，它只是页面中一个小小的组成部分！

但现在问题又来了，这里增加了页面模板，但怎么为不同的宝贝指定不同的宝贝详情页模板呢？注意，系统默认的是所有宝贝都使用默认宝贝详情页面的。下面具体介绍操作过程。

在卖家中心中，找到“宝贝分类管理”选项。单击此选项，就会进入宝贝分类管理中，如图 6-43 所示。

图 6-43

单击“宝贝归类”选项，如图 6-44 所示。

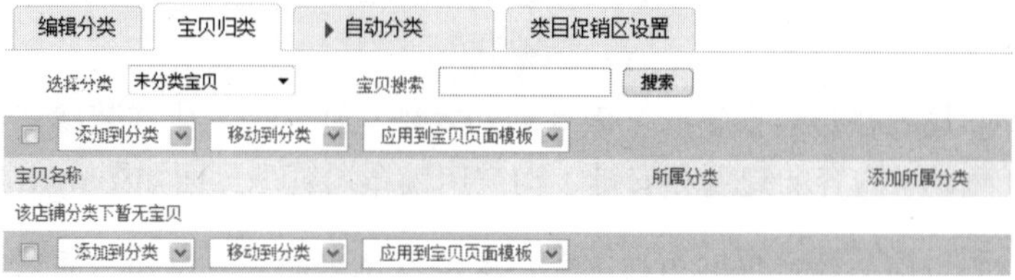

图 6-44

在“所属分类”下拉列表框中首先选择需要设置的宝贝类别。然后在页面下面就会显示相应类目下的宝贝。这里选择的是“禾雪”，选择之后“禾雪”类目下的宝贝就都会展示出来，如图 6-45 所示。

在宝贝列表中，选择需要更改的宝贝，在“应用到宝贝页面模板”的下拉列表框中选择前面新建的“羽绒服”类目，如图 6-46 所示。

图 6-45

此时系统就会弹出确认对话框，如图 6-47 所示。

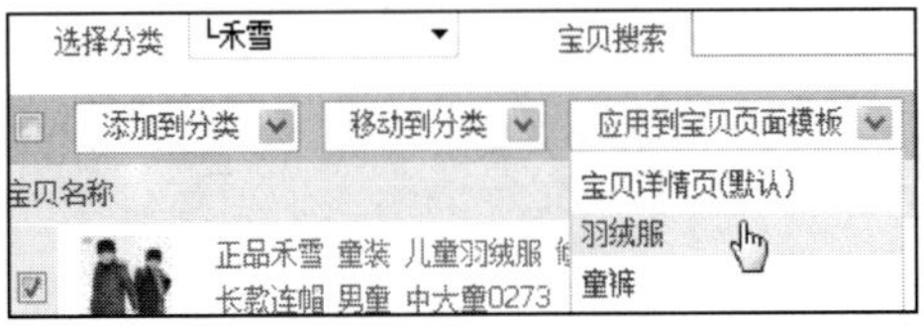

图 6-46

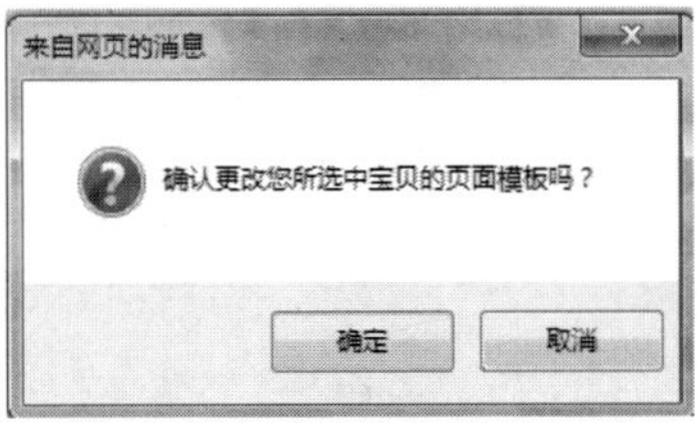

图 6-47

单击“确定”按钮就可以完成宝贝详情页模板的指定。

利用淘宝新增加的这个功能，可以为不同的宝贝指定不同的显示页面，从而更好地展示自家的宝贝。淘宝规定标准版旺铺只能添加最多 3 个宝贝页面模板，拓展版旺铺及以上版本，可以添加 10 个及以上的宝贝详情页面模板。

2．布局

（1）页面布局

什么是布局？布局就是指对事物的全面规划和安排。针对淘宝店铺装修来说，页面布局就指的是对店铺某个页面显示内容的规划和安排。淘宝店铺布局管理页面如图 6-48 所示。

在这里可以看到目前店铺首页的布局情况。要想改变页面，可以在当前装修页面右侧的下拉列表框中进行选择切换（图 6-48 方框中所示位置）。

在这个地方还可以清楚地看到每个区域之下都有一个“添加模块”按钮。

当然位于店铺招牌之下的“添加模块”按钮是不能操作的，因为现在使用的是标准版旺铺，不能在这个区域添加模块！单击此按钮系统会弹出如图 6-49 所示的提示内容。

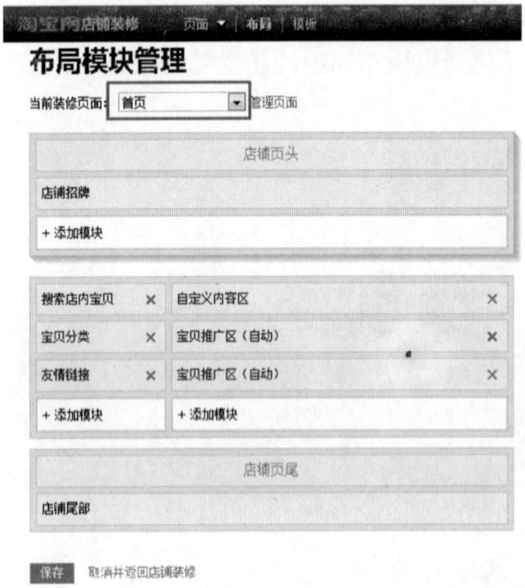

图 6-48

图 6-49

如果想继续添加模块就得交钱将店铺升级。

再来看一看店铺首页的左侧可以加一些什么内容。单击页面布局左侧的“添加模块”按钮，显示的内容如图 6-50 所示。

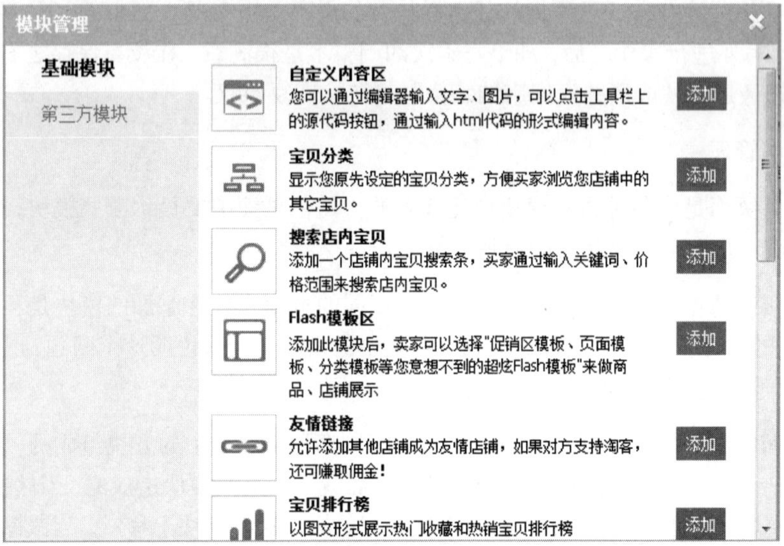

图 6-50

最后再来看一看在页面右侧可以添加哪些内容。单击右侧添加模块按钮，如图 6-51 所示。

不管是左侧页面，还是右侧页面，要添加哪个模块，只需要在相应模块右侧单击“添加”按钮即可将对应模块添加到模块布局中，并且当将鼠标指针移到模块布局中的任意模块之上，鼠标指针会变成如图6-52所示的形状。

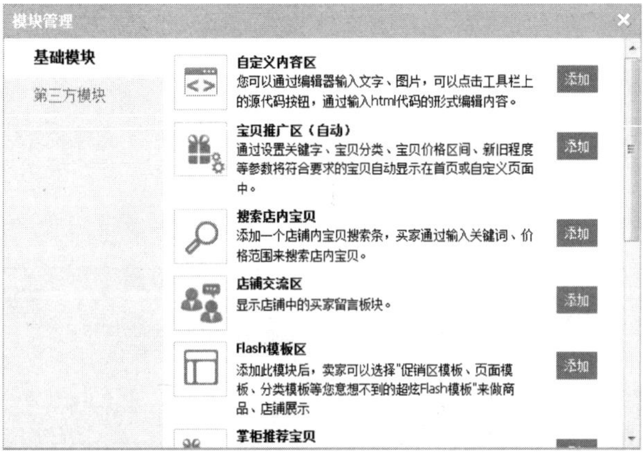
模块管理
基础模块
第三方模块
自定义内容区
您可以通过编辑器输入文字、图片，可以点击工具栏上的源代码按钮，通过输入html代码的形式编辑内容。
添加
宝贝推广区（自动）
通过设置关键字、宝贝分类、宝贝价格区间、新旧程度等参数将符合要求的宝贝自动显示在首页或自定义页面中。
添加
搜索店内宝贝
添加一个店铺内宝贝搜索条，买家通过输入关键词、价格范围来搜索店内宝贝。
添加
店铺交流区
显示店铺中的买家留言板块。
添加
Flash模板区
添加此模块后，卖家可以选择"促销区模板、页面模板、分类模板等您意想不到的超炫Flash模板"来做商品、店铺展示
添加
掌柜推荐宝贝

图 6-51

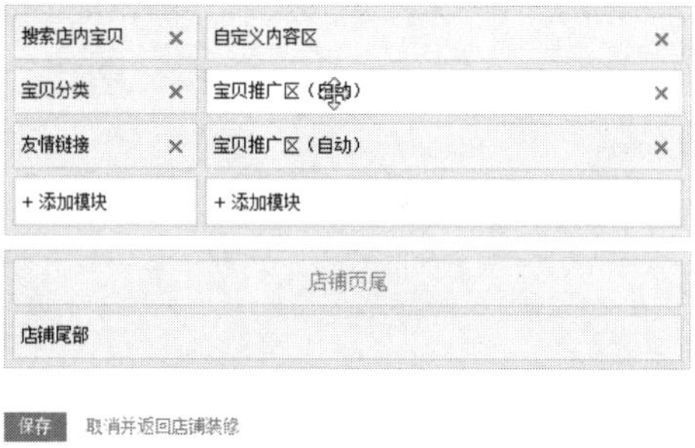
搜索店内宝贝
自定义内容区
宝贝分类
宝贝推广区（自动）
友情链接
宝贝推广区（自动）
+ 添加模块
+ 添加模块
店铺页尾
店铺尾部
保存
取消并返回店铺装修

图 6-52

此时只要按住鼠标左键不松开，就可以上下拖动此模块，调整其在整个页面中的排列位置，这就是比较方便的一个功能了。并且每个模块右侧都有一个关闭按钮 ×，单击此按钮就表明要取消添加此模块。

但在这里要提醒读者，这里所做的任何操作，如果不单击布局页面中的“保存”按钮，系统是不会保存的。另外进行操作之后，如果对本次的调整不是很满意，在没有保存之前也可以通过单击“保存”按钮旁边的“取消并返回店铺装修”超链接恢复原状。

（2）模块的管理

在淘宝中，页面是由各种指定模块填充起来的。一个页面中要显示哪些模块，就需要对页面进行布局，模块就是淘宝店铺装修的最基本单位。

下面介绍店铺的首页装修页面的操作（当然不同的页面所允许添加的模块是不相同的，其中首页中所允许添加的模块最多，所以这里就以首页中的模块为例来说明这个问题，其他页面中的模块操作可按同样步骤进行），如图6-53所示。

在整个页面中，不论是左侧页面还是右侧页面，都是由一个个的方块组成的，这些方块有大有小，在淘宝店铺装修中，我们称之为模块。整个页面就是由这些模块组成的，当然模块分为两种，一种叫做系统模块，一种叫做用户模块。可以试着把鼠标在这些模块上移过，当鼠标经过的地方不发生变化，就是系统模块。在装修时，系统模块是不允许进行装修操作，如图6-54所示。

图 6-53

图 6-54

如果鼠标经过时，该区域会高亮反显，这就是用户模块。这些用户模块是允许卖家装修的，如图 6-55 所示。

图 6-55

对于这些用户模块除了光标在其上会高亮显示之外，在模块顶端还多了一些内容，也就是四个按钮（根据模块的不同，按钮数目会相应的减少）。

编辑按钮编辑：如果模块上面有这个按钮，就意味系统允许卖家对这个模块的内容进行修改和指定，也就是允许卖家对其进行装修。当单击此按钮，系统就会根据模块性质弹出相应的设置框，可以在其中进行定义此模块的显示样式，从而达到装修的目的。

上移按钮：每单击一次此按钮，其所在的模块在页面中的位置就上移一个模块位。

下移按钮：每单击一次此按钮，其所在的模块在页面中的位置就下移一个模块位。

删除按钮删除：每单击一次此按钮，就可以删除当前模块，让其从当前页面上消失。

而这四个按钮正是用户模块特有的，所以在店铺装修操作中，只要看到模块上有这几个按钮，就意味着此模块可以进行装修操作。

（3）常见模块使用说明

由于模块是店铺装修中的最小单位，那么要想出色地完成店铺的装修任务，就必须要熟悉各个模块的基本使用，所以下面具体介绍标准版旺铺各个常用模块的使用。

① 店招

位于首页装修页面最上方的区域就是店招模块，如图 6-56 所示。

图 6-56

单击“编辑”按钮，系统就会自动弹出一个店招“编辑内容”对话框，如图 6-57 所示。

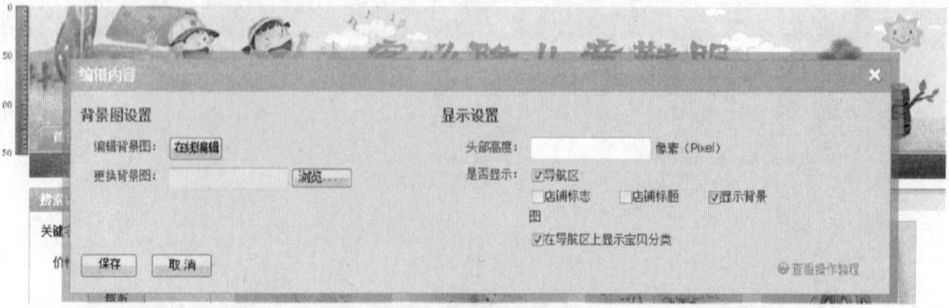

图 6-57

从图 6-57 中可以看出，整个店招设计区包含了三个部分，第一个部分是背景图设置。事实上背景图就是店招，如果事先已经在本地计算机制作好了店招图片，就可以单击“浏览”按钮，此时系统就会弹出一个名为“选择要加载的文件”的对话框，如图 6-58 所示。

在此对话框中选中已经制作完毕的店招图片文件，单击“打开”按钮，此时就可以看到“更换背景图”右侧的文本框中就已经显示出来，如图 6-59 所示。

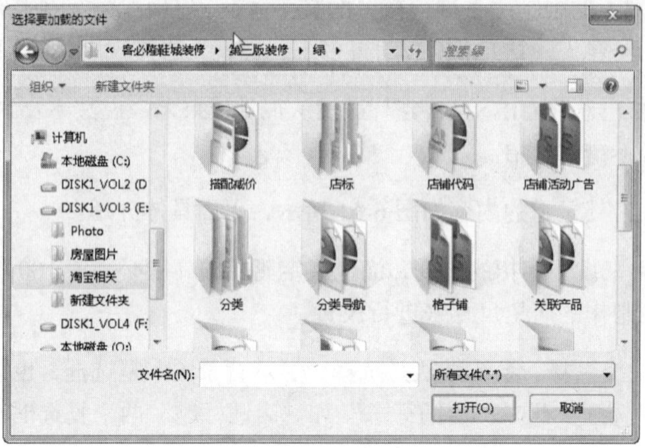

图 6-58

图 6-59

除了可以在本地计算机自行制作店招上传之外，淘宝也允许卖家在线制作店招。在如图 6-57 所示的“编辑内容”对话框中有一个在线编辑按钮。单击之后，系统就会进入淘宝在线的 Banner Maker 制作平台，在此平台上汇聚了很多优秀的店招，可以在线制作一个并应用到店铺中，如图 6-60 所示。

以前淘宝刚推出这个 BannerMaker 平台时，为了拉拢人气，提供了免费的店招模板，现在这个平台成熟，就开始收费了。

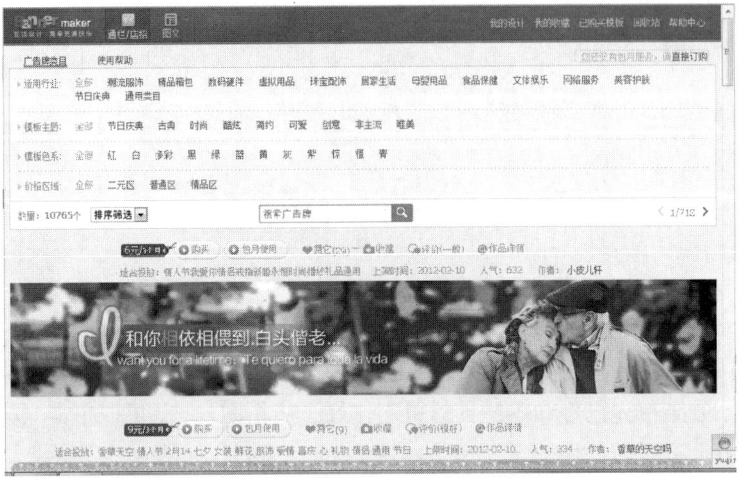

图 6-60

很多专业设计师的店招设计得非常精美，但这里有很大一个弊病，那就是利用这些现成的模块没有让卖家可以发挥的余地，都是在别人的限制之下进行简单的文字替换。更何况淘宝网上有这么多店家，每个人都来这里寻找自己的店招，一个店招模板用得多了，也就无法体现店铺的特点。

因此笔者一直都坚持用 Photoshop 自己制作 GIF 动画店招，虽然从视觉效果上来说其不及 Flash 动画，但是 GIF 动画也能够制作出非常不错的店招。

店招中第二个区域就是显示设置区，其显示的内容如图 6-61 所示，下面具体介绍。

- “头部高度”文本框：此文本框用来设置店招的高度，淘宝规定店招的高度必须为 100 像素到 150 像素。读者可以根据自己制作的店招尺寸来进行设置。
- “是否显示”选项区：在这里有几个选择，系统默认是选择“显示背景图”复选框，也即显示店招图片。如果取消勾选此复选框，此时“店铺标志”和“店铺标题”两个复选框就变为可用状态了，如图 6-62 所示。

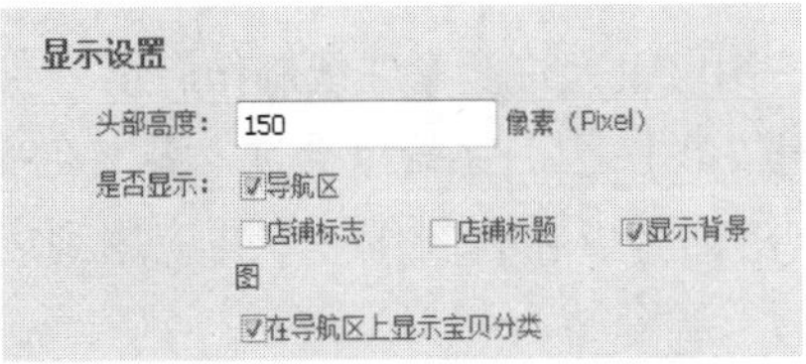

图 6-61

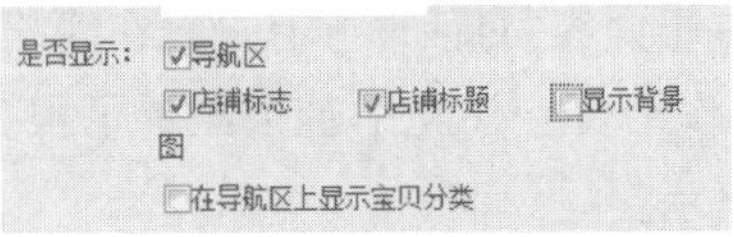

图 6-62

- 如果勾选“店铺标志”复选框，则在店招区会显示卖家自己的店标，如果勾选“店铺标题”复选框，则在店招区显示店铺名称。另外如果勾选“在导航区上显示宝贝分类”复选框，则在导航区上显示一个全部分类标签页，如图 6-63 所示。

图 6-63

当把鼠标光标移到店铺全部分类上，就会弹出分类列表框，其中就会显示店铺中所有的商品类目，单击之后就可以跳转到所选择的类目列表中。

在这店招编辑区对店招做了更改后，如果想确认更改操作，必须要单击“保存”按钮。如果对此次操作不满意，可以单击“取消”按钮，放弃本次店招的编辑操作。

② 自定义内容区

自定义内容区可以通过编辑器输入文字、播入图片，也可以在编辑器的源代码编辑模式下输入 HTML 代码，由于其中的内容丰富多变，可以让卖家自由编辑，它已经成为店铺装修中使用最多的模块，所以从某种程度上来说，要想体现店铺的装修档次，最关键的就在于卖家是否使用了自定义区，并且是否用好它。

鉴于自定义区模块在店铺装修的重要性，下面进行详细介绍。

首先在店铺装修页面中增加一个自定义区，设置好位置并保存。保存成功之后，在页面中，将光标移到该自定义区之上就会出现如图 6-64 所示的内容。

图 6-64

单击顶端的“编辑”按钮，系统此时会弹出“编辑内容”对话框，如图 6-65 所示。

图 6-65

这个“编辑内容”对话框中共有三个区域，第一个区域是标题区，如果选择了“显示标题”并在模块标题文本框中输入了标题，那么发布之后此自定义区将在顶端显示所设置的标题。

第二个区域是工具栏，此处的工具栏中共有 22 个工具。前 15 个工具都是文字编辑工具，利用这些工具可以对内容编辑区的文字进行编辑，这里就不特别说明了，下面主要介绍后面几个工具，这是卖家要经常使用的。

“超级链接”按钮：此按钮用来设置超链接。这里的超链接是指对内容编辑区中的文字或图片设置相应的超链接。下面举例说明。

在内容编辑区中输入“客必隆儿童鞋服”，如图 6-66 所示。然后选中此文字，并单击按钮。

图 6-66

此时系统就会弹出“插入链接”对话框，如图 6-67 所示。在此对话框中的链接地址文本框中填入要链接的地址，并选择“在新窗口中打开”复选框，如果选择了此复选框就表明要求浏览器重开窗口显示链接的对象。当然如果原来所选中的对象上面存在着超链接，在此处也可以修改链接地址，并且还可以单击“移除链接”按钮来取消我们选中内容上所附加的超链接。

“插入图片”按钮：单击此按钮，可以在自定义内容区中插入图片，此时系统会弹出“图片设置”对话框，如图 6-68 所示。

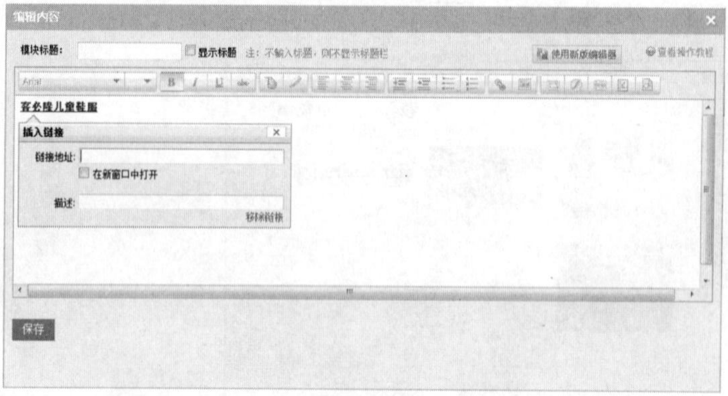

图 6-67

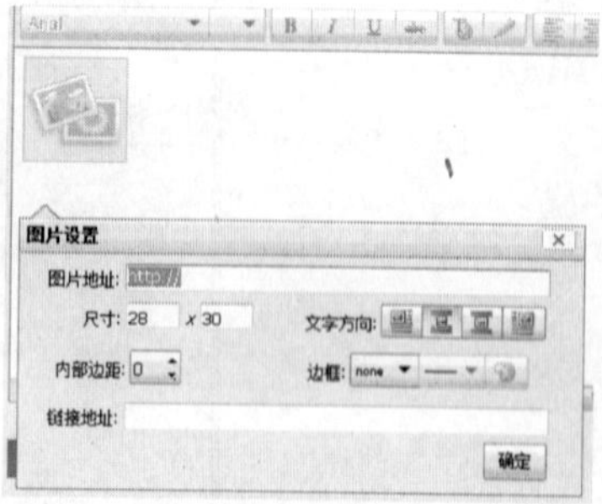

图 6-68

在“图片地址”文本框中输入图片的地址，这里要求是图片的网络地址，而不是本地计算机上图片的存放位置。图片尺寸可以按自己的需求进行设置，如果不设置就默认使用原图片的尺寸。内部边距指的是图片之间的间隔距离。边框就是指所添加的图片是否需要边框，如果需要边框，就可以指定边框线的粗细、边框线的类型及边框线的颜色。对话框的最下面是图片的链接地址，如果需要将此图片设置超链接，就可以在此填入超链接的目标地址。所有的内容设置完毕之后，单击“确定”按钮可以将一张图片插入到内容编辑区中。

“插入图片空间中的图片”按钮：单击此按钮可以插入图片空间中的图片。此按钮专门是用来插入淘宝图片空间中的图片，而“插入图片”按钮则可以插入所有图片空间的图片（前提条件是支持淘宝外链）。单击此按钮，可以看到此时界面就发生了变化。在编辑内容区的下方就会多出空间图片的选择区，如图 6-69 所示。

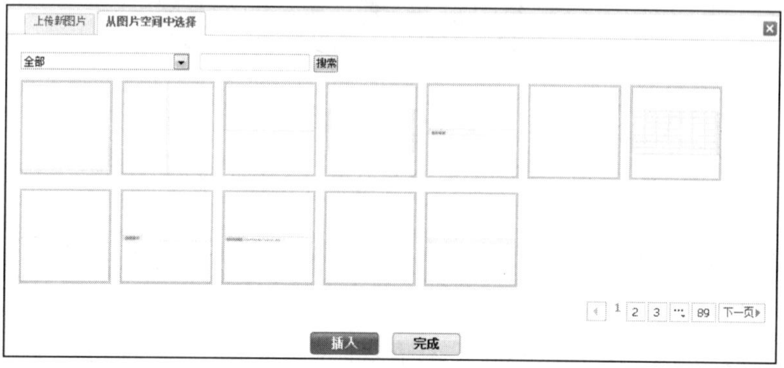

图 6-69

那么在这里可以选择已经上传到淘宝图片空间中的图片，也可直接上传新图片到淘宝图片空间中然后使用。

“插入 Flash”按钮：此按钮是用来插入 Flash 空间中的 Flash。单击此按钮之后，在编辑内容区的下方就会出现 Flash 空间选择区，界面如图 6-70 所示。

图 6-70

在空间中选择所需要的 Flash，单击“插入”按钮即可。但要想使用这个功能，要先申请开通 123show 服务。

“插入视频”按钮：此按钮用来插入视频文件到自定义内容区。单击此按钮之后，在编辑内容区的下方就会出现我们所订购的视频空间，如图 6-71 所示。

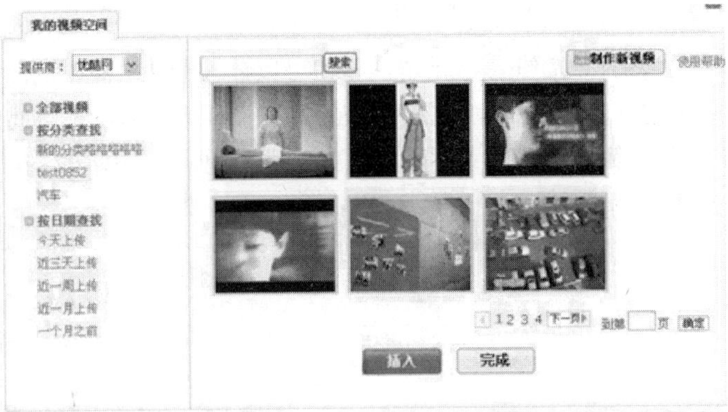

图 6-71

在视频空间中选择所需要的视频文件，单击“插入”按钮即可。但要想使用这个功能，要先申请开通视频服务。

“编辑元素”按钮：现在在淘宝上，有很多店铺装修认证设计师，他们都设计出很多成套的模板，放在淘宝的店铺装修市场中出售，并且这些模板使用的是 SDK 制作。因为这类模板能突破目前淘宝对个人卖家装修的诸多限制，能达到更好的效果。也正是因为这一点，要想使用这类模板，需要花大价钱购买。如果我们店铺使用的是这种在店铺装修市场上购买的模板，在对其进行修改时可能要使用这个按钮。本书所讲的店铺装修不涉及此内容，故而这里不对这个按钮做过多的说明。

“编辑 HTML 源代码”按钮：此按钮用于编辑 HTML 源代码按钮。在默认状态下自定义内容区的编辑区是常规文本编辑区，此时可以在其中输入文字、插入图片、Flash 及视频文件，并且在这种状态下工具栏的 22 个按钮均可使用。

当单击“编辑 HTML 源代码”按钮，此时自定义内容区窗口发生变化，如图 6-72 所示。

此时工具栏中的 22 个按钮只剩下编辑 HTML 源码按钮是可用的。这表明现在内容编辑区只能进行 HTML 源代码输入，这有点类似 Deramweaver 的代码设计窗口了。店铺的装修模板的代码就必须在这种状态下才能放置到自定义区，否则模板是不能直接使用的。

事实上自定义内容编辑区是一个二合一的编辑窗口，在一般情况下它是一个文本编辑窗口，在其中输入任何内容，系统都会认为你所输入的内容就是普通的文本，哪怕你输入的是 HTML 源代码，系统也认为它是普通文本，按照普通文本来显示。

这里有一段已经做好的促销区代码，在普通模式下将这段代码放入到编辑区中看一看有什么结果，如图 6-73 所示。

图 6-72

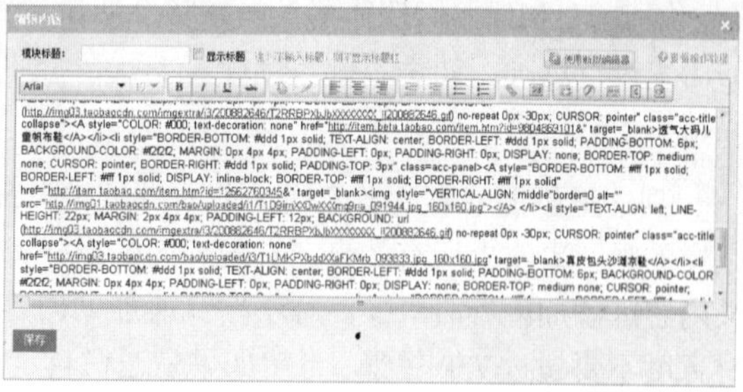

图 6-73

将这些代码放入之后，单击“保存”按钮，此时输入的内容就会在自定义内容区显示，如图 6-74 所示。

本来这里放入的是一段已经制作好了的促销模板 HTML 源代码，结果还是显示的是代码内容，并没能出现我们所制作出的模板，原因就在于在文本编辑模式之下，我们所输入的任何内容都是作为普通内容原样显示。

但是当单击“编辑 HTML 源码”按钮之后，此编辑窗口将变成 HTML 编辑器，它会将所输入的内容作为 HTML 代码来进行转换。在这种状态下，将上面的代码放入编辑区中看一看效果，如图 6-75 所示。

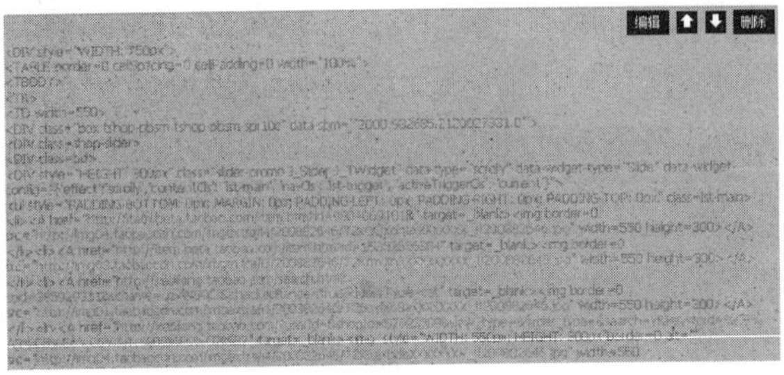

图 6-74

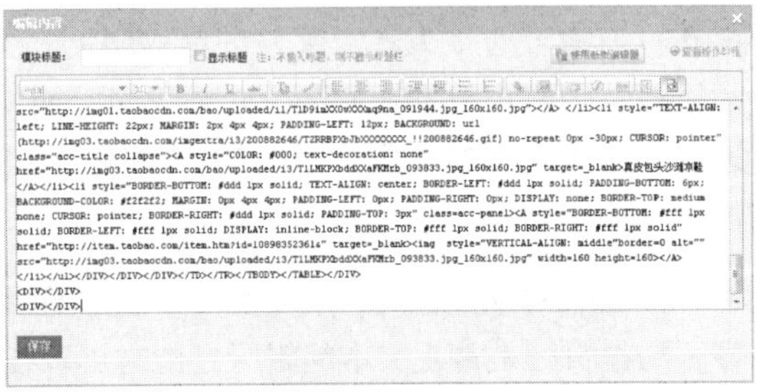

图 6-75

为了查看效果，再次单击“保存”按钮，效果如图 6-76 所示。

图 6-76

此时系统就正确地解读了输入的内容，把我们所制作的模板显示出来。从这两种情况对比来看，编辑 HTML 源码按钮就是一种状态切换按钮，每按一次状态就发生转化，我们可以根据自己的需要进行选择。如果想输入普通文本就在普通模式之下工作，如果想输入 HTML 源码，就在源码编辑模式之下工作，千万不要弄错了！

到这里可能就有读者会问，前面讲了半天都是右侧自定义内容区，那左侧自定义内容区是什么样的呢？事实上所有的自定义内容区的操作都是完全一致的，只不过位置不同，我们在左侧自定义内容区添加内容时只要注意不要让所加的内容宽度超过 190 像素；在右侧自定义内容区添加内容时宽度不要超过 750 像素；当然如果是通栏自定义区宽度就不要超过 950 像素，只要保证了这个尺寸，就可以保证自定义内容区会完美显示出来。

③ 图片轮播

下面先看一个截图，如图 6-77 所示。

图 6-77

这种广告图片的最大特点是会不断地轮换显示不同的商品，并且每个图片上都可以添加链接。这就是图片轮播功能！在以前的旺铺中是没有这个功能的，从网络编程的角度来讲，实现这个效果是很容易的事儿，但是必须利用一定的代码来进行控制。现在淘宝系统升级了，对于标准版旺铺提供了图片轮播的模块，现在就可以利用这个模块来实现图片滚动展示的效果。

下面来看一看图片轮播模块的使用。

首先在页面中增加一个图片轮播模块。在添加模块页面中找到图片轮播模块，将其添加完毕之后保存布局修改，然后就可以在页面中看到出现图片轮播模块了，如图 6-78 所示。

单击此模块右上角的“编辑”按钮，此时系统就会弹出图片轮播模块的“编辑内容”对话框，如图 6-79 所示。

图 6-78

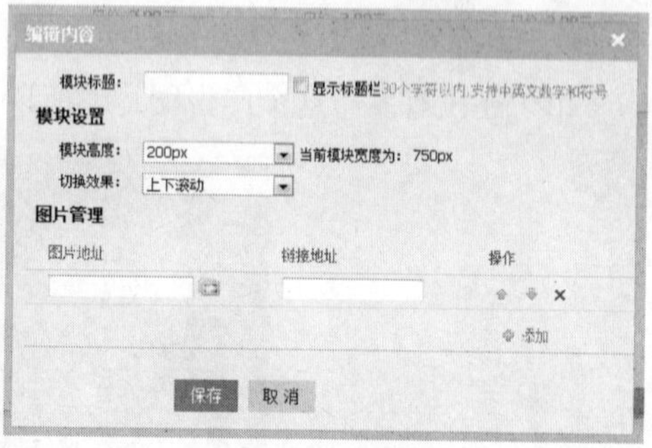

图 6-79

在这里主要由以下几个部分可以设置。

- 模块标题：用来设置此图片轮播的显示标题，系统默认是不显示的。
- 模块高度：在这里图片轮播的宽度是系统自定的，由于这里添加的是右侧轮播模块，所以宽度为 750 像素。为了使自己的图片展示效果达到最佳，在使用时就一定要注意自己的广告图片的尺寸。这里的高度尺寸按图片的实际像素来进行设置。
- 切换效果：主要是用来指定每两幅图片切换时的特效。在这里主要有两种选择，即上下滚动和渐变滚动。
- 图片地址：这里指的是已经做好的并上传到图片空间中的广告图片。
- 链接地址：这里指的是广告图片的链接目标地址，设置之后就可以在单击图片时进行引导浏览器打开目标页面。其中在这里还有上移、下移、删除及添加按钮，这些按钮是用来对图片进行上下位置移动、删除及添加的。

下面现在已经设定三个广告图片进行轮播，设置如图 6-80 所示。

设置完毕之后一定要单击“保存”按钮。此时在装修页面就可以看到如图 6-81 所示效果了。

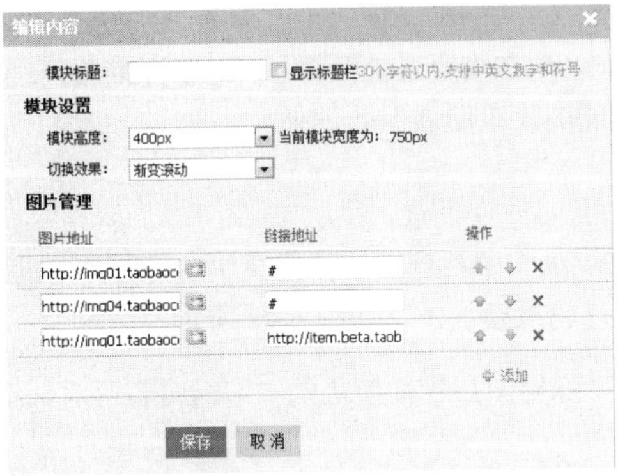

图 6-80

图 6-81

由于还没有发布这个广告图片，所以看不到实际效果，现在预览一下吧，如图 6-82 所示。

图 6-82

3．模板

如图 6-83 所示的是淘宝模板管理页面。

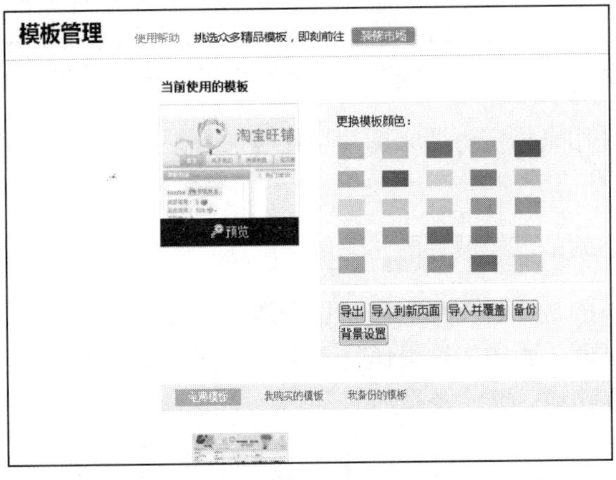

图 6-83

从图 6-83 可以看出，模板管理主要分为三个功能区，下面分别来介绍。

（1）更换模板颜色

这里的更换模板颜色操作，实际上也就是在以前的旺铺版本中的设定自家店铺的主色调。只要将光标定位到任何一个色块之上，可以在预览区看到效果，同时在色块上会显示当前色调的名称，如图 6-84 所示。

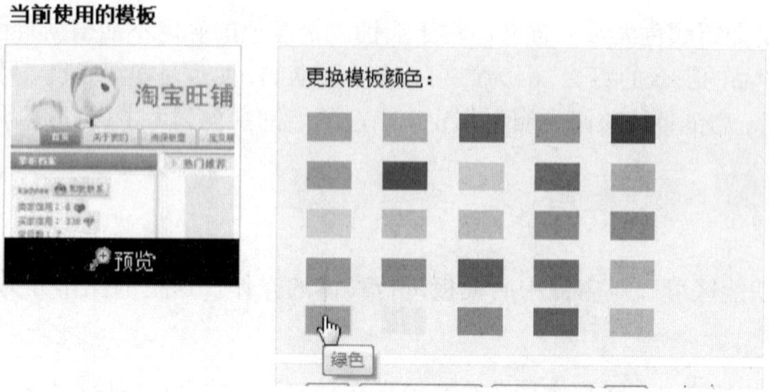

图 6-84

如果对当前预览效果感到满意，就直接单击该色块，整个店铺的色调就变成了所选择的颜色，之后可以在真实环境下预览店铺的效果，如果合适就应用此主色调，从而就完成了主色调的选择，非常简单！

这里要注意对店铺主色调的选取。因为店铺中色彩的选取是非常重要的，比如蓝色和绿色让人感到清爽，黄色和粉色让人感到温暖；过节的时候，可以用鲜亮的颜色，像大红色来装饰店铺，这样显得非常喜庆。在淘宝上开店，进行店铺装修时也要注意颜色的协调性，只有这样才能够吸引买家的眼球。

为了便于各位卖家能选择出适合自己店铺的颜色，下面介绍几种主要颜色的通用含义。

- 橙色：橙色具有明亮、华丽、健康、欢乐的色感，通常会给人一种朝气与活泼的感觉。
- 黑色和灰色：黑色可以代表时尚，与各种颜色搭配都会显得酷感十足，而高级灰也是品质的象征。
- 蓝色：蓝色使人很自然地联想起大海和天空，使人产生一种开阔清凉的感觉。同时它还能够表现出和平、淡雅、洁静、可靠等多种感觉。
- 绿色：绿色具有青春、健康、自然、亲切的感觉。
- 粉色：粉色是女性的颜色，给人以温柔、温馨、亲切的感觉。

- 紫色：紫色代表着神秘和尊贵。
- 红色：红色容易引起人的注意，也容易使人兴奋、激动、紧张。
- 黄色：黄色的光感最强，给人以光明、辉煌、轻快、纯净的印象。黄色可以带给人崇高、智慧、神秘、华贵的感觉。
- 褐色：褐色通常用来表现原始材料的质感，或用来传达某些饮品原料的色泽及味感。

当然这里只是介绍颜色大致的含义，对于店铺风格颜色的确定不能根据自己的喜爱，应该主要考虑自己经营产品的受众的感受，因为产品是卖给受众的，而不是卖给自己。另外还要注意一点，确定了主色调之后，店铺整体装修的颜色都要以自己的店铺主色调为主进行协调搭配，这样才能取得好的效果。

（2）模板管理

在模板管理功能区可以对店铺中的模板进行具体的操作。这里的操作分为五种，如图 6-85 所示。

导出：单击此按钮可以将布局完毕的页面模板在指定的地方进行备份存档。单击此按钮之后，系统会弹出“导出”对话框，如图 6-86 所示。

图 6-85

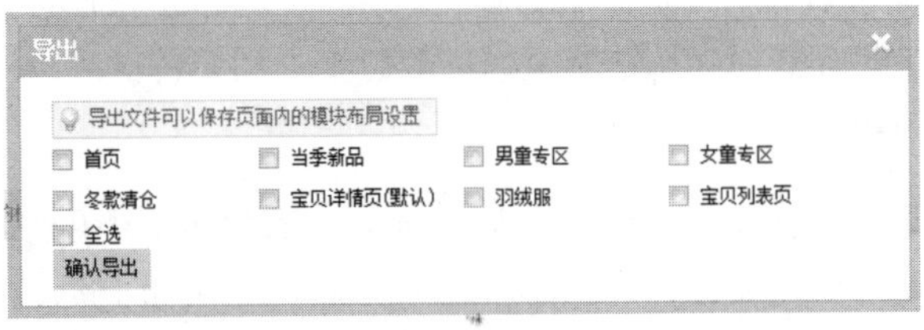

图 6-86

这里会显示当前店铺中存在的所有页面，可以任意选择所需要的页面，单击“确认导出”按钮，此时系统会弹出“文件下载”对话框，如图 6-87 所示。

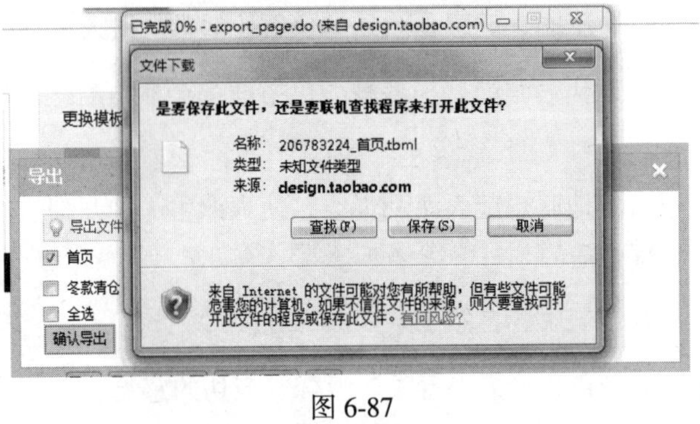

图 6-87

只需要在这个对话框中单击“保存”按钮，系统会弹出“另存为”对话框，如图 6-88 所示。

图 6-88

在这里指定这个导出页面的名称和存放位置，单击“保存”按钮即可。

导入到新页面：单击此按钮可以使用原来备份的页面模板生成一个和原页面布局完全一致的新页面。单击此按钮，系统会弹出如图 6-89 所示的“导入到新页面”对话框。

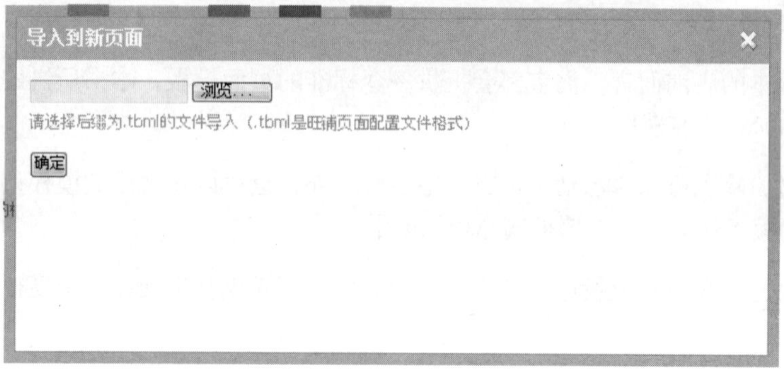

图 6-89

只需要单击此对话框当中的“浏览”按钮，选择好以前备份的页面模板，再单击对话框中的“确定”按钮就可以在店铺中生成一个和备份页面布局完全相的新页面。

导入并覆盖：单击此按钮可以把备份好的页面模板覆盖所指定的页面。单击此按钮，会显示如图 6-90 所示的“导入并覆盖”对话框。

这里只要选择好导入的文件，并指定要覆盖的页面，单击“确定”按钮即可。

备份：单击此按钮对整个店铺所用的页面进行打包备份。单击此按钮，系统会弹出“备份模板”对话框，如图 6-91 所示。

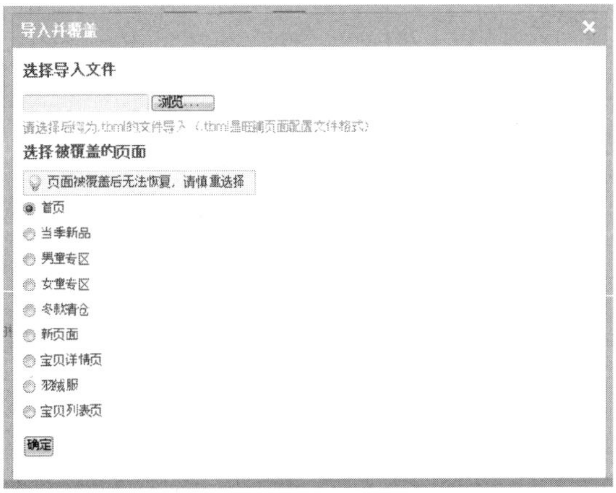

图 6-90

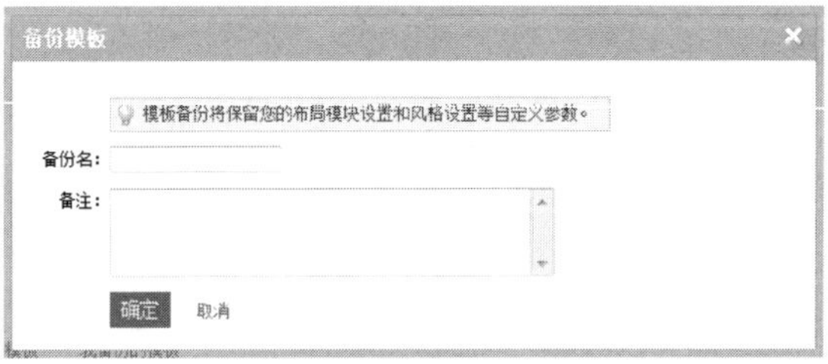

图 6-91

在这个对话框中为自己的备份取一个名称，并可做出详细的备注说明。

背景设置：单击此按钮可以让更改店铺的页面和页头背景颜色和背景图片并加以应用。当然这个功能只能在旺铺拓展版及其以上版本中使用，旺铺标准版是不可使用的。单击此按钮会显示如图 6-92 所示的内容。

（3）模板选择

对于任何版本的店铺而言，淘宝都会提供一套标准的页面模板，本书所讲解的就是在淘宝允许的情况下，如何对标准模板进行装修。

在前面说过，除了可以自己动手进行店铺装修之外，也可以在现成的模板市场直接购买。那么我们所购买的模板就会出现在模板选择功能区中。

另外淘宝也允许我们对模板进行备份，备份之后的模板也会出现在这个模板选择功能区，如图 6-93 所示。

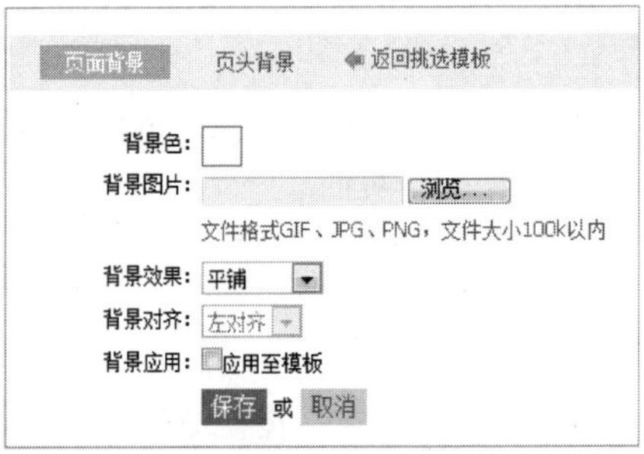

图 6-92

图 6-93

只需要选中所需要模板，单击该模板下的“应用”按钮就可以完成整个店铺模板的更换。

4．其他菜单选项的功能简介

在店铺装修管理平台，除了前面所讲的三个最主要的菜单选项之外，还有其他的几个菜单项。由于这剩下的几个菜单选项功能比较单一，这里只是做简单的介绍。

查看店铺：单击此按钮，系统就会直接打开当前正在装修店铺的首页。

还原：单击此按钮，系统就会弹出“还原”对话框，如图 6-94 所示。

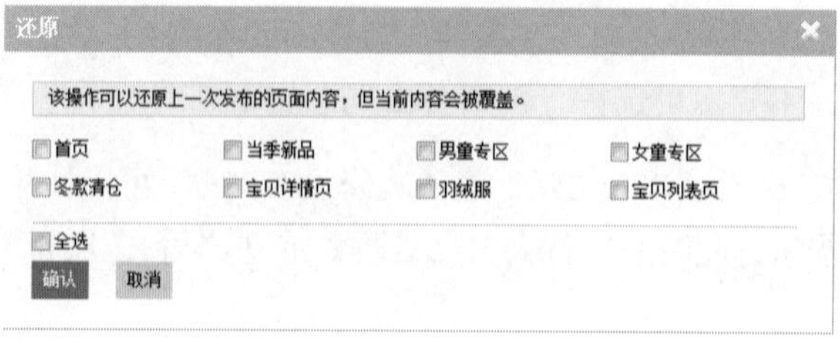

图 6-94

使用这个对话框，可以让店铺的全部或部分页面恢复到最近一次成功装修之前的面貌。

预览：在装修店铺时，店铺页面的布局只是在后台发生变化，由于种种原因，有时我们可能并不想让未成熟的装修成果展现在买家面前，而又想在浏览器中看一看实际效果，此时单击“预览”按钮就可以在模拟真实环境中查看装修效果。如果预览效果不满意可以随时返回进行修改，不会对买家的浏览产生任何影响。单击此按钮之后，系统会显示如图 6-95 所示的界面。

图 6-95

发布：单击“发布”按钮之后，就是告诉淘宝：我们的店铺已经进行了装修，再有买家来浏览我们的店铺，就会把我们最新的效果展现出来。单击此按钮之后，系统会弹出“发布”对话框，如图 6-96 所示。

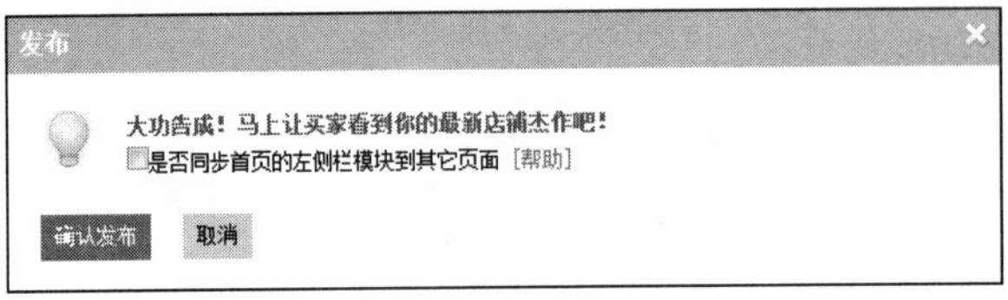

图 6-96

在这个对话框中有一个“是否同步首页的左侧栏模块到其他页面”复选框。如果选择此复选框，就意味着店铺首页左侧的模块会出现在店铺所有页面的左侧。是否选择这个复选框就要视店铺的装修的具体情况来定，不要盲目选择，否则会出现意想不到的效果！

当如图 6-97 所示的这个界面出现之后，确认装修没有问题，可以让买家看到我们装修的效果，直接单击“确认发布”按钮，此时系统就会自己处理，成功之后，“发布”对话框会变成如图 6-97 所示的界面。

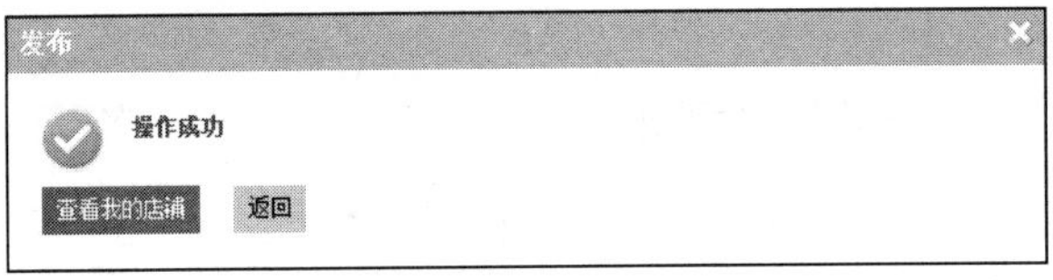

图 6-97

此时店铺装修工作大功告成了！

6.3.3 图片空间

所谓图片空间，即用来存储图片的网络空间，而网络空间多是由专业的 IT 公司提供的网络服务器，我们之所以能够浏览到的别人的网页上面所有的图片、动画、文字，包括后台程序等内容，都由专门的服务器来存放。特别对于网上开店的人来说，只有把自己宝贝的图片上传到图片空间中，其他买家才能看到，如果不上传，只能自己才能看到。

目前用于存储网店商品图片的空间主要有三大类，即官方图片空间、第三方收费空间和免费空间。

（1）官方图片空间

官方图片空间也就是淘宝网提供的图片存储空间，利用此空间能迅速提高页面和宝贝图片打开速度，从而提高买家单击宝贝数量，进而提高宝贝曝光度，实现销售额增长。

并且淘宝官方图片空间拥有以下几个特色。

① 淘宝官方图片存储空间。

② 开店即永久享受免费 30MB 的图片空间。

③ 支持高速上传功能，一次同时上传 200 张图片。

④ 图片空间过期，宝贝图片仍可显示。

⑤ 原图存储，提供多种尺寸的缩略图。

⑥ 多重数据备份，保证灾难性恢复，减少损失。

⑦ 防盗链，并可支持外链，不限流量。

⑧ 宝贝图片可自动批量添加水印。

（2）第三方提供的图片空间

第三方提供的图片空间也就是除淘宝之外其他服务商所提供的收费空间，这类空间的稳定性比淘宝官方可能欠缺一些，但是完全符合卖家的使用需要。目前第三方提供的空间很多，卖家在选择这类图片空间时不仅仅要看价格，还要看服务。现在比较好的图片空间有巴巴变相册、芭芘豆相册及淘小宝相册。

（3）免费的图片空间

这类空间在网上很容易找到，在以前使用比较多的就是 51.com 个人图片空间了，但是此空间已经正式宣布普通用户禁止外链图片作为商用，如果要将图片商用就必须开通 VIP 会员服务方可继续使用，如果不想付钱的只有再另辟它地了。寻找服务好并且永久免费的图片空间是很难的，即使找到了，这些空间不仅不安全，而且还极度不稳定，何必为了一年几十元钱而整天心惊胆战的呢？

在“我的淘宝”中所出现的图片空间当然就是指淘宝自己的官方图片空间。下面介绍一些淘宝图片空间管理的功能。

当用鼠标单击“图片空间”选项时，在页面中就会显示如图 6-98 所示的内容。

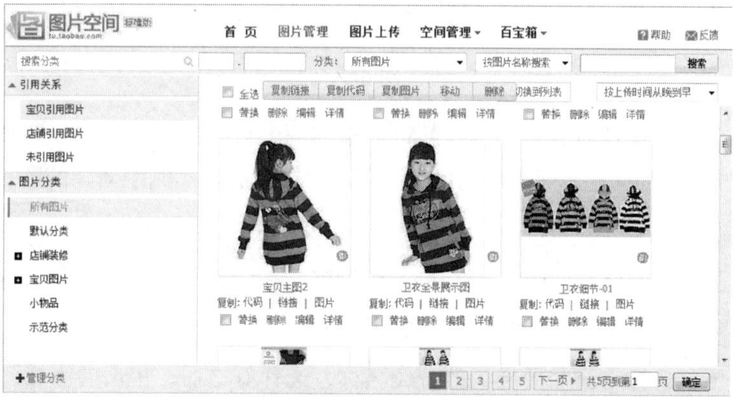

图 6-98

当进入淘宝图片空间之后，默认显示的是淘宝图片空间的图片管理界面。在这个主页中可以看到已经存储于空间中的图片。

1. 分类管理

把图片上传到空间中为了方便使用，可以把图片空间中的图片分门别类地管理起来，类似计算机中的文件管理。

在图片空间的图片管理界面中，左侧显示的都是一些图片的分类，在这里可以根据自己的需要进行创建。创建的方式有两种，一种就是单击图片管理界面下方的“管理分类”按钮，或者通过界面上方的空间管理菜单中的“分类管理”菜单项。

不管通过哪种方式，进入分类管理之后，会显示如图 6-99 所示的页面。

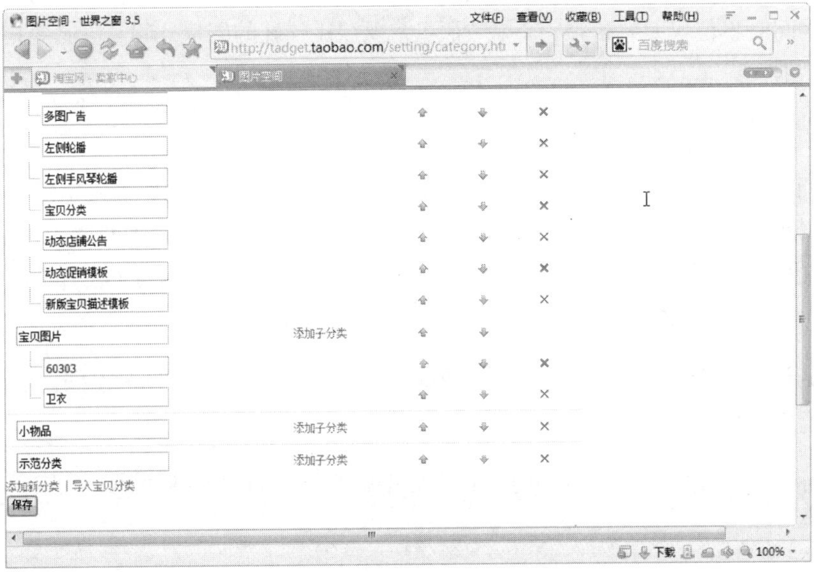

图 6-99

在此页面中单击“添加新分类”按钮就可以添加一个新的分类，将此分类命名，并单击“保存”按钮即可完成分类的新建。保存成功之后，在页面中就会显示刚刚新建的图片分类目录，如图 6-100 所示。

如果单击“导入宝贝分类”按钮，系统就会弹出“导入宝贝分类”对话框，在这个对话框中，会列举出当前店铺中的所有宝贝分类，如图 6-101 所示。

可以根据需要，选择自己需要导入的分类名称，选择好之后，单击“添加”按钮，就可以把相应的宝贝类目作为图片空间的分类名称导入进来。

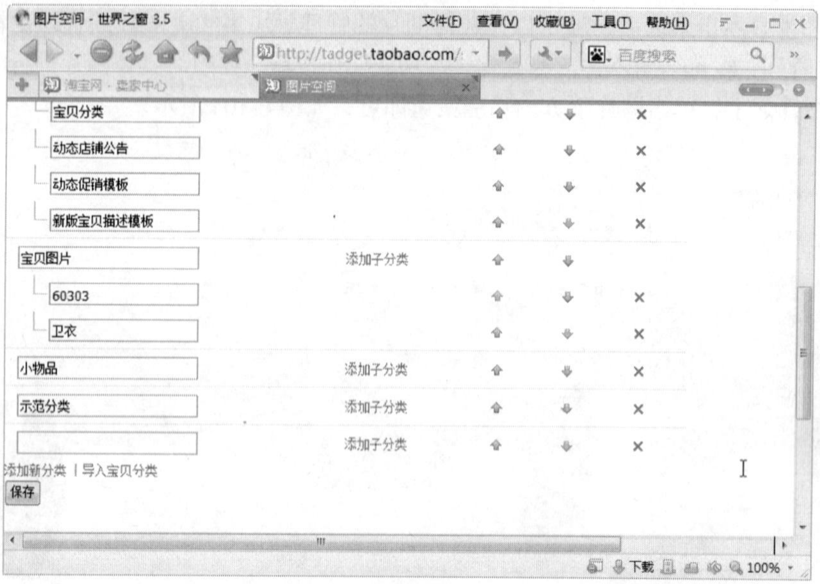

图 6-100

在这个页面的图片分类右边，还可以看到“添加子分类”按钮。在淘宝的图片空间中，图片分类的管理采用的是二级目录方式，这样可以更方便我们对图片进行分类管理。

除此之外，在目录项的右侧还可以看到如图 6-102 所示的按钮。

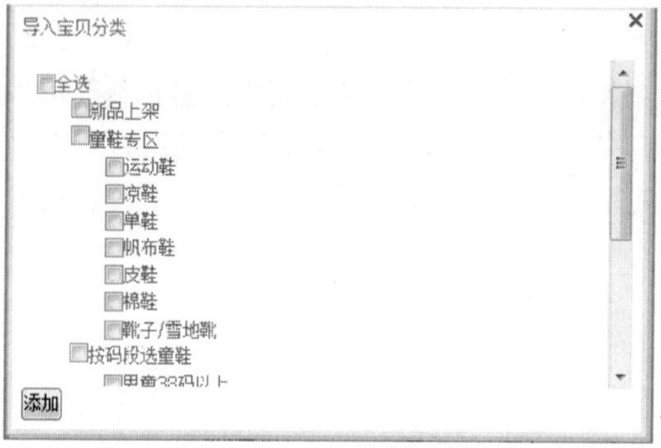

图 6-101

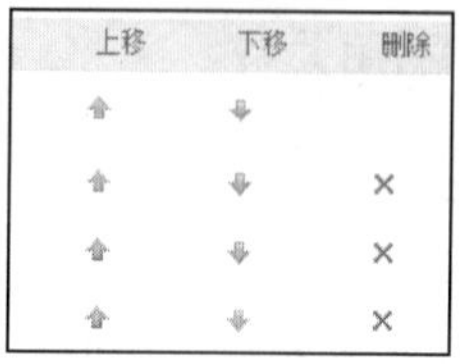

图 6-102

这个就不需要再做说明了，使用这几个按钮可以分别实现目录项的移动和删除。不过要想这些变动能生效，前提是操作之后记得单击“保存”按钮。

2．图片管理和使用

由于淘宝图片空间中的图片是以分类为单位进行管理的。我们所上传的图片都是放置在事先设定好的分类中，单击任何一个分类，都可以将该分类之下的所有图片都显示出来，如图 6-103 所示。

当这些图片显示出来之后，就可以完成对图片的管理了。事实上图片的管理比较简单。在图 6-103 中可以看到，在每个图片之下都有具体的功能操作按钮。要想对具体图片进行管理，只需将鼠标移到该图片之上，单击图片下方的功能按钮即可，如图 6-104 所示。

图 6-103

图 6-104

（1）替换：在图片的使用过程中，可能存在这样的问题，即有一张图片已经制作完成并上传到图片空间中，并且已经在店铺中使用了。过了一段时间，对于这张图片想做一些修改。一般的做法就是把原来上传的图片删除，然后把重新制作的图片再次上传。但在实际使用中，假如这张图片是一个比较复杂模板中的一部分，如果贸然删除这个图片，那么整个模板的显示就会出现问题，因为模板中引用的这个图片已经被删除，即使现在重新上传，也需要花费很多的精力去修改这个被破坏的模板。为了避免这种问题的发生，可以使用替换功能，用新图片将原有的图片替换掉，而不改变图片的引用关系。

当单击“替换”选项时，系统弹出“图片替换”对话框，如图 6-105 所示。

在这个对话框中单击“浏览”按钮，在本地计算机上找到需要重新上传的图片，之后单击该对话框中的“确认”按钮就可以完成图片的替换工作。

（2）删除：单击这个选项可以完成将删除图片。此时系统会弹出一个提示对话框，如图 6-106 所示。

在此对话框中，单击“确定”按钮就可以完成图片的删除任务。但有一点要说明，这里的删除，只是把该图片放在图片空间的回收站中，并没有真正从图片空间中将其清除。

（3）编辑：单击此选项后，系统引导我们进入一个授权界面，如图 6-107 所示。

图片替换
浏览...
添加水印（图片替换后，24小时内生效）
确认
取消

图 6-105

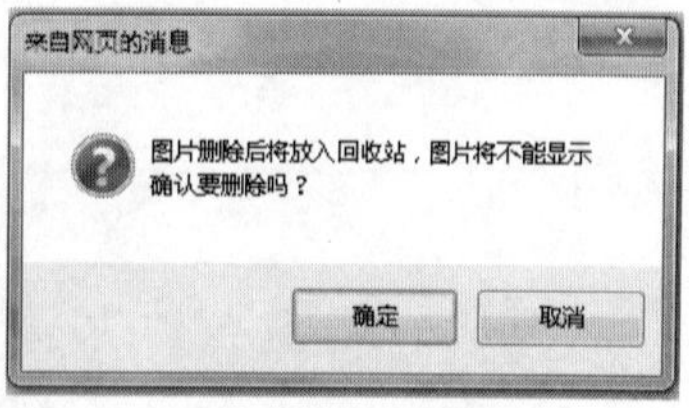
来自网页的消息
图片删除后将放入回收站，图片将不能显示
确认要删除吗？
确定
取消

图 6-106

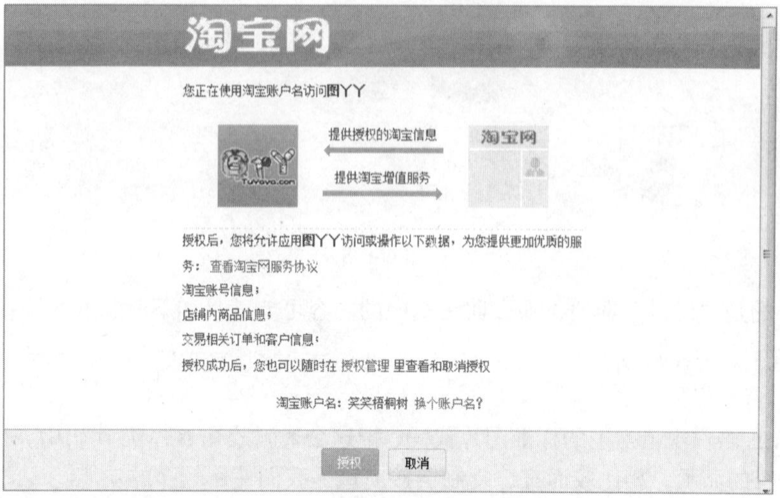
淘宝网
您正在使用淘宝账户名访问图YY
提供授权的淘宝信息
提供淘宝增值服务
淘宝网
授权后，您将允许应用图YY访问或操作以下数据，为您提供更加优质的服
务：查看淘宝网服务协议
淘宝账号信息；
店铺内商品信息；
交易相关订单和客户信息；
授权成功后，您也可以随时在 授权管理 里查看和取消授权
淘宝账户名：笑笑梧桐树 换个账户名？
授权
取消

图 6-107

这表明我们编辑的图片是借助第三方在线工具操作的，因此这里淘宝需要我们对这种操作进行授权。这种在线工具的具体使用，这里不进行说明，读者如果有兴趣，可以自行试一下。

（4）详情：在默认情况之下，淘宝空间的图片都是以大图标的形式集中展现的。如果想单独查看某种图片的详细情况，可以单击“详情”选项。之后就可以进入到单张图片的管理界面，如图 6-108 所示。

其中在这里有一个特别的地方要说明一下，在图片详情中，淘宝图片空间对所有图片同时提供了多达 9 种不同尺寸的调用链接，可以根据自己的需要灵活选用。

（5）复制：在淘宝图片空间中对图片的调用都是通过调用图片在空间中的网络地址。为了方便获得图片在空间中的网络地址，淘宝图片空间特意提供了复制功能。在这里，复制主要分为两种，一种为复制链接，一种是复制代码。这两者之间有什么不同呢？

在空间中，选中一张图片，单击“链接”选项，在剪贴板中会得到诸如：

http://img03.taobaocdn.com/imgextra/i3/379871562/T2SyiaXa8bxxxxxxxx_!!379871562.jpg 的网址，这是一个典型的图片在空间中的网络地址，通过这个地址就可以直接调用此张图片。

图 6-108

如果单击的是“代码”选项，那么剪贴板中的内容可能就是如下所示的样子：

```
<img src="http://img03.taobaocdn.com/imgextra/i3/379871562/T2Syia- Xa8bXXXXXXXX_!!379871562.jpg" />
```

这是 HTML 语言规范当中的标准图片代码，把这个代码放在 HTML 代码中，在浏览器中就可以展示图片内容的显示。相比较而言，复制链接应该是我们使用较多的功能。

不过在这里要提醒读者注意，在图片空间中第一次选择图片进行复制时，系统会弹出如图 6-109 所示“Windows 安全警告”对话框。

为了能复制到相关内容，在这里一定要单击“允许访问”按钮，否则在剪贴板中不会得到任何内容。单击“允许访问”按钮后，如果复制成功，系统会进行提示，如图 6-110 所示。

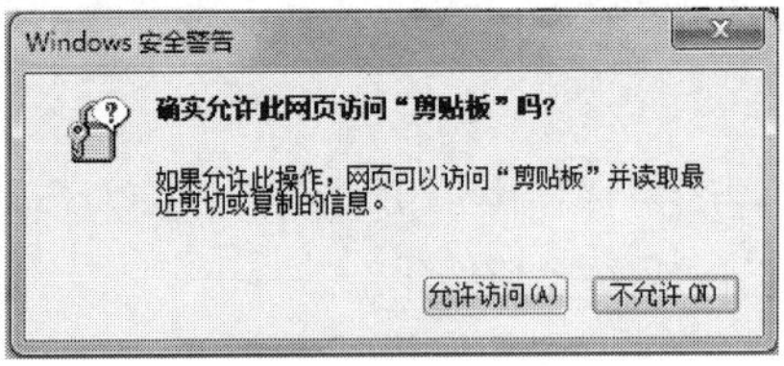

图 6-109

图 6-110

（6）批量操作：有时，我们可能要对某个分类之下的所有图片进行相同的操作。如果此时仍然需要我们单张逐个进行处理，那将是相当乏味的工作。不过，淘宝的图片空间对图片的这种批量操作是有准备的，在图片管理界面中，可以在页面的上方看到有如图 6-111 所示的内容。

图 6-111

这里有一个“全选”复选框，并且所有图片下方都有一个选择框。在这里可以用鼠标进行任意选择，如图 6-112 所示。

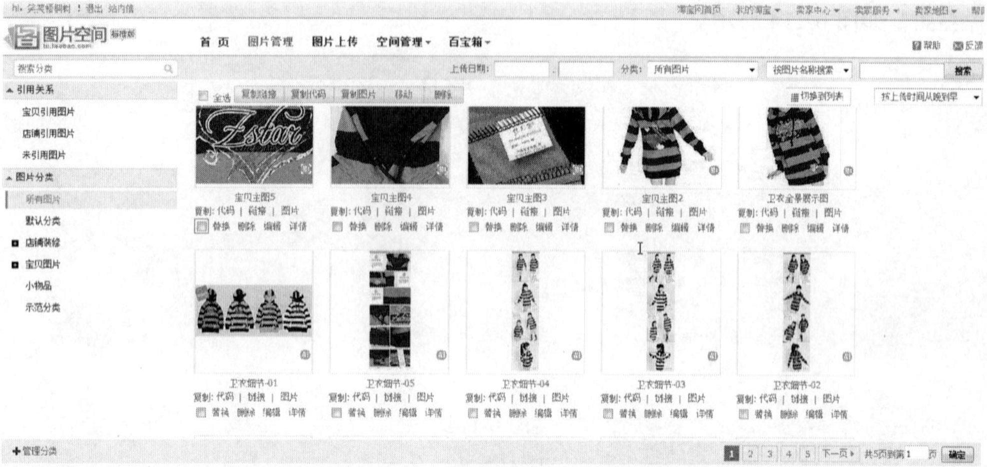

图 6-112

批量选定之后，就可以对选定的图片进行批量操作，非常方便。

3. 图片上传

所谓图片上传就是经过网络将本地计算机中的图片上传到网络图片空间中。图片的上传操作在淘宝空间中非常简单，在图片空间的任何界面中都可以看到 图片上传 按钮，单击此按钮就可以进入图片上传的操作界面，如图 6-113 所示。

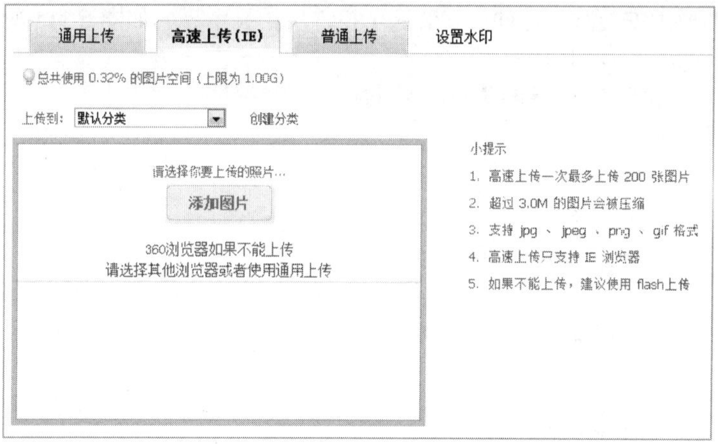

图 6-113

在这里图片的上传方式共有 3 种选择。

（1）普通上传

在上传图片的操作界面中，有一个“普通上传”选项，单击此选项就可以进入到普通方式上传图片界面，如图6-114所示。

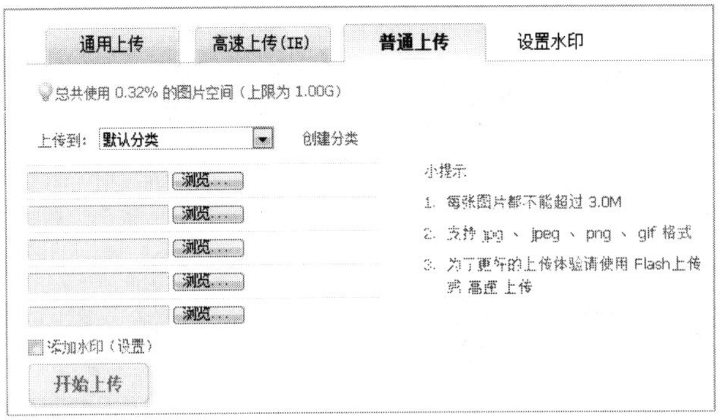
通用上传
高速上传(IE)
普通上传
设置水印
总共使用 0.32% 的图片空间（上限为 1.00G）
上传到：默认分类
创建分类
浏览...
小提示
1. 每张图片都不能超过 3.0M
2. 支持 jpg 、 jpeg 、 png 、 gif 格式
3. 为了更好的上传体验请使用 Flash上传或 高速 上传
添加水印（设置）
开始上传

图6-114

单击“浏览…”按钮，在本地计算机上找到需要上传的图片，普通上传方式最多一次可上传5张图片，图片选择完毕之后，可以选择上传图片的归类，并选择是否添加水印，所有设置完毕之后就可以单击“上传”按钮开始上传图片了。这种方式主要在其他方式上传不正常时使用。

（2）高速上传

如图6-115所示就是图片高速上传界面，也就是说淘宝的图片空间改版之后，默认的上传方式就是高速上传方式（这里高速上传主要是针对以IE为核心的浏览器）。如果计算机中没有安装高速上传控件或是改版前的高速上传控件，系统都会有所提示。如果要使用这个最新改版之后的高速上传功能，那就按照要求安装这个控件。安装这个控件后，显示界面如图6-115所示。

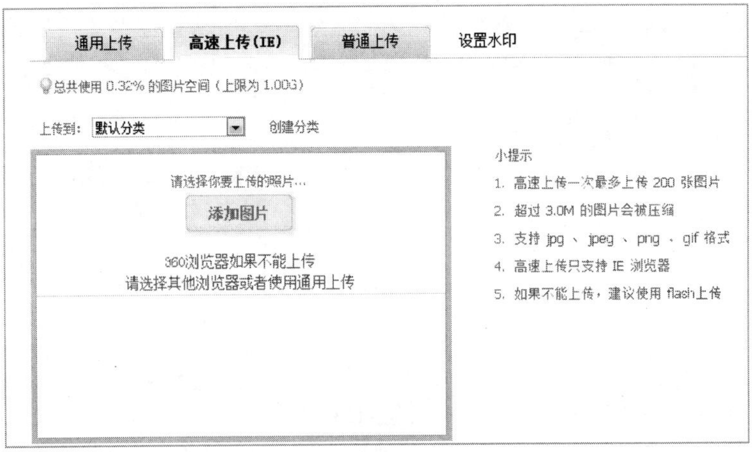
通用上传
高速上传(IE)
普通上传
设置水印
总共使用 0.32% 的图片空间（上限为 1.00G）
上传到：默认分类
创建分类
请选择你要上传的照片...
添加图片
360浏览器如果不能上传
请选择其他浏览器或者使用通用上传
小提示
1. 高速上传一次最多上传 200 张图片
2. 超过 3.0M 的图片会被压缩
3. 支持 jpg 、 jpeg 、 png 、 gif 格式
4. 高速上传只支持 IE 浏览器
5. 如果不能上传，建议使用 flash上传

图6-115

在这里可以先选择一个图片分类，之后单击“添加图片”按钮，系统就会弹出“添加图片”设置框，如图 6-116 所示。

在这里可以大量选择要上传的图片，一次可以选择 200 张图片！选择完毕之后，单击“选好了”按钮，此时系统就会显示上传图片确认界面，如图 6-117 所示。

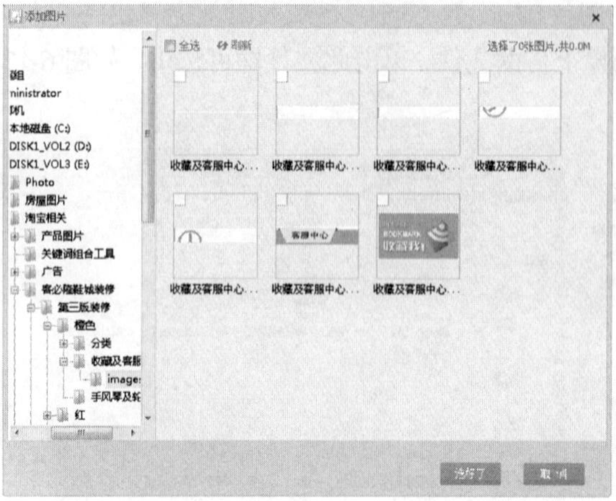

图 6-116

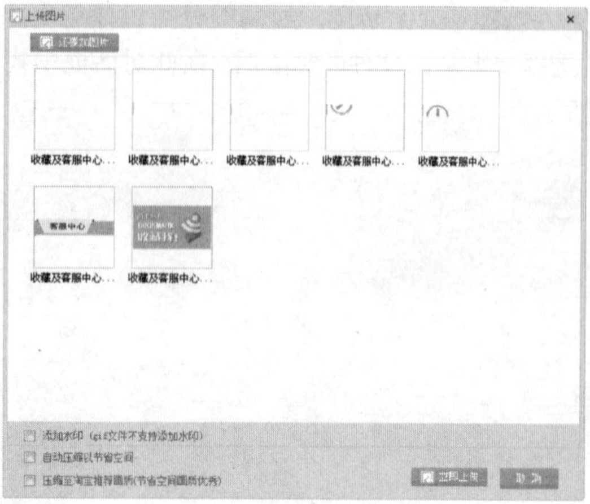

图 6-117

在这个界面中，当将鼠标指针移到任何一张图片之上，图片右下图会显示按钮，利用这个按钮就可以取消相应图片的上传操作。更为特别的是系统在这里增加了自动压缩图片的功能，同时还可设置压缩后的图片宽度，这样一来就可减小图片对空间的使用量，从而可以上传更多的图片。

调整完毕之后，单击“立即上传”按钮 立即上传，此时系统就开始上传图片，为了显示上传的情况，系统会显示一个进度条，显示当前上传的进度，如图 6-118 所示。

图片上传结束之后，系统还会提示是选择继续上传还是结束上传，如图 6-119 所示。

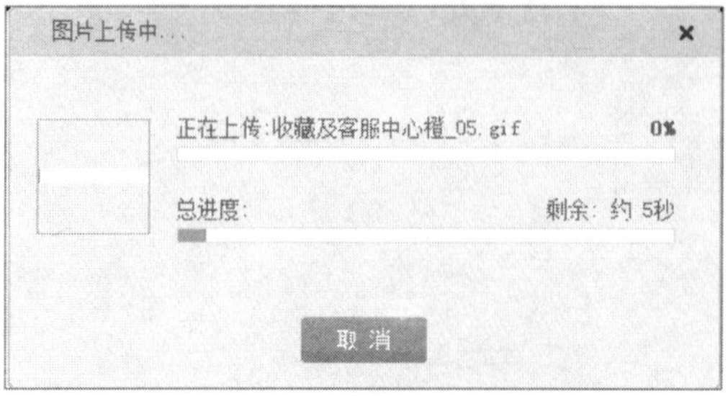

图 6-118

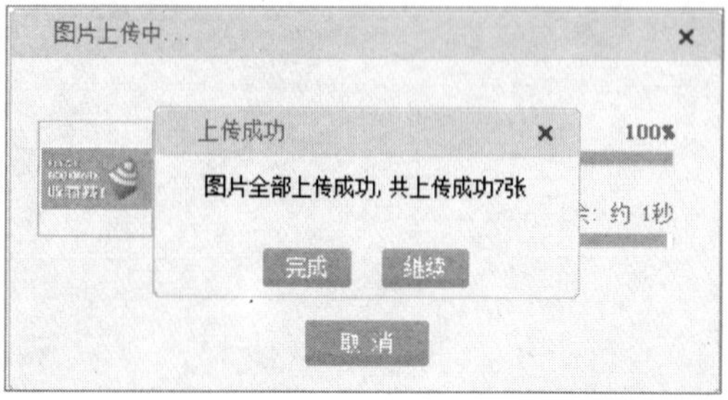

图 6-119

如果单击“完成”按钮就可以结束本次上传任务，之后就可以在图片空间中使用这些图片了。如果单击“继续”按钮，那就再次上传图片，直到把自己的图片全部上传完毕。

（3）通用上传

由于现在网络浏览器众多，可能前面的高速上传对某些浏览器不能很好地支持。为了兼容其他浏览器的图片上传，在图片空间中特意添加了通用上传功能。在图片上传时，单击“通用上传”选项卡，系统就会显示如图 6-120 所示内容。

选择好要上传图片所属的分类，并单击添加图片按钮

，系统此时就会弹出一个名为“选择要上载的文件”对话框。在此对话框中找到要上传的文件，单击此文件即可选中，如图 6-121 所示。

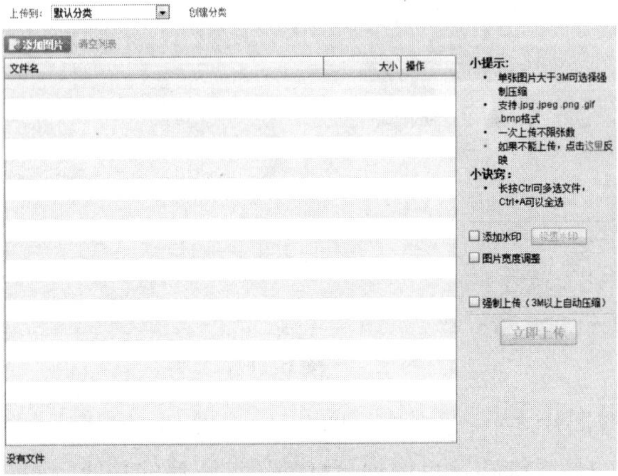

图 6-120

图 6-121

在这里有一个小技巧，那就是在选图片时按住 Ctrl 键不松开，然后用鼠标单击就可以完成多个位置不连续的图片的选择。选择完成之后，单击“打开”按钮，此时上传界面就会发生变化，如图 6-122 所示。

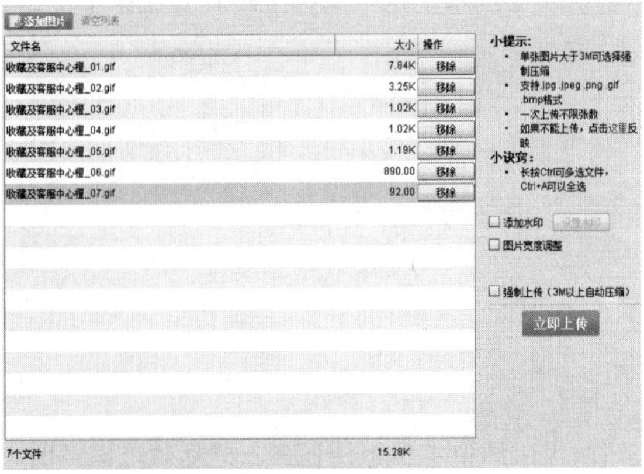

图 6-122

在这里可以删除要上传的内容，也可以再次增加更多图片（一次上传不限张数），还可以选择是否添加水印，所有的设置完毕之后，单击“立即上传”按钮就可以将选中的图片上传到自己的空间中。

在图片上传的界面中，还有一个“添加文字水印”选项卡。单击此选项卡，系统会弹出“水印参数设置”对话框，如图 6-123 所示。

图 6-123

在这里可以设置文字水印和图片水印，设置好之后，在上传图片时，就可以指定是否让系统自动添加我们在这里所设置的水印。

最后还要提醒大家注意，不管采用哪种方式上传照片，一定要记得选择自己的图片分类，如果没有选择，系统就会默认将图片上传到未分类图片中，这样会为我们的图片管理带来一定的麻烦。

4．图片空间的其他功能

（1）图片搬家

“图片搬家”功能是淘宝为了方便我们将图片在不同空间中进行整体平移特意设计的功能。不过这个功能更多的是倾向于从非淘宝空间中把图片搬到淘宝图片空间中！单击“图片搬家”按钮之后，界面显示如图 6-124 所示。

这里说明得很清楚，图片搬家分成三种情况，在使用时就根据自己的情况来进行选择。

（2）授权

单击“授权设置”按钮，系统界面如图 6-125 所示。

现在淘宝图片空间改版之后，允许卖家把自家店铺中的图片授权给其他店铺使用，这在以前是不行的。这样一来，多家店铺就可以共用一个空间中的图片。在这里淘宝网有规定，最多只能将图片授权给 10 家淘宝店铺使用，并且一经授权，30 天之内是不能够取消的。授权的方式也很简单，只要输入被授权店铺的掌柜淘宝 ID，然后单击“添加”按钮就可以对该店铺进行图片使用的授权。

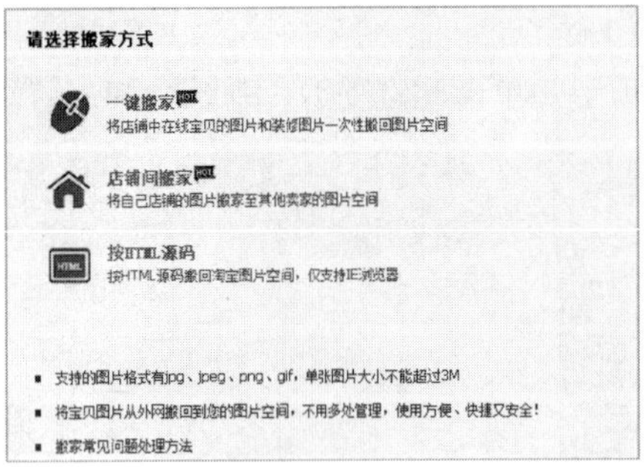

图 6-124

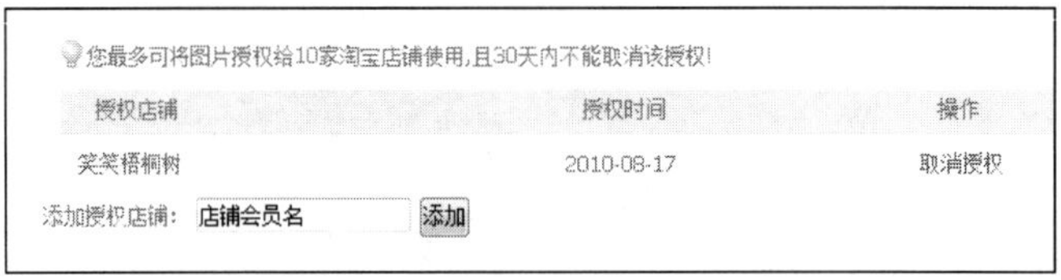

图 6-125

（3）回收站

为了防止在空间中发生删除图片的误操作，淘宝图片空间中也添加了回收站功能。也就是说被删除的图片并不是直接从空间中消失，而是先进入回收站中。单击“回收站”按钮之后，页面显示如图 6-126 所示。

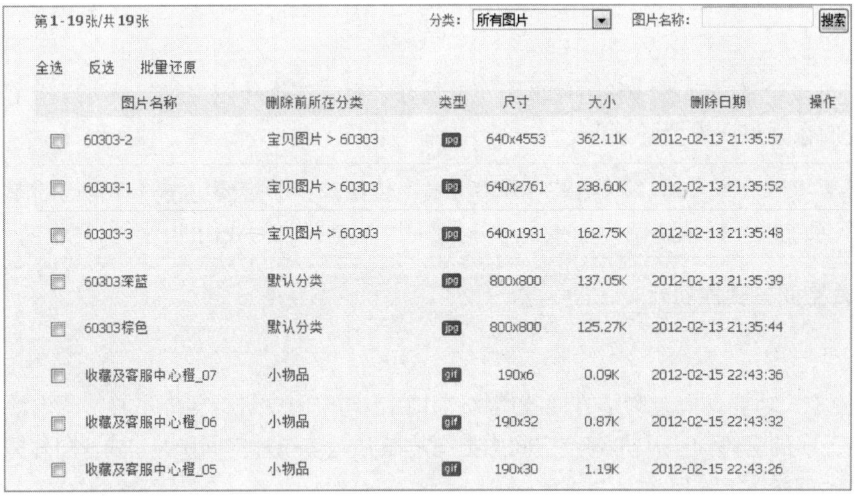

图 6-126

前面删除的图片都放在回收站中。在这里，可以选择还原被误删除的图片，不过，这个回收站目前没有提供清空功能，按照淘宝的说明“图片被删除后，将保留 7 天，然后系统自动清除图片”，在回收站中的图片系统只保留 7 天，7 天之后，系统会自动清除。

写这本书的时间为 2012 年 2 月 15 日，如图 6-127 所示是笔者的淘宝图片空间中回收站的截图。

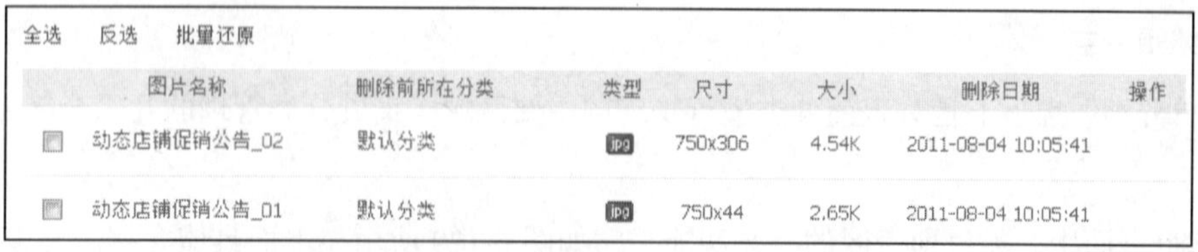

全选　反选　批量还原

	图片名称	删除前所在分类	类型	尺寸	大小	删除日期	操作
☐	动态店铺促销公告_02	默认分类	jpg	750x306	4.54K	2011-08-04 10:05:41	
☐	动态店铺促销公告_01	默认分类	jpg	750x44	2.65K	2011-08-04 10:05:41	

图 6-127

这些图片的删除日期是 2011 年 8 月 4 日，都快 7 个月了，图片还放在回收站中。看来这个功能还不完善。

6.3.4　宝贝分类管理

前面说过，一个店铺的宝贝分类是否清晰直接决定着买家的浏览体验，因为只有清晰明了的分类设置才能引导买家在店铺中找到自己想要的东西。如果店铺的分类混乱不堪，谁还会有兴趣浏览你的店铺。

所以为了能够拥有一个好的分类，有必要对自己店铺中的分类进行合理的设置，并且还要在以后的经营过程中，不断地根据反馈数据进行优化。淘宝系统为了方便卖家对店铺分类的管理，特意在店铺管理中设置了“宝贝分类管理”这个选项。

单击“宝贝分类管理”选项，整个页面显示就会发生变化，如图 6-128 所示。

图 6-128

从图 6-128 中可以清楚地看出，宝贝分类管理界面中分成了四个选项卡，分别为编辑分类、宝贝归类、自动分类及类目促销区设置，下面分别介绍。

1．编辑分类

“编辑分类”选项卡是对店铺分类进行管理的主要区域，宝贝分类管理的几乎全部工作都集中在此处。

在这个页面中，类目列表区的一些功能按钮如图 6-129 所示，下面具体介绍。

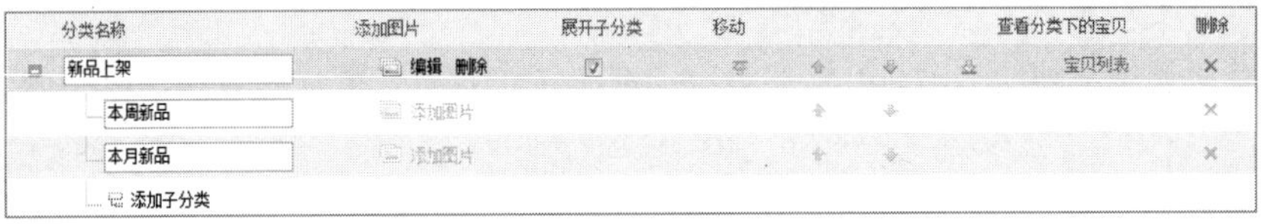

图 6-129

- 分类名称：此选项下所列举的是当前店铺中已存在的分类的类目名称，可以直接在分类名称的文本框中输入所需要的文字。
- 添加图片：在淘宝中，系统允许卖家利用做好的精美图文分类图片来代替单纯的文字分类。哪个分类使用图片，就可以单击分类名称右侧的“添加图片”按钮，或者单击“编辑图片”按钮，系统就会在按钮下面弹出一个分类图片地址设置框，如图 6-130 所示。
- 将所制作好并已上传到图片空间中的分类图片网络地址粘贴到此文本框中，单击“确定”按钮即可，以后在店铺中显示时就以图片来替代相应的分类名称。
- 展开子分类：这里设置选择框的意义就在于，当选择了展开子分类之后，买家浏览时，宝贝分类的二级类目是完全展示出来。如果不选择此项，那么买家在浏览时，该类目下的二级分类不显示，只有当买家单击主分类时，才会展开其下的二级分类，其效果分别如图 6-131 所示。

图 6-130

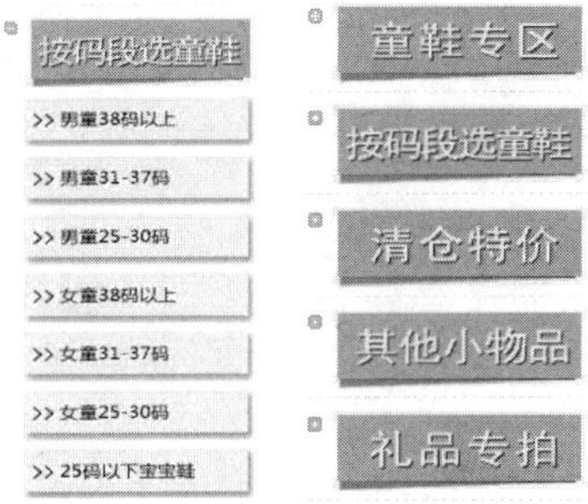

图 6-131

- 添加子分类：在淘宝的分类管理中，它允许以两级结构的方式来组织分类。第一级叫主分类，第二级就是主分类之下的二级分类，也叫子分类。在分类列表中，只要是缩进显示的都表示其是子分类。例如如图 6-132 所示“本周新品”和“本月新品”就都是属于“新品上架”的子分类。想对某一个主分类创建子分类，只需要单击该主分类下面的“添加子分类”按钮，就可以在其下新增一个空白的子分类，如图 6-132 所示。

- 上移、下移及删除：利用上移和下移按钮可以调整某个分类在整个分类区的显示位置。每单击一次 按钮，如果是子分类，则该子分类在当前主分类中上移一项，如果是主分类，则表示该主分类在所有主分类中上移一项。 按钮就与 按钮恰好相反。单击 按钮就表明删除当前分类。
- 宝贝列表按钮：单击此按钮，可以来查看该分类下的宝贝，并可以进行调整。

除此之外，在类目列表区的下方有两个按钮。一个是“添加新分类”按钮，另一个是“保存”按钮。

这里的“添加新分类”按钮指的是添加主分类，每单击一次，就会在列表区增加一个主分类，如图 6-133 所示。

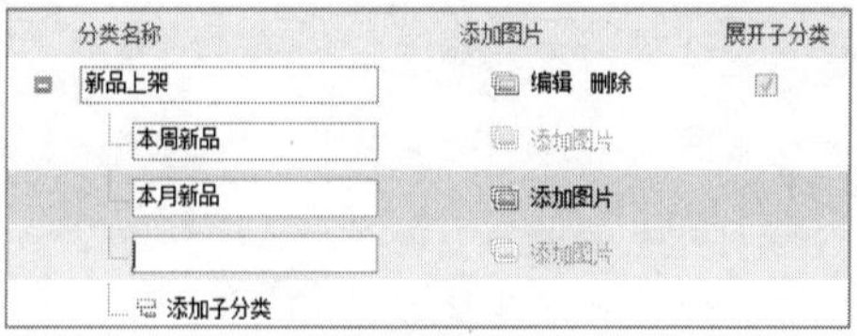

图 6-132

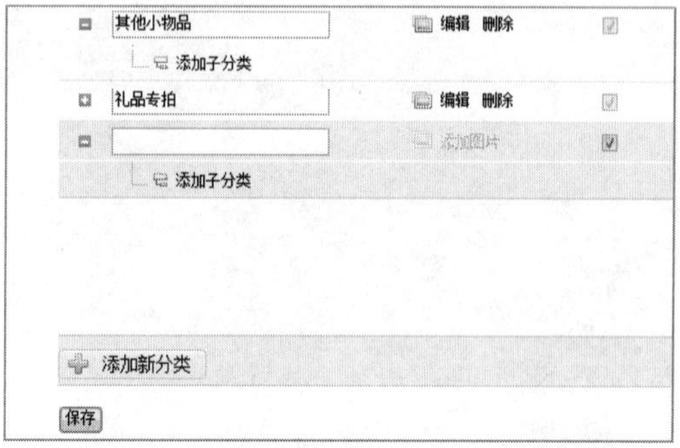

图 6-133

最为重要的就是“保存”按钮了。在分类编辑区所做的任何操作，如果不单击“保存”按钮，系统是不会自动保存的。

2．宝贝归类

对于卖家而言，自家宝贝所属分类随时间的改变而发生变化，这种情况是非常常见的事情。如果宝贝分类有变化，很多不熟悉的卖家可能会在宝贝编辑中对宝贝的分类情况进行调整。假如要调整的宝贝数量很少，这样处理没有什么问题，一旦涉及的宝贝数量非常多，这种操作就会让人抓狂。

基于这种考虑，淘宝在宝贝类目管理中特意添加了宝贝归类功能。下面具体看一看如何通过宝贝归类功能实现宝贝类目的调整。

当单击宝贝归类之后，系统会显示如图 6-134 所示的界面。

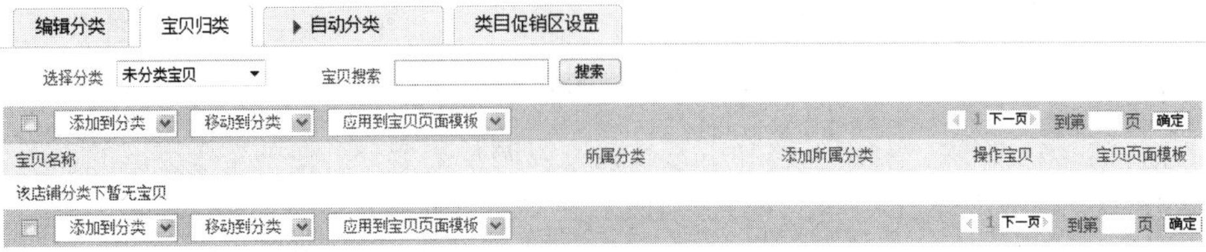

图 6-134

在这里系统默认显示的是未分类的宝贝，由于这里的示例店铺里所有的宝贝分类都已经设置好，所以没有显示内容。这里可以自己选择，单击选择分类旁的下拉框，就会看到目前店铺中现在的分类，如图 6-135 所示。

在这里单击要处理的宝贝原所属类目，此时界面中就会展示该类目下的所有宝贝。这里选择的是“其他小物品”类目，如图 6-136 所示。

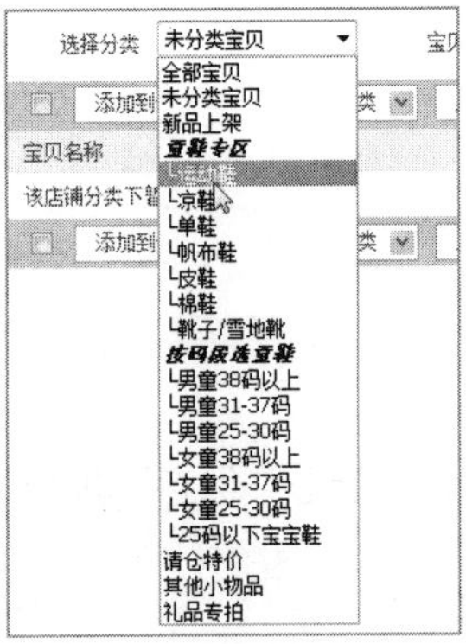

图 6-135

图 6-136

当然，也可以通过在宝贝搜索框中，输入宝贝标题的关键字，单击“搜索”按钮，也可以找到相应的宝贝。

在图 6-136 的界面中，当把鼠标移到某个宝贝之上，可以针对此宝贝进行删除分类、添加所属分类、编辑宝贝、下架宝贝和编辑宝贝页面模板，这些功能在这里不一一介绍。

事实上在这里是可以对宝贝进行批量选取的。选取方法也很简单，一是可以用鼠标点选每行宝贝之前的复选框，二是可以通过单击页首的全选框来对本页显示的宝贝进行整体选取。

当批量选择宝贝之后，在页首上可以看到如图 6-137 所示的几个功能选项。

图 6-137

单击“添加到分类”下拉列表框，此时系统会弹出目前已有的分类，这里在弹出的内容中选择“礼品专拍”选项，此时选中的所有宝贝都会被追加一个礼品专拍分类，如图 6-138 所示。

同样，如果在移动到分类下拉列表框中选择某一个分类，那就表明当前选择的所有宝贝会从原有的分类中删除，移动到另一个选择的分类中。

在这里也可以批量对宝贝添加指定的页面模板，操作方法和上面相同。

3. 自动分类

对自家店铺中的宝贝进行分类，看似简单，但如何完善自家店铺宝贝的分类，那就是一件大有学问的事情！这里涉及很多方面的内容，并且很多方面的内容已经超出了本书的范畴，这里就不做说明。

不过淘宝为了各位卖家能更快捷地对店铺中的宝贝进行分类，特意在分类管理当中添加了宝贝自动分类功能。当单击“自动分类”选项卡时，系统会自动弹出一个下拉菜单，如图 6-139 所示。

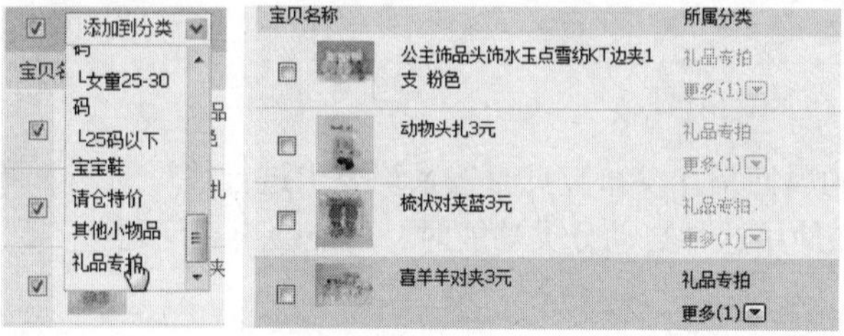

图 6-138

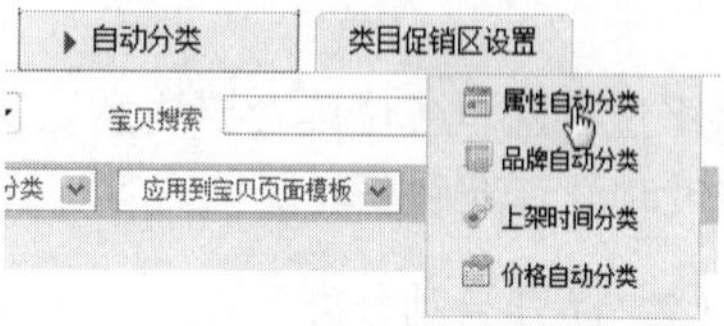

图 6-139

从这里可以看出，宝贝自动分类功能可以按照宝贝类目属性、品牌、上架时间和宝贝价格区间进行分类。在这个弹出菜单里，单击任意一个分类方式之后进入自动分类操作界面，选择适合店铺的分类方式即可。

（1）属性自动分类

“按类目归类”界面分为两部分，分别是“按类目归类”和“按属性归类”。

如果需要添加按宝贝的所属类目归类，进入按“按类目归类”页面并单击“按类目归类”子分类，进入之后系统会根据已有的宝贝进行自动分类，自动帮你搜索符合宝贝并进行分类，如图 6-140 所示。

如果需要添加按宝贝的属性进行归类，进入按“按类目归类”页面并单击“按属性归类”子分类，进入之后系统会根据已有的宝贝的属性进行自动分类，系统就会自动帮你搜索符合宝贝并进行分类，如图 6-141 所示。

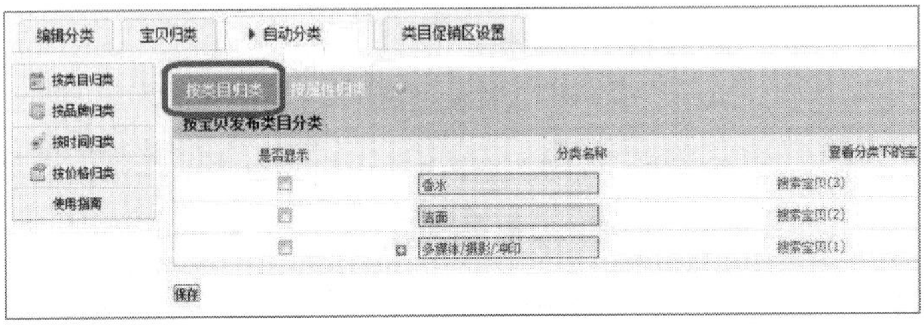

图 6-140

图 6-141

不过在这里各位读者要注意。这里的属性是在发布宝贝时按系统要求进行填写的，如果在发布宝贝时没有准确填写属性内容，那么在使用这种自动分类功能时，可能会出现问题。

（2）品牌自动分类

如果单击“按品牌分类”选项，系统就会自动获取你发布宝贝时添加的品牌信息，如图 6-142 所示。

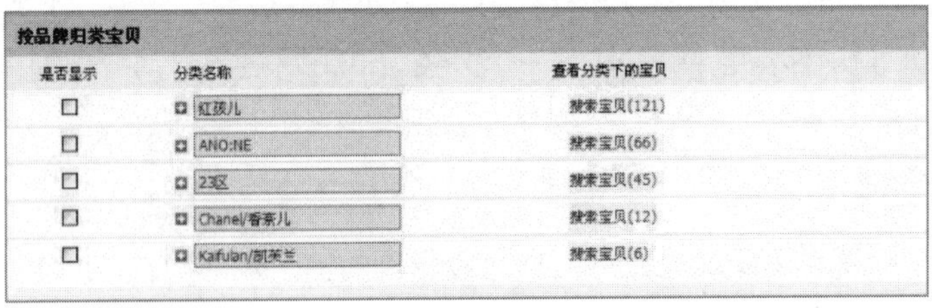

图 6-142

在这个地方可以勾选需要显示的品牌，单击“保存”按钮即可。一般建议选择自己主推的品牌进行展示。

（3）上架时间分类

如果需要添加按发布时间归类，进入按时间归类页面单击“添加新分类”按钮，进入之后设置需要展示的时间分类区间，系统就会自动帮你搜索符合时间区间的宝贝了，如图 6-143 所示。

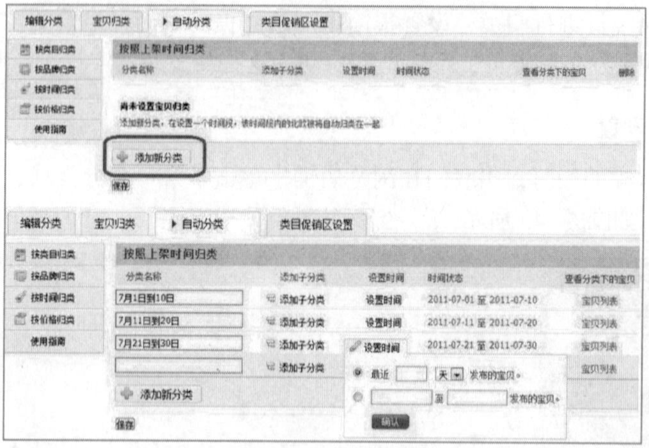

图 6-143

（4）价格自动分类

如果需要添加按价格归类，进入按价格归类页面单击添加新分类，进入之后设置你需要展示的价格分类区间，系统就会自动帮你搜索符合价格区间的宝贝，如图 6-144 所示。

图 6-144

使用这种方式对宝贝进行归类，设置很简单。这样提高了店铺经营的效率，毕竟我们不需要对其进行维护，即使是发布新宝贝，系统也会自动为这些新发布的宝贝进行归类。

4．类目促销区设置

许多读者都有这样的经历，当我们在浏览店铺，单击了某一个分类项，此时浏览器就会打开分类宝贝浏览页面，如图 6-145 所示。

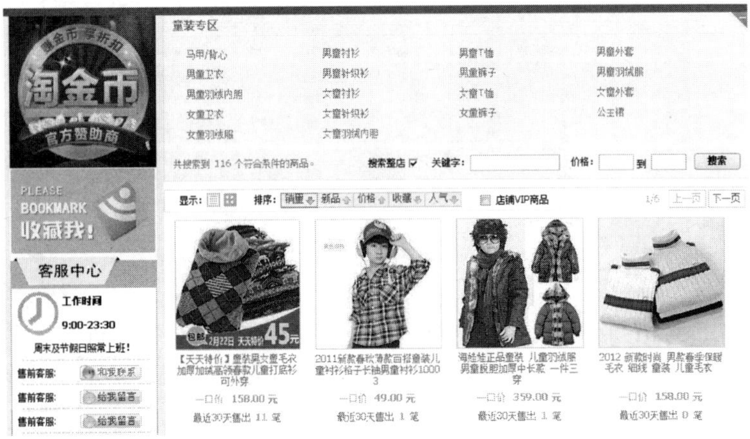

图 6-145

这个显示页面是我们司空见惯的！但类目促销区就是用来改变这种常见的显示模式，以达到另类的促销效果。下面就以这个分类为例在其上插入最简单的一张广告图片看一看效果。

在宝贝分类管理中单击“类目促销区设置”选项卡，选择要促销的类目为“童装专区”，如图 6-146 所示。

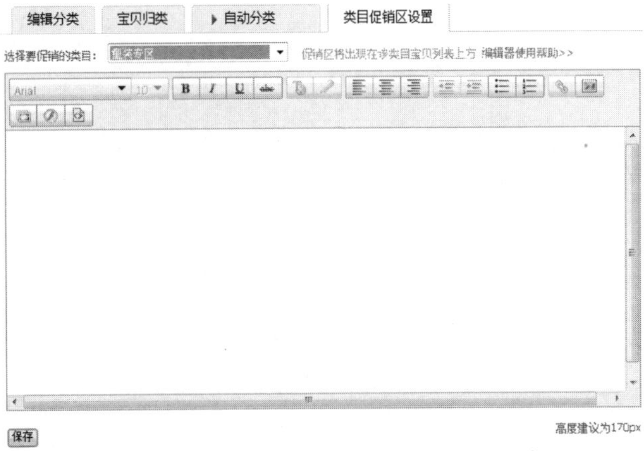

图 6-146

现在从淘宝图片空间中插入一张已经制作好的广告图片，放置到这个促销自定义区中，如图 6-147 所示。

插入完毕之后单击“保存”按钮。下面再来看一看宝贝分类页的显示是不是会发生变化，如图 6-148 所示。

图 6-147

图 6-148

5．店铺基本设置

店铺基本设置里面的内容比较单一，它只是简单地对店铺中的一些基本内容进行指定。下面看一看有哪些内容我们可以在此处指定。单击“店铺基本设置”选项卡，页面显示如图 6-149 所示。

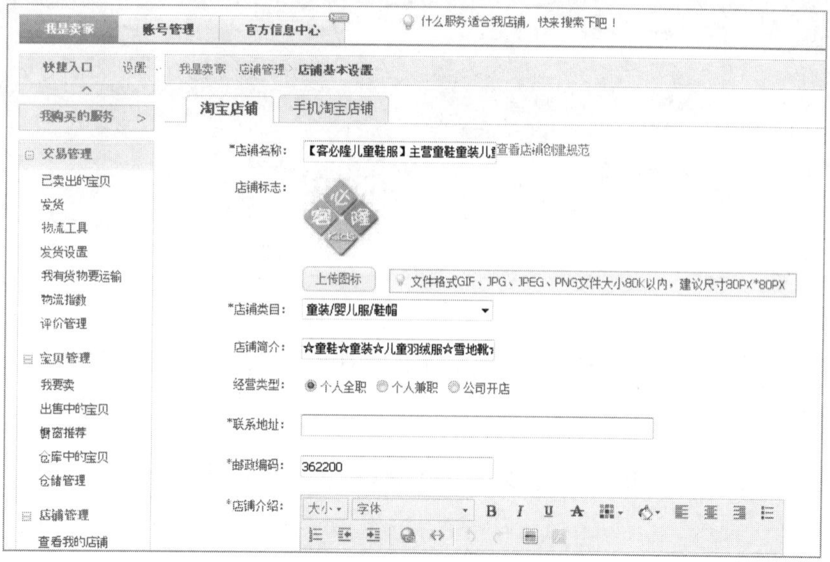

图 6-149

在这里可以看到店铺基本设置也被分成了两个部分。

（1）淘宝店铺

在这里可以对淘宝网店的一些基本内容进行设定。

① 店铺名称

在淘宝网上开店，总得取一个别致的店名，让别人能够记住它，当为店铺取好的名称之后就在这里填上即可。至于怎么起店名是没有一定的说法，但有一点要注意，店铺名称并不是越短越容易记就越好，因为这是与淘宝搜索排名有关的，最好把所卖的物件名称、品牌相关、所做优惠等相关因素填上。

② 店铺标志

在这里可以发布和更改自己的店铺标志，让自己独特的店铺标志显示在店铺街中，从而更好地推销自家店铺。

那么如何更改自己的店铺标志呢？如果仔细观察可以看到在现有店铺标志图片之下有一个“上传图标”按钮，单击此按钮，系统就会弹出“选择要加载的文件”对话框，如图6-150所示。

图 6-150

在对话框中选中已制作完毕的店标文件，单击“打开”按钮即可完成店标的上传和更改。

③ 店铺类目

在这里根据自己经营宝贝一定要选好自己店铺的类别，不要乱选，否则就会影响你的店铺中商品的搜索。

④ 店铺简介

店铺简介就是根据店铺销售的商品和提供的服务来写的一段简短的说明，字数不用太多，只要描述清楚店铺的大概情况就可以了。

⑤ 店铺介绍

这里是淘宝为卖家提供的一个可供自由发挥的店铺介绍页面，至于你想写些什么都可以，但最主要的还是对自家店铺的介绍，从而让看到这个介绍的买家更能够记住你的店铺。

（2）手机淘宝店铺

与传统 PC 互联网购物模式相比，用手机上淘宝网购的最大功能优势在于能够随时随地比价、秒杀，并且这种购物模式比 PC 互联网购物以及现场购物更加低碳环保，它无疑将成为未来中国网民新型购物模式的风向标。

所以基于这点来看，今后的手机淘宝店铺也应该是我们经营的另一个重点方向，如图 6-151 所示。

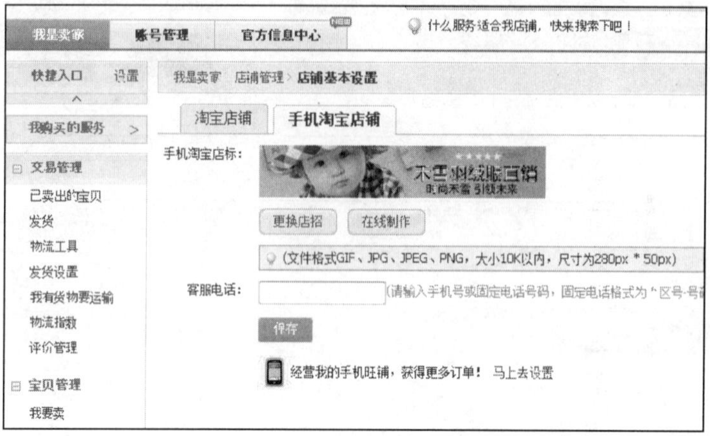

图 6-151

在这里可以上传手机淘宝店的店招或在线制作手机淘宝店招，并可以登记客服电话，设置完毕之后单击“保存”即可。此时还可以单击“马上设置”按钮，去进一步设置手机淘宝店铺，如图 6-152 所示。

在这里，可以对手机淘宝店铺进行详细设置。设置完毕之后，使用手机上网的买家就可以用手机登录浏览我们的淘宝店铺。各位读者如果有时间，也可以对自己的手机淘宝店铺进行设置，说不定就会接到手机淘宝店的订单！事实上在计算机上通过浏览器也可以浏览手机淘宝店，如图 6-153 所示。

由于卖家中心是淘宝网改版之后给予所有淘宝卖家对于整个店铺的管理核心平台，从上面的介绍来看，整个卖家中心是涵盖了淘宝店铺的所有管理功能，为了帮助各位卖家更好地管理自家的店铺，这里用了很大的篇幅来具体说明卖家中心的各种有关店铺装修的功能，希望各位卖家能够通过前面的介绍，尽快掌握卖家中心的店铺装修的各种功能。

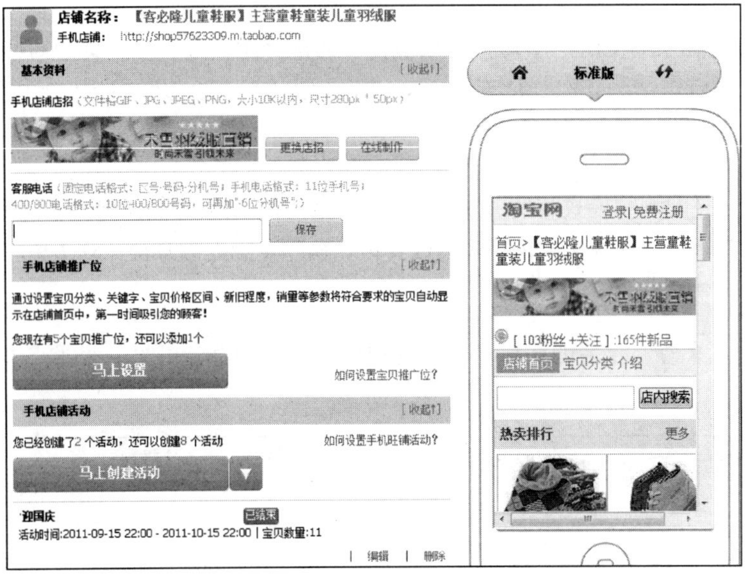

图 6-152

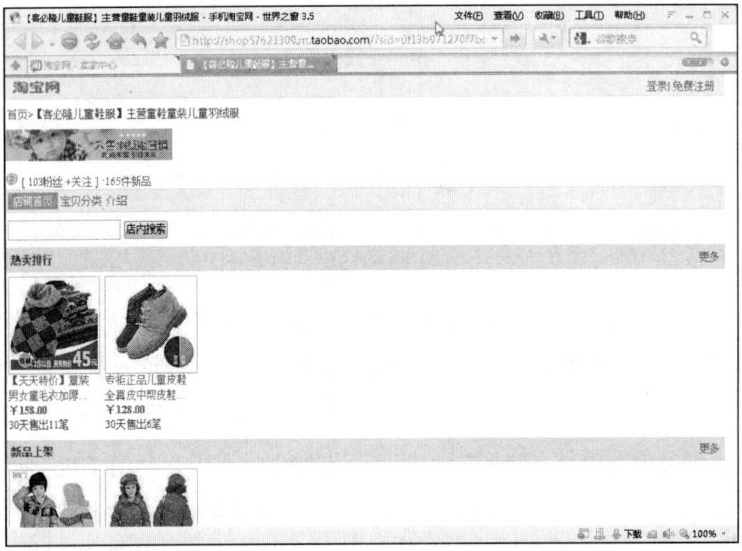

图 6-153

第 7 章 旺旺头像

7.1　旺旺头像的设计说明

旺旺头像就是显示在旺旺聊天软件左上角的标志性图片，如图 7-1 所示。很多卖家可能不太在意这个地方的内容，事实上买家通过旺旺和我们交谈时，在对方聊天对话框中旺旺头像会非常醒目地显示出来，如图 7-2 所示。

既然旺旺头像的出现频率这么高，那么这个地方就是一个卖家再次向买家推广宣传店铺的绝佳位置，作为卖家，如果能在此位置下足工夫推销自己，肯定会取得意想不到的效果！

旺旺头像是店铺显示在买家眼前的一个标志。在淘宝系统中，旺旺头像有静态和动态两种，不管是哪一种，由于旺旺头像所承载的任务是帮助卖家推广店铺，所以说优秀的旺旺头像一般是由店铺名称、产品图片和宣传文字组合而成的。

下面来看一些具有代表意义的旺旺头像，如图 7-3 所示。

淘宝网规定，旺旺头像的最佳尺寸为 120px × 120px，大小不要超过 1MB，所支持的格式为 JPG、JPEG、PNG 和 GIF。

图 7-1

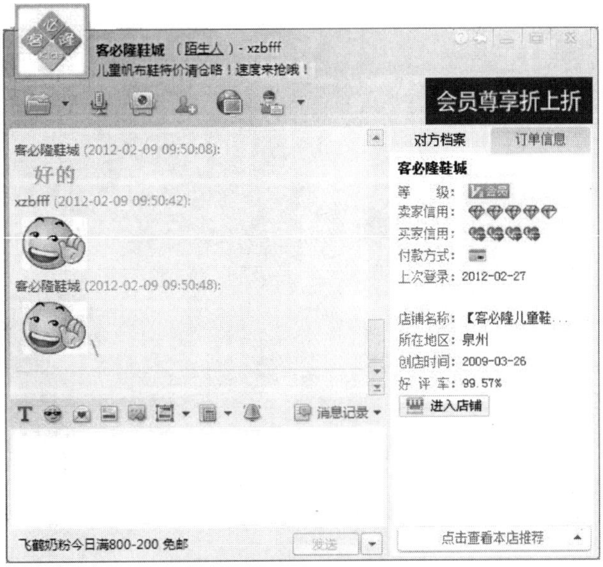

图 7-2

图 7-3

7.2　旺旺头像制作的一般流程

旺旺头像制作的一般流程如下。

（1）在网络上搜集一些自己需要的素材，当然在搜集这些素材时要注意尽量和自己经营的主体吻合，这样才能使制作的旺旺头像起到画龙点睛的作用。

（2）在 Photoshop 中新建一个 120px × 120px 的新文档，并将所有素材图片所需要的部分复制到新文档中，并做适当处理，使其达到制作要求。

（3）在图片中输入文字和宣传语，并调整好图层样式。

（4）在 Photoshop 中制作 GIF 逐帧动画。

（5）保存最终的 GIF 动画文件。

7.3　静态旺旺头像的制作

如图 7-4 所示是笔者制作的旺旺头像。这是一个极富立体感的旺旺图像，并且不需要任何素材，但它应该算是一个比较另类的旺旺头像。下面看一看这种雕刻立体效果的旺旺图像的制作过程。

图 7-4

NO.1：启动 Photoshop，选择“文件→新建”命令，在弹出对话框中设置图像的长度和宽度，由于旺旺头像的本身限制，这里长宽最大只能设置为 120px。设置完毕后，单击“确定”按钮，完成空白文档的新建工作，如图 7-5 所示。

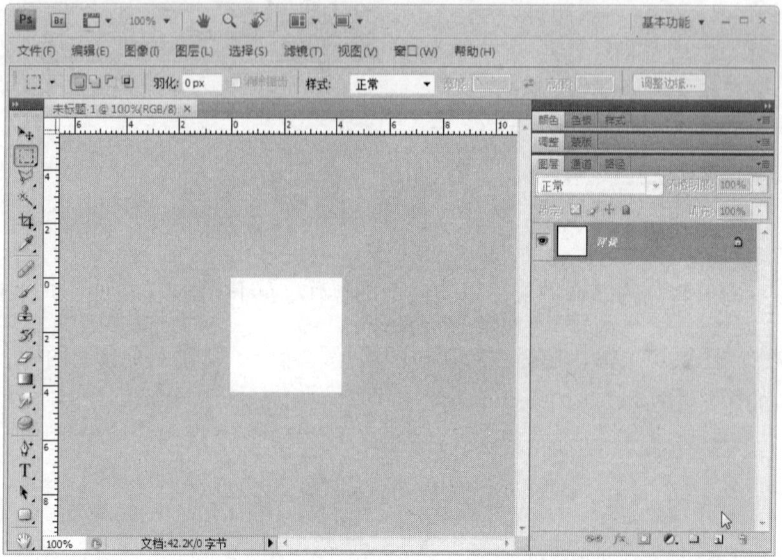

图 7-5

NO.2：选择圆角矩形工具，在圆角矩形选项栏中，将圆角矩形选项按如图 7-6 所示的参数进行设置，并设定圆角半径为 5px。

NO.3：在样式中选择“1 像素描边，0%不透明度填充”选项，如图 7-7 所示。

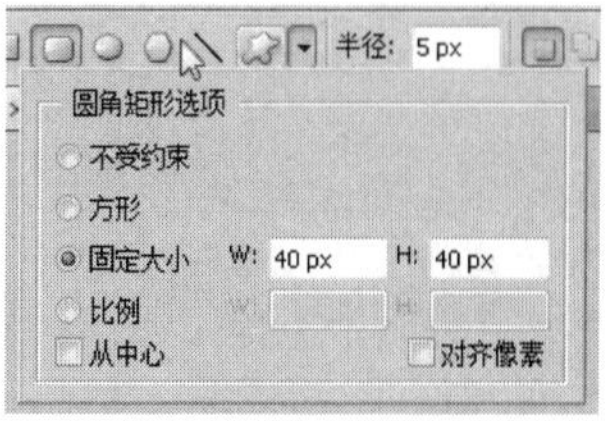

图 7-6

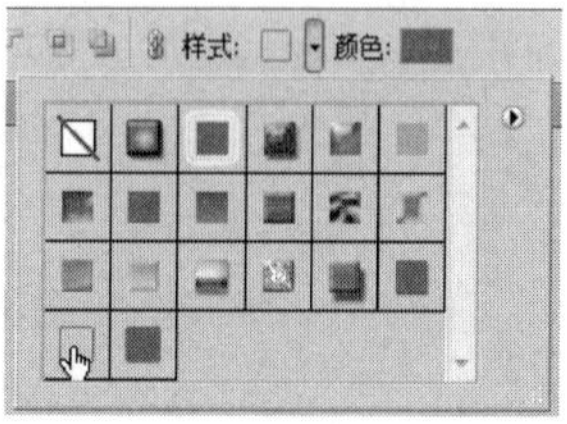

图 7-7

NO.4：设置完毕后，在空白文档上单击鼠标，此时就会在空白文档中创建一个圆角矩形框，如图 7-8 所示。

NO.5：在图层面板中，选中刚刚绘制的形状图层作为当前图层，单击鼠标右键，在弹出的右键菜单中选择“栅格化图层”命令，如图 7-9 所示。

图 7-8

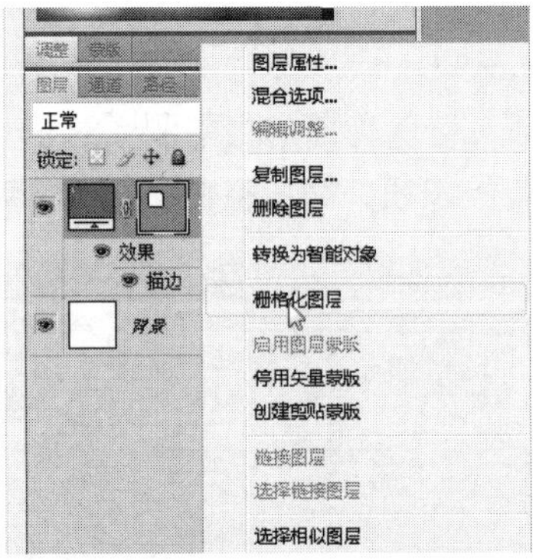

图 7-9

NO.6：形状图层转化为普通图层，以便后面的操作，转化后的效果如图 7-10 所示。

NO.7：单击“图层”菜单，选择“新建→图层...”命令，新建一个普通图层，并确定此图层为当前图层，如图 7-11 所示。

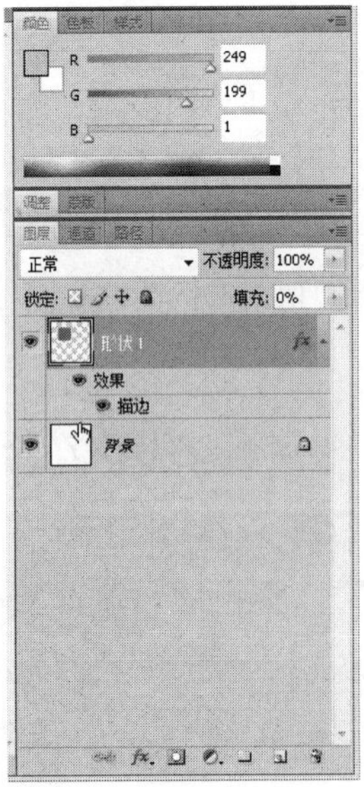

图 7-10

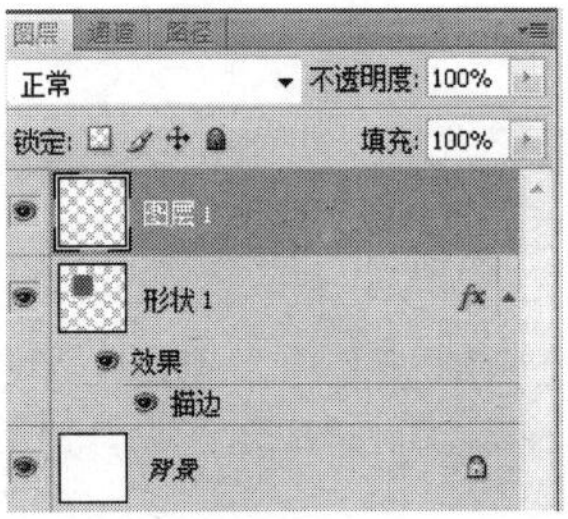

图 7-11

NO.8：在工具箱中选择前景色，在“拾色器（前景色）”对话框中将前景色设置为橙色，如图 7-12 所示。单击“确定”按钮，使前景色变为我们设置的橙色，如图 7-13 所示。

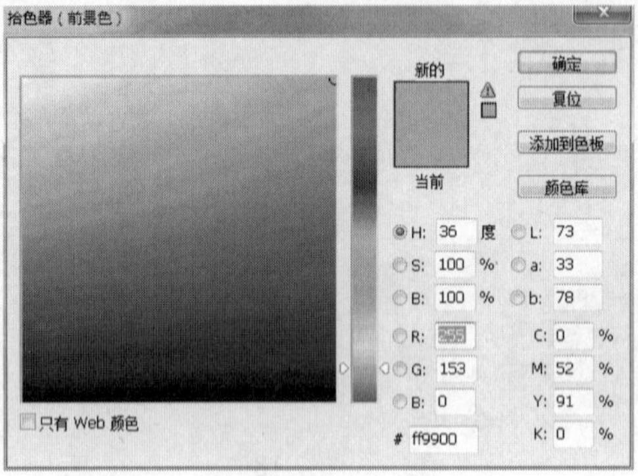

图 7-12

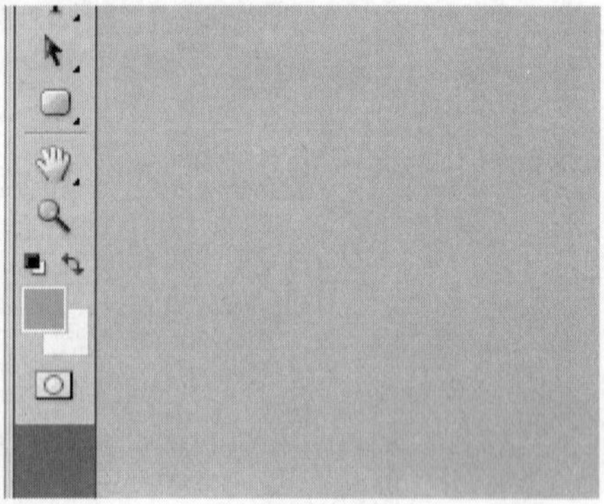

图 7-13

NO.9：在图层面板中，按住 Ctrl 键的同时，将鼠标移动至转换完毕的那个形状图层之上，使光标变成如图 7-14 所示形状。

NO.10：单击鼠标，此时会发现在新建图层上，已经生成一个如图 7-15 所示的圆角矩形选框。

NO.11：在工具箱中选择油漆桶工具，将此矩形框填充为刚刚所设置的橙色，如图 7-16 所示。

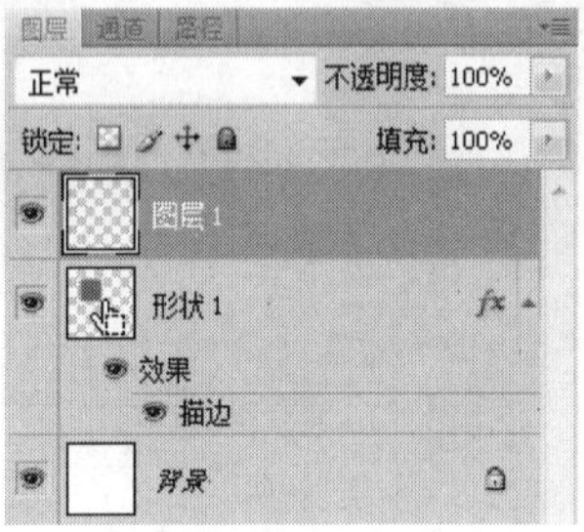

图 7-14

图 7-15

图 7-16

NO.12：按 Ctrl+T 组合键激活自由变换功能，在自由变换选项栏中，将旋转角度设计为 45°，如图 7-17 所示。双击鼠标，应用此变换，使这个刚刚填充的矩形旋转 45°角，最终效果如图 7-18 所示。

NO.13：重复步骤 7 ~ 12，绘制三个颜色分别为蓝色、绿色和黄色的矩形框，绘制完毕之后，调整好它们的相对位置并删除前面所绘制的形状图层，如图 7-19 所示。

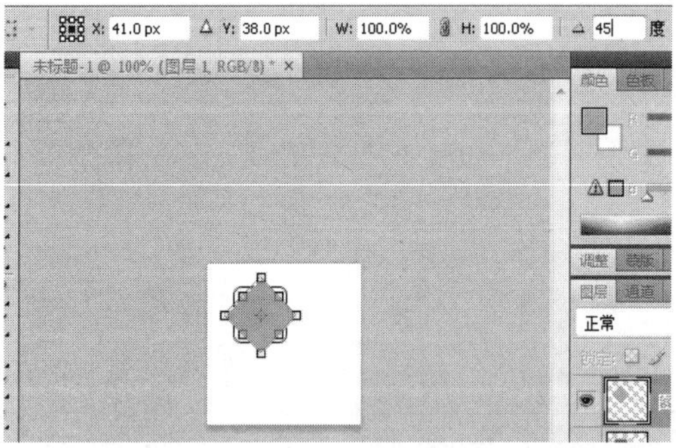

图 7-17

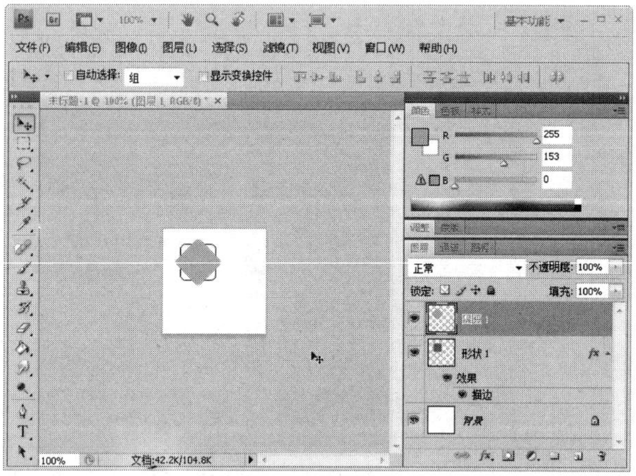

图 7-18

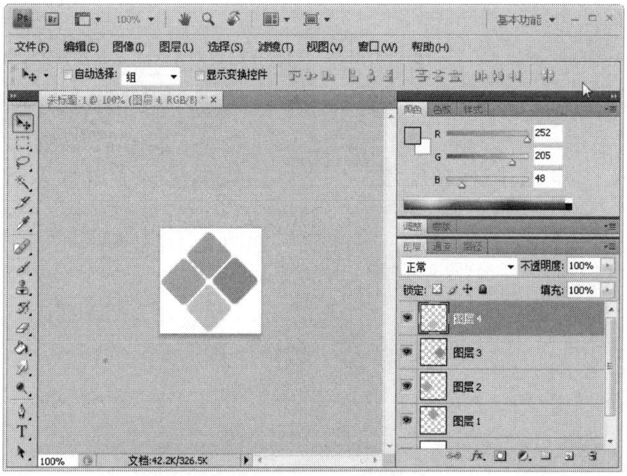

图 7-19

NO.14：选择其中一个圆角矩形框所在的图层，单击鼠标右键，在弹出的快捷菜单中选择“混合选项”命令，系统弹出“图层样式”对话框，在左侧样式栏中选择“投影”，并将参数按如图 7-20 所示进行设置。

NO.15：将其他三个圆角矩形框分别设置投影效果，设置后的效果如图 7-21 所示。

NO.16：新建一个图层，在工具箱中选择横排文字工具，并在文字工具选项栏中设置字体为“华康少女文字”，字号大小为“30 点”，文字颜色为“白色”，如图 7-22 所示。设置完毕之后，输入“客”这个字，并调整好位置，如图 7-23 所示。

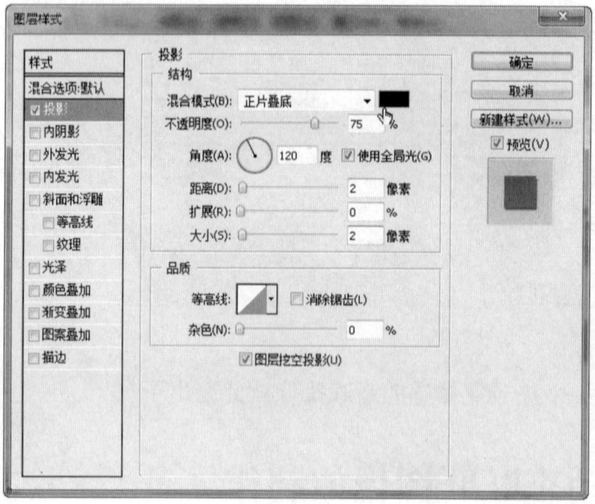

图 7-20

图 7-21

图 7-22

图 7-23

NO.17：选中刚刚输入的文字图层，单击鼠标右键，在弹出的快捷菜单中选择“图层样式”命令，在弹出的对话框中选择投影样式，并设置投影大小和距离为 1px。设置完毕，效果如图 7-24 所示。

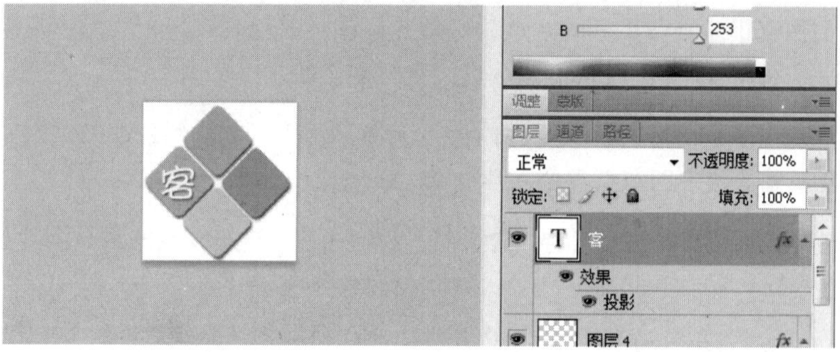

图 7-24

NO.18：如上所述，依次输入其他文字，并设置好样式，最终效果如图 7-25 所示。

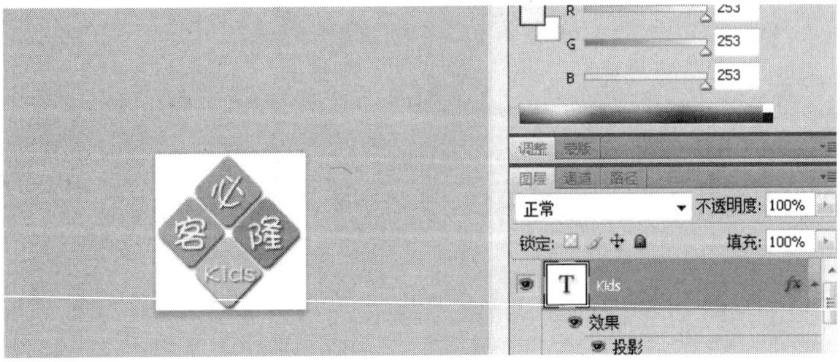

图 7-25

接下来就可以保存为 JPG 图片，一个极具立体感的旺旺头像就此诞生了！

7.4　动态旺旺图像的制作

经过上面的讲解，读者了解了旺旺头像的一般制作过程。但是在 7.3 节中制作的那个旺旺头像没有用到其他素材，只有一些单纯的文字，相对有一些简单。下面制作一个图文并茂的旺旺图像。但是要注意，在制作之前，一定先要有一个构思，即想好这个旺旺头像应该表达一些什么，如何表达。只有明确了自己所要表达的主题，才能在后面的制作过程中做到有的放矢，不至于感到无从下手。

这里要制作的旺旺头像效果是依次显示春、夏、秋、冬四季的交替，最后给出宣传标语“客必隆鞋城，四季相随”。

7.4.1　收集图片素材

要想旺旺头像真正能吸引买家的注意，必须在制作之前认真收集相关的图片素材，因为对于一般的卖家来说是不大可能利用 Photoshop 进行素材创作的。

但是网络上提供了很多素材，只要我们肯下工夫，就一定能找到合适的素材。根据前面的构思，现在首先要找到能代表四季特点的图片。

首先，找到自己所需要的四张素材图片并将其保存下来，这里找到的素材图片如图 7-26 所示。

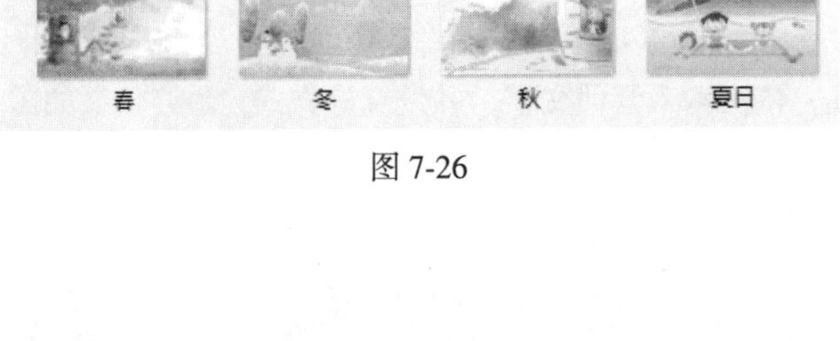

图 7-26

7.4.2　图片素材的处理

虽然找到了合适的素材图片，但是有时会出现一些问题。什么问题？第一就是收集的素材图片太大了，远远超过了所需要的尺寸，第二就是有些图片中有不需要使用的部分。

在前面讲过了图像编辑软件，现在可以使用 Photoshop 处理一下。

1. 解决图片尺寸过大的问题

启动 Photoshop，打开要处理的图片。由于此图片的尺寸达到了 1280px × 800px，远远超过了 120px × 120px，可以根据需要，对图片进行裁剪。在工具栏中选择裁剪工具，此时在菜单栏之下就会出现裁剪工具的选项栏。因为旺旺头像是方形的，所以在选项栏的宽度和高度的设置栏中均设为相同数值，这样就可以保证所截取的图片为标准的正方形，如图 7-27 所示。

图 7-27

设置完毕之后，将鼠标指针移到图片工作区中，按住鼠标左键不要松开，拖动鼠标创建一个方形的裁剪框。如果觉得裁剪区不是很理想，可以用鼠标来调整裁剪框的位置和裁剪框的大小，直到裁剪框能够选中合适的区域并放在合适的位置为止，如图 7-28 所示。

调整完毕，在图形工作区中双击鼠标即可完成图片的裁剪任务，如图 7-29 所示。

图 7-28

图 7-29

选择“文件→存储为”命令，将裁剪后的图片另存下来备用。按照同样的方式将其他几张素材图片也同样裁剪处理。

2. 图片标记处理

有的素材图片上会有文字，而这些文字对于旺旺头像的制作会带来一定的影响，所以在正式制作头像之前就要处理掉这些水印或标记。当然这种处理操作也是在 Photoshop 中进行。

首先使用 Photoshop，打开待处理的图片，如图 7-30 所示。

在工具箱中选择修复画笔工具。在工具选项栏中将画笔直径调整为 20px，并将“源”选择为取样，如图 7-31 所示。

图 7-30

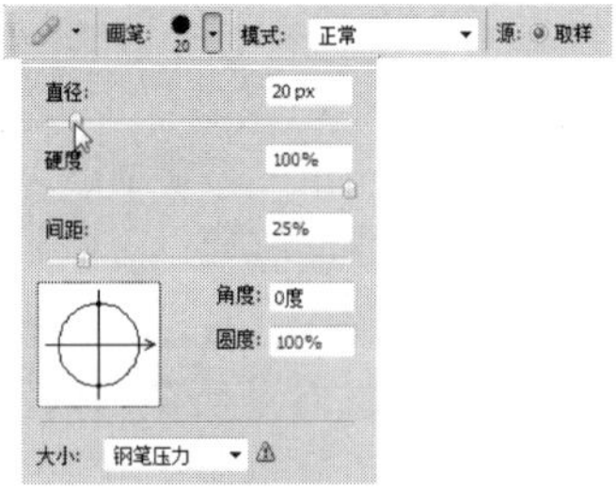

图 7-31

按住 Alt 键，此时鼠标指针会变成⊕形状，在和文字区域相近的区域单击鼠标选择源点，如图 7-32 所示。

松开 Alt 键，按住鼠标左键不停涂抹文字区域，在此过程中可不断调整源点，以达到最佳修补效果。最终处理之后的效果如图 7-33 所示。

图 7-32

图 7-33

如果觉得修补之处的效果不是很好，再次选择“涂抹工具”，在修补之处进行涂抹，以消除反差，从而达到最佳效果。如图 7-34 所示就是素材处理前后的对比效果图。

利用修复画笔工具处理这种简单的水印效果还是非常不错的。

处理前　　　　处理后

图 7-34

7.4.3　旺旺头像的制作

现在一切准备工作完成了，下面可以开始着手制作旺旺头像了。

NO.1：首先启动 Photoshop，新建一个宽高均为 120px 白底空白文档，如图 7-35 所示。

NO.2：选择“图层→新建→图层”命令，在空白文档中新建一个图层，如图 7-36 所示。

图 7-35

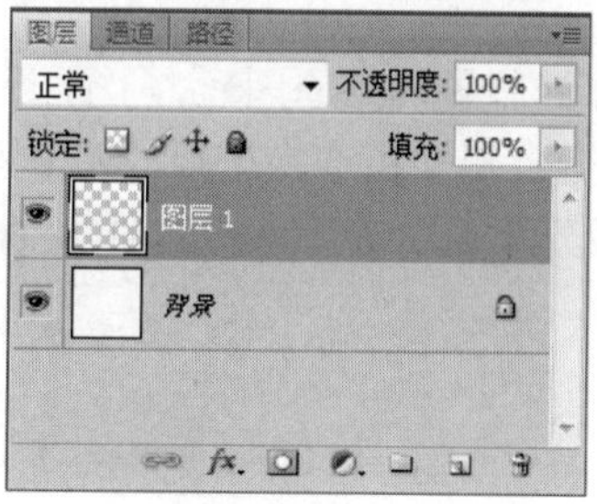

图 7-36

NO.3：接下来利用 Photoshop 打开处理好的第一张素材图片，如图 7-37 所示。

将此素材图片文档激活为当前文档，使用快捷键 Ctrl+A 将整个文档全选，再按 Ctrl+C 组合键将其复制。在图形文档工作区中将第一步新建的文档激活为当前文档，并选中新建的图层 1 作为当前图层，按 Ctrl+V 组合键将刚才所复制的素材图片粘贴到此图层中，如图 7-38 所示。

此时会发现，所粘贴的素材图片不能完全显示。因为素材图片比背景要大，所以只能显示部分。

图 7-37

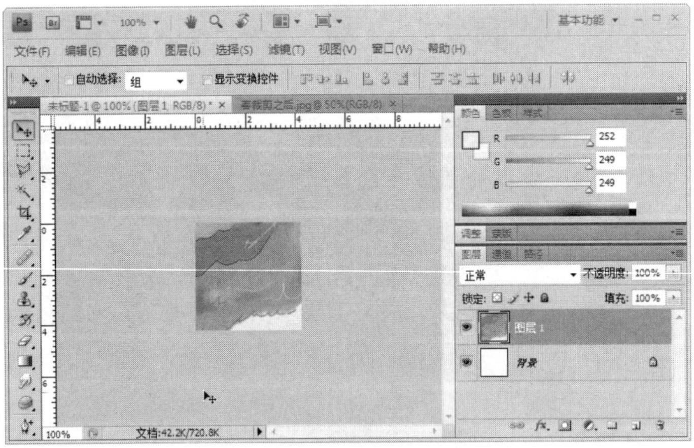

图 7-38

为什么不直接在前面对素材图片进行处理时就把这些素材变成 120px × 120px 大小呢？在前面进行图像的裁剪时只是大致设置了一个范围，如果之前就把图片缩为 120px × 120px 的大小就很有可能把部分不需要的画面带进来，从而影响构图。为了避免这种情况，可以将素材适当放大一些粘贴进来，然后进行自由变换将图片缩小。当然这里的缩小也并不一定要缩到 120px × 120px，只要进行适当地缩小，让素材的主体能够显示出来，并能够体现我们的设计意图就行了，这样既可以保证图片缩小后的效果，也能保证自由构图。

NO.4：明白了这样处理的原因后，下面开始自由变换素材图片。按 Ctrl+T 组合键激活自由变换功能。用鼠标通过操纵自由变换框外的调节点，对图片进行缩小处理，同时利用鼠标移动素材图片的位置，直到效果令人满意为止，如图 7-39 所示。

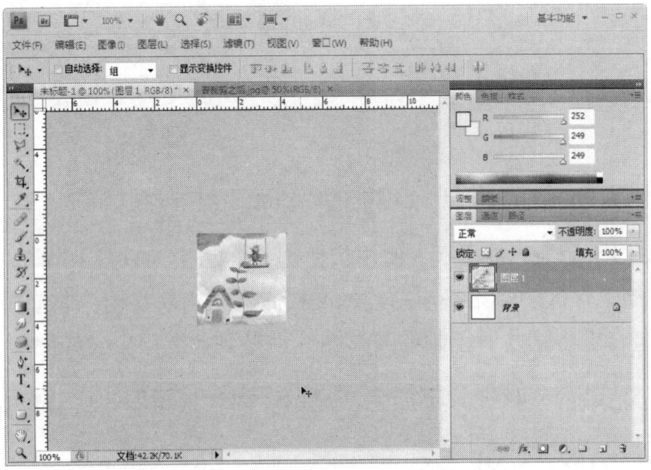

图 7-39

NO.5：按照同样的方法，将其他几张素材图片一一粘贴到新的图层，并调整好大小和位置。

NO.6：选择文字工具 T，在文字工具选项栏中设定字体和字号，文字颜色设为那幅代表春天背景图中的绿色，最终文字工具选项栏中的设置如图 7-40 所示。

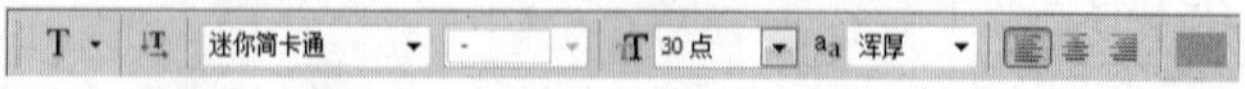

图 7-40

NO.7：设定完毕之后在图片文档中新建一个文字图层，并输入文字“春”，如图 7-41 所示。

NO.8：为了增强文字的表现效果，在图层面板上单击并选中这个新建的名为“春”的文字图层，将该图层的图层样式设置为“外发光”和“描边”，并将描边颜色选择为白色，描边大小为 1 像素，如图 7-42 所示。

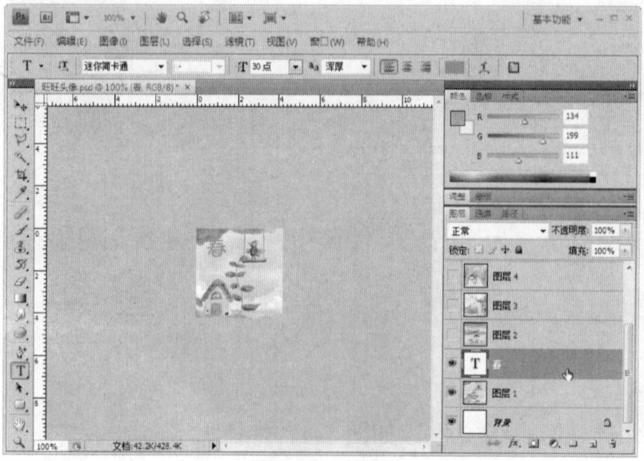

图 7-41

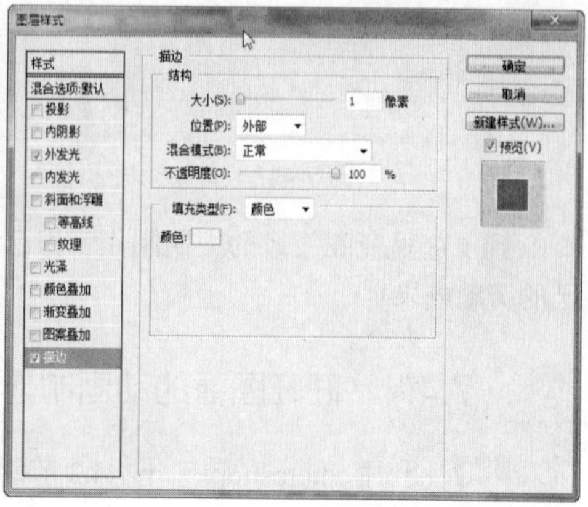

图 7-42

NO.9：按照同样的方式，依次新建另外三个文字图层，并输入“夏”、“秋”和“冬”三个文字，文字颜色一定要和对应的季节颜色相符，并调整好位置。最终每个图片的显示样式如图 7-43 所示 。

图 7-43

NO.10：接下来输入店铺名称和广告词。再次选择文字工具，字体不改变，只在工具栏中将文字颜色改为白色，输入文字“客必隆鞋城”。单击文字工具选项栏上的“创建变形文字”设置按钮，在弹出的对话框中进行设置，如图 7-44 所示。

NO.11：设置完毕之后，为了突出文字的显示效果，在图层样式中选择 “描边”，并将描边颜色选择为绿色，描边大小为 1 像素。

NO.12：按着同样的方式再次输入文字“四季相随”，只不过将文字变形设置改一下，如图 7-45 所示。

NO.13：然后在这个环形文字中间加入一幅鞋子的图片，体现店铺的经营项目，如图 7-46 所示。

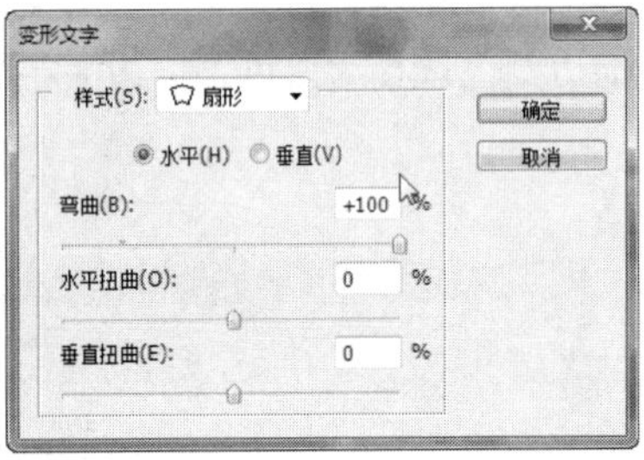

图 7-44

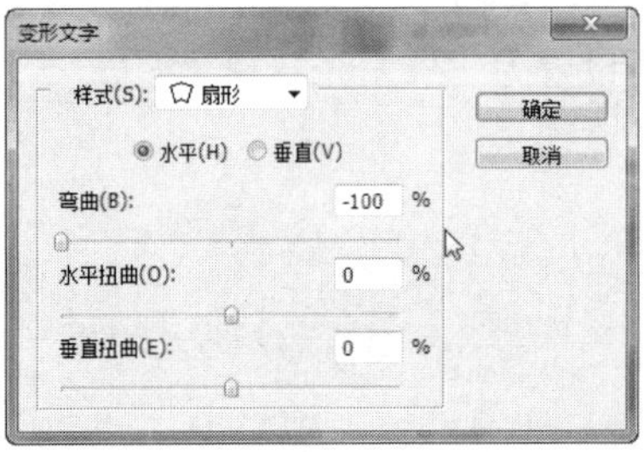

图 7-45

图 7-46

到了这里旺旺头像的中期制作工作已经结束了，为了防止文件意外丢失，一定要记得保存自己的劳动成果！

7.4.4 旺旺图像的动画制作

NO.1：利用 Photoshop 打开 7.4.3 节制作的旺旺头像文件，如图 7-47 所示。

NO.2：选择“窗口→动画”命令，将 Photoshop 的帧动画制作窗口显示出来。在动画窗口下面单击“复制所选帧”按钮，将当前所选帧复制 5 帧，如图 7-48 所示。

图 7-47

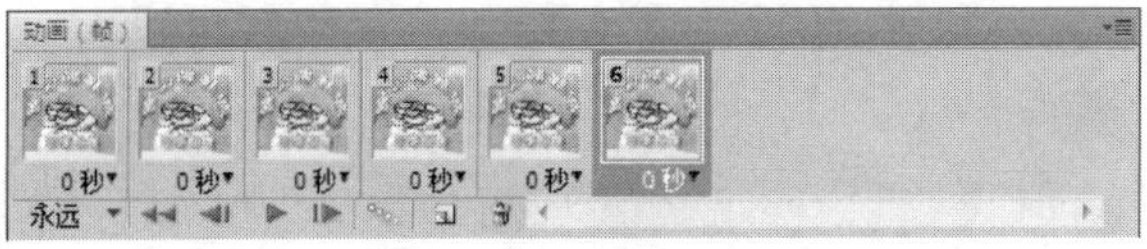

图 7-48

NO.3：单击第 1 帧，将第 1 帧设为当前帧，选定之后，在图层面板中将“背景”、“图层 1”和“春”这几个图层设为可见，其他均为不可见。只要在图层面板的图层左侧看到一个标志，就说明当前层是可见的，没有这个标志就表示当前图层是不可见的。直接在标志出现处用鼠标单击就可以切换显示状态，如图 7-49 所示。

NO.4：单击第 2 帧，将第 2 帧设为当前帧。同样在图层面板中将“背景”、“图层 2”和“夏”这几个图层设为可见，其他均为不可见。按照同样的方式设置第 3 帧、第 4 帧和第 5 帧。

NO.5：最后选中第 6 帧，选定之后，在图层面板中将“背景”、“图层 1”和“春”这几个图层设为可见，其他均为不可见。现在已经初步设定了 6 帧不同的画面。接下来就要开始设置动态效果了。

NO.6：动画窗口中每一帧下面都有一个“ 0 秒▾”标志，这里是设置帧的延迟时间，当前为 0 秒表示不延迟，单击此处的下拉三角按钮，弹出一个下拉菜单，如图 7-50 所示。

图 7-49

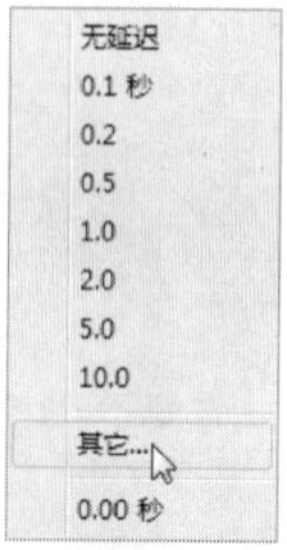

图 7-50

NO.7：在这个菜单中可以选择帧的延迟时间，这里的时间设置都不是很理想，单击此菜单中的“其他...”选项，此时弹出“设置帧延迟”对话框。在此设置框中可以自定延迟时间，这里设定为 1.5 秒，并单击“确定”按钮，如图 7-51 所示。

NO.8：按照同样的方式将第 2 帧、第 3 帧、第 4 帧和第 6 帧设为 1.5 秒，第 5 帧设为 3 秒，如图 7-52 所示。

图 7-51

图 7-52

设置完毕之后，现在就可以在动画窗口中单击“播放”按钮 进行播放，看一看效果！

预览效果之后，现在总觉得每两帧之间进行切换时不是很自然，显得非常突兀。这是因为每两帧之间没有过渡，所以切换效果就比较生硬。事实上 Photoshop 中对于帧动画的中间过渡问题也做了考虑，在动画窗口中有一个 按钮，这就是过渡帧按钮，所谓过渡帧就是在两帧之间加入中间过渡动画，使两个帧之间过渡自然。下面利就用这个过渡帧按钮来为动画来增加过渡效果。

NO.9：按住 Ctrl 键，用鼠标单击第 1 帧和第 2 帧，此时就可同时选中这两帧，如图 7-53 所示。

NO.10：选中之后，单击“过渡帧”按钮，此时就表明要在第 1 帧和 2 帧之间加入过渡帧。弹出如图 7-54 所示对话框。

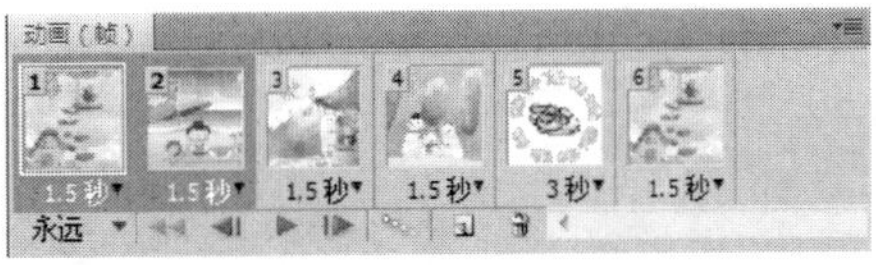

图 7-53

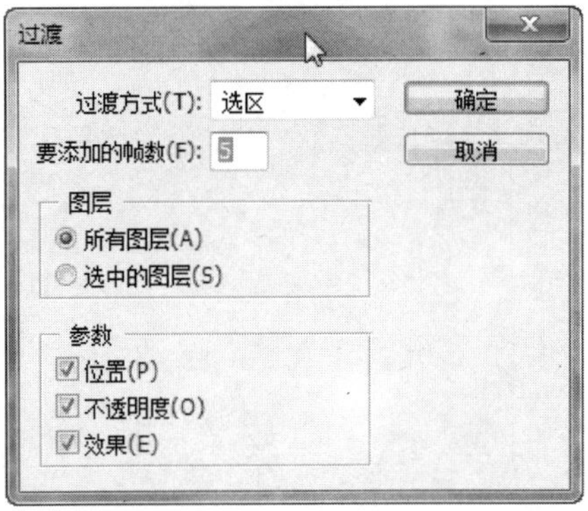

图 7-54

NO.11：按如上介绍设置过渡帧，设置完毕之后单击“确定”按钮。再来看一看是什么情况，如图 7-55 所示。

在第 1 帧和第 2 帧之间就增加了 5 帧过渡帧，为了过渡效果更好，现在将过渡帧的帧暂停时间设为 0.1 秒，如图 7-56 所示。

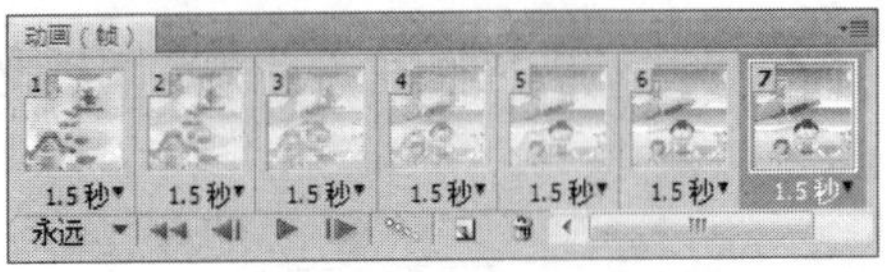

图 7-55

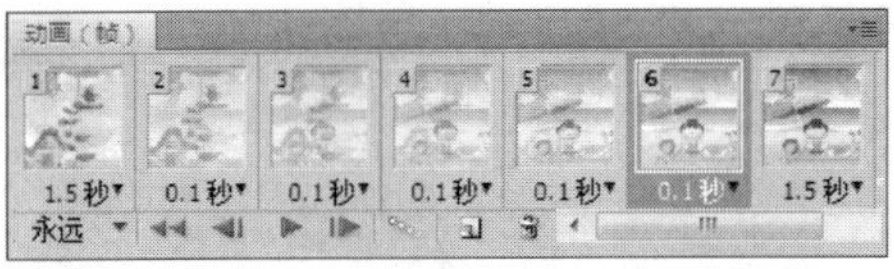

图 7-56

NO.12：按照同样的方法将第 2 帧与第 3 帧之间、第 3 帧与第 4 帧之间、第 4 帧与第 5 帧之间及第 5 帧与第 6 帧之间均添加过渡帧，并设置过渡帧的帧暂停时间为 0.1 秒。所有的设置完毕之后，选中最后一帧，并单击“删除”按钮，删除最后一帧。为什么要删除最后一帧呢？因为这个动画是循环播出的，到了最后一帧又会跳回第一帧，最后一帧就和第 1 帧重复了，所以我们就把最后一帧删除。当初加这一帧的目的就是为了添加过渡帧，让最后一帧能顺利过渡到第 1 帧，现在过渡帧已经添加进来了，就该是它“谢幕”的时候了。

现在再来播放看一看效果，怎么样？是不是效果过渡比较自然。

动画制作完毕之后，就该保存了。

NO.13：选择“文件→存储为 Web 和设备所用格式”命令，在系统弹出的对话框中做如下设置，如图 7-57 所示。

设置完毕之后，单击“保存”按钮，系统为弹出一个名为“将优化结果存储为”的对话框，设定文件名称存储位置，并单击“确定”按钮即可保存。此时系统就会弹出一个警告对话框，如图 7-58 所示。

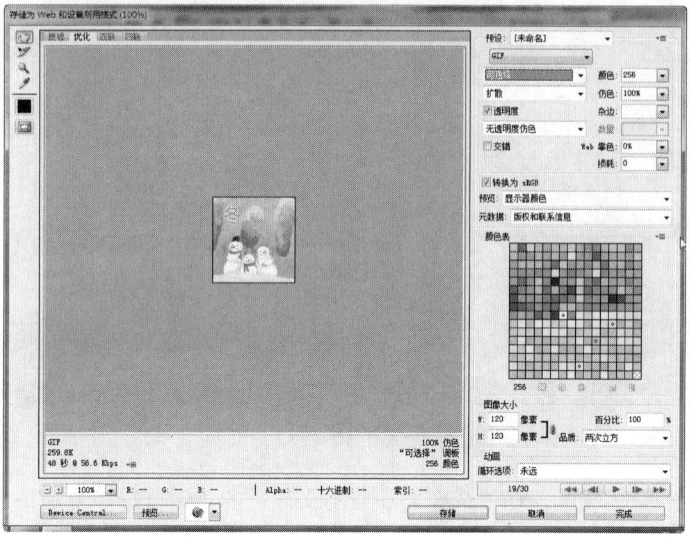

图 7-57

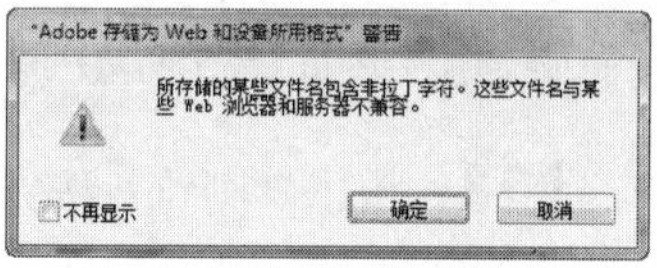

图 7-58

直接单击“确定”按钮即可完成保存任务。至此，一个图文并茂的动画旺旺头像就已经制作完毕了！

当然动画的设计是丰富多变的，并不局限于此，这里只是让读者了解 GIF 动画制作的一般流程，从而能学以致用，设计出更精美的 GIF 动画，为自己的店铺增加一道亮丽的风景！

7.5 旺旺头像的使用

旺旺头像制作成功之后，接下来就该使用了。下面看一看如何将制作成功的精美旺旺头像上传到旺旺中。

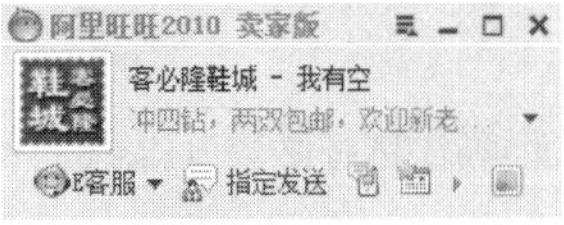

图 7-59

NO.1：首先，正常登录旺旺，打开旺旺的主窗口，如图 7-59 所示。

NO.1：单击旺旺窗口左上角原来的旺旺图像，此时系统会弹出如图 7-60 所示的对话框。在该对话框中单击“修改头像”按钮，弹出如图 7-61 所示的对话框。

图 7-60

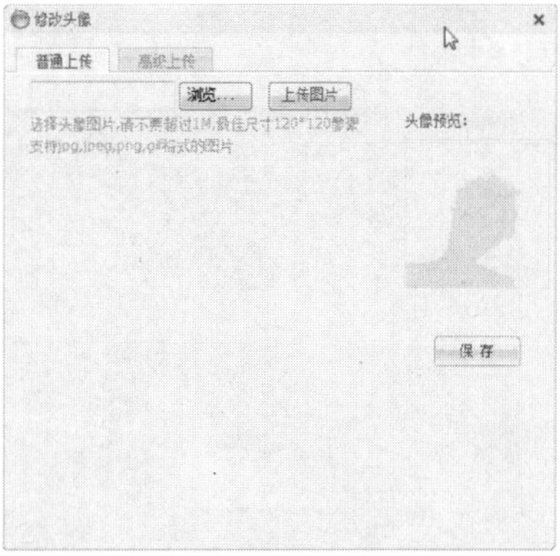

图 7-61

这里有两种选择，一种是普通上传，另一种为高级上传。它们两者的区别已经显示得很清楚了！普通上传可以支持 GIF 格式的头像，所以在这里选择普通上传。

NO.3：单击“浏览”按钮，如图 7-62 所示，在“选择要加载的文件”的对话框选择要加载的旺旺头像文件，并单击“打开”按钮。

NO.4：可以看到所选择的文件的地址已经填充到文本框中，单击“上传图片”按钮，已经可以看到图片的预览显示了，如图 7-63 所示。

NO.5：单击“保存”按钮即可完成旺旺头像的修改任务。此时旺旺窗口显示如图 7-64 所示。

其他网友在与我们交谈时所看到的头像如图 7-65 所示。

至此，我们的旺旺头像的制作才算真正完成了！

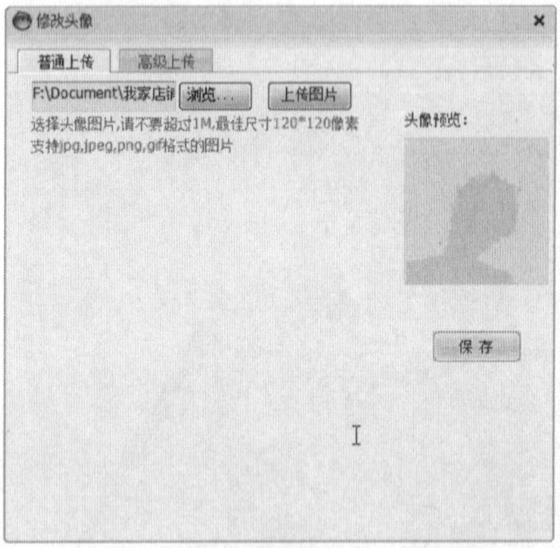

图 7-62

图 7-63

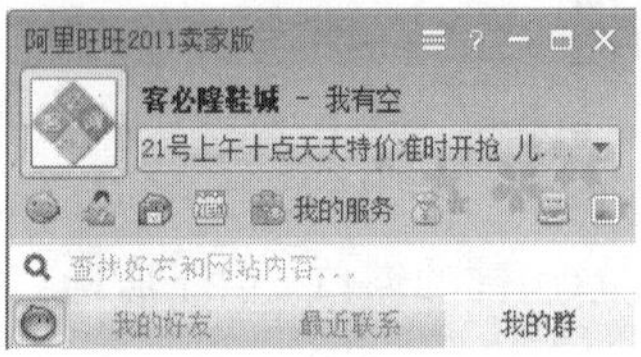

图 7-64

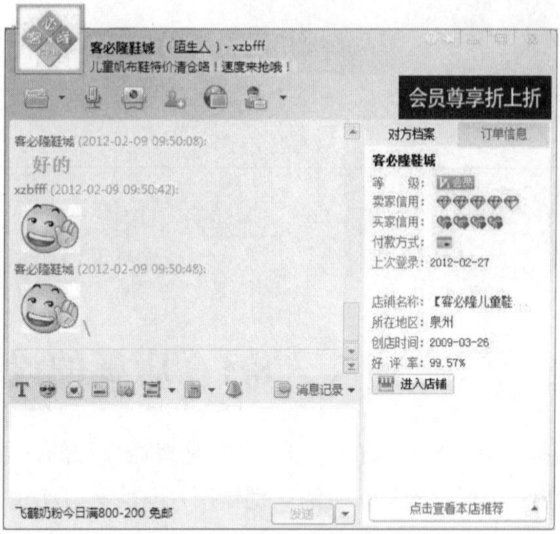

图 7-65

一个动态的图像可以传递很丰富的信息，并且能够吸引买家的注意，在一定程度上还可以增加店铺流量，起到很好宣传作用。总的来说，一个漂亮的动态旺旺头像比静态图片更能吸引买家的注意。另外要注意一下，只有阿里旺旺 2009 及其以上的版本才支持 GIF 动画，所以要使用动态头像的话，就赶快将自己的旺旺升级！

最后要提醒各位卖家：由于旺旺头像尺寸有限，在设计时不要添加过多元素，一定要突出主体，这样才能利用有限的空间发挥无限的作用。

第 8 章 店标

8.1 店标的设计说明

店标就是店铺标签的简称，它既是普通店铺的标志，也是所有店铺在店铺街中的标志。所以不难看出：店标不光具有店铺识别作用，也是一扇让顾客简单了解店铺的窗口。由于店标会在店铺街中出现，所以这里也是我们宣传自家店铺的一个非常重要的途径，如果有一个别具特色的好店标，可以引起别人的注意。所以店标也应该是所有店铺进行装修时必须要慎重考虑的一件事情！

先来看一些店标示例吧，如图 8-1 所示。

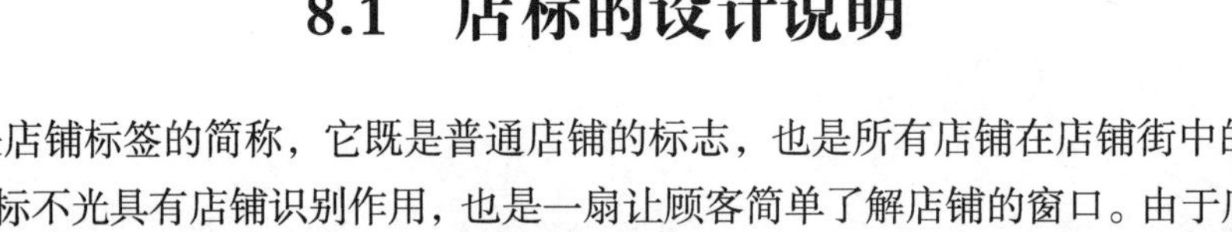

图 8-1

从以上的店标中我们不难看出，在淘宝网中，店标也分为静态店标和动态店标两种。但不管是哪一种，由于店标所承载的任务是帮助卖家进行店铺推广，所以说优秀的店标一般也是由店铺名称、产品图片和宣传文字组合而成的。

淘宝网规定，旺旺头像的最佳尺寸为 100px × 100px，大小不要超过 80KB，并且头像所支持的格式为 JPG、JPEG、PNG 和 GIF。

8.2　店标制作的一般流程

店标制作的一般流程如下。

（1）在网络上搜集一些自己需要的素材，在搜集这些素材时要注意尽量和自己经营的商品要吻合，并且还要注意尽量挑选图片清晰，没有版权纠纷的图片。

（2）在 Photoshop 中新建一个 100px × 100px 的新图片，将所有素材图片中所需要的部分复制到新建图片中，并做适当处理，使其达到制作要求。

（3）在图片中输入文字和宣传语，并调整好图层样式。

（4）在 Photoshop 中制作 GIF 逐帧动画。

（5）保存最终的 GIF 动画文件。

8.3　静态文字店标的制作

店标可以对我们的店铺起到推广的作用，也就是说当别人一看到我们的店标，就知道我们的经营项目。对于静态店标而言，最好的就莫过于纯文字的店标了，因为文字是最直观的，它可以直截了当地告诉买家一些信息，从而让买家了解我们。下面介绍制作一个文字店标的过程。

NO.1：首先，启动 Photoshop，新建一个 100px × 100px 的白底文档。

NO.2：在图片中输入文字和宣传语，并调整好图层样式（如果不想制作动态店标，此时就可以直接将制作的内容以可用的格式进行保存，从而结束静态店标的制作过程）。

NO.3：在 Photoshop 中制作 GIF 逐帧动画。

NO.4：保存最终的 GIF 动画文件。

8.4　静态店标的制作

前面讲店标的作用时就说过，店标可以对店铺起推广作用。也就是说当别人一看到我们的店标，就能通过店标知道我们的经营项目。下面就来制作一个静态的店标。

NO.1：启动 Photoshop，新建一个 100px×100px 白底文档。

NO.2：选择圆角矩形工具，在圆角矩形选项栏中，将圆角矩形选项按如图 8-2 所示的参数进行设置，并设定圆角半径为 5px。

NO.3：在样式中选择“1 像素描边，0%不透明度填充”选项，如图 8-3 所示。

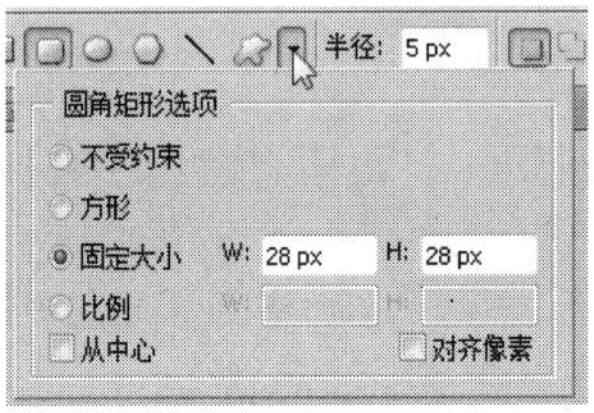

图 8-2

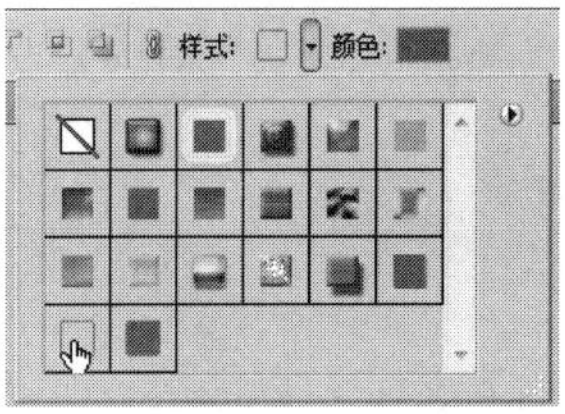

图 8-3

NO.4：设置完毕后，在空白文档上单击鼠标，此时就会在空白文档中绘制一个圆角矩形框，如图 8-4 所示。

NO.5：在图层面板中，选中刚刚绘制的形状图层作为当前图层，单击鼠标右键，在弹出的右键菜单中选择“栅格化图层”命令，如图 8-5 所示。

图 8-4

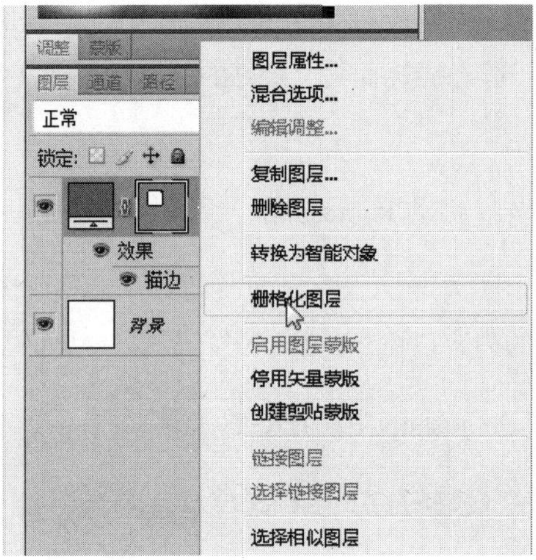

图 8-5

NO.6：单击“栅格化图层”，将形状图层转化为普通图层，以便我们后面的操作，转化后的效果如图 8-6 所示。

NO.7：单击“图层”菜单，选择“新建→图层...”命令，新建一个普通图层，并确定此图层为当前图层，如图 8-7 所示。

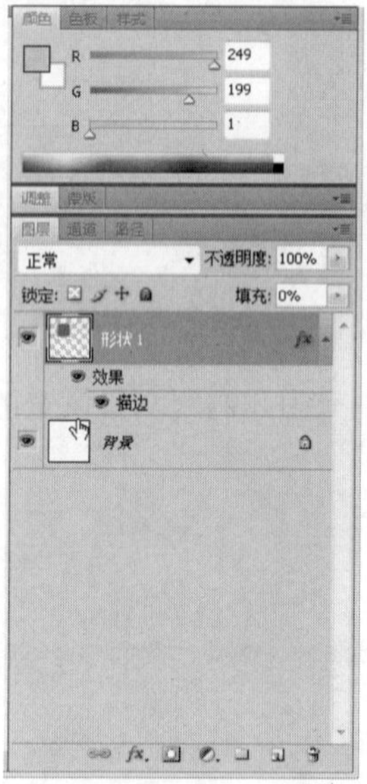

图 8-6

图 8-7

NO.8：在工具箱中，选择前景色，在设置对话框中将前景色设置为橙色，如图 8-8 所示。单击“确定”按钮，使前景色变为设置的橙色，如图 8-9 所示。

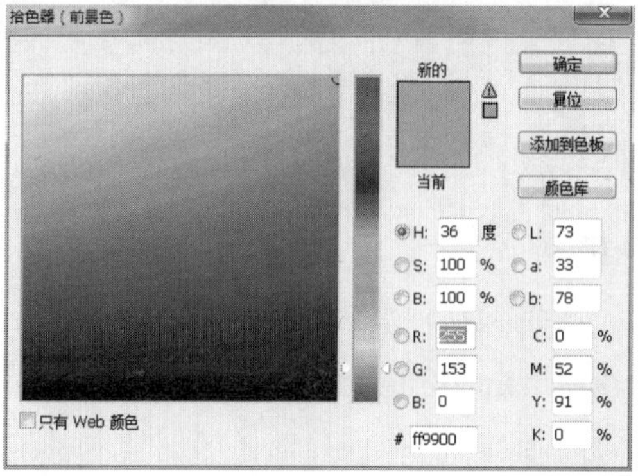

图 8-8

图 8-9

NO.9：在图层面板中，按住键盘上的 Ctrl 键不松开，将鼠标移动至转换完毕的那个形状图层之上，使光标变为如图 8-10 所示的形状。

NO.10：当光标形状发生如图 8-10 变化之后，单击鼠标，此时会发现在新建图层上，已经生成一个如图 8-11 所示的圆角矩形选框。

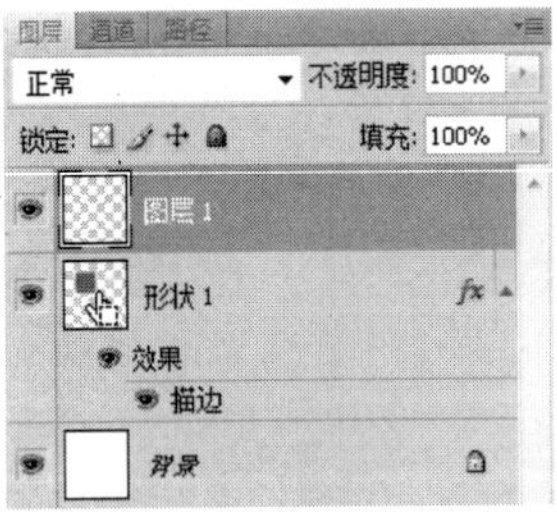

图 8-10

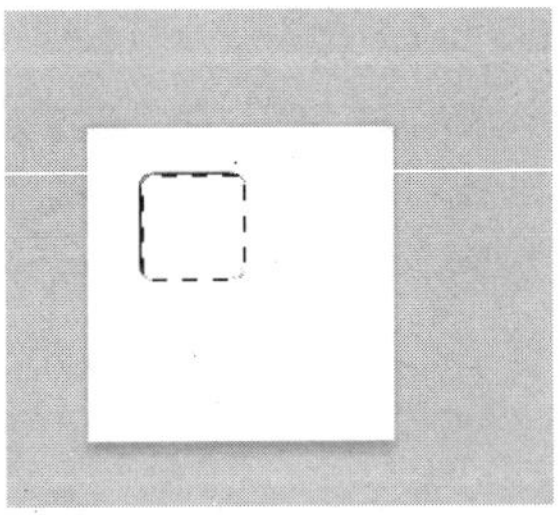

图 8-11

NO.11：在工具箱中选择油漆桶工具，将此矩形框填充为我们刚刚所设置的橙色，如图 8-12 所示。

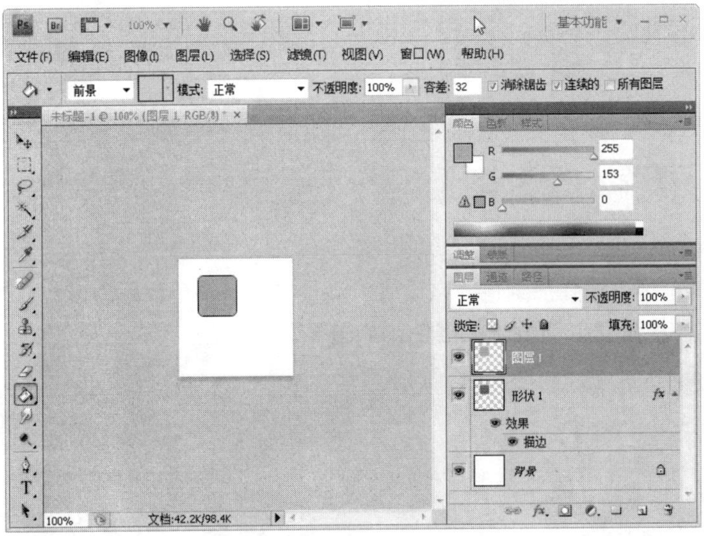

图 8-12

NO.12：使用 Ctrl+T 组合键激活自由变换，在自由变换选项栏中，将旋转角度设计为 45°，如图 8-13 所示。双击鼠标，应用此变换，使这个刚刚填充的矩形旋转 45°角，最终效果如图 8-14 所示。

NO.13：重复第 7 ~ 12 步，分别绘制另外两个蓝色和绿色的矩形框，绘制完毕之后，调整好它们的相对位置，并删除前面所绘制的那个形状图层，如图 8-15 所示。

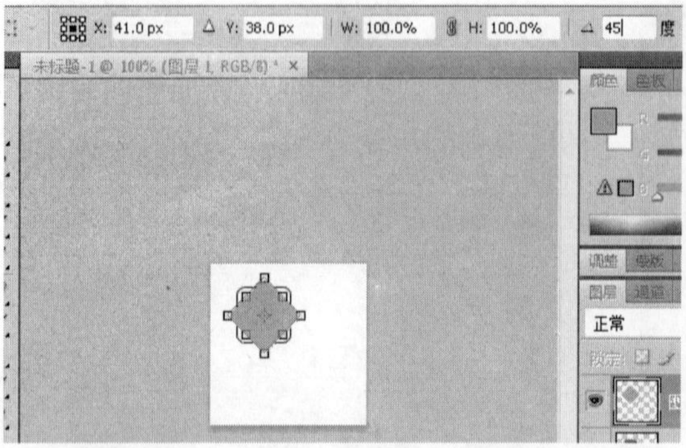

图 8-13

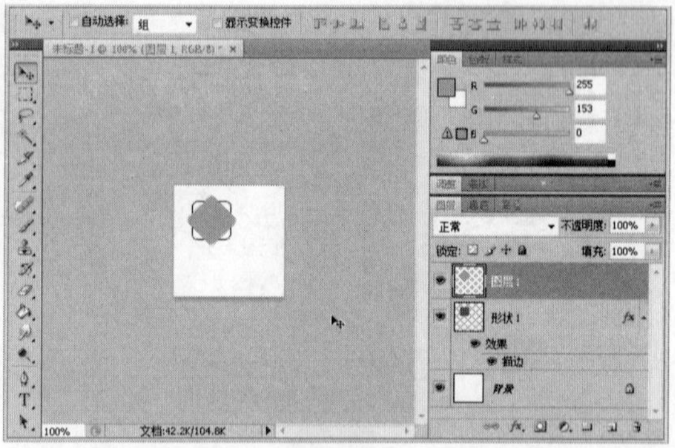

图 8-14

NO.14：选择“图层→向下合并”命令，将这三个调整好位置矩形方框所在的图层进行合并，使之成为一个图层，如图 8-16 所示。

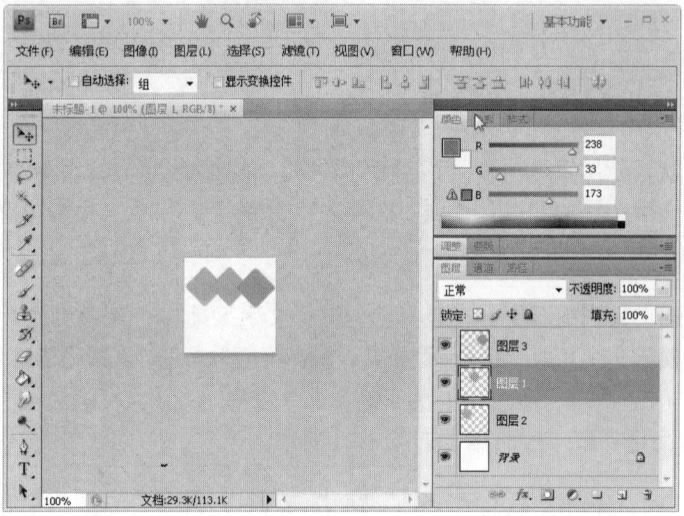

图 8-15

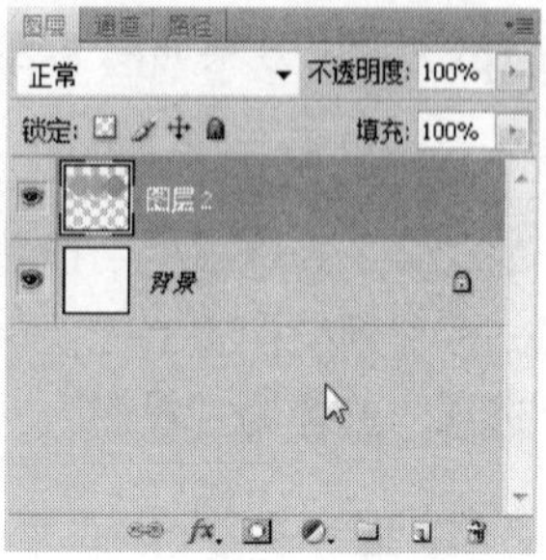

图 8-16

NO.15：为了突出这三个矩形，选中该图层，单击右键，在弹出的菜单当中选择“混合选项”，在弹出的对话框中选择“投影”选项，如图 8-17 所示设置参数。设置完毕后单击“确定”按钮，最终效果如图 8-18 所示。

NO.16：新建一个图层，将其选为当前工作图层，在工具箱中选择横排文字工具 T，在菜单栏下的文字工具选项栏中设置字体为“华康少女文字”，字号为 20 点，文字颜色为白色，如图 8-19 所示。

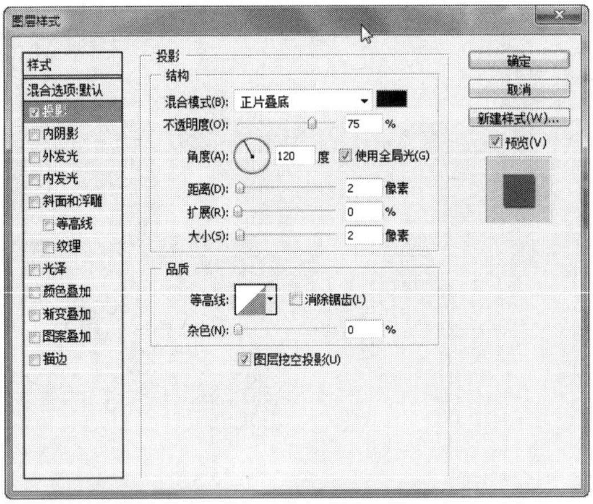

图 8-17

图 8-18

图 8-19

设置完毕之后，将光标移到空白文档上单击一下，输入“客”字。

NO.17：重复第 16 步的操作两次，依次输入“必”和“隆”两字，并调整好它们的相对位置，为了突出文字效果，分别对这三个文字图层的“混合选项”选择为“投影”，并设置大小和距离均为 1px，最终效果如图 8-20 所示。

NO.18：新建一个图层，将其选定为当前图层。在工具箱中选择文字工具 T，依然在菜单栏下的文字工具选项栏中设置字体为横排文字工具，字号为 18 点，文字颜色为黑色。设置完毕之后，将光标移到空白文档之上单击一下，输入“儿”这个字。为了突出文字效果，将该文字图层的“混合选项”选择为“投影”，并设置大小和距离均为 1px，如图 8-21 所示。

NO.19：重复第 18 步的操作三次，分别输入“童”“鞋”“服”三个字。输入完毕调整它们之间的相对位置。最终效果如图 8-22 所示。

图 8-20

图 8-21

图 8-22

到了这里，一个文字店标就制作完毕了，这里我们就是用纯文字来描述我们的店铺的名称及主营项目，也对这个店标做了一些美化，效果还是挺不错的！

8.5 动态图文店标的制作

我们在前面已经成功制作出了一个纯文字店标，但美中不足的是，这种店标纯粹就是一种静态展示，比较刻板，能不能有更好的展示效果呢？

不怕没办法，只怕没想法！现在既然有想法，就开始行动吧！当然在开始行动之前，要先要有一个设计思路。

假定我们的思路是这样的，依然显示如图 8-22 所示的内容，但显示之后，“儿”“童”“鞋”“服”这四个字依次变成红色且文字变大后再缩小，且每个字变化一次。

下面就来看一看在前面静态图标制作的基础上，如何利用 Photoshop 实现我们的构思。

NO.1：首先利用 Photoshop 打开 8.3 节制作的静态店标，如图 8-23 所示。

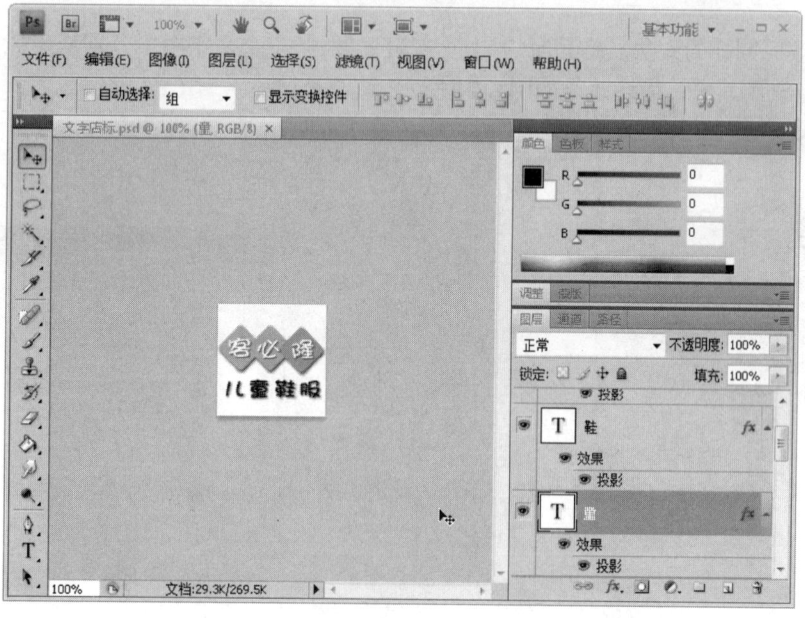

图 8-23

NO.2：由于后续需要的图层比较多，为了不给后面的操作带去麻烦，在这个地方利用图层组进行图层管理。在图层面板下方，单击“创建新组”按钮，建立一个新组。此时在图层面板中会看到一个已经出现了一个名为“组 1”的图层组，如图 8-24 所示。

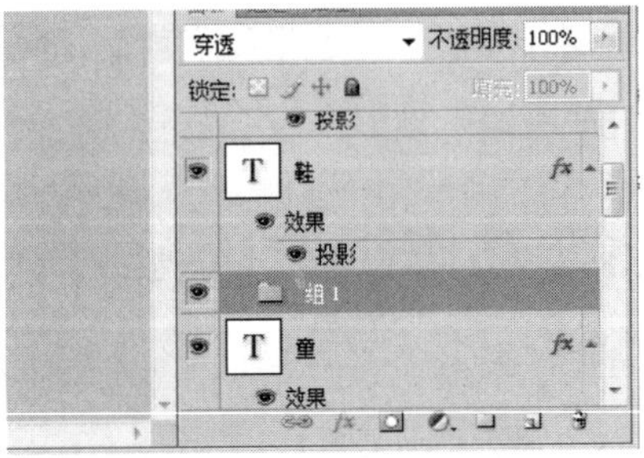

图 8-24

NO.3：将“儿”这个文字图层拖到“组 1”中。此时就会在图层面板中看到这些图层都以缩进的形式展现在“组 1”下，如图 8-25 所示。

单击图 8-27 中蓝色方框所标明处的下三角形按钮，即可将该组之下的所有图层收缩，不再显示出来，这样就可以减少图层面板中所显示的内容，以方便操作，如图 8-26 所示。

那么在这种情况下我们对“组 1”的任何操作都会影响整个组内的图层。比如将“组 1”设为不可见，那么整个组内的所有图层就都是不可见的。所以在图层比较多时，可以使用这种方法。

NO.4：按照同样的方法，将其余的“童”“鞋”“服”三个文字图层分别新建一个图层组，并将图层分别拖放到其中，最终效果如图 8-27 所示。

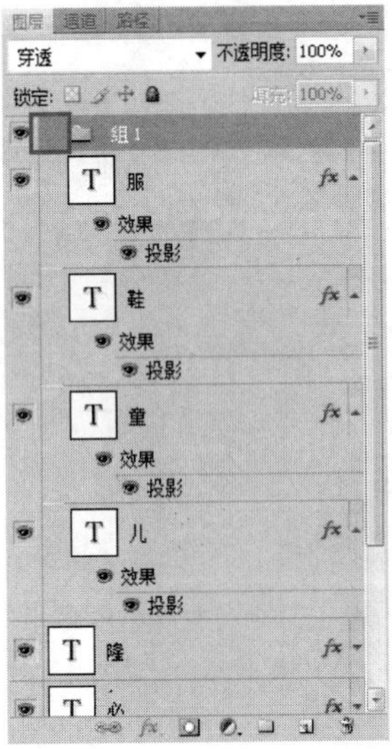

图 8-25

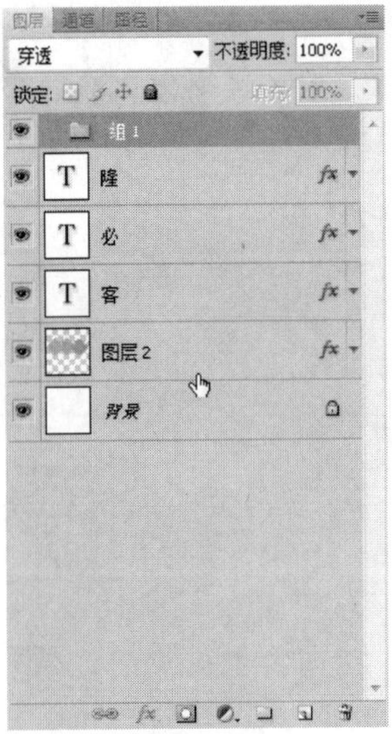

图 8-26

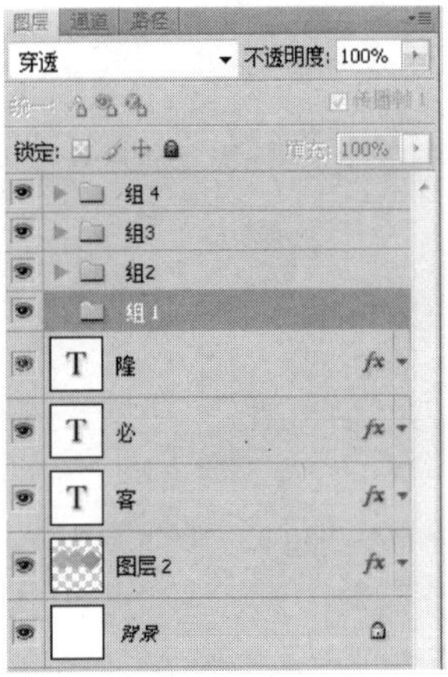

图 8-27

NO.5：选中组 1，展开该组，将该组下的文字图层复制两份，并把复制的文字颜色均设置为红色，并将其中一个红色文字的字号设置为 22，并调好文字的位置。为了方便后面的使用，将组 1

中的三个文字图层分别命名。

按照上面的操作，分别将其他几个组中的文字图层依次处理，如图 8-28 所示。

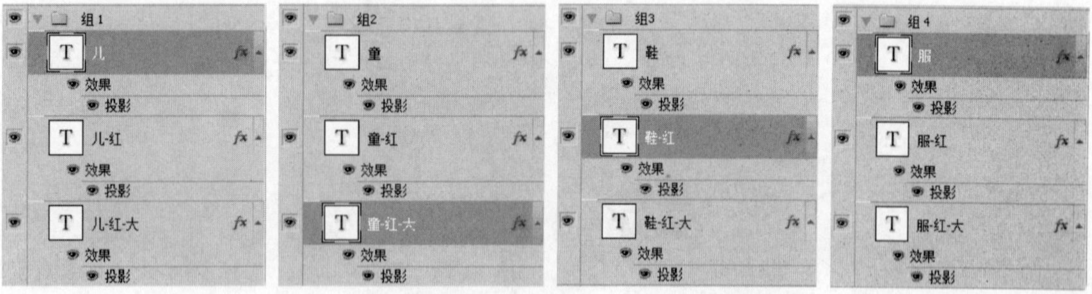

图 8-28

NO.6：在图层面板中，将组 1 中的那个名为“儿-红”的文字图层显示，另两个图层设为不可见，组 2、组 3 和组 4 图层组中的黑色文字显示，其他红色文字设为不可见，如图 8-29 所示。

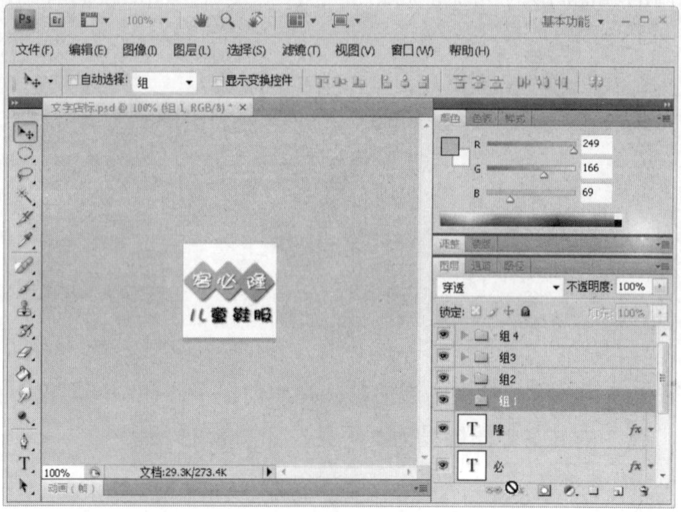

图 8-29

NO.7：选择“窗口→动画”命令，显示帧动画制作窗口。在动画窗口下面单击“复制所选帧”按钮，将当前所选帧复制 8 帧，如图 8-30 所示。

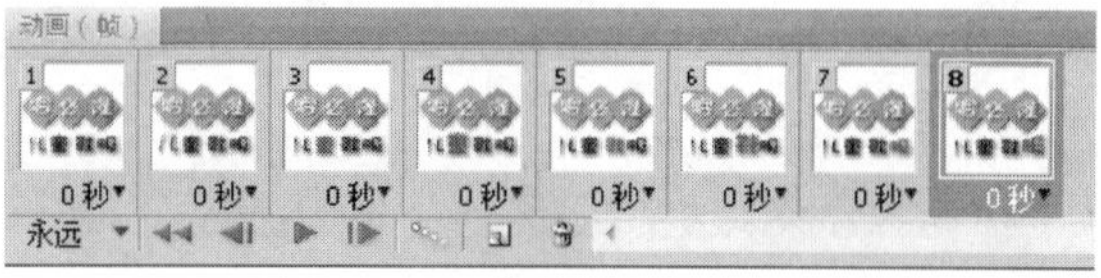

图 8-30

NO.8：单击第 2 帧，将第 2 帧设为当前帧，选定之后，在图层面板中将组 1 中的“儿-红-大”图层设置为可见，组 1 内的其他图层设为不可见，如图 8-31 所示。

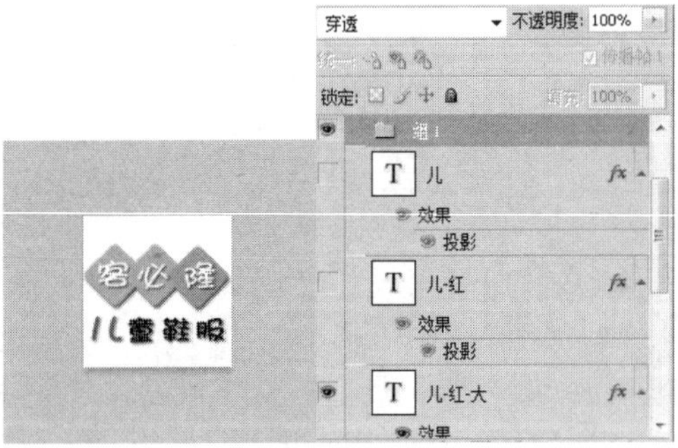

图 8-31

NO.9：单击第 3 帧，将第 3 帧设为当前帧，选定之后，在图层面板中，将组 1 中的“儿”图层设为可见，组 1 内的其他图层不可见。将组 2 中的“童-红”图层设为可见，组 2 内的其他图层设为不可见，如图 8-32 所示。

图 8-32

NO.10：单击第 4 帧，将第 4 帧设为当前帧，在此前提下，在图层面板中将组 2 中的“童-红-大”图层设为可见，组 2 内的其他图层设为不可见，如图 8-33 所示。

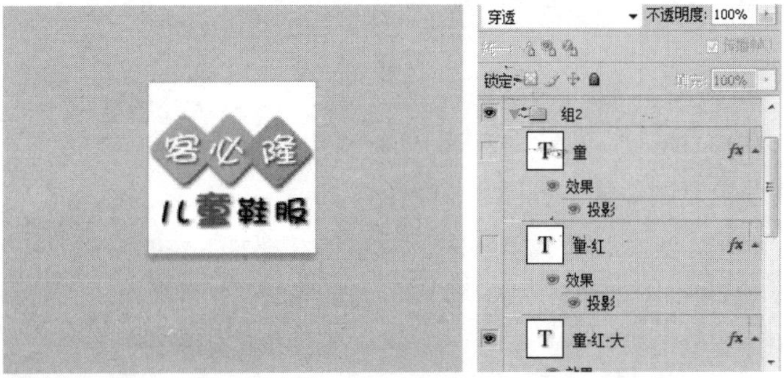

图 8-33

NO.11：单击第 5 帧，将第 5 帧设为当前帧，选定之后，在图层面板中，将组 2 中的“童”图层设为可见，组 2 内的其他图层不可见。将组 3 中的“鞋-红”图层设为可见，组 3 内的其他图层设为不可见，如图 8-34 所示。

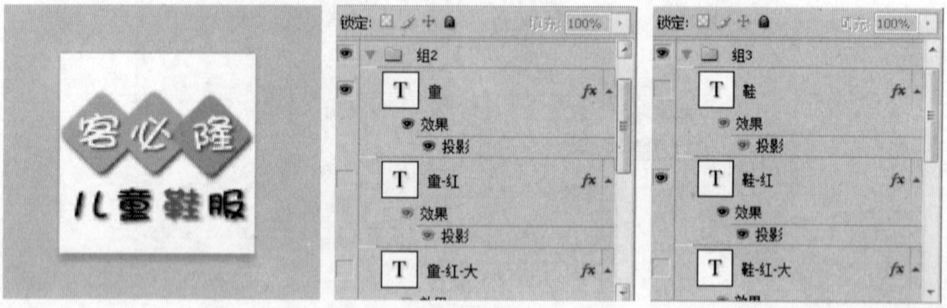

图 8-34

NO.12：单击第 6 帧，将第 6 帧设为当前帧，在此前提下，在图层面板中，将组 3 中的“鞋-红-大”图层设为可见，组 3 内的其他图层设为不可见，如图 8-35 所示。

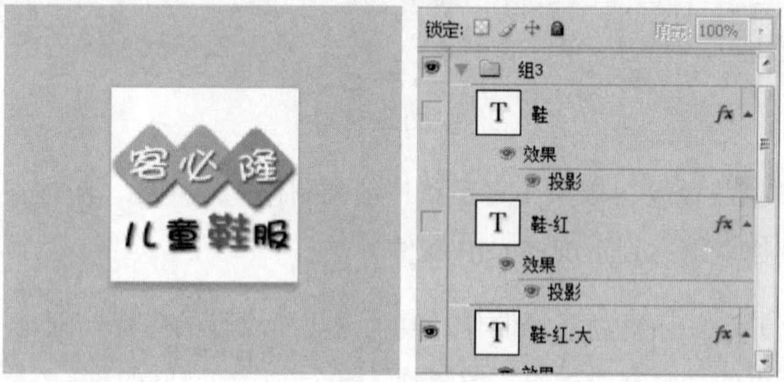

图 8-35

NO.13：单击第 7 帧，将第 7 帧设为当前帧，选定之后，在图层面板中，将组 3 中的“鞋”图层设为可见，组 3 内的其他图层不可见。将组 4 中的“服-红”图层设为可见，组 4 内的其他图层设为不可见，如图 8-36 所示。

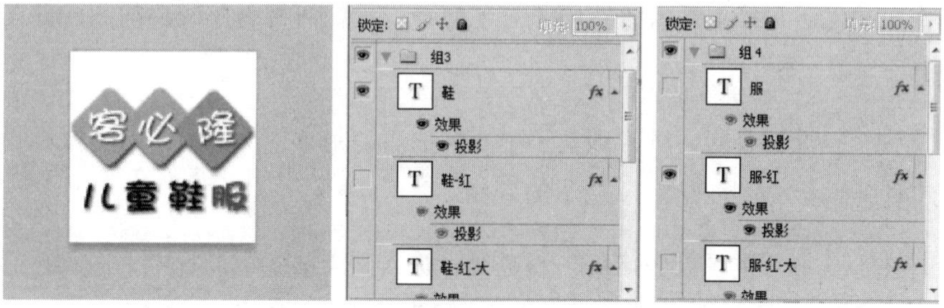

图 8-36

NO.14：单击第 8 帧，将第 8 帧设为当前帧，在此前提下，在图层面板中，将组 4 中的“服-红-大”图层设为可见，组 4 内的其他图层设为不可见，如图 8-37 所示。

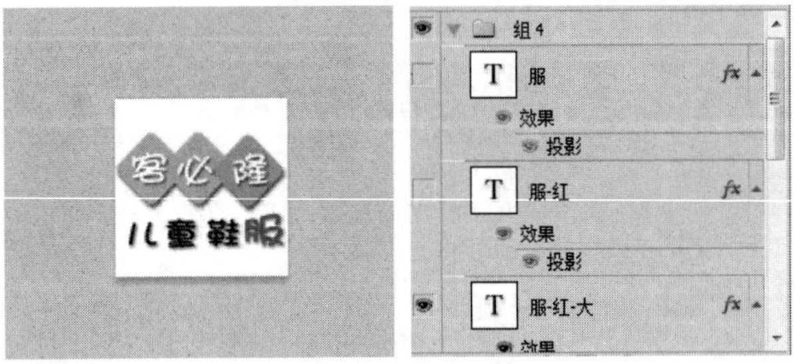

图 8-37

NO.15：设置完毕之后，我们将帧间隔时间设定如图 8-38 所示。

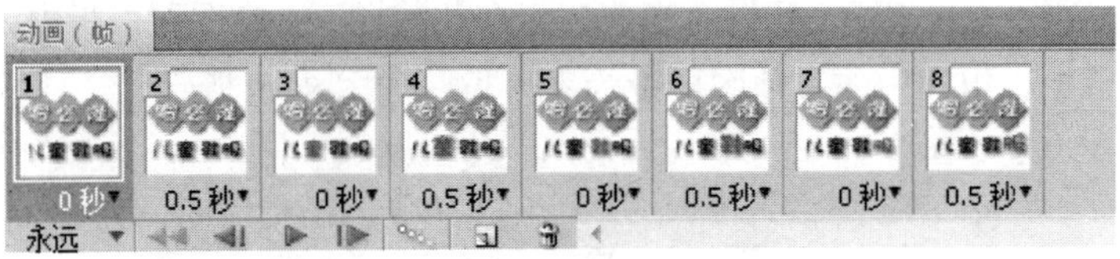

图 8-38

现在再来看一看播放效果，效果还真不错！动画制作完毕之后，应该保存下来了，保存时要注意操作方式！否则你就得不到正确的 GIF 文件。

至此，一个图文并茂的店标就已经制作成功。这里所设计的店标动画是一个比较复杂的动画，如果读者能够把上面讲的动画制作过程了解清楚，那么在店铺装修的过程中，再也不会有任何 GIF 动画的制作会难倒我们！

8.6 店标的使用

店标制作成功之后，接下来就该使用了。下面看一看如何将制作成功的图文并茂的动画店标上传到店铺中。

NO.1：首先，登录淘宝网，进入到卖家中心，在店铺基本情况面板中，将鼠标指针移到原先的店标处，此时店标会发生如图 8-39 所示的变化。

NO.2：单击原店标下的“修改店标”超链接，进入到店铺基本设置中。进入之后，单击上传图标按钮，系统弹出一个“选择要加载的文件”对话框，如图 8-40 所示。

图 8-39

NO.3：在此对话框中找到要上传的店标文件。选定之后，单击对话框上的“打开”按钮，店标已经被上传了，如图 8-41 所示。

图 8-40

图 8-41

NO.4：最后单击此页面上的“保存”按钮，即可完成新店标的上传任务了。

上传之后，就可以到店铺街上搜索一下自家的店铺，看一看制作的店标的效果！当然，更换店标之后，并不能马上就可以看到改变，系统还需要一定的时间才能更新。最终的效果如图 8-42 所示。

图 8-42

从这里读者可以再次感受到：一个动态的店标可以传递给买家极为丰富的信息，只要我们构思精巧，小小的店标也能达到很好的店铺宣传效果。不过在此要特别说明，由于店标尺寸极为有限，一定要精心设计，这样才能使这方寸之地发挥无限的作用。

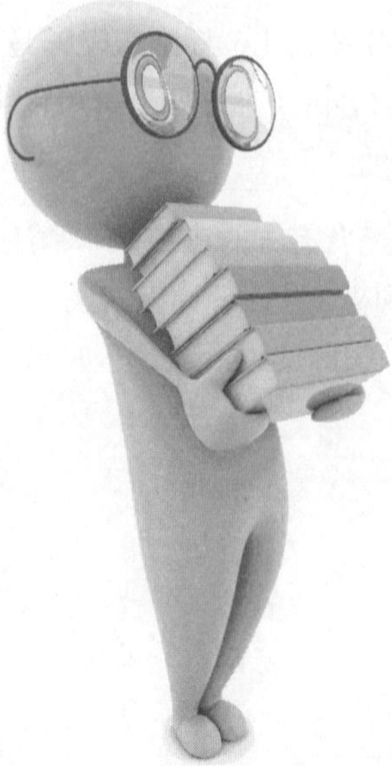

第9章 左侧模块

9.1 左侧模块的说明

现在在淘宝网上，绝大多数标准版旺铺的页面都是左右两栏布局，并且是左窄右宽，左侧为190像素，右侧为750像素，结构如图9-1所示。

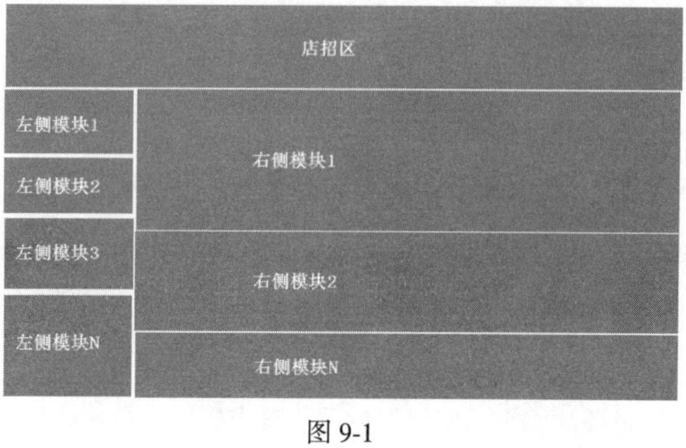

图9-1

在前面讲旺铺的特征时说过：和扶持版旺铺相比，标准版旺铺是淘宝网的一项增值服务，它允许卖家在标准旺铺页面中添加多个自定义内容区（左右两侧都可以增加这种自定义内容区），而这种自定义内容正是给了卖家自由发挥的空间。

读者可以在店铺街上随便搜一下，凡是经营有方的店铺都非常注重自家店铺的页面中自定义布局模块的应用，并且都是把这种模块应用到极致。从理论上来说，这些自定义模块可以让我们自由发挥，从而实现我们所想要的任何功能，但实际使用情况并非如此。那么在实际应用中，左侧自定义区可以用来干什么的呢？

左侧自定义区常见的用法有以下几种。

1．店铺收藏类

关于店铺的收藏的意义，这里不再具体说明了，读者只要记住一点，店铺收藏的数量多少对店铺的排名有着一定的影响。

但淘宝网所设置的"收藏"按钮过小，并且淘宝改版之后，店铺的收藏功能的位置也发生了变化，不是直接显示在店铺首页，而是打开店铺基本信息之后才能看到它，如图 9-2 所示。

由于店铺的收藏人气对店铺的排名有着一定的影响，所以很多卖家为了能够吸引买家来收藏自己的店铺，通常都会自己在店铺的左侧添加一个非常抢眼的店铺收藏自定义区，通过单击这里的自定义收藏按钮也可完成店铺的收藏，不仅如此，很多卖家还会在此打出一些广告，吸引买家主动收藏，如图 9-3 所示。

图 9-2

图 9-3

这个按钮的效果是不是要比淘宝系统设置的"收藏本店铺"按钮要好很多呢？

2．联系我们

在淘宝店铺里，如果买家要想和卖家沟通交流，都会在店铺左侧的掌柜档案区中，单击店铺的主旺旺图标和卖家进行交流。但在现实中，有很多卖家由于经营有方，店铺中的访问流量很高，这样一来一个客服就不可能同时应对众多买家的咨询，所以这类店铺往往都有多名客服同时在线，以方便和买家及时交流，从而不会因为客服分身无术而错过任何一单生意，所以就要在店铺左侧显眼位置处加上其他在线客服的旺旺，以方便买家和这些客服之间能顺利交流。

另外由于网上购物的特殊性，有时会有其他的情况发生，为了不影响客服前台的接单，有些店铺也特别设置了售后客服、批发客服及查单客服。所以为了能让买家更方便询问商品，大卖家往往在店铺左侧显眼的位置标明各种联系方式，在最大程度上方便买家，如图 9-4 所示。

这样买家如果有任何问题，都可以方便地从这里找到卖家的联系方式和对象。另外这种店铺从某种程度会给人一种很专业的感觉，从而增强买家对店铺的信任。

3．店铺公告

由于网络购物中卖买双方不是当面交易，并且买方主要是通过图片来了解自己所要购买的产品。正是由于这种信息的不对称，所以难免就会有人对卖家的产品及服务有所顾虑，为了减少买家的这种顾虑，很多卖家都会在自家店铺中提示买家在网购过程中的注意事项，以及店家对买家的服务承诺等，当然在这里也可以做一些重要申明，如图 9-5 所示。

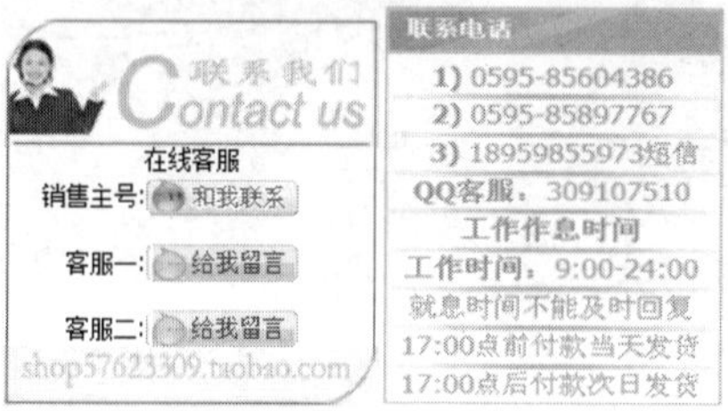
联系我们
Contact us
在线客服
销售主号:
和我联系
客服一:
给我留言
客服二:
给我留言
shop57623309.taobao.com
联系电话
1) 0595-85604386
2) 0595-85897767
3) 18959855973短信
QQ客服，309107510
工作作息时间
工作时间，9:00-24:00
就息时间不能及时回复
17:00点前付款当天发货
17:00点后付款次日发货

图 9-4

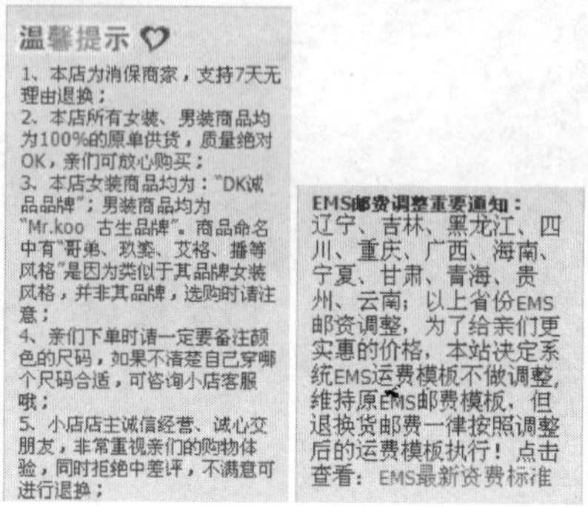
温馨提示
1、本店为消保商家，支持7天无理由退换；
2、本店所有女装、男装商品均为100%的原单供货，质量绝对OK，亲们可放心购买；
3、本店女装商品均为："DK诚品品牌"；男装商品均为"Mr.koo 古生品牌"。商品命名中有"哥弟、玖姿、艾格、播等风格"是因为类似于其品牌女装风格，并非其品牌，选购时请注意；
4、亲们下单时请一定要备注颜色的尺码，如果不清楚自己穿哪个尺码合适，可咨询小店客服哦；
5、小店店主诚信经营、诚心交朋友，非常重视亲们的购物体验，同时拒绝中差评，不满意可进行退换；
EMS邮资调整重要通知：
辽宁、吉林、黑龙江、四川、重庆、广西、海南、宁夏、甘肃、青海、贵州、云南；以上省份EMS邮资调整，为了给亲们更实惠的价格，本站决定系统EMS运费模板不做调整，维持原EMS邮费模板，但退换货邮费一律按照调整后的运费模板执行！点击查看：EMS最新资费标准

图 9-5

如果买家在网上购物时能够看到像如图 9-5 所示这样一些友情提醒和注意事项，是不是能额外给人一份信任感呢？

4．商品促销广告

左侧自定义区在旺铺装修中可以出现在店铺的任何页面中，为了能让买家进店后，更长时间停留在店铺里，浏览更多的商品，提高成交率，也有很多卖家选择在左侧添加自家的热销商品，进行推荐，达到吸引客户的目的，这也是一种很不错的选择。

但要注意的是，在左侧自定义区中设置促销广告时，所选的商品一定要有特色，确实有吸引人的地方，才可能达到效果。如图 9-6 所示是一些比较好的左侧促销区的截图，以供读者参考。

图 9-6

5．图片轮播商品促销广告

在左侧添加商品促销广告的目的就是为了吸引买家注意，以达成促销的目的，但是由于左侧区域有限，最佳的选择就是添加图片轮播。这种广告形式在同一个区域中能最大数量地展示自己的商品，并且是滚动展示，更能吸引买家的注意，因而很多店铺都纷纷在左侧自定义区中增加这种轮播广告，如图 9-7 所示。

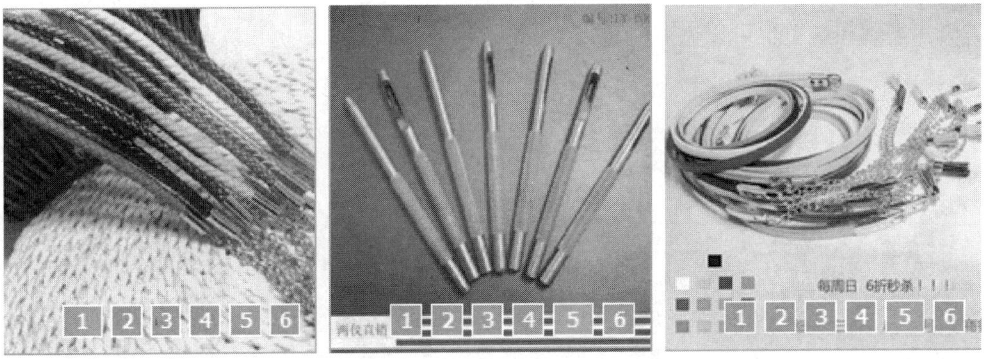

图 9-7

9.2 店铺收藏

前面说过，众多卖家之所以要在自家店铺左侧位置添加醒目的店铺收藏，主要原因有两个：一是淘宝系统的收藏按钮过小，不利于引起买家的注意；二是店铺的收藏人气会影响店铺的排名。

既然店铺收藏设置的意义在于引起买家的注意，吸引更多的人自愿收藏店铺，所以在制作店铺收藏时，首先要求是醒目，其次才要考虑其他方面的事项。

9.2.1　制作简单店铺收藏图片

最简单的店铺收藏图片的形式莫过于直接把系统设置的“收藏本店铺”按钮进行放大，以文字形式出现，这样是绝对可以解决系统收藏按钮过小的问题。

但事情要多方面考虑，因为现在做的是店铺装修，既然是店铺装修，那就不得不考虑到店铺整体效果，所以即使是简单的店铺收藏也要制作精美。另外，由于店铺左侧的自定义模块有限，既然必须要放置一个店铺收藏模块，就不要放过任何一个宣传和推广店铺的机会。

下面制作一个形式简单的店铺收藏图片。

NO.1：启动 Photoshop，新建一个宽为 190 像素，高度为 240 像素的空白文档，如图 9-8 所示。

NO.2：找一张符合店铺经营类目的图片，将其放置在当前背景图层上，使之成为一个新图层，并使用自由缩放和移动工具对放入的这个图片进行处理，使其大小满足我们的需求，如图 9-9 所示。

图 9-8

图 9-9

NO.3：在工具箱中选择横排文字工具 T 。在菜单栏下的工具选项栏中选择字体为“Bernard MT Condensed”，字号大小为“30 点”，文字颜色为“白色”，如图 9-10 所示。

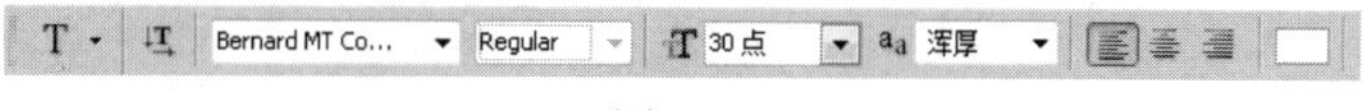

图 9-10

NO.4：设置完毕，将光标移到空白文档中并单击输入“BOOK MARK”，如图 9-11 所示。

图 9-11

NO.5：新建一个图层，将新建图层作为当前图层，再次在工具箱中选择横排文字工具 T。在菜单栏下的工具选项栏中选择字体为“微软雅黑”，字号大小为“22 点”，文字颜色为“白色”，如图 9-12 所示。

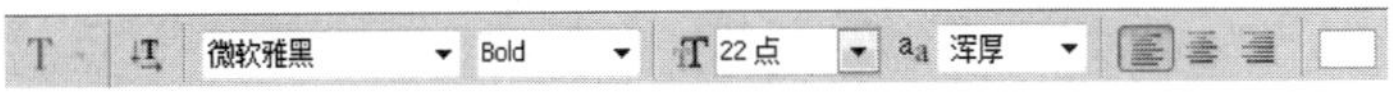

图 9-12

NO.6：设置完毕，将光标移到空白文档中，单击并输入“收藏本店”四个字，如图 9-13 所示。

从图 9-13 可以看出，由于文字为白色，和图片混在一起后并不是很清晰。为了突出文字，下面我们对这两个文字图层进行处理。分别选定这两个文字图层，在图层的混合样式中选择“投影”样式，以突出文字的效果，如图 9-14 所示。

图 9-13

图 9-14

NO.7：为了更进一步让两段文字区分开来，再次选定“收藏本店”文字图层，单击鼠标右键，在弹出的菜单中选择“混合选项”命令，在弹出的对话框中选择“渐变叠加”选项，具体参数设置如图 9-15 所示。

一切设置完毕，我们来看一看最后的效果，如图 9-16 所示。

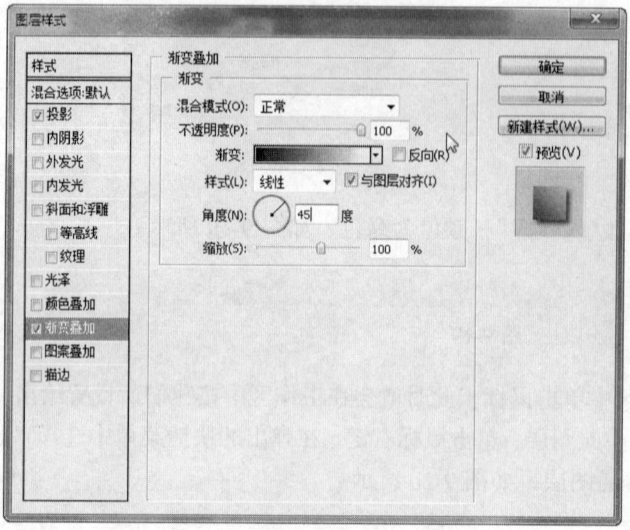

图 9-15

图 9-16

到此，这个简单的收藏图片就算制作成功了，接下来将其以 JPEG 的格式保存备用。但在这里要提醒各位读者注意，虽然已经制作好了店铺收藏的图片，但为了方便以后对图片的修改，最好把所制作的图片的源文件也保存下来备用（即以 PSD 格式保存一份）。

9.2.2　制作动态店铺收藏图片

动态店铺收藏图片的制作过程如下。

1．收藏图片制作

在 9.2.1 节中虽然制作了一个收藏店铺图片，但还有些呆板，下面制作一个更能吸引人注意的店铺收藏图片。

如果想更能吸人的注意，可以利用 GIF 动画来制作店铺收藏图片。下面就具体介绍制作一个动态的店铺收藏图片的操作过程。

NO.1：启动 Photoshop，新建一个宽为 190 像素，高为 110 像素空白文档，如图 9-17 所示。

NO.2：在此文档当中新建一个图层，使之成为当前工作图层，在工具箱中选择圆角矩形工具。在菜单栏下的圆角矩形选项栏中，设置圆角矩形大小为 186 像素 × 106 像素，半径为 2 像素，如图 9-18 所示。

图 9-17

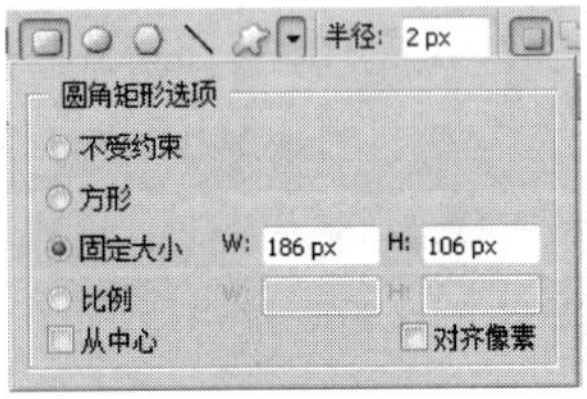

图 9-18

NO.3：将矩形框的样式设定为“默认样式”，颜色为绿色，如图 9-19 所示。

图 9-19

NO.4：设置完毕之后，在工作区中单击鼠标，此时就会在工作区中按我们所设置绘出一个圆角矩形形状图层。在图层面板中，选中此图层，单击鼠标右键，在弹出的快捷菜单中选择“栅格化图层”命令，将此形状图层转化为普通图层，如图 9-20 所示。

NO.5：单击鼠标右键，在弹出的快捷菜单中选择“混合选项”命令，在弹出的“图层样式”对话框中，选择“投影”，设置大小和距离均为 1 像素，参数设置如图 9-21 所示。

NO.6：再新建一个图层，使之成为当前工作图层，在工具箱中选择圆角矩形工具。在菜单栏下的圆角矩形选项栏中，设置圆角矩形大小为 58 像素 × 58 像素，半径为 5 像素，如图 9-22 所示。

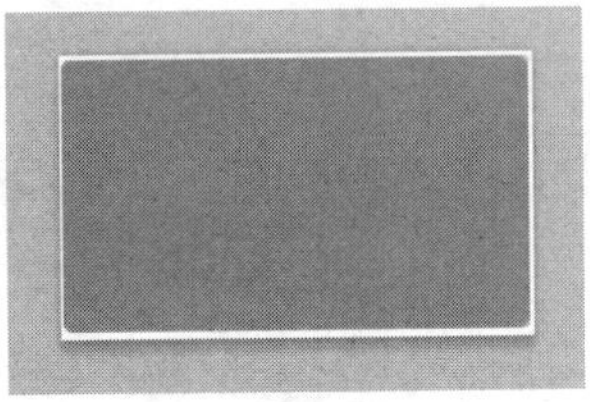

图 9-20

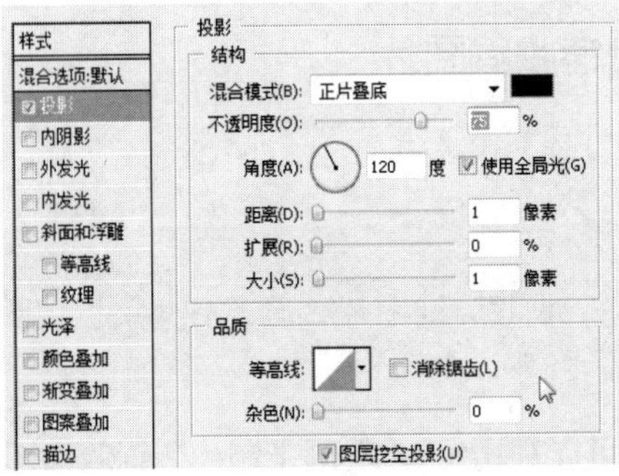

图 9-21

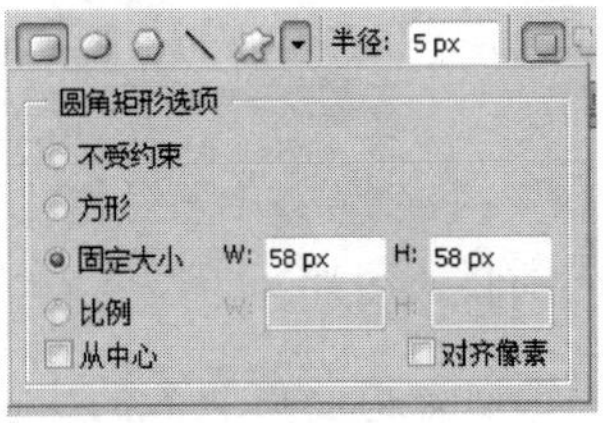

图 9-22

NO.7：将矩形框的样式设定为“默认样式”，颜色为橙色，如图 9-23 所示。

图 9-23

NO.8：设置完毕之后，在工作区中单击鼠标，此时在工作区中会按我们所设置的绘出一个圆角矩形形状图层。在图层面板中，选中此图层，单击鼠标右键，在弹出的快捷菜单中选择“栅格化图层”命令，将此形状图层转化为普通图层，如图 9-24 所示。

图 9-24

NO.9：单击鼠标右键，在弹出的快捷菜单中选择“混合选项”命令，在弹出的“图层样式”对话框中，选择“斜面和浮雕”，参数设置如图 9-25 所示。设定之后，效果如图 9-26 所示。

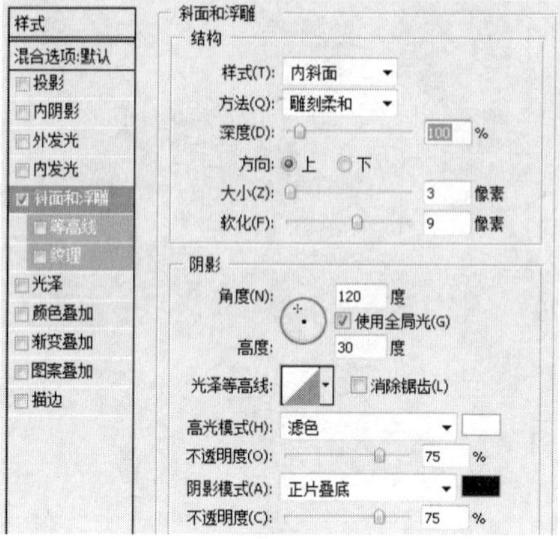

图 9-25

图 9-26

NO.10：在工具箱中选择自定形状工具。选定之后，在菜单栏下的自定形状工具选项栏中，设定形状为“圆形画框”，如图 9-27 所示。

NO.11：在选项栏中将样式选择为“默认样式”，颜色为白色。设定完毕之后，在图形工作区中按住 Shift 键不放，拖动鼠标创建一个合适的白色正圆形画框形状，然后将此形状图层栅格化。按同样的方式，制作一个略小的圆形。将这两个圆环图层合并成一个图层，使用选择工具选择并删除不必要的部分。在工具箱中选择椭圆选框工具，在图形工作区中，按住 Shift 键不松开，拖动鼠标创建出一个大小适当的正圆形选区，调整好选区所在位置，选择油漆桶工具，将正圆选区填充为白色，效果如图 9-28 所示。

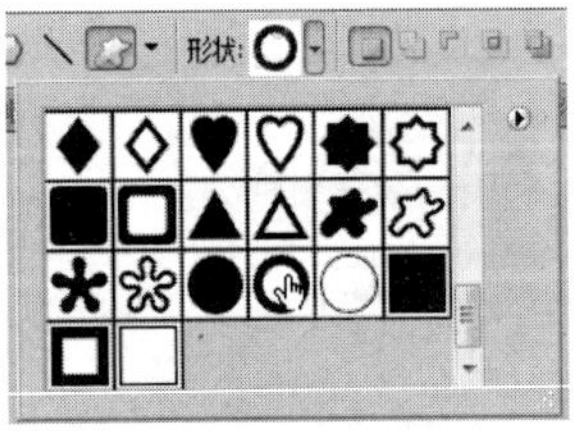

图 9-27

图 9-28

NO.12：在此图层的混合选项中，分别设置“投影”和“斜面和浮雕”两种样式，其中投影设置距离和大小均为 1 像素，斜面和浮雕的样式选择“外斜面”，方法为“雕刻柔和”，大小为 1 像素，软化为 5 像素，设置参数如图 9-29 所示。

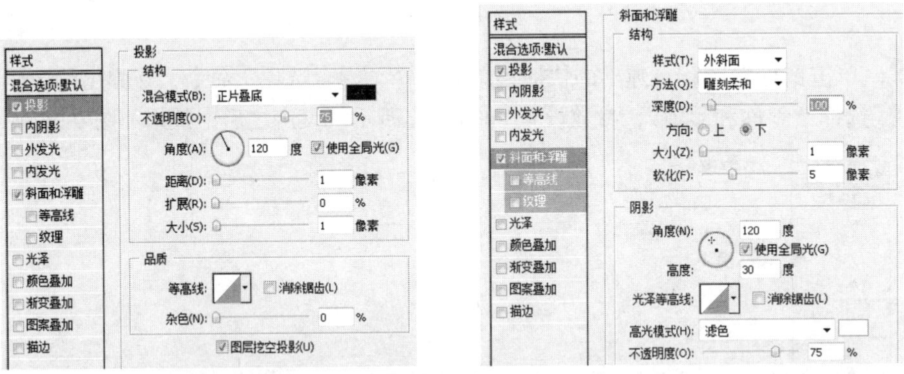

图 9-29

设置完毕之后看一看效果，如图 9-30 所示。

图 9-30

NO.13：在图层面板中新建一个图层组，将橙色方块和白色装饰内容两个图层拖进组中，如图

9-31 所示。选定该图层组，按 Ctrl+T 组合键进行自由变换功能，如图 9-32 所示。

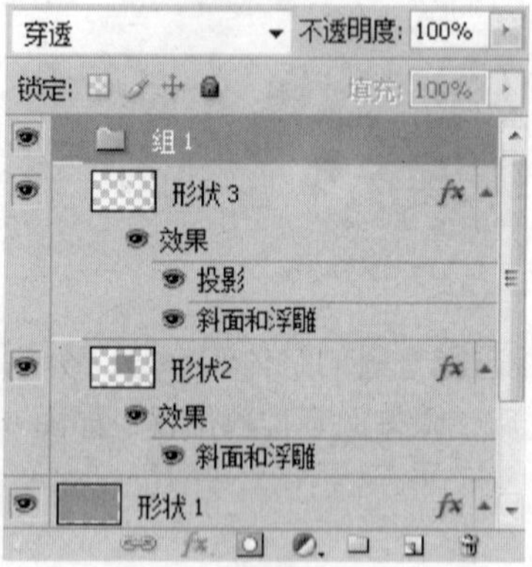

图 9-31

图 9-32

NO.14：在图形工作区中，通过使用鼠标旋转这个图层组，一直到符合自己要求为止。在工作区中使用移动工具对位置进行调整。调整后的效果如图 9-33 所示。复制此图层组，再次使用自由变换工具，对复制的图层组进行旋转，最终效果如图 9-34 所示。

图 9-33

图 9-34

NO.15：新建一个图层，使这个新建图层作为当前工作图层，在工具箱中选择矩形选框工具，在当前图层中拖动鼠标创建一个如图 9-35 的矩形选框。

NO.16：在工具箱中选择油漆桶工具，使用图 9-35 所示的绿色填充此矩形选框。从而造成一种组的内容进入绿色底层的效果，如图 9-36 所示。

NO.17：为了更进一步增加这种进入效果，将这个刚刚填充图层的不透明度设置为 80%，调整方法为：用鼠标拖动不透明度游标，直到数值显示为 80%为止，如图 9-37 所示。设定后，再来看一看实际效果，如图 9-38 所示。

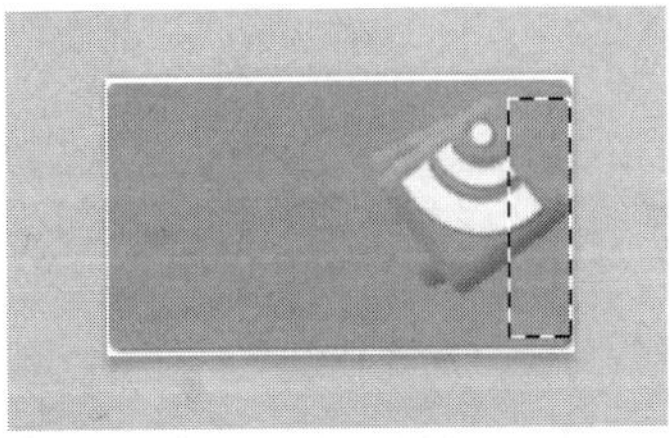

图 9-35

图 9-36

NO.18：使用文字工具，分别建立三个文字图层，并选择合适的字体和字号，分别输入文字“PLEASE”、“BOOK MARK”和“收藏我！”，输入完毕之后，调整文字排列位置，如图 9-39 所示。

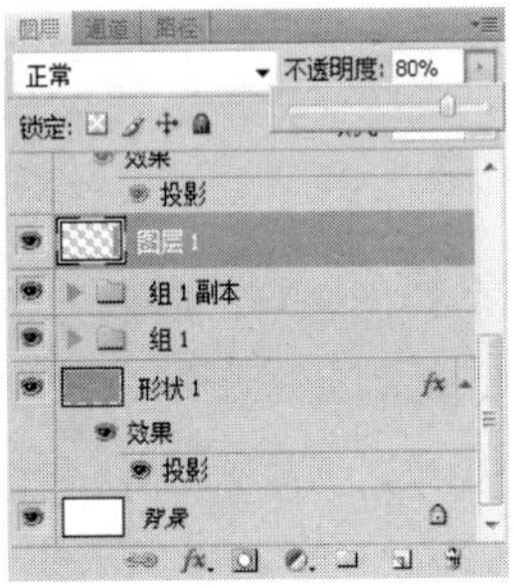

图 9-37

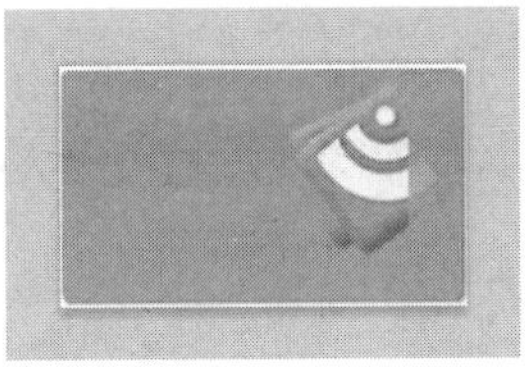

图 9-38

图 9-39

到了这里，这个动态的店铺收藏图片中期制作工作才算告一段落了，记住要保存文件。

2．动画的制作

NO.1：利用 Photoshop 打开前面保存的动态店铺收藏的图片源文件，单击“窗口”菜单，选择“动画”命令，将动画制作窗口显示出来，如图 9-40 所示。

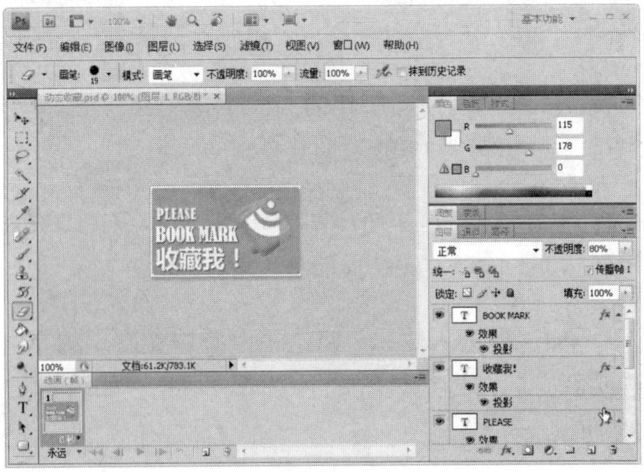

图 9-40

NO.2：在动画窗口中单击“复制所选帧”按钮，将当前所选帧复制两个帧，如图 9-41 所示。

图 9-41

NO.3：单击第 1 帧，在图层面板中将复制的组 1 副本图层组设为不可见，效果如图 9-42 所示。

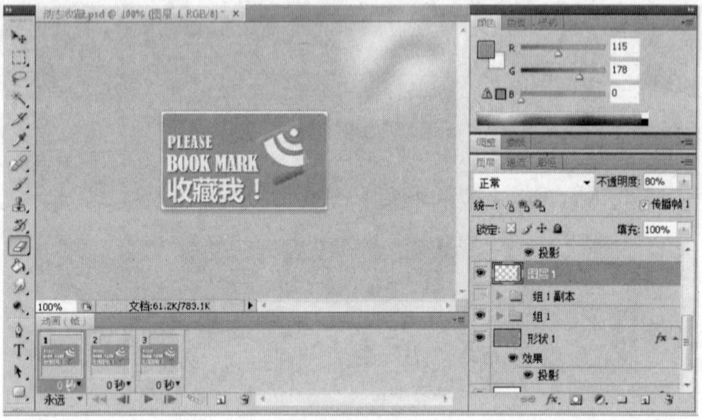

图 9-42

NO.4：单击第 2 帧，在第 2 帧的当前帧的前提下，在图层面板中将复制的组 1 图层组设为不可见，其他图层均可见，效果如图 9-43 所示。

图 9-43

NO.5：单击第 3 帧，在图层面板中将复制的组 1 副本图层组设为不可见，其他图层均可见。效果如图 9-44 所示。

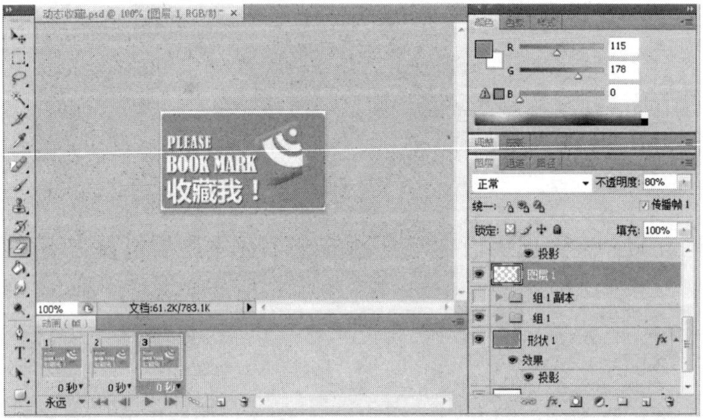

图 9-44

NO.6：将第 1 帧、第 2 帧和第 3 帧的帧间隔时间设定为如图 9-45 所示。

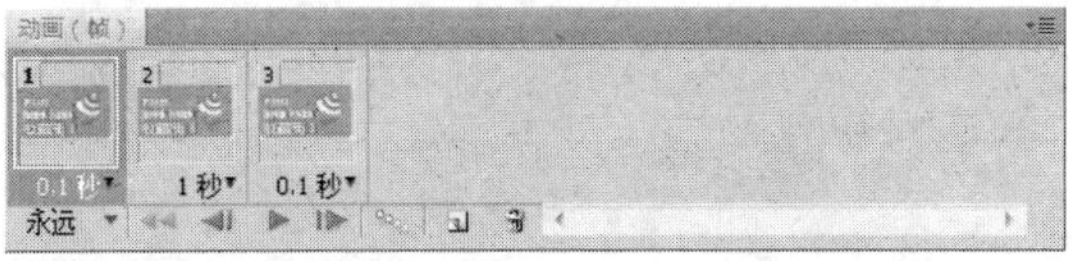

图 9-45

现在播放图片看一看效果，怎么样？效果还真不错！将其以 GIF 格式保存下来，保存时要注意格式的类型。

到了这里，这个动态的店铺收藏图片就制作成功了。在制作这个收藏图片时，我们只是简单地使用了动画来增强显示效果而已，至于其他的效果可以根据自己的需要自行进行添加。但有一点必须要记住，不管要添加什么内容，在制作之前一定要设计好，中途不要临时更改设计，那样会给图片的制作过程中带来意想不到困难。

9.2.3 店铺收藏代码的获取

虽然我们已经把店铺收藏的图片制作完毕，但它还不能使用。主要原因就在于这只是一张单纯的店铺收藏图片而已，并不能真正地让买家单击收藏，为了能够让我们的店铺收藏图片发挥应有的功能，还有一个工作要做，那就是获取收藏店铺的代码。

NO.1：首先，利用自己的淘宝账号登录店铺并打开自家的店铺首页，在掌柜档案区中，找到淘宝系统自带的“收藏”按钮，如图 9-46 所示。

图 9-46

NO.2：单击“收藏”按钮，系统就会弹出一个信息提示框，提示不能收藏自己的店铺，如图 9-47 所示。

NO.3：可以忽略这个提示对话框，直接在这个信息提示框上面单击鼠标右键，系统会弹出一个快捷菜单，如图 9-48 所示。

图 9-47

图 9-48

NO.4：在此快捷菜单中选择“属性”命令，系统就会弹出一个名为“属性”的对话框，在此对话框中有一项“地址（URL）:”，后面的内容就是自家店铺的收藏代码，如图 9-49 所示。

NO.5：将如图 9-49 中方框所标明位置的内容全部选中，如图 9-50 所示。

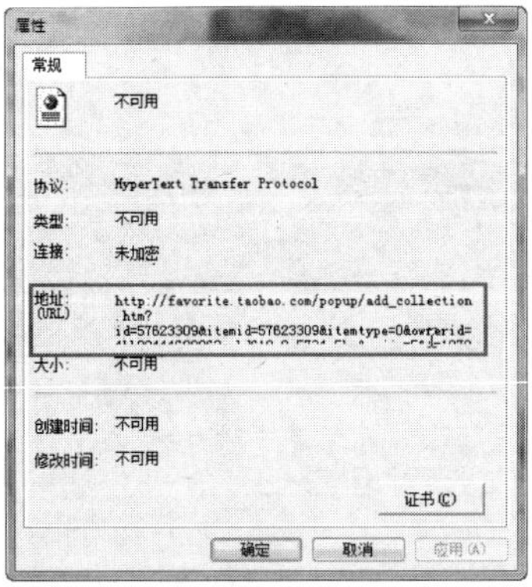

图 9-49

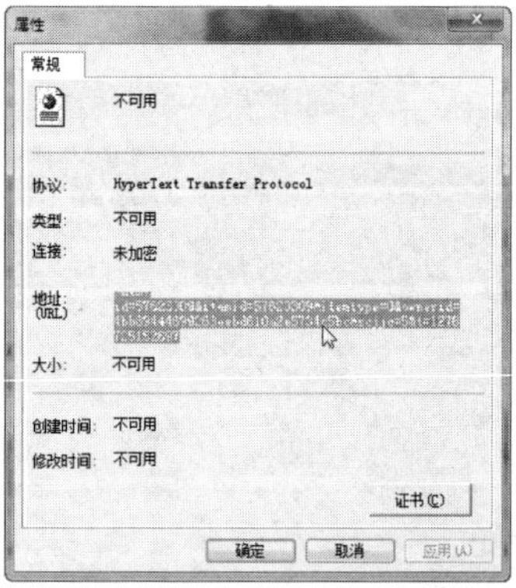

图 9-50

NO.6：然后将代码复制，此时就完成了收藏代码的任务！当然这里要把所获取的代码保存下来，最好的保存方法就是将其以 txt 格式保存下来。

9.2.4 店铺收藏的应用

接下来就是要让前面制作的店铺收藏图片应用到店铺里面。

NO.1：首先，从卖家中心进入到图片空间中，将前面制作的店铺收藏的 GIF 动画文件上传到图片空间中，如图 9-51 所示。

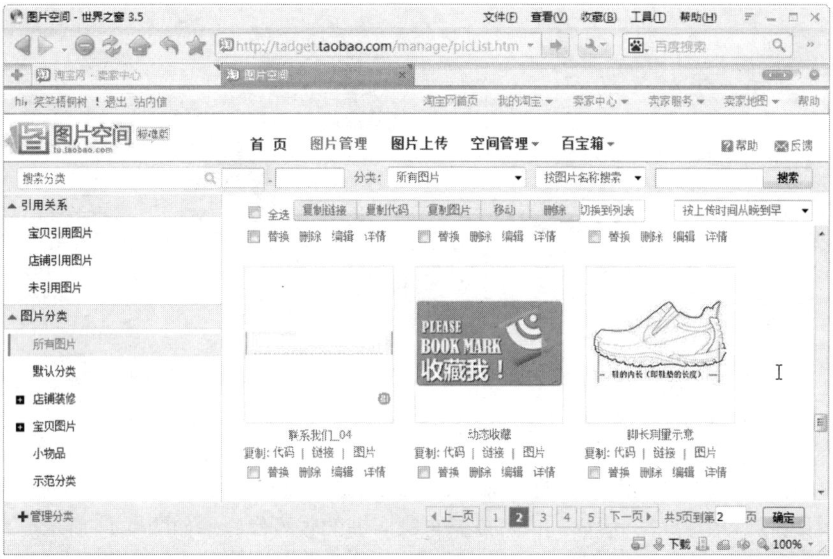

图 9-51

NO.2：再次进入卖家中心并进入到店铺的首页装修界面中，单击左侧的“在此处添加模块”

按钮，添加一个自定义模块。调整好这个模块的位置，此时我们在装修页面中就会看到一个新增的自定义模块，如图 9-52 所示。

图 9-52

NO.3：单击这个新增加的自定义内容区上的编辑按钮 编辑 ，系统弹出一个自定义内容区设置对话框，如图 9-53 所示。

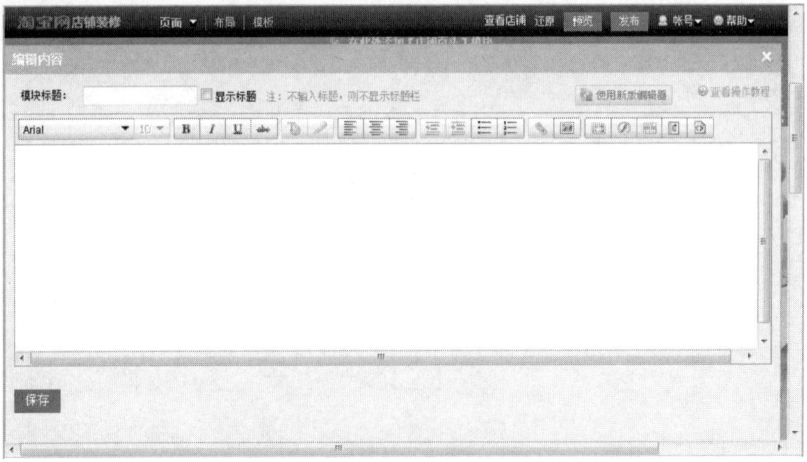

图 9-53

NO.4：由于收藏店铺图片已经上传到淘宝的图片空间中，单击图 9-53 中的“插入图片空间中的图片”按钮，自定义内容区设置对话框的下部就会显示当前图片空间中的图片，如图 9-54 所示。

图 9-54

NO.5：在其中选择上传的店铺收藏图片，并单击页面下方的“插入”按钮 插入 ，然后再单击“完成”按钮 完成 ，此时系统就会将我们所选择的图片插入到自定义区中。用鼠标选中此图片，在格式栏中单击“居中”按钮，将图片居中放置。

NO.6：保持图片的选中状态，单击“超链接”按钮。可以看到在页面中出现了“图片设置”对话框，如图 9-55 所示。

图 9-55

NO.7：在这个图片设置对话框中，将前面所获取的店铺收藏代码粘贴到“链接地址”文本框中，如图 9-56 所示。

图 9-56

NO.8：粘贴完毕之后，单击“确定”按钮即可完成图片链接代码的添加任务。再单击图 9-53 中的“保存”按钮，此时系统就会将所添加的自定义模块保存下来，如图 9-57 所示。

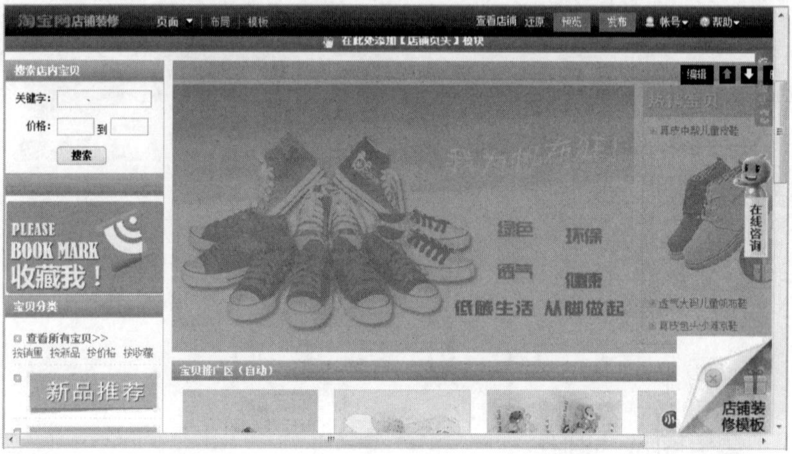

图 9-57

现在已经把收藏店铺图片添加到首页中了！但是要注意，这只是表明我们已经将这个收藏模块添加到页面布局中，买家是不可见的，也就是说买家是不能使用的。

NO.9：将页面拉到最上方，在这里有两个按钮，即“预览”和“发布”按钮，如图 9-58 所示。

NO.10：单击“发布”按钮，成功发布之后，买家就可以在店铺中看到刚刚添加的那个收藏我们的自定义内容区，此时单击该内容就能完成店铺收藏任务，如图 9-59 所示。

有一点要注意：动态收藏图片是加上了，至于它能不能为你带来收藏人气，那就是另外一回事儿！因为我们现在所做的只是店铺的装修，至于别人愿不愿意收藏店铺是靠你的营销手段。

图 9-58

图 9-59

9.3 联系我们

9.3.1 背景图片的制作

最简单的“联系我们”模块莫过于直接在自定义区里加上联系方式，让买家能够看到并直接和卖家联系。但是要装修店铺，就希望展现在买家面前的是最美的一面，即使是细节也要打动人心，这样就会让我们的店铺处处给人留下好印象。

1．素材处理

在网上找到适合自己的素材并保存。利用 Photoshop 完成图片背景消除工作，具体过程这里不再细说，处理完之后的效果如图 9-60 所示。

图 9-60

图片处理完毕之后，将素材保存备用。

2. 图片制作

NO.1：首先启动 Photoshop，新建一个宽为 190 像素，高为 260 像素的白底空白文档，并在此空白文档当中新建一个图层。

NO.2：在图层面板中选择刚刚新建的图层，将其作为当前工作图层。在工具箱中选择矩形选框工具，并在当前图层上拖出一个大小合适的矩形选择框，如图 9-61 所示。

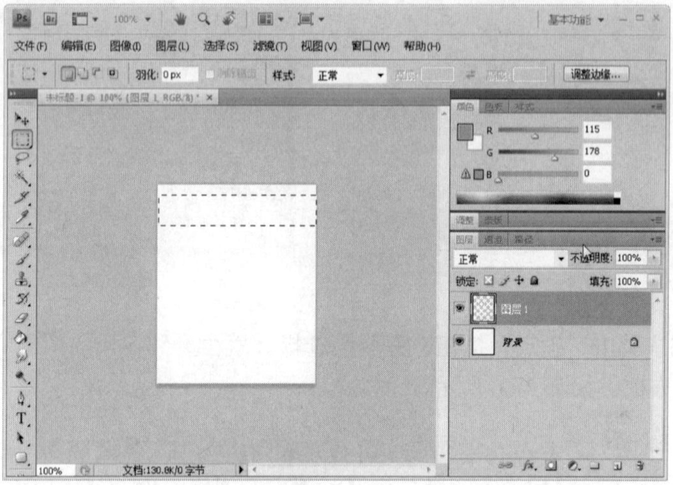

图 9-61

NO.3：在工具箱中选择油漆桶工具，使用绿色填充刚刚描绘出的矩形选框，效果如图 9-62 所示。

NO.4：新建一个图层，将所要处理的素材放到这个新建的图层中，然后使用相应的工具对素材进行适当的处理，将其调整到合适的大小并放置在合适的位置，如图 9-63 所示。

图 9-62

图 9-63

NO.5：再次新建一个图层，在图层面板中选择刚刚新建的图层，将其作为当前工作图层。在工具箱中选择矩形选框工具，并在当前图层上拖动鼠标创建一个大小合适的矩形选择框，如图 9-64 所示。

NO.6：选择“编辑→描边...”选项，系统即会弹出“描边”对话框。在此对话框中，将描边宽度设为 1 像素，颜色为绿色，位置选择“居中”，如图 9-65 所示。

图 9-64

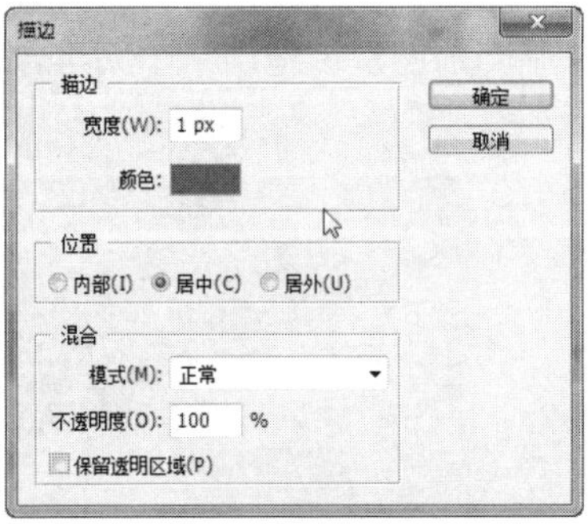

图 9-65

NO.7：设置完毕单击“确定”按钮，并取消选择，就会看到在当前图层中已经绘制了一个宽度为 1 像素的绿色方框，如图 9-66 所示。

NO.8：新建一个图层，并在图层面板中将新建的图层选中，让其成为当前工作图层。在工具箱中选择椭圆选框工具，按住 Shift 键不松开，在当前图层中拖动鼠标创建一个正圆形的选框。按同样的描边方式，将此虚线圆形选框变成一个宽度为 4 像素的绿色圆环，如图 9-67 所示。

图 9-66

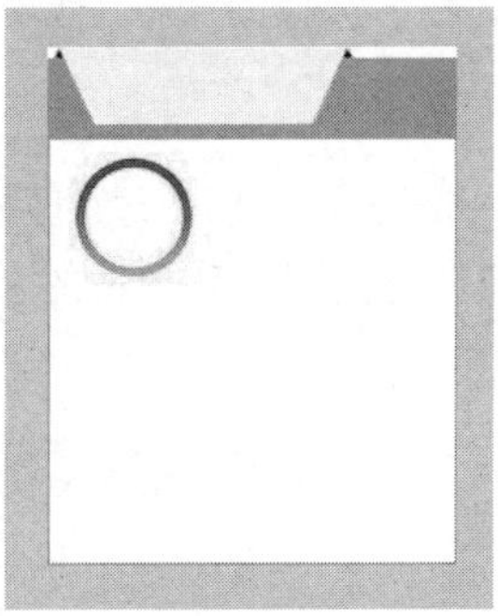

图 9-67

NO.9：新建一个图层，并在图层面板中将新建图层选中，让其成为当前工作图层。在工具箱中选择矩形选框工具，在刚刚描绘的圆环图层上拖动鼠标创建一个大小合适的竖状条形选框，如图 9-68 所示。选择“编辑→填充...”命令，弹出“填充”对话框，如图 9-69 所示。

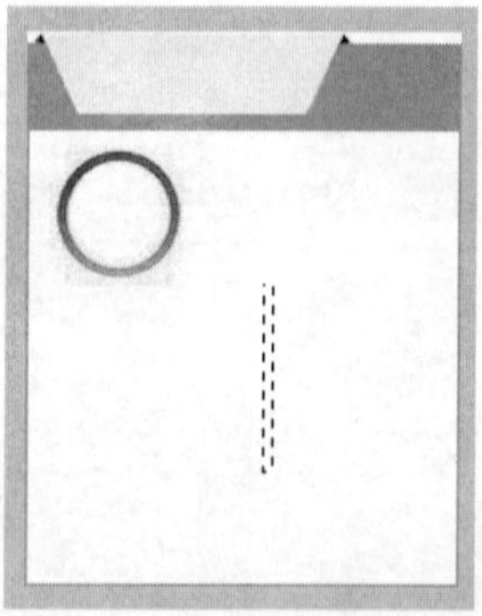

图 9-68

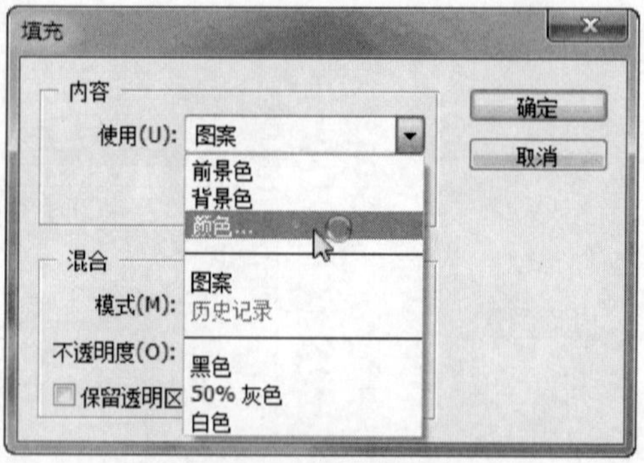

图 9-69

NO.10：在“使用”下拉列表中选择“颜色”，在弹出的“选取一种颜色：”对话框中，选择一种深绿色，如图 9-70 所示。

NO.11：单击“确定”按钮，完成颜色选择。此时系统就会回到“填充”对话框，如图 9-71 所示。在此界面中，单击“确定”按钮。此时就可以看到刚才的那个矩形选框已被填充，如图 9-72 所示。

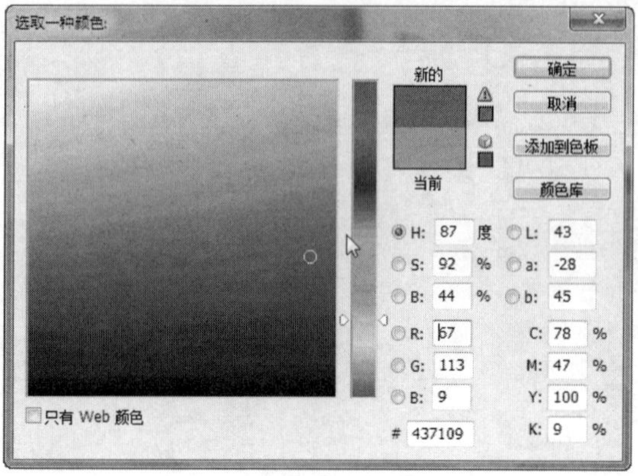

图 9-70

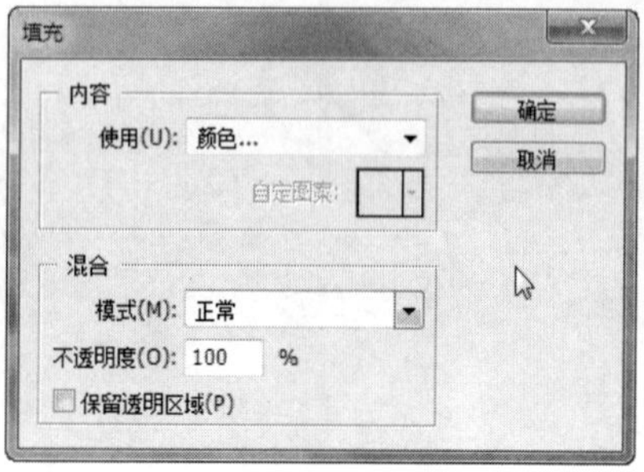

图 9-71

NO.12：将这个刚刚填充的绿色矩形图层复制一份，将这个新复制的图层选定为当前工作图层。按 Ctrl+T 组合键激活自由变换功能，使用鼠标旋转调整柄，将其旋转到合适的角度，如图 9-73 所示。

NO.13：在图层面板中选中“图层 5 副本”作为当前工作图层，选择“图层→向下合并”命令，将“图层 5 副本”和“图层 5”合并成一个图层。使用移动工具，将此合并图层移动到如图 9-74 所示的位置。

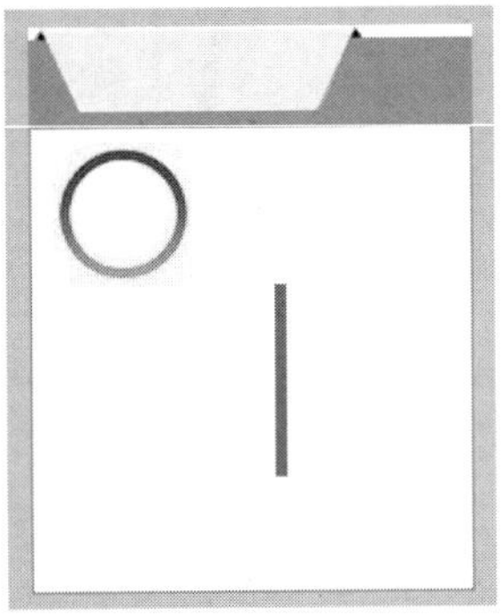

图 9-72

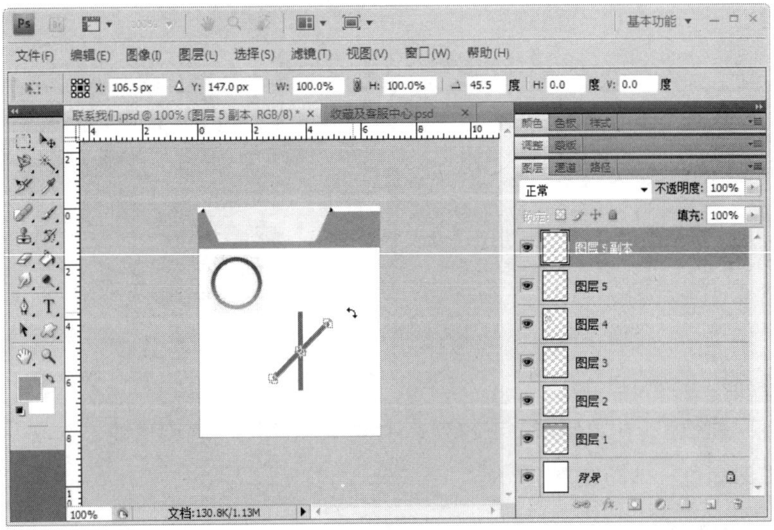

图 9-73

NO.14：在图层面板上选定合并后的“图层 5”为当前工作图层，利用橡皮擦工具仔细擦除多余的部分，得到一个如图 9-75 所示的钟表指针形状的图形！

图 9-74

图 9-75

NO.15：再次新建一个图层，在工具箱中单击“设置前景色”按钮，在弹出的拾色器中，将前景色设置为浅灰色，单击拾色器上的“确定”按钮，如图 9-76 所示。

NO.16：选择画笔工具，在画笔工具选项栏中设置画笔直径为 1 像素，如图 9-77 所示。设定后，按键盘上的 F5 键，调出系统的画笔窗口。在画笔预设栏中选择画笔笔尖形状，将间距设为 300%，此时可以看见下面的预览窗口中会出现虚线的形状，如图 9-78 所示。

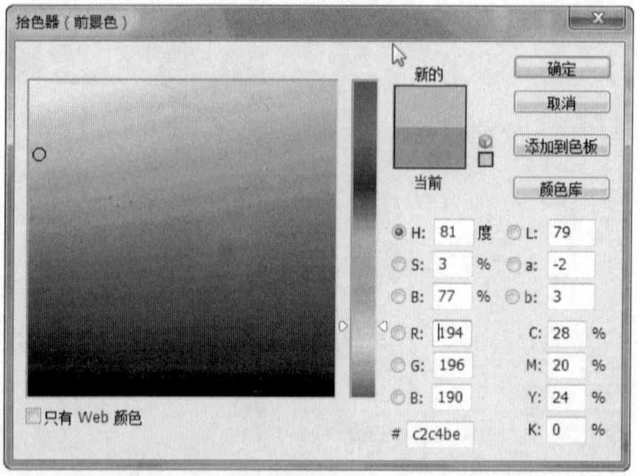

图 9-76

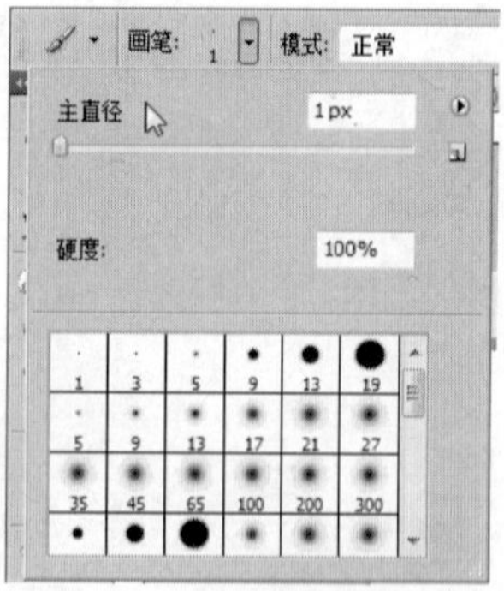

图 9-77

NO.17：设定完毕之后，将画笔窗口关闭。按住键盘上的“Shift”键，同时按下鼠标左键不松开，在新建图层上拖出一条虚线，并用移动工具调整位置，最终效果如图 9-79 所示。

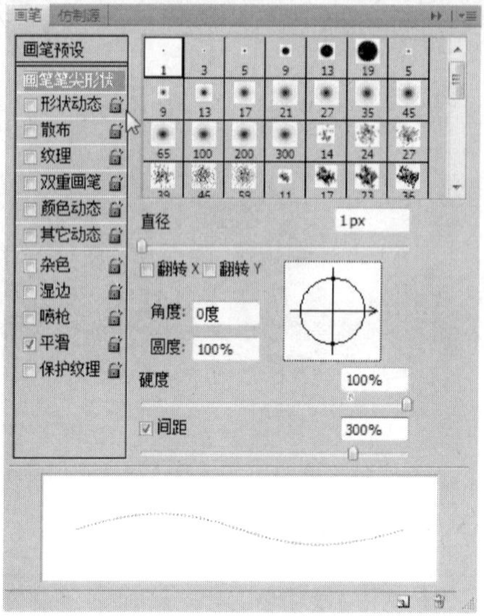

图 9-78

图 9-79

NO.18：在工具箱中选择横排文字工具，在文字工具选项栏中设置字体为“黑体”，字号为“18 点”，颜色为“黑色”，如图 9-80 所示。在文档工作区中输入文字“客服中心”，并将其调整到如图 9-81 所示位置。

现在这个“联系我们”的背景图片基本上做好了。记住要保存，在后面要使用这个图片继续后续制作。

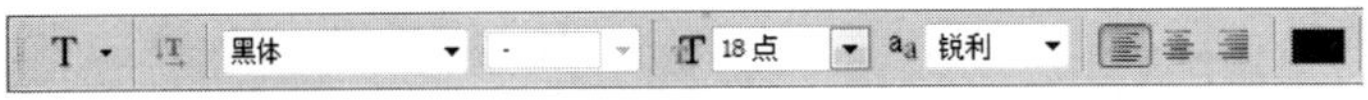

图 9-80

图 9-81

9.3.2 背景图片切片

NO.1：利用 Photoshop 打开我们上次所保存的背景图片，在背景图上利用参考线将背景图进行划分，如图 9-82 所示。

NO.2：在工具箱中选择切片工具，将文档沿参考线进行切片，如图 9-83 所示。

图 9-82

图 9-83

NO.3：选择“文件→存储为 Web 和设备所有格式…”命令，弹出如图 9-84 所示的对话框。

NO.4：在此对话框中设定切片文件格式为 JPEG，并将品质设置为中，一切设置就绪之后，单击“存储”按钮，系统会弹出“将优化结果存储为”对话框，如图 9-85 所示。

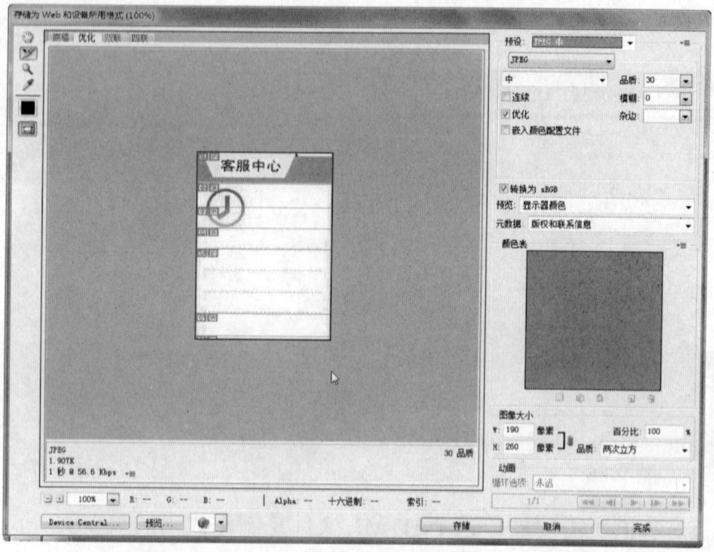

图 9-84

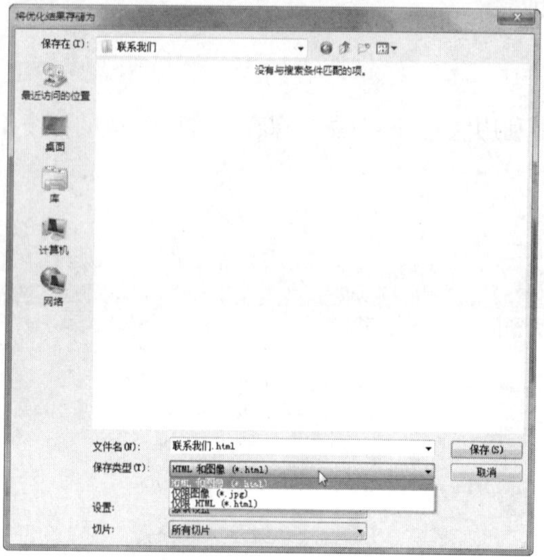

图 9-85

NO.5：在如图 9-85 所示的对话框中，一定要在保存类型中选择“HTML 和图像(*.html)”，并指定存储位置和所存储的文件名，单击“保存”按钮。到指定的位置看一看，系统都为我们存了一些什么东西，如图 9-86 所示。

NO.6：原来系统将切片图片文件都放在 images 文件夹之下，同时还生成了一个 HTML 文件，用浏览器打开这个 HTML 文件看一看，这正是前面制作的那个“联系我们”的背景图片，如图 9-87

所示。

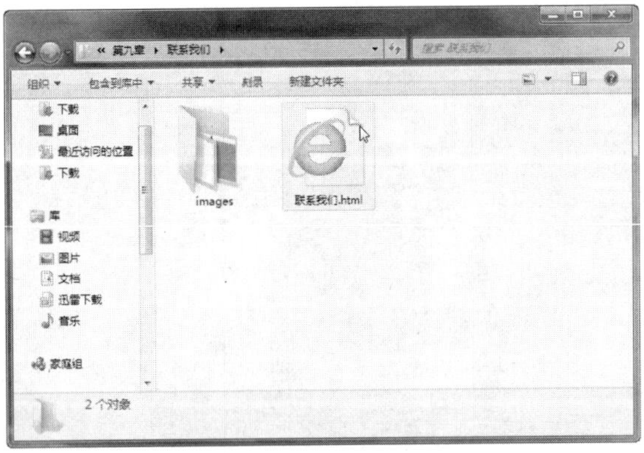

图 9-86

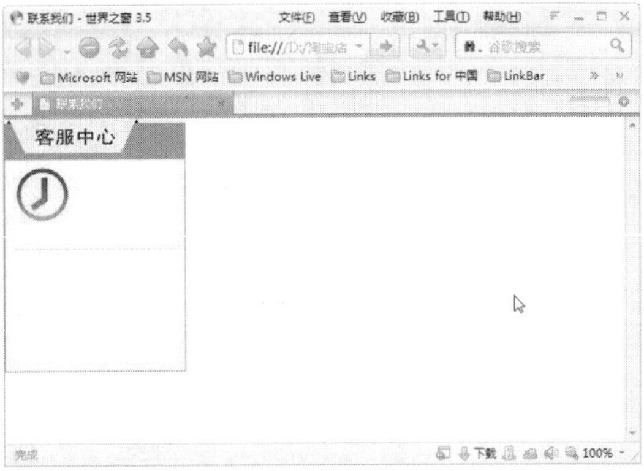

图 9-87

事实上这也正是我们所需要的，这个 HTML 文件是制作代码的重要资源。

9.3.3　代码生成

1．格式调整

启动 Dreamweaver，并利用它打开 9.3.2 节保存文件时生成的那个 HTML 文件，也即“联系我们.html”，如图 9-88 所示。

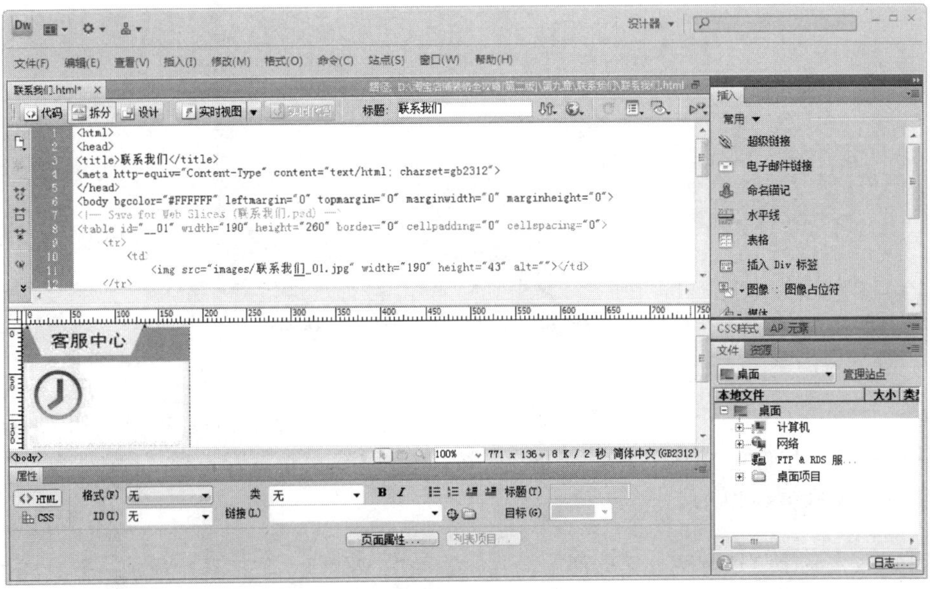

图 9-88

从代码中我们不难看出，事实上这个 HTML 文件是以表格的形式将切片文件组织成一个完整的图像，每个切片都在表格的一个单元格之中。由于我们设计的思路是在“联系我们”模板中放置四个旺旺客服图标，并且每个客服之间用虚线分隔。为了实现这一点，在代码中复制“联系我们_04.jpg”所在的那一行代码（如图 9-89 高亮显示的内容所示），并在这行代码的下面，将复制的代码粘贴三次。

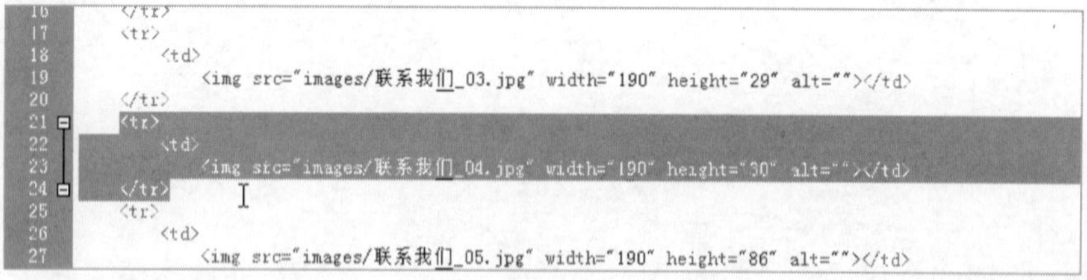
</tr>
<tr>
<td>
<img src="images/联系我们_03.jpg" width="190" height="29" alt=""></td>
</tr>
<tr>
<td>
<img src="images/联系我们_04.jpg" width="190" height="30" alt=""></td>
</tr>
<tr>
<td>
<img src="images/联系我们_05.jpg" width="190" height="86" alt=""></td>

图 9-89

将“联系我们_05.jpg”所在的那一行代码（如图 9-90 高亮显示的内容所示）删除。

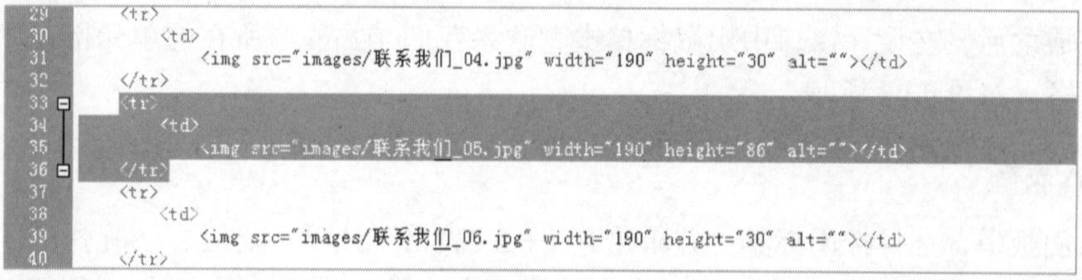
<tr>
<td>
<img src="images/联系我们_04.jpg" width="190" height="30" alt=""></td>
</tr>
<tr>
<td>
<img src="images/联系我们_05.jpg" width="190" height="86" alt=""></td>
</tr>
<tr>
<td>
<img src="images/联系我们_06.jpg" width="190" height="30" alt=""></td>
</tr>

图 9-90

删除如图 9-91 高亮区域中所示的“height=260”这个代码，这个代码规定了客服中心的高度，由于这里对代码做了调整，高度发生了变化，为了避免产生意想不到的效果，将这行代码删除，从而可以让客服中心的高度根据实际情况自动变化。

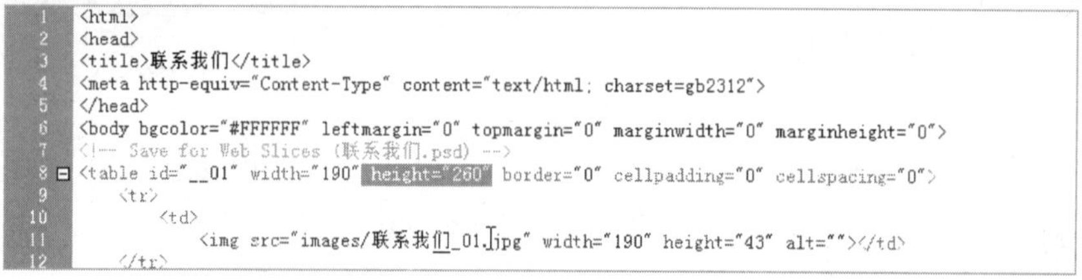
<html>
<head>
<title>联系我们</title>
<meta http-equiv="Content-Type" content="text/html; charset=gb2312">
</head>
<body bgcolor="#FFFFFF" leftmargin="0" topmargin="0" marginwidth="0" marginheight="0">
<!-- Save for Web Slices (联系我们.psd) -->
<table id="__01" width="190" height="260" border="0" cellpadding="0" cellspacing="0">
<tr>
<td>
<img src="images/联系我们_01.jpg" width="190" height="43" alt=""></td>
</tr>

图 9-91

调整完毕之后，将修改后的代码保存一下。此时在浏览器中看一看调整的初步效果，如图 9-92 所示。

接下来把“联系我们_02.jpg”、“联系我们_03.jpg”、“联系我们_04.jpg”和“联系我们_06.jpg”等图片均设置成单元格背景，设置方式可以参考一下第 4 章的内容。

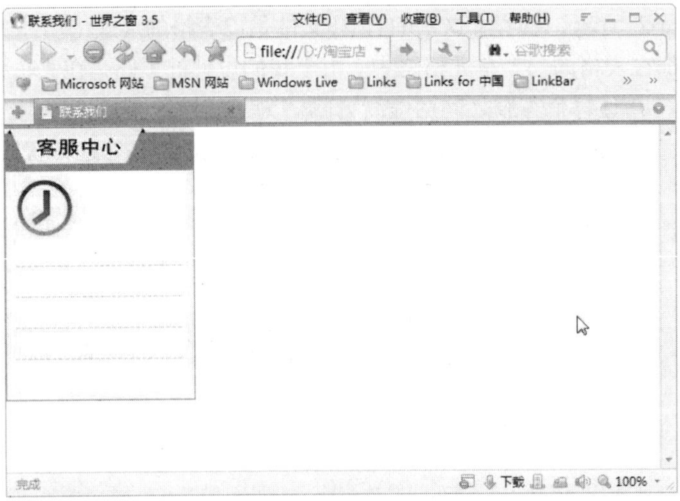

图 9-92

设置完成之后，在设计窗口中用鼠标单击“联系我们_02.jpg”所在的单元格，让该单元格成为当前单元格，如图 9-93 所示。

2. 插入表格

在插入面板中，选择常用标签，并单击其下的“表格”选项。之后，系统弹出“表格”对话框，根据自己的实际情况设置要插入的表格的参数，在这里设置为 1 行 2 列，表格宽度为 100，单位为百分比，并且是无标题格式，如图 9-94 所示。

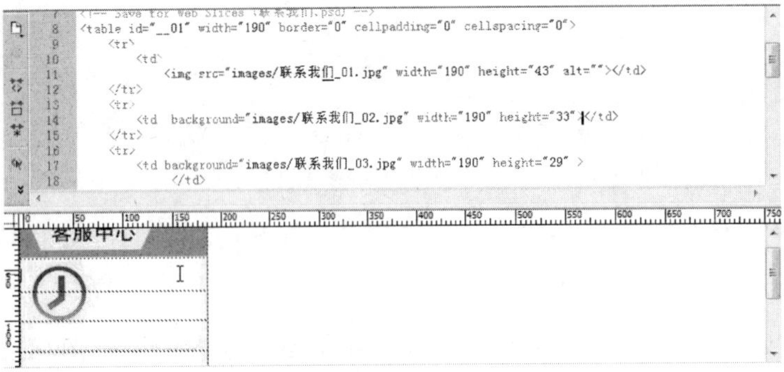

图 9-93

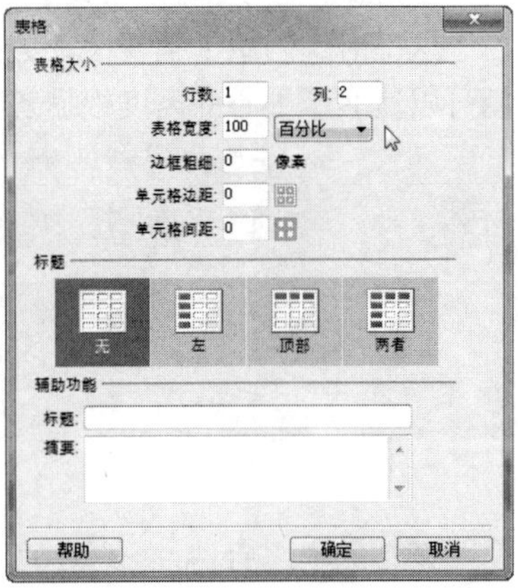

图 9-94

设置完毕之后，单击“确定”按钮，即可插入一个表格。表格插入之后，稍加调整，在表格中输入想要添加的文字，如图 9-95 所示。

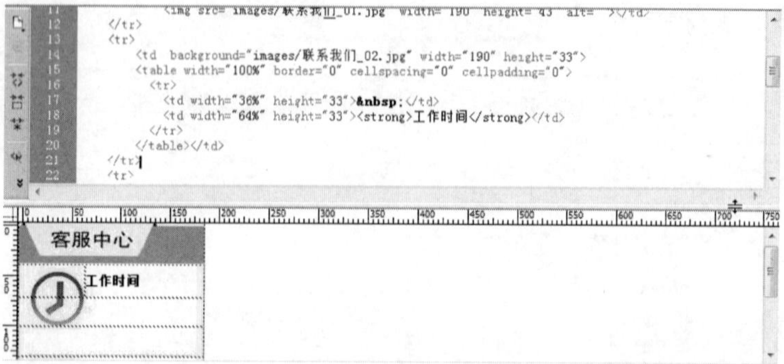

图 9-95

按照同样的方式，根据设计的需要，在该插入表格的地方分别插入表格，并输入相应的文字。最终效果如图 9-96 所示。

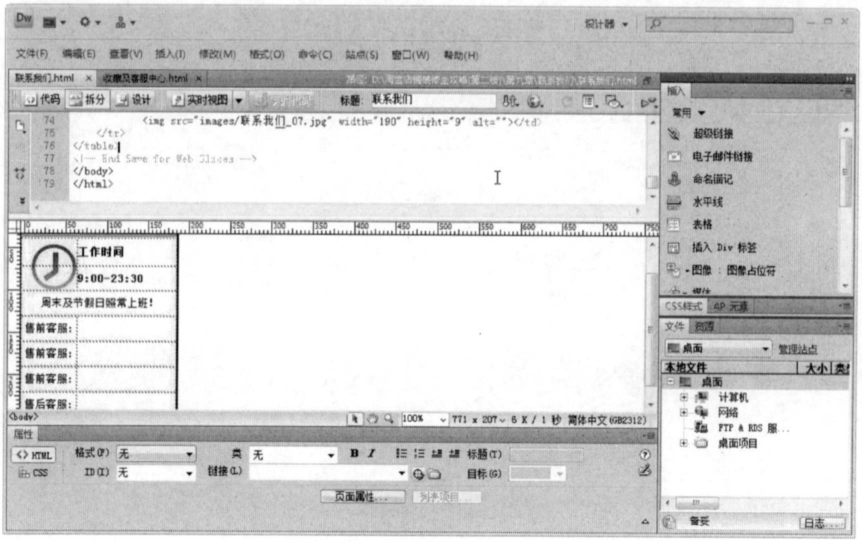

图 9-96

从上面的操作可以看出，这里之所以要插入表格，使用表格的嵌套，完全是为了将我们所输入的内容进行排版，使其在显示时版面变得整齐。

3．获取旺旺在线代码

下面就要开始获取旺旺在线的代码了。代码的获取分以下三步。

NO.1：在计算机上打开网络浏览器，在地址栏中输入 http://www.taobao.com/wangwang/2011_seller/wangbiantianxia/index.php，进入旺遍天下，选择自己所需要的风格，这里选择的是“风格一”，如图 9-97 所示。

图 9-97

NO.2：输入自己想要使用的旺旺用户名，这里输入的是“客必隆鞋城”，如图 9-98 所示。

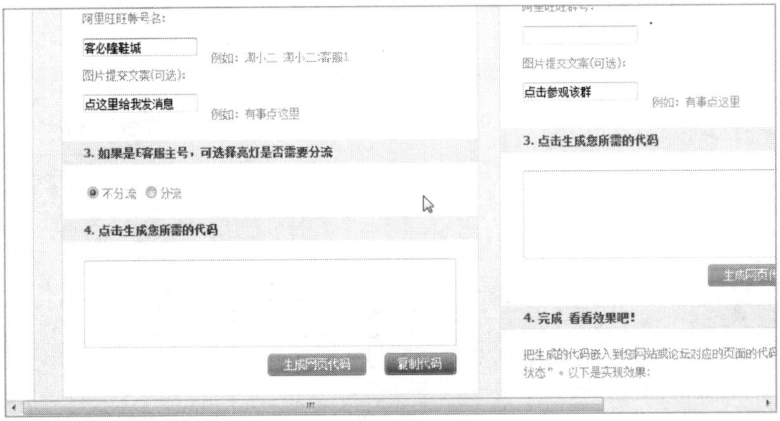

图 9-98

NO.3：单击网页中的“生成网页代码”按钮，系统就会自动生成刚才所输入的旺旺号的在线代码，并将其显示在文本框中，如图 9-99 所示。

单击图 9-100 中的“复制代码”按钮即可将系统所生成的代码复制下来。

4．旺旺在线代码的处理

复制旺旺在线的代码之后，下面的任务就是要将这些代码粘贴到前面所制作的那个客服中心的 HTML 文件中。

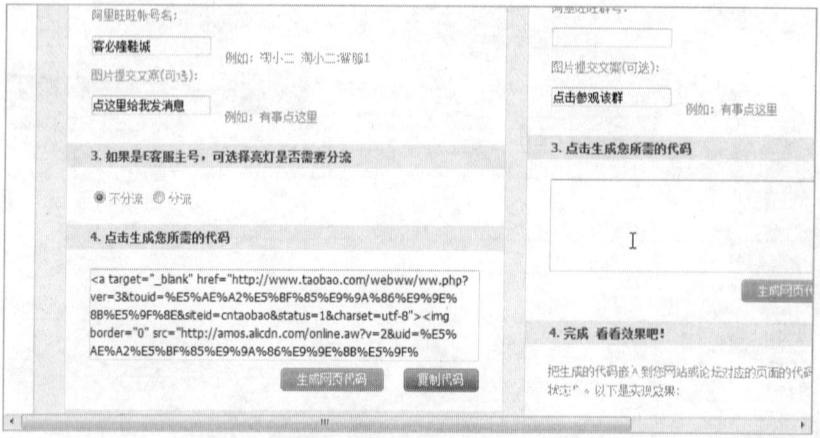

图 9-99

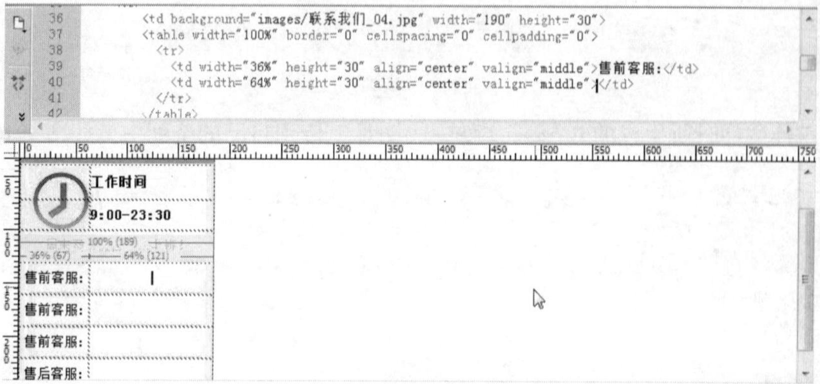

图 9-100

如图 9-100 所示就是前面修改之后的客服中心的网页。在设计区中，当前光标位置处于要显示旺旺在线状态的单元格中；在代码区中，光标位置也处在相应的代码位置。那么当我们从旺遍天下获取了代码之后，该把代码粘贴到那里呢？在代码窗口的当前光标处单击鼠标右键，系统就会弹出一个快捷菜单。在其中找到“粘贴”命令并单击，此时就可将代码粘贴进来，同时设计窗口的显示也会发生相应的变化，如图 9-101 所示。

按照同样的方式将所有要添加的旺旺在线代码都一一粘贴到正确的位置，并保存该文件。

5. 图片的替换

由于这个代码文件中的图片都是在本地计算机中的切片文件，当将这些代码应用在店铺中时，本地图片是不能正常显示的。为了能让图片能正常显示，下面的任务就是要把制作的“联系我们”的图片全部上传到空间中，并利用上传之后图片的网络地址来替换联系代码中的本地图片。

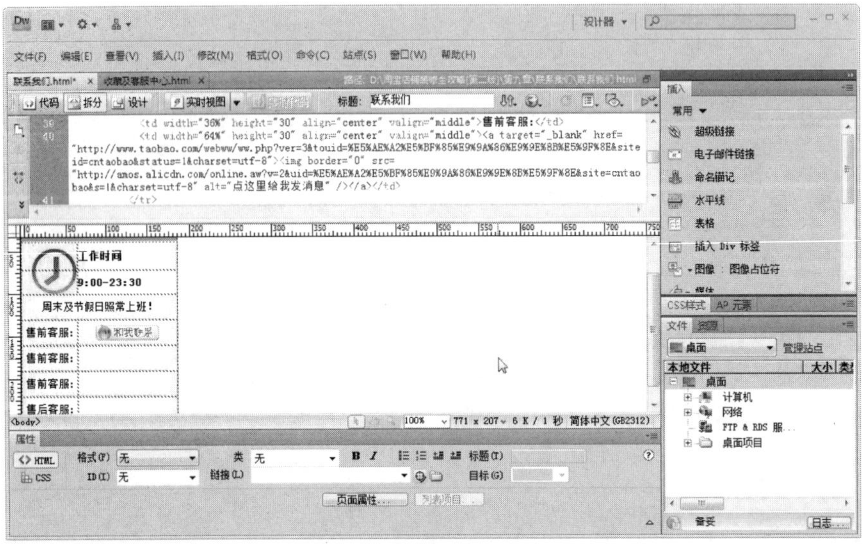

图 9-101

将保存切片文件时所生成的 images 文件中的图片上传到自己的空间中，如图 9-102 所示。

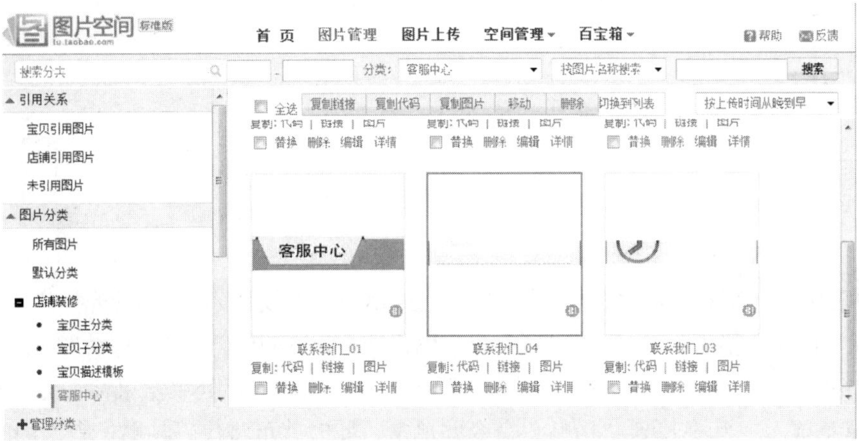

图 9-102

由于图片较多，这里不能一一说明，就以“联系我们_01.jpg”图片为例来介绍地址的替换操作。在图片空间中，找到“联系我们_01”这张图片，在图片下方有一个名为“链接”超链接，单击此超链接即可复制该图片在图片空间中的地址，如图 9-103 所示。

再次打开 Dreamweaver，然后打开“联系我们.html”文件。在设计区中先单击“联系我们_01.jpg”这张图片，让光标在代码区中也定位在相应的位置。然后在代码区中用按住鼠标左键，选中“images/联系我们_01.jpg”这行代码，如图 9-104 所示。

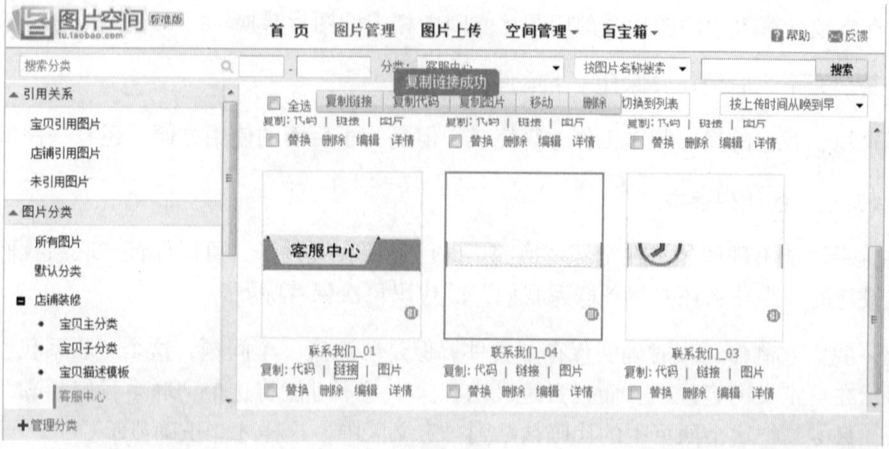

图 9-103

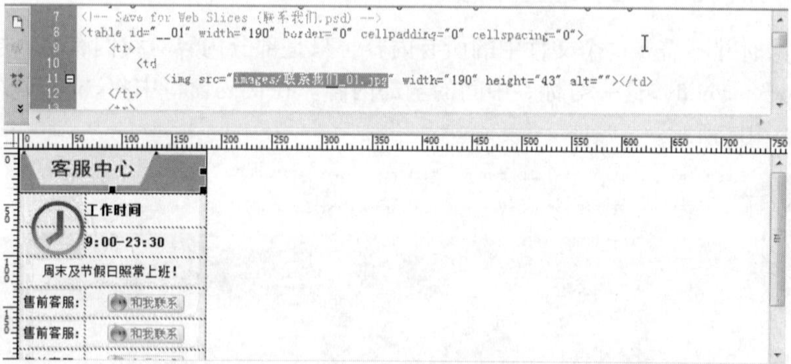

图 9-104

选中之后，在 Dreamweaver 中选择“编辑→查找和替换...”命令，系统就会弹出“查找和替换”对话框，如图 9-105 所示。

接下来我们就要将从图片空间中复制的图片地址粘贴到如图 9-106 所示的替换文本框中。

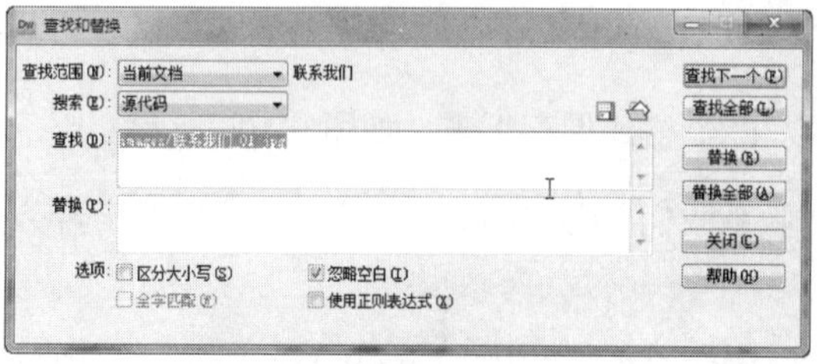

图 9-105

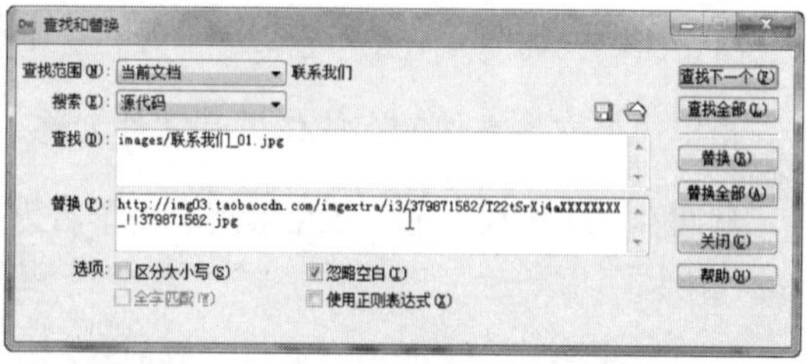

图 9-106

单击对话框中的“替换”按钮，即可将图片空间中的图片替换本地图片了。按照同样的方式，将所有的在本地计算机中的图片全部用图片空间中相应的图片替换。

全部替换完毕之后记住要保存一下文件。

到了这里，我们的代码制作工作才算完成，但是为了后面的使用方便，还有一件事情要做！

6．联系我们的代码保存

有些读者可能不理解了，在全部替换完毕时已经保存文件了，可以保证“联系我们.html”这个文件是最新的，为什么还要将“联系我们”的代码再次保存呢？

不错，我们在制作结束时确实保存了文件，但是要注意一个问题，这个“联系我们”图片以后是要显示在自定义内容区中。而在自定义内容区中是不可能将这个“联系我们.html”文件直接显示出来，只能是把这个网页中的代码粘贴到自定义区中，这样才能正确显示。

明白这点以后，下面就着手进行下一步工作。

我们在装修时并不需要这个文件中的所有内容，只是部分内容对我们有用。这部分内容就是网页代码中<body></body>这一对标签中间的全部内容。在代码窗口中将<body></body>之间的代码全选，如图 9-107 所示。

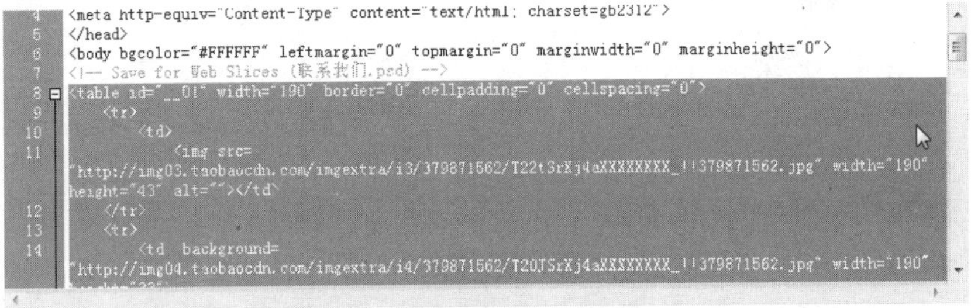
<meta http-equiv="Content-Type" content="text/html; charset=gb2312">
</head>
<body bgcolor="#FFFFFF" leftmargin="0" topmargin="0" marginwidth="0" marginheight="0">
<!-- Save for Web Slices (联系我们.psd) -->
<table id="__01" width="190" border="0" cellpadding="0" cellspacing="0">
<tr>
<td>
<img src=
"http://img03.taobaocdn.com/imgextra/i3/379871562/T22t3rXj4aXXXXXXXX_!!379871562.jpg" width="190"
height="43" alt=""></td>
</tr>
<tr>
<td background=
"http://img04.taobaocdn.com/imgextra/i4/379871562/T20JSrXj4aXXXXXXXX_!!379871562.jpg" width="190"

图 9-107

选中之后使用 Ctrl+C 快捷键复制这些选中的内容。

打开 Windows 自带的记事本程序。新建一个空白文档，利用 Ctrl+V 键将复制的代码粘贴到这个空白文档中，如图 9-108 所示。

指定这个文本文件的存放位置和文件名称，以 TXT 格式保存下来，如图 9-109 所示。

从图 9-109 来看，我们已经得到了一个名为“联系我们”的文本文件。这就是我们辛辛苦苦得来的代码！

此时可能读者又不明白，为什么要把这些代码存成 TXT 文档呢？直接从 Dreamweaver 中复制代码粘贴到使用的地方不就行了吗？因为从 Dreamweaver 中复制的代码粘贴到自定义内容区时，有时会出现乱码的现象。为了从根本上避免发生这种情况，凡是涉及代码，最好把它利用记事本来保存成 TXT 文档，再从 TXT 文档中复制到要用的地方，这样就不会出现问题。

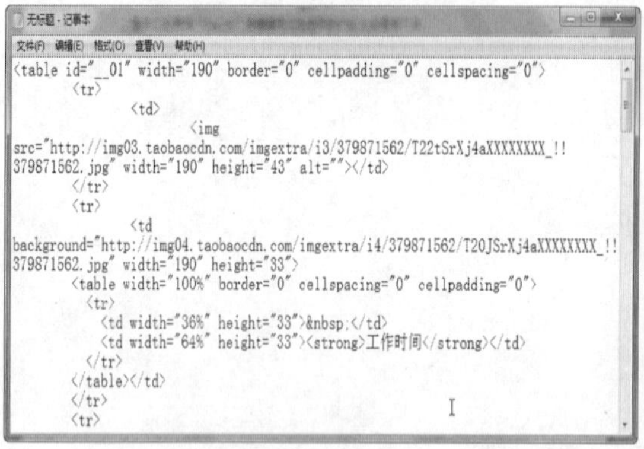

图 9-108

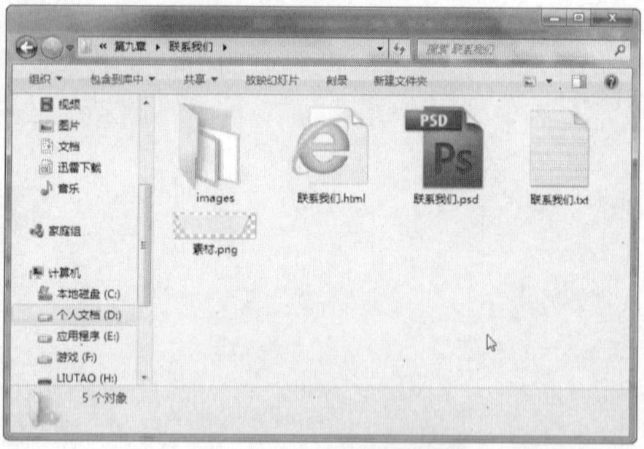

图 9-109

记事本有一个特点，任何有格式的文档粘贴进来，都只是单纯地接收中间的文本内容！

9.3.4　联系我们的使用

接下来就要把这个“联系我们”显示在店铺里，从而方便买家和卖家进行沟通交流。

进入店铺首页装修界面中，在左侧添加一个自定义模块，调整好这个模块的位置，完成模块的添加任务。此时在装修页面中就会看到一个新增的自定义模块，如图 9-110 所示。

图 9-110

单击这个新增加的自定义内容区上的编辑按钮 编辑 ，系统弹出一个“编辑内容”对话框，如图 9-111 所示。

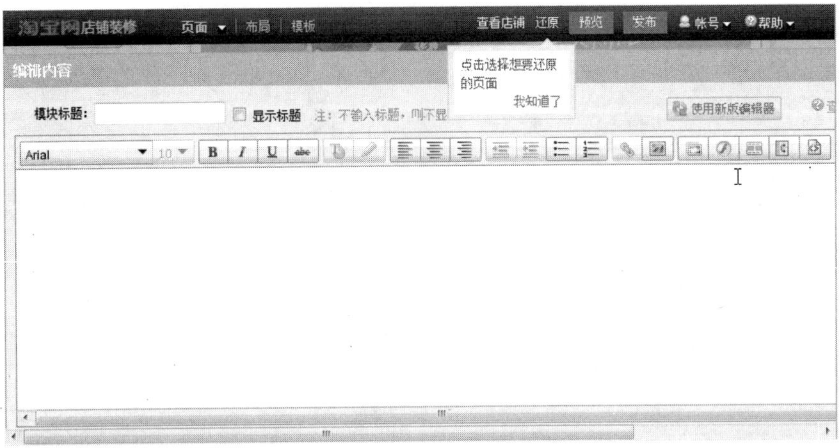
淘宝网店铺装修
页面
布局
模板
查看店铺
还原
预览
发布
帐号
帮助
编辑内容
点击选择想要还原的页面
我知道了
模块标题：
显示标题
使用新版编辑器
Arial

图 9-111

现在要将代码放进自定义内容区，单击“编辑 HTML 源码”按钮，编辑区就变成源代码编辑模式。找到前面所保存名为“联系我们”代码文本文件，打开该文件并选中所有内容，利用 Ctrl+C 快捷键将这些代码全部复制下来，并将其粘贴到源代码编辑区中，如图 9-112 所示。

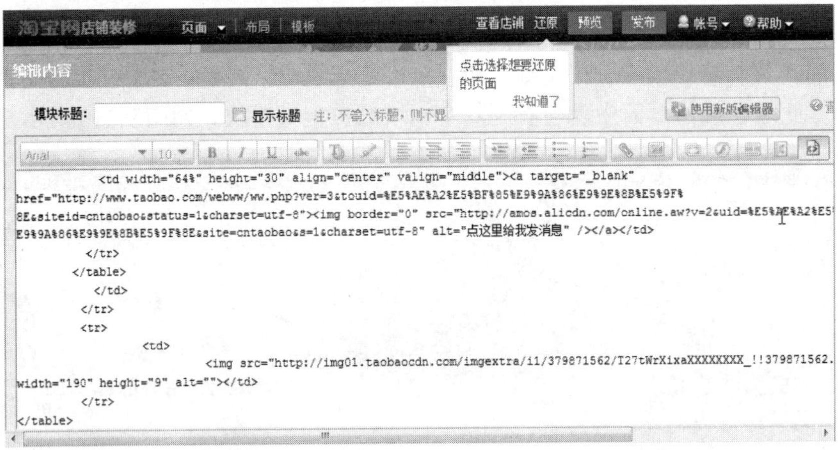
淘宝网店铺装修
页面
布局
模板
查看店铺
还原
预览
发布
帐号
帮助
编辑内容
点击选择想要还原的页面
我知道了
模块标题：
显示标题
使用新版编辑器
<td width="64%" height="30" align="center" valign="middle"><a target="_blank"
href="http://www.taobao.com/webww/ww.php?ver=3&touid=%E5%AE%A2%E5%BF%85%E9%9A%86%E9%9E%8B%E5%9F%
8E&siteid=cntaobao&status=1&charset=utf-8"><img border="0" src="http://amos.alicdn.com/online.aw?v=2&uid=%E5%AE%A2%E5
E9%9A%86%E9%9E%8B%E5%9F%8E&site=cntaobao&s=1&charset=utf-8" alt="点这里给我发消息" /></a></td>
</tr>
</table>
</td>
</tr>
<tr>
<td>
<img src="http://img01.taobaocdn.com/imgextra/i1/379871562/T27tWrXixaXXXXXXXX_!!379871562.
width="190" height="9" alt=""></td>
</tr>
</table>

图 9-112

代码粘贴进来之后，并不能看到任何效果，因为现在是源代码编辑模式，而不是设计模式。为了看到效果，再次单击“编辑 HTML 源码”按钮，就可变回原来的设计模式，也就可以看到添加代码之后的效果了，如图 9-113 所示。

设置完毕之后，单击“保存”按钮，然后将所做的改动进行发布，以便买家能通过浏览器看到店铺的更改。发布成功之后，“联系我们”模块的整体效果如图 9-114 所示。

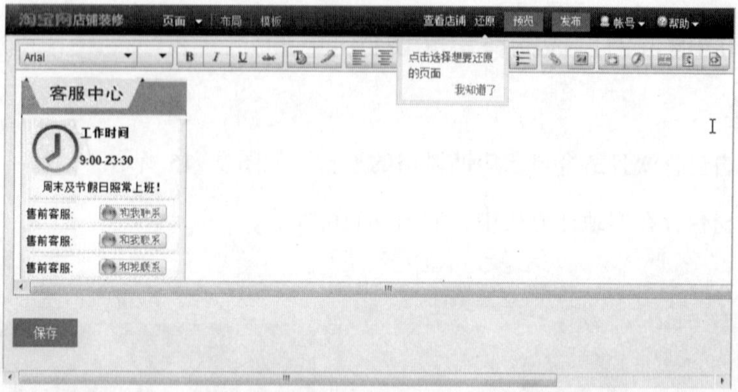

图 9-113

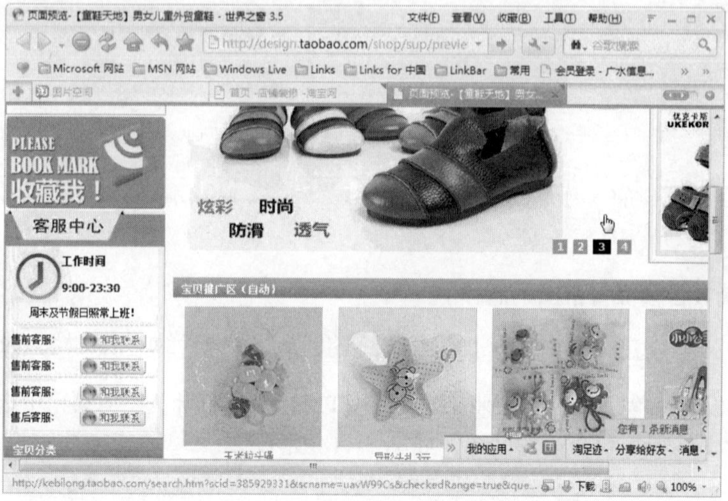

图 9-114

9.4　店铺公告模板

在前面就说过，由于在网络购物中买卖双方信息不对称，难免就会有买家对卖家的产品及服务有所顾虑，为了减少买家的这种顾虑，很多卖家都会在自家店铺中提示买家在网购过程中的一些注意事项，以及店家对买家的承诺等。

如果能把这个工作做到位，至少能给卖家带来两个好处：一是能让买家事先清楚知道在本店购物要注意的问题及卖家所做的承诺；二是能够最大限度减少售后服务的工作量。因为大多数问题在公告中都已经说明，如果买家能够认可，这样就可以避免交易中不必要的售后服务。

下面介绍如何制作一个店铺公告模板，并且在这个模板中让店铺公告的内容可以随时改变！

9.4.1 店铺公告模板的背景图设计

1. 素材收集

在网上找到自己喜欢且适合自己店铺风格的素材，如图 9-115 所示。

将选中的素材保存在本地计算机中，如图 9-116 所示。

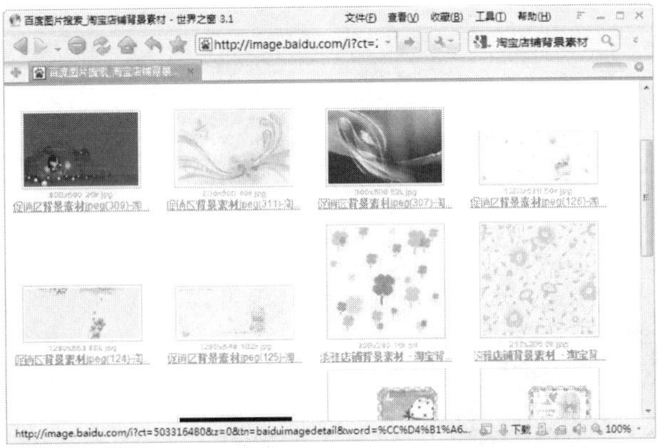

图 9-115

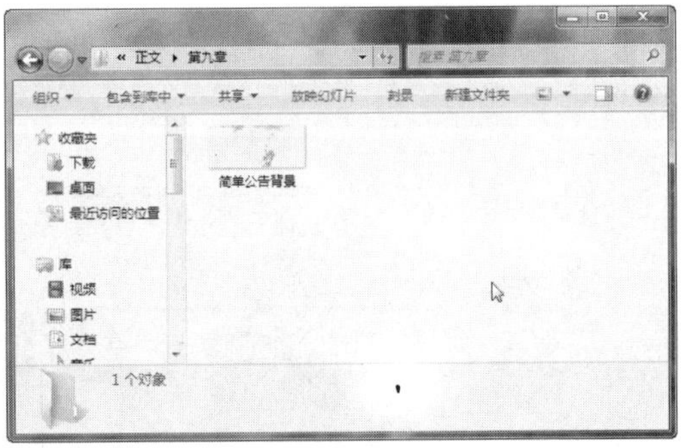

图 9-116

2. 动态店铺公告模板背景图的制作

启动 Photoshop，新建一个宽度为 190 像素，高度为 250 像素的空白文档，如图 9-117 所示。

为了避免模板内容单一，将收集到的素材也用 Photoshop 打开，在工具箱中选择矩形选框工具 ，在素材图片上选择一块合适的区域，如图 9-118 所示。

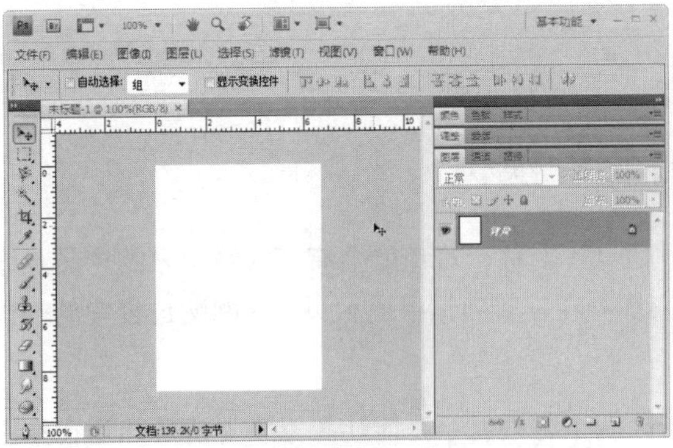

图 9-117

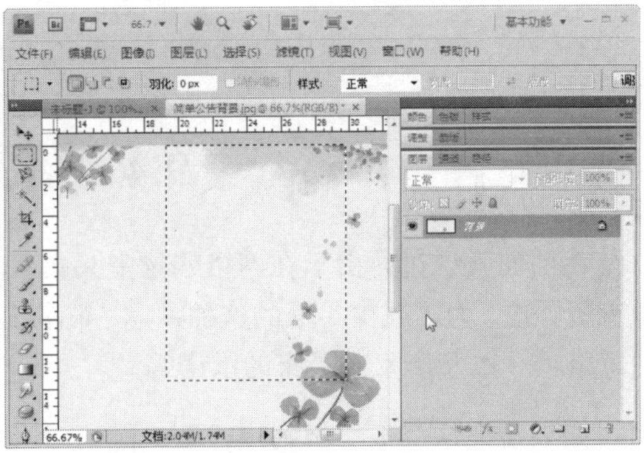

图 9-118

使用 Ctrl+C 组合键复制选择的区域，并把其粘贴到新建的空白文档中，利用相应的工具调整其位置和大小，一直调整到效果令人满意时为止，如图 9-119 所示。

选择矩形工具，在矩形工具选项栏中将颜色设置为浅白色，其他设置不用更改，将鼠标移到工作区中，在背景图层上拖动鼠标创建出一个矩形框，如图 9-120 所示。

图 9-119

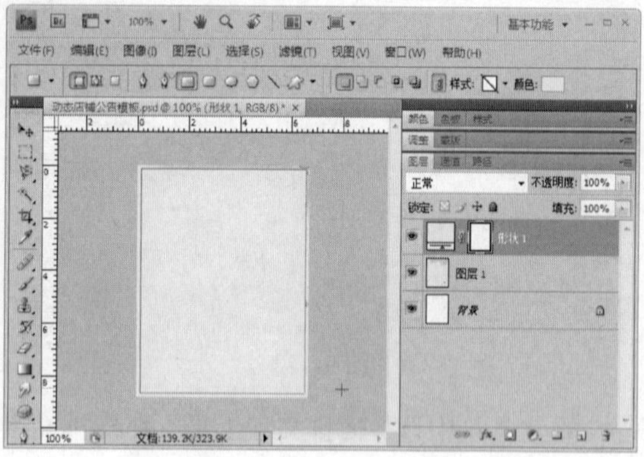

图 9-120

在图层面板中选中刚刚新绘制的形状图层，将其作为当前图层。双击该图层，弹出“图层样式”对话框，在对话框中选择“投影”样式，并将距离和大小均设为 3 像素，如图 9-121 所示。再次在对话框中选择“描边”样式，将大小设为 1 像素，描边颜色定为墨绿色，如图 9-122 所示。

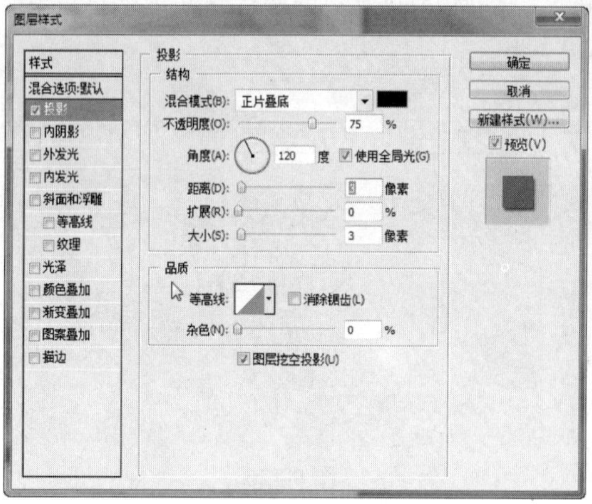

图 9-121

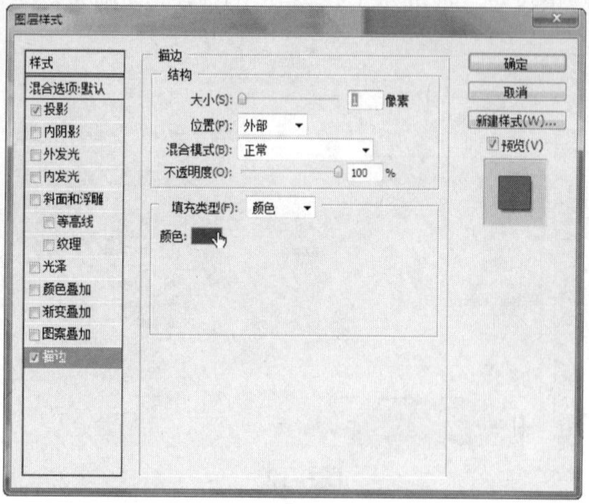

图 9-122

设置完毕之后单击“确定”按钮，看一看使用图层样式之后的效果，如图 9-123 所示。

效果看上去还可以，但是素材背景全部都被遮住了！将该图层的不透明度改为 65%，这样素材图片就会若隐若现，如图 9-124 所示。

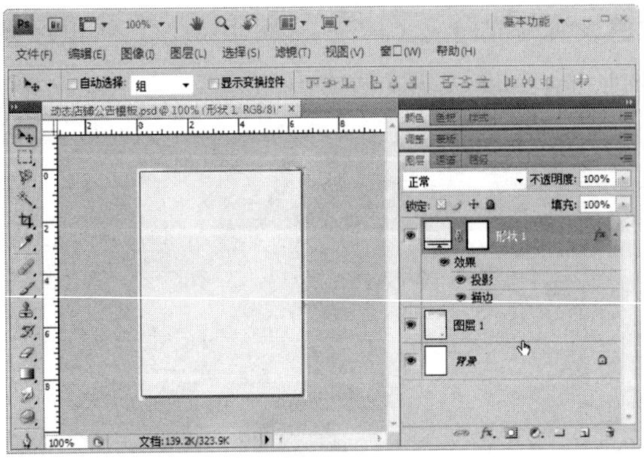

图 9-123

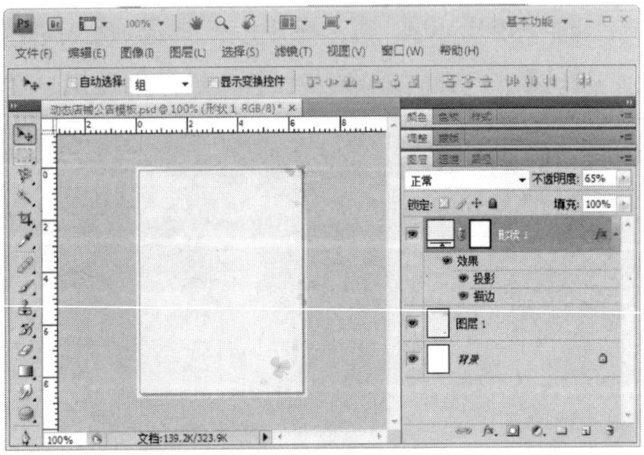

图 9-124

在工具箱中选择横排文字工具，在横排文字工具选项栏中，设置字体为“迷你简卡通”，字号为24点，文字颜色为草绿色。将鼠标在工作区中单击一下并输入“店铺公告”四个字，并用移动工具将其移到合适位置，如图9-125所示。

在工具箱中选择直线工具，在直线工具选项栏中，将粗细设为1像素，直线颜色也设为草绿色。将鼠标移到文档工作区中，按住Shift键不松开，同时按住鼠标左键从左至右拖动，描绘出一条长短合适的水平线，并用移动工具调整好这条水平线的相对位置，最终效果如图9-126所示。

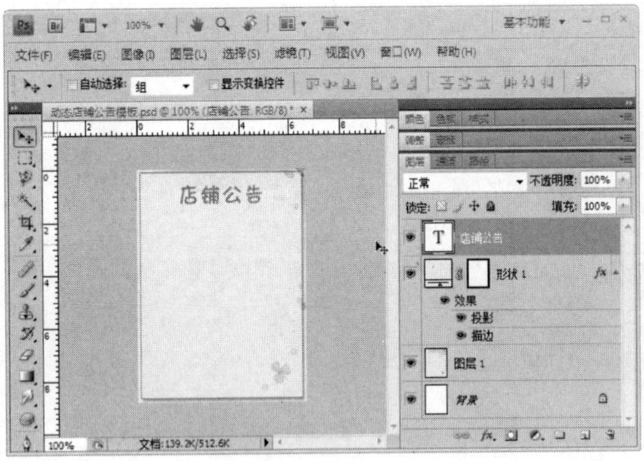

图 9-125

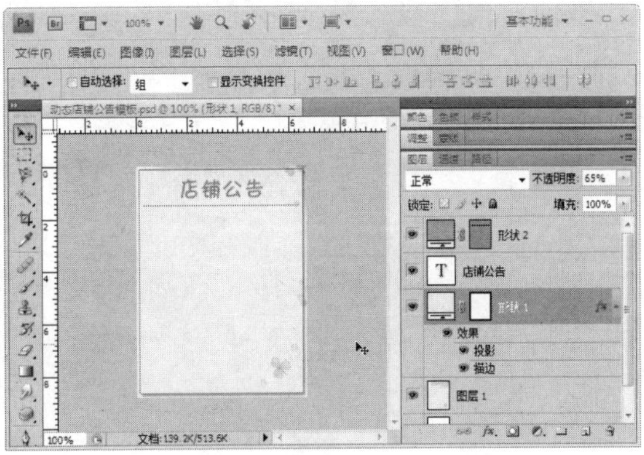

图 9-126

此时，这个动态店铺公告的背景图片就基本成形了，要记得保存这个源文件，因为下面的工作要以这个文件为基础进行展开。

9.4.2 店铺公告模块背景图片切片

利用Photoshop打开9.4.1节制作并保存的背景图片的PSD源文件，在背景图上利用参考线将背景图按照设计预想进行划分，如图9-127所示。

在 Photoshop 的工具箱中选择切片工具，将这个店铺公告沿着参考线进行切片。为了不出现偏差，选择“视图→对齐→对齐到参考线”命令，设定好对齐方式之后，使用切片工具将这个背景图进行切片，如图 9-128 所示。

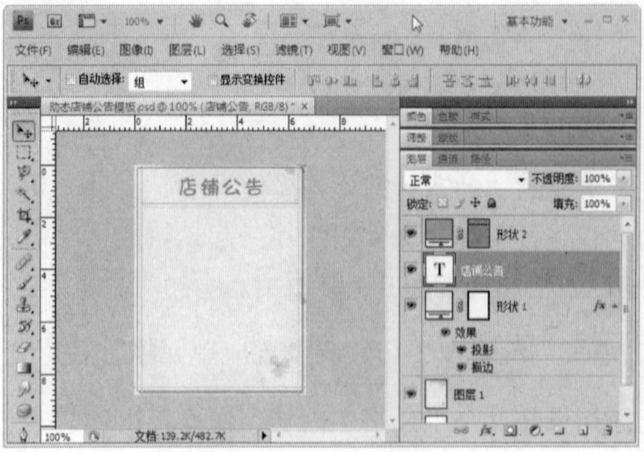

图 9-127

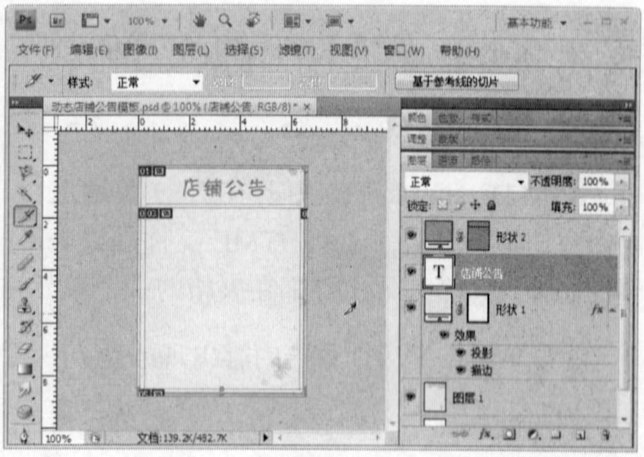

图 9-128

选择“文件→存储为 Web 和设备所有格式…”命令，之后在弹出的“存储为 Web 和设备所用格式（100%）”的对话框中设定切片图形文件保存格式为“JPEG”，并将品质设置为“中”，其他选项就按系统默认值即可。

一切设置就绪之后，单击“存储”按钮，弹出“将优化结果存储为”对话框。在此对话框中一定要在保存类型中选择“HTML 和图像（*.html）”，因为只有这样它才会生成一个我们所需要的 HTML 源文件和所有切片图像文件，同时还要指定存储位置和所存储的文件名，单击“保存”按钮保存文件。此时可以在保存的文件夹中看到所保存的文件，如图 9-129 所示。

图 9-129

和前面一样，系统将我们的切片图片文件都放在 images 文件夹之下，同时还生成了一个 HTML 文件，这个 HTML 文件正是前面制作的那个动态店铺公告背景图片的 HTML 源文件。

前面说过，如果你对 HTML 标记语言非常熟悉，可以动手写代码，但事实上大多数卖家对它还是很陌生，因此可以利用 Photoshop 这种自动生成代码功能来完成生成代码的任务，这也正是大多数卖家所需要的。

9.4.3 店铺公告模板的代码制作

1．代码的调整

启动 Dreamweaver，打开在 9.4.2 节通过切片所生成的"动态店铺公告模板.html"文件。从代码中我们不难看出，这个 HTML 文件是以表格的形式将各个切片文件组织在一起，拼成了一幅完整的图像，每个切片文件都在表格的一个单元格中。表格结构如图 9-130 所示。

3 号单元格是店铺公告内容出现的地方，所以这个单元格中的切片要设置成单元格背景。

设置完毕之后，用鼠标单击 3 号单元格，光标如果在这个单元格中闪动，而不是出现的一个图片选择框，这就是成功操作的标志，如图 9-131 所示。

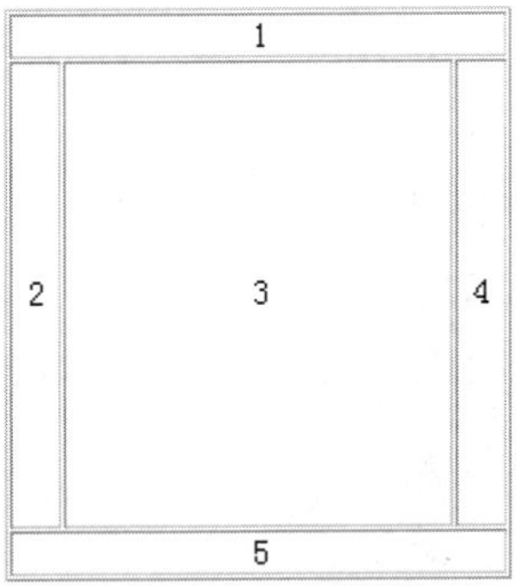

图 9-130

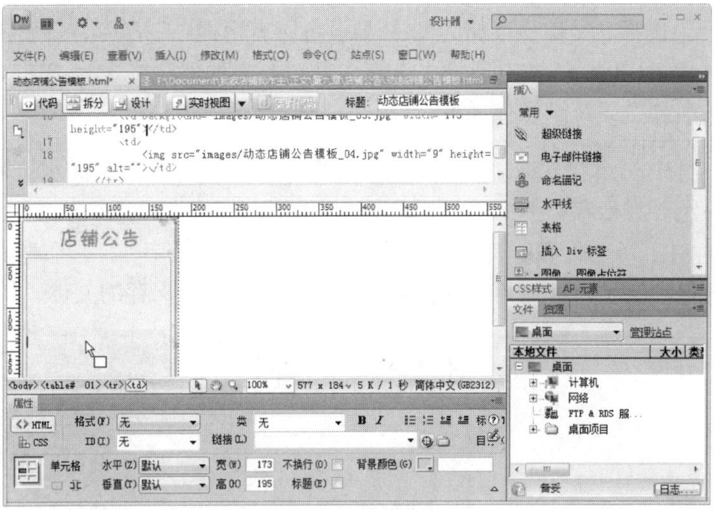

图 9-131

2．输入公告内容

在设计窗口中输入想要显示的公告文字内容，在输入时要注意，如果要换行应先按住 Shift 键，然后按 Enter 键。输入完毕之后的效果如图 9-132 所示。

保存文件，在浏览器中预览看一看效果，如图 9-133 所示。

这是怎么回事儿呢？整个模板都被撑破了！原因在于上面所输入的文字内容太多，以至于这个模块的中间单元格不能够容纳这么多内容，从而使模板被撑开了。

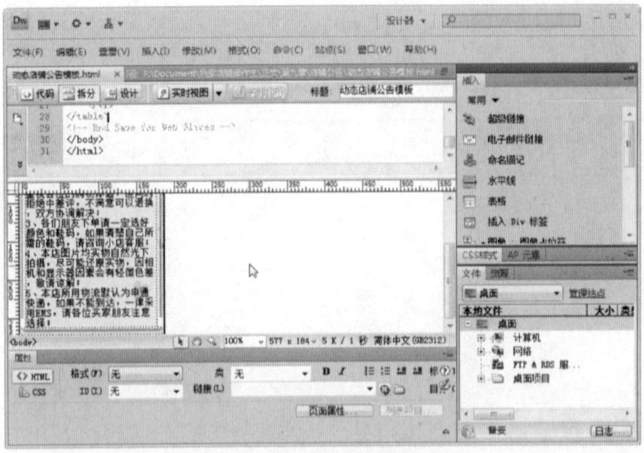

图 9-132

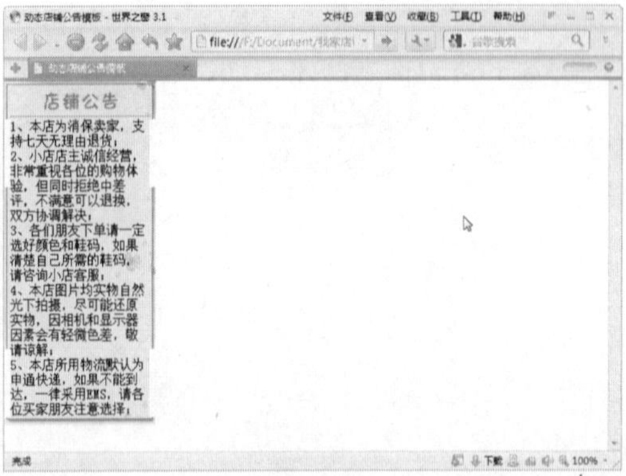

图 9-133

3. 公告内容的处理

由于模板的长度是有限的，公告文字的内容是无限的，为了让有限的空间容纳无限的内容，可以让公告文字滚动展示，这下就可以解决这个问题了。

怎么让文字滚动呢？可以使用 marquee 标签。将下面这段代码加在公告文字之前：

```
<font color="#0099FF" size="3"><span style="line-height:1.5;">
<marquee direction="up" scrollamount="1" scrolldelay="0" height="190" width="170">
```

加入之后，在代码区中的显示效果如图 9-134 所示。

将下面这段代码加在公告文字之后：

```
  </marquee>
</span></font>
```

加上之后，在代码区中的显示效果如图 9-135 所示。

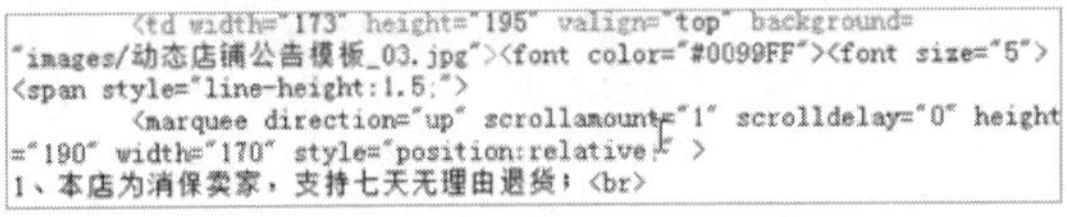
<td width="173" height="195" valign="top" background=
"images/动态店铺公告模板_03.jpg"><font color="#0099FF"><font size="5">
<span style="line-height:1.5;">
<marquee direction="up" scrollamount="1" scrolldelay="0" height
="190" width="170" style="position:relative;" >
1、本店为消保卖家，支持七天无理由退货；

图 9-134

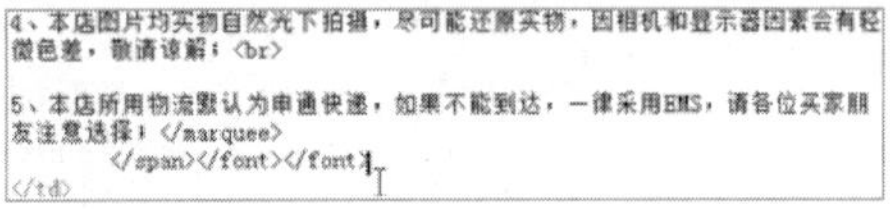
4、本店图片均实物自然光下拍摄，尽可能还原实物，因相机和显示器因素会有轻微色差，敬请谅解；
5、本店所用物流默认为申通快递，如果不能到达，一律采用EMS，请各位买家朋友注意选择；</marquee>
</span></font></font>
</td>

图 9-135

预览一下，看一看现在有什么变化，预览效果如图 9-136 所示。

经过这样处理之后，“店铺公告”模板在浏览器中显示时并没有因为文字内容过多而被撑破，当然在设计模式下模板还是会变形的。

下面就来说明一下这段代码的作用。:

<font color="#0099FF" size="3"></font>: 这一对标签是用来指明在这一对标签中显示的文字的颜色及字号。

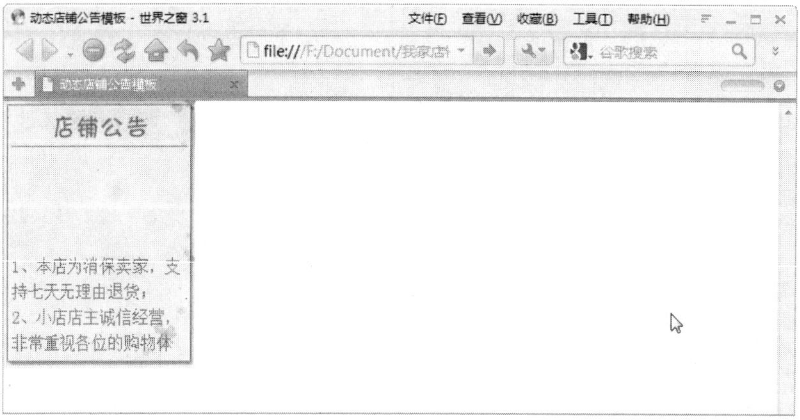

图 9-136

<span style="line-height:1.5;"></span>：这一对标签是用来指明它们之间所显示内容的行间距，这里设置为 1.5 倍行距。

<marquee direction="up" scrollamount="1" scrolldelay="0" height="190" width="170" ></marquee>：这一对标签是用来指明它们之间的内容滚动展示，direction="up"表明向上滚动；scrollamount="1"，表明滚动速度为 1；scrolldelay="0"表示立即滚动而不延时；height="190"用来指明滚动区的高度为 190 像素；width="170"用来指明滚动区的宽度为 170 像素。

其中这里的 height 和 width 的值并不是我们随意定的，而是要根据我们背景图片的大小而定。

如图 9-137 所示是从代码中截取出来的一部分，可以看到在这里有一组数据，width="173" height = "195"，这是指这个背景图片的宽度为 173 像素，高度为 195 像素在指定滚动区的宽和高的时，就要将这两个数值设置得略小一些，否则在浏览器中显示时模板也会被撑破，这里一定要注意！

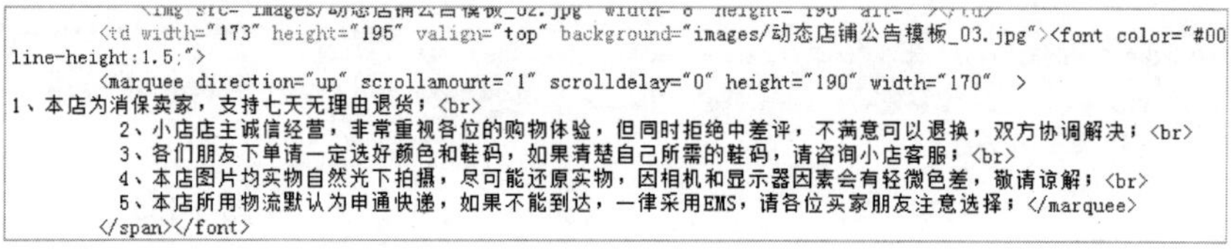
```
        <td width="173" height="195" valign="top" background="images/动态店铺公告模板_03.jpg"><font color="#00
line-height:1.5;">
        <marquee direction="up" scrollamount="1" scrolldelay="0" height="190" width="170"  >
1、本店为消保卖家，支持七天无理由退货；<br>
          2、小店店主诚信经营，非常重视各位的购物体验，但同时拒绝中差评，不满意可以退换，双方协调解决；<br>
          3、各们朋友下单请一定选好颜色和鞋码，如果清楚自己所需的鞋码，请咨询小店客服；<br>
          4、本店图片均实物自然光下拍摄，尽可能还原实物，因相机和显示器因素会有轻微色差，敬请谅解；<br>
          5、本店所用物流默认为申通快递，如果不能到达，一律采用EMS，请各位买家朋友注意选择；</marquee>
        </span></font>
```

图 9-137

4．本地图片的网络替换

进入淘宝卖家中心的“我的图片空间”中。选择一种方式，将我们保存切片文件时所生成的 images 文件中的图片并全部上传到空间中，如图 9-138 所示。

使用前面相同的方式，在 Dreamweaver 中将所有本地图片全部用一一对应的网络图片进行替换。替换之后，在代码区中就不会再出现本地图片了，如图 9-139 所示。

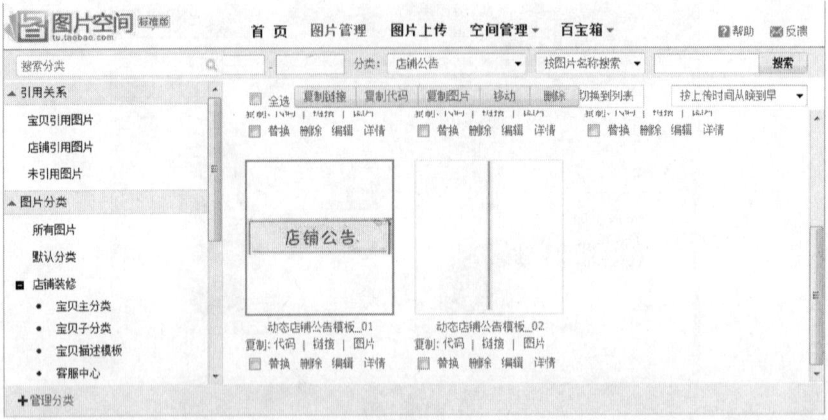
图片空间
首 页
图片管理
图片上传
空间管理
百宝箱
帮助
反馈
搜索分类
分类：
店铺公告
按图片名称搜索
搜索
引用关系
宝贝引用图片
店铺引用图片
未引用图片
图片分类
所有图片
默认分类
店铺装修
宝贝主分类
宝贝子分类
宝贝描述模板
客服中心
管理分类
全选
复制链接
复制代码
复制图片
移动
删除
切换到列表
按上传时间从晚到早
店铺公告
动态店铺公告模板_01
动态店铺公告模板_02
复制：代码 | 链接 | 图片
替换 删除 编辑 详情

图 9-138

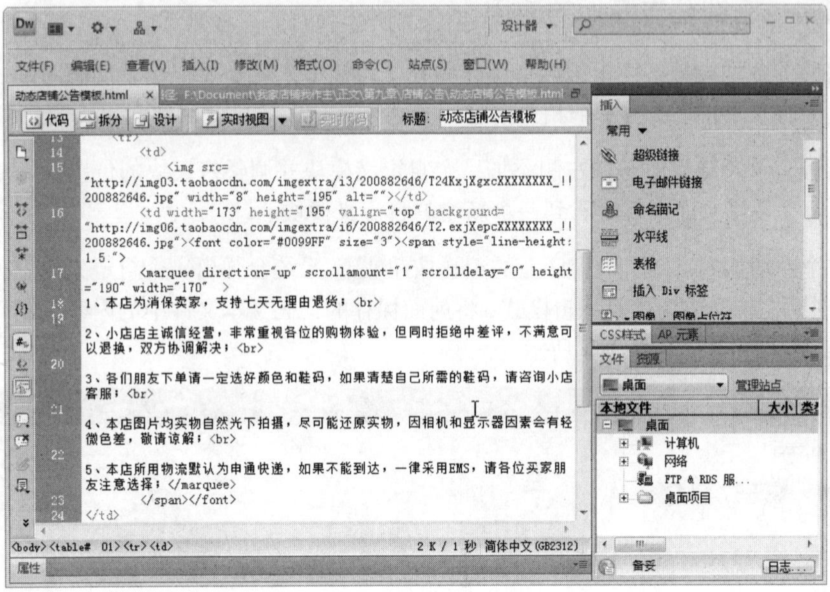
设计器
文件(F) 编辑(E) 查看(V) 插入(I) 修改(M) 格式(O) 命令(C) 站点(S) 窗口(W) 帮助(H)
动态店铺公告模板.html
代码
拆分
设计
实时视图
标题：动态店铺公告模板
<td>
<img src="http://img03.taobaocdn.com/imgextra/i3/200882646/T24KxjXgxcXXXXXXXX_!!200882646.jpg" width="8" height="195" alt=""></td>
<td width="173" height="195" valign="top" background="http://img06.taobaocdn.com/imgextra/i6/200882646/T2.exjXepcXXXXXXXX_!!200882646.jpg"><font color="#0099FF" size="3"><span style="line-height:1.5.">
<marquee direction="up" scrollamount="1" scrolldelay="0" height="190" width="170" >
1、本店为消保卖家，支持七天无理由退货；
2、小店店主诚信经营，非常重视各位的购物体验，但同时拒绝中差评，不满意可以退换，双方协调解决；
3、各们朋友下单请一定选好颜色和鞋码，如果清楚自己所需的鞋码，请咨询小店客服；
4、本店图片均实物自然光下拍摄，尽可能还原实物，因相机和显示器因素会有轻微色差，敬请谅解；
5、本店所用物流默认为申通快递，如果不能到达，一律采用EMS，请各位买家朋友注意选择；</marquee>
</span></font>
</td>
<body><table#01><tr><td>
2 K / 1 秒 简体中文(GB2312)
属性
插入
常用
超级链接
电子邮件链接
命名锚记
水平线
表格
插入 Div 标签
CSS样式
AP 元素
文件
资源
桌面
管理站点
本地文件
大小
计算机
网络
FTP & RDS 服...
桌面项目
日志...

图 9-139

5．动态店铺公告模板代码的保存

在代码窗口中将<body></body>之间的代码用鼠标拖动全选，并将其复制到记事本中，并以TXT 格式进行保存。保存之后的文件如图 9-140 所示。

从图 9-140 来看，我们已经得到了一个名为动态店铺公告的文本文件。这就是我们所需的代码文件。

图 9-140

9.4.4 店铺公告模板的使用

经过前面的各种处理，终于把准备工作做完了。接下来就是要把这个动态店铺公告显示在自家店铺里，从而方便买家及时了解相关信息，当然显示什么信息就由你卖家决定。

进入店铺首页装修界面，在左侧添加一个自定义模块并调整好模块的位置，完成页面模块添加任务。此时在装修页面中就会看到一个新增的自定义模块。

单击这个新增加的自定义内容区上的编辑按钮，系统会弹出一个自定义内容区编辑内容对话框，将此对话框转换成源代码编辑模式，将前面保存的代码文本文件中的内容复制并粘贴到代码区中并保存。最终效果如图 9-141 所示。

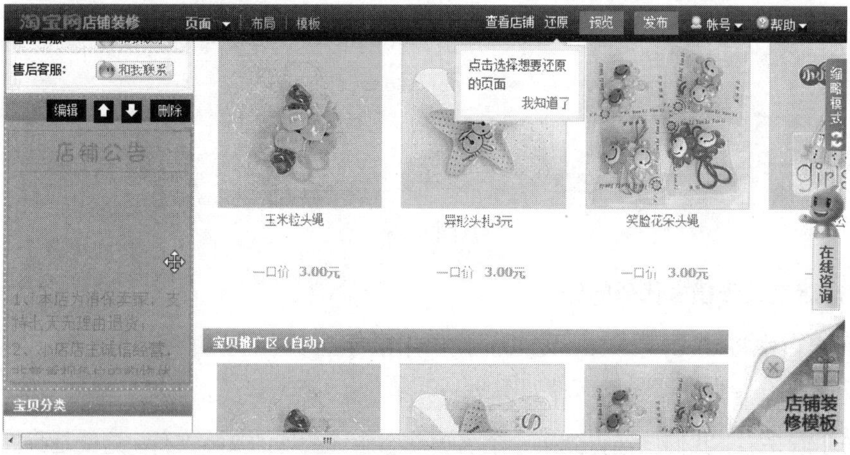

图 9-141

此时将这个模板发布一下就可以看到效果，如图 9-142 所示。

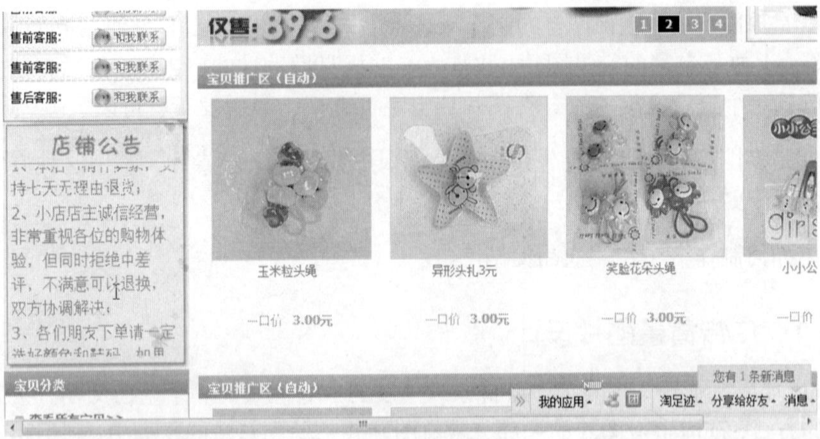

图 9-142

这样，一个动态的店铺公告就加入到店铺中。这种动态店铺公告的制作过程相对稍显麻烦，但这种公告的好处却是显而易见的。第一，它能够以有限的空间展示无限的内容；第二，公告的内容可以随时更改，而不必要重新制作模板，只需要把显示内容换一下就行了。第三，此模板形式有别于呆板的静态文字，更能显现店铺的特色！

9.5　左侧商品促销广告

事实上，自定义区的最大利用价值就在于能够用来推销自己商品，因为对于卖家来说，把自家的商品成功地推销出去才是最主要的任务，如图 9-143 所示是某家店铺做的商品促销广告。

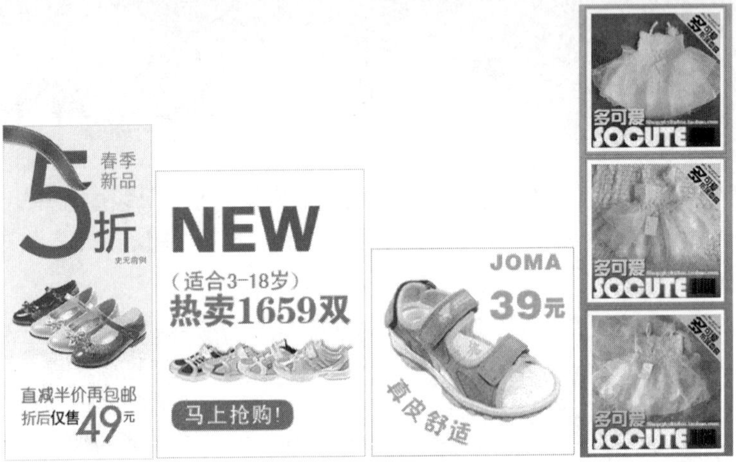

图 9-143

商品促销广告主要分为以下两大类。

第一类就是单图广告，这种广告的制作从技术上来说比较简单，只是使用 Photoshop 来制作一个图片，在图片上放上自家的宝贝图片，再加上一些极具煽动性的广告词。然后将制作好的图片上传到空间并放到一个自定义模块中，在图片加上宝贝链接，最后发布就可以了。

第二类就是多图广告，这种广告是在一个模板中放置多个广告片，利用这种方式可以使用最少的自定义区宣传更多的宝贝。

下面介绍如何制作一个左侧商品促销广告。

9.5.1　广告背景图片设计

启动 Photoshop，新建一个宽为 190 像素，高度为 570 像素的一个空白文档。按照制作动态店铺公告模板的方式，选取素材图片的一部分素材图片并粘贴到新建的文档中。利用相应的工具进行调整，直到素材图片将整个背景层覆盖，如图 9-144 所示。

图 9-144

接下来在这个素材图片上描绘三个完全相同的矩形方框。在工具箱中选择矩形工具，在矩形工具选项栏中将颜色设置为浅白色。单击矩形选项按钮，选择“固定大小”单选框，长宽均设为 180 像素，如图 9-145 所示。

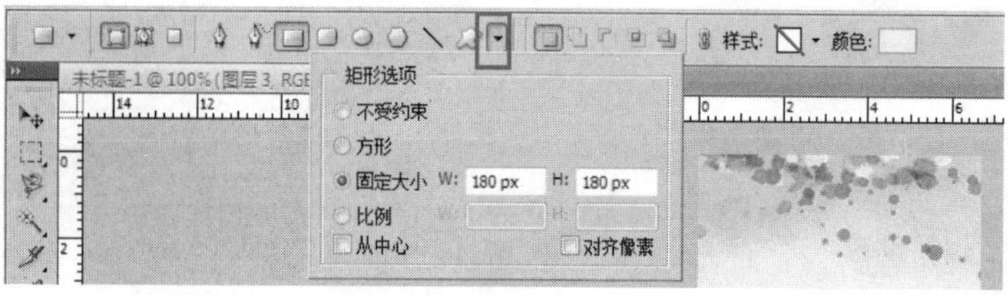

图 9-145

设定完毕之后，将鼠标移到图形的空白处单击三次，创建三个尺寸为 180 像素的矩形框，使用移动工具调整这三个矩形框在素材图层上的位置，如图 9-146 所示。

现在效果还不是太好。在图层面板中双击形状 1 图层，弹出“图层样式”对话框，在此对话框的样式选择栏中选择“投影”，并将距离和大小均设为 3 像素，如图 9-147 所示。

图 9-146

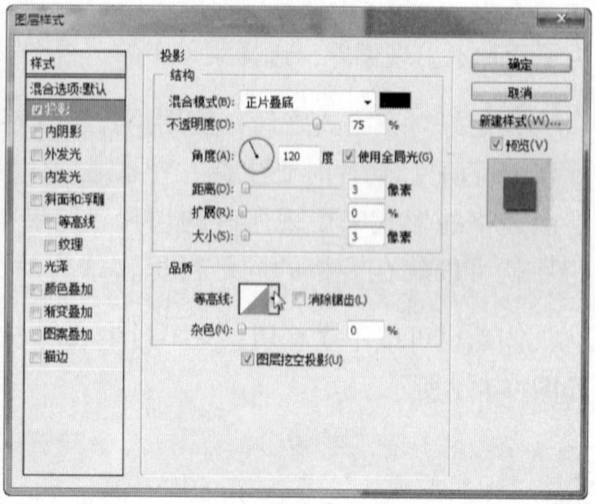

图 9-147

投影设置完毕之后再次选择描边，将描边大小设为 1 像素，颜色选择为绿色，如图 9-148 所示。

按照同样的方式将形状 2 和形状 3 图层也进行同样的设置，并再次利用移动工具将三个矩形框再次精确调整位置。为了显现素材背景，在图层面板中将三个形状图层的不透明度均设为 80%，最终效果如图 9-149 所示。

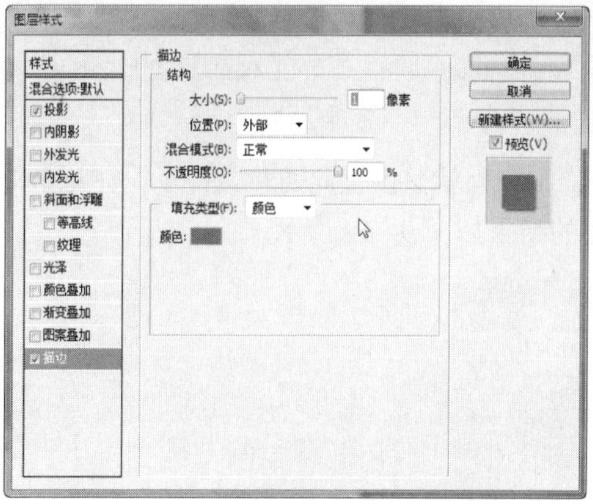

图 9-148

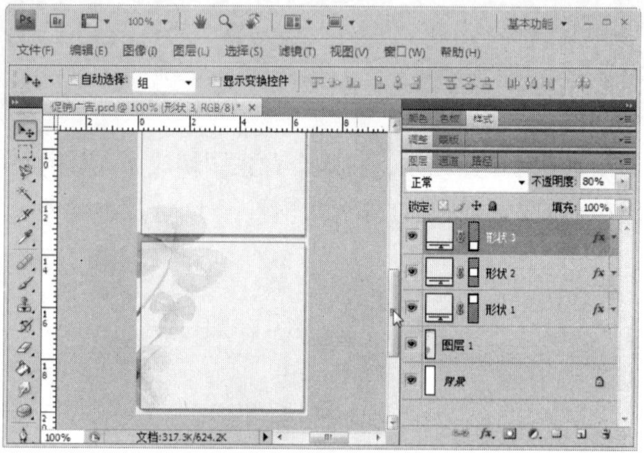

图 9-149

现在这个多图广告背景图片的制作基本上是完成了，最后要记得保存文件。

9.5.2 广告背景图切片

利用 Photoshop 打开 9.5.1 节制作完毕并已经保存的促销广告背景图片的 PSD 源文件，在这个广告背景图上利用参考线将背景图按照预想进行划分，如图 9-150 所示。

在 Photoshop 工具箱中选择切片工具，将我们所制作的这个广告背景图沿着参考线进行切片。为了切片不出现偏差，选择菜单中的“视图→对齐→对齐到参考线”命令。

设定好对齐方式之后，使用切片工具将这个背景图进行切片。选择切片工具，按照参考线的规划进行切片。切片时要注意一个原则，那就是“尽量横着切”。因为在生成HTML文件时，Photoshop是以表格的形式来展现所有的切片，如果都是横着切片，那么生成 HTML 文件时，同一水平的切片就可以放在表格的同一行里，这为后面的代码制作带来极大方便。

当然也可以不横着切，只不过生成的 HTML 文件中的表格结构会非常复杂，最终的切片效果如图 9-151 所示。

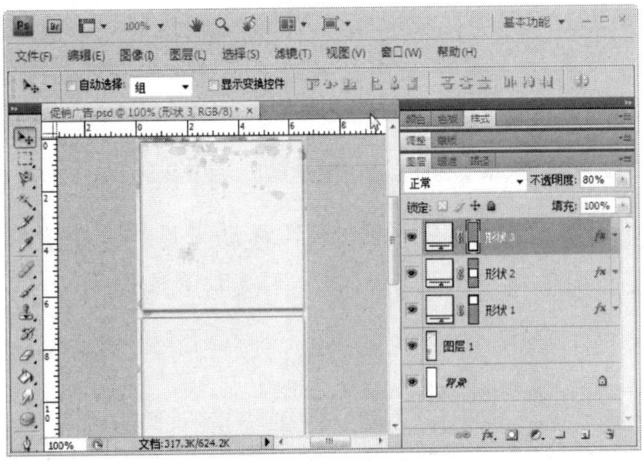

图 9-150

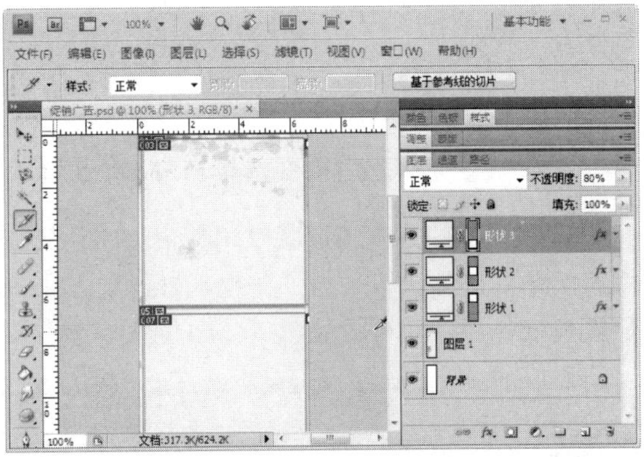

图 9-151

如图 9-151 所示，将这个背景图切成了 13 个部分，接下来就该保存此切片文件了，注意最终保存类型要选择“HTML 和图像（*.html）”。最终保存的结果如图 9-152 所示。

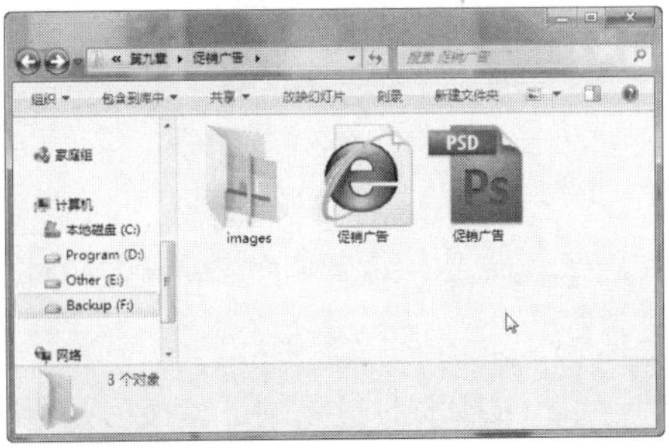

图 9-152

9.5.3 促销广告的代码制作

1．代码的调整

启动 Dreamweaver，打开我们在 9.5.2 节通过切片所生成的那个“促销广告.html”文件。当前这个组织模板切片文件表格的结构如图 9-153 所示。

根据设计，3 号、7 号及 11 号切片所在的位置是要放置宝贝图片的，但现在该位置已分别被 3 个切片图片文件所占据，按照前面的处理方法，将这 3 个单元格中的图片设置成图片背景。最终效果如图 9-154 所示。

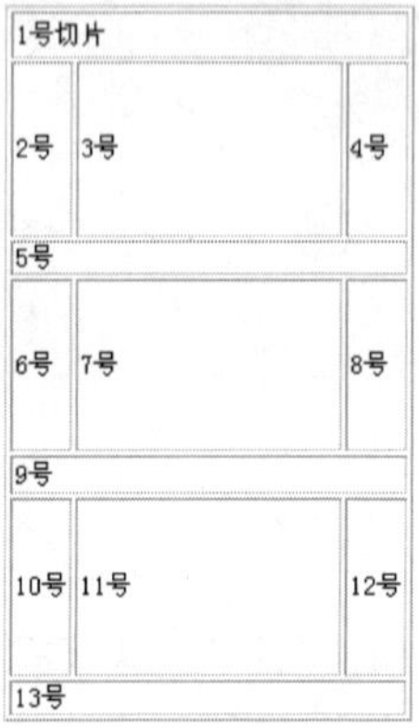

图 9-153

图 9-154

2．本地图片的网络替换

为了正常使用这个模板，下面的任务就是把促销广告的 images 文件夹下的全部图片上传到空间中，如图 9-155 所示。

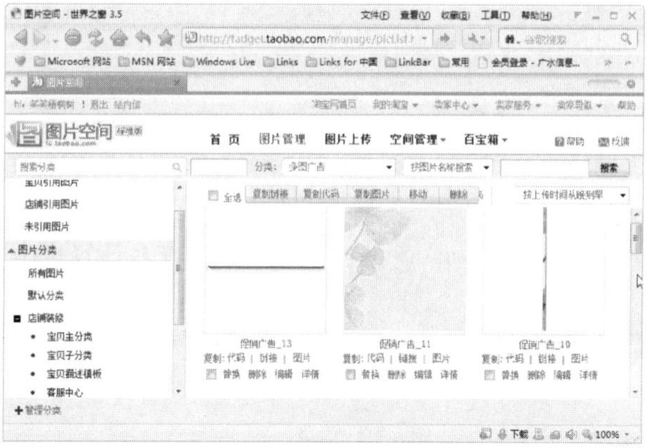

图 9-155

然后利用上传之后图片的网络地址将这个促销广告代码中的本地图片全部替换，如图 9-156 所示。

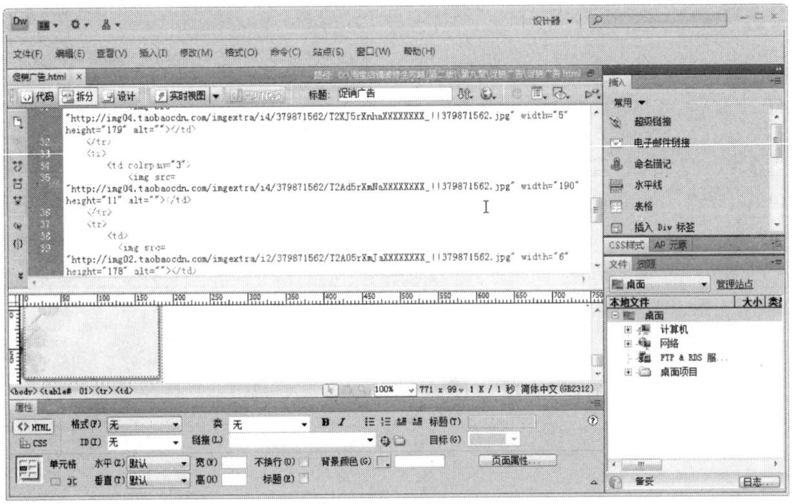

图 9-156

3. 促销广告代码的保存

在代码窗口中将<body></body>之间的代码全选，将其复制并粘贴到记事本中，以 TXT 的格式保存下来，如图 9-157 所示。

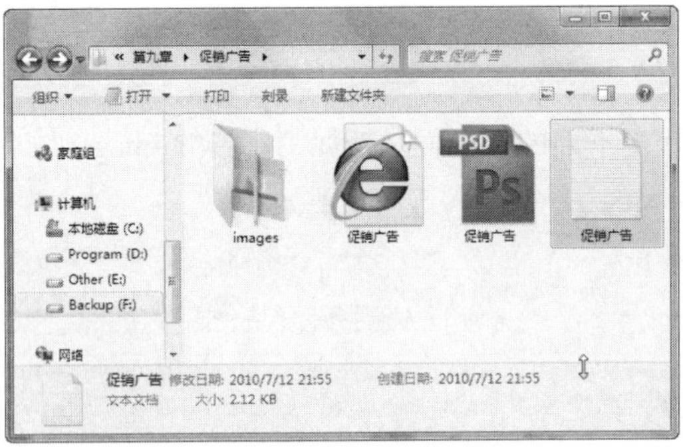

图 9-157

从图 9-157 来看，我们已经把促销广告的代码成功地保存在计算机中了。

9.5.4 促销广告的使用

1. 模块的添加

进入店铺首页装修界面，在左侧添加一个自定义模块，调整好位置之后，在装修页面中就会看到一个新增的自定义模块，如图 9-158 所示。

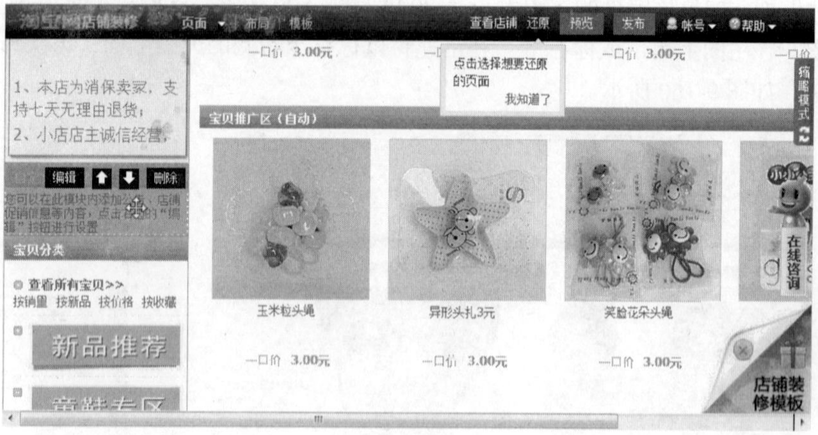

图 9-158

2．促销广告代码的粘贴

单击这个新增加的自定义内容区上的编辑按钮**编辑**，弹出一个自定义内容区编辑对话框，将此对话框转换成源代码编辑模式，将前面保存的代码文本文件中的内容复制并粘贴到代码区中，然后保存。最终效果如图 9-159 所示。

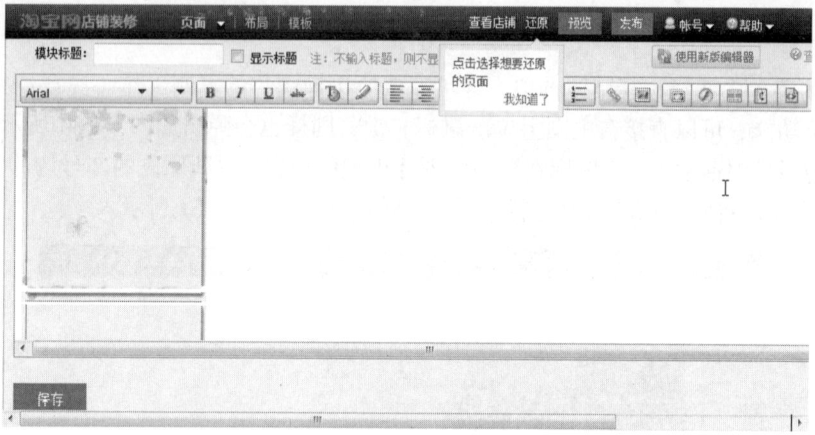

图 9-159

现在在页面中还没有促销广告模块，没有商品图片怎么促销呢？

3．插入广告图片及其相关链接

本来这里的广告图片是需要另外制作的，然后上传到图片空间中再使用。由于篇幅有限，这里不另外制作广告图片，而直接使用店铺里的商品图片来做广告图片。

通过浏览器打开自家店铺的首页，找到自己需要放置在左侧促销区的商品图片。将鼠标移到这款商品图片上面。如果该宝贝的主图大小是 800 像素 × 800 像素，支持放大镜效果，此时就会在右侧显示大图，在主图上单击鼠标右键，并迅速将鼠标移至右侧的大图上面，再次单击鼠标右键，弹出快捷菜单，如图 9-160 所示。

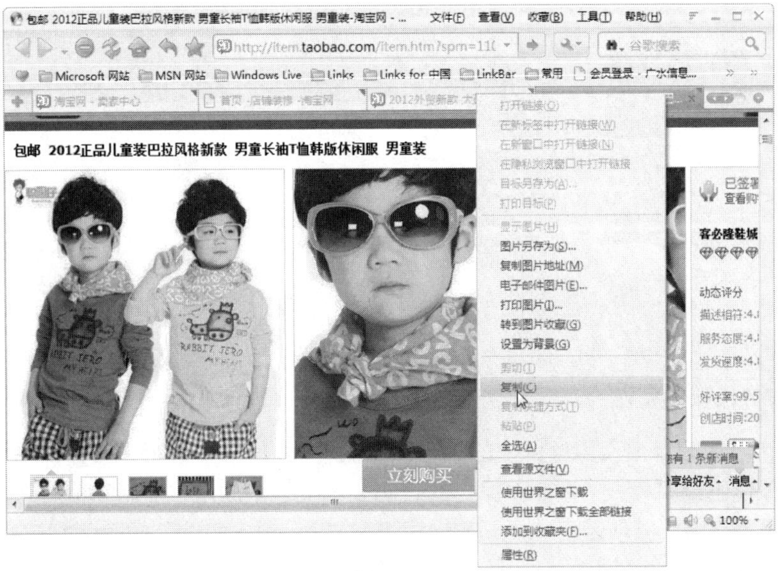

图 9-160

在弹出的菜单中选择“复制”选项，即可完成所选择图片的复制工作（注意：如果商品主图不支持放大镜功能，可以直接在主图上单击鼠标右键，同样也会弹出如图 9-160 所示快捷菜单）。在自定义内容设置对话框中，将鼠标在第一个图片出现的位置，也即原先的 3 号切片位置单击，并使用 Ctrl+V 组合键将刚才从店铺中复制的图片粘贴进来，如图 9-161 所示。

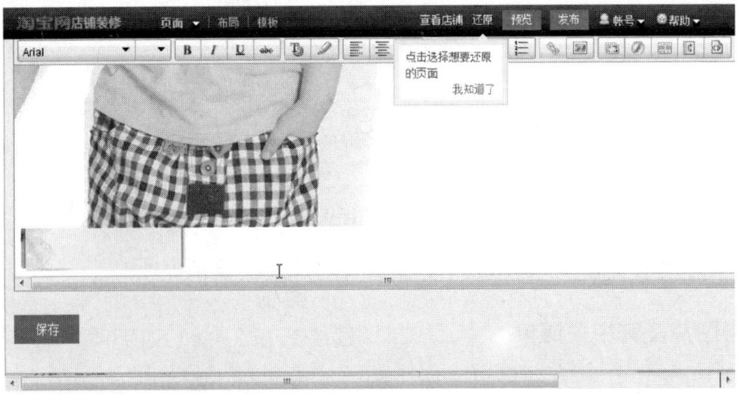

图 9-161

现在整个表格都被撑爆了！这是因为商品的图片尺寸过大。这个表格区域的大小是 178 像素×178 像素，也就是说插入的图片长宽均不能超过 178 像素，如果过大，就要进行调整。选中并双击这个图片，在下方就会出现图片设置对话框，如图 9-162 所示。

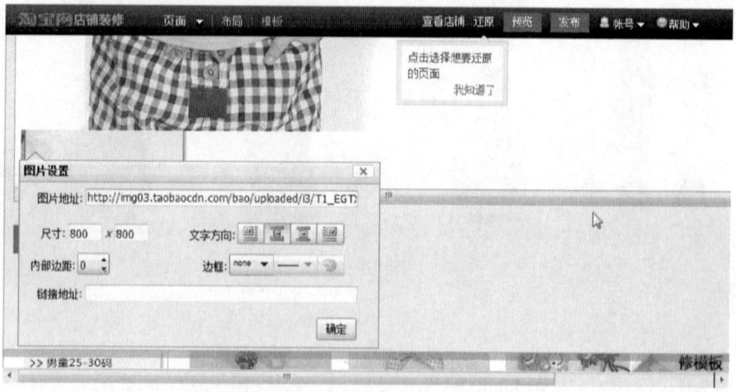

图 9-162

难怪模板会被撑破，原来这个图片的尺寸为 800 像素×800 像素！这里将图片的尺寸改为 178 像素×178 像素。修改之后，图片就完美地镶嵌在表格中！再次转到宝贝的详情页面，在浏览器的地址栏中选中这个宝贝的描述页面的地址并复制，如图 9-163 所示。

图 9-163

将这个地址粘贴到如图 9-164 所示的链接地址文本框中，这样就可以保证买家看到这个广告图片单击之后就可以直接浏览这个宝贝的详情。

粘贴完成之后，单击图 9-164 中所显示的“确定”按钮，完成第一个广告图片的插入及其相关链接。按照同样的方式将第二个、第三个广告图片相继插入并完成相关链接，如图 9-165 所示。

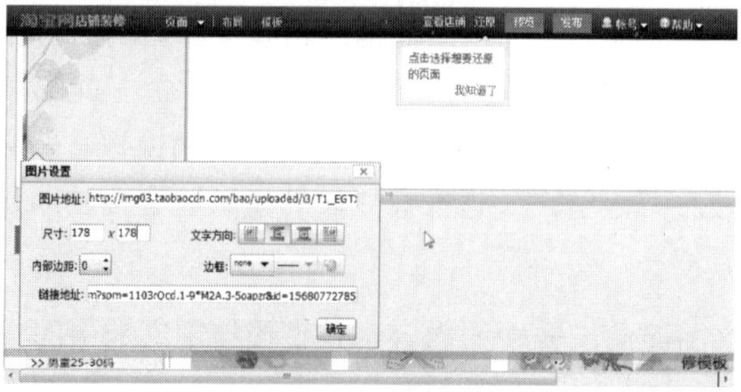

图 9-164

图 9-165

所有工作完毕之后，单击“保存”按钮，即可保存我们的设置，保存成功之后，这个多图商品促销广告就加到店铺中了，如图 9-166 所示。

图 9-166

4. 发布

为了让商品促销广告能够更好地促销商品，现在必须将它发布出来，以供买家浏览。成功发布广告之后，效果如图 9-167 所示。

图 9-167

好了，一个多图商品促销广告就这样加入到了店铺中。这种多图促销广告和单图促销广告相比，虽然制作过程及使用稍显麻烦，但是这种多图促销广告的好处也是有很多的。第一，它能够利用最少的空间来推销更多的产品；第二，广告内容可以随时更改，而不必重新制作促销模板，只需在模块中把里面显示的广告图片及相应链接地址更改一下就行了，这样在以后的使用过程就显得异常方便了！

另外，还有一个问题要注意，在上面制作的多图促销广告中的内容都是直接借用店铺中的宝贝图片，事实上，为了更好地实现广告效果，这些图片应该另外利用 Photoshop 进行制作。在这里只是说明一下这个多图促销广告框架的制作和使用，至于具体的广告内容，各位读者可以根据自己的需要进行更改。

9.6　图片轮播促销广告

9.6.1　传统的图片轮播广告

图片轮播是淘宝改版之后新添加进来的功能模块。在这个模块里，系统允许在同一个位置增加多张图片，然后让这些图片轮番展示，从而达到利用最少的模块展示最多的宝贝的目的。并且这种形式的广告一经推出就备受关注，很多卖家纷纷在自家店铺中增加了这种模块，如图 9-168 所示。

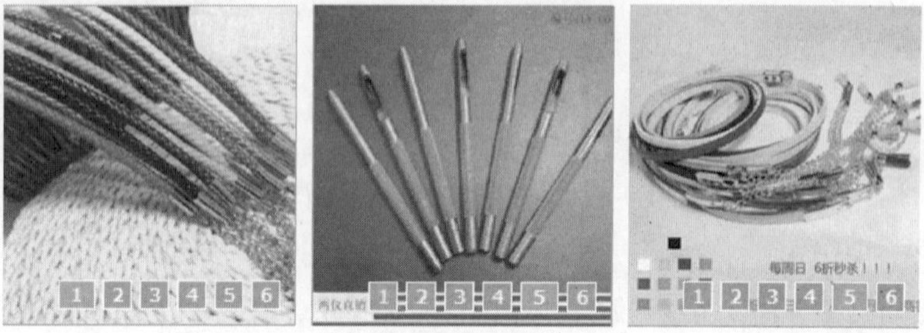

图 9-168

下面就来看一看，如何在店铺中插入这种图片轮播广告。

1．广告图片制作

由于淘宝系统所推出的这种图片轮播模块，并没有给予卖家很大的自由支配权，只是简单地让卖家在这个比较固定的模块中增加图片和图片的链接。

那能不能和前面的多图广告一样，临时从店铺中选取图片进行插入呢？这是不能的，这种左侧图片轮播所允许的最大图片宽度为 190 像素，并且还不允许对插入的图片进行大小调整，而店铺中的图片宽度都超过了 190 像素，这样的图片放在图片轮播模块中只能显示部分内容；宽度不足 190 像素的图片，放在模块中四周就会显示出非常难看的白色边框。图片轮插广告的高度没有任何限制，但是在同一个模块中，如果有的图片长，有的图片短，那显示出来将是一种什么模样呢？

为了让这种轮播模式的广告显示出来的图片是整齐划一的，在使用之前就一定要对这种广告图片进行统一制作处理，最终以 JPG 的格式保存下来。下面是利用 Photoshop 制作好了三张 190 像素 × 190 像素大小的广告图片，如图 9-169 所示。

2．图片轮播广告的使用

（1）图片上传

将制作的广告图片全部上传到空间中，以备使用，如图 9-170 所示。

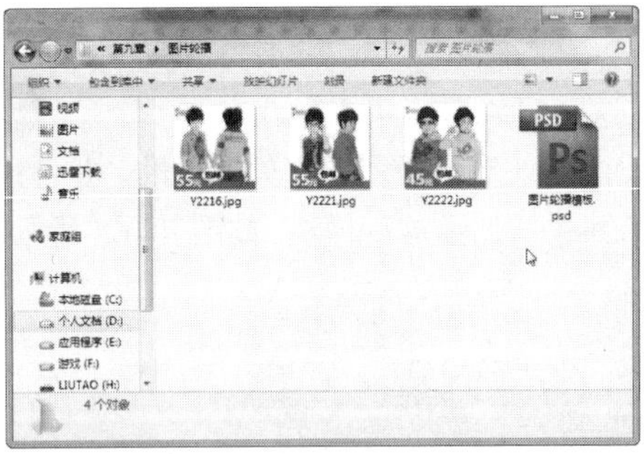

图 9-169

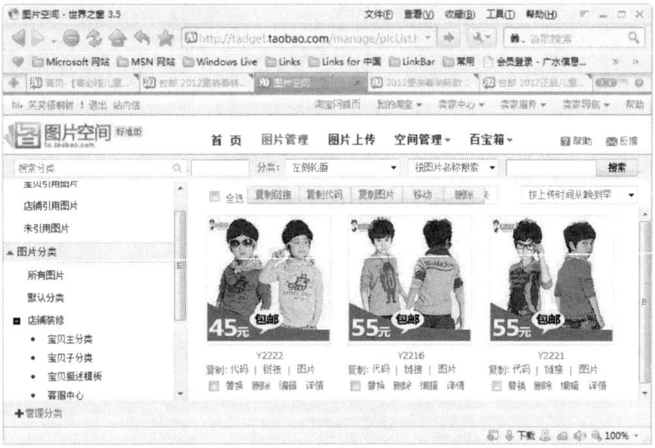

图 9-170

（2）轮播模块的添加

进入店铺首页装修界面，在左侧添加一个图片轮播模块，调整好位置，即如图 9-171 高亮显示的位置。

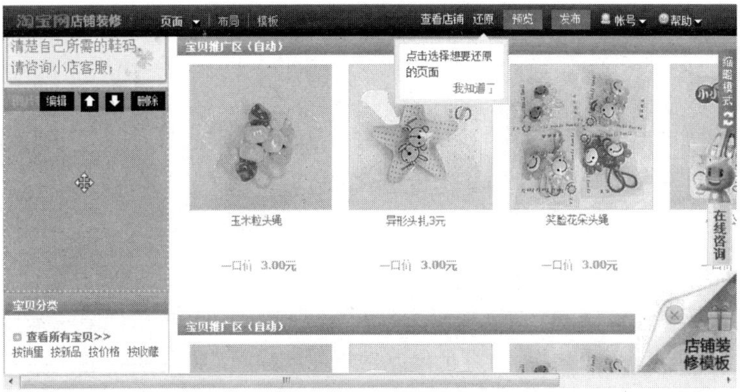

图 9-171

（3）轮播广告图片的插入及链接

单击这个新增加的图片轮播模块上的编辑按钮编辑，系统弹出一个“编辑内容”对话框，如图 9-172 所示。

在图片空间中找到要放置在这里的图片并复制地址。将复制的图片地址粘贴到如图 9-172 所示的图片地址文本框中，如图 9-173 所示。

在店铺中找到这张图片所对应的宝贝，打开该宝贝详情描述页，在浏览器地址栏中选中地址，复制并粘贴到如图 9-174 所示的链接地址文本框中。

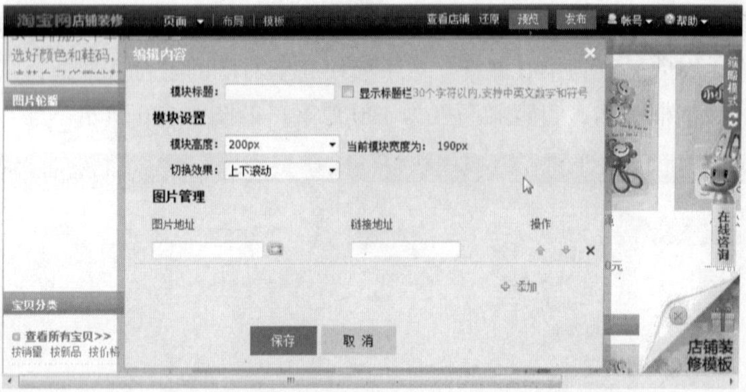

图 9-172

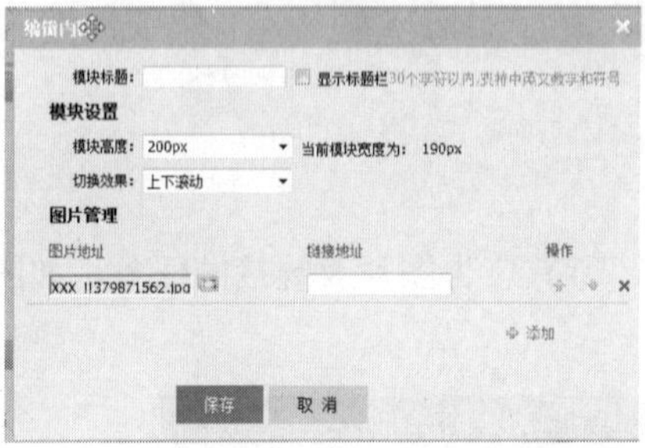

图 9-173

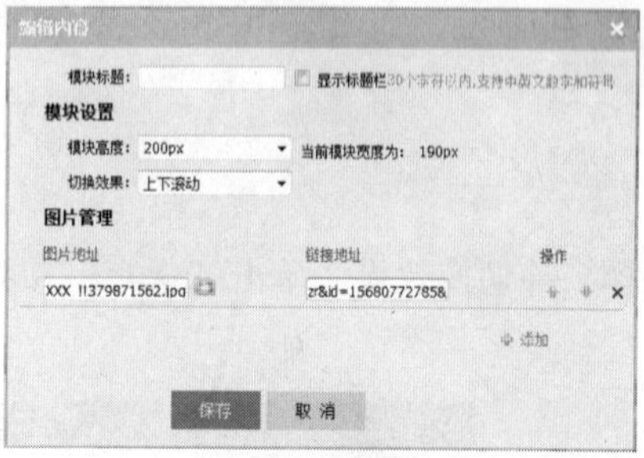

图 9-174

这样就插入了一个轮播广告。单击“添加”按钮 添加，就可以为这个轮播模块增加一张图片广告。按照同样的方式将第二个及第三个轮播图片广告均插入进来，最终设置效果如图 9-175 所示。

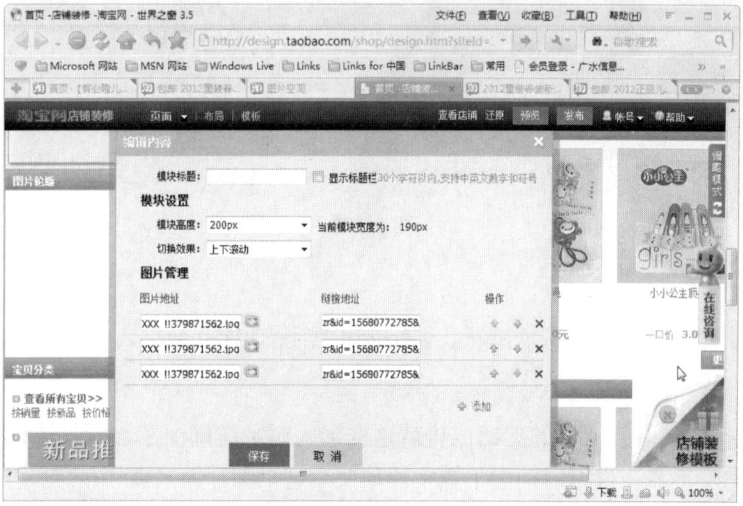

图 9-175

加入完毕之后，在图片轮播设置对话框中还有一个模块高度选项，由于图片高度为 190 像素，所以在这里要将模块高度设置为 190 像素。单击模块高度右侧的下拉选择框，从中选择“自定义”选项，并在后面的文本框中输入自定义高度为 190 像素，如图 9-176 所示。

图 9-176

选择一种切换效果，单击“保存”按钮，即完成了所有广告图片及链接的任务，如图 9-177 所示。

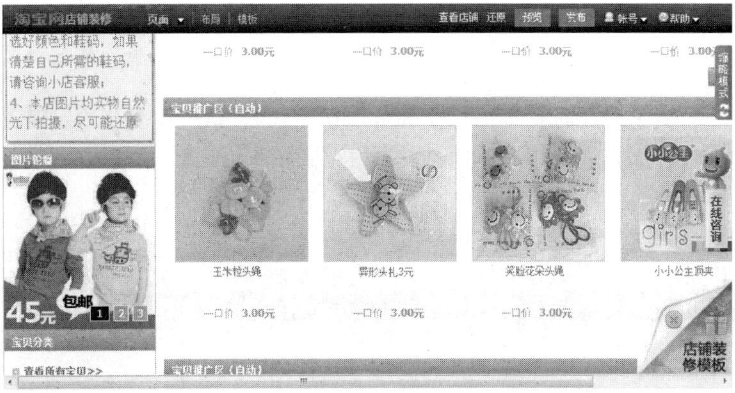

图 9-177

（4）发布

现在将促销广告发布，以供买家浏览。发布成功之后，系统就会进入店铺浏览页面，如图 9-178 所示。

一个可以轮番展示多款宝贝的促销广告就这样加入到了店铺中了。效果还真是不错，但是读者要注意一个问题，不要在自家店铺中千篇一律地使用这个图片轮播促销广告，因为再好的东西也会让人看烦了！

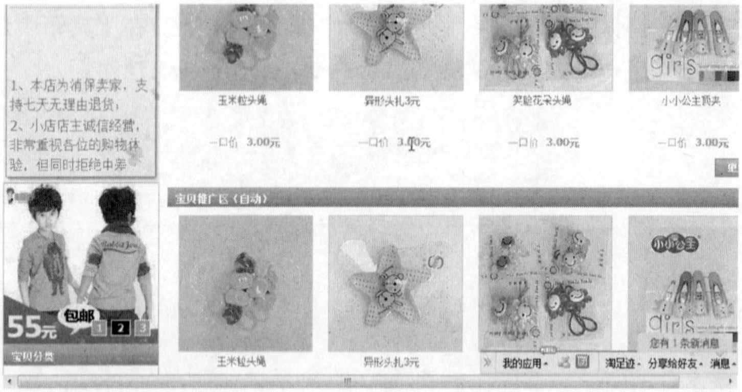

图 9-178

9.6.2　手风琴效果轮播广告

事实上，图片轮播广告就是一种使用脚本语言（一般为 JavaScript）实现的图片展示特效。为了实现这种特效，就必须使用代码。那么在这里就存在一个两难的选择：作为一个交易平台，为了保证自己平台的健康发展，必须保证使用者在使用的过程中不利用恶意代码来破坏这个平台，限制用户自定义代码的使用；但是为了实现更好的显示效果，就必须开放使用者的代码使用权限。

在现实中，淘宝网选择了前者——限制用户自定义代码的使用。因此店铺在装修过程中，不可能使用非常多的网页特效。但是出于页面美化的需要，淘宝在某种程度上又不得不开放代码的使用权根。当然这种代码的使用权限开放是有很大限制的。对于普通用户而言，基本上没有使用 JavaScript 脚本语言的权利；只有通过淘宝审核，并交纳高额保证金的用户才能使用这个脚本语言，从而设计出一些特效模板，并把这些模板提交淘宝审查。淘宝确认该模板所使用的代码对平台没有破坏性，这个模板才能在模板市场中销售。这也是淘宝模板市场中模板价格高昂的一个重要原因。为了使用这些特效模板，普通用户只能花大价钱进行购买。

对于一些特效代码，淘宝似乎没有真正对非购买模板用户全屏蔽。也就是说有一些特效代码，对于普通用户，在装修时也可以使用。

如图 9-179 所示是一种图片轮播特效模板，在模板市场中，它有一种特定的称谓：手风琴效果。这种轮播模板的最大特点就是：在没有鼠标动作时，这里面的内容依次展示；当把鼠标指向某一项时，该区域只显示鼠标所指向的那一项，直到鼠标移开时才会继续轮播其他内容。下面介绍如何实现这种效果。

1．框架图片制作

首先启动 Photoshop，新建一个宽为 190 像素，高为 300 像素白底空白文档，并在此空白文档中新建一个图层。

在图层面板中选择刚刚新建的图层，将其作为当前工作图层。在工具箱中选择矩形选框工具，并在当前图层上拖出一个大小合适的矩形选择框，如图 9-180 所示。

图 9-179

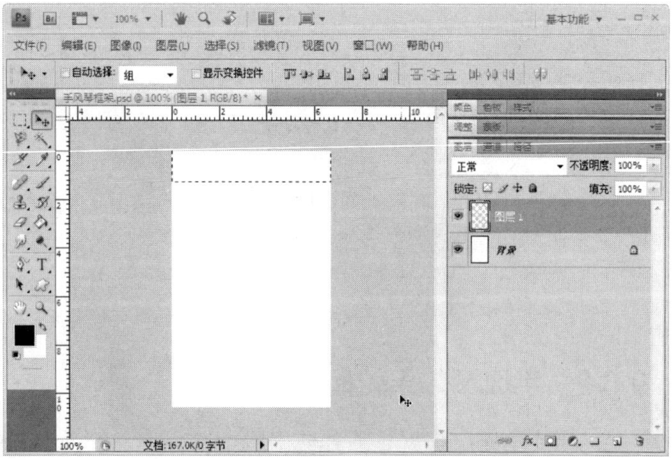

图 9-180

在工具箱中，选择油漆桶工具，使用绿色填充刚刚描绘出的矩形选框。效果如图 9-181 所示。

再次新建一个图层，在图层面板中选择刚刚新建的图层，将其作为当前工作图层。在工具箱中选择矩形选框工具，并在当前图层上拖出一个大小合适的矩形选择框，如图 9-182 所示。

图 6-181

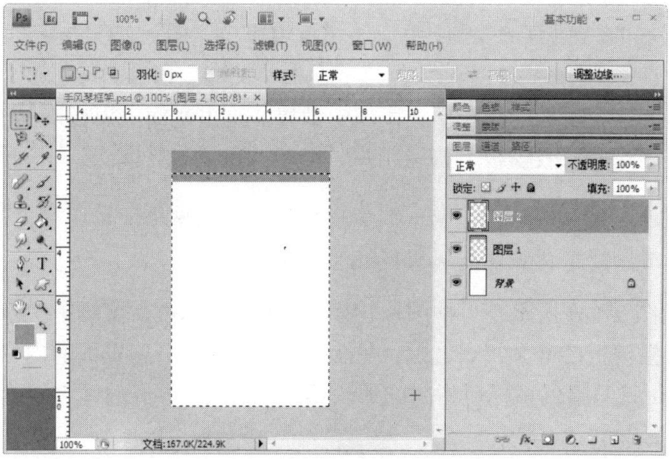

图 9-182

选择“编辑→描边…”命令，系统即会弹出一个名为“描边”对话框。在此对话框中，将描边宽度设为 1 像素，颜色为绿色，位置选择“居中”，如图 9-183 所示。

设置完毕单击“确定”按钮，并取消选择，就会看到在当前图层中已经绘制了一个宽度为 1 像素的绿色方框，如图 9-184 所示。

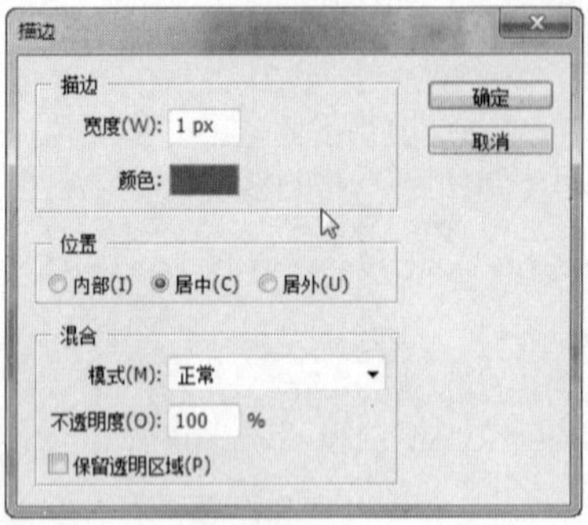

图 9-183

图 9-184

在工具箱中选择横排文字工具，在横排文字工具选项栏中，设置字体为“微软雅黑”，字号为“18 点”，文字颜色为“黑色”，如图 9-185 所示。

将鼠标在工作区中单击，并输入“热销宝贝”四个字，使用移动工具将其移到合适位置，如图 9-186 所示。

图 9-185

图 9-186

至此，我们的框架制作完毕，将此框架图片保存起来。

2. 手风琴轮播代码

```
<table width="190" border="0" cellspacing="0" cellpadding="0">
  <tr>
<td>
<DIV style="WIDTH: 190px; BACKGROUND: url(手风琴框架.jpg) no-repeat 0px 0px; HEIGHT: 300px" class=bestchoice>
<DIV style="TEXT-ALIGN: center; PADDING-BOTTOM: 5px; PADDING-LEFT: 5px; PADDING-RIGHT: 5px; PADDING-TOP: 40px">
<DIV class=J_TWidget data-widget-config="{ 'triggerType': 'mouse', 'triggerCls':'acc-title','panelCls':'acc-panel','multiple':false, 'activeTriggerCls': 'collapse','autoplay':true}" data-widget-type="Accordion">
```

```
<ul style="PADDING-BOTTOM: 0px; MARGIN: 0px; PADDING-LEFT: 0px; PADDING-RIGHT: 0px; PADDING-TOP: 0px">
<li class="acc-title collapse" style=" cursor:pointer;line-height:22px; padding-left:12px;margin:2px 4px 4px 4px;text-align:left;
 no-repeat 0px -30px;"> <a href=" " style="color:#000;text-decoration:none;">项目一</a ></li>
<li style="DISPLAY: block;cursor:pointer;text-align:center;margin:0px 4px 4px 4px;background-color:#F2F2F2;border:1px solid #DDD;border-top:none;padding:3px 0px 6px 0px;" class="acc-panel">
<img alt="" width="160" height="160"border=0 style="vertical-align:middle;"></li>
<li class="acc-title collapse" style=" cursor:pointer;line-height:22px; padding-left:12px;margin:2px 4px 4px 4px;text-align:left;
 no-repeat 0px -30px;"> <a href=" " style="color:#000;text-decoration:none;">项目二</a ></li>
<li style="DISPLAY: block;cursor:pointer;text-align:center;margin:0px 4px 4px 4px;background-color:#F2F2F2;border:1px solid #DDD;border-top:none;padding:3px 0px 6px 0px;display:none;" class="acc-panel">
    <img alt="" width="160" height="160"border=0 style="vertical-align:middle;"> </li>
<li class="acc-title collapse" style=" cursor:pointer;line-height:22px; padding-left:12px;margin:2px 4px 4px 4px;text-align:left;
 no-repeat 0px -30px;"> <a href=" " style="color:#000;text-decoration:none;">项目三</a ></li>
<li style="DISPLAY: block;cursor:pointer;text-align:center;margin:0px 4px 4px 4px;background-color:#F2F2F2;border:1px solid #DDD;border-top:none;padding:3px 0px 6px 0px;display:none;" class="acc-panel">
<img width="160" height="160"style="vertical-align:middle;"border=0 alt=""></li>
</ul>
</DIV></DIV></DIV>
</td>
</tr>
</table>
```

这段代码是从其他购买了模板的店铺页面源代码中整理出来的，并不是笔者编写的。经过实践证明：这些代码在现阶段可用，笔者的店铺使用的就是这个。

这段代码对于不了解网络语言的读者看起来会很吃力。说实话，即使是了解编程语言的人，也看不明白这段代码，这本身就是一段不完整的代码，因为这段代码中还引用了很多 class，这些 class 存在于淘宝的系统中，但这并不妨碍我们使用它。

对于卖家来说，只要知道一些必要的内容就行了。在这段代码中，哪些内容是必须知道的呢？就是上面代码中加黑加粗显示的内容。

WIDTH: 190px：表明这个轮播模块的宽度是 190 像素。

url(手风琴框架.jpg)：表明这个轮播模块的背景图片是“手风琴框架.jpg”，如果图片在网络上，用网络地址代替就可以了。

HEIGHT: 300px：表明这个轮播模块的高度是 300 像素。

项目一：这是第一个宝贝的宝贝名称，可以自己更改，并加上链接。

<img alt="" width="160" height="160"border=0 style="vertical-align:middle;">：这是相应宝贝的图片，图片的尺寸规定为 160px × 160px，加入图片之后，我们可以自行加上链接。

后面还有相应的“项目二”和“项目三”等内容，含义和“项目一”完全相同，这里不再一一说明。当然为了以后使用方便，可以把这段代码以 HTML 的格式存储下来。

3. 手风琴轮播代码调整

在进行代码调整之前，要先将制作的手风琴轮播框架图片上传到网络空间中以便使用，如图 9-187 所示。

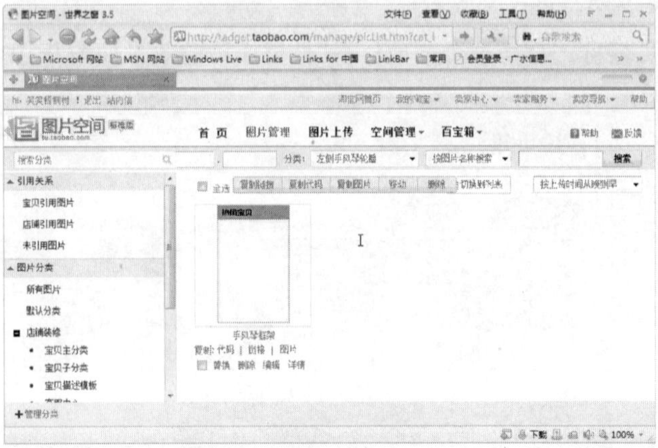

图 9-187

使用 Dreamweaver 打开前面保存下来的手风琴轮播的 HTML 文件，如图 9-188 所示。

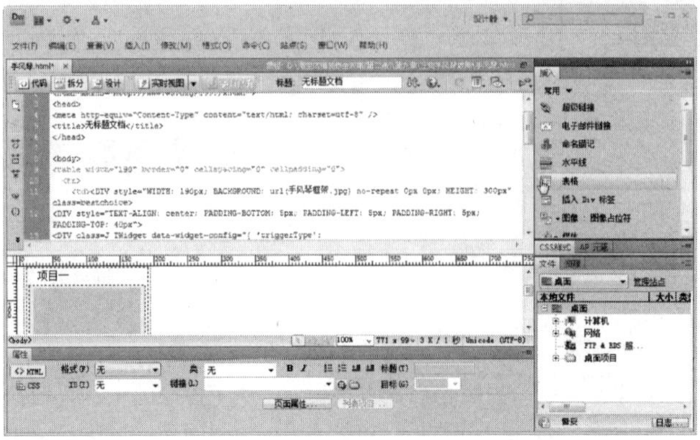

图 9-188

将前面上传的那个框架图片的地址复制，在代码编辑区中使用复制下来的内容把 url()中的内容替换（注意只替换括号（ ）中的内容），如图 9-189 所示。

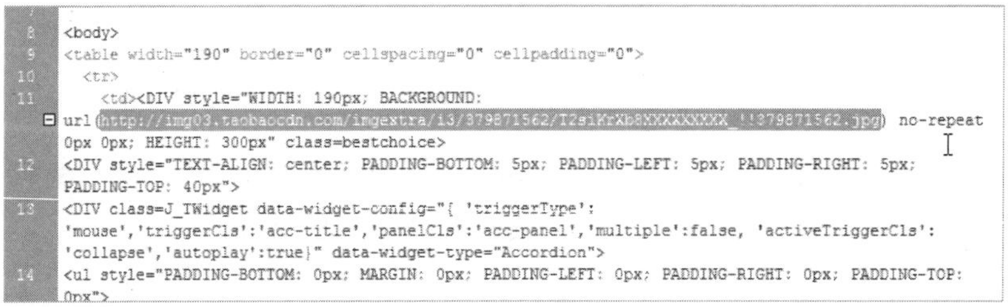

```
<body>
<table width="190" border="0" cellspacing="0" cellpadding="0">
  <tr>
    <td><DIV style="WIDTH: 190px; BACKGROUND:
url(http://img03.taobaocdn.com/imgextra/i3/379871562/T2siKrXb8XXXXXXXXX_!!379871562.jpg) no-repeat
0px 0px; HEIGHT: 300px" class=bestchoice>
<DIV style="TEXT-ALIGN: center; PADDING-BOTTOM: 5px; PADDING-LEFT: 5px; PADDING-RIGHT: 5px;
PADDING-TOP: 40px">
<DIV class=J_TWidget data-widget-config="{ 'triggerType':
'mouse','triggerCls':'acc-title','panelCls':'acc-panel','multiple':false, 'activeTriggerCls':
'collapse','autoplay':true}" data-widget-type="Accordion">
<ul style="PADDING-BOTTOM: 0px; MARGIN: 0px; PADDING-LEFT: 0px; PADDING-RIGHT: 0px; PADDING-TOP:
0px">
```

图 9-189

下面开始在这个轮播模块中增加轮播的内容。在 Dreamweaver 的设计窗口中找到“项目一”，用鼠标选中这一行文字，如图 9-190 所示。

输入要显示的宝贝名称，替换这个“项目一”，替换后的效果如图 9-191 所示。

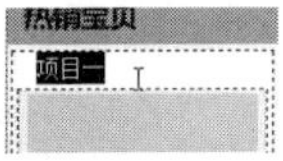

图 9-190

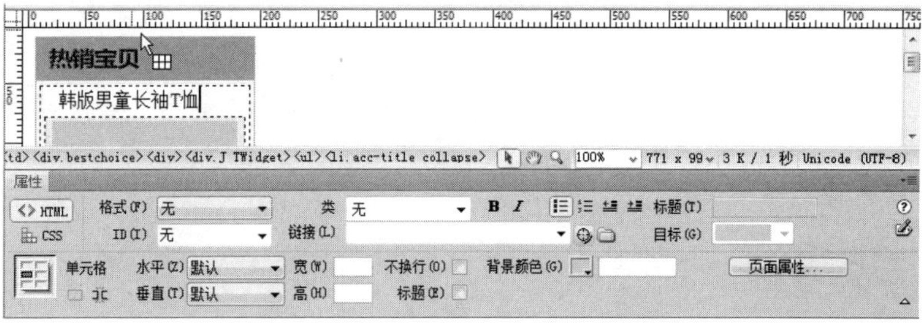

图 9-191

用鼠标将刚刚输入的文字选中，将宝贝的链接地址粘贴到属性栏的“链接”文本框中，如图 9-192 所示。

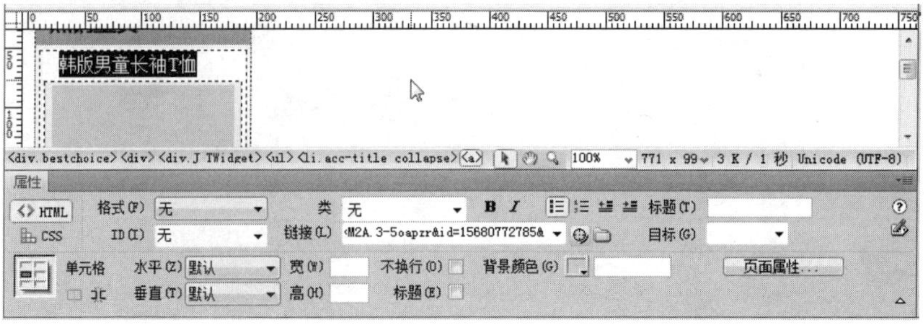

图 9-192

然后在设计区中，用鼠标单击“项目一”下的图片，选中这个图片的占位符，如图 9-193 所示。

在店铺中找到要放置在此处的宝贝图片，复制图片地址，将地址粘贴到属性窗口中的源文件文本框中，将该宝贝对应的地址粘贴到属性栏中的“链接”文本框中，注意如果粘贴过来的图片大小不为 160 像素 × 160 像素，还要在宽和高的属性中将图片设置为 160 像素 × 160 像素。粘贴后的效果如图 9-194 所示。

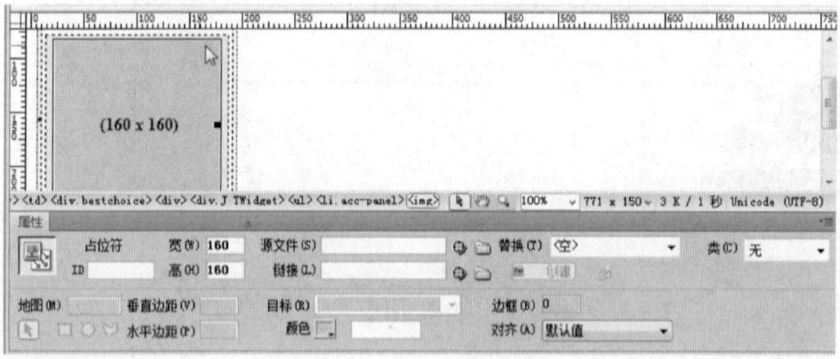

图 9-193

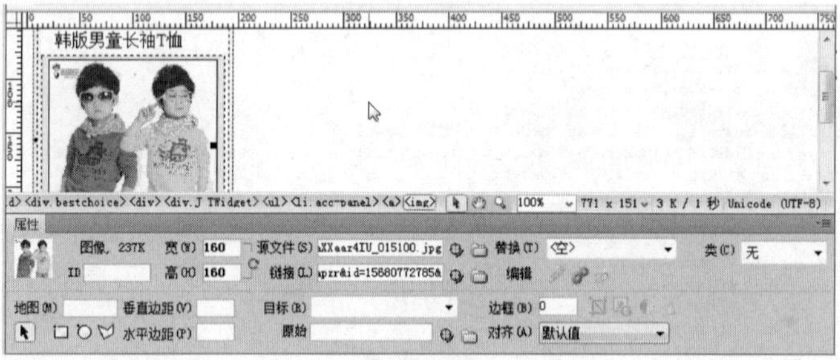

图 9-194

完成了“项目一”的设置之后，在 Dreamweaver 的设计窗口中，找到“项目二”，并用鼠标选中，按上述同样的方式替换代码，替换后的效果如图 9-195 所示。

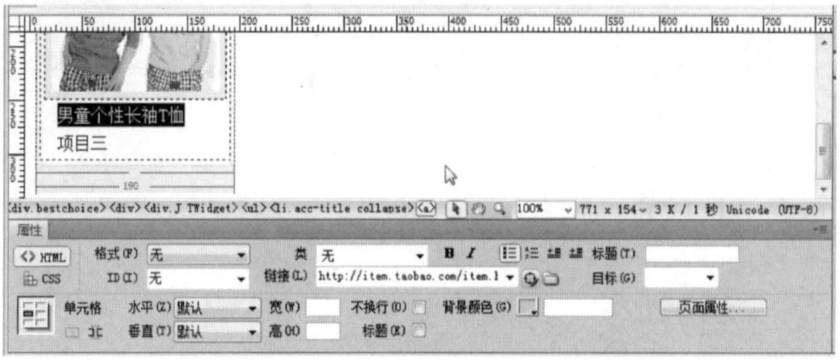

图 9-195

由于这个轮播模块在默认情况下，只有“项目一”对应的图片是展开的，其他两个项目的图片都是折叠的，在设计区不能显示图片，为了更改图片，现在必须在代码区中去寻找。

在代码区中，先找到“项目二”对应的“男童个性长袖 T 恤”，如图 9-196 所示。

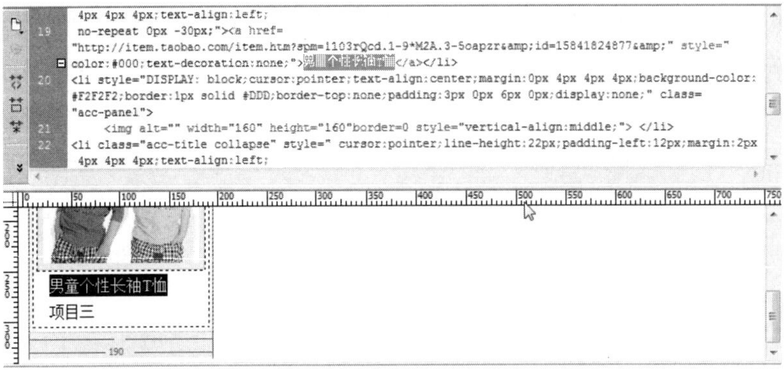
4px 4px 4px;text-align:left;
no-repeat 0px -30px;"><a href=
"http://item.taobao.com/item.htm?spm=1103rQcd.1-9*M2A.3-5oapzr&id=15841824877&" style="
color:#000;text-decoration:none;"></a></li>
<li style="DISPLAY: block;cursor:pointer;text-align:center;margin:0px 4px 4px 4px;background-color:
#F2F2F2;border:1px solid #DDD;border-top:none;padding:3px 0px 6px 0px;display:none;" class=
"acc-panel">
<img alt="" width="160" height="160"border=0 style="vertical-align:middle;"> </li>
<li class="acc-title collapse" style=" cursor:pointer;line-height:22px;padding-left:12px;margin:2px
4px 4px 4px;text-align:left;
男童个性长袖T恤
项目三

图 9-196

在其下有一个“<img>”HTML 标签，把鼠标在标签内单击，将光标定位在其中，如图 9-197 所示。

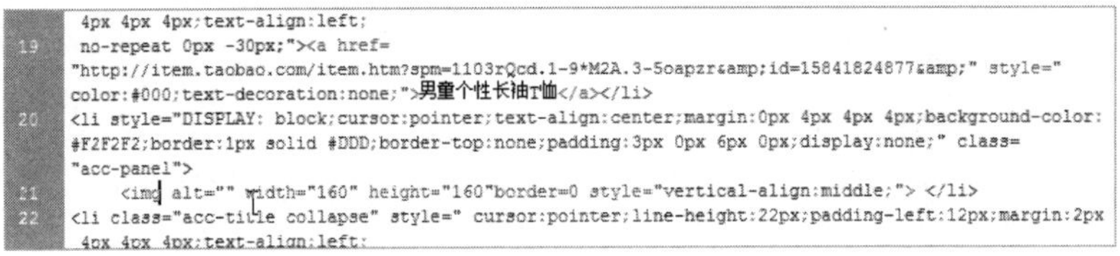
4px 4px 4px;text-align:left;
no-repeat 0px -30px;"><a href=
"http://item.taobao.com/item.htm?spm=1103rQcd.1-9*M2A.3-5oapzr&id=15841824877&" style="
color:#000;text-decoration:none;">男童个性长袖T恤</a></li>
<li style="DISPLAY: block;cursor:pointer;text-align:center;margin:0px 4px 4px 4px;background-color:
#F2F2F2;border:1px solid #DDD;border-top:none;padding:3px 0px 6px 0px;display:none;" class=
"acc-panel">
<img alt="" width="160" height="160"border=0 style="vertical-align:middle;"> </li>
<li class="acc-title collapse" style=" cursor:pointer;line-height:22px;padding-left:12px;margin:2px
4px 4px 4px;text-align:left;

图 9-197

当将光标定位在这个 IMG 标签中之后，就会发现，此时 Dreamweaver 的对应属性栏也发生了变化，如图 9-198 所示。

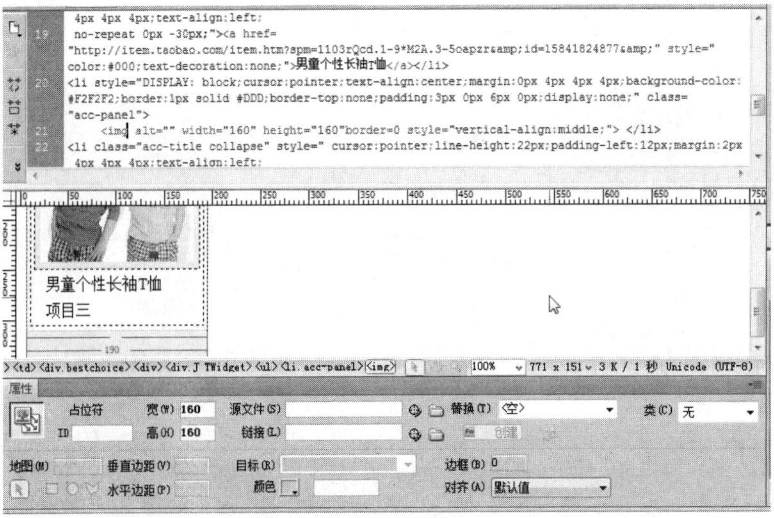
男童个性长袖T恤
项目三
属性
占位符
宽(W) 160
高(H) 160
源文件(S)
链接(L)
替换(T) <空>
类(C) 无
创建
地图(M)
垂直边距(V)
水平边距(P)
目标(R)
颜色
边框(B) 0
对齐(A) 默认值

图 9-198

从图 9-198 可以看到，此时属性栏中显示的就是这个图片占位符的属性。在这里可以把对应宝贝图片的地址粘贴到源文件文本框中，把对应宝贝的地址粘贴到“链接”文本框中，并把图片尺寸调整为 160 像素 × 160 像素，设置完毕之后，效果如图 9-199 所示。

图 9-199

按照设置“项目二”的操作方法，设置“项目三”，最终完成手风琴轮播代码的调整工作。完成这个工作之后，一定要记得保存代码！当然，还是要把代码以文本文件的形式保存下来，如图 9-200 所示。

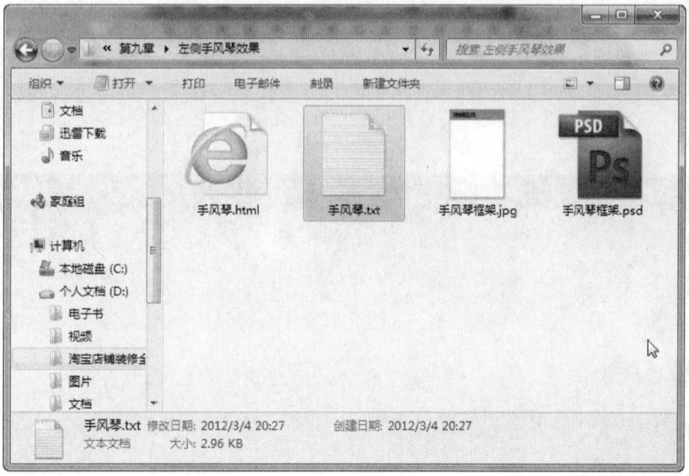

图 9-200

4．手风琴轮播代码的使用

（1）模块的添加

进入店铺首页的装修界面，在左侧添加一个自定义模块，调整好位置之后，在装修页面中就会看到一个新增的自定义模块，如图 9-201 所示。

（2）促销广告代码的粘贴

单击这个新增加的自定义内容区上的“编辑”按钮编辑，系统会弹出一个“编辑内容”对话框，将此对话框转换成源代码编辑模式，将代码文本文件中的内容复制并粘贴到代码区中，然后保存，最终效果如图 9-202 所示。

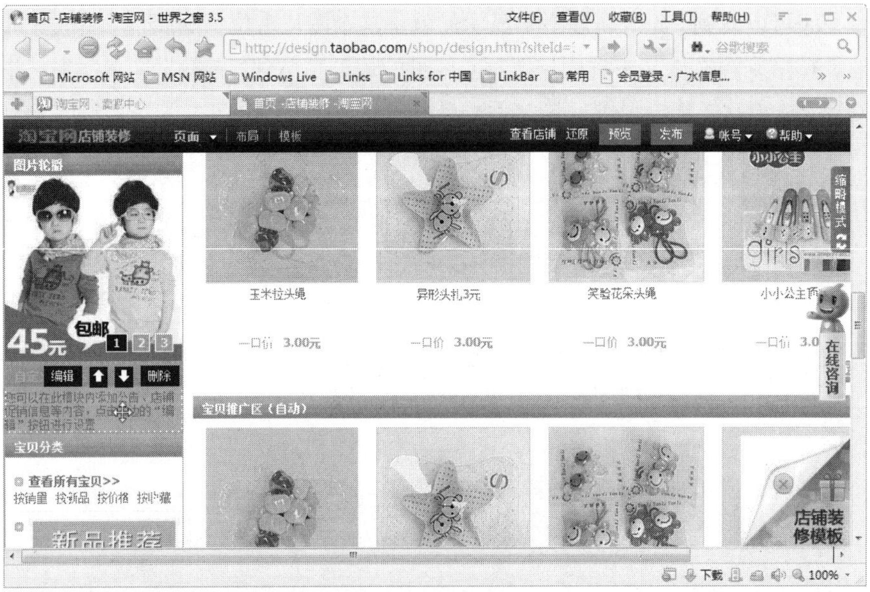

图 9-201

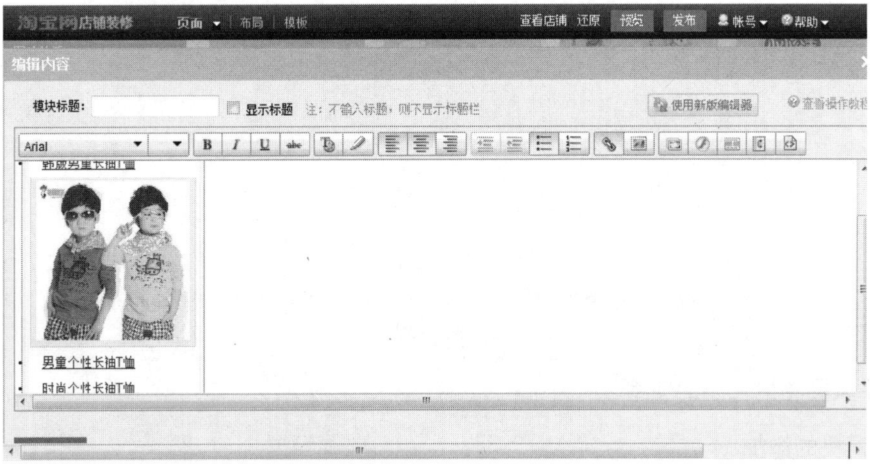

图 9-202

所有工作完毕之后，单击“保存”按钮，即可保存我们的设置，保存成功之后，这个自制的手风琴轮播模板就加入到店铺中了，如图 9-203 所示。

（3）发布

模板制作工作已经全部完成，为了让它展现在面前，必须将它发布出来。成功发布之后的效果如图 9-204 所示。

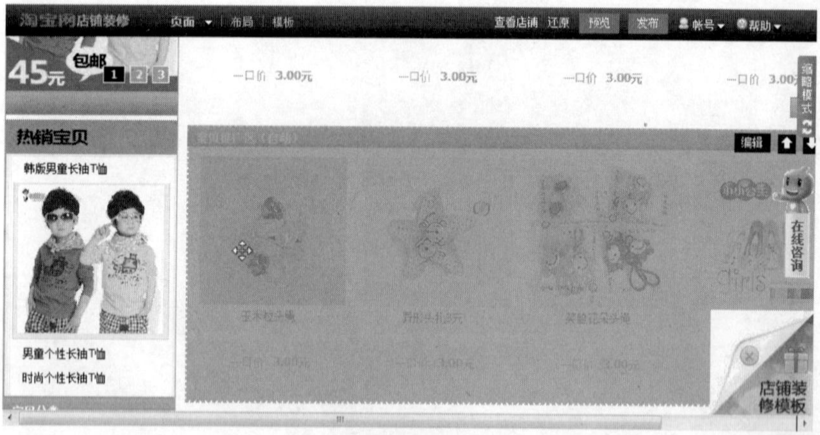

图 9-203

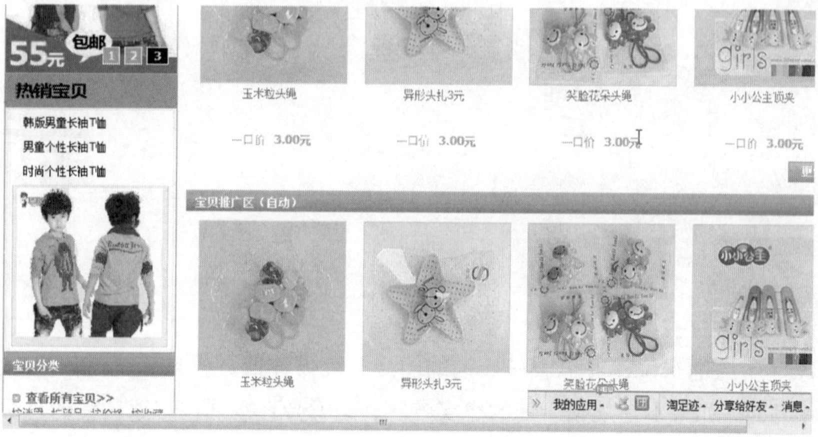

图 9-204

好了，一个超酷的手风琴轮播模板就被加入到店铺中。

不过，在这里有一点要事先申明：如果你看中了其他店铺中的模板特效，可以先获得源代码，然后在自己店铺中试验一下，能成功是最好的；如果不能成功，也不必感到懊恼，因为并不是所有的特效代码都能够被普通用户用在店铺装修中。

经过以上的介绍，读者应该初步了解了店铺中左侧模块的使用方式。从这个介绍中我们应该有所领悟，所谓的左侧模块就是左侧自定义模块的使用。根据应用的侧重点不同，人为地将其分成了许多内容，如果你真的了解并掌握了这些内容，那么你也可以使用这个自定义模板来为自己的店铺服务。希望各位读者通过本章的学习，都能够达到这个境界。

最后，关于左侧自定义模块使用，这里给读者一个建议，由于左侧模块的版面有限，在使用时一定要精心布局，以小见大，才能利用它达到应有的效果，否则就会适得其反。

第 10 章 宝贝分类

对于一家淘宝店铺来说，首页就是店铺的门户，宝贝详情页就是店铺的窗户。淘宝买家在淘宝网上购买物品时，如果不是某家店铺的忠实顾客，是不会直接到达这家店铺的首页的。相反，他会在淘宝网首页上按照自己的需求，输入关键字进行宝贝搜索，然后在搜索结果中翻看是否有适合自己的宝贝，如果有就单击进去看一看。

比如在淘宝网首页中以“儿童毛衣”为关键字进行搜索，并且按“人气”排列。淘宝返回的结果如图 10-1 所示。

由于搜索的关键词是“儿童毛衣”，并且选择了按人气排列，那么淘宝的搜索引擎就将标题中含有“儿童毛衣”四个字的宝贝按人气从高到低的顺序将搜索结果返回给买家，此时买家就在这里看有没有适合自己的内容，如果有合适的，就单击相应的宝贝图片进入相应店铺中继续浏览。

单击某个宝贝后，宝贝链接会引导买家到达如图 10-2 所示的页面。

这里是此款宝贝的详细描述页面。这种方式是淘宝网绝大多数买家进入店铺的方式，也被称为“爬窗而入”。

图 10-1

图 10-2

既然是从“窗户”里爬进来了，也代表买家都有很高的购买意向。考虑到运费成本，买家可能要看一看还有没有需要的其他宝贝好一并带走。现在我们来一个换位思考，假如我们是买家，现在我们进入一家店铺中，不巧的是，这家店铺的宝贝比较多，怎么样才能最快地找到自己想找的商品呢？

最快捷的方式就是靠宝贝分类。宝贝分类也就是店铺左侧店铺类目，可以是文字形式、图片形式或者是图文混排形式，如图 10-3 所示。

图 10-3

但不管采用什么样的分类的样式，都应该让宝贝分类以最清晰的形式展现在买家面前，最好是连子分类一起显示出来，这样会更清晰，也能够让买家更容易找到想要的宝贝。

如图 10-3 所示的三种分类形式中，哪种形式的分类更具有特色呢？我想读者心里早就应该有所选择。并且根据前面所讲，宝贝分类应该是店铺装修的重要环节，如果能设计出精美的图片分类，并用图文结合的方式，会让你的店铺货品分类井井有条，那么你也就有更多的机会让其他买家买更多东西，同时也可以为自己的店铺增色不少。

10.1 宝贝分类的设计说明

对于所有的店铺而言，宝贝分类设置的是否合理是至关重要的，不得有一丝马虎，因为这直接关系着买家是否够快速在自家店铺中找到中意的宝贝。

目前在淘宝各类店铺中，宝贝的分类主要有两种形式：一种是纯文字分类，这种分类的最大特点就是简洁，不需要卖家另外做任何设计，只用文字来表现宝贝的分类，如图 10-3 左图所示。但这种分类有一个缺陷，那就是分类文字的颜色和大小都不能更改。第二种就是用图片或图文混排的形式来进行宝贝分类，这种分类方式可以根据自己店铺的风格设计出精美的、与众不同的宝贝分类，从而达到既能方便买家查看自家店铺的宝贝，又能美化自己店铺的双重目的。

对于图片分类，在设计时要注意图片尺寸的规定。分类图片的宽度最好不要超过 160 像素，高度可以没有任何限制，只要合适即可。

从图片的格式上来说，宝贝分类可以支持 JPG、GIF 和 PNG 等格式。由于图片的分类支持 GIF 格式，所以很多卖家都是利用 GIF 格式来制作分类图片，以期博得买家的更多关注。

10.2 宝贝主分类的制作

在本书的前面再三强调过，一个店铺的主分类是否清晰明了，可能直接关系着这个店铺的宝贝浏览量及成交量，所以不能轻视宝贝分类。同样，相应的店铺装修中的宝贝主分类图片的制作也要精心布局，力争在最小的空间中做出自己的特色，从而吸引买家有兴趣去单击店铺中的分类。

由于一般的淘店卖家不太会使用 Photoshop 进行图片设计。为了增加主分类图片的效果，可以在网上找一些相关的素材，然后在这些素材上做一些改动，从而为自己所用。这也算做是一种比较好的途径。下面介绍通过 Photoshop 自制一个如图 10-4 所示的主分类图片。

图 10-4

这个主分类图片具有立体感，并且它的颜色可以根据自己店铺的主色调进行调整。下面看一看如何通过 Photoshop 制作这个立体标签效果的主分类图片。

首先启动 Photoshop，新建一个宽为 160 像素，高为 50 像素的白底空白文档，如图 10-5 所示。

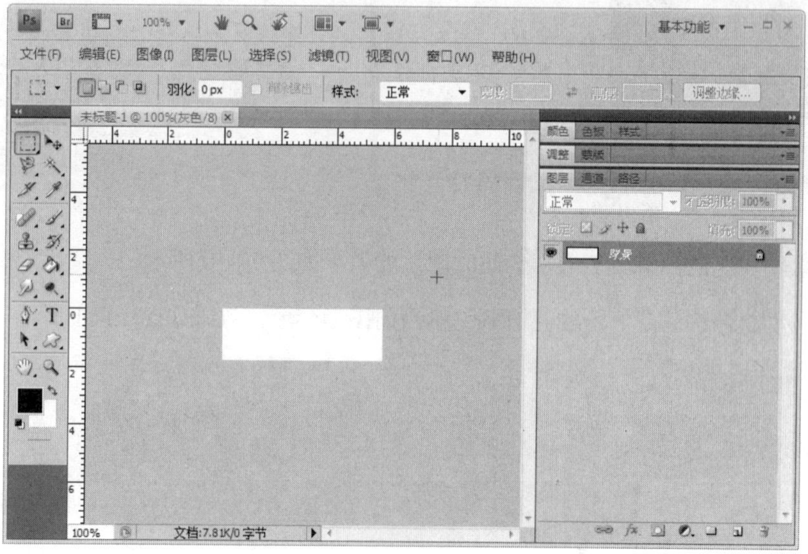

图 10-5

新建一个图层，在图层面板中，将新建图层选定为当前工作图层。单击工具箱中的矩形选框工具，在矩形选框工具选项栏中，把样式选择为固定大小，并设置宽度为 152 像素，高度为 40 像素，如图 10-6 所示。

设定完毕之后，在当前工作图层上创建一个矩形选框，并使用移动工具将该选框移动到合适位置，如图 10-7 所示。

图 10-6

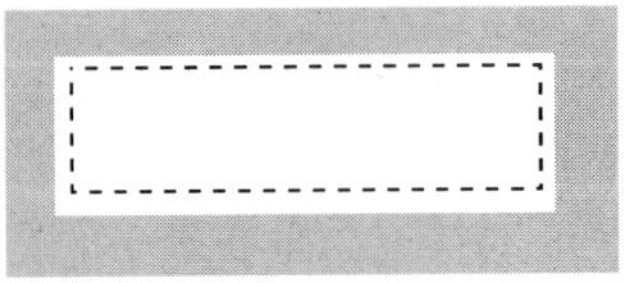

图 10-7

在工具箱中，单击“设置前景色”按钮，在弹出的“拾色器（前景色）”对话框中，将前景色设置深灰色，如图 10-8 所示。

完成前景色的选择之后，选择油漆桶工具，把绘制的虚线选框用选定的绿色填充，如图 10-9 所示。

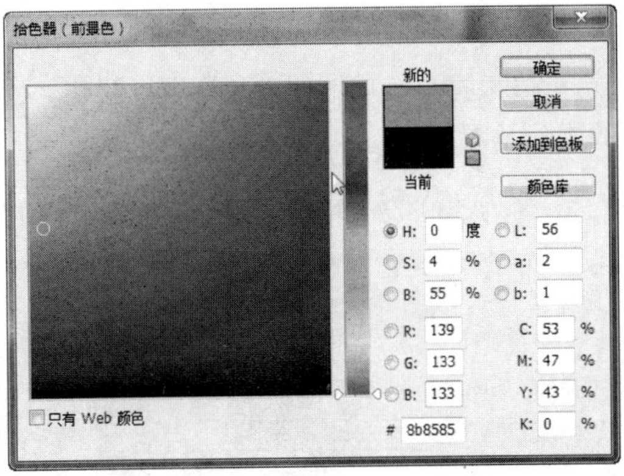

图 10-8

图 10-9

选择“编辑→变换→斜切”命令，此时图片的效果如图 10-10 所示。

用鼠标拖动矩形选框左下角的调节柄，将当前图形变形，效果如图 10-11 所示。

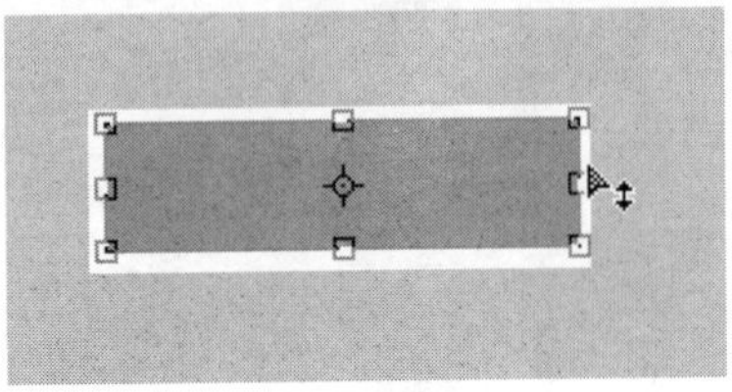

图 10-10

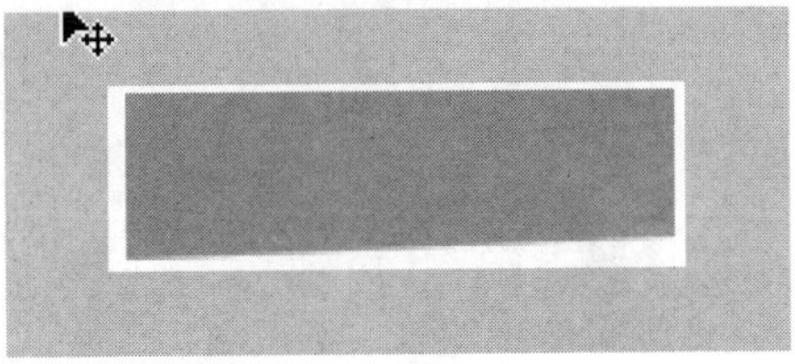

图 10-11

在工具箱中选择矩形选框工具，选取变形后的图形，如图 10-12 所示。

然后按 Delete 键，将选中的部分删除，效果如图 10-13 所示。

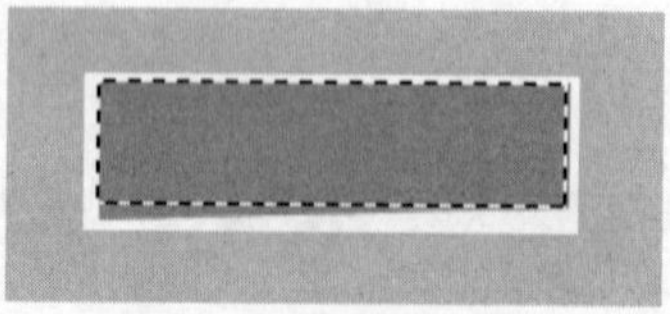

图 10-12

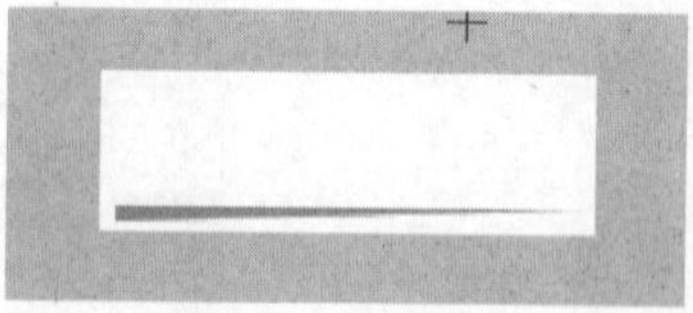

图 10-13

再次新建一个图层，在图层面板中，将新建图层选定为当前工作图层。单击工具箱中的矩形选框工具，在矩形选框工具选项栏中，将样式选择为固定大小，并设置宽度为 152 像素，高度为 40 像素，如图 10-14 所示。

图 10-14

设定完毕之后，在当前工作图层上绘出一个虚线矩形选框，并使用移动工具将该选框移动到合适位置，如图 10-15 所示。

在工具箱中，单击“设置前景色”按钮，在弹出的“拾色器（前景色）”对话框中，将前景色设置成和店铺主色调的颜色一致。这里选择的是绿色，如图 10-16 所示。

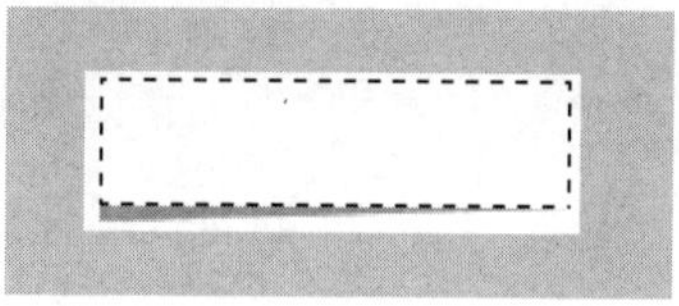

图 10-15

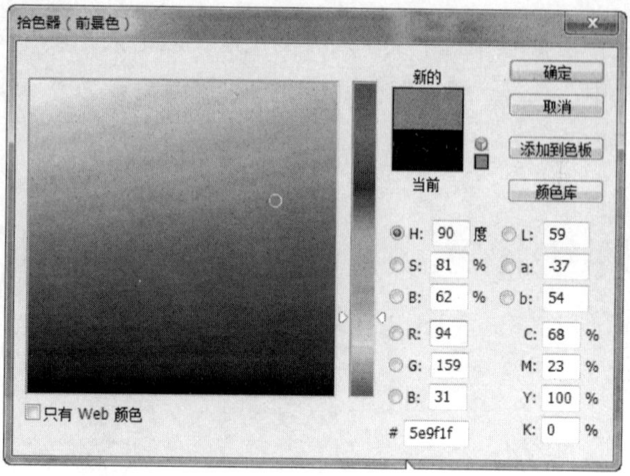

图 10-16

完成前景色的选择之后，选择油漆桶工具，把前面所绘制的虚线选框用选定的绿色填充，如图 10-17 所示。

使用移动工具，调整这两个图层中图形的相对位置，体现出立体效果，如图 10-18 所示。

在工具箱中选择横排文字工具，在文字工具选项栏中选择字体为“黑体”，字号为“24 点”，将颜色就设为“黑色”，如图 10-19 所示。

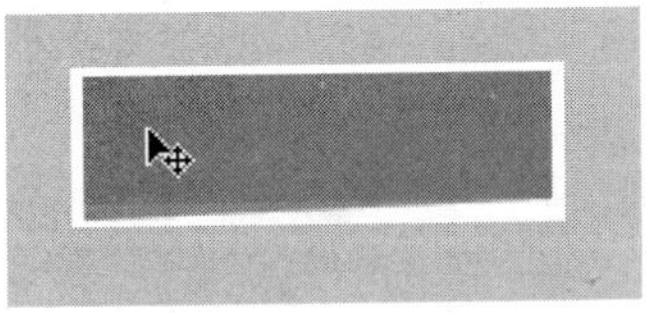

图 10-17

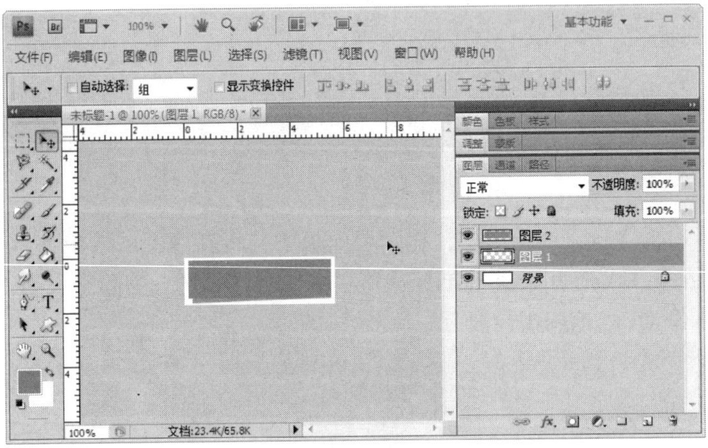

图 10-18

图 10-19

利用此文字工具在文档中输入文字内容，这里输入“新品推荐”四个字，如图 10-20 所示。

在图层面板中选中文字所在的图层，双击该图层，弹出“图层样式”对话框。在“图层样式”对话框中，选择“投影”样式，并将投影距离设为 2 像素，大小设为 1 像素。最终文字效果如图 10-21 所示。

图 10-20

图 10-21

到了这里，一个富有立体感的主分类图片制作完成了。不过一定要记得保存自己的劳动成果。按着同样的制作方法，将所要用到的主分类图片全部制作并保存成 JPG 文件，以方便后面的使用，如图 10-22 所示。

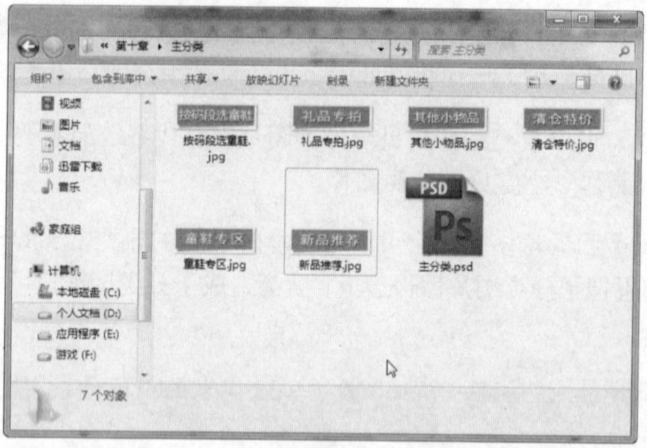

图 10-22

10.3 宝贝子分类图片的制作

为了让读者更好地将自家宝贝分门别类，方便买家通过宝贝分类更快更准确地在店铺中找到自己需要的宝贝，可以在一个大的宝贝类目之下再细分成子类。

如图 10-23 所示是一个典型的主分类之下带有二级子分类的宝贝分类。在这里，可以看到这家店铺的子分类是沿用淘宝原有的文字分类。虽然主分类非常醒目，但是子分类的字号却非常小，不注意看的话很容易漏看。特别是当子分类的内容很多时，就更容易出现这样的问题，例如如图 10-24 所示。

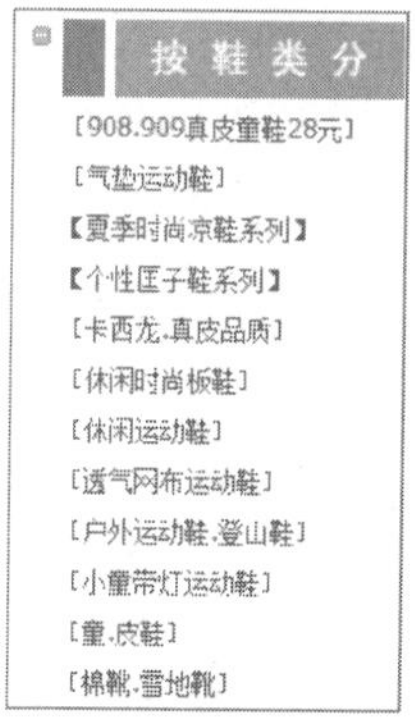

图 10-23

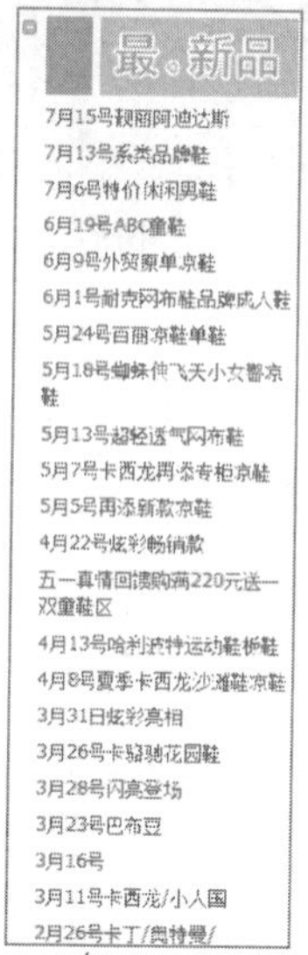

图 10-24

但是淘宝是不允许普通用户对宝贝分类的文字大小、颜色和样式进行更改，除非是在模板市场中高价购买的模板，即使你购买了模板，此模板样式也是固定的，不能随意更改！

为了解决这个问题，可以自己制作宝贝子分类图片来替代系统原有的文字分类，从而达到清晰展示的目的。下面就制作一个宝贝子分类图片。

随着店铺里面宝贝数目的增多，很有可能店铺里的单个主分类之下的子分类个数也会随之增加。在这种情况下，如果把子分类图片做得过大，就会造成子分类区被过度拉长，影响店铺装修的整体效果。

首先还是启动 Photoshop，新建一个 160 像素 × 35 像素的白色背景文档，如图 10-25 所示。

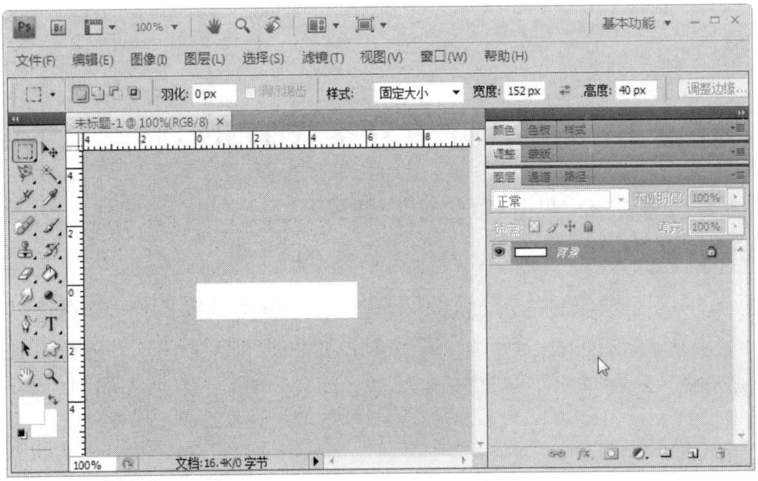

图 10-25

新建一个图层，在图层面板中，将该新建图层选定为当前图层。单击工具箱中的矩形选框工具，在矩形选框工具选项栏中，将样式选定为“固定大小”，宽度设为 155 像素，高度设为 30 像素，如图 10-26 所示。

图 10-26

设定完毕之后，在新建图层上单击鼠标，创建一个预设的矩形选框，使用移动工具将其移动到合适的位置，如图 10-27 所示。

在工具箱中选择设置前景色按钮，在弹出的“拾色器（前景色）”对话框中选择前景色为纯白色，如图 10-28 所示。然后单击“确定”按钮。

在工具箱中选择油漆桶工具，将当前图层的矩形选框填充为选定的白色，如图 10-29 所示。

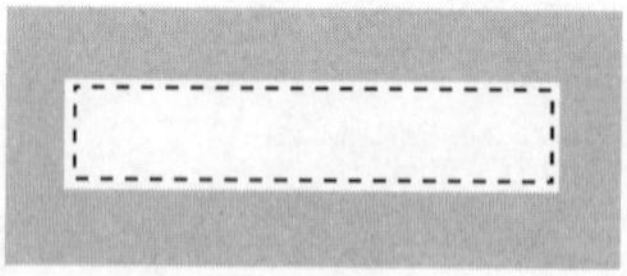

图 10-27

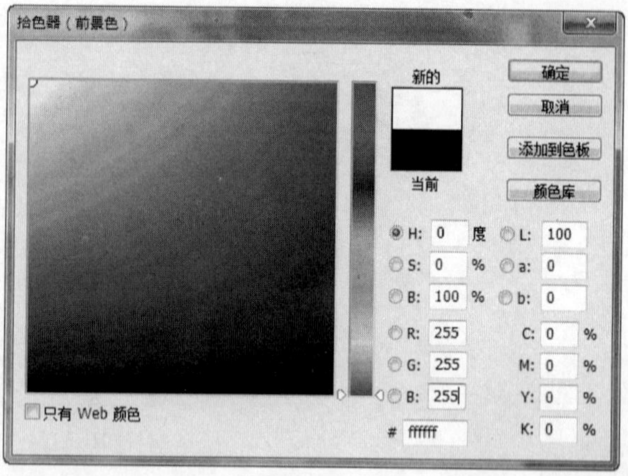

图 10-28

可能有些读者不明白，将这个矩形选框填充成白色有什么用。用鼠标在图层面板中双击“图层 1”，会弹出“图层样式”对话框，将图层样式选择为“投影”，并在投影效果中将大小设为 4 像素，距离设为 2 像素，如图 10-30 所示。

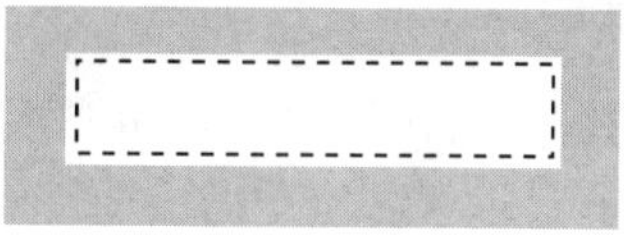

图 10-29

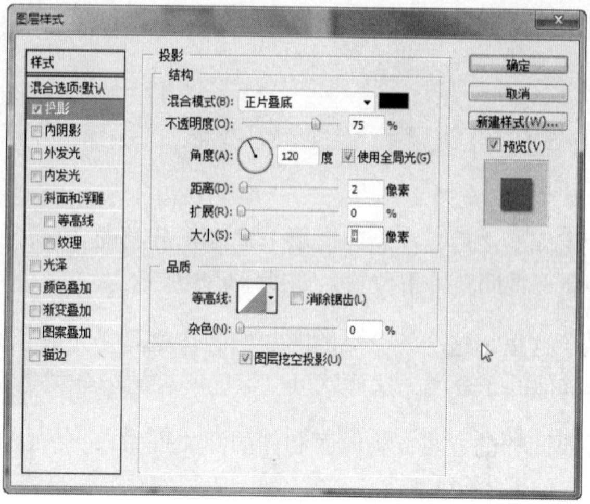

图 10-30

样式设定完毕之后，效果如图 10-31 所示。

再次新建一个图层，将新建图层选择为当前工作图层。新建之后，在工具箱中选择横排文字工具，并在文字工具选项栏中，设计字体为“黑体”，字号大小为“12 点”，样式为“浑厚”，文字颜色为“黑色”，如图 10-32 所示。

设定完毕之后，在新建图层上输入一个“>”装饰字符，之后，使用移动工具调整一下位置，如图 10-33 所示。

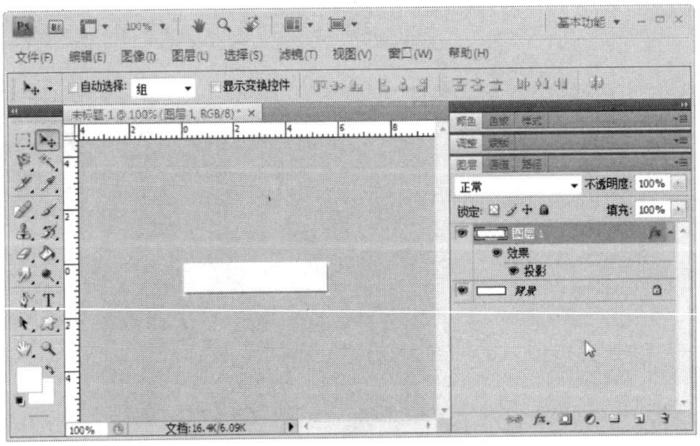

图 10-31

图 10-32

最后再新建一个图层，将新建图层选择为当前工作图层。新建之后，在工具箱中选择横排文字工具，并在文字工具选项栏中设置字体为“微软雅黑”，字号大小为“11 点”，样式为“犀利”，文字颜色为“黑色”，如图 10-34 所示。

图 10-33

图 10-34

设定完毕之后，在新建图层上输入子分类的文字，这里输入“本周新品”字样，输入完后，使用移动工具调整一下位置，如图 10-35 所示。

到了这里，这个子分类的图片的制作就算是完成了。将它保存，以方便我们利用这个源文件来制作其他的子分类，这样就可以保证所有的子分类是完全一致的。

按照同样的方式，将前面制作的源文件做以更改，制作成其他我们所需要的子分类图片并保存备用，如图 10-36 所示。

到了这里，可能就有些读者会问：在这一节制作分类图片时，为什么不把分类图片做成动态的呢？做成动态的显示效果不是更好吗？

宝贝的分类是整个店铺中非常重要的一个内容，几乎所有的页面都有它的存在。并且宝贝分类还有一个特点，那就是宝贝分类区是不可能分段显示，要显示就一下子全部集中显示在店铺的左侧。

如果所有的分类图片都是动态的，那整个页面的左侧全部都在晃动，这不仅没能达到吸引买家注意的目的，反而把买家吓跑了！所以从某种角度上来讲，分类图片应该动静结合，动是为了引起别人的关注，静是为了便于让人注视，相互配合才能达到更好的效果。

图 10-35

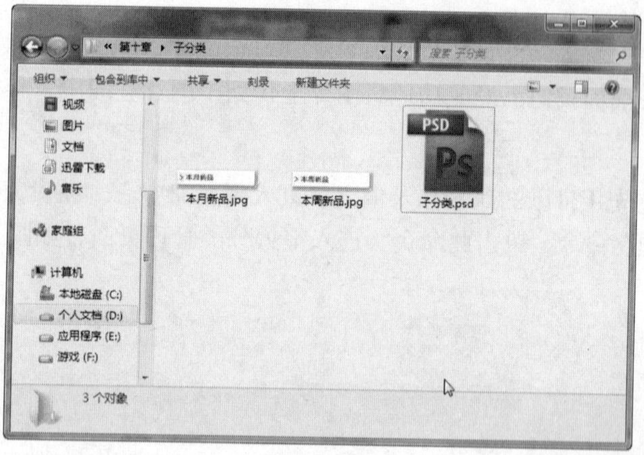

图 10-36

10.4　宝贝分类图片的应用

1．分类图片的上传

经过前面的努力，终于是把分类图片制作完毕了。为了能够正常使用这些图片，一定先要把这些图片上传到自己的图片空间中，如图 10-37 所示。

从图 10-37 中可以看到，分类图片已经全部成功地放置到了空间中的宝贝分类之下了。同时这也表明图片上传工作已经结束了，剩下的问题就是如何将这些分类图片应用到自家店铺中了。

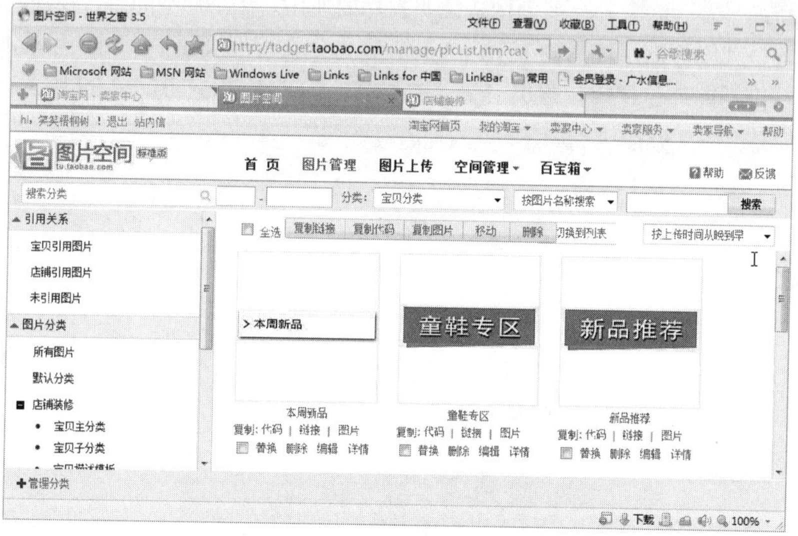

图 10-37

2. 宝贝分类图片的应用

在前面我们已经成功地将图片上传到了图片空间中，接着来看一看如何将这些图片应用到店铺中。

首先用自己的账号登录淘宝，进入到卖家中心。在卖家中心左侧的功能菜单中找到“宝贝分类管理”命令，单击此命令，进入宝贝分类管理页面，如图 10-38 所示。

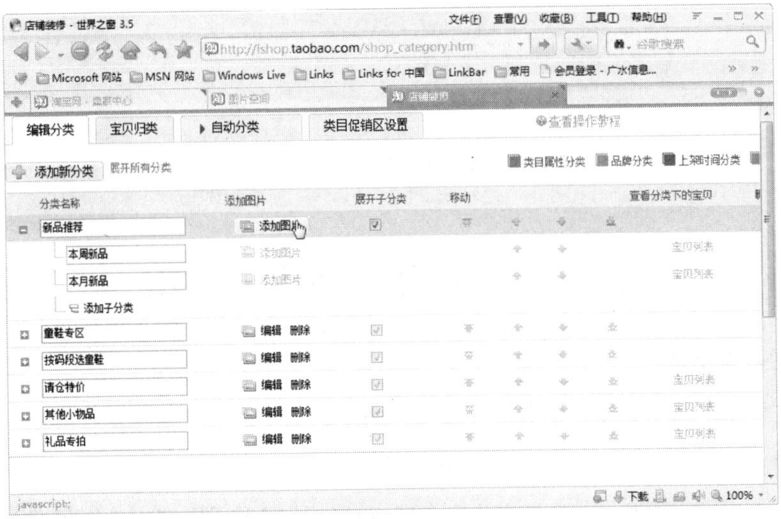

图 10-38

下面以“新品推荐”这个分类项为例来说明图片的使用。在图片空间中，找到前面上传的“新品推荐”图片，将此图片的地址复制下来。再转到宝贝分类管理页面中，用鼠标单击“新品推荐”分类项左侧的“添加图片”按钮，弹出一个“图片地址”文本框，如图 10-39 所示。

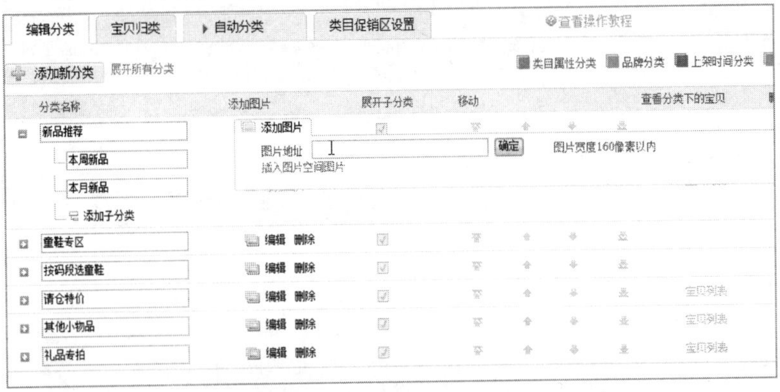

图 10-39

将前面从图片空间中复制的地址粘贴到此地址文本框中，如图 10-40 所示。

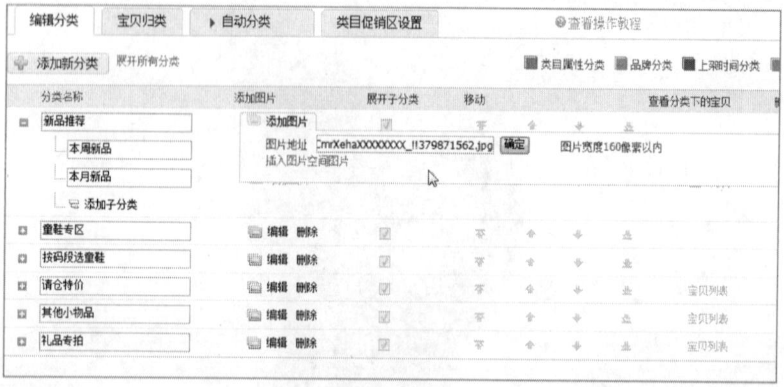

图 10-40

粘贴完之后单击“确定”按钮，完成此菜单项的图片添加任务，按着同样的方式，将其他的分类项都加上图片。

当所有的分类项图片都添加完毕之后，一定要记得在宝贝分类管理中，单击最下面的“保存”按钮，保存这次所做的更改，否则所做的更改将无效。单击“保存”按钮之后，看一看店铺有什么变化，如图 10-41 所示。

图 10-41

好了，前面所制作的分类图片终于放到店铺中了。

经过上面内容的介绍，我们现在应该了解到宝贝分类在店铺中的重要地位。它不仅可以反映出一个店铺的商品管理水平，还直接影响着买家的购物心情。所以为了能够体现的店铺管理水平，并且给买家带来方便，一定要精心设计店铺中的宝贝分类，并利用 Photoshop 制作出精美的分类图片，将这二者结合，更能吸引买家主动单击分类图片，轻松找到并带走想要的宝贝。

最后，关于宝贝分类图片是否全部使用 GIF 动画文件，这里想再次提醒读者：动画虽好，但不要贪多！

第 11 章 店招

所谓店招就是淘宝店铺招牌的简称。在淘宝网中除了普通店铺之外，所有店铺都能使用店招，并且店招会出现在店铺中的任何页面，其宽为 950 像素，高为 150 像素。

在这个 950 像素 × 150 像素的超大区域里可以写上店名、所经营的品牌、店铺的经营理念乃至广告等一切卖家想要增加的内容。店招区除了可以使用 JPG 图片之外，更可以使用 Flash、GIF 动画来推广宣传店铺形象、品牌字号，这相对于普通店铺中小小的店标（80 像素 × 80 像素）来说可是一个质的飞跃，这里绝对是装修的重点区域，因为它代表着店铺的形象！

还有一点，每位买家进入到店铺中第一眼看到的就是店铺的店招。因此，一个好的店招可以让买家眼前一亮，从而不自觉地就会喜欢上你的店铺。

店招是向买家推广宣传店铺的一个绝佳位置，作为卖家，如果能够在此位置下足工夫进行设计，肯定会取得意想不到的效果。

11.1　店招的设计说明

对于所有的店铺而言，店招就是店铺的一张脸。不管买家通过何种途径进入店铺，首先映入眼帘的就是店招。因此店招的设计是至关重要的，不得有一丝马虎，因为这直接关系到买家对店铺的第一感觉，如果不能够让买家在第一感觉中接受自己的店铺，那么想顺利向买家推销出自己的宝贝就比较有难度！

目前在淘宝各类店铺中，从表现形式上来看，店招主要有两种形式：第一种形式是文字店招，这种店招的最大特点就是简洁，不需要做过多的设计，主要用文字来表达自己想要表达的内容，同时为了表达具体的效果，也可以添加一些装饰效果，如图 11-1 所示。

图 11-1

第二种形式是图文并茂式的店招，这种店招合理地利用相关图形素材，并结合文字来表达自己想要传递给买家朋友的信息，如图 11-2 所示。

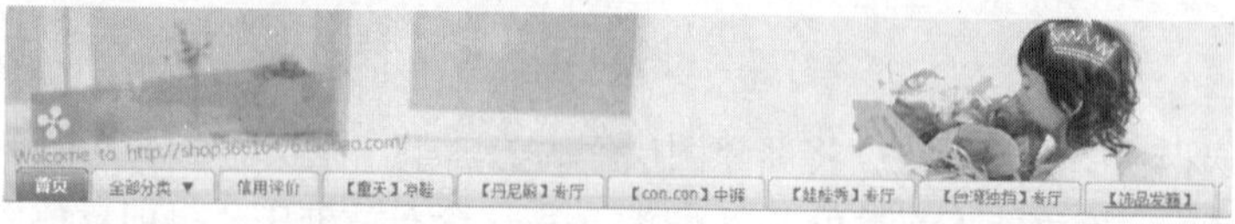

图 11-2

不管是哪一种表现形式，前提条件是要根据自己店铺的风格来进行设计，这样才能让店招更适合自家的店铺。这样既能让买家通过店招来了解和认识自家店铺，又能美化自己的店铺。

在设计店招时要注意图片的尺寸规定。对于店招而言，图片宽度最好为 950 像素，高度最少不能低于 100 像素，但最大也不能超过 150 像素。

从图片的格式上来说，店招可以支持 JPG、GIF、PNG 和 SWF 等格式。但是由于动态的店招更容易引起买家的注意，因而大多数店招都是采用 GIF 或 SWF 动画的形式，可以博得买家的更多关注。

下面分别介绍这几种店招图片的详细制作过程。

11.2　文字类店招的制作

如图 11-3 所示，这就是一个非常典型的文字类的店招，下面就以这个店招为例，介绍一个完整的文字店招制作过程，希望通过这个过程读者能够初步了解旺铺店招的制作要领。

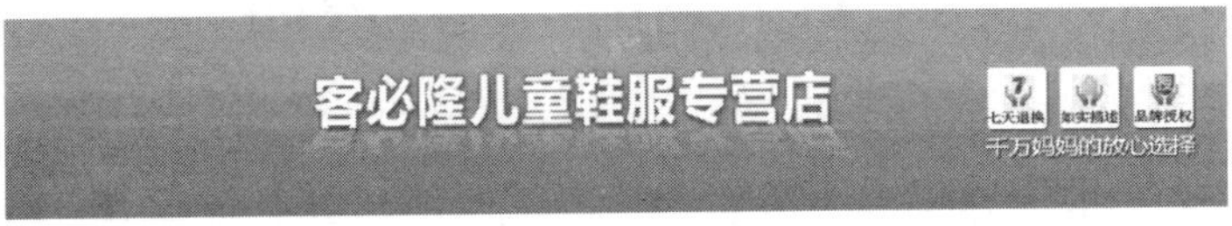

图 11-3

启动 Photoshop，新建一个 950 像素 × 150 像素且背景为纯白色的文档，如图 11-4 所示。

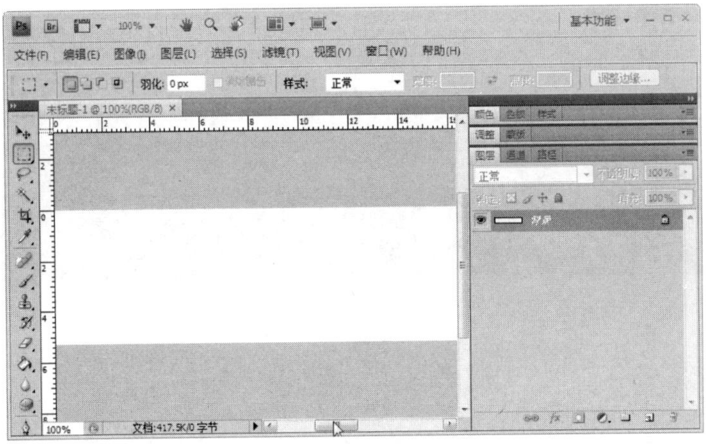

图 11-4

新建一个图层，在图层面板中，将新建图层作为当前工作图层。在工具箱中单击设置前景色，此时系统会弹出名为“拾色器（前景色）”对话框，在这个对话框中，将前景色设为如图 11-5 所示的颜色。

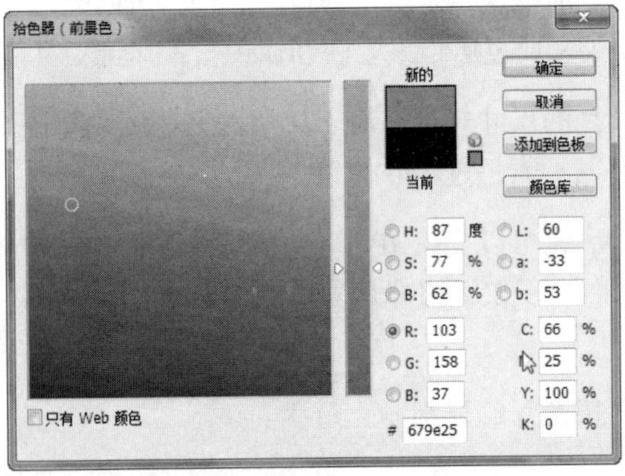

图 11-5

设置完毕之后，单击对话框上的“确定”按钮，完成本次前景色的设置。在工具箱中选择渐变工具，在渐变工具选项栏中选择“线性渐变”，其他的设置按系统默认值，如图 11-6 所示。

使用渐变工具，将新建的图层填充成上浅下深的绿色区域，效果如图 11-7 所示。

图 11-6

图 11-7

在工具箱中选择横排文字工具。在系统菜单之下就会出现横排文字工具选项栏，在该选项栏中，选择字体为“微软雅黑”，字号为“40 点”，并将文字颜色设为“白色”，如图 11-8 所示。

设置完毕之后，将鼠标指针移动到新建文档的空白处单击，然后输入自己的店名，这里输入“客必隆儿童鞋服专营店”。输入完毕之后，使用移动工具将文字的位置进行调整，最终效果如图 11-9 所示。

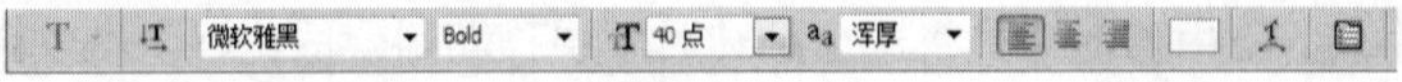

图 11-8

图 11-9

双击这个文字图层，在弹出的图层样式中，分别设置该文字的投影和描边效果。具体设置参数如图 11-10 所示。

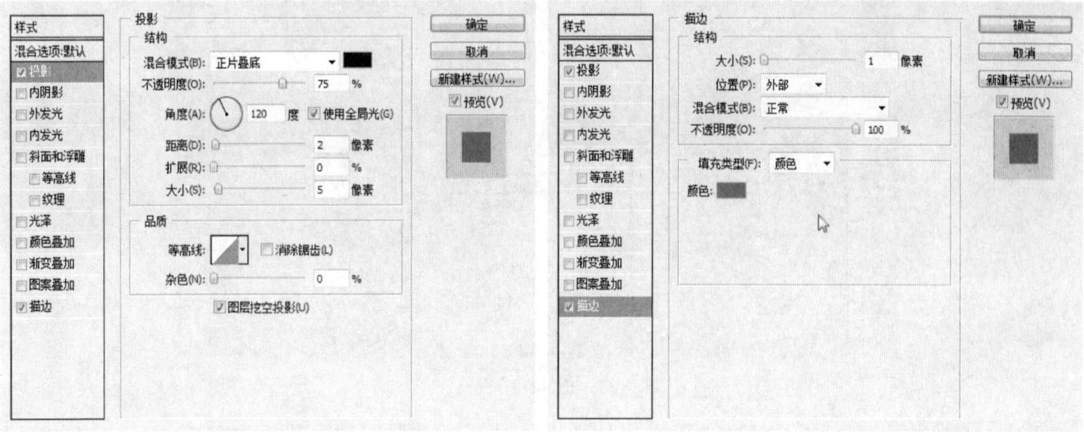

图 11-10

设置完毕之后，再来看一看效果，如图 11-11 所示。

为了不让整个界面显得呆板，下面对整个内容稍加变化。将这个文字图层复制一份，并把复制的图层选定为当前工作图层，如图 11-12 所示。

图 11-11

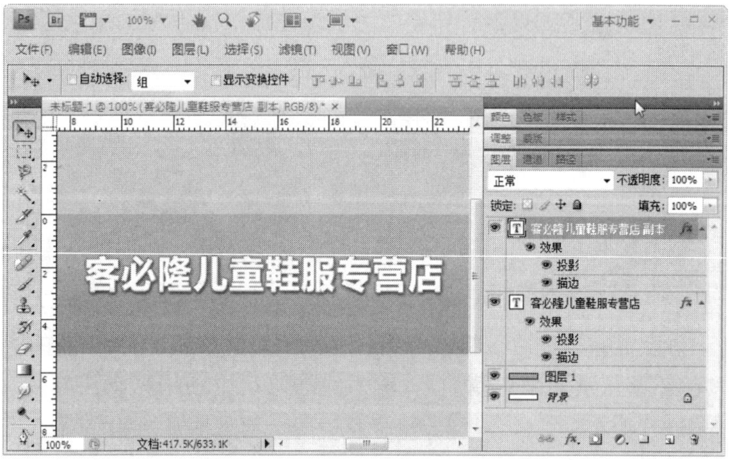

图 11-12

单击“编辑”菜单，选择其中的“变换”选项，在该选项的二级菜单项中单击“垂直翻转”命令，将这个新复制的图层垂直翻转，使用移动工具将这个翻转后图层移动到合适位置，并删除这个复制图层的图层样式，如图 11-13 所示。

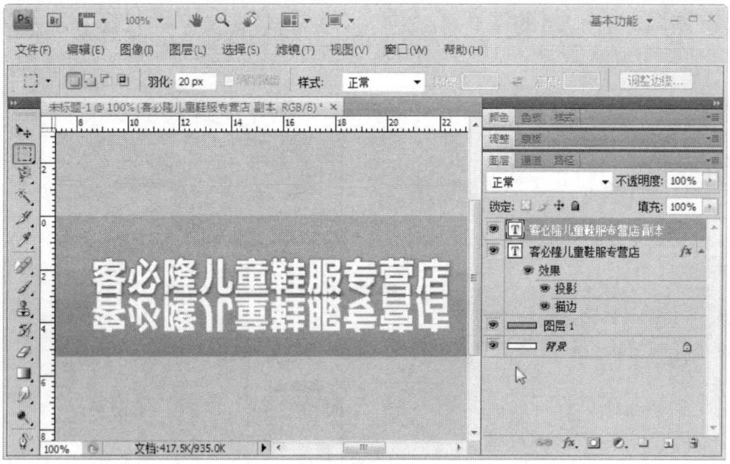

图 11-13

在这个复制图层上单击鼠标右键，在弹出菜单中选择“栅格化文字”命令，将文字图层转化为普通图层，如图 11-14 所示。

将文字图层栅格化之后，在工具箱中选择矩形选框工具，在矩形选框工具选项栏中将矩形选框工具的羽化值设定为 20px，样式设定为正常，如图 11-15 所示。

设定完毕，在栅格化的图层上拖出一个矩形选框，如图 11-16 所示。

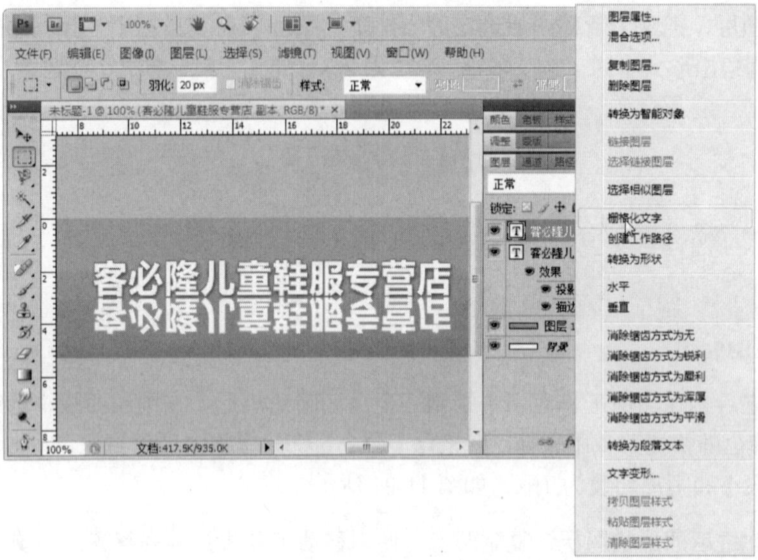

图 11-14

图 11-15

图 11-16

按 Delete 键，将选区中的内容删除，如图 11-17 所示。

如果对效果不是很满意，就再次按 Delete 键，直到效果满意为止，最终效果如图 11-18 所示。

图 11-17

图 11-18

到了这里，读者应该明白这是在做什么了。这里是把这个店铺名称做一个倒影效果。为了增加这种倒影效果，单击“编辑”菜单，选择其中的“变换”选项，在该选项的二级菜单项中单击“透视”命令，用鼠标水平拖动文字左下角调节柄，调整这个图层，造成一种光线从后方射入的效果，最终效果如图 11-19 所示。

这样店招的主体基本上形成了。接下来，在这个店招上加入店铺能够提供的保障服务，以便让买家能够放心地在店铺中购买商品。

新建一个图层，把这个新建图层选定为当前工作图层。在工具箱中选择圆角矩形工具，在工具选项中设定圆角矩形大小为 46px×46px，半径为 2px，样式为默认样式，颜色为白色，如图 11-20 所示。

图 11-19

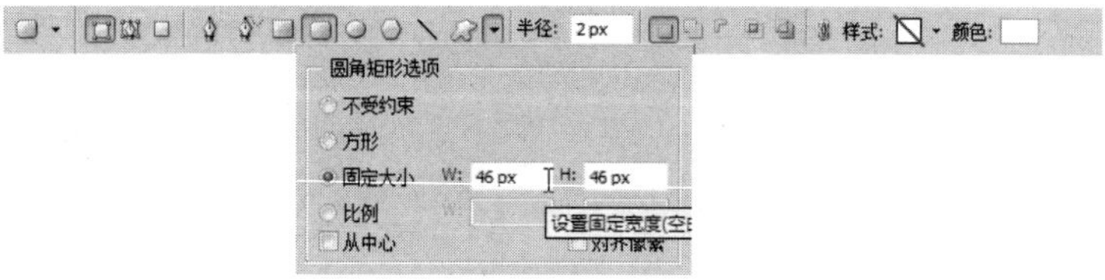

图 11-20

设定完毕之后，在当前工作区当中绘制一个白底圆角矩形。在图层面板中选定该图层，单击鼠标右键，在弹出的快捷菜单中选择“栅格化”命令，将此形状图层栅格化，并将该图层样式选择为投影样式，大小和距离均设为 1px，如图 11-21 所示。

将此栅格化之后的形状图层，复制两份，使用移动工具将其排列整齐，如图 11-22 所示。

图 11-21

图 11-22

这里的店铺提供“七天无理由退换货”、“如实描述”服务，并且所售商品已经获得品牌授权，下面就用截图软件在淘宝网中将这几个标识截图并粘贴到店招上，调整好它们的大小和相对位置，如图 11-23 所示。

使用文字工具分别输入“七天退换”、“如实描述”和“品牌授权”，这里一定要注意文字大小和颜色的选择，输入完成之后，效果如图 11-24 所示。

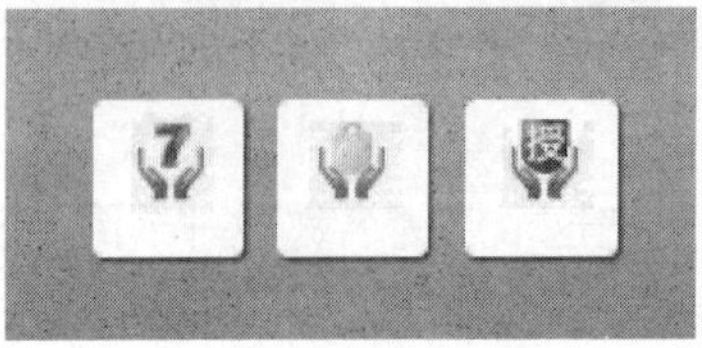

图 11-23

图 11-24

最后，再新建一个图层，将新建图层作为当前工作图层。在工具箱中选择横排文字工具，在文字工具选项栏中选择字体为“微软雅黑”，字号为“16 点”，文字颜色为“白色”，其他设置如图 11-25 所示。

图 11-25

设置完毕之后，将鼠标指针移动到文档空白处并单击，然后输入“千万妈妈的放心选择”这句广告词。输入完毕之后，使用移动工具将文字的位置进行调整，效果如图 11-26 所示。

为了和上面的内容在同一个平面之上，双击此文字图层，在图层样式中选择“投影”样式，并设置大小和距离为 1px，效果如图 11-27 所示。

图 11-26

图 11-27

现在一个纯文字店招已经制作完毕了。接下来的任务就是要将这个文字店招以图片的形式保存下来。

在系统菜单中单击“文件”菜单中的“存储为...”命令。系统弹出一个名为“存储为”的对话框，如图 11-28 所示。

在该对话框中，指定存储格式为“JPEG”，并指定存储位置及文件名称，全部指定完毕之后，单击对话框上的“保存”按钮。此时系统弹出“JPEG 选项”对话框，如图 11-29 所示。

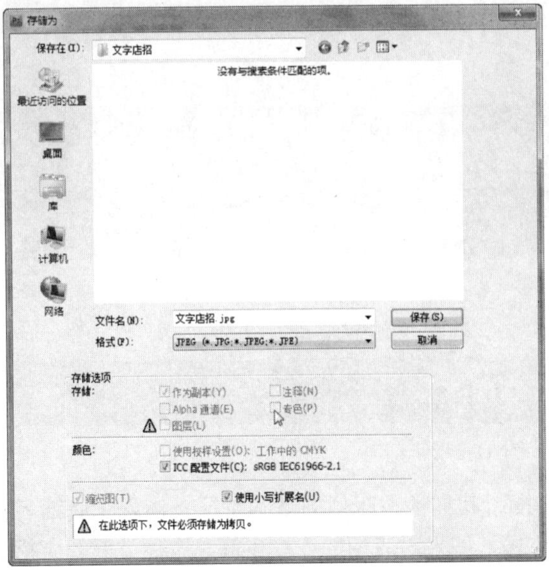

图 11-28

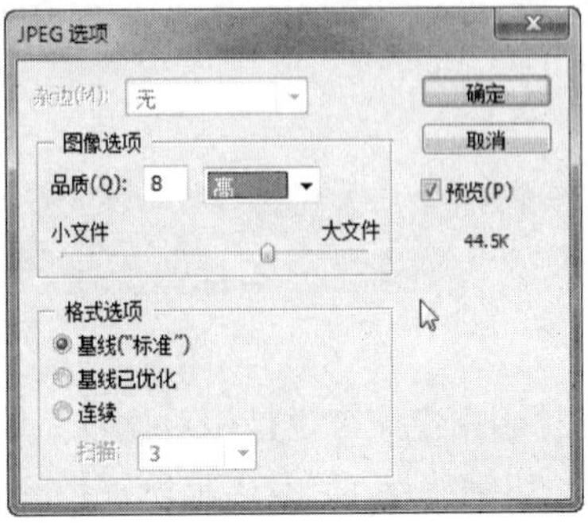

图 11-29

在此对话框中，将图像的品质设为“高”，其他选项不做任何改动，直接单击“确定”按钮，即可完成店招图片的保存。最终可以看到店招图片保存在指定的位置，如图 11-30 所示。

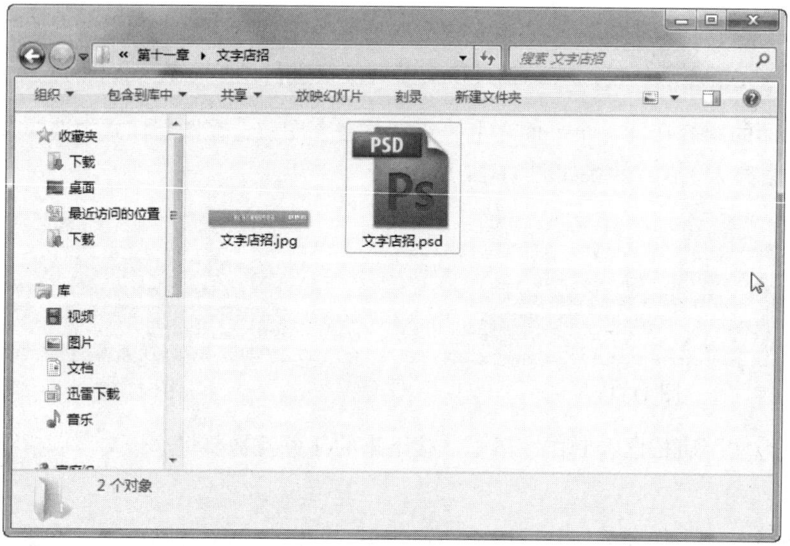

图 11-30

我们打开这个店招图片文件看一看效果，如图 11-31 所示。

图 11-31

这种店招应该来说是相对比较简单的店招，其具备了店招的基本特征，体现了店铺名称、经营产品、店铺特点，以及店铺所提供的购务保障。如果对店招的要求不高，这种类型的店招基本能够胜任了。

11.3　图文并茂动画店招的制作

在 11.2 节中制作了一个文字店招，下面介绍制作一个图文并茂的店招的过程。

当然在制作店招图片之前，自己要首先有一个设想，比如这个店招应该包含哪些内容，应该使用哪些类型的素材让店招更符合自己店铺的风格等。只有对这些内容心里有数，才能有针对性进行制作。下面就以如图 11-32 所示这个简单店招为例来说明图文并茂的店招制作过程。

图 11-32

11.3.1　素材收集

首先将所需的素材都收集起来，如图 11-33 所示。

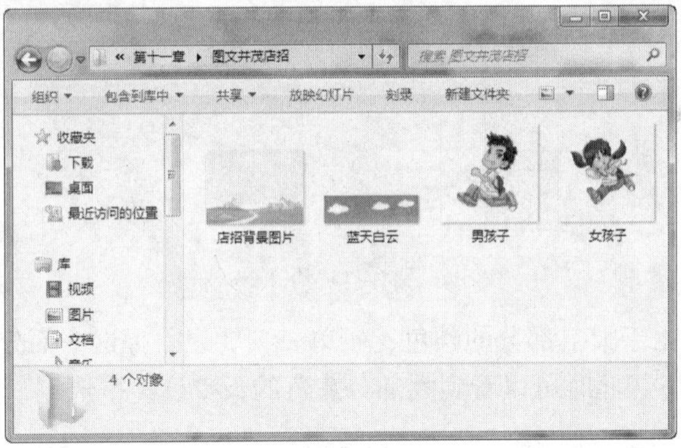

图 11-33

11.3.2　图片处理

从图 11-33 中可以看一看，所收集到的“店招背景”图片的天空部分非常暗淡，如果把这个图拿来作为店招，效果肯定不是很好，但是由于画面的主体部分非常适合店铺的风格。因此，下面先将此图的天空去掉，换上收集到的蓝天白云素材。

首先，利用 Photoshop 打开等待处理的图片，如图 11-34 所示。

在图层面板中，双击背景图层，系统将会弹出如图 11-35 所示的对话框。

图 11-34

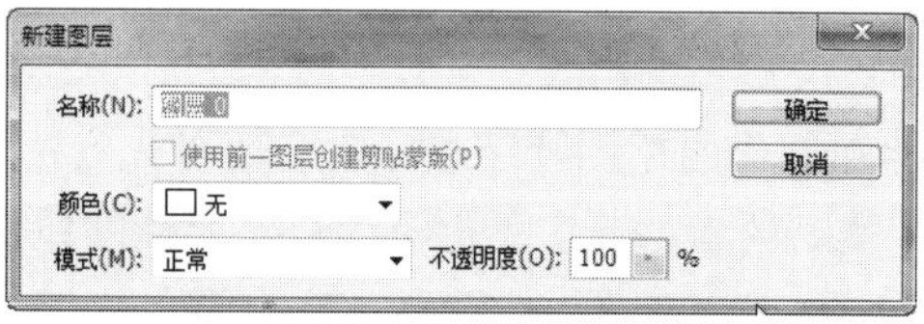

图 11-35

在此，不做任何设置，直接单击“确定”按钮，将背景图层转化为普通图层。转化之后效果如图 11-36 所示。

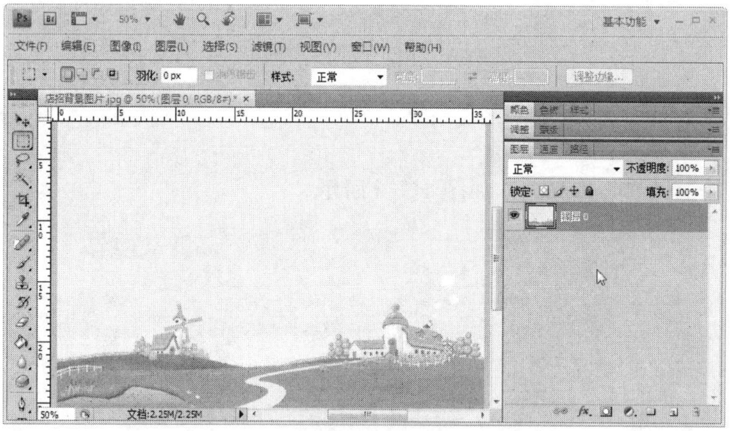

图 11-36

从图片本身来看，由于天空部分的颜色比较单一，要想除掉这一部分，可在工具箱中选择魔棒工具在天空中单击一下，此时可以看到大部分灰色的天空已经被选定，如图 11-37 所示。

按 Delete 键，将选定的区域删除，如图 11-38 所示。

图 11-37

图 11-38

现在已经将灰暗的天空处理了一大半。由于图片下面部分的天空和建筑的颜色相同，不能再次使用魔棒工具直接选择。在工具箱中选择橡皮擦工具，在橡皮擦工具选项栏中将模式改为“铅笔”，将画笔的直径设定为“10”像素，如图 11-39 所示。

图 11-39

利用此工具小心地将建筑物的边缘擦除，处理完边缘之后，再次选用魔棒工具在剩余的天空图像上单击，再次选择并删除。经过多次处理之后，图片效果如图 11-40 所示。

经过多次选择剩余天空部分并删除之后，终于得到了一个比较理想的图片了。但这个图片并不适合制作店招，要想使用还要做进一步的处理。

在图层面板中，将鼠标移动当前图层 0 之上，单击鼠标右键，在弹出的菜单中选择“复制图层...”命令，系统弹出“复制图层”对话框，如图 11-41 所示。

图 11-40

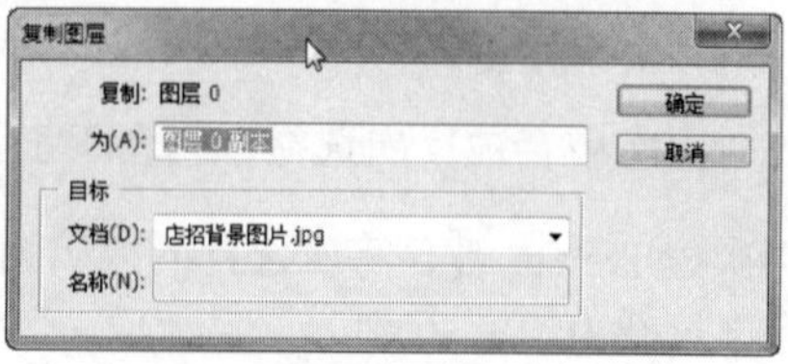

图 11-41

在此只需要将“图层 0 副本”命名为“风车”即可，这样方便以后的操作，如图 11-42 所示。

改完之后，单击“确定”按钮，即可得到一个副本图层，如图 11-43 所示。

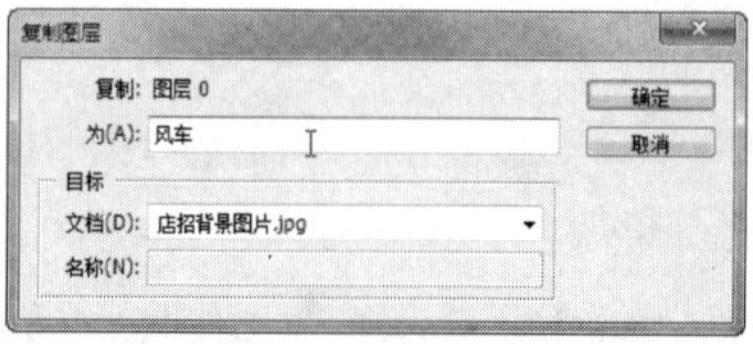

图 11-42

图 11-43

选择“风车”图层为当前工作图层，并在工具箱中选择套索工具，将风车的转叶选中，如

图 11-44 所示。

在当前图层中要把这个风车转叶保留下来，其他的部分要全部删除。为了达到这个目的，选择“选择→反向”命令，如图 11-45 所示。

图 11-44

图 11-45

此时图像就会被反向选择，将套索工具所没有选择的区域全部选中，如图 11-46 所示。

再次按 Delete 键，将所选择的区域删除，如图 11-47 所示。为了更好地查看效果，将图层 0 隐藏，将其设为不可见。

图 11-46

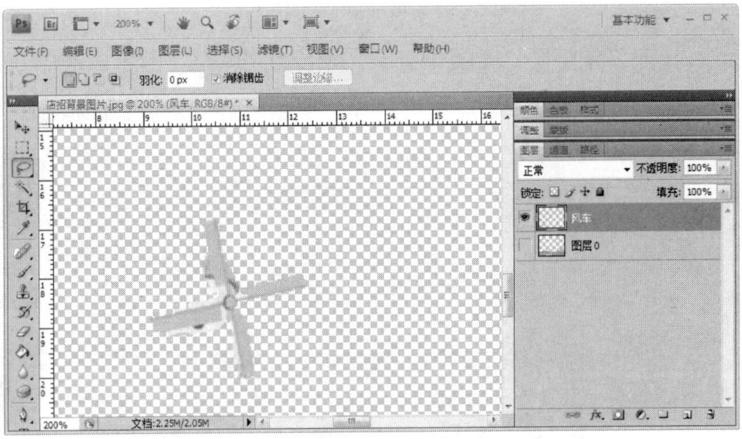

图 11-47

在工具箱中，选择橡皮擦工具，并不断地调整画笔的直径，小心地擦除风车转叶边缘的内容，擦除之后的效果如图 11-48 所示。

为了更好地处理，现在将“风车”图层隐藏，将图层 0 显示出来，如图 11-49 所示。

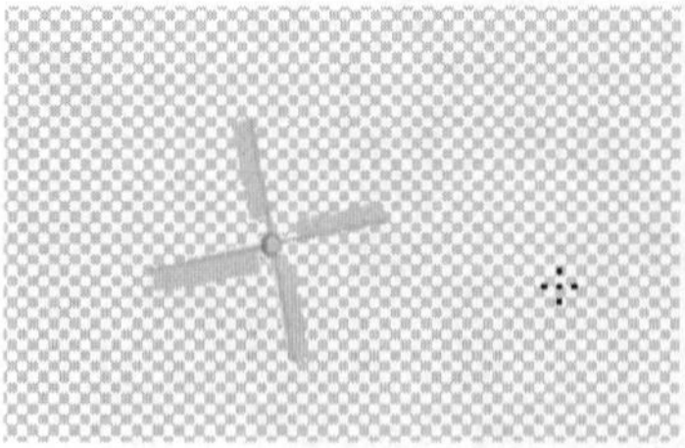

图 11-48

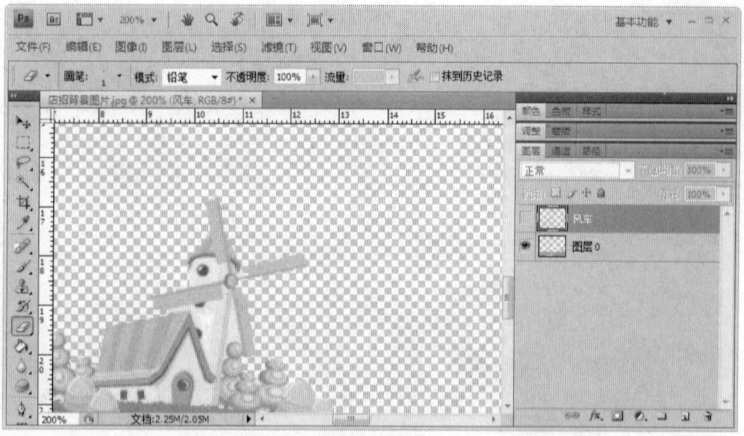

图 11-49

在图层面板中，用鼠标单击“图层 0”，将该图层作为当前工作图层，并在工具箱中选择橡皮擦工具，沿着塔楼的边缘将风车擦除。擦除之后的效果如图 11-50 所示。

图 11-50

从图 11-50 中可以看出，此时只是将塔楼边缘的风车擦除，而中央部分的图像还是存在的，为了解决这个问题，在工具箱中选择仿制图章工具，利用塔楼周围相同的像素将塔楼上风车的剩余部分进行覆盖，最终效果如图 11-51 所示。

利用同样的方式，将背景图片中的其他主体元素都单独分离出来，以方便后面的操作，如图 11-52 所示。

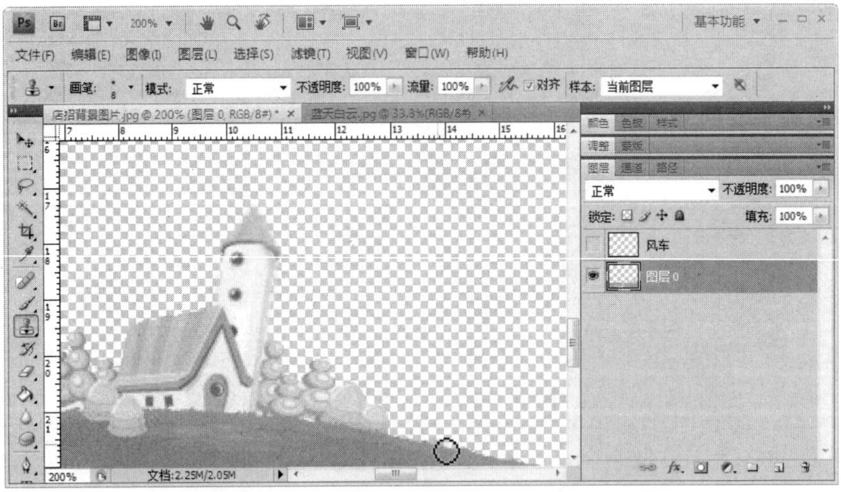

图 11-51

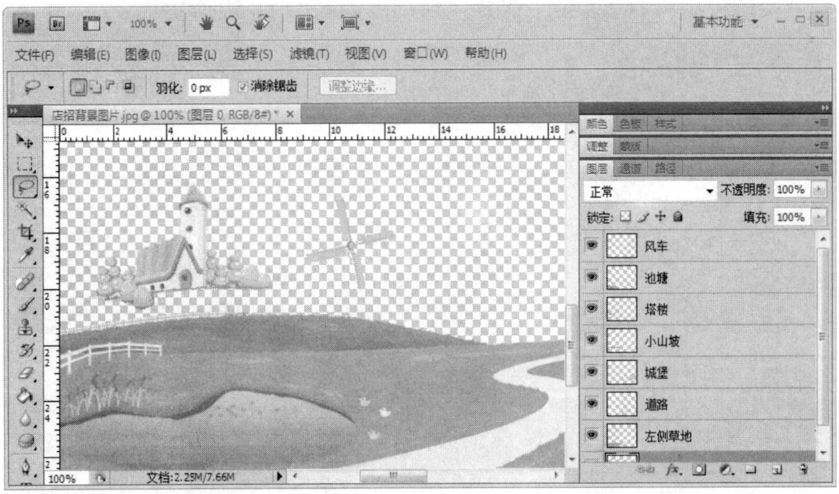

图 11-52

各个部分分离完毕之后，一定要记得将此文件以 PSD 格式保存，在后面的制作过程中会用到这些元素！

处理完背景图片之后，就应该处理那两张带有儿童的图片，这两张图片的处理过程比较简单，只要将背景处理成透明的就可以了，如图 11-53 所示。

至于那个蓝天白云的素材图片就不需要处理了。到这里，图片的处理工作总算是告一段落，接下去的任务就是店招图片的制作了。

图 11-53

11.3.3　店招图片的制作

经过一番努力，制作店招所用到的素材已经全部处理完毕，接下来的任务就是用这些素材来实现店招构想了。下面具体看一看如何使用处理过的素材制作店招图片。

启动 Photoshop，新建一个 950 像素 × 150 像素且背景透明的空白文档，如图 11-54 所示。

用 Photoshop 打开前面处理的背景图片素材文件，如图 11-55 所示。

图 11-54

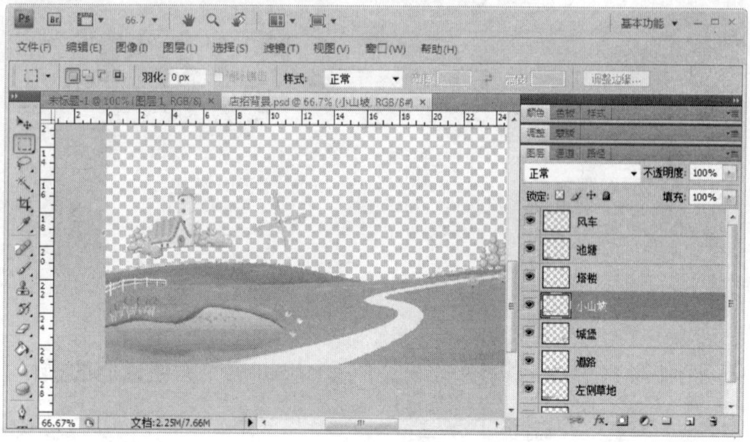

图 11-55

根据需要，将各部分元素逐一复制并粘贴到新建的文档中。当然并不是将元素粘贴进来就完事了，还要综合运用 Photoshop 所提供的各种工具将这些素材进行合理的缩放，并将它们按照设想一一排列，最终效果如图 11-56 所示。

在图层面板中选择名为“风车”的图层并单击，使其成为当前工作图层，如图 11-57 所示。

在图层面板该面板上单击鼠标右键，在弹出的菜单中选择“复制图层...”命令，系统弹出“复制图层”对话框，如图 11-58 所示。

图 11-56

图 11-57

在此将“风车 副本”改为“风车 1”即可，方便以后的操作，如图 11-59 所示。

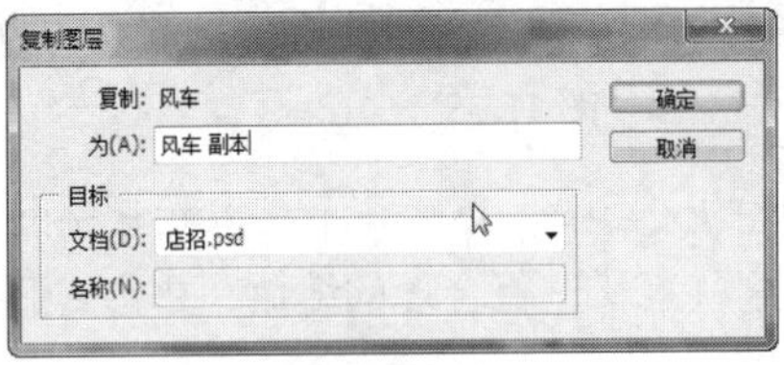

图 11-58

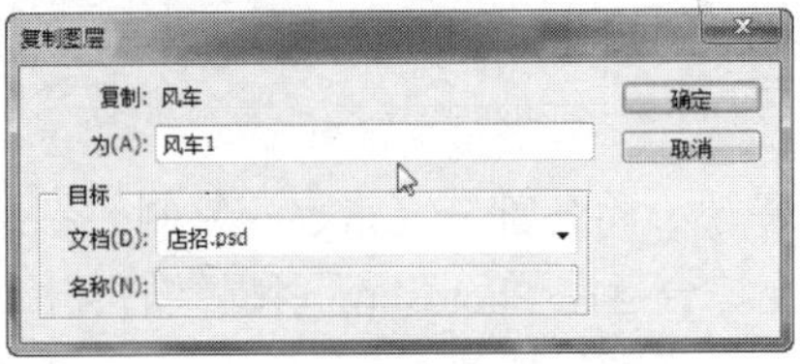

图 11-59

改完之后，单击“确定”按钮，即可得到一个副本图层，如图 11-60 所示。

在确保“风车 1”图层为当前工作图层的前提下，选择“编辑→自由变换”命令，激活系统的自由变换功能，如图 11-61 所示。

图 11-60

图 11-61

此时可以看到在系统菜单下已经出现了自由变换的选项栏，在选项栏的旋转角度上填上“45.0”，如图 11-62 所示。

图 11-62

填充之后，可以看到风车的转叶已经被旋转了 45°角。在工作区的空白处双击或按 Enter 键确认此次旋转。旋转完毕之后，将“风车 1”图层复制一份，并将其命名为“风车 2”。复制之后，将“风车 2”图层上的转叶再次旋转 45°角。以此类推，直到在当前工作区中出现 8 个风车转叶图层为止，如图 11-63 所示。

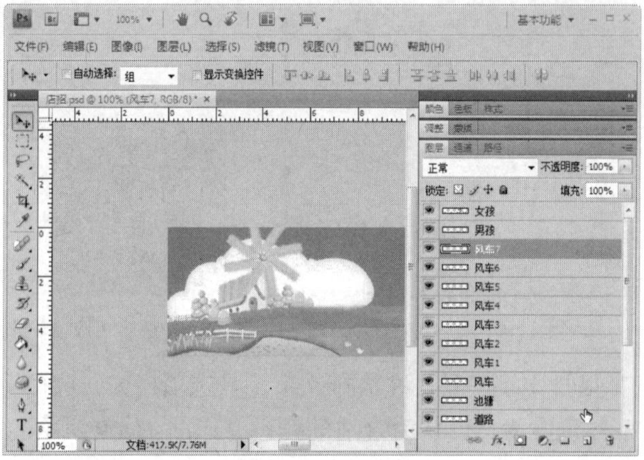

图 11-63

在工具箱中选择横排文字工具。在菜单栏中的横排文字工具选项栏中选择字体为“华康少女文字”，字号为“18 点”，并将文字颜色设为自己认为合适的颜色，如图 11-64 所示。

图 11-64

设置完毕之后，将鼠标移到工作区的适当位置单击，并输入自己的店址，如“http://shop57623309.taobao.com/”。输入之后效果如图 11-65 所示。

选定刚刚输入文字图层作为当前工作图层，选择自由变换命令，利用鼠标调整变换框外的调节点，将文字调整到合适的大小，并将其调整到合适的位置，如图 11-66 所示。

图 11-65

图 11-66

在图层面板中，将鼠标移至此文字图层之上，单击鼠标右键，在弹出的菜单中选择“混合选项...”命令，此时系统会弹出“图层样式”对话框，如图 11-67 所示。

在此对话框左侧样式中选择“斜面和浮雕”，并将“结构”列表中的样式选择为“浮雕效果”，大小设为 2 像素，其他的选项就依照系统的默认值，设置完毕之后，单击对话框上的“确定”按钮，此时就可以看到所输入的文字已经在店招中突出显示了，如图 11-68 所示。

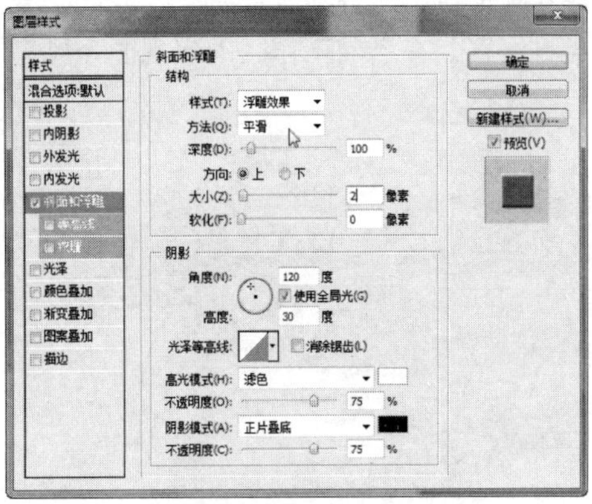

图 11-67

图 11-68

再次在工具箱中选择横排文字工具。在横排文字工具选项栏中，选择字体为“华文行楷”，字号为“48 点”，并将文字颜色设为自己认为合适的颜色，如图 11-69 所示。

图 11-69

设置完毕之后，将鼠标移到工作区的适当位置单击，并输入店名，这里输入“客必隆儿童鞋服直营店”。输入之后效果如图 11-70 所示。

为了突出显示店铺的名称，在图层面板中，将鼠标移至此文字图层之上，单击鼠标右键，在弹出的菜单中选择“混合选项...”命令，此时系统弹出“图层样式”对话框。

在对话框的左侧样式选择栏中，选择“投影”选项，并在右侧对投影的选项做如下设置。设置角度为 45°，距离为 8 像素，大小为 2 像素，如图 11-71 所示。

图 11-70

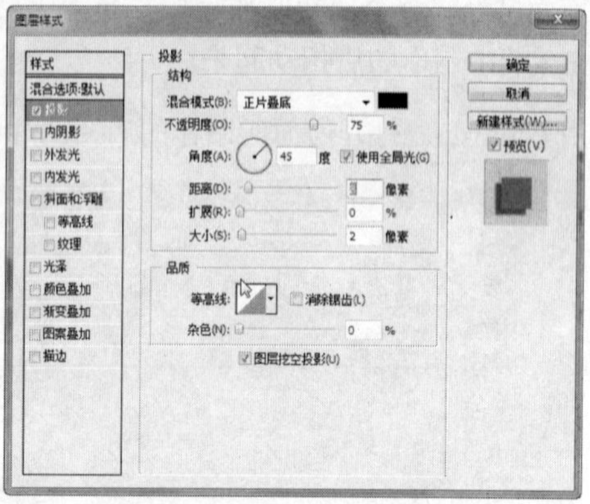

图 11-71

为了更进一步突出店名，在图层样式对话框的左侧再次选中“斜面和浮雕”样式，并在右侧中将结构样式选择为“浮雕效果”，大小设为 5 像素，软化值为 2 像素。阴影的角度也设为 45°，如图 11-72 所示。

设置完毕之后，直接单击“确定”按钮，此时前面所制作的店铺名称已经非常抢眼地显示在店招中，如图 11-73 所示。

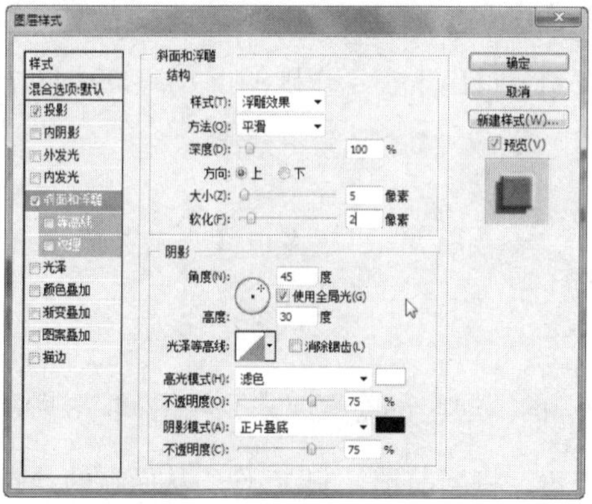

图 11-72

图 11-73

当然，在这里还可以输入一些自家的经营理念之类的内容，不过由于篇幅的限制，这里不再多做说明。读者如果有兴趣可以在制作时自行添加想要的内容。

到了这里，这个简单店招的制作基本完成了，一定要记得保存。要不然辛辛苦苦制作的店招就有丢失的可能。

11.3.4　店招动画的制作

在前面已经将整个店招制作完毕，作为店招而言，笔者个人认为还是以动态展示为好，下面就让 11.3.3 节中制作的店招动起来。

利用 Photoshop 打开前面所制作的店招图片的 PSD 源文件，如图 11-74 所示。

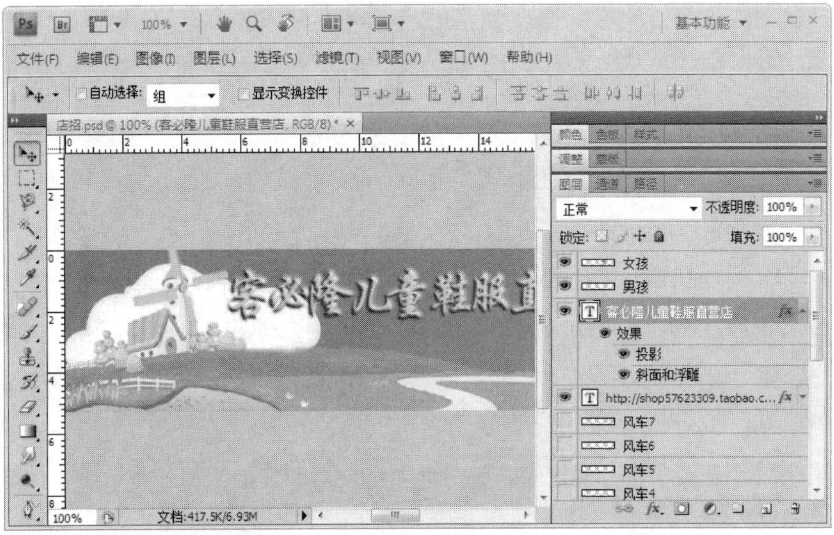

图 11-74

选择菜单中的“窗口→动画”选项，让动画控制窗口出现在工作区的下方，如图 11-75 所示。

图 11-75

在图层面板中，将名为“风车 1”至“风车 7”的图层全部隐藏起来，如图 11-76 所示。

在帧动画控制窗口中，单击“复制所选帧”按钮，将当前帧复制 7 份，从而在帧动画窗口中总共显示 8 帧动画，如图 11-77 所示。

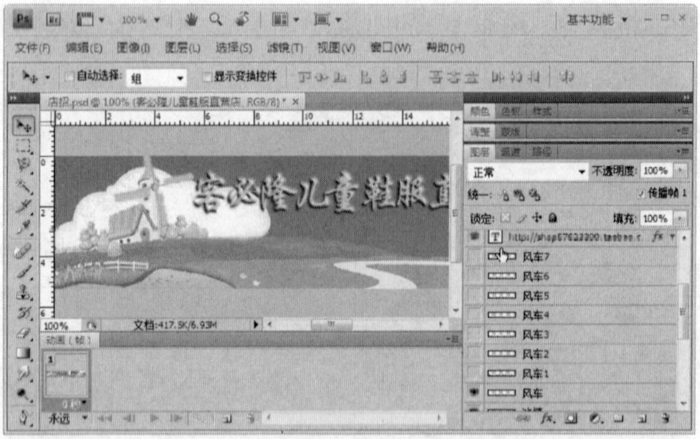

图 11-76

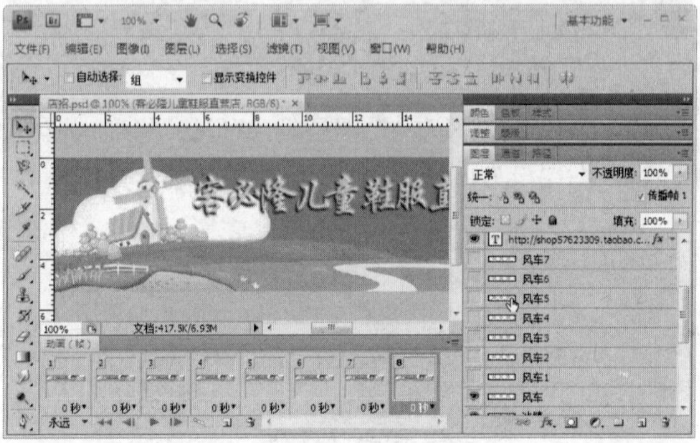

图 11-77

在动画窗口中单击第 2 帧，让第 2 帧成为当前帧，如图 11-78 所示。

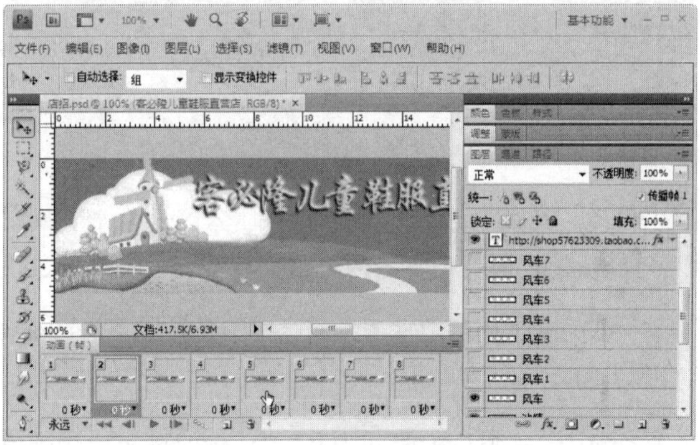

图 11-78

在图层工作面板中，将名为“风车 1”的图层设为可见，把名为“风车”的这个图层设为不可见，如图 11-79 所示。

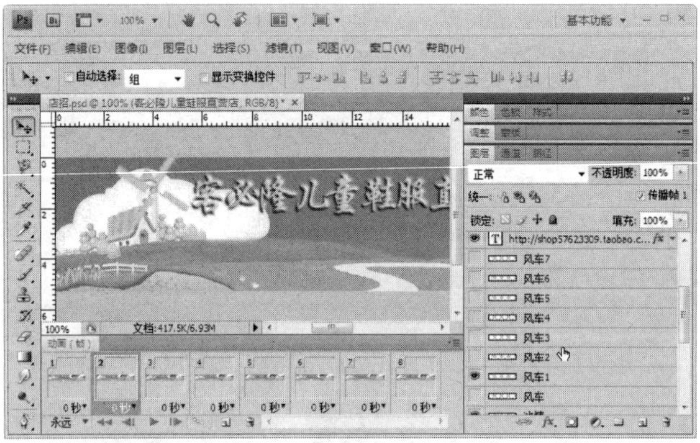

图 11-79

按照同样的方式，将第 3 帧中的“风车 2”图层设为可见，将第 4 帧中的“风车 3”图层设为可见，第 5 帧中的“风车 4”图层设为可见，……一直到第 8 帧，将“风车 7”图层设为可见，如图 11-80 所示。

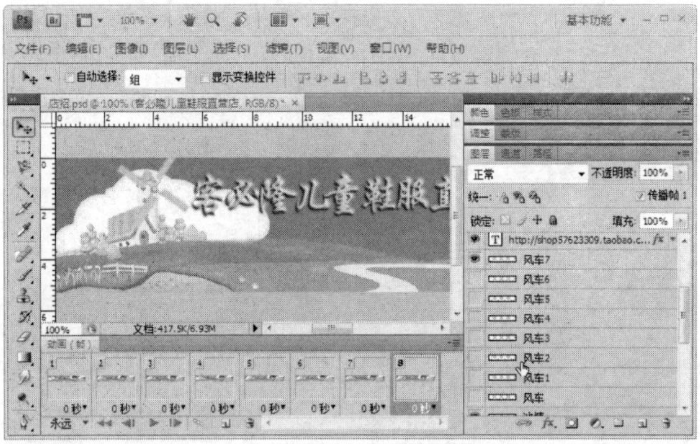

图 11-80

在帧动画控制窗口中单击“播放”按钮，看一看有什么效果？原来我们这里所做的一切就是为了让这个风车转叶能够转动起来。但美中不足的是这个转叶转动的速度过快。下面就让它慢下来。

在动画窗口选择一帧，单击其下面的“选择帧延迟”下拉按钮▼，系统弹出如图 11-81 所示的菜单。

在系统预设的帧延迟时间中，选择延迟时间为 0.2 秒，此时就可以看到第 1 帧之下已经显示出 0.2 秒的字样，这就表明已经成功设置了第 1 帧的延迟时间为 0.2 秒，如图 11-82 所示。

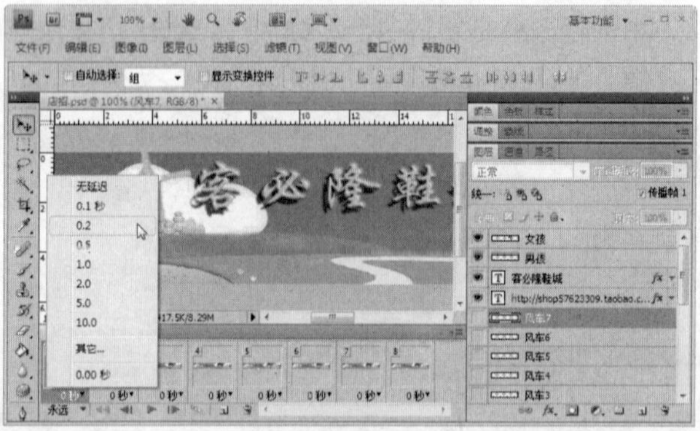

图 11-81

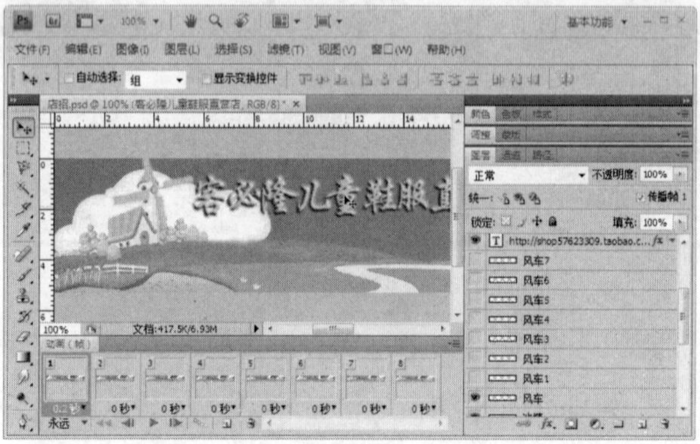

图 11-82

按照同样的方式，将所有帧的帧延迟时间均设为 0.2 秒，设置完毕之后效果如图 11-83 所示。

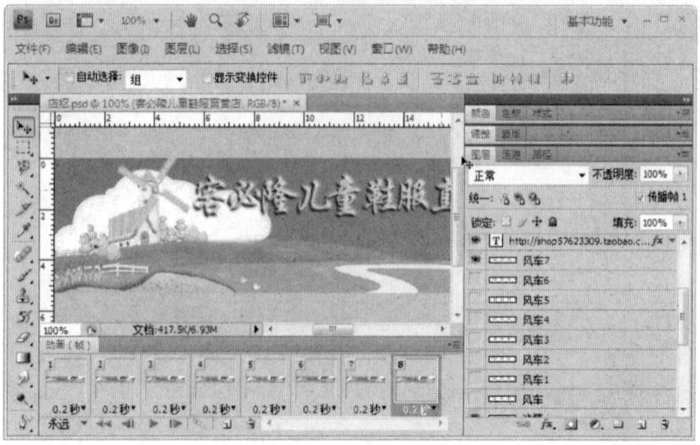

图 11-83

再次在帧动画控制窗口中单击“播放”按钮，看一看是什么效果？此时已经可以看到风车转叶的转动速度已经慢下来了。

动画是做好了，接下来的任务就是要将这个动画保存。选择“文件→存储为 Web 和设备所用格式...”命令，弹出“存储为 Web 和设备所用格式”对话框，如图 11-84 所示。

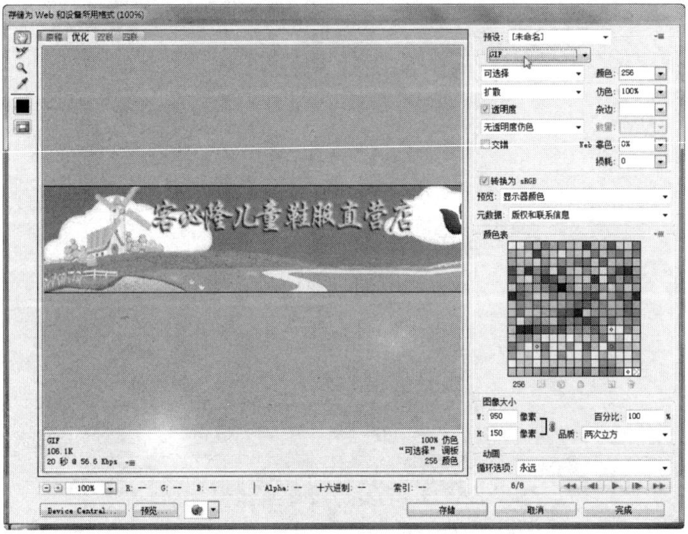

图 11-84

注意，在存储格式选项中一定要记得选择“GIF”选项，如图 11-84 所示。其他选项保持系统的默认值。

设置完毕之后，单击该对话框中的“存储”按钮，系统弹出“将优化结果存储为”对话框，如图 11-85 所示。

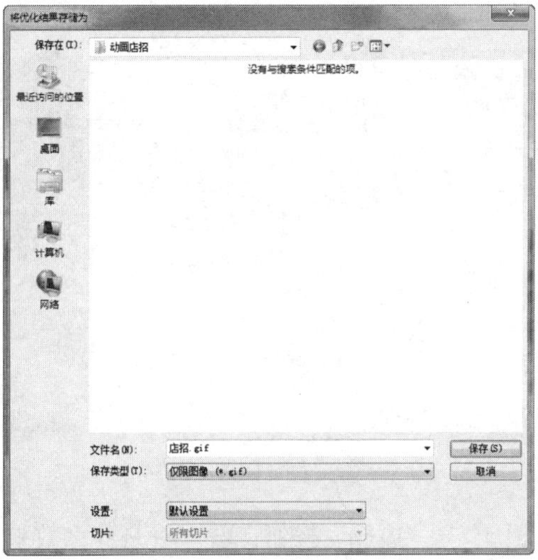

图 11-85

在这里一定要记得在“保存类型”列表框中选择“仅限图像（*.gif）”，否则你就得不到所想要的 GIF 动画文件！另外还要指定 GIF 动画文件所存储的位置及文件名称。全部指定完毕之后，单击对话框中的“保存”按钮，系统弹出如图 11-86 所示的警示信息框。

直接单击“确定”按钮，系统就开始保存所制作店招动画文件了。保存成功之后，到指定的地方看一看。如图 11-87 所示，那个文件已经保存在指定的位置了！

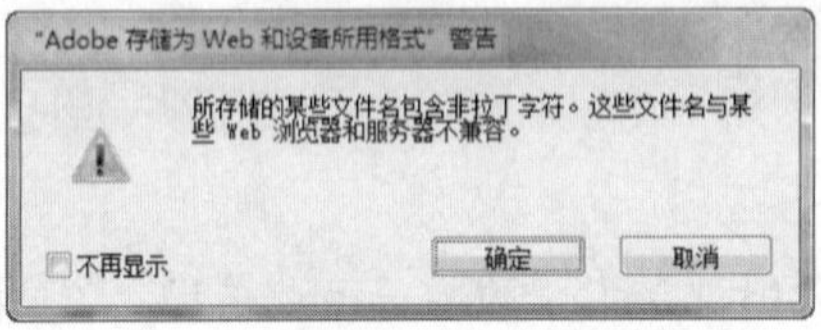

图 11-86

图 11-87

最终效果如图 11-88 所示。

图 11-88

11.4　店招的应用

前面已经成功地制作了两种不同类型的店招，一种是文字店招，另一种是图文并茂的店招。但是到目前为止，我们所制作的店招文件没有发挥应有的作用。

怎样才能让我们精心设计的店招出现在店铺中，从而博得买家的关注呢？下面就来看一看如何将制作完毕的店招图片应用到自家店铺中。

首先进入到卖家中心页面。在左侧功能模块中单击“店铺装修”选项，进入到店铺装修管理平台中，如图 11-89 所示。

图 11-89

将光标移动到店招之上，此时在店招区的右上角会出现三个按钮，单击“编辑”按钮，此时系统就会出现背景图设置区，也就是店招设置区，如图 11-90 所示。

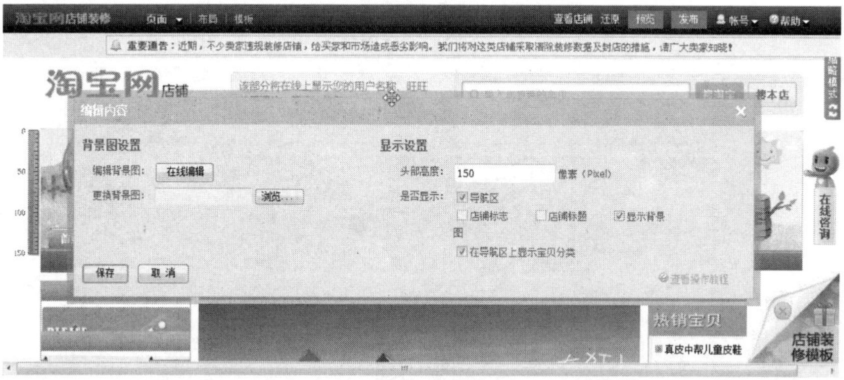

图 11-90

在这个背景图设置区中，单击“浏览...”按钮，系统就会弹出“选择要加载的文件”对话框，如图 11-91 所示。

找到想要加载的店招文件，单击选中该文件。单击对话框中的“打开”按钮。然后返回店铺装修管理平台，如图 11-92 所示。

此时可以看到“更换背景图”的文本框中已经被填好了刚才所选择店招文件的本地路径。确认无误之后，直接单击背景图设置区最下方的“保存”按钮，即可完成店招图片的上传任务，如图 11-93 所示。

虽然现在已经将店招文件上传到店铺中，但到目前为止买家还是看不到我们刚刚上传的店招文件。为了让店招能够为直接面对买家，现在必须将它发布出来。

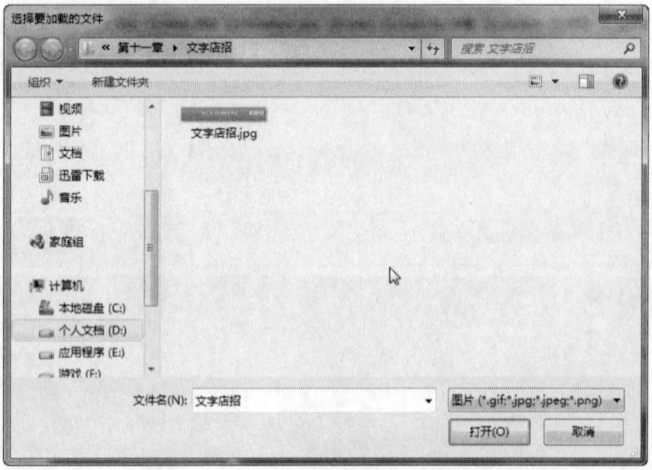

图 11-91

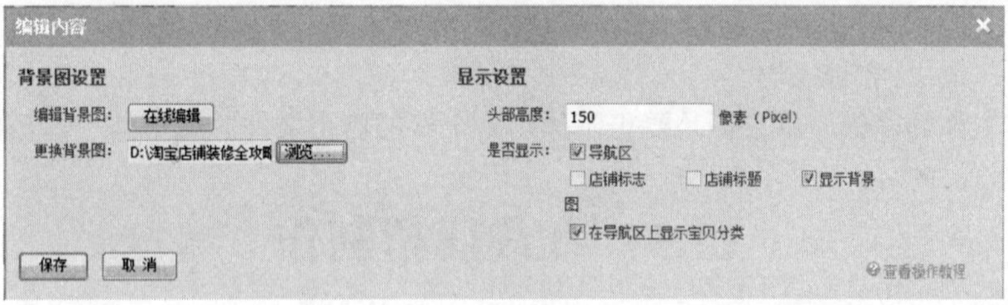

图 11-92

图 11-93

单击店铺装修管理平台上的“发布”按钮，系统才会将我们所做的店招发布出来，也只有这样买家才会在店铺中看到我们所添加的店招。发布成功之后，再来看一看这个刚刚上传的店招的效果，如图 11-94 所示。

图 11-94

店招发布工作的确很简单，但是要想制作出一个好的店招文件，就不是一件轻松的事儿。

11.5　在线店招制作

店招的制作设计并不是一件轻松的事儿，特别是要构思出好的店招就更不容易了！所以很多新手卖家在这里就感到非常为难，不知如何是好。自己动手设计，没有那么高的设计水平，制作出的店招令人不满意；请别人来为自己制作设计店招，价钱又太高，并且别人制作出来的店招是没有源文件的，以后想修改是不可能的，真是进退两难啊！

现在淘宝推出了在线店招制作系统，在这里汇聚了很多优秀的设计师，他们设计出了大量的优秀店招模板并部分提供给卖家免费使用，当然只能免费使用一个月，过期之后，如果还想使用就只有购买了。

既然能免费使用一个月的时间，而且又是专业设计师的设计，那效果当然出众。下面介绍如何使用淘宝的在线店招制作系统来完成自己的店招设计，并将其应有到自家店铺中。

11.5.1　进入淘宝在线店招制作系统

进入到卖家中心页面，在左侧的功能模块中单击“店铺装修”选项，进入到店铺装修管理平台，如图 11-95 所示。

图 11-95

将光标移到店招上，此时在店招区的右上角就会出现三个按钮，单击“编辑”按钮编辑，此时系统就会出现背景图设置区中，如图 11-96 所示。

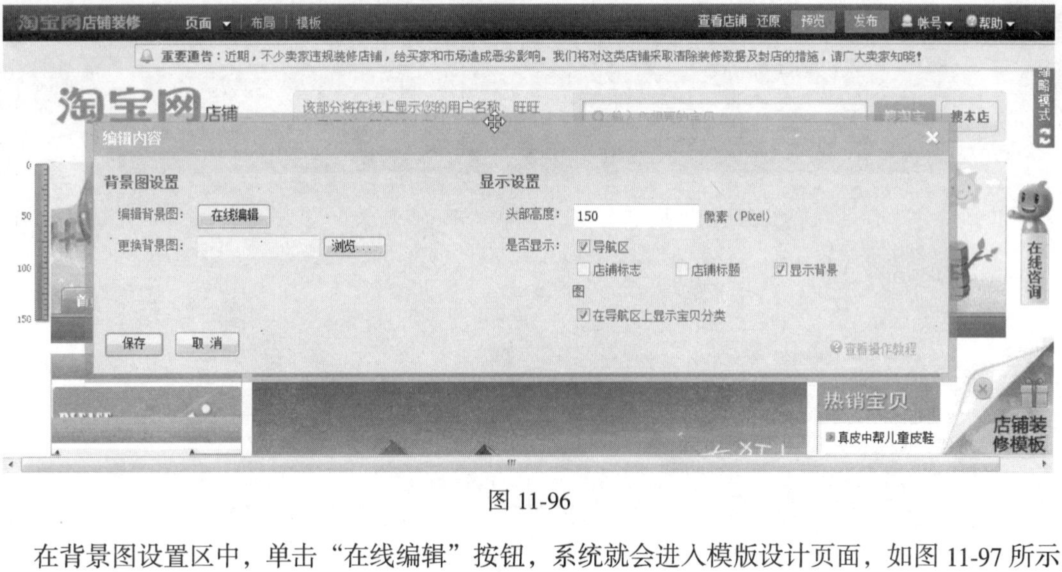

图 11-96

在背景图设置区中，单击“在线编辑”按钮，系统就会进入模版设计页面，如图 11-97 所示。

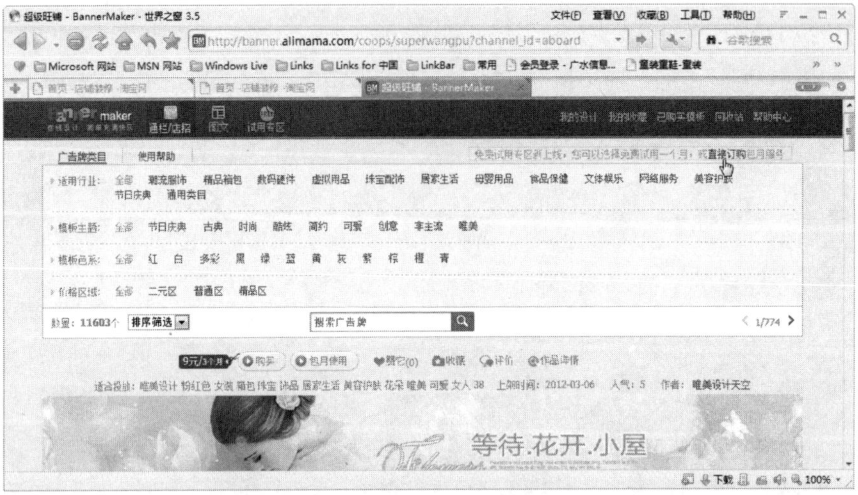

图 11-97

11.5.2 店招模板的选择

在这里的店招设计模版已经按行业、主题进行了分类，卖家可以根据自己实际情况来进行选择。

如果想使用免费资源，只能在试用专区中选择模版了。不过，这里的免费资源实在是有限。为了说明问题，下面还是使用收费的模板来讲解在线店招的使用。

由于笔者是经营儿童产品的卖家，自然希望自家的店招富有童趣，因此在模版主题中单击“可爱”选项，如图 11-98 所示，此时系统就将此种风格的设计全部列举出来。

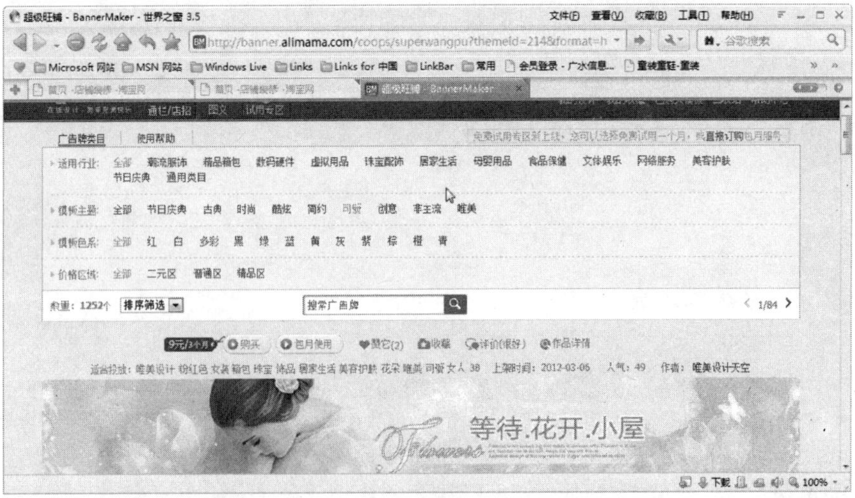

图 11-98

从图 11-98 中可以看到，这种风格的免费模板总共有 1 252 个。

如何在这么多的模板中找到适合自己的店招模板呢？可以根据颜色过滤一下。因为这里所显示的模板是所有颜色夹杂在一起，而每个店铺都有自己的主色调。要想找到适合自家店铺的模板，首先要保证在色调上和店铺的主色调一致，否则再精美的模板对于我们来说也是不适用的。

这里将颜色过滤条件定为绿色，看一看筛选结果，如图 11-99 所示。

图 11-99

这样模版的选择范围就小了很多。下面就在这些模板中挑选一款适合自己的。

确定一个比较适合自己的模板并购买，之后单击模板上的“开始制作”按钮，如图 11-100 所示。

图 11-100

在这里我们可以看到其他卖家对这个模板的评价，评价越好，就说明这个模板越受欢迎，并且在其下还有这个模板的适用范围的介绍。

模板选择好之后，并不能直接使用，还要进行处理。

11.5.3　在线店招制作的环境介绍

单击如图 11-100 所示的“开始制作”按钮，进入店招的设计窗口，如图 11-101 所示。

从图 11-101 可以看到，这个店招设计窗口共分为四个区，分别介绍如下。

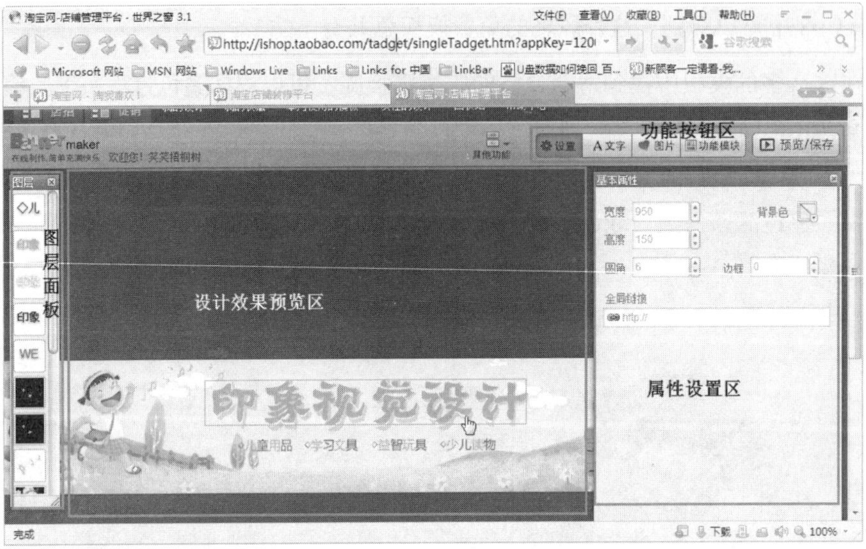

图 11-101

1．图层面板

第一个区是图层面板，在这个面板中包含了当前店招中所有的元素，用鼠标在图层面板中单击任何一个元素，在设计效果预览区及属性设置区都会有所显示。例如，在图层面板中单击“印象视觉设计”这个图层，此时就会显示如图 11-102 所示内容。

图 11-102

单击之后，在设计效果预览区中该图层的内容就会被调整框所包围，利用鼠标就可以完成此图层内容的大小调整、位置调整及旋转。在基本属性设置区中就会显示当前图层的具体内容。

事实上，在店招模板中，图层的内容主要是由两部分组成：一部分是文字，另一部分是图片。

2．设计效果预览区

设计效果预览区用于预览设计的效果。

3．属性设置区

假设现在在图层面板中选择的是“印象视觉设计”这几个动态文字，此时属性设置区里面可以设置的内容如图 11-103 所示。下面分别来说明。

文字内容框：这个文本框中的内容就是当前店招显示的内容，如果要想店招显示我们所设置的文字，可以在这个地方输入内容，从而就可以替换模板中的文字内容了。

字体下拉列表框 字体 雁翔体：这里显示的是当前文字图层所使用的字体，如果不满意，可以打开字体下拉列表框，在其中选择所需要的字体。

动画下拉列表框 动画 挤压文字：这里显示的就当前动画文字所使用的动画效果，可以在此选择合适的动画效果。

水平翻转按钮：每单击一次此按钮，当前所选的图层就水平翻转一次。

垂直翻转按钮：每单击一次此按钮，当前所选的图层就会垂直翻转一次。

删除按钮：此按钮的作用很简单，单击此按钮就意味着要删除当前所选的图层。

文字颜色选择框 FFBD02：在这里，只需要在颜色选择区中单击一下，即可将文字变成所选的颜色。

文字透明度调整栏 透明(100%)：可以用鼠标拖动滑块的位置来改变文字的透明度。

文字大小调整栏 大小(100%)：可以用鼠标拖动滑块的位置来改变文字的大小。

文字图层链接地址文本框 http://：当我们在此文本框中填写目的地址并发布之后，买家单击此图层上的内容就会被链接至所填写的目的地址。

“确定修改”按钮：不管我们对当前动态文字的哪些内容做了调整，要想让系统确认，就必须单击此按钮，否则所做的修改无效。

如果在图层面板中选择的是图片元素，属性设置面板中又会出现什么情况呢？假定我们现在在图层面板中已经选择了一个图片，此时属性设置面板如图 11-104 所示。

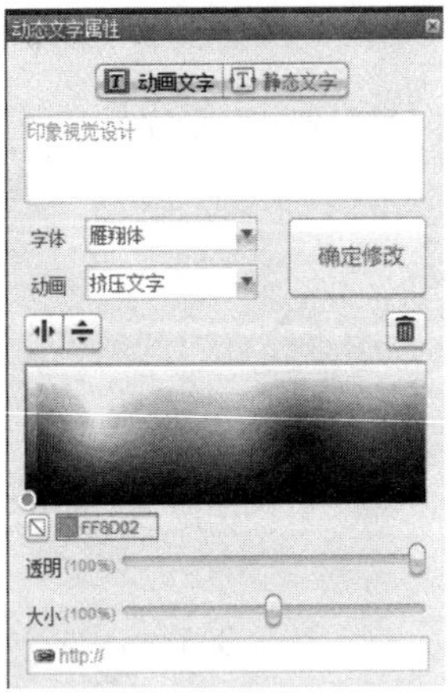

图 11-103

图 11-104

4．功能按钮区

如图 11-105 所示就是功能按钮区中包含的内容，下面具体介绍。

（1）其他功能按钮：此按钮主要用于设置店招模板的设计环境。单击此按钮，就可显示如图 11-106 所示的下拉列表。

图 11-105

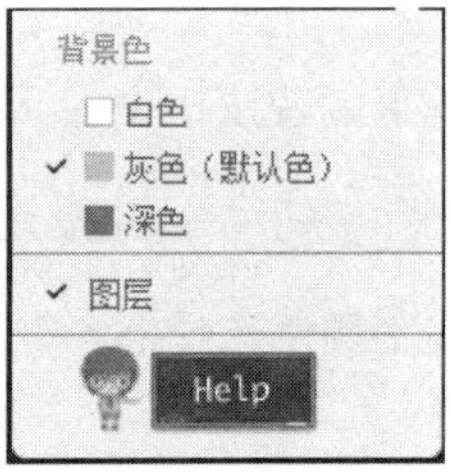

图 11-106

在此下拉列表中主要有三个部分，第一个部分是用来选择设计效果预览区的背景颜色，第二个部分是用来确定是否显示图层面板，第三个部分就是帮助文档。

（2）设置按钮：当单击此按钮之后，在属性设置区中就会显示如图 11-107 所示的内容。

在这里可以对整个店招动画的基本属性加以设置。从图 11-107 中可以看到，在这里可以对店招图片的尺寸、背景颜色、圆角程度、边框的粗细及店招的全局链接分别进行调整。

（3）添加文字按钮 A文字：单击此按钮之后，在基本属性设置区就会显示如图 11-108 所示的内容。

此时，系统默认是在当前店招中增加动画文字，在文本输入框中输入要增加的文字内容，这里输入“因为专注，所以专业”，选择字体和动画特效。单击“添加文字”按钮即可将所输入的动态文字添加到店招中，如图 11-109 所示。

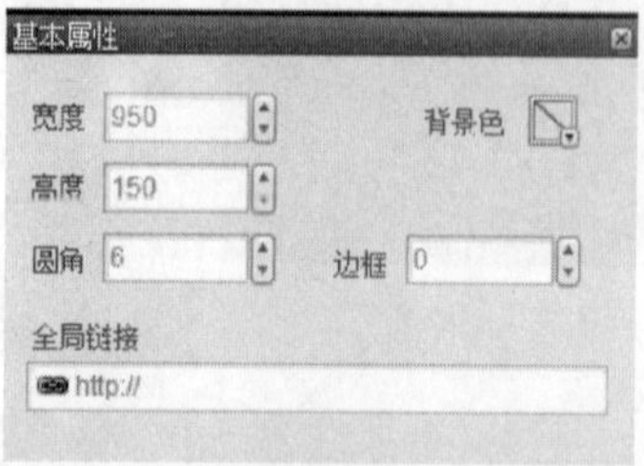

图 11-107

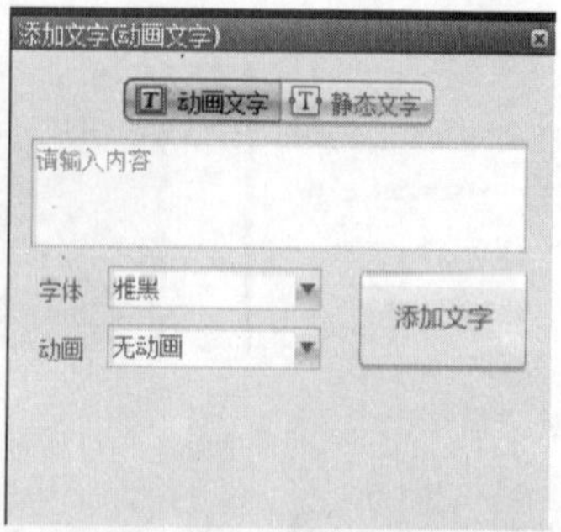

图 11-108

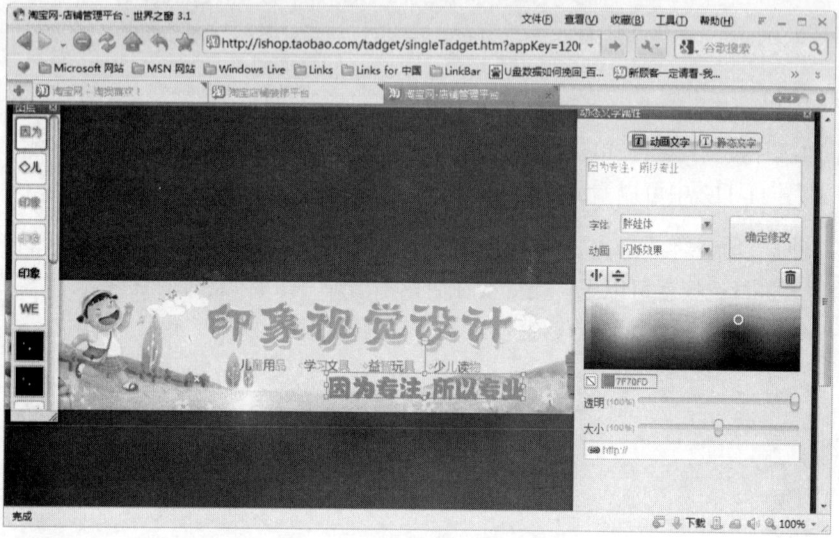

图 11-109

此时基本属性设置区的设置选项也发生变化了，这样可以对添加进来的文字进行进一步的调整。

如果在店招中添加静态文字，那么基本属性设置区就变成如图 11-110 所示的内容。

同样可以在文本输入框中输入想要输入的内容，比如“关心孩子的童年，关注孩子的脚下”，并可在此设置字体、文字排版格式、文字颜色及文字大小，同时还可以添加文字的链接。设置完毕之后，单击“添加文字”按钮，就可以把所输入的静态文字添加到当前店招中，如图 11-111 所示。

当静态文字增加进来之后，基本属性设置区的选项没有发生任何变化，在此可以继续对这个静态文字进行格式调整。

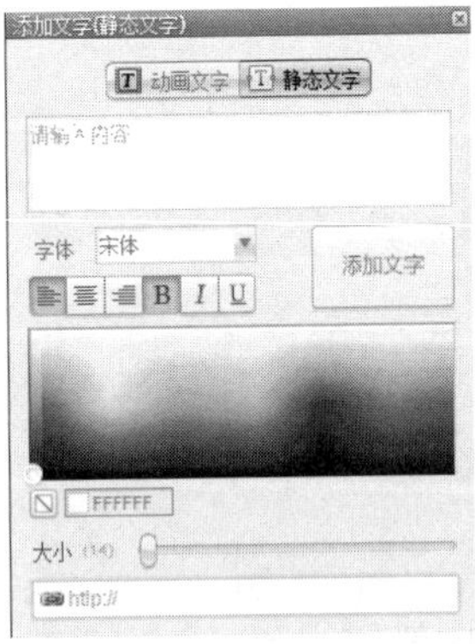

图 11-110

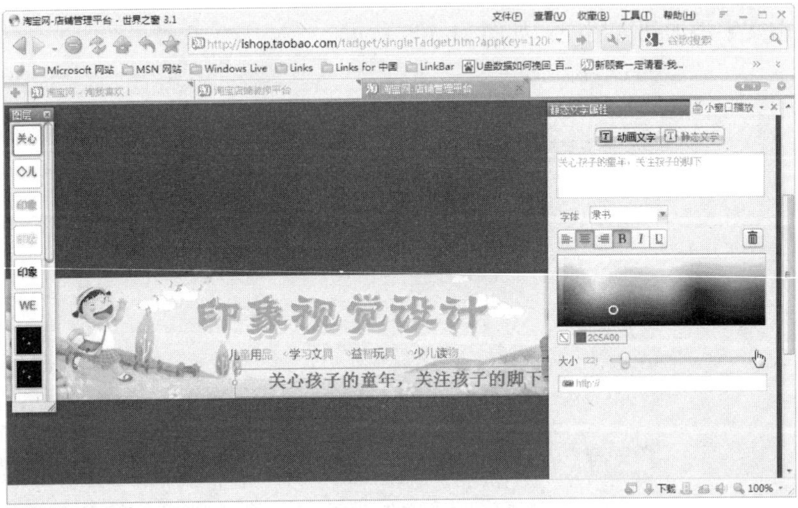

图 11-111

（4）添加图片按钮：单击此按钮之后，系统就会在基本属性设置区中显示如图 11-112 所示的内容。从图 11-112 中可以看到，在这里系统允许添加四种图片。

① 第一种是“标签”，从图 11-112 中可以看到当前系统中已经列举了许多可选标签，根据自己的需要进行选择就可以了。比如要在店招中增加一个时间和日历标签，只需要单击“时间/日历”这一分类，其下所有可选的标签格式就可以显示出来，如图 11-113 所示。

图 11-112

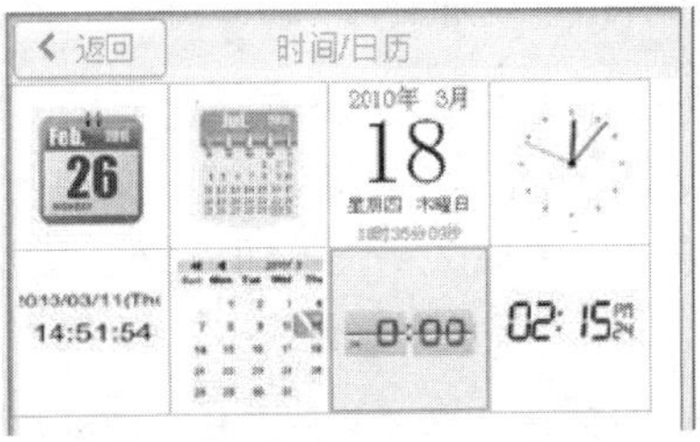

图 11-113

选择一款合适的时间日历标签格式并单击之后，它就会出现在当前店招中，如图 11-114 所示。

此时基本属性设置区就会发生变化，里面的内容已经变成刚刚添加进来的标签属性了，如图 11-115 所示。在这里可以对标签进行格式调整。

图 11-114

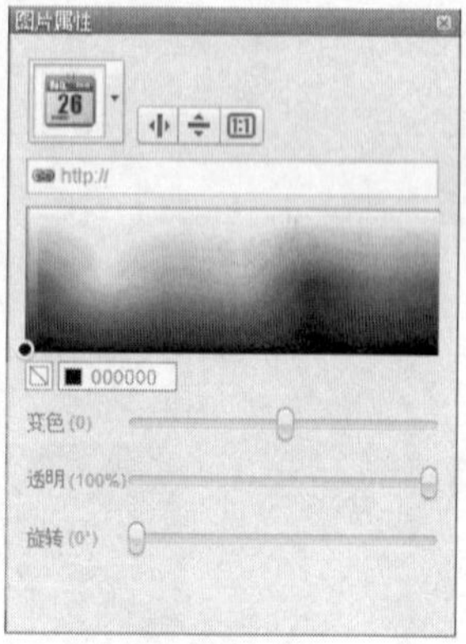

图 11-115

② 第二种是“按钮” 按钮 ，当单击此按钮之后，系统就会在基本属性设置区中列出当前系统所给出的按钮，如图 11-116 所示。

在动态按钮列表中选择并单击，就可以将选择的按钮添加到当前店招中。

③ 第三种是“背景” 背景 ，单击此处，在基本属性设置区中就会罗列当前可以添加的背景，如图 11-117 所示。在列表所列出的背景中，任意挑选一个就可以添加到当前正在设计的店招中。

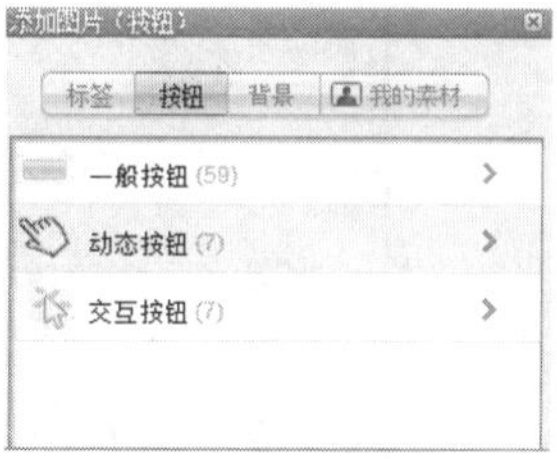

图 11-116

图 11-117

④ 第四种就是“我的素材” 我的素材 ，如果觉得系统提供的内容还不足以满足需要，可以在这里单击“我的素材”按钮，系统就会在基本属性设置区显示如图 11-118 所示的内容。

在这里可以上传 JPG、GIF 及 PNG 格式的素材，从而拓展系统的素材范围，更能制作出符合自己需要的店招。

（5）商品 商品按钮：单击此按钮，属性面板中就会显示系统允许我们在店招中增加广告主题、宝贝图片、图片的标题、描述、价格及关键字等内容，可以根据内容的需要添加匹配相应的图文内容，如图 11-119 所示。

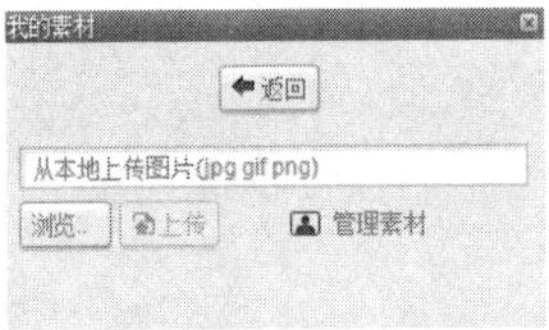

图 11-118

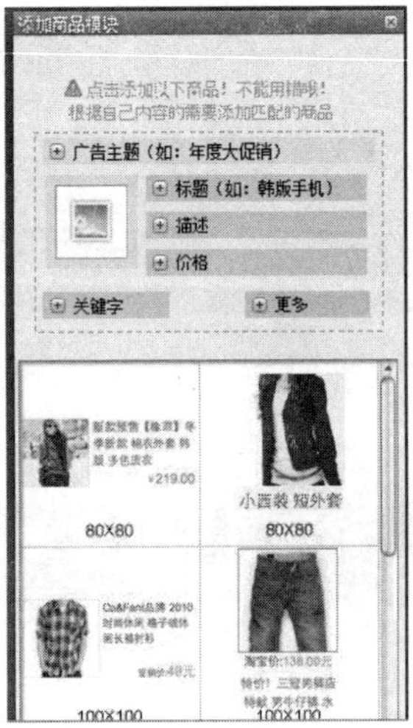

图 11-119

例如现在要在店招上增加一个商品图片，只需要单击如图 11-119 中所示的图片，系统就会在店招中增加一个图片标记，如图 11-120 所示。

在设计区中，选择刚刚添加的这个图标，此时基本属性设置区的内容已经变为如图 11-120 所示的样子。单击“选择商品”按钮 选择商品，系统就会显示当前店铺中的商品，如图 11-121 所示。

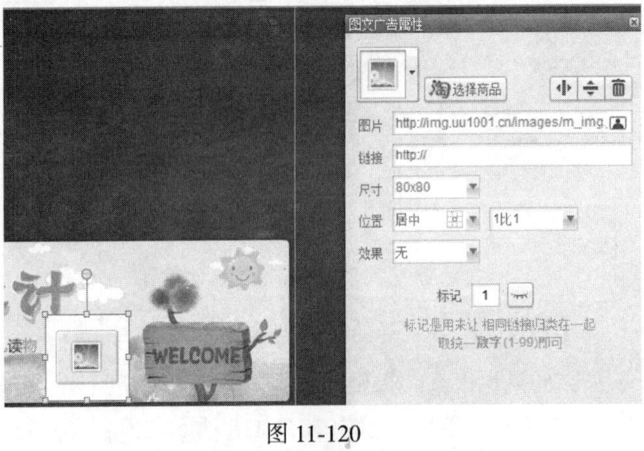

图 11-120

图 11-121

挑选一款产品并单击选中它，此时这款宝贝的图片就会显示在店招中，如图 11-122 所示。

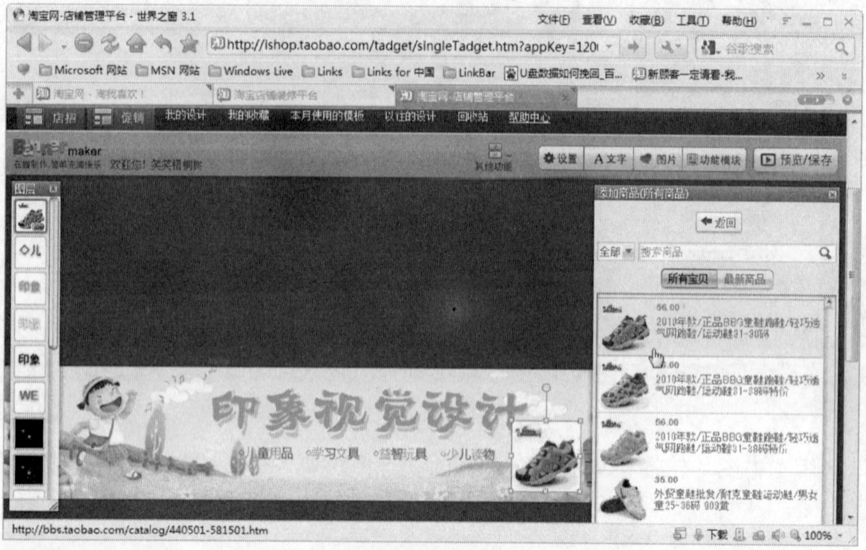

图 11-122

宝贝添加进来之后，单击宝贝列表框上的“返回”按钮就可以返回到设计界面，如图 11-123 所示。可以在图文广告属性中对这个加入的图片进行设置。

这里只是增加了一个单纯的广告，既然是图文广告，那么可以再次为这个图片添加相应的文字内容。

（6）轮播按钮 ：单击此按钮，界面显示如图 11-124 所示。

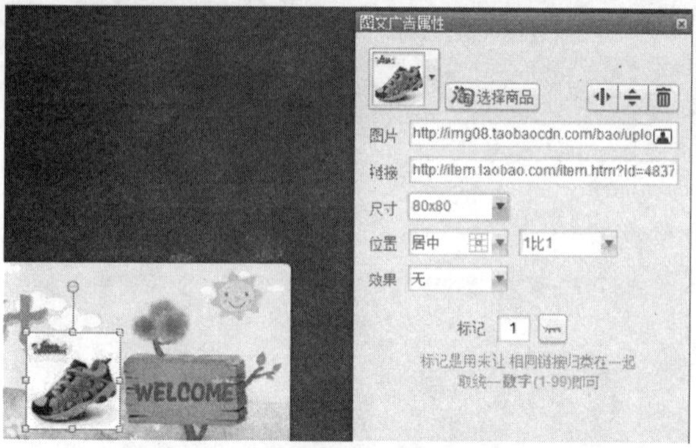

图 11-123

图 11-124

在这里系统允许在店招中增加图片轮播模块。选择任意一款模板并单击添加到当前店招中，效果如图 11-125 所示。

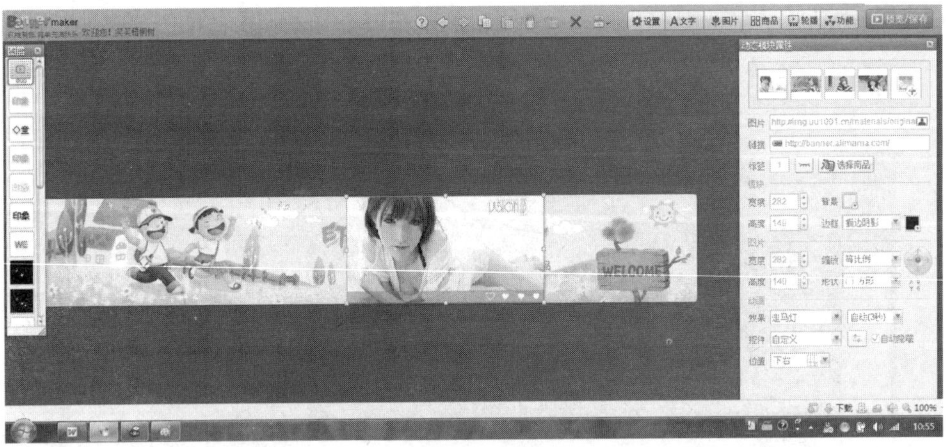

图 11-125

在设计区中选中图片轮播模块后，在右侧的动态模块属性中，可以对这个店招上的焦点图进行设置。

（7）功能按钮：单击此按钮，此时在右侧面板中就会出现如图 11-126 所示的内容。

从这里不难看出，系统允许在店招上添加三种不同的功能模块，即阿里旺旺、标签云和倒计时，可以根据自己的需要进行添加。

（8）预览/保存按钮：如果对当前的店招模板进行了更改，要想系统确认所做的更改，可以单击此按钮。单击之后，系统页面显示如图 11-127 所示。

图 11-126

图 11-127

这是一个整体页面效果预览界面，在这里有两个选择：如果觉得满意，单击“确定保存设计”按钮，此时系统就将设计保存下来。如果觉得不满意，可以单击“返回”按钮，再次返回到设计界面，再次设计，直到自己满意为止。

11.5.4　在线店招制作实例

在 11.5.3 小节中详细介绍了在线店招制作系统的基本操作。下面设计一个店招，并将其应用到店铺中。由于篇幅的限制，在这里只是在现有模板的基础上进行简单的修改从而得到所需要的店招，要想进行复杂的店招设计，各位读者可以自行尝试。

首先挑选一款自己中意的模板，单击其上的“开始制作”按钮，进入到店招设计界面，如图 11-128 所示。

图 11-128

NO.1：在图层面板中选中模板上的“印象视觉设计”，将其更改为店铺的名称，这里改成“客必隆儿童鞋服”（注意，这里的有三个完全相同的文字图层，都要修改）。在图层面板中选择“◇儿童用品　◇学习文具　◇益智玩具　◇少儿读物”，将其更改为所经营的产品，这里改成“◇关心孩子的童年◇关注孩子的成长”，如图 11-129 所示。

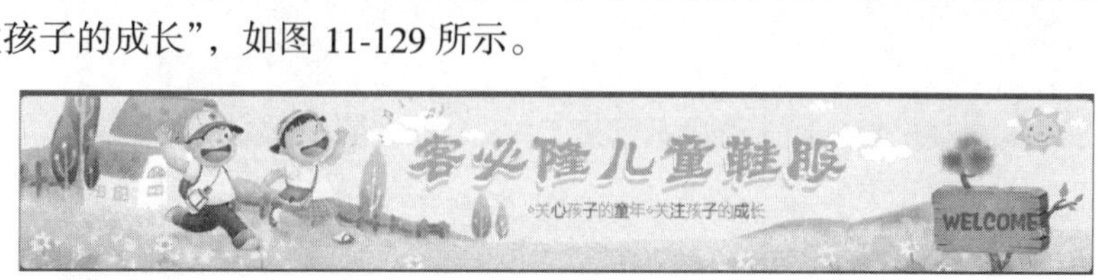

图 11-129

NO.2：更改完毕之后，单击“预览/保存”按钮，如图 11-130 所示。

图 11-130

如果对当前的设计效果非常满意，单击“输出获取设计”按钮。单击之后，系统经过一段时间的处理之后就会有所提示。如果保存成功，系统就会退出店招设计界面，显示出当前所设计并已被系统保存的店招，如图 11-131 所示。

图 11-131

此时在店招的下面，有一个“应用到店招”按钮 应用到店招 ，单击此按钮系统就会将这个店招添加到店铺中，如图 11-132 所示。

图 11-132

这样在线制作的店招已经放到了店铺中，剩下的就是将其发布，让这个新店招和买家见面！

到了这里，店招的制作总算是结束了。通过这一章的讲述，读者应该能够对店招制作过程有所了解，读者可以结合自己的实际情况，充分发挥自己的设计才能，添加不同的效果、图片或者文字，让自己的店招更加丰富多彩。当然，想要获得更好的效果，还要靠各位读者自己多创造！

第 12 章 右侧模块

12.1 右侧模块说明

在第 9 章已经介绍过，淘宝上绝大多数标准版旺铺的页面都被分成左右两栏布局，并且左窄右宽，左侧为 190px，右侧为 750px，结构如图 12-1 所示。当然拓展版及更高版本的店铺除外，因为拓展版旺铺及更高版本的旺铺卖家可以自行决定页面的布局模式。

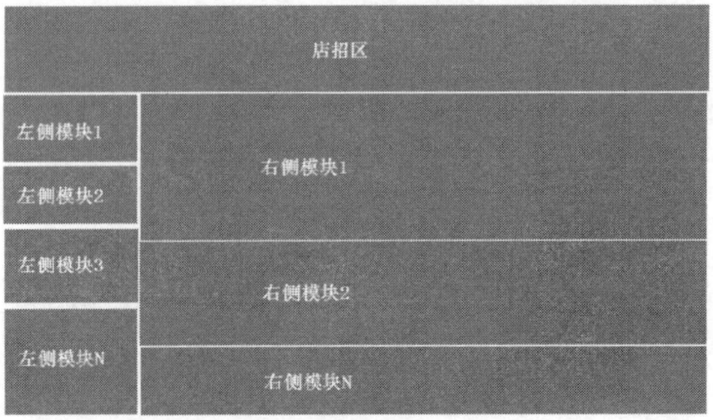

图 12-1

对于标准版旺铺来说，在店铺页面的右侧淘宝准备了两类可以在右侧添加的模块。一类是第三方模块，这类模块由淘宝官方之外的外部开发者提供，这些模块多数为收费的，如图 12-2 所示。

如果店铺需要使用这些内容，可以选择合适的模块后，单击该模块下的“添加”按钮，就可以把这个模块添加到店铺右侧右面中。例如这里选择了一个免费的团购模块添加到店铺中，效果如图 12-3 所示。

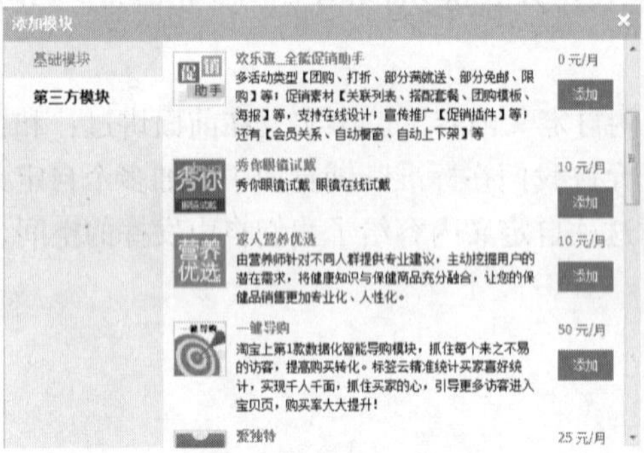

添加模块
基础模块
第三方模块
欢乐逛_全能促销助手
0 元/月
添加
秀你眼镜试戴
秀你眼镜试戴 眼镜在线试戴
10 元/月
添加
家人营养优选
10 元/月
添加
一键导购
50 元/月
添加
25 元/月

图 12-2

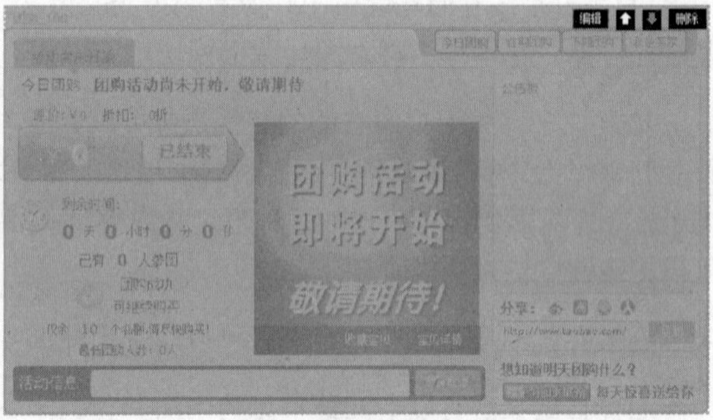

编辑
删除
今日团购：团购活动尚未开始，敬请期待
已结束
团购活动
即将开始
敬请期待！
分享：

图 12-3

另一类是基础模块，这类模块是淘宝系统提供的，不需要另外支付任何费用。这里的基础模块主要有 11 个，如图 12-4 所示。

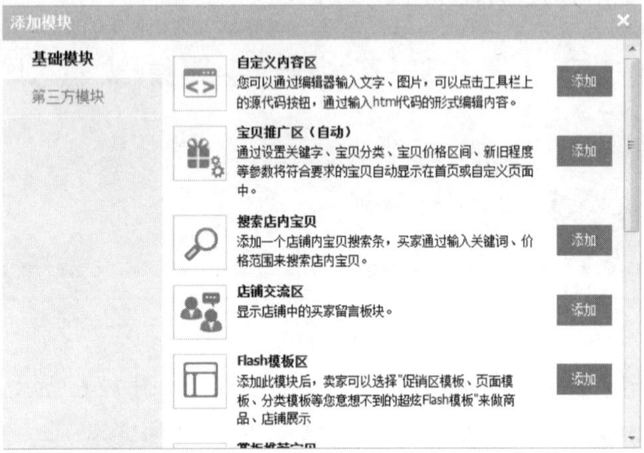

添加模块
基础模块
第三方模块
自定义内容区
您可以通过编辑器输入文字、图片，可以点击工具栏上的源代码按钮，通过输入html代码的形式编辑内容。
添加
宝贝推广区（自动）
通过设置关键字、宝贝分类、宝贝价格区间、新旧程度等参数将符合要求的宝贝自动显示在首页或自定义页面中。
添加
搜索店内宝贝
添加一个店铺内宝贝搜索条，买家通过输入关键词、价格范围来搜索店内宝贝。
添加
店铺交流区
显示店铺中的买家留言板块。
添加
Flash模板区
添加此模块后，卖家可以选择"促销区模板、页面模板、分类模板等您意想不到的超炫Flash模板"来做商品、店铺展示
添加

图 12-4

这 11 个模块可以根据自己的需要进行组合，装点自己的店铺。但要注意，在这 11 个模块中只有自定义内容区、Flash 模板区及图片轮播这三个模块可以让我们发挥自己的创意；其他模块都属于功能性模块，只是具体实现某一功能而已。

因此对于店铺的装修而言，重点就在于自定义内容区、Flash 模板区和图片轮播这三个模块。

在这三个模块中，Flash 模板区并不是免费的，它需要购买相关的服务才能使用。事实上这里的 Flash 模板和在线店招制作相似，也是在其他设计师提供的模板之上进行更改，从而得到自己想要的内容。如果读者订购了此项服务，完全可以参照第 11 章讲解的在线店招制作这一部分来使用这个装修模板。

在第 9 章左侧模块中已经介绍了图片轮播模块的使用，现在页面右侧模块中同样出现了这个内容，只不过是图片的宽度由 190 像素变为 750 像素，其使用方法和功能和左侧图片轮播完全相同，基于这一点，在本章不再对图片轮播模块进行说明。

如此说来，关于页面右侧的装修最主要就在于右侧自定义内容区。事实上在前面讲过：和扶持版旺铺相比，标准版旺铺是淘宝网的一项增值服务，允许我们在标准旺铺页面中添加多个自定义内容区（左右两侧都可以增加这种自定义内容区），而这种自定义内容给了我们自由发挥的空间，可以把店铺宣传做到极致。

在实际应用中，右侧自定义区可以用来干什么呢?

右侧自定义区有以下几种常见的用法。

1．店铺促销公告

很多卖家都会在自家店铺中使用大幅面的自定义区宣传店铺的优惠活动，以此激发买家的购买欲望，从而达到提高销量的目的，如图 12-5 所示。

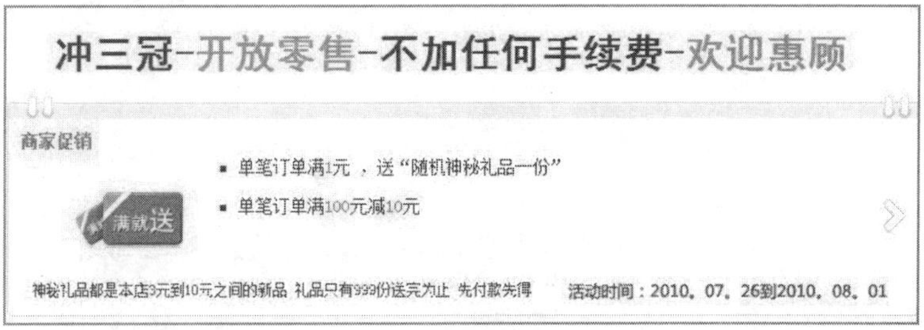
冲三冠-开放零售-不加任何手续费-欢迎惠顾
商家促销
单笔订单满1元，送“随机神秘礼品一份”
单笔订单满100元减10元
满就送
神秘礼品都是本店3元到10元之间的新品 礼品只有999份送完为止 先付款先得
活动时间：2010。07。26到2010。08。01

图 12-5

当然这里也可以用来做一些特别说明以提醒买家注意，如图 12-6 所示。

Working Time
销售：9时——24时
售后：9时——18时
每天四点半前付款当日发货
一天只发一次货，
周六休息，只接单不发货

图 12-6

2．商品促销广告

为了能让客户进店后更长时间地停留在店铺里，浏览更多的商品，提高成交率，也有很多卖家选择在页面右侧添加自家的热销宝贝进行推荐，达到吸引客户的目的，这也是一种很不错的选择。

但需要注意的是，在页面右侧进行促销时，所选的商品一定要有特色，能吸引人，才可能达到效果，如图 12-7 是一个页面右侧商品促销广告。

图 12-7

由于淘宝自定义区的容量有所增加，这意味着可以使用大幅面的广告进行促销，但淘宝对于在一个页面中使用的自定义区的个数是有限制的，因此在同一个自定义区中展示多件商品广告已经成为很多卖家的首选，如图 12-8 所示。

图 12-8

3．动态商品促销模板

前面说过，在店铺中可以通过自定义区来为店铺添加促销广告，从而达到促销目的。但是这种促销广告不管是单图还是多图，都有一个不足之处，那就是这个商品的广告图是固定不变的，如果想更换商品，必须重新制作，这无疑会增加我们的工作量。

针对这个问题，有没有好的解决办法呢？答案是肯定的，只要把商品促销区做成形式相对固定的模板，而其中促销的商品可以随时更换，这样就可以顺利地解决这个看似棘手的问题。

因此动态商品促销模板的制作才是右侧自定义区最好的选择，如图 12-9 所示，这就是一个动态商品促销模板。

图 12-9

从以上介绍中不难看出，店铺右侧区域的装修是大有可为的，在本章的后续内容中将会以上所说的内容进行具体介绍。

12.2 动态店铺公告模板

在淘宝网上做生意竞争异常激烈，为了让买家能走进店铺，又能主动掏钱购买商品，每个卖家想出各种促销方案，以激发买家的购买欲望。

怎么才能让买家知道店铺的促销活动呢？最好的方式莫过于宣传。试想一下，再好的促销活动，如果客户不知道，肯定没有效果。宣传在于两个方面，一方面是店铺之外的推广宣传，当然在店外如何推广宣传不是本章的主要内容，这里不做说明。另一方面是要在店内做好宣传，让买家一进入店铺，就可以看到现在正在进行的优惠活动。如果买家看到了店铺的优惠活动，说不定就会产生购物欲望。

基于这一点，现在很多卖家都会在自家店铺的显眼位置放置促销公告。这种促销公告主要有以下三种形式。

第一种直接在自定义区中写上促销文字，如图 12-10 所示。

这个促销公告醒目吗？笔者个人认为此广告已经醒目到了刺眼的地步，没有任何美感可言。对店铺的装修要考虑整体，不要因为局部问题而破坏了店铺的装修效果。

第二种方式就是直接将促销文字做成图片，然后在自定义区展示出来，如图 12-11 所示。

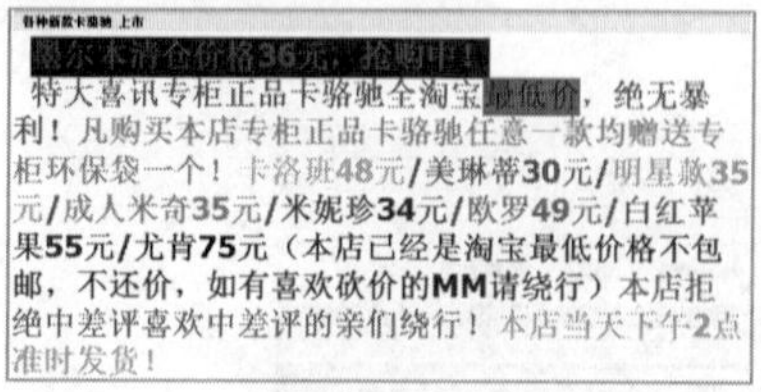
墨尔本清仓价格36元，抢购中！
特大喜讯专柜正品卡骆驰全淘宝最低价，绝无暴利！凡购买本店专柜正品卡骆驰任意一款均赠送专柜环保袋一个！卡洛班48元/美琳蒂30元/明星款35元/成人米奇35元/米妮珍34元/欧罗49元/白红苹果55元/尤肯75元（本店已经是淘宝最低价格不包邮，不还价，如有喜欢砍价的MM请绕行）本店拒绝中差评喜欢中差评的亲们绕行！本店当天下午2点准时发货！

图 12-10

优饰嘉VIP特权，享受购物新惊喜！
1.普通会员　累积购物满100　折扣 9.8
2.高级会员　累积购物满300　折扣9.5
3. VIP会员　累积购物满800　终身折扣9.0
Star Shop

图 12-11

这种形式从整体效果上来看要比第一种更好，如果处理得好，它也可以兼顾店铺的整体装修效果。但是它存在一个问题，这是一个图片式的促销公告，内容已经完全固定，如果要修改，必须重新制作，看来这个简单的固定促销公告也不是很可取。

第三种是使用动态的店铺公告模板，这种公告模板最大的好处在于公告的内容可以随意更换而不用重新制作。

下面介绍一个简单动态店铺公告模板的完整制作过程，希望通过这个简单的公告模板制作，读者能有所启发，从而在今后的店铺装修中制作出更为精美，更加适合自己的动态促销公告模板。

12.2.1　动态店铺公告模板背景图的制作

NO.1：启动 Photoshop，新建一个宽为 750px，高为 45px 的白底空白文档，如图 12-12 所示。

NO.2：在工具箱中，单击“设置前景色”按钮，系统弹出“拾色器（前景色）”对话框。在此对话框中选择一种标准灰色，如图 12-13 所示。

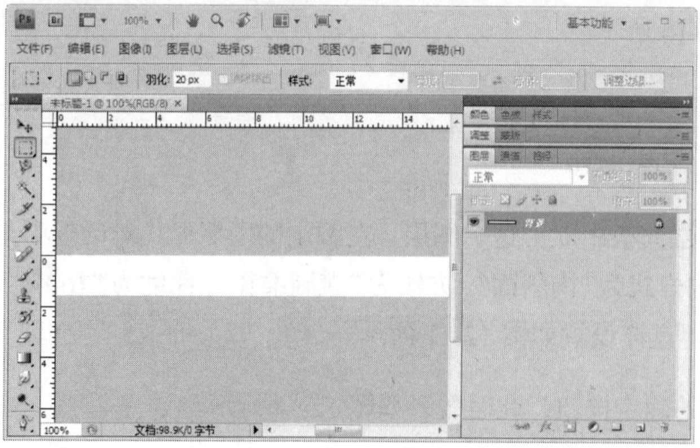

图 12-12

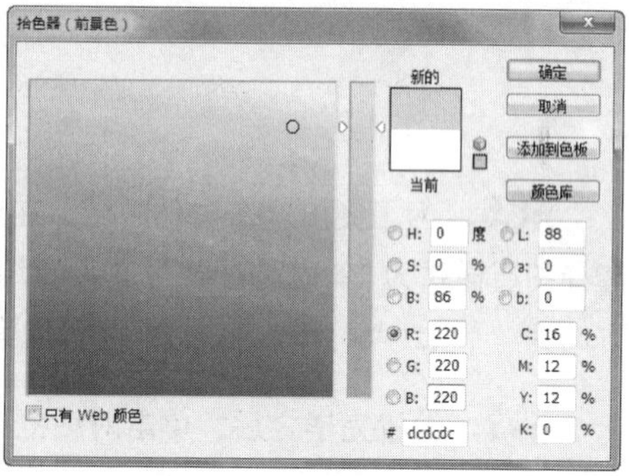
拾色器（前景色）
新的
当前
确定
取消
添加到色板
颜色库
只有 Web 颜色
dcdcdc

图 12-13

NO.3：选择完毕后，单击“确定”按钮。在工具箱中选择油漆桶工具，在新建的背景图层中单击，将此背景图层变为灰色填充，如图 12-14 所示。

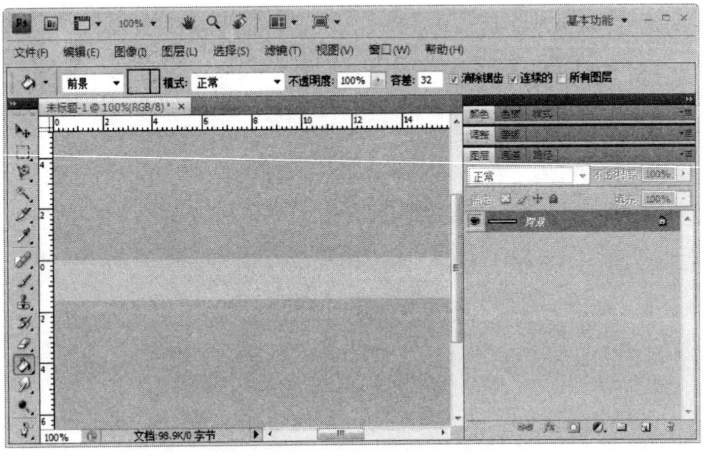

图 12-14

NO.4：新建一个图层，在图层面板中将该新建图层选定为当前工作图层。在工具箱中选择圆角矩形工具，在圆角矩形工具选项栏中设定半径为 2px，样式设定为默认样式，颜色选择为白色，如图 12-15 所示。

图 12-15

NO.5：设定完毕之后，在新建图层上创建一个大小合适的白色圆角矩形框，并用移动工具将此圆角矩形框移动到合适的位置，如图 12-16 所示。

图 12-16

NO.6：为了突出这个白色区域，在图层面板中双击这个图层，在弹出的图层样式对话框中，选择图层样式为“斜面和浮雕”，并设置结构样式为“内斜面”，方法为“雕刻柔和”，深度为“100%”，方向为“下”，大小和软化均为“1”像素，具体设置如图 12-17 所示。

NO.7：设置完毕之后，单击对话框上的确定按钮，此时效果如图 12-18 所示。

NO.8：在工具箱中选择横排文字工具，在文字工具选项栏中，选择字体为“微软雅黑”，样式为“Bold”，字号为“14 点”，消除锯齿方式为“平滑”，颜色为“黑色”，如图 12-19 所示。

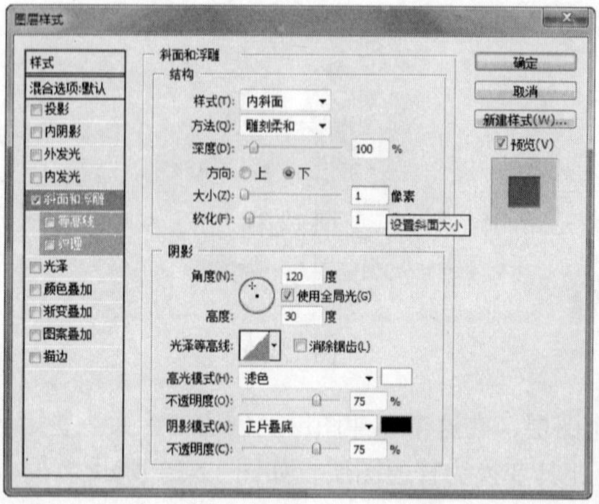

图 12-17

图 12-18

图 12-19

NO.9：设定完毕之后，在工作区的空白处单击鼠标，并输入“店铺公告”四个字，输入完毕后，调整文字的相对位置，如图 12-20 所示。

图 12-20

到这里，店铺公告模板的背景图片制作告一段落，保存文件，因为接下来还要对这个内容进行更进一步的处理。

12.2.2　动态店铺公告模板背景图动画制作

在 12.2.1 节虽然制作出了动态店铺公告的背景图片，但整个图片的效果还是稍显单调。接下来就为这个图片添加动态效果，这里增加一个喇叭图标。

NO.1：利用 Photoshop 打开 12.2.1 节制作并保存的动态店铺促销公告模板 PSD 源文件。新建一个图层，将此新建图层选定为当前工作图层。在工具箱中选择矩形工具，在矩形工具选项栏中，设置矩形选项为“不受约束”，样式为默认样式，颜色为黑色，如图 12-21 所示。

NO.2：设定完毕后，在新建图层上拖动鼠标绘制一个大小合适的矩形框，如图 12-22 所示。

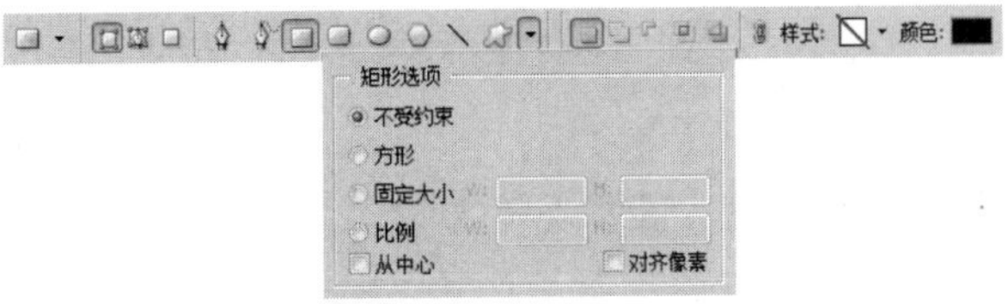

图 12-21

图 12-22

NO.3：再次新建一个图层，在这个新建图层上创建一个大一些矩形框，然后把这两个矩形框所在的图层进行栅格化，让其变换为普通图层，如图 12-23 所示。

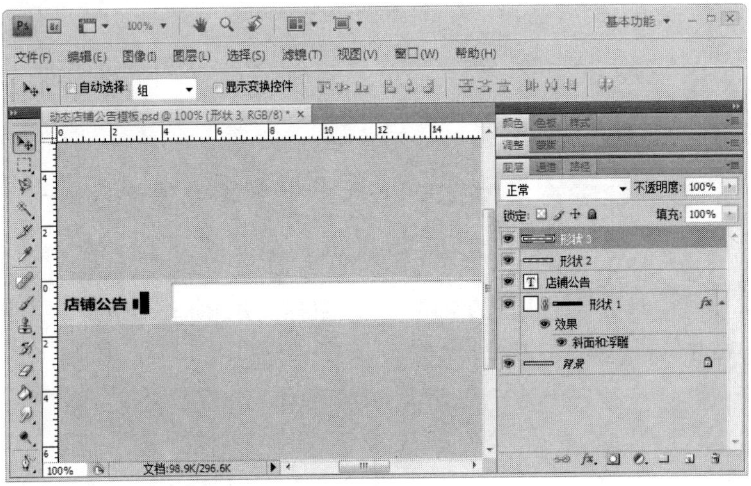

图 12-23

NO.4：栅格化之后，在图层面板中选择其中较大的矩形框所在的图层作为当前图层，单击“编辑→变换→斜切”命令，将此矩形进行斜切变换，并调整好相对位置，如图 12-24 所示。

图 12-24

NO.5：变换之后，将这两个图层合并成一个图层并调整大小，效果如图 12-25 所示。

NO.6：新建一个图层，把新建图层作为当前工作图层。在工具箱中选择椭圆选框工具，按住键盘上的 Shift 键，在新建图层上绘出一个正圆形的选框。单击“编辑→描边”命令，在弹出的“描边”对话框中设置宽度为“1px”，颜色为黑色，位置居中，如图 12-26 所示。

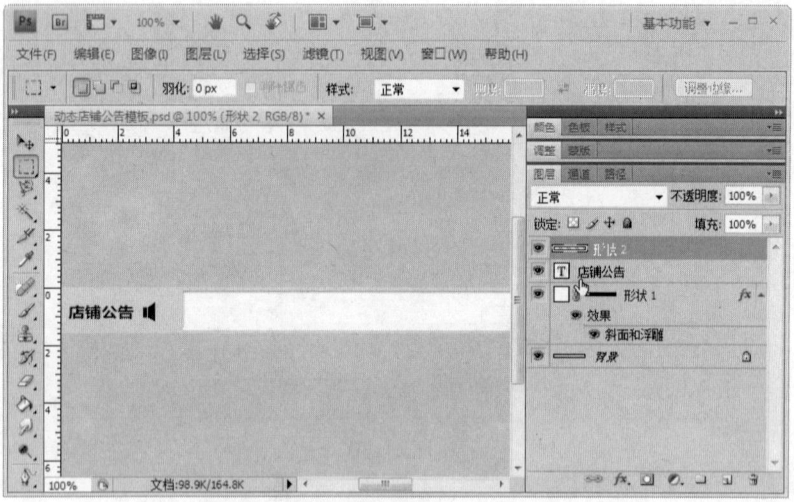

图 12-25

NO.7：设定完毕后，单击“确定”按钮，将此虚线选框变成一个标准圆形，如图 12-27 所示。

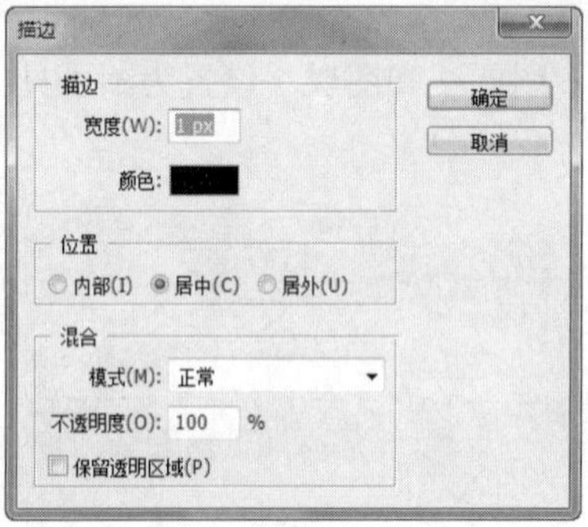

图 12-26

图 12-27

NO.8：新建一个图层，按同样的方法绘制第二个圆形，接着绘制第三个圆形，如图 12-28 所示。使用橡皮擦工具，擦除这三个圆形的部分图形，最终效果如图 12-29 所示。

图 12-28

图 12-29

NO.9：选择“窗口→动画”命令，将动画制作窗口显示出来，如图 12-30 所示。

NO.10：在动画窗口单击“复制所选帧”按钮，将当前所选帧复制三帧，如图 12-31 所示。

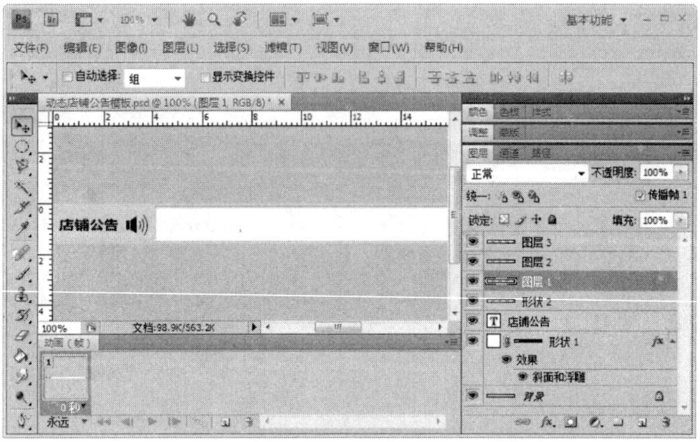

图 12-30

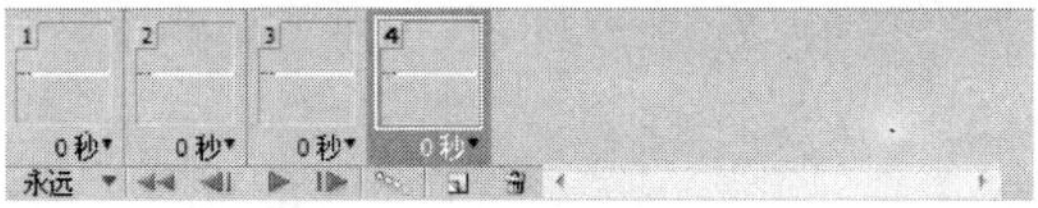

图 12-31

NO.11：单击第 1 帧，在图层面板中将图层 1、图层 2 和图层 3 设置为不可见，效果如图 12-32 所示。

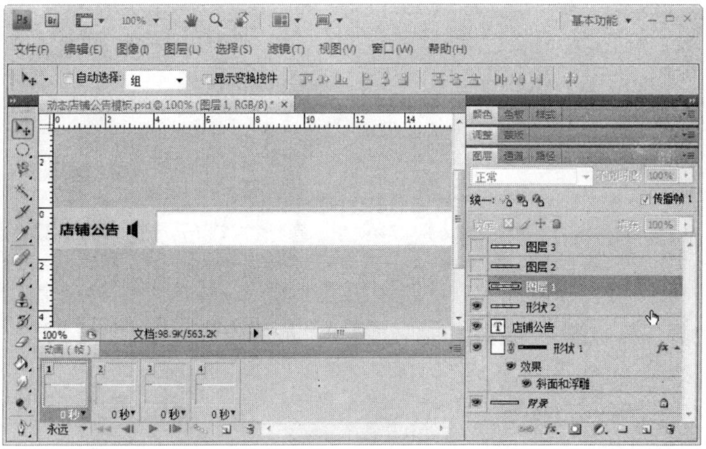

图 12-32

NO.12：单击第 2 帧，在第 2 帧为当前帧的前提下，在图层面板中将图层 1 设为可见，图层 2 和图层 3 设为不可见，如图 12-33 所示。

NO.13：在第 3 帧中，将图层 1、图层 2 设为可见，图层 3 不可见，如图 12-34 所示。

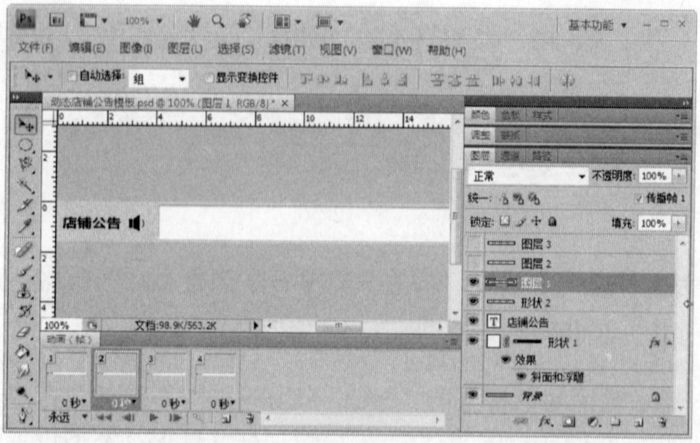

图 12-33

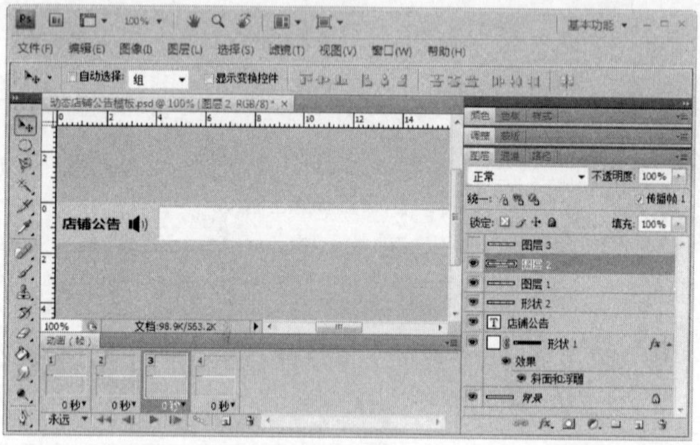

图 12-34

NO.14：在第 3 帧中，将图层 1、图层 2 和图层 3 均设为可见，如图 12-35 所示。

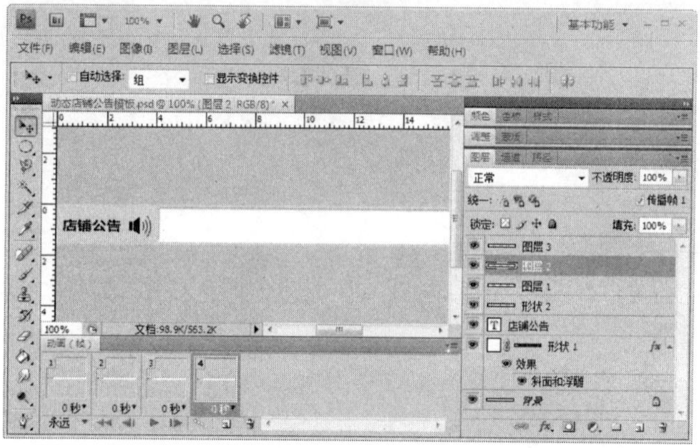

图 12-35

NO.15：第 1 帧、第 2 帧、第 3 帧和第 4 帧的间隔时间设置如图 12-36 所示。

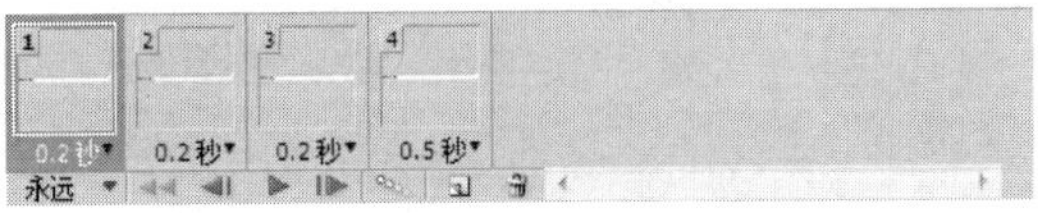

图 12-36

NO.16：现在播放文件看一看效果。单击“文件→存储为 Web 和设备所用格式”命令，在弹出的对话框中选择“GIF”文件格式，如图 12-37 所示。

NO.17：设定完毕后，单击对话框上的“存储”按钮。此时系统就会弹出“将优化结果存储为”对话框，在此对话框中指定文件所存储的位置，一定要记住文件保存类型设置为“仅限图像(*.gif)”，如图 12-38 所示。

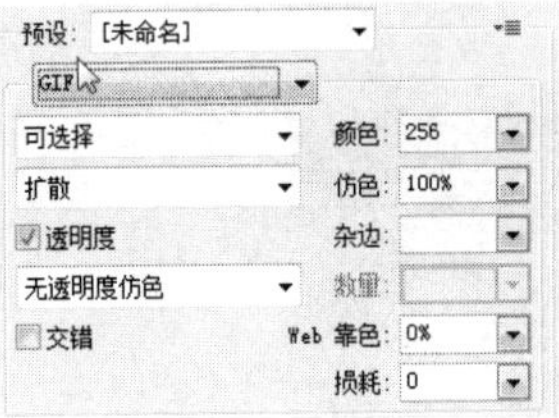

图 12-37

图 12-38

NO.18：设定完毕后，单击“保存”按钮，系统就会在指定的地方生成 GIF 文件，如图 12-39 所示。

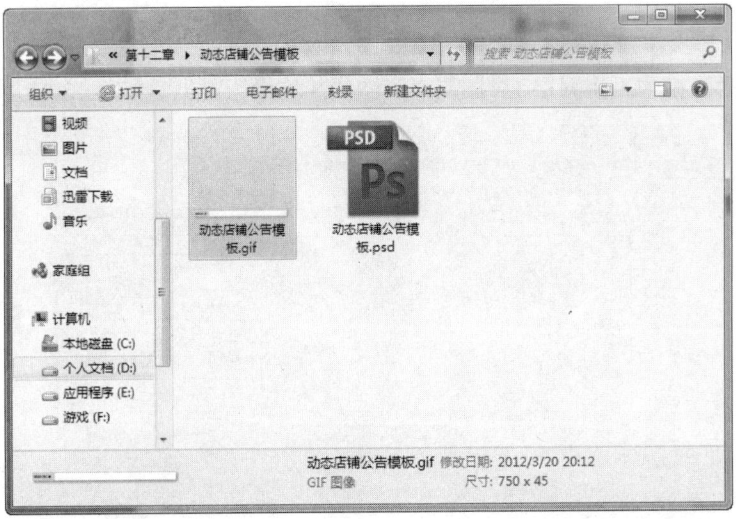

图 12-39

12.2.3　动态店铺公告模板的代码制作

1．代码的制作

启动 Dreamweaver，新建一个空白的 HTML 文件，如图 12-40 所示。

在右侧的“插入”面板中，单击“表格”按钮。在弹出的表格对话框中设置行列均为 1，表格宽度为 750 像素，其他设置如图 12-41 所示。

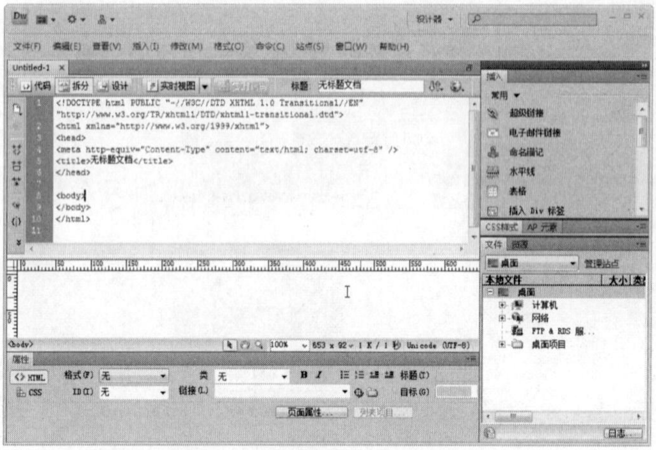

图 12-40

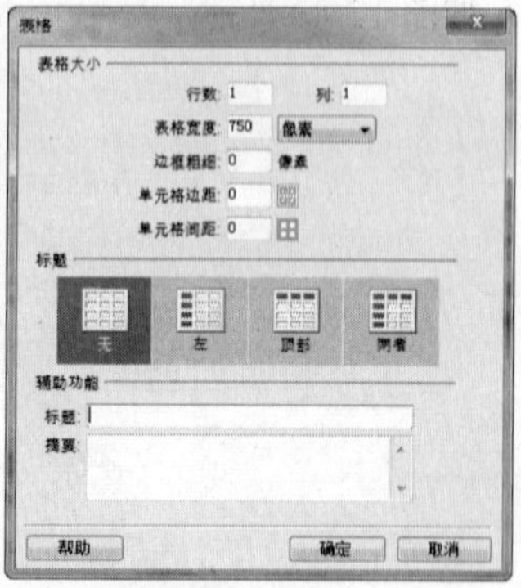

图 12-41

按如图 12-41 所示设置好参数，单击“确定”按钮，插入一个表格，并按前面所说的方法，将这个单元格的背景图设置为刚刚制作的 GIF 动画图片，把这个单元格的列高设为 45px，设置完毕后，以 HTML 格式保存文件，如图 12-42 所示。

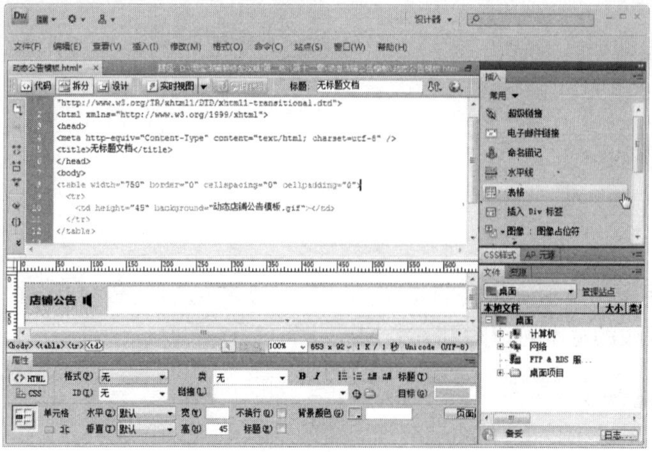

图 12-42

2. 插入嵌套表格

为了让公告内容只出现在背景图的白色区域中，并且版式要美观，现在要在以后输入促销文字的地方插入一个表格，用这个表格来对文字的版式进行约束。

在设计窗口区中单击选中背景图片所在的单元格，在“插入面板”中单击“表格”按钮。系统弹出“表格”对话框，在此对话框中，将行数设为 1 行，列数设为 3 列，表格宽度设为 100，宽度单位设为百分比，边框粗细设为 0 像素，单元格边距设为 0 像素，单元格间距设为 0 像素。其他参数依照系统的默认值，不做任何修改。

设定完毕后，单击对话框上的“确定”按钮，此时系统就会在指定的单元格中插入一个空白表格，如图 12-43 所示。

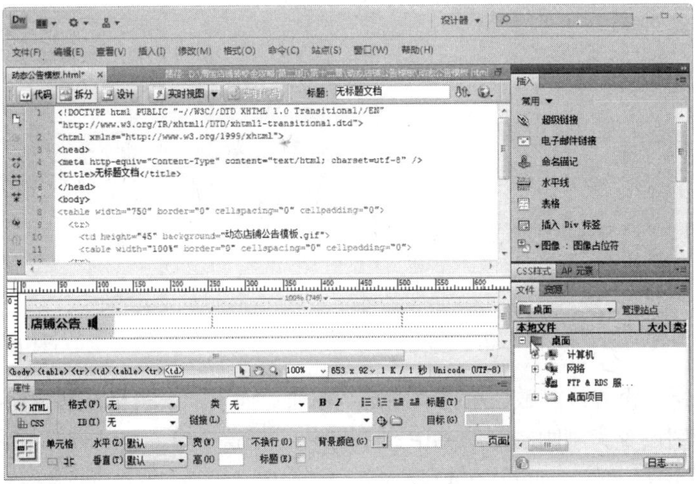

图 12-43

将这个插入的表格列高设置为 45px，并将第二列单元格的垂直对齐方式设置为居中，如图 12-44 所示。

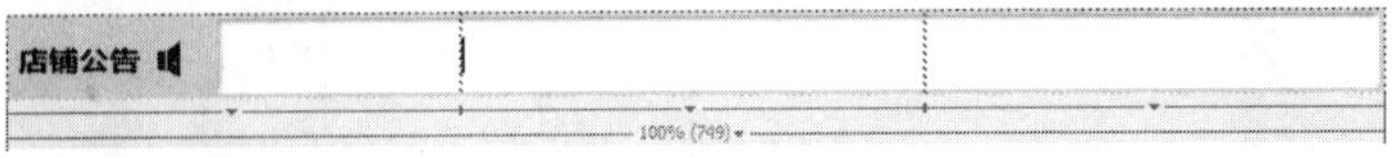

图 12-44

在设计区中，用鼠标调整中间列的宽度，将中间列的宽度调整为和中间白色区域重合为止，可以看到这个中间区域的宽度可以达到 620px，如图 12-45 所示。

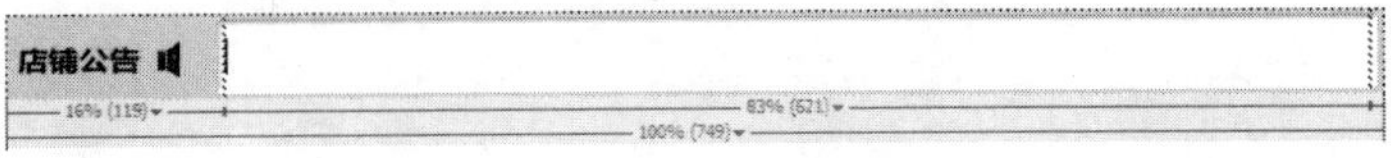

图 12-45

3．替换本地图片

将制作的店铺动态公告背景图片上传到空间中，并利用上传后图片的网络地址来替换动态店铺公告模板代码中的本地图片，替换之后的代码如图 12-46 所示。

图 12-46

4．动态店铺公告文字处理

店铺公告区域的尺寸是 620px × 45px，在这个狭长的范围内出现的文字内容只能滚屏显示。为了实现文字的滚屏显示，还要对代码做处理。

在设计区中，将光标定位在第二个单元格中。此时在代码区中，光标也会同步定位在第二个单元格的代码中。

```
    <marquee direction="left" behavior="scroll" scrollamount="1" scrolldelay="0"
width="620" >
            <font face="楷体_GB2312" size="3">
    <strong>声 明：</strong>本店包邮只包韵达快递（港澳台地区及海外地区不参于包邮），如要发顺
丰及 EMS，请补拍运费。</font>
           </marquee>
```

将上面这段代码粘贴到代码区的当前光标处，如图 12-47 所示。

5．动态店铺促销公告代码的保存

在代码窗口中将<body>和</body>之间的代码用鼠标拖动全选，复制并粘贴到记事本中，以文本文档的形式保存在指定位置，如图 12-48 所示。

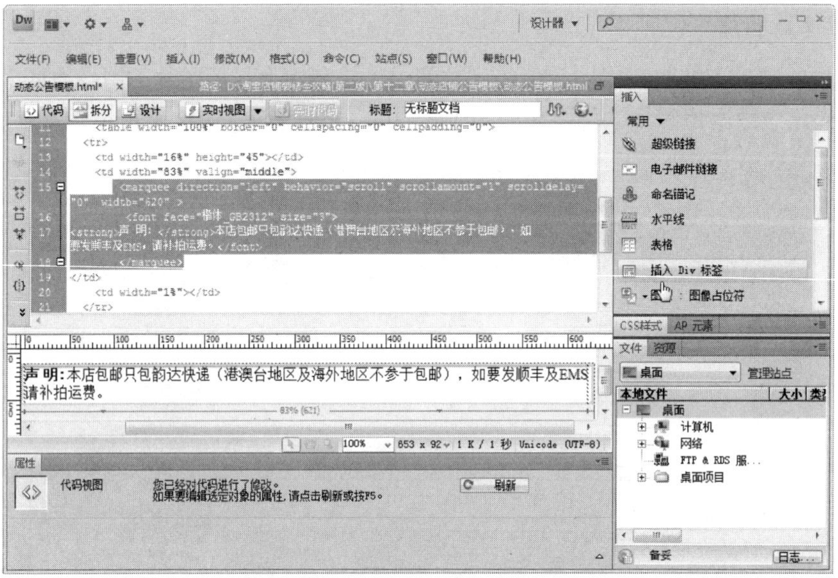

图 12-47

图 12-48

12.2.4 动态店铺公告模板的使用

经过前面的处理，准备工作做完了。接下来的任务是要将这个动态店铺公告显示在自家店铺里，并在其中写上公告信息，方便买家及时了解相关信息。

进入店铺首页装修界面，在右侧添加一个自定义模块，调整好位置之后，在装修页面中就会看到一个新增的自定义模块，如图 12-49 所示。

图 12-49

单击新增加的自定义内容区上的“编辑”按钮，系统弹出一个自定义内容区编辑内容对话框，将此对话框转换成源代码编辑模式，将代码文本文件中的内容复制并粘贴到代码区中，然后保存，如图 12-50 所示。

图 12-50

将店铺公告发布，发布成功之后，店铺首页的效果如图 12-51 所示。

图 12-51

就这样，一个动态的店铺促销公告被加入到了店铺中。这些促销公告内容可以随时更改，而不必重新制作模板，只需要将里面的显示内容替换一下就行了。

12.3 商品促销广告

自定义内容区的最大价值就在于可以用来推销自己的商品，因为对于卖家来说，将自家的商品成功地推销出去才是最主要的任务。下面看一看从其他店铺中所截取的商品促销广告，如图 12-52 所示。

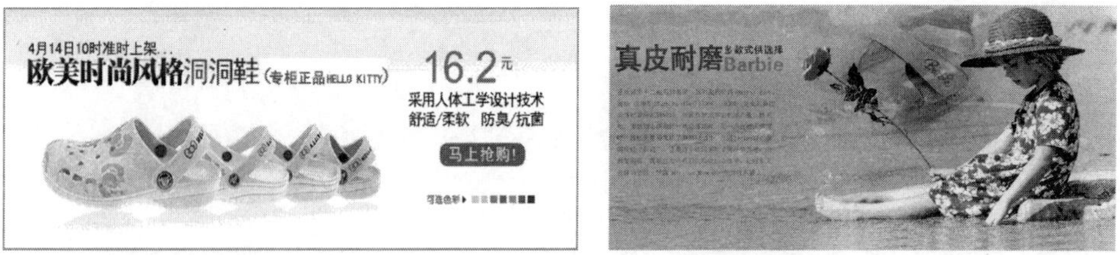

图 12-52

以上的促销广告都是以单个图片的形式出现的，再看一看如图 12-53 所示的商品促销广告。

从图 12-52 和图 12-53 中可以看出，在自定义内容区的商品促销广告主要分为以下两大类。

第一大类是单图广告，这种广告的制作从技术上来说比较简单，只是使用 Photoshop 来制作一个图片，在图片上放上自家的宝贝图片，再加上一些极具煽动性的广告词。然后将制作好的图片上传到图片空间中，再放到一个自定义模块中，在图片加上宝贝链接，最后发布就可以了。

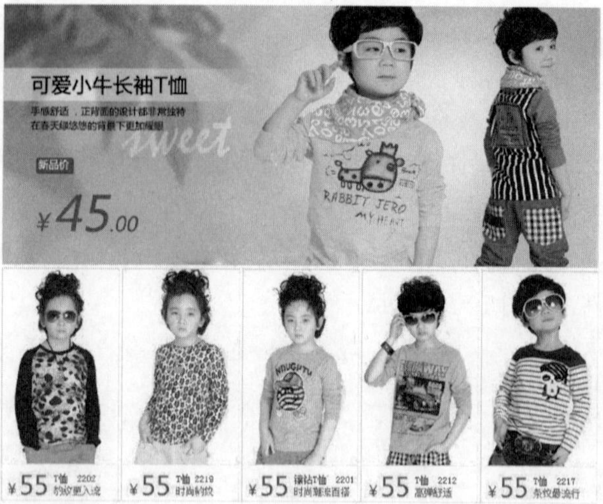

图 12-53

第二大类是多图广告，这种广告是在一个模板中放置多个广告图片，利用这种方式可以使用最少的自定义区宣传更多的宝贝。毕竟自定义区的使用是有数量限制的。

接下来以图 12-53 为例来制作一个类似的多图商品促销广告。

12.3.1　广告图片的制作

利用 Photoshop 新建一个宽为 750px，高为 330px 的空白文档，并以此为工作区来创建一个广告图片，并加上宝贝图案及宣传语，如图 12-54 所示。

将此图片以 JPEG 格式保存下来，按照同样的方式将其余几张图片一一制作出来并保存备用。最终得到的全部图片如图 12-55 所示。

图 12-54

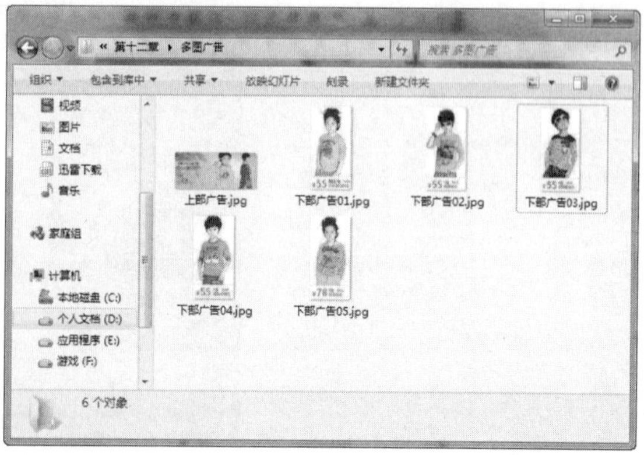

图 12-55

12.3.2 代码制作

1. 编写代码

在 12.3.1 节中，已经将需要促销的广告图片全部制作完毕，接下来就该将这几个图片组合起来了。

启动 Dreamweaver，在启动之后的欢迎页面中单击新建“HTML”选项，Dreamweaver 会创建一个空白的 HTML 文件，如图 12-56 所示。

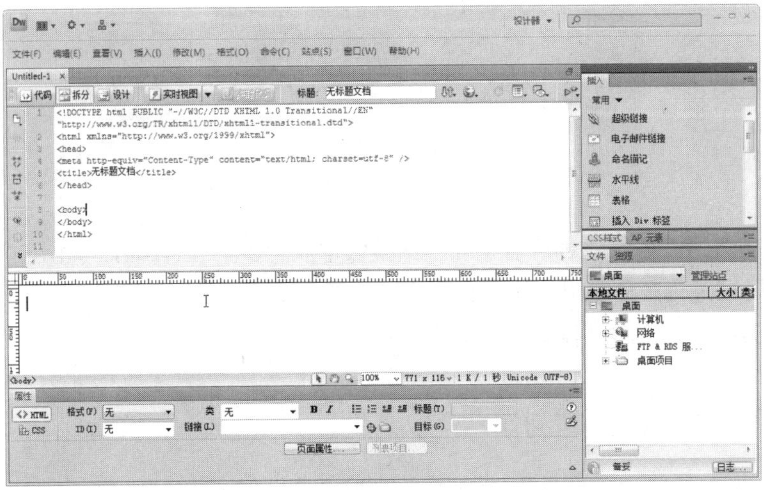

图 12-56

为了让图片版式美观，现在要插入一个表格，用这个表格对图片进行排版。单击“插入面板”中的“表格”按钮，在弹出的对话框中进行如图 12-57 所示的设置。

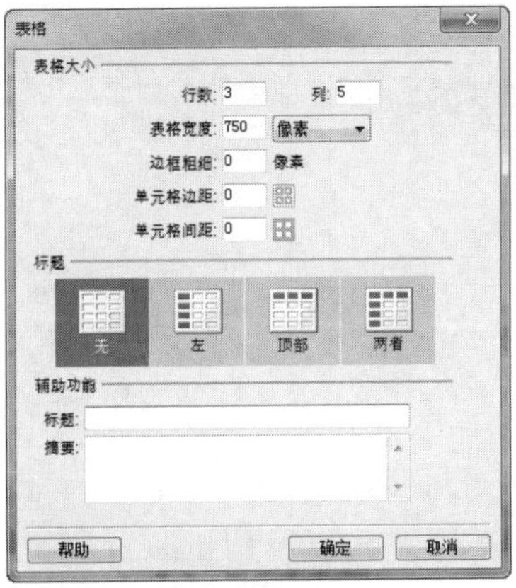

图 12-57

设定完毕，单击“确定”按钮，此时一个符合要求的表格被插入到新建的 HTML 文档中。将第一行的五个单元格全部选中并合并单元格，将第二行的五个单元格也全部选中并合并，并将所有单元格的水平和垂直对齐方式设为“居中”对齐。设置完毕之后，效果如图 12-58 所示。

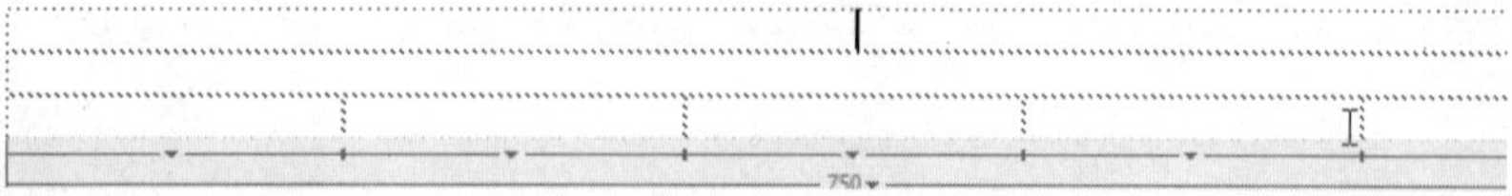

图 12-58

现在表格基本上设定完毕，下面开始将广告图片插入到规定的位置，同时，将表格的第二行列高定义为 5px，效果如图 12-59 所示。

图 12-59

2．本地图片的网络替换

将制作好的所有图片全部上传到图片空间中，并将代码中的本地图片用相应的网络图片进行替换，替换之后的代码如图 12-60 所示。

3．代码保存

将<body>和</body>之间的代码全部选中并复制，然后粘贴到记事本中以文本格式进行保存，保存之后的效果如图 12-61 所示。

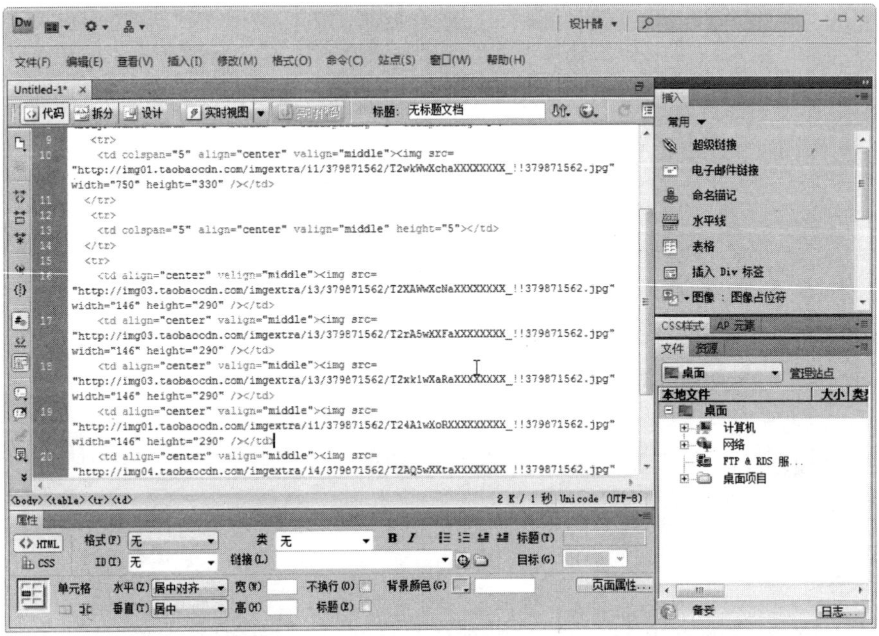

图 12-60

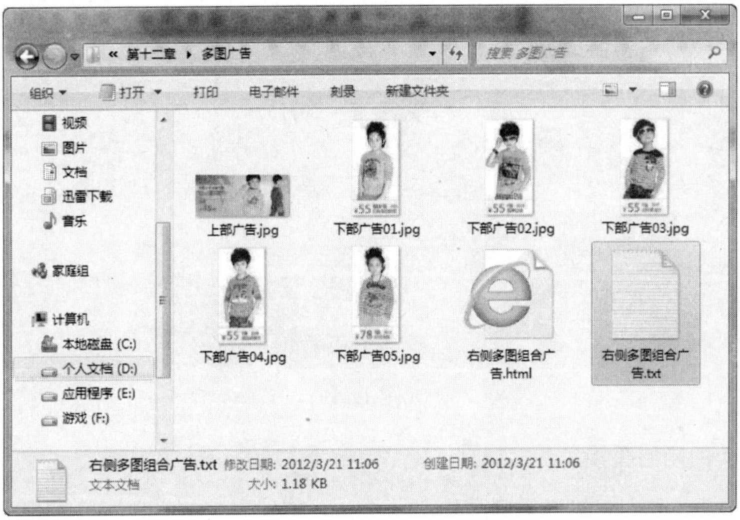

图 12-61

12.3.3 多图广告的使用

进入店铺首页装修界面，在右侧添加一个自定义模块，调整好位置之后，在装修页面中就会看到一个新增的自定义模块，如图 12-62 所示。

图 12-62

单击新增加的自定义内容区上的“编辑”按钮，系统会弹出一个自定义内容区编辑内容对话框，将此对话框转换成源代码编辑模式，将代码文本文件中的内容复制并粘贴到代码区中，一切准备就绪之后，将这个自定义内容区转换成设计模式，如图 12-63 所示。

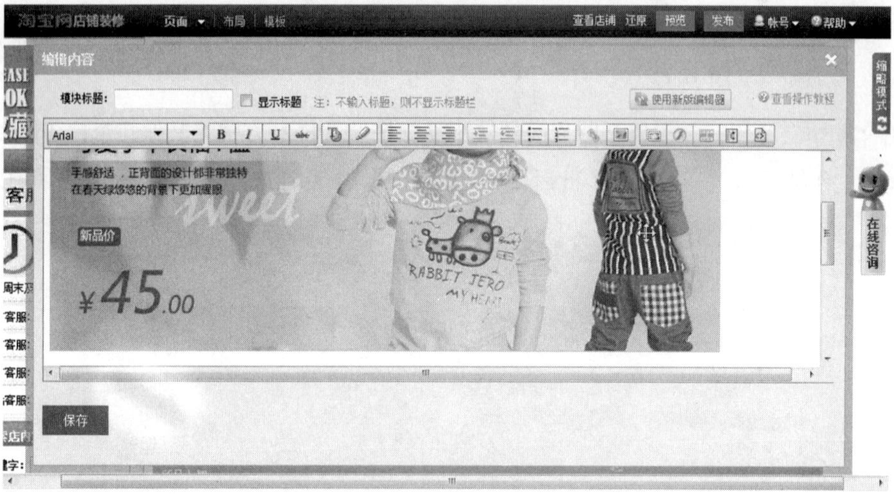

图 12-63

在这个设计模式中，首先用鼠标选中第一张图片，如图 12-64 所示。

单击编辑区工具栏上的“超链接”按钮，系统会弹出如图 12-65 所示的对话框。

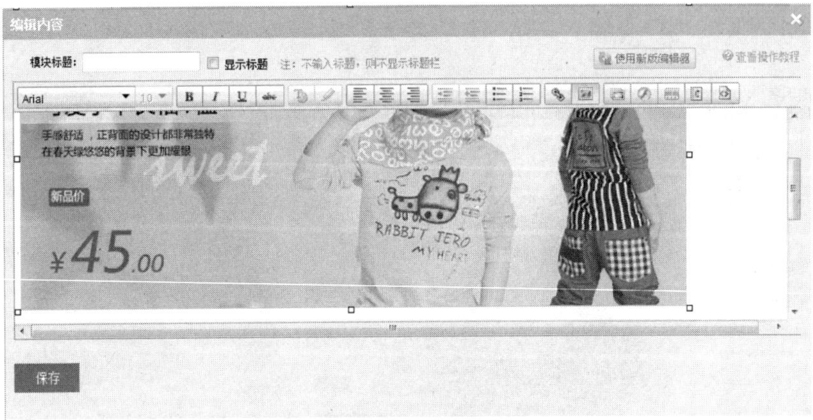

图 12-64

接下来就找到这个广告图片所对应的宝贝链接地址，选中之后并复制，然后把它粘贴到如图 12-65 所示的“链接地址”文本框中，如图 12-66 所示。

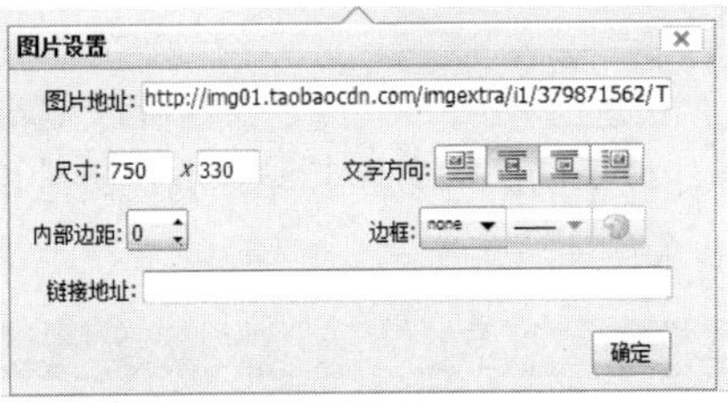

图 12-65

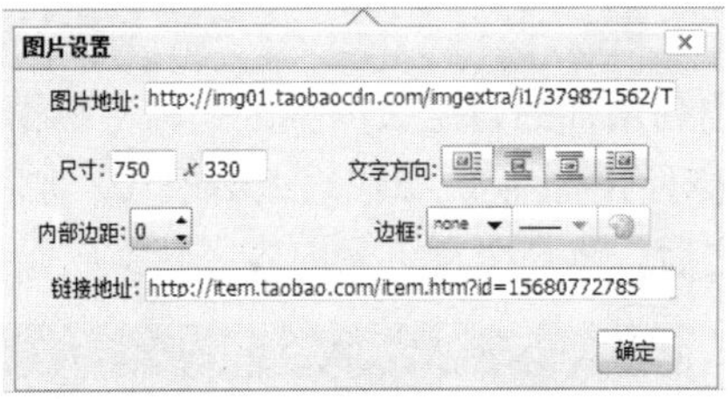

图 12-66

单击“确定”按钮，完成这个图片的链接添加。按照同样的方式将其他几个广告图片添加链接地址。全部工作结束之后开始发布。此后，就可以在店铺中看到这个多图广告了，如图 12-67 所示。

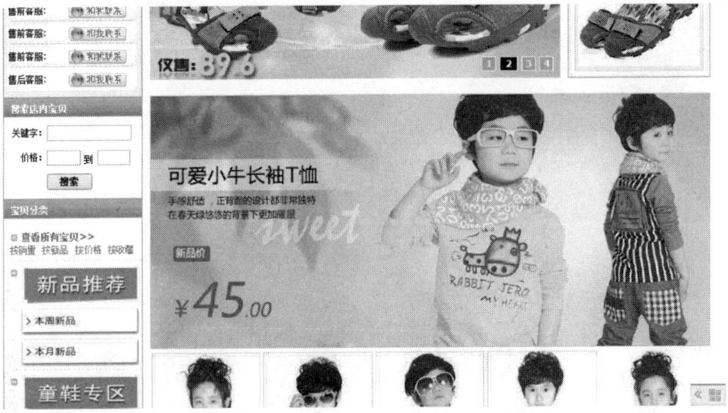

图 12-67

虽然这种形式的广告制作稍显麻烦，但使用这种方式可以利用最少的模块投放最多的广告。为什么要这样做呢？因为淘宝网对于每个页面所允许添加的模块数量是有限制的。

12.4　超酷动态商品促销模板（DIV+Table 布局）

不管是店铺公告，还是商品促销广告图，其目的都是为了在店铺中更好地宣传自家的店铺或产品，以期将流量更好地转化为销量。

但是上面两种宣传方式都过于单一，并且在形式上有些呆板。因此，现在很多卖家都纷纷在自家店铺中使用动态的商品促销模板，这种模板有三大优点：第一是所促销的商品可以随时更换，不再是一成不变；第二是商品图片可以动态展示，更能吸引人的注意；第三是这种模板能够美化店铺。

淘宝网推出了促销模板服务，利用这种服务，可以轻松地制作出漂亮的促销模板。不过这种服务不是免费的，要想使用就得按月付费！

作为小卖家能够省钱就是赚钱。因此可以自行制作促销模板，将其投放到自家店铺中。况且这种自行制作的促销模板效果也并不差，只要能够处理好，一样可以媲美收费的促销模板。

下面制作如图 12-68 所示的动态商品促销模板。

图 12-68

12.4.1　动态商品促销模板的背景图片制作

NO.1：启动 Photoshop，新建一个宽为 190px，高为 300px 的空白文档。为了更好地体现模板的样式，选择“编辑”菜单中的“描边”命令，将整个文档区域加上宽为 1px 的绿色边框。最终效果如图 12-69 所示。

NO.2：新建一个图层，在图层面板中将此新建图层选定为当前工作图层。在工具箱中选择矩形选框工具。选择之后，在矩形选框工具选项栏中将羽化值设为 0px，样式选择“固定大小”，并将宽度设为 190px，高度设为 36px，如图 12-70 所示。

图 12-69

图 12-70

NO.3：设定完毕后，按住鼠标左键不放，在空白文档最上方拖动鼠标创建一个矩形选框，如图 12-71 所示。

NO.4：在工具箱中单击“设置前景色”按钮，把前景色设置为绿色，然后选择油漆桶工具，将刚刚创建出的矩形选择框填充为绿色，如图 12-72 所示。

图 12-71

图 12-72

NO.5：再次新建一个图层，在图层面板中将此新建图层选定为当前工作图层。在工具箱中选择横排文字工具。在横排文字工具选项栏中，选择字体为“黑体”，字号大小选择为“18 点”，样式为“锐利”，文字颜色为“白色”，如图 12-73 所示。

图 12-73

NO.6：设置完毕后，在新建图层中输入“热销宝贝”四个字，并调整好文字的相对位置，如图 12-74 所示。

NO.7：为了突出文字的显示效果，在图层面板中双击此文字图层。在弹出的图层样式对话框中，选择投影样式，并设置距离和大小均为 1 像素，具体设置如图 12-75 所示。

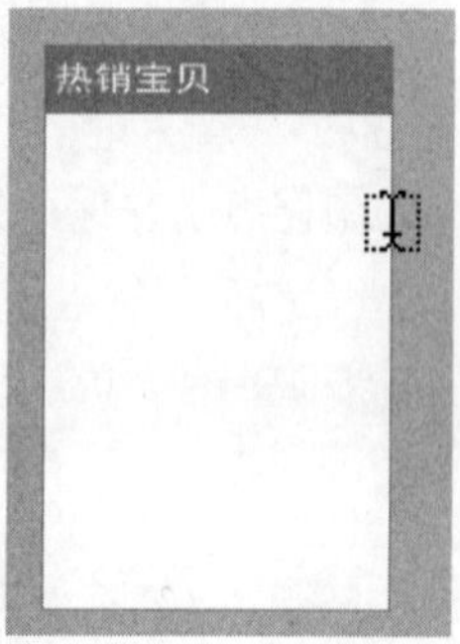

图 12-74

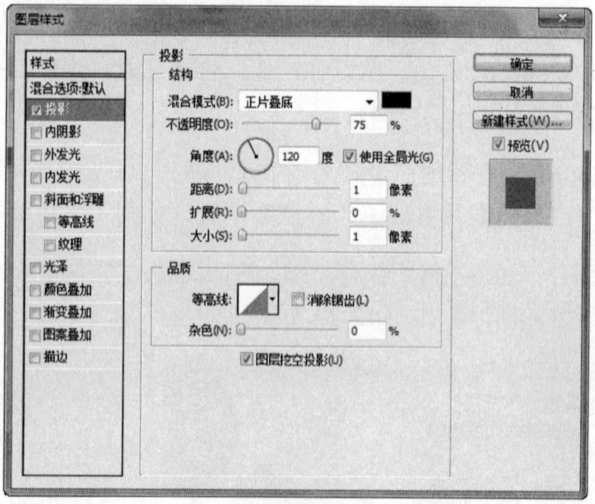

图 12-75

NO.8：设置之后，单击“确定”按钮，就可以看到此时文字的显示效果已经发生变化，如图 12-76 所示。

NO.9：保存所制作的源文件，并将这个背景图以 JPG 的格式保存在指定的位置，保存成功之后，这个动态促销模板的背景图片制作任务就算告一段落，如图 12-77 所示。

图 12-76

图 12-77

12.4.2 动态商品促销模板中的广告图片制作

动态促销模板实际上就是一个广告灯箱，想在广告灯箱中发布宣传图片，广告内容也需要事先设计好。当然，这种广告的幅面是由模板的大小来决定的。这一节所设计的动态促销模板的广告幅面大小为 550px × 300px，所以在制作广告图片时一定要严格按照这个尺寸制作，否则发布之后，广告宣传图片将不会完美展示。

在 Photoshop 中新建一个宽为 550px，高为 300px 的空白文档，并以此为工作区创建一个广告图片，加上宝贝图案及宣传语，并调整位置，如图 12-78 所示。

将此图片以 JPEG 格式保存下来，按照同样的方式将其他图片一一制作出来并保存备用。最终得到全部所需的图片，如图 12-79 所示。

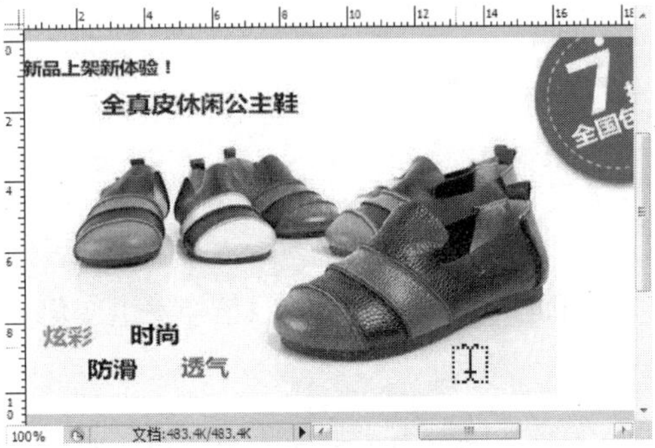

图 12-78

图 12-79

12.4.3 动态商品促销模板的代码制作

事实上，现在要制作的这个动态店铺促销模板分成了左、右两块。左边部分使用的是普通图片轮播，幅面大小为 550px × 300px，右边部分使用的是手风琴轮播。在这里将两种轮播效果融合在一起，形成动态店铺促销模板。手风琴轮播效果的实现使用了相关代码，这些代码在第 9 章中已经做了说明，这里不再具体说明，但左侧的普通轮播效果，也是要通过代码实现的。

可能有的读者会问，淘宝本身就提供了普通轮播模块，现在做这个模板还有什么新意呢？不错，这是因为考虑到淘宝本身提供的轮播模块是不能自己指定模块宽度的。而这里制作的轮播模块宽度是 550px，要想实行这一点，必须通过相关的代码来实现。也就是说，这里制作的是一个真正自定义的图片轮播。

1. 左侧自定义轮播代码

左侧自定义轮播代码如下所示。

```
    <div class="box J_TBox tshop-pbsm tshop-pbsm-spr10c" data-spm=&quot;2000.932685.2120027331.0&quot;>
```

```
<div class="shop-slider">
<div class="bd">
<div class="slider-promo J_Slider J_TWidget" data-type="scrolly" data-widget-type="Slide" style="height:300px;" data-widget-config="{'effect':'scrolly','contentCls': 'lst-main', 'navCls': 'lst-trigger', 'activeTriggerCls': 'current'}">
<ul style="PADDING-BOTTOM: 0px; MARGIN: 0px; PADDING-LEFT: 0px; PADDING-RIGHT: 0px; PADDING-TOP: 0px" class="lst-main">
<li><a href="第一广告图片的商品链接" target="_blank"><img src="第一广告图片网络存储地址" width="550" height="300" border="0" style="width:550;height:300;"></a> </li>
<li><a href="第二广告图片的商品链接" target="_blank"><img src="第二广告图片网络存储地址" width="550" height="300" border="0" style="width:550;height:300;"></a> </li>
<li><a href="第三广告图片的商品链接" target="_blank"><img src="第三广告图片网络存储地址" width="550" height="300" border="0" style="width:550;height:300;"></a> </li>
</ul>
</div>
</div>
</div>
</div>
```

这段代码经实践证明在现阶段可用，但它本身是一段不完整的代码，因为这段代码中还引用了很多 class，这些 class 存在于淘宝的系统中，但这并不妨碍我们使用它。

对于卖家来说，只要知道一些必要的内容就行了。在这段代码中，哪些内容是必须知道的呢？就是上面代码中加粗显示的内容。

style="height:300px;"：表明这个轮播模块的高度是 300 像素

href="第一广告图片的商品链接"：表明这个广告图片对应宝贝的链接地址是“第一广告图片的商品链接”，我们在使用时，需要把该广告图片所对应的宝贝链接地址放在这个地方。

src="第一广告图片网络存储地址"：表明这个广告图片的网络存储地址是“第一广告图片网络存储地址”，我们在使用时，需要把广告图片的网络存储地址放在这个地方。

style="width:550;height:300;"：表明这个轮播图片的宽度是 550px，高度为 300px。

后面还有相应的第二广告和第三广告等内容，和第一广告完全相同，这里不再一一说明。当然为了以后的使用方便，可以把这段代码以 TXT 的格式存储下来。

2．右侧手风琴效果代码

右侧手风琴效果代码如下所示。

```
<DIV style="WIDTH: 190px; BACKGROUND: url(动态促销模板框架.jpg) no-repeat 0px 0px; HEIGHT: 300px" class=bestchoice>
<DIV style="TEXT-ALIGN: center; PADDING-BOTTOM: 5px; PADDING-LEFT: 5px; PADDING-RIGHT: 5px; PADDING-TOP: 40px">
<DIV class=J_TWidget data-widget-config="{ 'triggerType': 'mouse','triggerCls':'acc-title','panelCls':'acc-panel','multiple':false, 'activeTriggerCls':
```

```
'collapse','autoplay':true}" data-widget-type="Accordion">
   <ul style="PADDING-BOTTOM: 0px; MARGIN: 0px; PADDING-LEFT: 0px; PADDING-RIGHT: 0px; PADDING-TOP: 0px">
   <li  class="acc-title  collapse"  style="  cursor:pointer;line-height:22px; padding-left:12px;margin:2px 4px 4px 4px;text-align:left;
    no-repeat 0px -30px;"> <a href=" " style="color:#000;text-decoration:none;">项目一</a ></li>
   <li style="DISPLAY: block;cursor:pointer;text-align:center;margin:0px 4px 4px 4px;background-color:#F2F2F2;border:1px  solid  #DDD;border-top:none;padding:3px 0px 6px 0px;" class="acc-panel">
   <img alt="" width="160" height="160"border=0 style="vertical-align:middle;">
</li>
   <li  class="acc-title  collapse"  style="  cursor:pointer;line-height:22px; padding-left:12px;margin:2px 4px 4px 4px;text-align:left;
    no-repeat 0px -30px;"> <a href=" " style="color:#000;text-decoration:none;">项目二</a ></li>
   <li style="DISPLAY: block;cursor:pointer;text-align:center;margin:0px 4px 4px 4px;background-color:#F2F2F2;border:1px  solid  #DDD;border-top:none;padding:3px 0px 6px 0px;display:none;" class="acc-panel">
        <img alt="" width="160" height="160"border=0 style="vertical-align:middle;"> </li>
   <li  class="acc-title  collapse"  style="  cursor:pointer;line-height:22px; padding-left:12px;margin:2px 4px 4px 4px;text-align:left;
    no-repeat 0px -30px;"> <a href=" " style="color:#000;text-decoration:none;">项目三</a ></li>
   <li style="DISPLAY: block;cursor:pointer;text-align:center;margin:0px 4px 4px 4px;background-color:#F2F2F2;border:1px  solid  #DDD;border-top:none;padding:3px 0px 6px 0px;display:none;" class="acc-panel">
   <img width="160"  height="160"style="vertical-align:middle;"border=0  alt="">
</li>
   </ul>
   </DIV></DIV></DIV>
```

3. 动态商品促销模板组合代码

在前面分别列出了自定义宽度轮播代码和手风琴轮播代码，这两段代码都可以单独使用，要想把这两段代码组合使用，并不是简单地将代码组合到一起就可以的。下面将这两段代码有机地整合在一起，使之成为一个整体的动态促销模板。

启动 Dreamweaver，在启动之后的欢迎页面中单击“新建 HTML”按钮，Dreamweaver 会创建一个空白的 HTML 文件，如图 12-80 所示。

在插入面板中，单击“插入 div 标签”按钮 插入 Div 标签 。系统弹出一个名为“插入 div 标签”的对话框，如图 12-81 所示。

这里不做任何设置，直接单击“确定”按钮，此时在页面中会插入一个 div 标签，如图 12-82 所示。

在代码区中，将光标定位在“<div”和“>”之间，并按空格键，此时，Dreamweaver 会弹出关于 div 标签相关属性的下拉框，在这个下拉框中选择“style”，如图 12-83 所示。

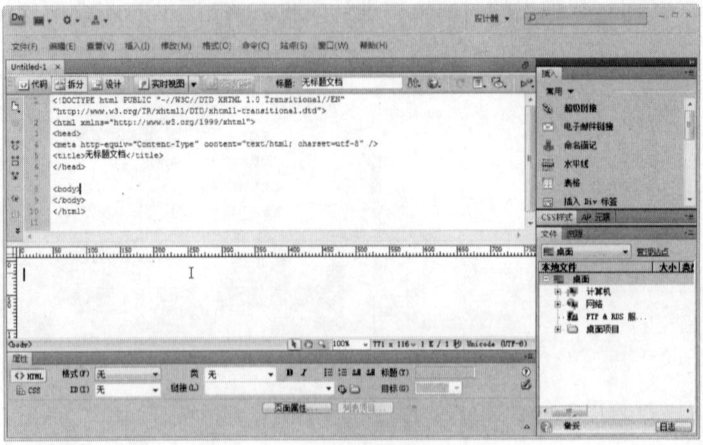

图 12-80

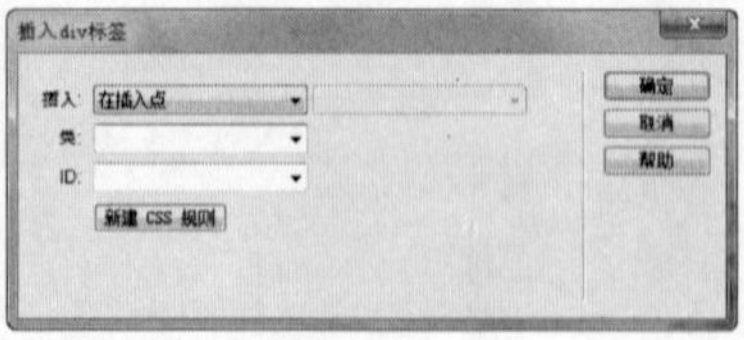

图 12-81

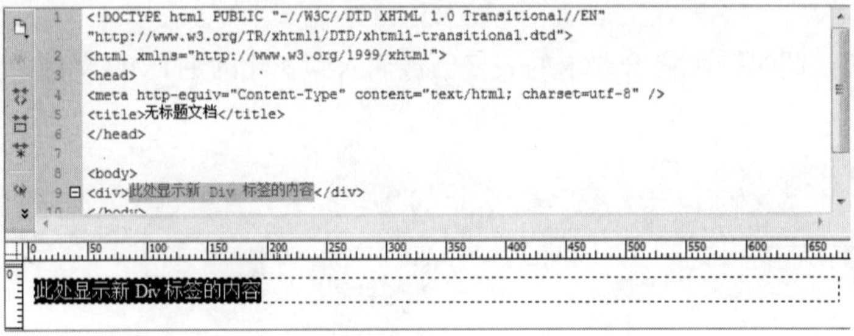

图 12-82

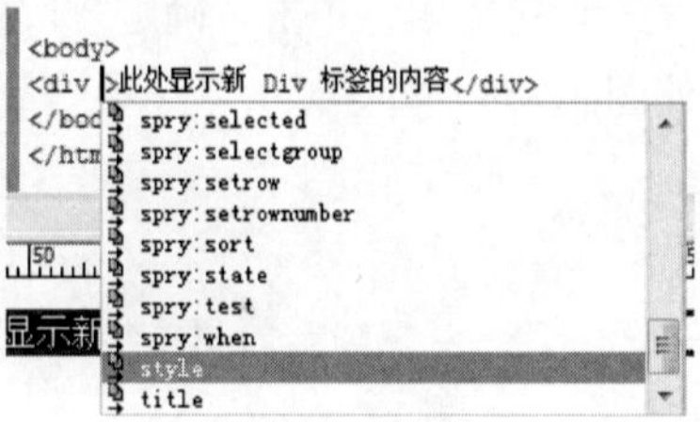

图 12-83

选中“style”这一属性选项，并双击此选项。此时会看到，Dreamweaver 会在 div 标签中插入“style”，同时，Dreamweaver 也会显示出“style”的相关属性下拉框，如图 12-84 所示。

在下拉框中选择“width”选项，双击此选项，在代码中会出现“width:”，如图 12-85 所示。

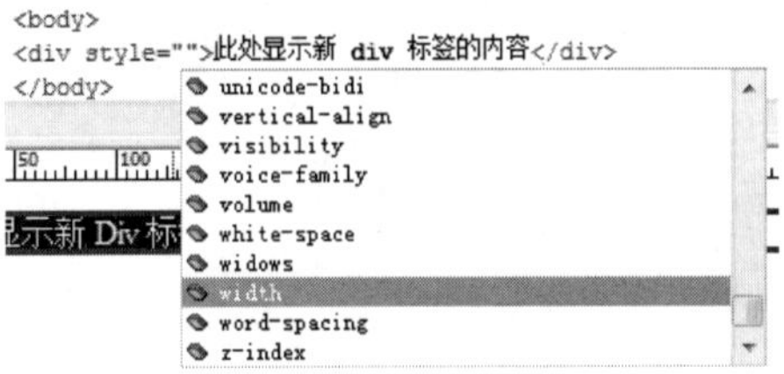

图 12-84

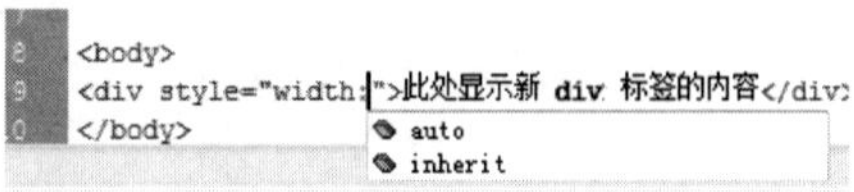

图 12-85

此时，在当前光标处输入“750px”，表明将当前 div 标签宽度定义为 750px，输入内容之后的代码，如图 12-86 所示。

在设计区的 div 标签内部单击鼠标，将光标定位在其中，删除标签内容的显示文字。删除后，在“插入”面板中单击“插入表格”按钮，在弹出的对话框中进行如图 12-87 所示的设置。

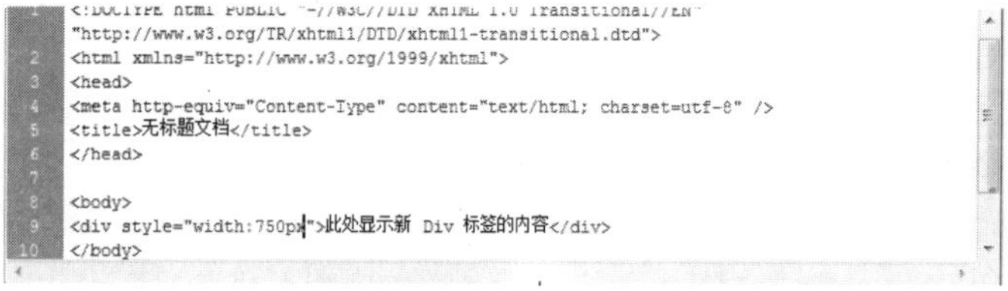

图 12-86

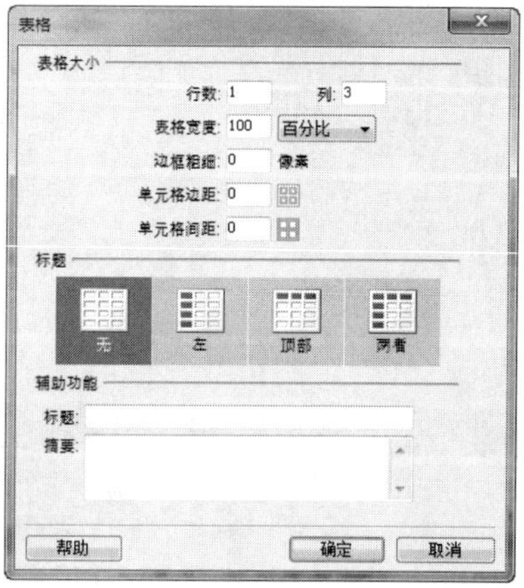

图 12-87

设定完毕，单击“确定”按钮，此时一个符合要求的表格已被插入到新建的 HTML 文档中，如图 12-88 所示。

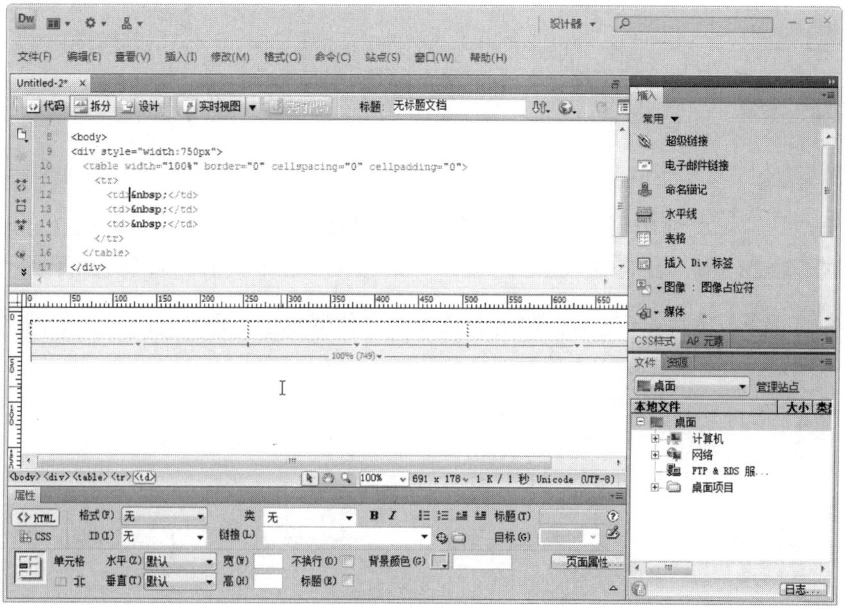

图 12-88

根据前面的设计，将表格第一个单元格的宽度定义为 550px，第二个单元格的宽度定义为 10px，第三个单元格的宽度定义为 190px，设定之后，代码如图 12-89 所示。

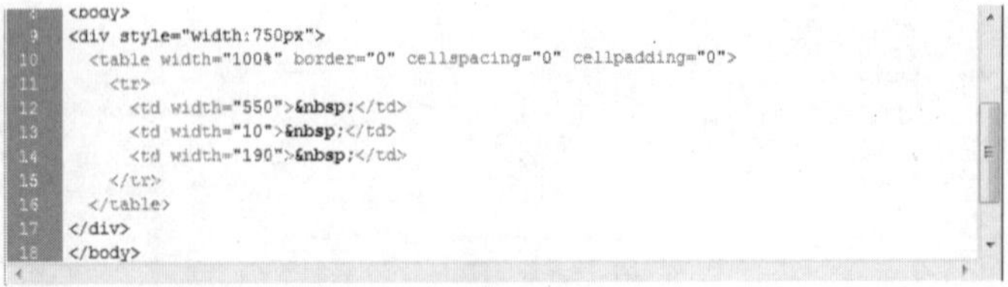

```
<body>
<div style="width:750px">
  <table width="100%" border="0" cellspacing="0" cellpadding="0">
    <tr>
      <td width="550"> </td>
      <td width="10"> </td>
      <td width="190"> </td>
    </tr>
  </table>
</div>
</body>
```

图 12-89

表格基本上设定完毕，下面就开始整合代码了。在代码区中，选中第一个单元格内的“ ”，如图 12-90 所示。

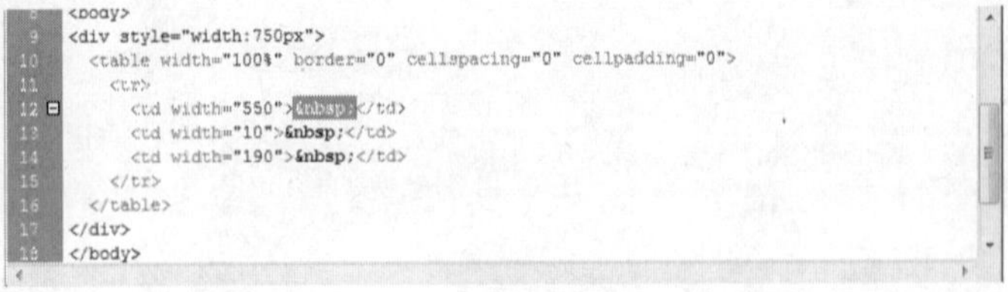

```
<body>
<div style="width:750px">
  <table width="100%" border="0" cellspacing="0" cellpadding="0">
    <tr>
      <td width="550"> </td>
      <td width="10"> </td>
      <td width="190"> </td>
    </tr>
  </table>
</div>
</body>
```

图 12-90

将前面制作的左侧自定义轮播代码粘贴过来，以替换掉选中的这个“ ”，如图 12-91 所示。

图 12-91

在代码区中删除第二个单元格中的“ ”，然后选中第三个单元格中的“ ”，将前面的手风琴轮播代码粘贴过来，替换掉这个内容。替换之后，效果如图 12-92 所示。

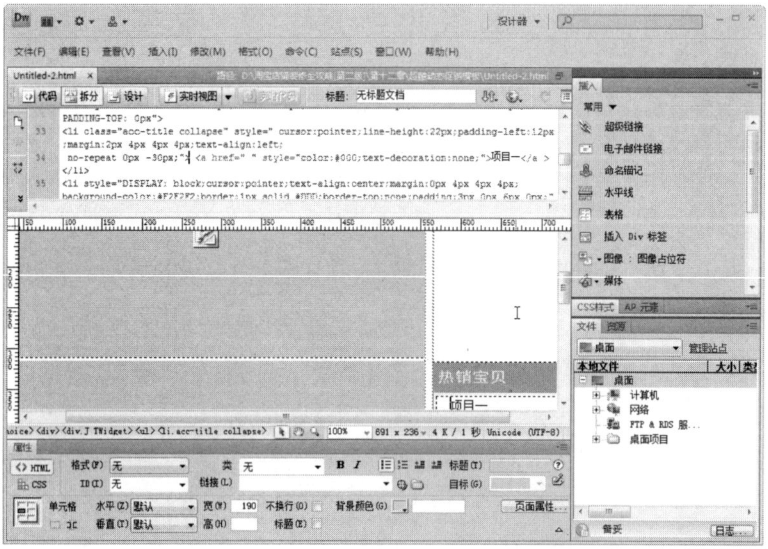

图 12-92

4. 图片上传及替换

将前面制作的背景图及广告图片上传到图片空间中，如图 12-93 所示。

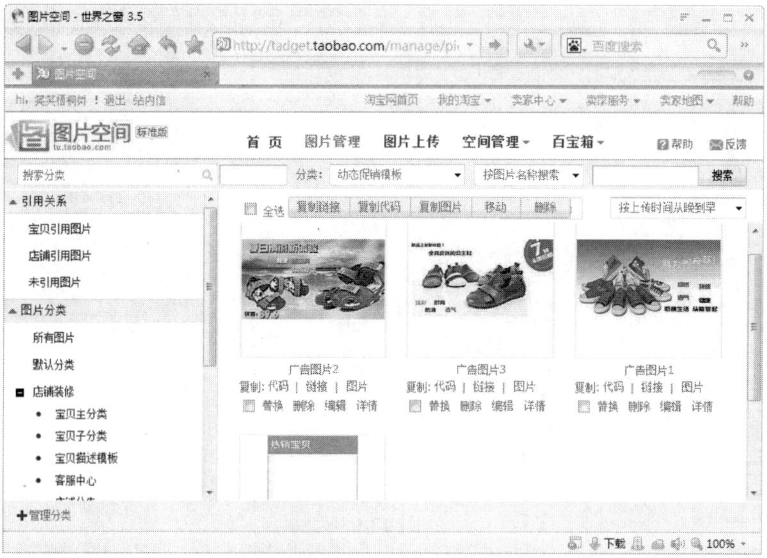

图 12-93

由于手风琴轮播的背景图片使用的还是本地计算机上的图片，上传成功之后，一定要记得使用上传后的背景图片替换代码中的本地图片，不然图片将不会正常显示。

5．左侧轮播图片的插入

在设计区中，选择左侧轮播的第一个图片占位符，之后在窗口下方就会显示此图片的相关属性，如图 12-94 所示。

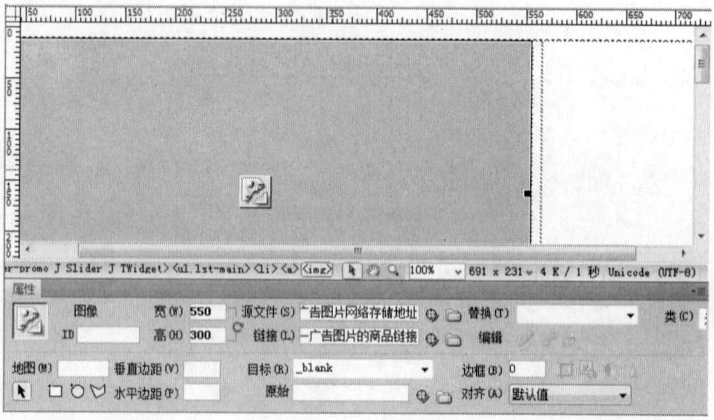

图 12-94

在源文件文本框中，把要插入的广告图片在图片空间中的地址粘贴进来，替换原有的内容。在链接文本框中，把这个广告图片所对应的宝贝链接地址粘贴进来，也把原有的内容替换掉，如图 12-95 所示。

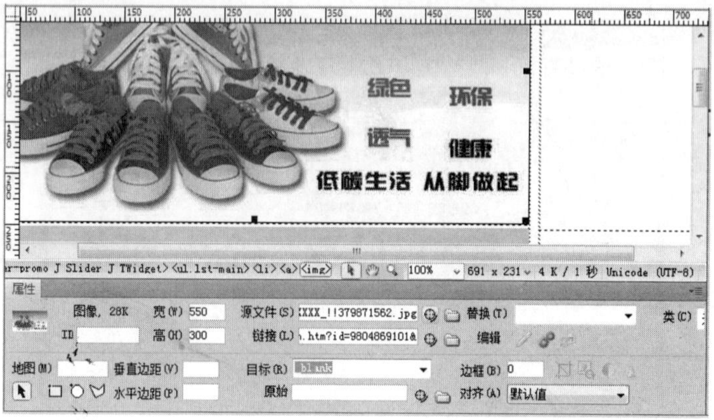

图 12-95

按相同的操作方式，把其他的两个图片也替换掉，从而完成左侧轮播图片的插入。

6．右侧手风琴轮播图片插入

这里的手风琴轮播图片的插入操作可以参照 9.6 节中手风琴轮播代码调整，这两个地方的操作是完全相同的。全部工作完成之后，效果如图 12-96 所示。

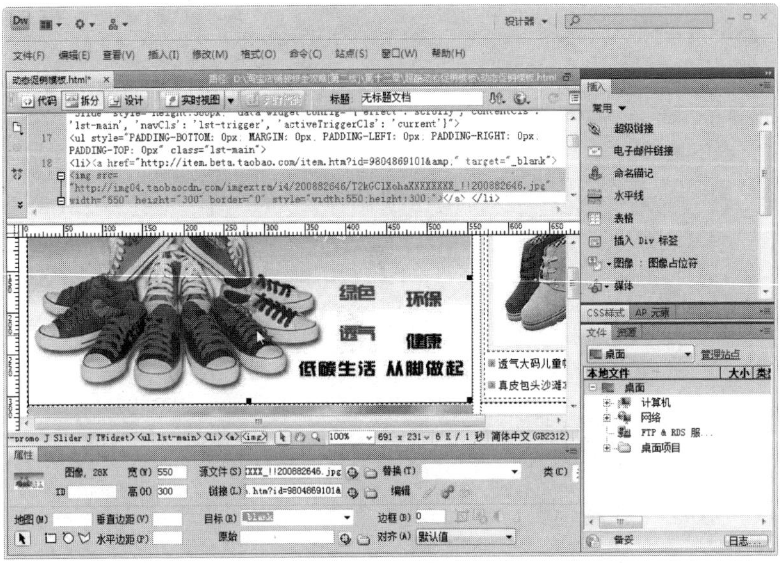

图 12-96

7. 动态商品促销模板代码的保存

按照以前的方式，将<body>和</body>之间的代码全选，复制并粘贴到记事本中，以 TXT 格式保存下来，如图 12-97 所示。

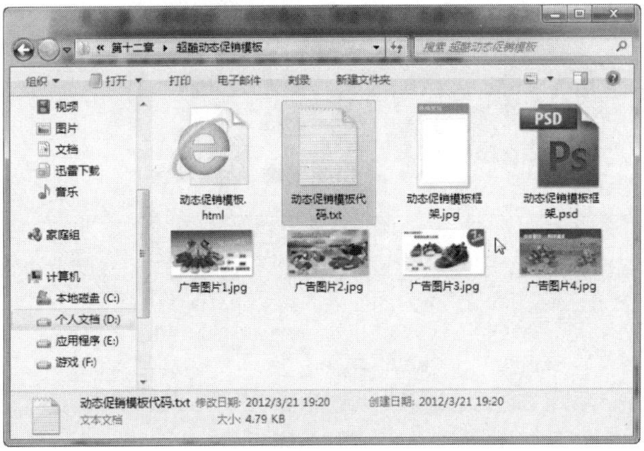

图 12-97

12.4.4 动态商品促销模板的使用

经过一番努力，动态商品促销模板总算是制作完毕，接下来就将这个动态店铺促销模板应用到店铺中。

进入到店铺首页装修界面，在右侧添加一个自定义模块，调整好位置之后，在装修页面中就会看到一个新增的自定义模块，如图 12-98 所示。

图 12-98

单击这个新增加的自定义内容区上的“编辑”按钮，弹出一个自定义内容区编辑内容对话框，将此对话框转换成源代码编辑模式，将代码文本文件中的内容复制并粘贴到代码区中，然后保存，如图 12-99 所示。

图 12-99

现在就可以将促销模板发布了。发布成功之后，店铺的首页效果如图 12-100 所示。

图 12-100

这样，一个效果非常不错的动态店铺促销模板就展现在店铺中。

通过前面的讲解读者可以体会到：对于店铺装修，真正最核心的部分就在于自定义区的应用。

如果能够精心设计，不仅能够制作出效果精美的各种模板，并且这种精美的模板对于我们的店铺又能起到了一种美化作用，而这种美化又能够在一定程度上向买家展示店铺，增加买家对店铺的认同。

第 13 章 宝贝描述模板

13.1 宝贝描述模板的设计说明

在淘宝店铺中，宝贝的描述模板是用来陈列和展示宝贝的详细信息，从而方便买家更好地了解所出售的宝贝。宝贝描述模板虽然只是出现在宝贝详情页里，在店铺首页上并看不到它的踪影，但是一旦买家打开每个产品页面之后，就会呈现在买家面前。

如果能够把自己的宝贝描述板做得赏心悦目并且简洁明了，这对于增强顾客的购买欲望，营造良好的购物展示环境有着至关重要的作用。从某种意义上来讲，一个好的宝贝描述模板可以对店铺中的商品起到装饰和衬托的作用，还能够提高商品的人气，因此宝贝描述模板绝对应该是店铺装修中的重中之重。

对旺铺而言，宝贝描述的模板通常有两种形式，一种是宽版形式，宽度为 950 像素；另一种是窄版形式，宽度为 750 像素。不管是哪一种形式的宝贝描述模板，宝贝描述模板主要包括以下几部分内容。

（1）品牌简介：用来介绍宝贝的品牌内容，培养买家的品牌意识，如图 13-1 所示。

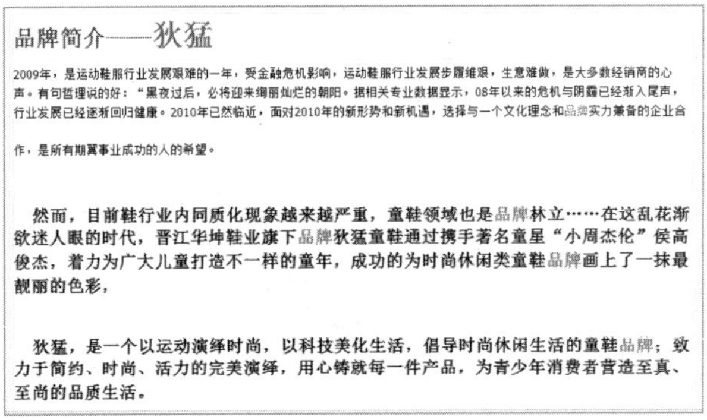
品牌简介——狄猛

2009年，是运动鞋服行业发展艰难的一年，受金融危机影响，运动鞋服行业发展步履维艰，生意难做，是大多数经销商的心声。有句哲理说的好："黑夜过后，必将迎来绚丽灿烂的朝阳。据相关专业数据显示，08年以来的危机与阴霾已经渐入尾声，行业发展已经逐渐回归健康。2010年已然临近，面对2010年的新形势和新机遇，选择与一个文化理念和品牌实力兼备的企业合作，是所有期翼事业成功的人的希望。

然而，目前鞋行业内同质化现象越来越严重，童鞋领域也是品牌林立……在这乱花渐欲迷人眼的时代，晋江华坤鞋业旗下品牌狄猛童鞋通过携手著名童星"小周杰伦"侯高俊杰，着力为广大儿童打造不一样的童年，成功的为时尚休闲类童鞋品牌画上了一抹最靓丽的色彩，

狄猛，是一个以运动演绎时尚，以科技美化生活，倡导时尚休闲生活的童鞋品牌；致力于简约、时尚、活力的完美演绎，用心铸就每一件产品，为青少年消费者营造至真、至尚的品质生活。

图 13-1

（2）宝贝描述：利用文字对宝贝各个属性进行叙述，从而使买家通过这些文字描述来了解产品。

宝贝描述部分非常重要，试想一下，如果连你都不能仔细地对自家宝贝进行描述，那么买家会对你的宝贝产生兴趣吗？并且，淘宝搜索将会考虑到宝贝描述中的关键词，甚至直通车的关键词的质量得分也和宝贝描述相关，所以不要忽略这一部分内容，如图 13-2 所示。

（3）宝贝展示：主要是用图片的形式来全方位展示宝贝信息，当然这里的图片可以是宝贝大图，也可以是宝贝细节图。这部分内容是买家了解店铺商品最直观的途径，一定要注意实物图片的拍摄，如图 13-3 所示。

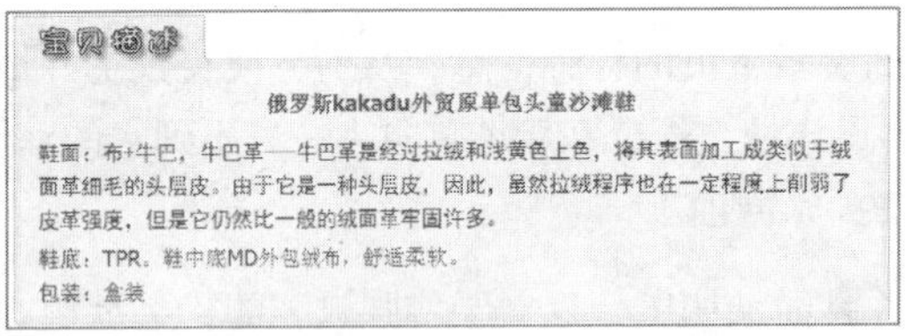
宝贝描述

俄罗斯kakadu外贸原单包头童沙滩鞋

鞋面：布+牛巴，牛巴革——牛巴革是经过拉绒和浅黄色上色，将其表面加工成类似于绒面革细毛的头层皮。由于它是一种头层皮，因此，虽然拉绒程序也在一定程度上削弱了皮革强度，但是它仍然比一般的绒面革牢固许多。

鞋底：TPR。鞋中底MD外包绒布，舒适柔软。

包装：盒装

图 13-2

细节展示
（自然光下拍摄，尽可能还原实物，因相机和显示器因素会有轻微色差，敬请谅解！）

图 13-3

（4）买家须知：在这里可以用来说明一些购物须知，让买家了解购物过程中一些需要注意的问题，如图 13-4 所示。

（5）邮资说明：这里用来说明本店铺的商品邮寄资费，如图 13-5 所示。

除此之外，在宝贝描述模板中还可以加入联系方式、店铺公告以及新品展示等之类的内容。当然各位卖家可以自己决定在宝贝描述模板中所需放置的内容，并不一定就局限于这里所说的这几个内容。

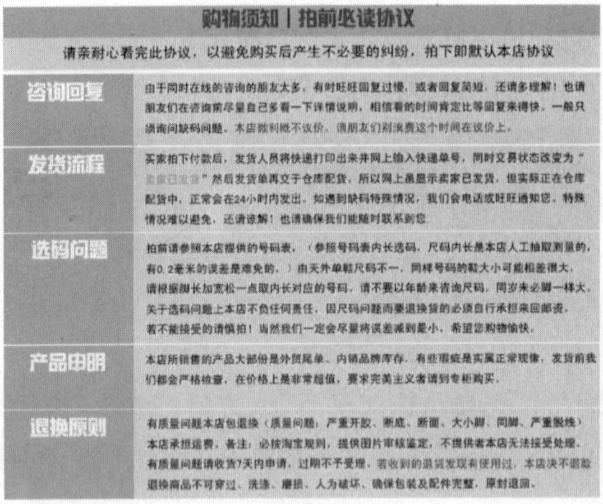
购物须知 | 拍前必读协议
请亲耐心看完此协议，以避免购买后产生不必要的纠纷，拍下即默认本店协议
咨询回复
由于同时在线的咨询的朋友太多，有时旺旺回复过慢，或者回复简短，还请多理解！也请朋友们在咨询前尽量自己多看一下详情说明，相信看的时间肯定比等回复来得快。一般只须询问缺码问题。本店微利概不议价，请朋友们别浪费这个时间在议价上。
发货流程
买家拍下付款后，发货人员将快递打印出来并网上输入快递单号，同时交易状态改变为"卖家已发货"然后发货单再交于仓库配货，所以网上虽显示卖家已发货，但实际正在仓库配货中，正常会在24小时内发出。如遇到缺码特殊情况，我们会电话或旺旺通知您。特殊情况难以避免，还请谅解！也请确保我们能随时联系到您
选码问题
拍前请参照本店提供的号码表，（参照号码表内长选码，尺码内长是本店人工抽取测量的，有0.2毫米的误差是难免的。）由天外单鞋尺码不一，同样号码的鞋大小可能相差很大，请根据脚长加宽松一点取内长对应的号码，请不要以年龄来咨询尺码，同岁未必脚一样大，关于选码问题上本店不负任何责任，因尺码问题而要退换货的必须自行承担来回邮资。若不能接受的请慎拍！当然我们一定会尽量将误差减到最小，希望您购物愉快。
产品申明
本店所销售的产品大部份是外贸尾单、内销品牌库存，有些瑕疵是实属正常现像，发货前我们都会严格检查，在价格上是非常超值，要求完美主义者请到专柜购买。
退换原则
有质量问题本店包退换（质量问题：严重开胶、断底、断面、大小脚、同脚、严重脱线）本店承担运费，备注：必按淘宝规则，提供图片审核鉴定，不提供者本店无法接受处理。有质量问题请收货7天内申请，过期不予受理。若收到的退货发现有使用过，本店决不退款退换商品不可穿过、洗涤、磨损、人为破坏、确保包装及配件完整，原封退回。

图 13-4

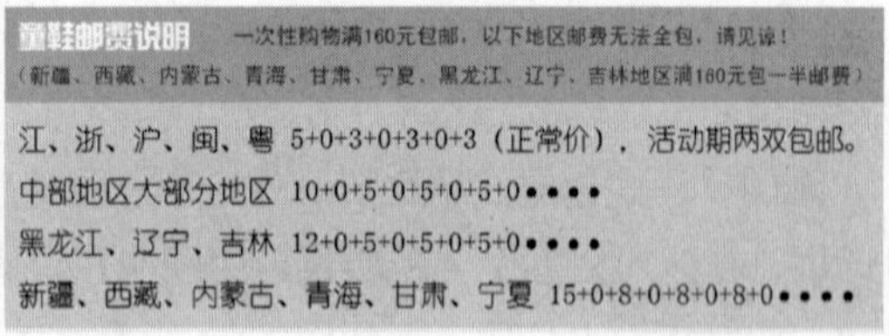
童鞋邮费说明
一次性购物满160元包邮，以下地区邮费无法全包，请见谅！
（新疆、西藏、内蒙古、青海、甘肃、宁夏、黑龙江、辽宁、吉林地区满160元包一半邮费）
江、浙、沪、闽、粤 5+0+3+0+3+0+3（正常价），活动期两双包邮。
中部地区大部分地区 10+0+5+0+5+0+5+0••••
黑龙江、辽宁、吉林 12+0+5+0+5+0+5+0••••
新疆、西藏、内蒙古、青海、甘肃、宁夏 15+0+8+0+8+0+8+0••••

图 13-5

由于宝贝描述模板的制作是店铺装修的一个至关重要的内容，为了达到最佳效果，在制作之前一定要精心设计，事先做好规划。也就是说，宝贝描述模板中应该包含哪些内容，应当以什么样的形式进行表达，这些内容都要事先考虑清楚，也只有这样才能顺利地进行下一步的工作。切记不要贸然动手直接开始，否则很有可能做到中途就进行不下去了，因为连你自己都不知道要做些什么，那么做出来的效果肯定不会让人满意。

另外关于宝贝描述模板的制作有一点要注意，那就是不要太过花哨。因为描述模板的作用就是用来烘托商品的，一旦形式过于花哨就会喧宾夺主，从而分散买家的对于商品的关注程度。因此在这个问题上各位卖家一定重视。

虽说在淘宝中宝贝描述模板有宽版和窄版两种形式，但就目前的使用情况来看，宽版的宝贝描述模板已渐渐淡出。故而在本书中，不再介绍制作宽版宝贝描述模板。

下面制作属于自己的宝贝描述模板。希望读者能通过下面介绍的宝贝描述模板制作有所启发，为读者制作宝贝描述模板提供小小的帮助。

13.2 传统宝贝描述模板（切片+Table 布局）

13.2.1 传统宝贝描述模板的设计制作

NO.1：首先，启动 Photoshop。新建一个 740px × 1215px，背景为白色的空白文档。

NO.2：在工具箱中选择矩形工具，在矩形工具选项栏中单击几何选项下拉选项框，在弹出的列表中选择固定大小，并将宽度设为 730px，高度设为 150px，如图 13-6 所示。

NO.3：矩形选项设置完毕之后，在矩形工具选项栏中单击“样式拾色器”下拉箭头按钮，在弹出的样式选择框中选择“默认样式”，也即图 13-7 中方框所标注的样式。

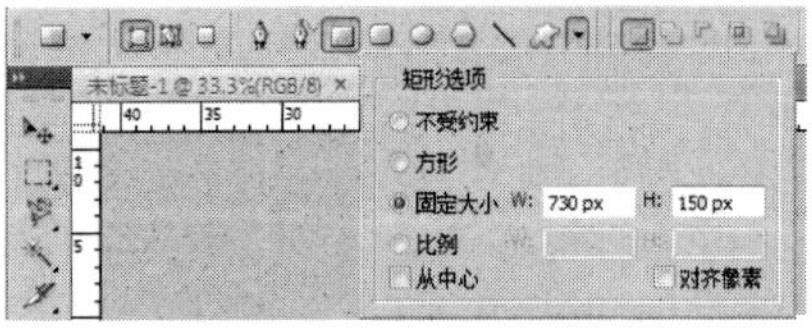

图 13-6

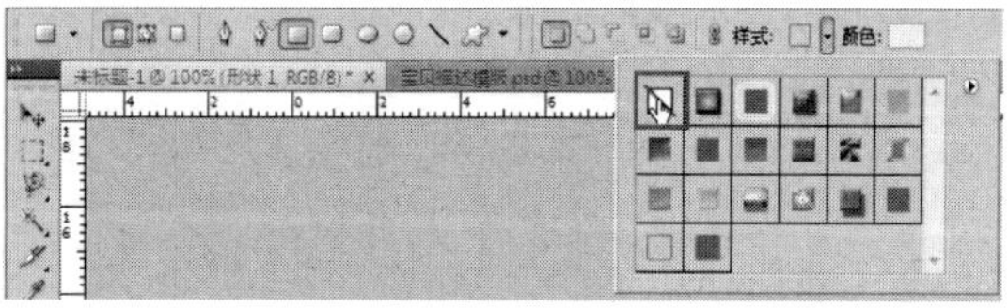

图 13-7

NO.4：样式设定完毕之后，在矩形工具选项栏中单击颜色选择框。之后，弹出“拾色器”对话框，在此对话框中，将颜色定为浅灰色。颜色选择完毕之后，单击拾色器对话框上的“确定”按钮。此时矩形工具选项栏如图 13-8 所示。

图 13-8

NO.5：矩形工具的选项到此设置完毕，用鼠标在文档的空白区上单击一次，系统就会自动在空白区上生成一个宽度为 730 像素，高度为 150 像素浅灰色矩形框。利用移动工具将刚才所绘制的浅灰色矩形框的位置调整到合适的位置，如图 13-9 所示。

NO.6：在图层面板中，用鼠标单击刚才所描绘的形状图层，将其作为当前工作图层。选定之后，单击鼠标右键，在弹出的菜单中选择“栅格化图层”命令，将矩形转变成普通图层，如图 13-10 所示。

图 13-9

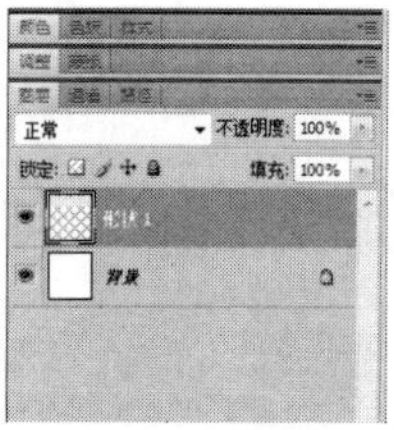

图 13-10

NO.7：栅格化之后，在系统工具箱中选择矩形选框工具。利用此工具在当前工作图层上创建一个大小合适的矩形区，并将其调整到合适位置。此时，按 Delete 键将此选区中的内容删除，如图 13-11 所示。

图 13-11

NO.8：为了突出效果，在图层面板中双击当前工作图层，在弹出的“图层样式”对话框的左侧的样式选择框中选择“投影”选项，并在右侧投影选项中将距离设为 2 像素。在样式选择框中再次选择“描边”选项，并在右侧的描边效果中将描边的宽度设为 1 像素，描边颜色选为深灰色，效果如图 13-12 所示。

图 13-12

NO.9：在工具箱中选择矩形工具，创建出一个白色填充的矩形，并调整其位置及大小，如图 13-13 所示。

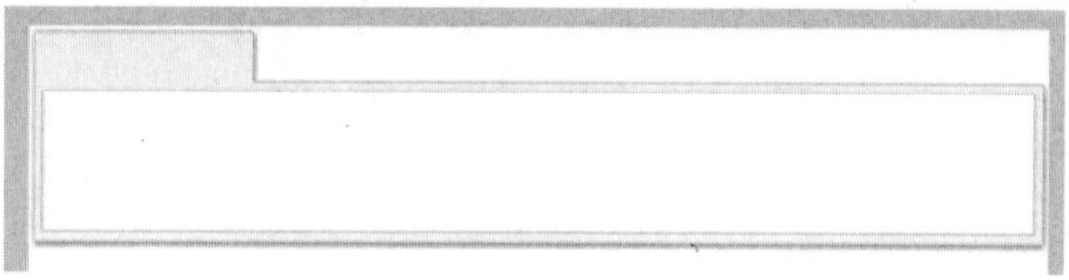

图 13-13

NO.10：在系统工具箱中，选择横排文字工具。选择字体为“华康少女文字”，字号设为“24 点”，文字颜色设为前面填充的浅灰色。将光标定位之后，输入“品牌简介”，如图 13-14 所示。

可是现在什么都看不见？这是因为背景的颜色也是浅灰色。

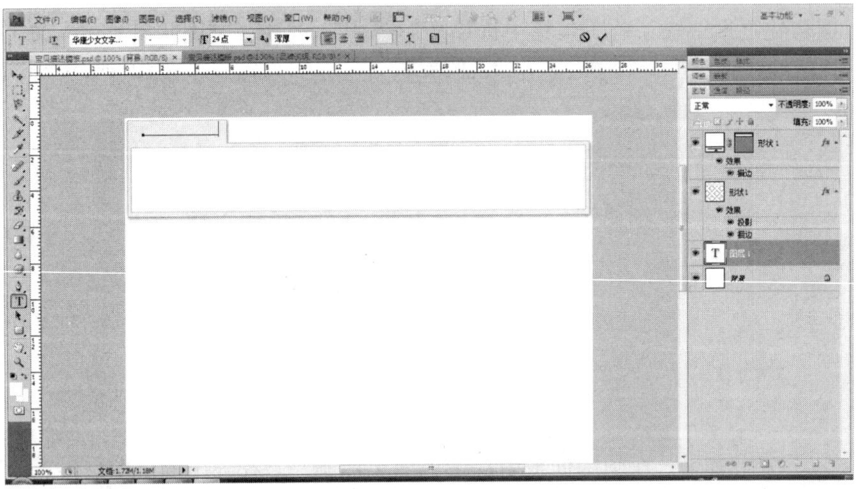

图 13-14

在图层面板中选中刚刚输入的文字图层，作为当前图层。双击该图层，在弹出的“图层样式”对话框中选择“描边”样式，并将描边的宽度定为 1 像素，描边颜色设为黑色。

NO.11：为了进一步增加文字的显示效果，再次在“图层样式”对话框的左侧选择“投影”样式，将投影的大小和距离均设为 5 像素。设定完毕之后，单击“图层样式”对话框上的“确定”按钮，现在文字的显示效果已经发生了显著的变化。此时可以使用相关的工具调整文字。最终效果如图 13-15 所示。

NO.12：利用同样的方式，再次制作一个和品牌简介完全相同的图形，只是将“品牌简介”变换成“宝贝描述”。制作完毕之后的效果如图 13-16 所示。

图 13-15

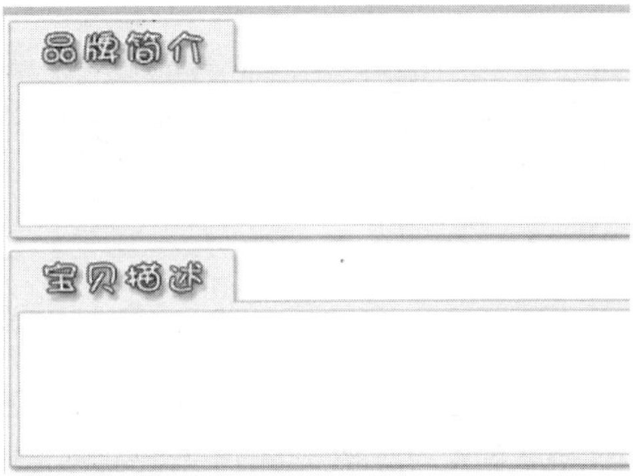

图 13-16

对于鞋类商品而言，由于该类商品的特殊性，在宝贝描述中一定要说明鞋子的鞋码和内长对照表，以方便买家选择到合适的鞋子。因此下面在这个宝贝描述模板中增加一个鞋码内长对照表。

NO.13：有很多买家并不知道鞋子内长的测量法，因此在宝贝描述中加上一个对鞋子内长的测量法，并且告诉买家如何测量孩子的脚长，如图 13-17 所示。

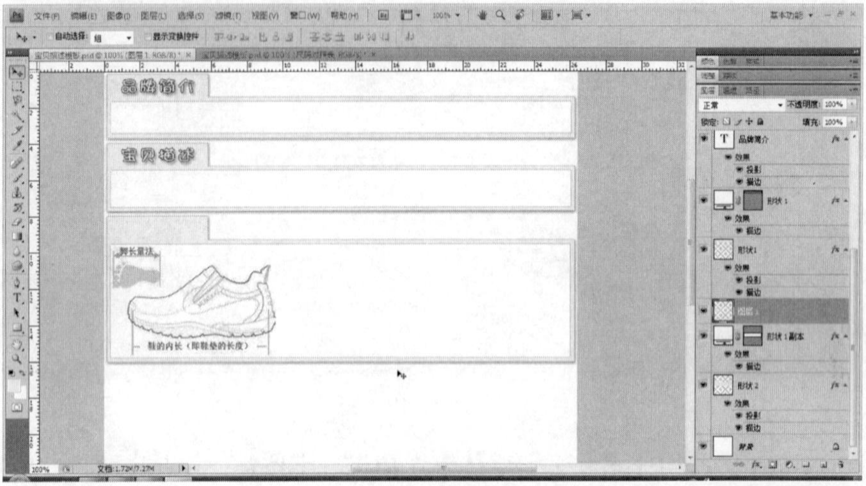

图 13-17

NO.14：利用表格制作软件制作一个表格，在表格中输入相关内容。输入完毕之后，将此表格以图片形式粘贴到这个宝贝描述模板中，如图 13-18 所示。

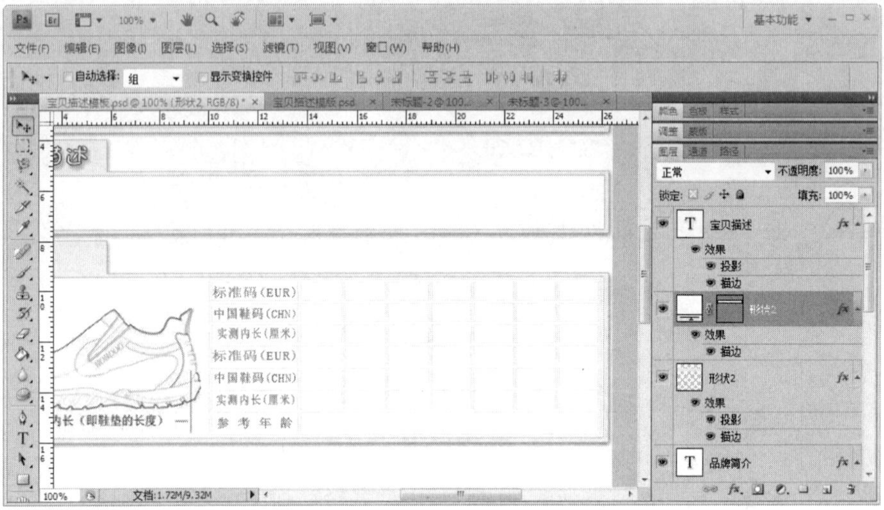

图 13-18

NO.15：按照前面同样的格式，再次输入“鞋码内长对照表”并调整好文字的大小及位置，如图 13-19 所示。

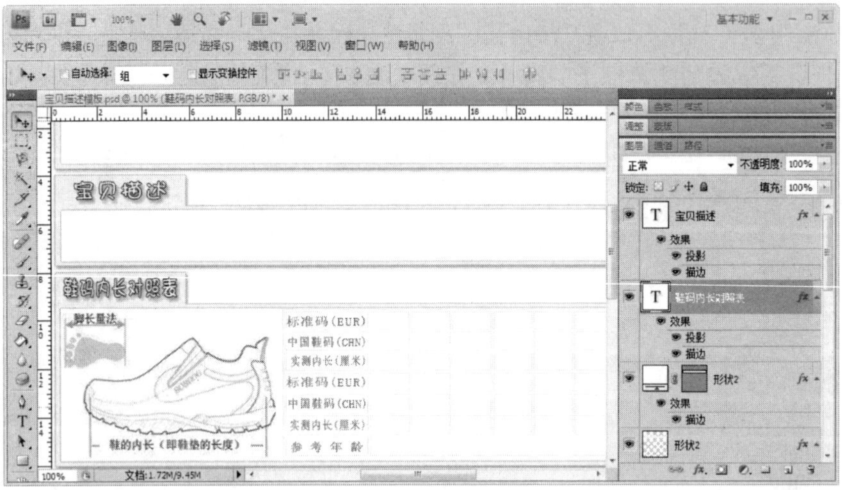

图 13-19

NO.16：选择横排文字工具 T。选择字体为“宋体”，字号为“14 点”，文字颜色为“黑色”。输入“内长=脚长+1 至 1.5cm”及“(内长手工实际测量，误差小于 0.2cm)”文字，并将其移到合适位置，如图 13-20 所示。

图 13-20

NO.17：接下来，再来为宝贝的图片展示添加一个矩形框，并加上说明性的文字，如图 13-21 所示。

图 13-21

NO.18：下面再来绘制一个童鞋邮费说明的矩形框，然后利用文字工具输入相应的文字内容，如图 13-22 所示。

NO.19：最后，再添加一个“购物须知”模块。由于“购物须知”的内容较多。所以利用横排文字工具先输入“购物须知”的一些内容，并将内容排版好，一切调好之后，效果如图 13-23 所示。

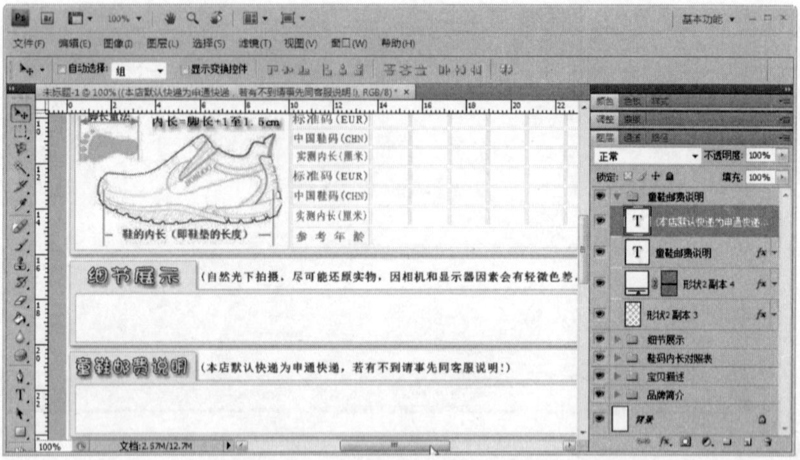

图 13-22

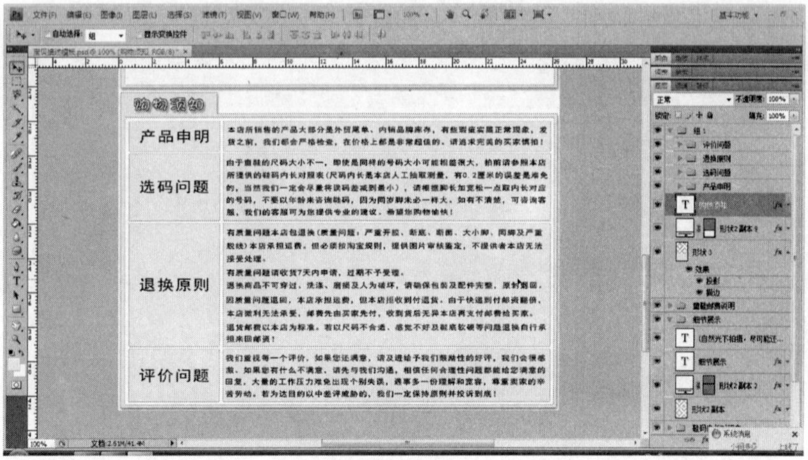

图 13-23

至此，这个宝贝描述模板的背景图片制作完毕，下面保存一下自己的劳动成果了。

13.2.2　传统宝贝描述模板的切片

现在这个窄版的宝贝描述模板的背景图片已经制作完毕，但是离真正将其应用到店铺中还有一段距离！

首先用 Photoshop 打开 13.2.1 节所制作的模板图片的源文件。利用多根参考线将模板划分成如图 13-24 所示的效果。

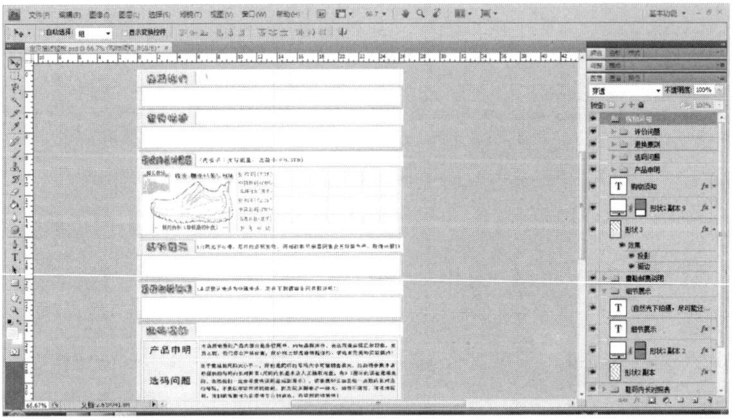

图 13-24

设定对齐到参考线之后，在系统工具箱中单击切片工具，选中此工具，按照“尽量横着切”的原则将宝贝描述模板进行切割，如图 13-25 所示。

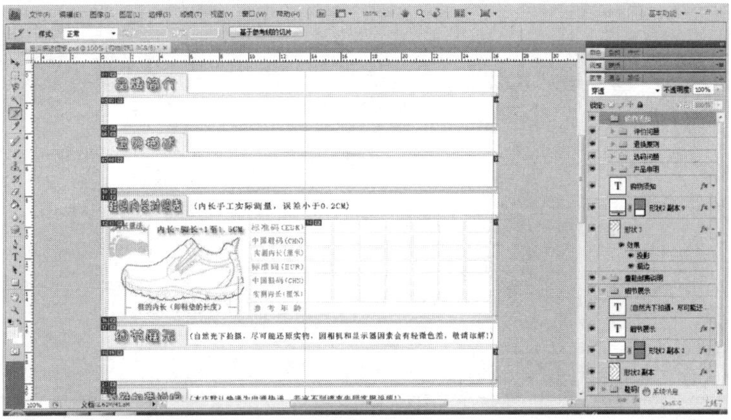

图 13-25

将这个模板图片切割成 27 片之后，以 HTML 和图像格式保存并命名为“传统窄版宝贝描述模板”。

13.2.3 传统宝贝描述模板的代码制作

1. 代码的调整

虽然，利用 Photoshop 的自动代码生成功能可以生成一个模板的 HTML 源文件，但这个源文件并不能真正使用，要想使用这个 HTML 源文件，还要对它进行一番调整。

启动 Dreamweaver，打开“传统窄版宝贝描述模板.html”文件，划分这个模板切片文件的表格结构如图 13-26 所示。

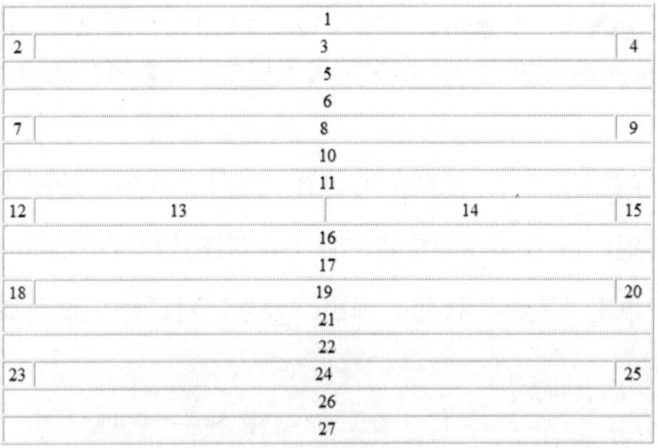

图 13-26

其中 2、3、4、7、8、9、12、13、14、15、18、19、20、23、24 和 25 号位置的切片都应该处理成单元格的背景，以便在这些单元格中展示内容。在 Dreamweaver 中如何设置表格的单元格，在前面已经多次介绍过了，所以这里不再说明。

2．本地图片的网络替换

将切片后生成的图片文件全部上传到图片空间中，如图 13-27 所示。

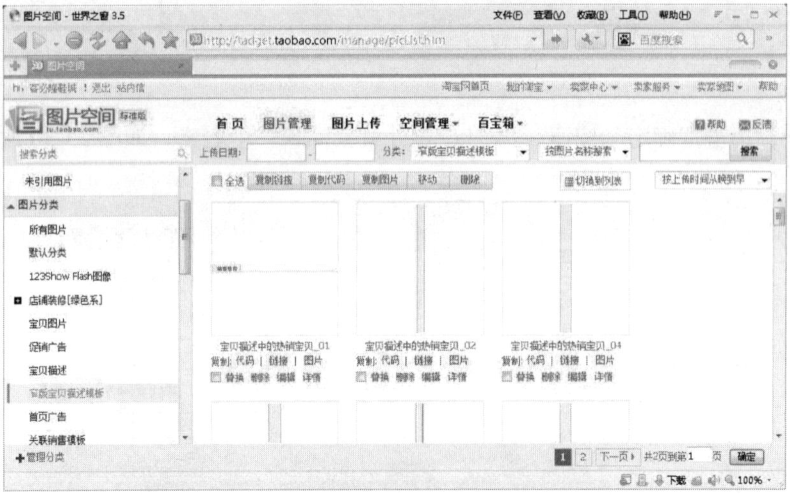

图 13-27

将此模板中所有本地计算机上的图片全部用相应图片空间中的图片进行替换。全部替换完毕之后一定要记得保存这个 HTML 源文件。

3. 插入嵌套表格

在鞋码内长对照表中插入一个表格，具体位置在 14 号切片的位置。由于这个地方已经用图片制作了表格，现在要保证所输入的内容恰好在图表表格中，就必须在此插入一个和图片表格一致的无边框表格。

单击 14 号切片的位置，选中 14 号切片的位置所在的单元格，如图 13-28 所示。

从代码区中可以看到，14 号切片的位置的这个背景图片尺寸为 348px × 176px。

在“插入”面板中单击“表格”按钮，弹出“表格”对话框，设置如图 13-29 所示。

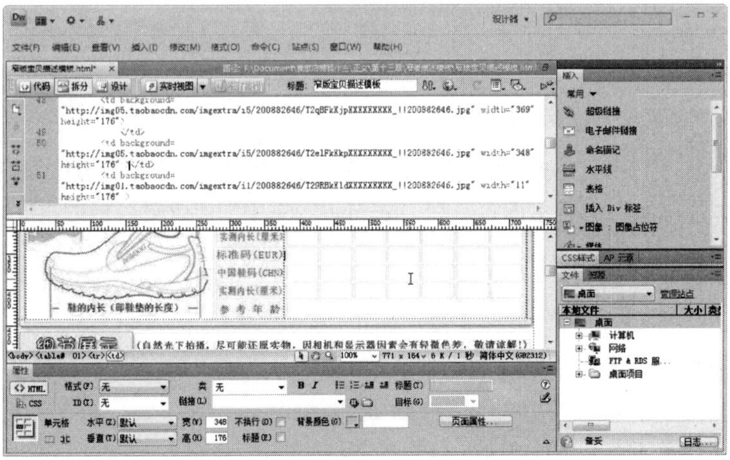

图 13-28

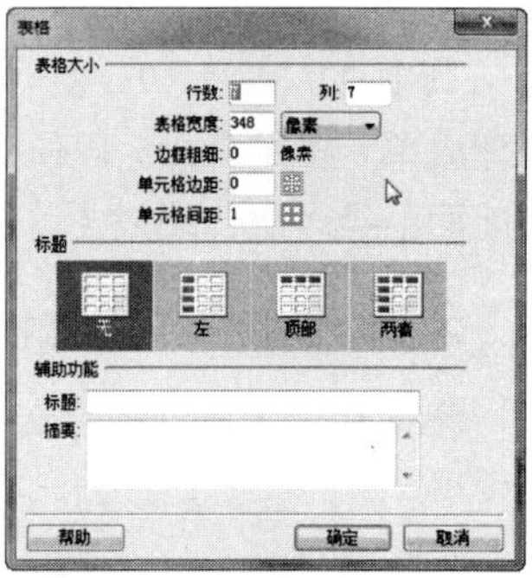

图 13-29

设定完毕，单击“确定”按钮，14 号位置处就会插入一个表格，如图 13-30 所示。

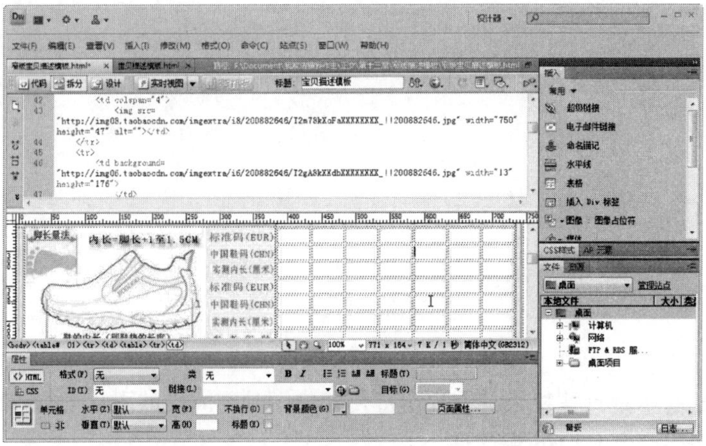

图 13-30

调整插入的表格，输入辅助定位的文字并设置好格式，最终效果如图 13-31 所示。

图 13-31

4. 模板代码的保存

将代码窗口中将<body>和</body>之间的代码全选，复制并粘贴到记事本中，以文本文档的格式进行保存，如图 13-32 所示。

图 13-32

13.2.4　传统宝贝描述模板的使用

现在已经顺利得到了宝贝描述模板的源代码。但是如何将制作好的宝贝描述模板放在自家店铺中使用呢？下面就介绍宝贝描述模板的使用。

在前面已经说过，宝贝描述模板只出现在宝贝详情页中，其他地方是不会出现的。那么在什么地方才能对宝贝的详情进行编辑，从而使用这个新制作的宝贝描述模板呢？

只有在两种情况之下我们才会对宝贝详情进行编辑，第一种情况是进行新品发布上架，第二种是对已有的宝贝进行修改。由于这两种方式模板的使用情况基本相同，所以在这里就以第二种情况为例来说明宝贝描述模板的使用。

进入卖家中心页面，在左侧选择“出售中的宝贝”选项，之后进入出售中的宝贝管理页面，如图 13-33 所示。

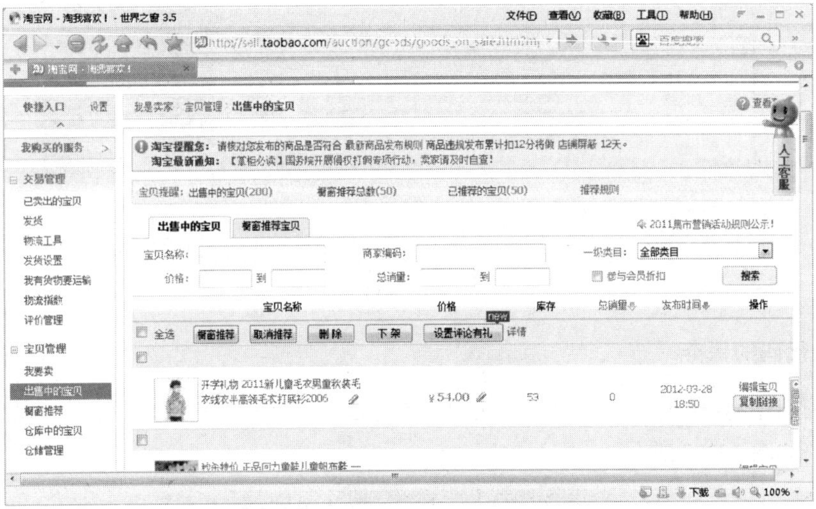

图 13-33

在这个页面中搜索并找到想要修改的宝贝，如图 13-34 所示。

图 13-34

在该宝贝最右侧单击“编辑宝贝”超链接，就可以进入宝贝详情编辑界面了，如图 13-35 所示。

图 13-35

如图 13-35 所示是该款宝贝的宝贝详情编辑界面。这个编辑界面的编辑功能和店铺装修中自定义区的装修界面大同小异。也就是说这个编辑界面可以在设计模式和源代码模式之间进行切换。目前这个编辑界面处于设计模式之中，由于前面已经得到了描述模块的代码，所以现在要切换到宝贝描述的源代码模式之中。

可以看到在宝贝详情编辑框最左侧有一个“源码”按钮，如图 13-36 所示。

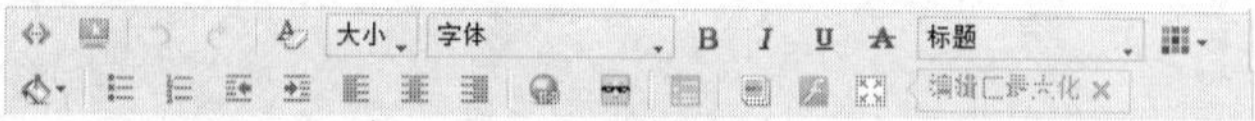

图 13-36

单击此按钮看一看有什么变化，如图 13-37 所示。

整个编辑框中都是 HTML 代码，这表明已经进入了宝贝描述编辑框的源代码编辑模式中了。现在编辑框中的内容都是以前宝贝描述里面的内容，如果现在要更换模板，以前的内容怎么办呢？可能有的读者会说，既然要换模板，那么以前的内容就全部删除，然后重新编辑。这种方式可行吗？当然可行，但是这种处理方式会带来一个问题，那就是以前的描述和图片全部都将不存在，而更换模板并不意味着要全部去掉这些内容，这里只是想把模板的样式进行变化。

所以最好的处理方式不是直接删除以前的内容，可以把新模板的代码追加到原来的代码中，然后进行修改，修改完毕之后，再将原来的模板代码删除。这种方式对卖家的要求有点高，所以这里采用了另外一种处理方式，这种方式既可以让我们清空原有编辑框的内容，又可以让以前的内容保留下来，即将原有的图片及文字复制到新的模板中。

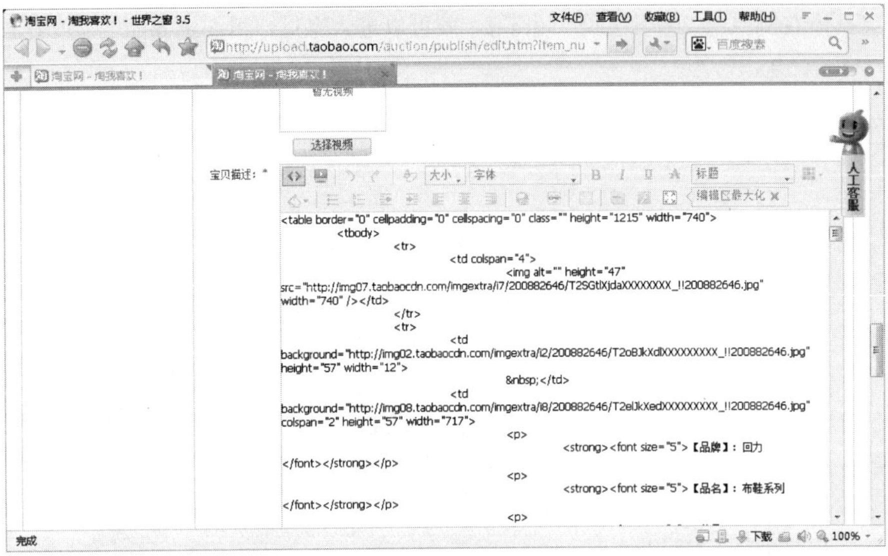

图 13-37

由于这里只是修改宝贝的详情，如果你不确认所做的修改，系统不会接受你对这件宝贝所做的修改，所以可以在浏览器新的页面中打开这个宝贝的链接，进入详情浏览页面，如图 13-38 所示。

图 13-38

在没有确认修改之前，宝贝编辑和宝贝浏览是互不相关的。当以新页面打开宝贝详情的浏览页面之后，再次回到宝贝编辑页面，在源代码模式下，全选编辑框中的内容。选中之后，按键盘上的 Delete 键清空当前宝贝详情中的所有内容，如图 13-39 所示。

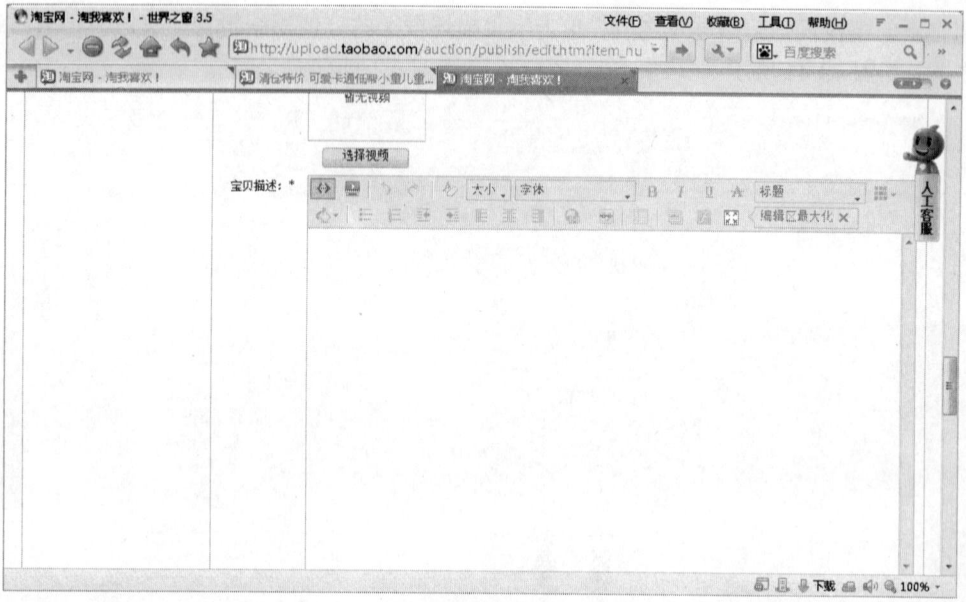
淘宝网 - 淘我喜欢！ - 世界之窗 3.5
文件(F) 查看(V) 收藏(B) 工具(T) 帮助(H)
http://upload.taobao.com/auction/publish/edit.htm?item_nu
百度搜索
淘宝网 - 淘我喜欢！
清仓特价 可爱卡通低帮小童儿童...
淘宝网 - 淘我喜欢！
暂无视频
选择视频
宝贝描述：*
大小
字体
标题
编辑区最大化
人工客服
下载
100%

图 13-39

在计算机上找到已经制作好的“窄版宝贝描述模板.txt”文本文件，打开这个文件，选中文本文件中的全部内容，按 Ctrl+C 组合键复制全部内容，并按 Ctrl+V 组合键粘贴到刚刚清空的源代码编辑框中，如图 13-40 所示。

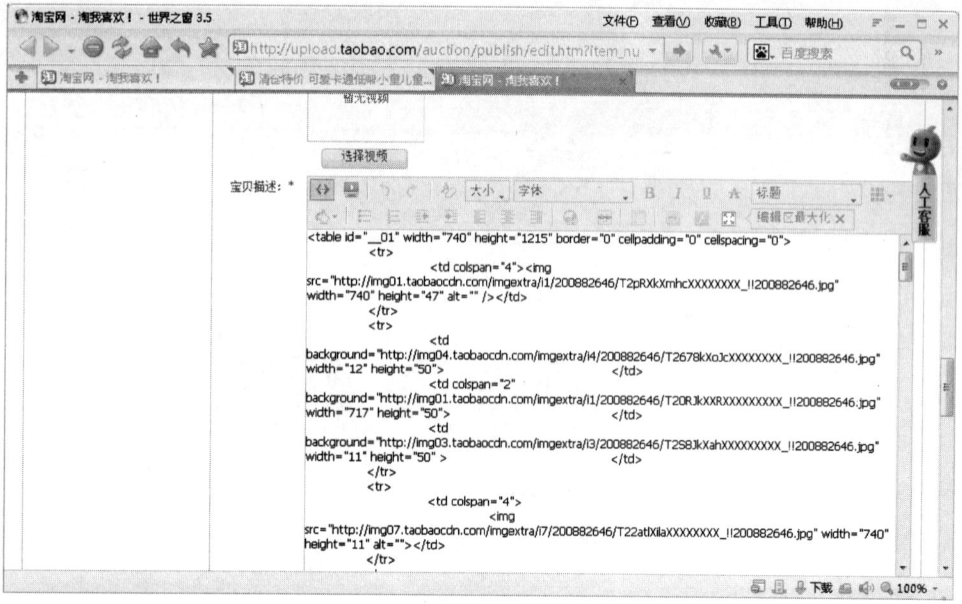
淘宝网 - 淘我喜欢！ - 世界之窗 3.5
文件(F) 查看(V) 收藏(B) 工具(T) 帮助(H)
http://upload.taobao.com/auction/publish/edit.htm?item_nu
百度搜索
暂无视频
选择视频
宝贝描述：*
大小
字体
标题
编辑区最大化
人工客服
<table id="__01" width="740" height="1215" border="0" cellpadding="0" cellspacing="0">
<tr>
<td colspan="4"><img
src="http://img01.taobaocdn.com/imgextra/i1/200882646/T2pRXkXmhcXXXXXXXX_!!200882646.jpg"
width="740" height="47" alt="" /></td>
</tr>
<tr>
<td
background="http://img04.taobaocdn.com/imgextra/i4/200882646/T2678kXoJcXXXXXXXX_!!200882646.jpg"
width="12" height="50"> </td>
<td colspan="2"
background="http://img01.taobaocdn.com/imgextra/i1/200882646/T20RJkXXRXXXXXXXXX_!!200882646.jpg"
width="717" height="50"> </td>
<td
background="http://img03.taobaocdn.com/imgextra/i3/200882646/T2S8JkXahXXXXXXXXX_!!200882646.jpg"
width="11" height="50" > </td>
</tr>
<tr>
<td colspan="4">
<img
src="http://img07.taobaocdn.com/imgextra/i7/200882646/T22atlXilaXXXXXXXX_!!200882646.jpg" width="740"
height="11" alt=""></td>
</tr>
下载
100%

图 13-40

当把新的模板代码粘贴进来之后，单击宝贝描述框上的“使用编辑器”按钮，再次回到设计模式之下，如图 13-41 所示。

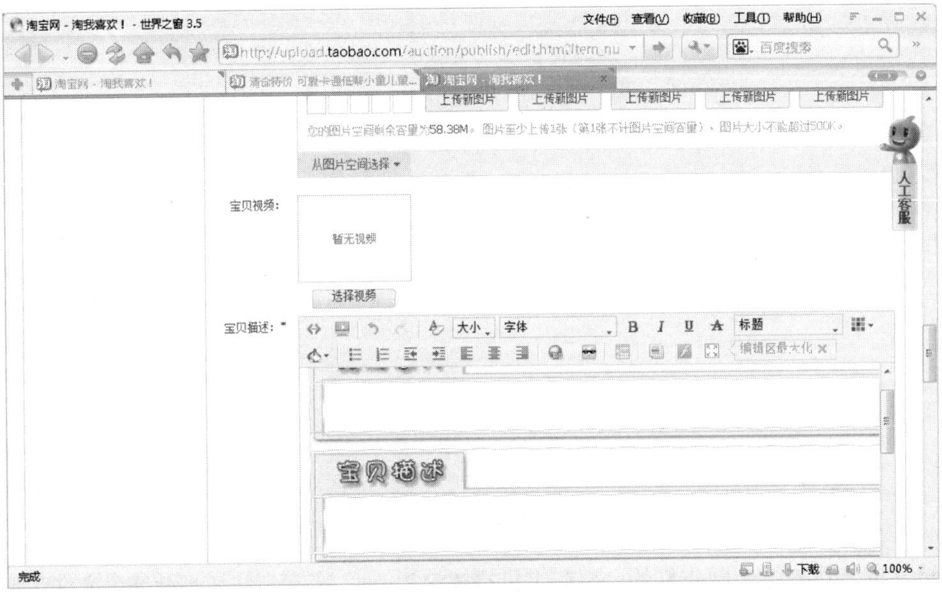

图 13-41

接下来，从事先已经打开的宝贝浏览页面中将需要复制过来的内容逐一复制过来，如图 13-42 所示。

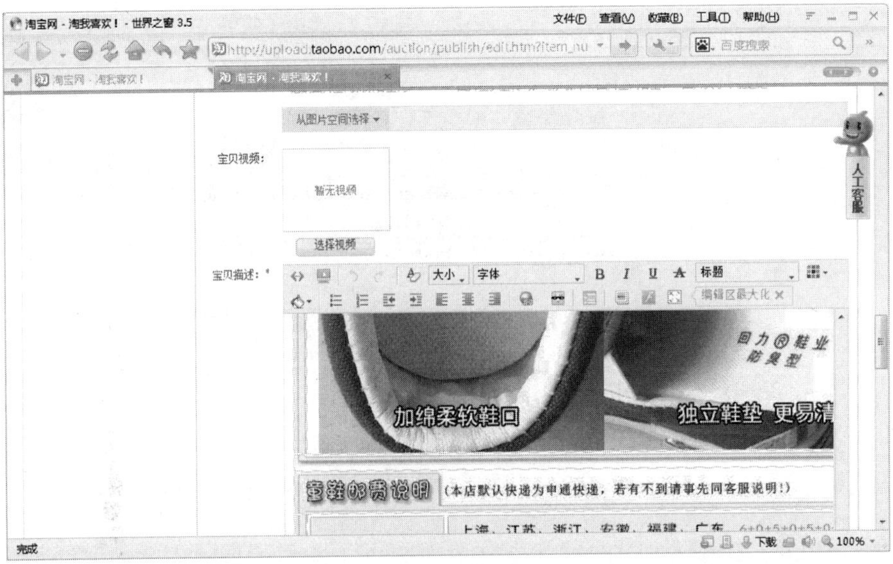

图 13-42

如果还需要修改，可以进行其他修改，修改完毕之后，在宝贝编辑页面最下方单击“确认”按钮，如图 13-43 所示。

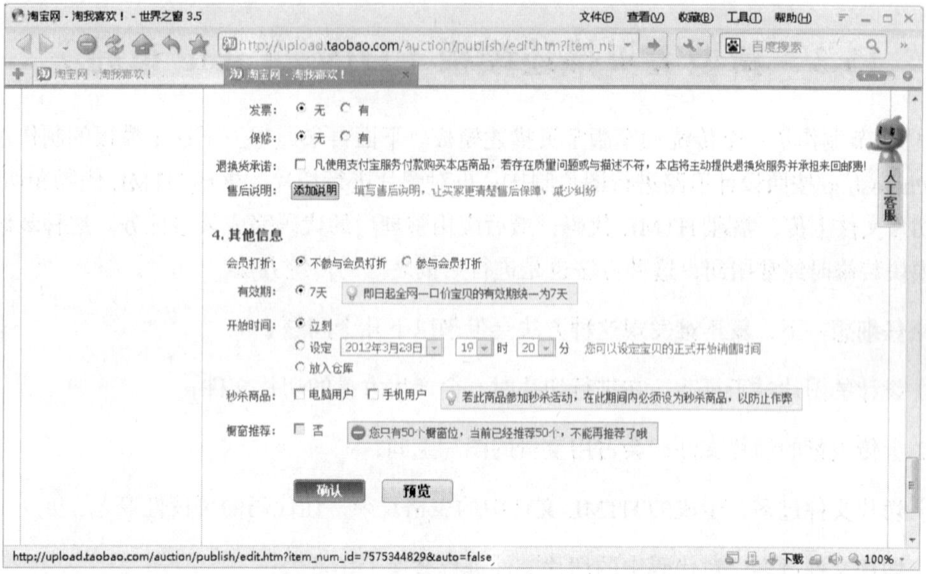

图 13-43

成功上传后的宝贝描述模板效果如图 13-44 所示。

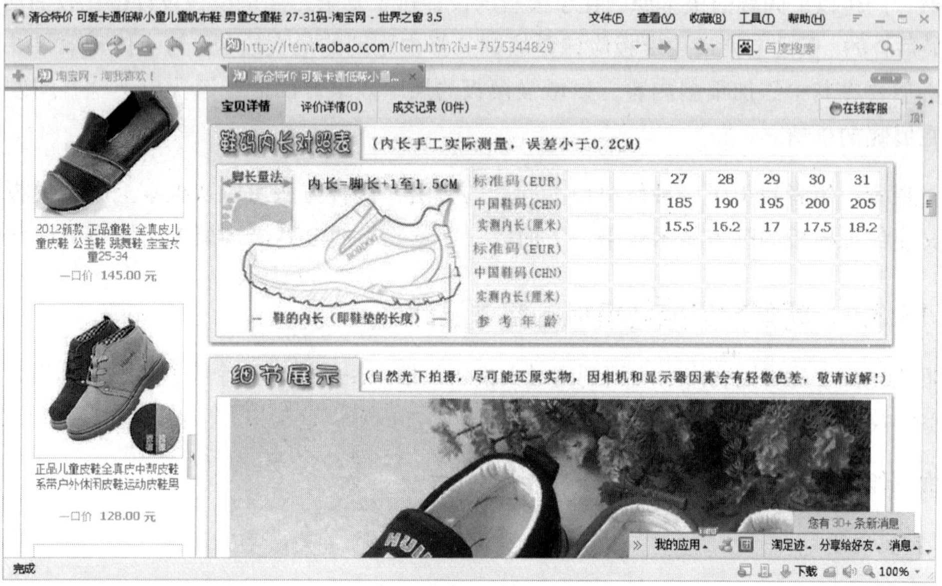

图 13-44

更换宝贝描述模板的确是一件费时费力的事情，但是可以让宝贝描述显得更专业，增加买家对店铺的信任度。

13.3 新型宝贝描述模板（DIV+Table 布局）

在 13.2 节制作了一个传统的窄版宝贝描述模板。下面再来回想一下这个模板的制作过程：首先利用 Photoshop 按照设计思路进行图片制作；再对图片进行切片，生成 HTML 代码和切片文件；然后把切片文件上传，整理 HTML 代码；最后应用整理后的代码完成装修任务。这种装修方法在自定义模块装修时经常用到，这种方法也是进行店铺装修的传统方法。

如果仔细想一下，就不难发现这种方法会带来以下几个问题。

（1）设计的图片过于复杂，在进行切片时，会产生大量的切片文件；

（2）上传大量的切片文件，会占用宝贵的图片空间；

（3）切片文件过多，生成的 HTML 文件中的表格复杂，让代码的可读性变差；

（4）切片文件过多，对代码中的切片文件进行替换工作量大；

（5）由于代码中包含内容太多，使用浏览器浏览页面时，影响页面的显示速度。

当然，产生以上问题的根本原因在于模板的设计过于复杂，如果模板设计得比较简洁，这种方法是最适合的。但是宝贝描述模板应该是店铺装修中用到的最大模板，为了体现效果并且描述清楚，必然要在其中添加很多内容，以增强模板的展示效果。因此，解决以上这些问题是店铺装修迫在眉睫的事情。

经过探索，笔者找出了一种解决以上问题的方法，这种方法可以从根本上杜绝模板切片，但同时又能保证模板的整体显示效果。下面以一个童装类的宝贝描述模板制作为例进行介绍。

13.3.1 新型宝贝描述模板的整体设计

宝贝描述模板是店铺装修中应用到的最大模板，事先一定要对这个模板进行整体设计，保证模板的整体效果。不要在制作过程中想当然地随意添加内容，这是进行店铺装修最忌讳的事情。

下面制作的这个宝贝描述模板共分为六个区域。

1. 宝贝说明

宝贝说明区域分成两个部分，左侧用来展示宝贝的全景图片，给买家直观的印象，右侧区域用文字形式对宝贝基本情况进行说明，如品牌、款号、名称、面料、里料、颜色及尺码等，效果如图 13-45 所示。

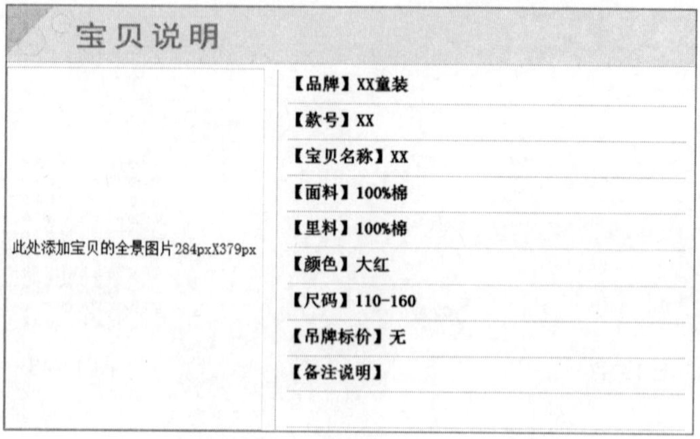

图 13-45

2．宝贝描述

宝贝描述区域以文字或图片的形式对宝贝进行整体描述，说明宝贝的卖点，引导买家产生共鸣，从而促使买家购买，如图 13-46 所示。

图 13-46

3．尺码对照表

由于服装存在尺码的问题，而买家又不能试穿，所以对衣服尺码的详细介绍是必不可少的。另外，还要在这里讲清楚衣服的测量方法，以方便买家自行测量对照，效果如图 13-47 所示。

4．细节展示

当买家对宝贝有了直观印象，并且了解了宝贝尺码后，接下来就要使用图片对宝贝进行展示，从而让买家了解更多的宝贝相关细节，如图 13-48 所示。

5．服务承诺

服务承诺区域是告诉买家店铺的服务承诺，从而让买家买得放心，并知道在出现问题之后如何处理，如图 13-49 所示。

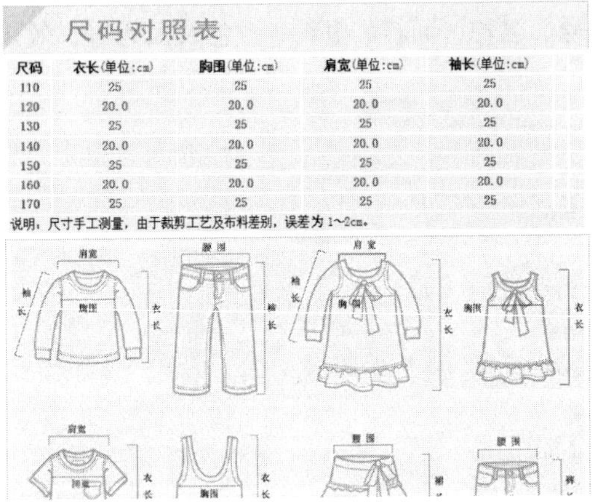

尺码对照表

尺码	衣长(单位:cm)	胸围(单位:cm)	肩宽(单位:cm)	袖长(单位:cm)
110	25	25	25	25
120	20.0	20.0	20.0	20.0
130	25	25	25	25
140	20.0	20.0	20.0	20.0
150	25	25	25	25
160	20.0	20.0	20.0	20.0
170	25	25	25	25

说明，尺寸手工测量，由于裁剪工艺及布料差别，误差为 1~2cm。

图 13-47

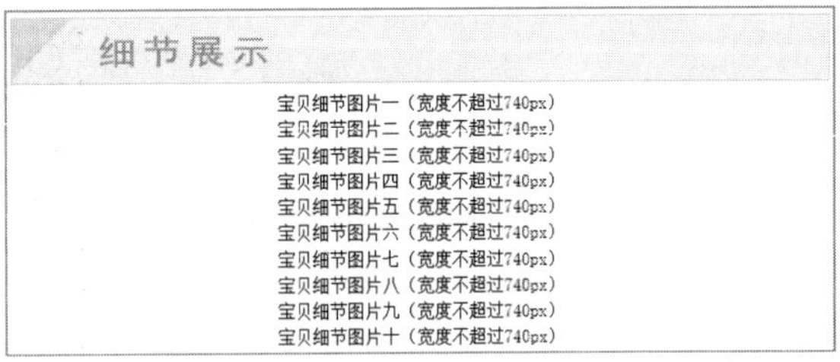

细节展示

宝贝细节图片一（宽度不超过740px）
宝贝细节图片二（宽度不超过740px）
宝贝细节图片三（宽度不超过740px）
宝贝细节图片四（宽度不超过740px）
宝贝细节图片五（宽度不超过740px）
宝贝细节图片六（宽度不超过740px）
宝贝细节图片七（宽度不超过740px）
宝贝细节图片八（宽度不超过740px）
宝贝细节图片九（宽度不超过740px）
宝贝细节图片十（宽度不超过740px）

图 13-48

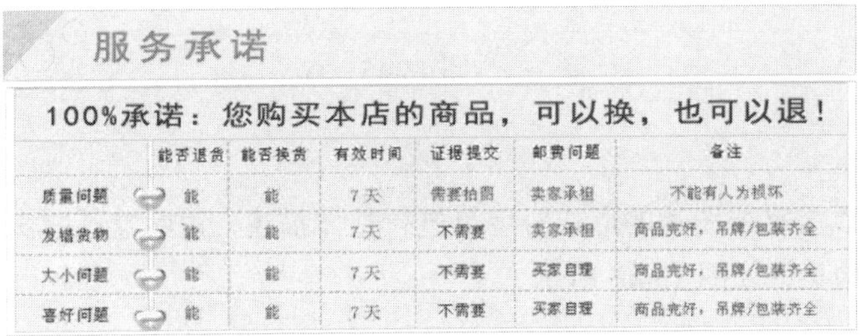

服务承诺

100%承诺：您购买本店的商品，可以换，也可以退！

	能否退货	能否换货	有效时间	证据提交	邮费问题	备注
质量问题	能	能	7天	需要拍图	卖家承担	不能有人为损坏
发错货物	能	能	7天	不需要	卖家承担	商品完好，吊牌/包装齐全
大小问题	能	能	7天	不需要	买家自理	商品完好，吊牌/包装齐全
喜好问题	能	能	7天	不需要	买家自理	商品完好，吊牌/包装齐全

图 13-49

6．友情提醒

友情提醒区域主要说明产品问题、快递问题、退换货规则、日常保养及评价，如图 13-50 所示。

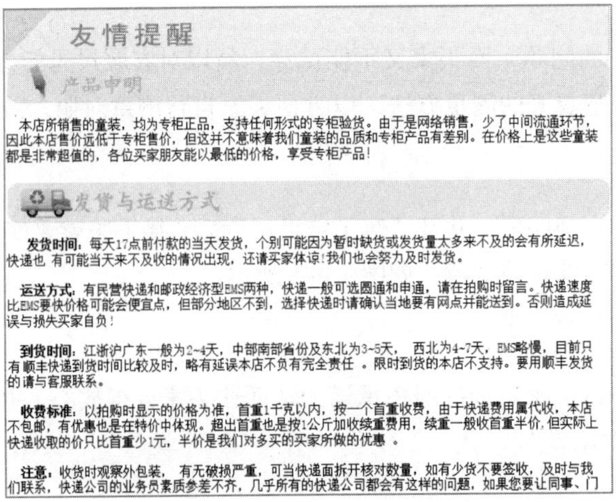

友情提醒

产品申明

本店所销售的童装，均为专柜正品，支持任何形式的专柜验货。由于是网络销售，少了中间流通环节，因此本店售价远低于专柜售价，但这并不意味着我们童装的品质和专柜产品有差别。在价格上是这些童装都是非常超值的，各位买家朋友能以最低的价格，享受专柜产品！

发货与运送方式

发货时间：每天17点前付款的当天发货，个别可能因为暂时缺货或发货量太多来不及的会有所延迟，快递也 有可能当天来不及收的情况出现，还请买家体谅！我们也会努力及时发货。

运送方式：有民营快递和邮政经济型EMS两种，快递一般可选圆通和申通，请在拍购时留言。快递速度比EMS要快价格可能会便宜点，但部分地区不到，选择快递时请确认当地要有网点并能送到。否则造成延误与损失买家自负！

到货时间：江浙沪广东一般为2~4天，中部南部省份及东北为3~5天， 西北为4~7天，EMS略慢，目前只有 顺丰快递到货时间比较及时，略有延误本店不负有完全责任 。限时到货的本店不支持。要用顺丰发货的 请与客服联系。

收费标准：以拍购时显示的价格为准，首重1千克以内，按一个首重收费，由于快递费用属代收，本店不包邮，有优惠也是在特价中体现。超出首重也是按1公斤加收续重费用，续重一般收首重半价，但实际上快递收取的价只比首重少1元，半价是我们对多买的买家所做的优惠 。

注意：收货时观察外包装， 有无破损严重，可当快递面拆开核对数量，如有少货不要签收，及时与我们联系，快递公司的业务员素质参差不齐，几乎所有的快递公司都会有这样的问题，如果您要让同事、门

图 13-50

13.3.2　新型宝贝描述模板的图片制作

虽然上面制作的这个模板不需要进行切片，但为了加强显示效果，还是要制作相关的图片并插入模板中。从上面的整体设计能看出，此模板中用到的图片主要是每个区域的抬头横幅，以及相关的辅助图片。下面就制作一个抬头横幅。

NO.1：启动 Photoshop，新建一个 750px × 60px 的空白文档，如图 13-51 所示。

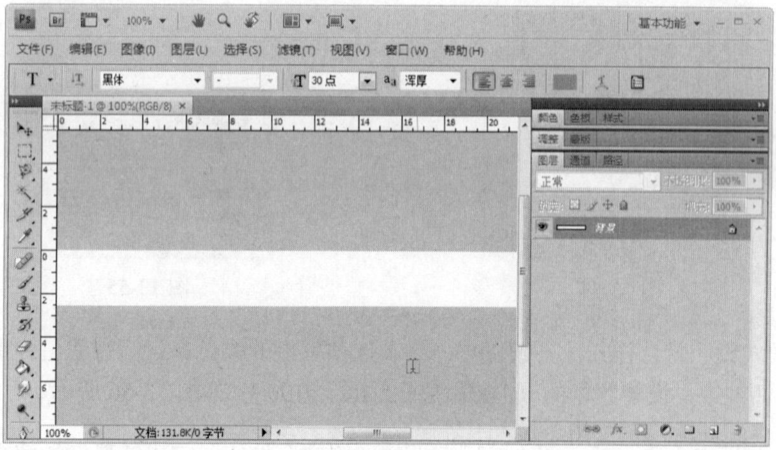

图 13-51

NO.2：在系统工具箱中，单击设置前景色按钮，在弹出的“拾色器（前景色）”对话框中将当前前景色的 RGB 值均设为 240，如图 13-52 所示。

NO.3：设定完毕之后，单击对话框中的“确定”按钮，完成前景色设置。在系统工具箱中选择油漆桶工具，将空白文档用刚才设定好的颜色进行填充，填充后的效果如图 13-53 所示。

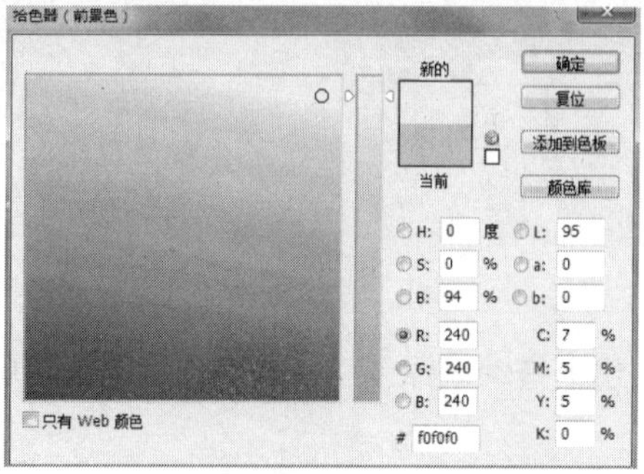

图 13-52

图 13-53

NO.4：新建一个普通图层，在图层面板中将新建图层作为当前工作图层，如图 13-54 所示。

NO.5：在系统工具箱中选择矩形工具。在矩形工具选项栏中单击几何选项旁的下拉按钮，在打开的下拉列表中选择“方形”单选框，如图 13-55 所示。

图 13-54

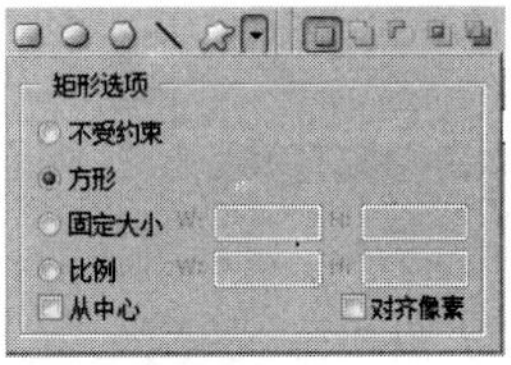

图 13-55

NO.6：样式设为默认样式，不做变化。单击选项栏上的颜色按钮，弹出“拾色器”对话框。在此对话框中，设置颜色的 RGB 值为（221,232,190），如图 13-56 所示。

NO.7：颜色设定完毕之后，单击对话框上的“确定”按钮，完成矩形框的填充颜色设置，最终矩形工具选项栏设置如图 13-57 所示。

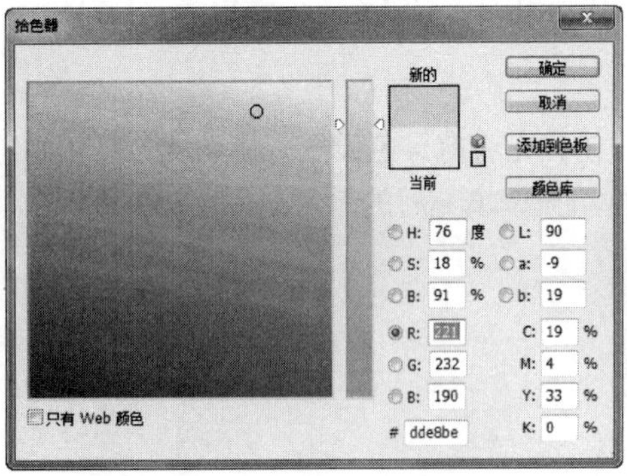

图 13-56

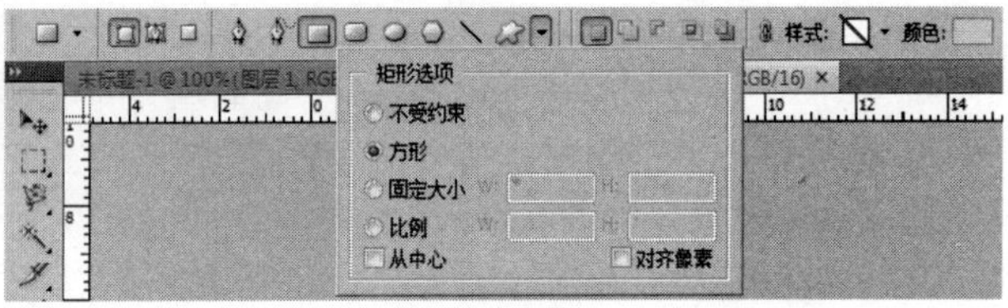

图 13-57

NO.8：矩形工具选项设置完毕之后，在新建图层上拖动鼠标创建一个正方形形状图层，如图 13-58 所示。

NO.9：按 Ctrl+T 组合键，激活 Photoshop 的自由变换功能。在系统菜单下的自由变换选项栏中，将旋转角度设置为 45 度，如图 13-59 所示。

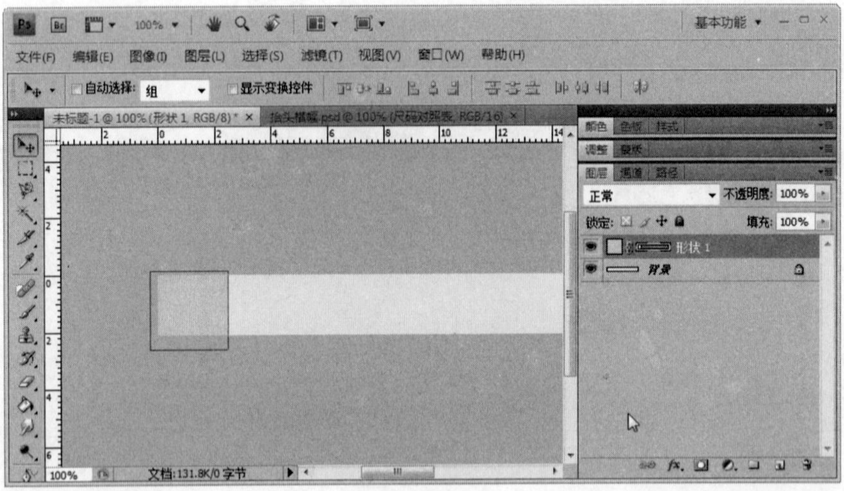

图 13-58

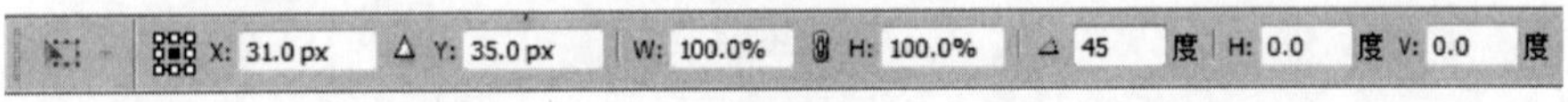

图 13-59

NO.10：在工作区中，双击鼠标确认此次自由变换，使用移动工具，将旋转后的形状移动到合适的位置，如图 13-60 所示。

NO.11：再次新建一个图层，并把新建图层选定为当前工作图层，在系统工具箱中选择画笔工具。在画笔工具选项栏中选择适合的画笔，在新建图层中描绘出几个装饰图案，如图 13-61 所示。

图 13-60

图 13-61

NO.12：按 Ctrl+A 组合键，将当前图层选中，如图 13-62 所示。

NO.13：单击“编辑”菜单中的“描边”菜单项，在弹出的描边对话框中设定描边宽度为 1px，颜色为深灰色，位置为居中，如图 13-63 所示。

NO.14：设置完毕之后，单击“确定”按钮，将此图层完成描边操作。

NO.15：完成描边之后，在系统工具箱中选择横排文字工具 T 。选定此工具，在系统菜单下的横排文字工具栏中，选择字体为黑体，字号大小为 30，样式为浑厚，并选择文字颜色为深绿色 RGB（1,76,15），如图 13-64 所示。

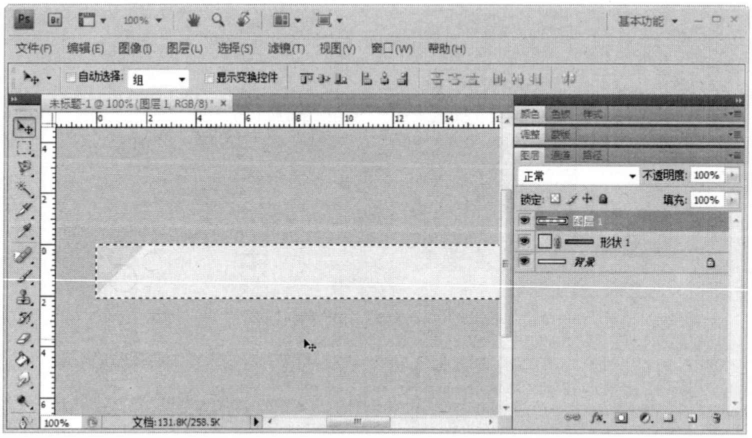

图 13-62

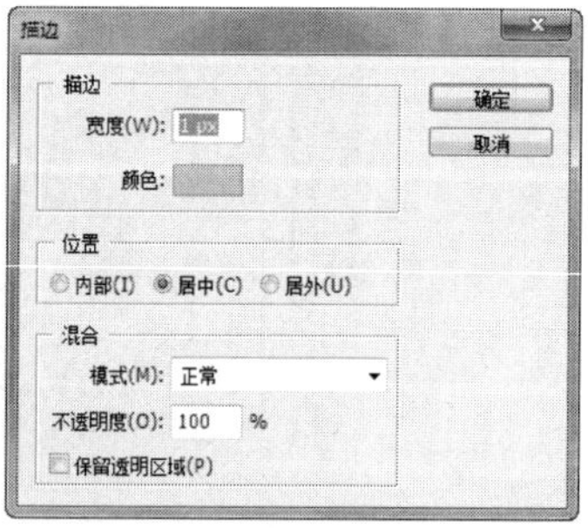

图 13-63

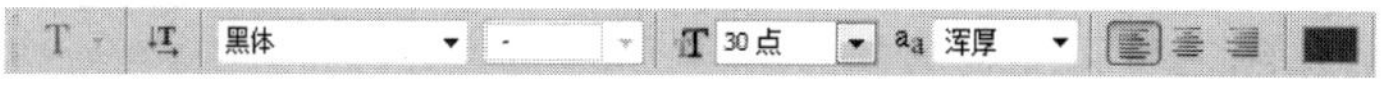

图 13-64

NO.16：设置文字参数之后，新建一个图层，在此图层之上输入“宝贝说明”，并使用移动工具将其移动到合适位置，如图 13-65 所示。

至此，抬头横幅制作完毕，先将源文件以 JPG 的格式存储在指定位置。最终的图片显示效果如图 13-66 所示。

图 13-65

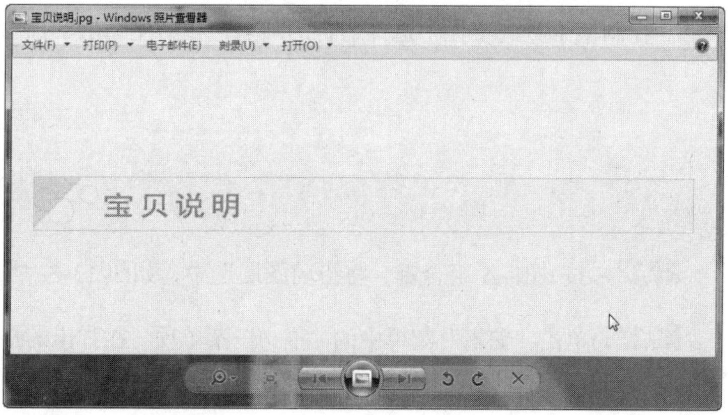

图 13-66

根据设计的需要，制作出所有需要用到的图片并存放到指定位置，完成宝贝描述模板所有图片的制作工作。

13.3.3　新型宝贝描述模板的代码制作

在 13.3.2 节，已经得到了制作本模板所需的所有图片，但这些图片并不能直接组成模板，还需要利用 HTML 代码进行组合。由于不需要进行切片操作，所以不能由 Photoshop 生成 HTML 文件，所有的代码均需要使用 Dreamweaver 进行手工编写。因此，用这种方式制作模板，要有 HTML 代码方面的知识。

1．宝贝说明代码制作

启动 Dreamweaver，建立一个空白的 HMTL 文件，如图 13-67 所示。

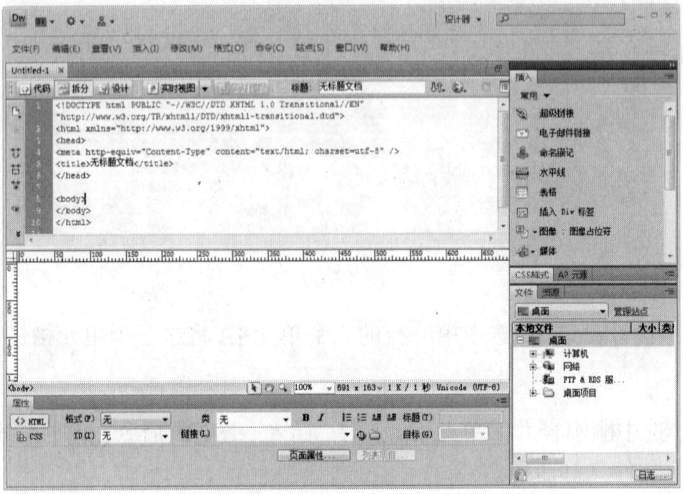

图 13-67

在插入面板中，单击“表格”表格选项，在弹出的表格对话框中设置行数为 2，列数为 3，表格宽度为 750，单位为像素，其他设置如图 13-68 所示。

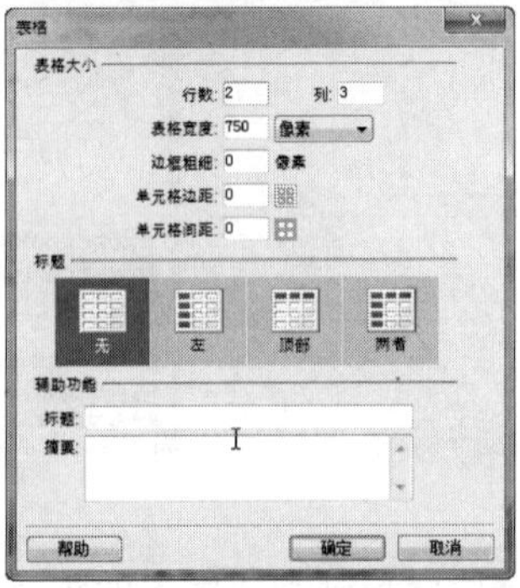

图 13-68

设置完毕后，单击“确定”按钮，在 HTML 文件中插入一个 2 行 3 列的无边框表格，如图 13-69 所示。

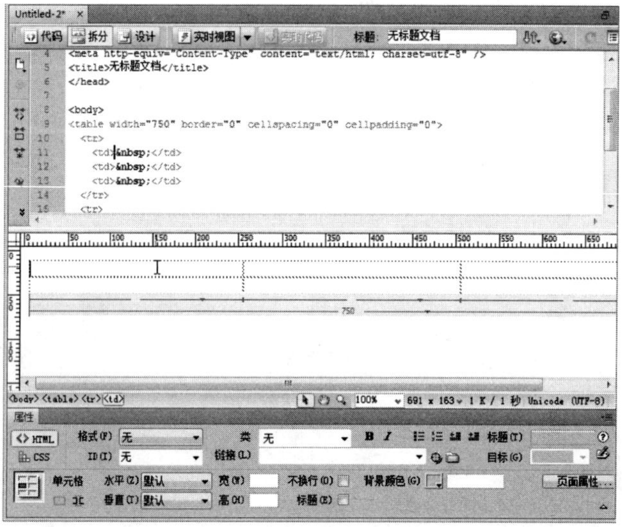

图 13-69

在 Dreamweaver 设计窗口中，选中第一行的三个单元格，将这三个单元格进行合并，如图 13-70 所示。

在设计窗口中，选中刚刚合并的单元格。选择“插入→图像”命令，此时系统会弹出如图 13-71 所示的“选择图像源文件”对话框。

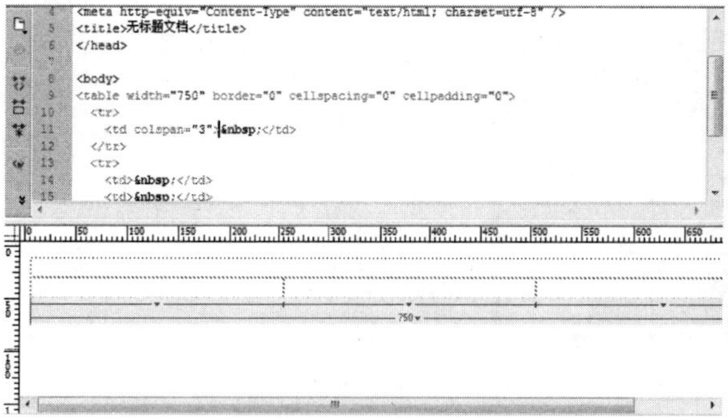

图 13-70

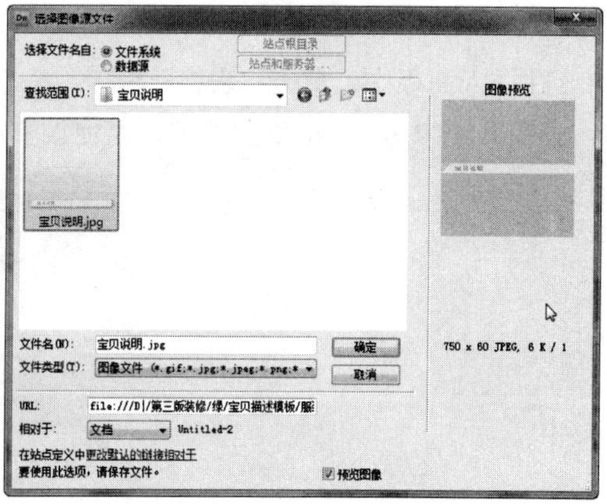

图 13-71

在这个对话框中，在指定的存储位置找到需要插入的图片，单击“确定”按钮将图片插入指定的单元格中，如图 13-72 所示。

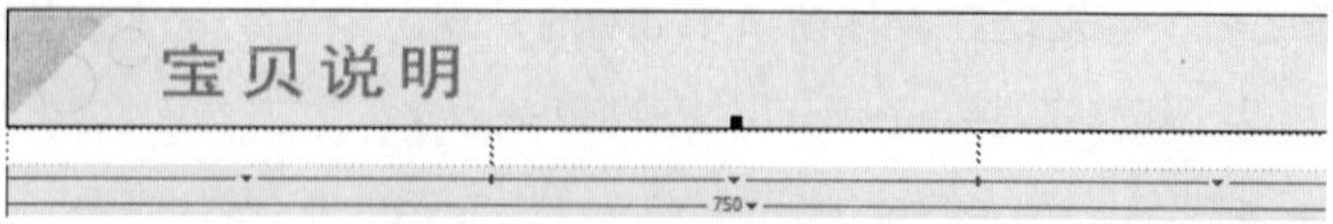

图 13-72

在设计区中，选中第 2 行第 1 个单元格，将此单元格的水平和垂直对齐方式均设为居中，如图 13-73 所示。

保持第 2 行第 1 个单元格的选中状态，在插入面板中单击“插入 div 标签”。在弹出的“插入 div 标签”对话框中，单击“确定”按钮将 div 标签插入选中的单元格中，如图 13-74 所示。

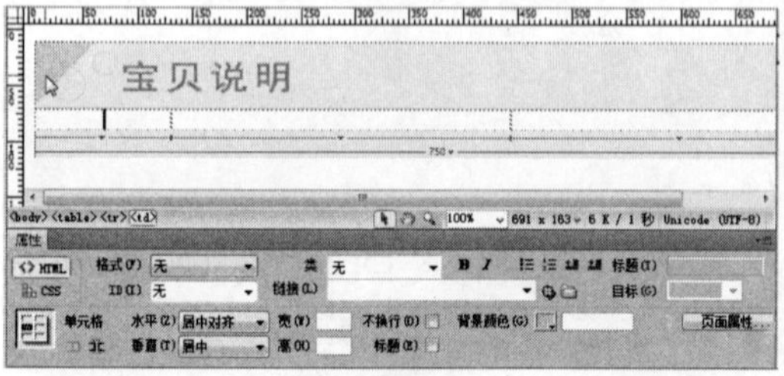

图 13-73

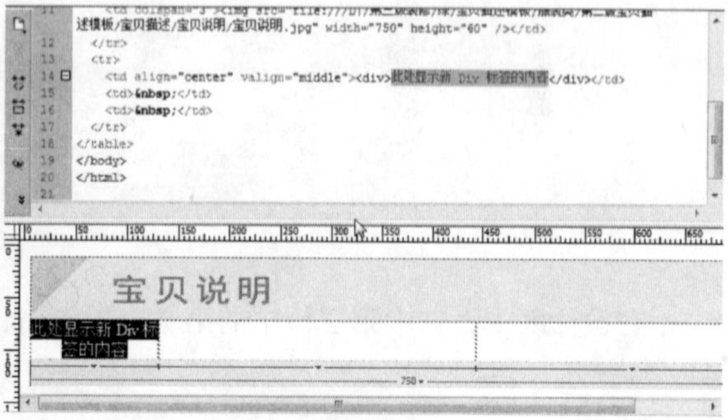

图 13-74

在代码设计区中，将光标定位在刚刚插入的 div 标签“<div”和“>”之间，并按空格键，系统会弹出 div 标签的相关属性下拉选择框，将下面这一段代码直接粘贴到其中。

```
style="margin-left:5px ; margin-top:5px ; width:285 ; height:380px ;
       border-right:1px solid #CFD2CF;
       border-left:1px solid #CFD2CF;
       border-top:1px solid #CFD2CF;
       border-bottom:1px solid #CFD2CF;
       line-height:380px;"
```

下面具体介绍这一段代码的含义。

```
margin-left:5px  表明这个 div 容器的左侧距离当前单元格左边框为 5px
margin-top:5px  表明这个 div 容器的上侧距离当前单元格上边框为 5px
width:285px     表明这个 div 容器的宽度为 285px
height:380px    表明这个 div 容器的高度为 380px
border-right:1px solid #CFD2CF 表明这个 div 容器的右边框为 1px，模式为细实线，颜色为灰色。
border-left:1px solid #CFD2CF 表明这个 div 容器的左边框为 1px，模式为细实线，颜色为灰色。
border-top:1px solid #CFD2CF 表明这个 div 容器的上边框为 1px，模式为细实线，颜色为灰色。
border- bottom:1px solid #CFD2CF 表明这个 div 容器的下边框为 1px，模式为细实线，颜色为灰色。
line-height:380px 这个表明 div 容器中的内容居中对齐
```

代码粘贴进来之后，会发现在设计窗口中 div 的外观已经发生变化，如图 13-75 所示。

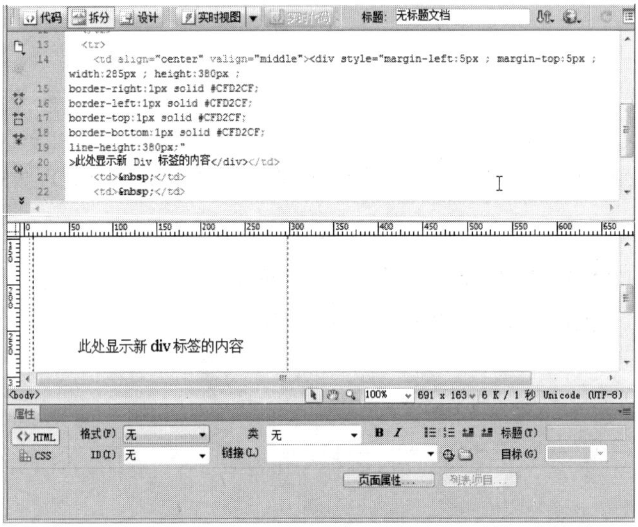

图 13-75

在设计区中，选中第 2 行中的第 2 个单元格，将此单元格宽度设为 15px，如图 13-76 所示。

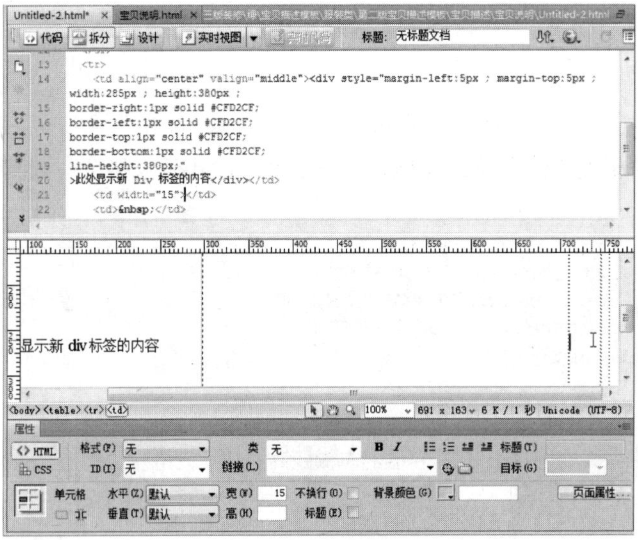

图 13-76

按刚刚插入第一个 div 标签的方式，在第 2 行的第 2 列的单元格中插入第二个 div 标签。在代码设计区中，将光标定位在刚刚插入的 div 标签“<div”和“>”之间，并按空格键，系统会弹出 div 标签的相关属性下拉选择框，将下面这一段代码直接粘贴到其中。

```
style="margin-left:5px; margin-top:5px;
       height:380px;
       border-right:1px solid #CFD2CF"
```

代码粘贴进来后，会发现在设计窗口中 div 的外观已经发生变化，如图 13-77 所示。

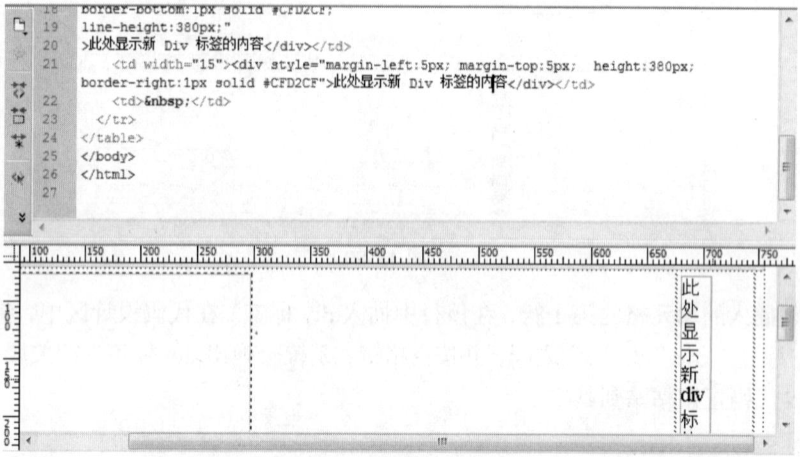

图 13-77

在设计区中，选中第 2 行的第 3 个单元格，将此单元格宽度设为 435px，并把该单元格的水平和垂直对齐方式均设为居中，如图 13-78 所示。

设置完毕后，在“插入”面板中单击“表格”按钮，在弹出的表格对话框中，设计行数为 10，列数为 1，表格宽度为 430 像素，单位为像素，其他设置如图 13-79 所示。

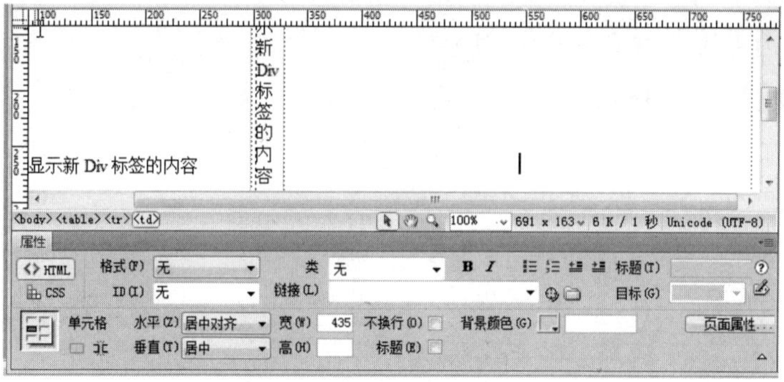

图 13-78

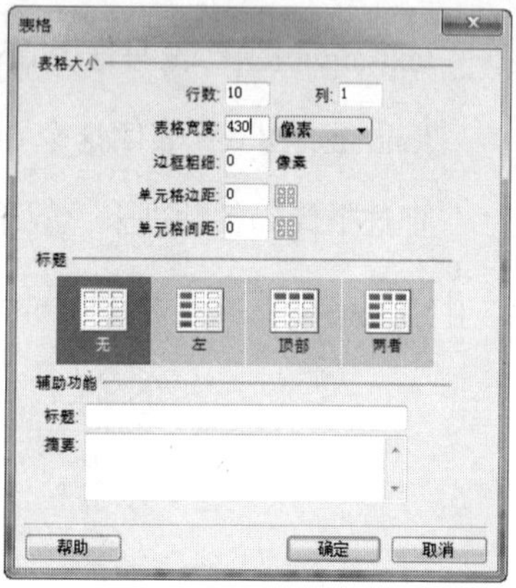

图 13-79

设置完毕后，单击“确定”按钮，在 HTML 文件中插入一个 10 行 1 列的无边框表格，如图 13-80 所示。

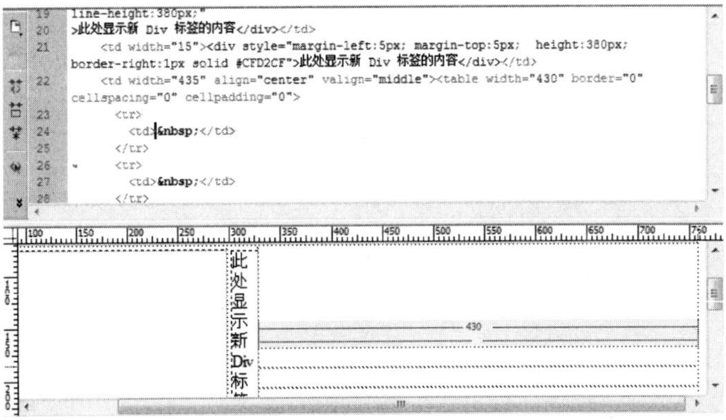

图 13-80

选中刚刚插入的单元格的第 1 行，在该行中插入 div 标签。在代码设计区中，将光标定位在刚刚插入的 div 标签“<div”和“>”之间，并按空格键，系统会弹出 div 标签的相关属性下拉选择框，将下面这一段代码直接粘贴到其中。

```
style=" height:37px;
        border-bottom:1px solid #CFD2CF;
        line-height:37px;
        overflow:hidden;
        text-align:left;
        font-size:18px; "
```

这里出现了新的代码，具体介绍如下。

overflow:hidden：表明这个 div 容器中的文字内容如果超出容器本身的宽度不显示。

text-align:left：表明这个 div 容器的文字是左对齐。

font-size:18px：表明这个 div 容器中的文字大小为 18px。

把这个代码粘贴进来，效果如图 13-81 所示。

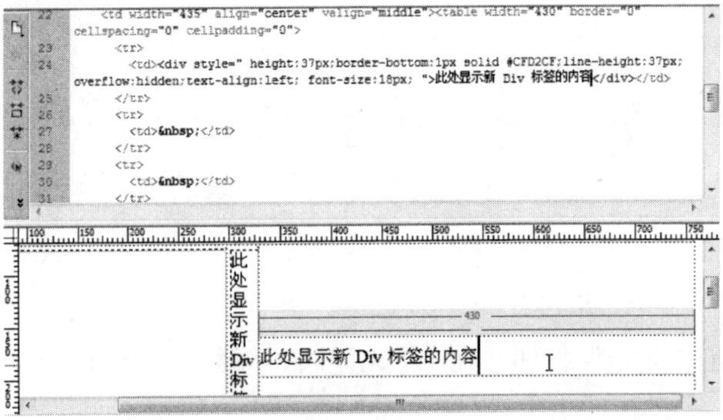

图 13-81

将此标签中显示的内容改成需要显示的文字，并加粗显示，如图 13-82 所示。

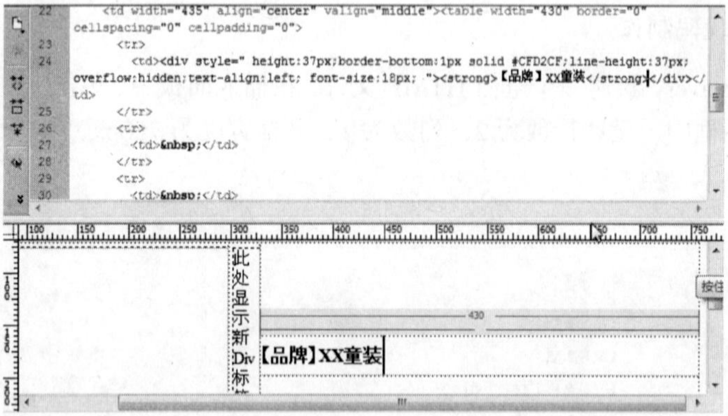

图 13-82

按照完全相同的操作方式，将插入的表格第 2 行至第 9 行的单元格全部添加需要显示的内容，如图 13-83 所示。

图 13-83

最后，调整 div 中的文字说明，将此 HTML 文件保存下来，并将此 HTML 文件中<body>和</body>之间的内容存储到 TXT 文本文件中，此时在指定位置会看到有 3 个文件，如图 13-84 所示。

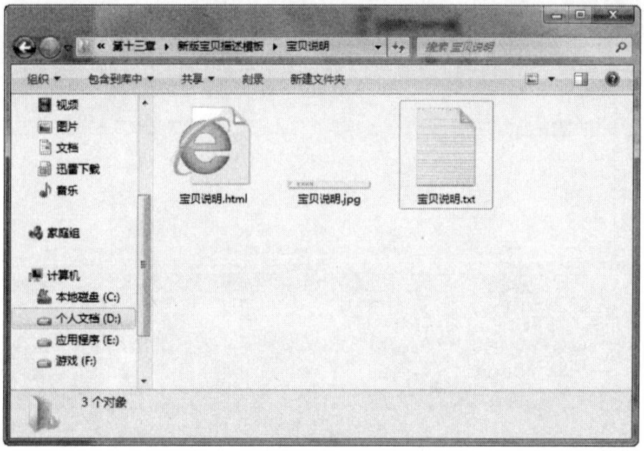

图 13-84

利用浏览器看一看制作的这个 HTML 文件，如图 13-85 所示。

2. 宝贝描述代码制作

启动 Dreamweaver，新建一个空白 HTML 文件。在插入面板中，单击“表格”按钮，在弹出的表格对话框中，设计行数为 2，列数为 1，表格宽度为 750px，其他设置如图 13-86 所示。

图 13-85

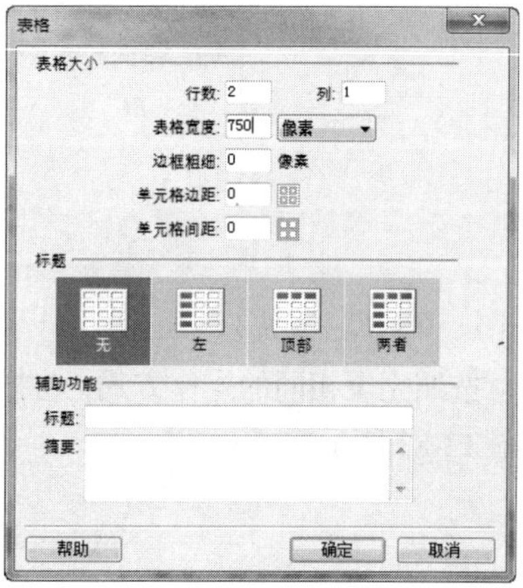

图 13-86

设置完毕后，单击“确定”按钮，在 HTML 文件中插入一个 2 行 1 列的无边框表格，如图 13-87 所示。

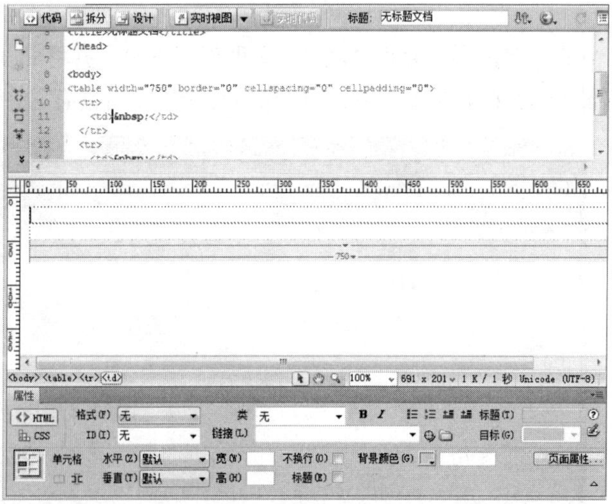

图 13-87

在设计区中，选中第 1 行，将前面制作的“宝贝描述”横幅插入此行中，如图 13-88 所示。

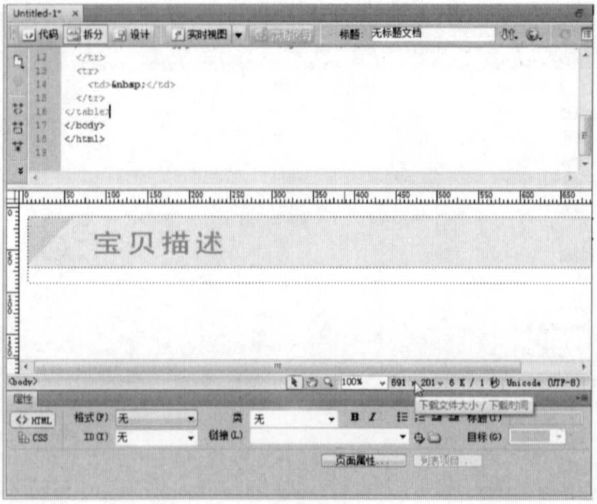

图 13-88

在设计区中，选中第二行。在第 2 行中插入 div 标签。按前面的操作方式，将如下代码粘贴到“<div”和“>”之间。

```
style="margin-left:0px;
        margin-top:5px;
        width:750;
        height:auto;
        border-right:1px solid #CFD2CF;
        border-left:1px solid #CFD2CF;
        border-top:1px solid #CFD2CF;
        border-bottom:1px solid #CFD2CF;"
        border-top:1px solid #CFD2CF;
        border-bottom:1px solid #CFD2CF; "
```

在这一段代码中出现了一个新 div 属性内容。

height:auto：表明这个 div 容器的高度会随着显示内容的高度进行自适应。

代码粘贴进来之后，调整 div 中的文字说明，将此 HTML 文件保存下来，并将此 HTML 文件中<body>和</body>之间的内容存储到 TXT 文本文件中，此时我们会在指定位置看到 3 个文件，如图 13-89 所示。

同样在浏览器中看一看这个宝贝描述部分的效果，如图 13-90 所示。

3．尺码对照表代码制作

（1）制作尺码表

启动 Dreamweaver，新建一个空白 HTML 文件，单击插入面板中的“表格”选项，在弹出的表格对话框中按如图 13-91 所示的参数进行设置。

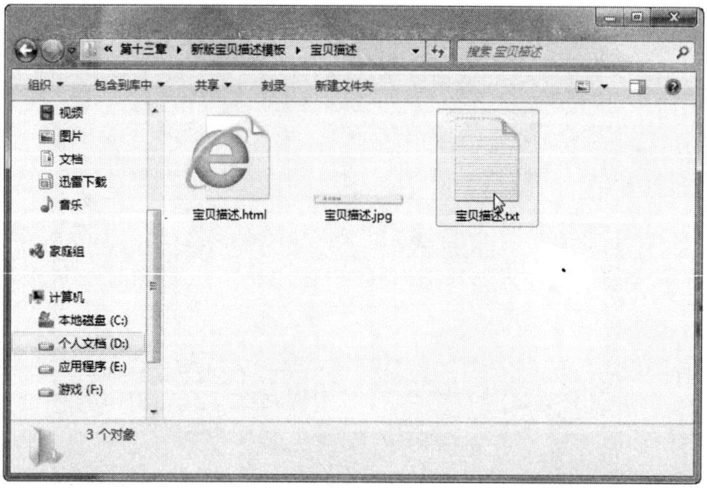

图 13-89

图 13-90

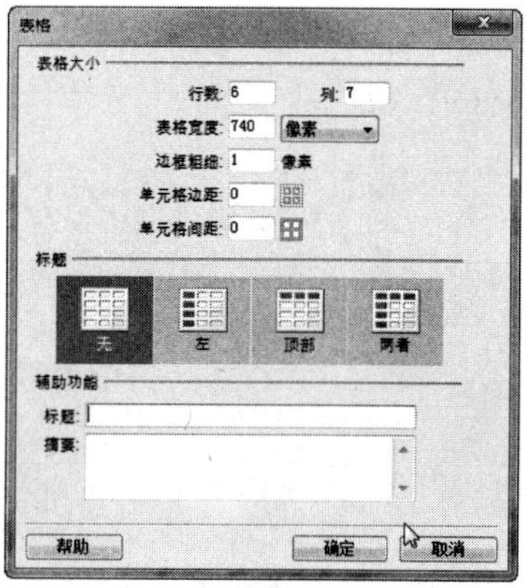

图 13-91

设置完毕后，单击对话框中的“确定”按钮。此时会看到在 HTML 文件中会插入一个 6 行 7 列的宽为 740px 的表格，如图 13-92 所示。

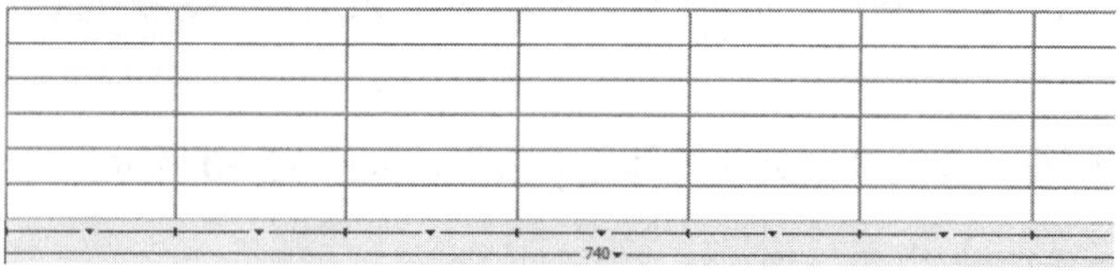

图 13-92

如图 13-92 所示的表格是 HTML 中 Table 表格的标准样式（每个单元格的边框分开），但这种样式和常见的表格有差异。下面就想办法让这个 Table 表格样式变成常见的表格。在代码区中，将光标定位在“<Table…”和“>”之间，如图 13-93 所示。

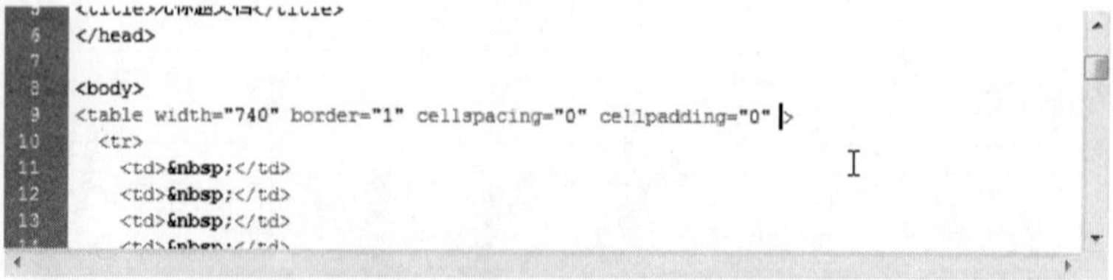
</head>
<body>
<table width="740" border="1" cellspacing="0" cellpadding="0" >
<tr>
<td> </td>
<td> </td>
<td> </td>

图 13-93

将下面的表格属性代码粘贴到代码区的当前光标处。

```
style="border-collapse:collapse;"
bordercolor="#999999"
```

下面具体介绍这些代码的含义。

style="border-collapse:collapse;"：表明单元格边框合并为单一边框。

bordercolor="#999999"：表明边框线的颜色为设定的深灰色。

代码粘贴后，看一看情况发生了什么变化，如图 13-94 所示。

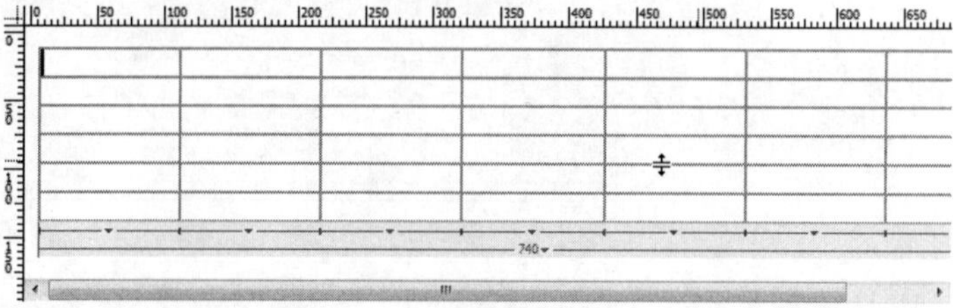

图 13-94

和前面得表格相比，似乎没有发生多大的变化。不要急，在浏览器中看一看效果，如图 13-95 所示。

无标题文档 - 世界之窗 3.5
border-collapse

图 13-95

此时表格的边框已经变成了实线，不过这个表格的列高不太合适，选中第 1 行的第 1 列，将列高设置为 35px，如图 13-96 所示。

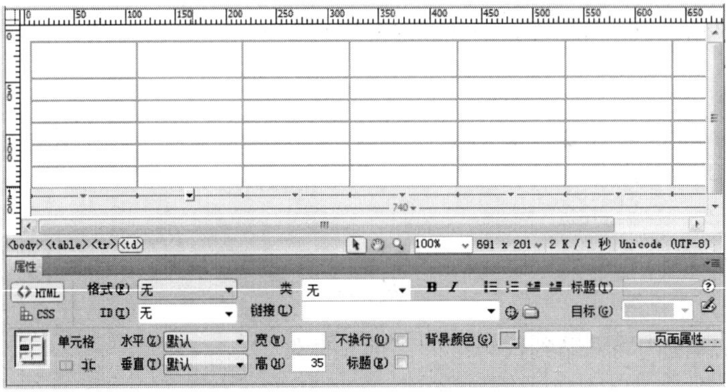

图 13-96

按照同样的方式，将每一行第 1 列的列高设置为 35px。为了进一步增强表格的显示效果，将表格的第 1、第 3 和第 5 行的背景颜色设为 bgcolor="#EFEFEF"，第 2、第 4 和第 6 行的背景颜色设为 bgcolor="#F9F9F9"，此时表格在浏览器中的效果如图 13-97 所示。

接下来把表格中的文字都输入进去并调整好格式，如图 13-98 所示。

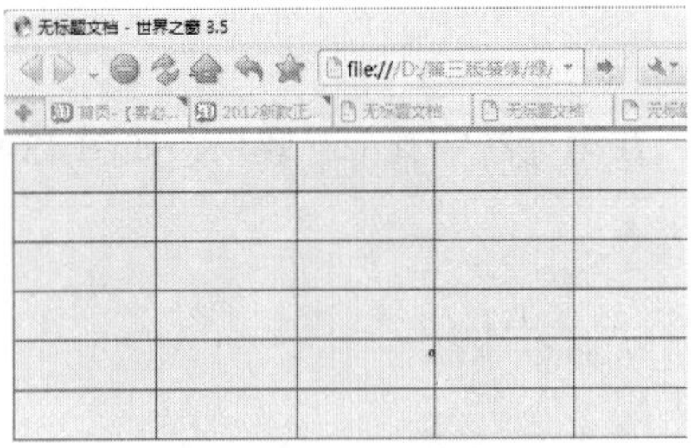

图 13-97

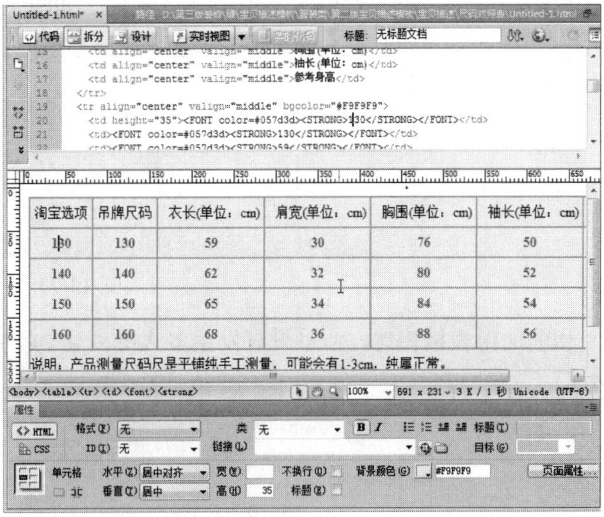

图 13-98

将此文件以 HTML 格式保存，并把<body>和</body>之间的代码以 TXT 格式保存，以方便下面的代码制作，最终文件保存的结果如图 13-99 所示。

（2）尺码对照表全代码制作

前面只是单纯地制作了宝贝的尺码表，即单纯地列举尺寸，并不是尺码对照表的全部。因此，接下来还要完成这个尺码代码表的其他部分。

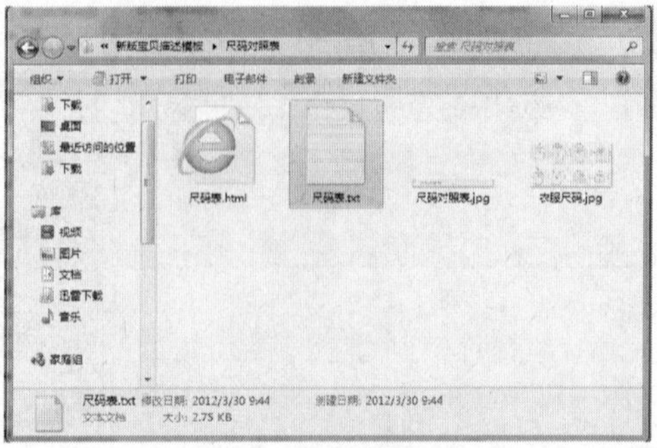

图 13-99

可能有读者会问，为什么不一次把尺码对照表全部制作完呢？这样做的目的是为了降低制作代码的难度。一次制作完毕不是不可行，但编辑这种嵌套代码的复杂程度一定会让大部分卖家感到无法下手。

启动 Dreamweaver，新建一个空白 HTML 文件。在这个新建的 HTML 文件中插入一个 4 行 1 列，宽为 750 像素的无边框表格，如图 13-100 所示。

在设计区中选中第 1 行，使用插入图像功能，将制作的“尺码对照表”抬头横幅插入其中，如图 13-101 所示。

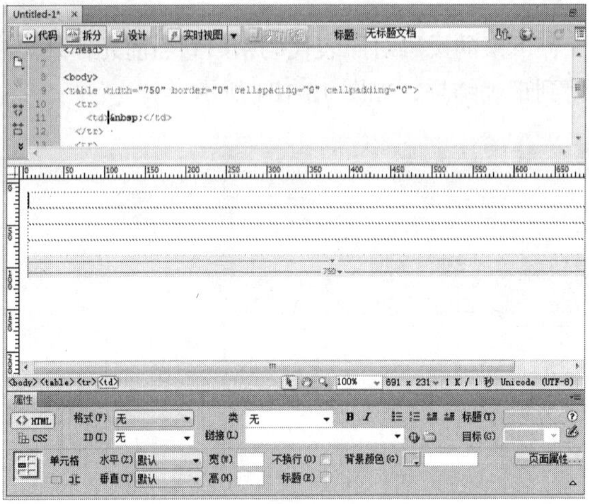

图 13-100

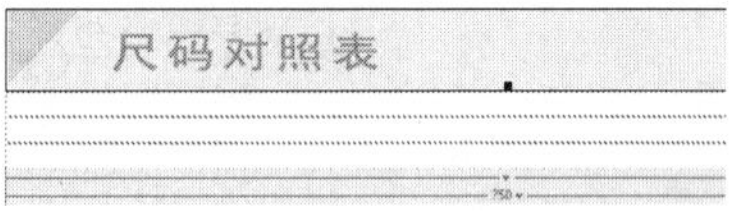

图 13-101

选中第 2 行，将第 2 行单元格的列高定义为 5px，这样做的目的是为了让抬头横幅和下面一行之间有所间隔，如图 13-102 所示。

选中第 3 行，将此行的水平和垂直对齐方式均设为居中对齐。在代码区中，将光标定位在如图 13-103 所示的位置。

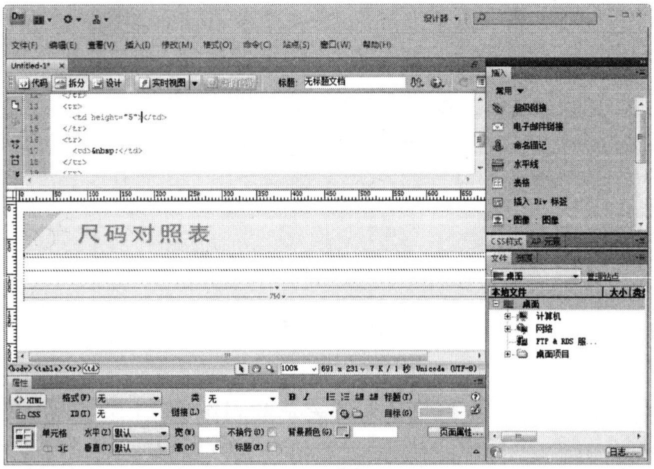

图 13-102

图 13-103

定位成功后，将前面制作的以文本格式保存下来的尺码对照表代码粘贴到当前光标处。注意，粘贴时一定要在代码区中进行，否则不可能得到正确结果，如图 13-104 所示。

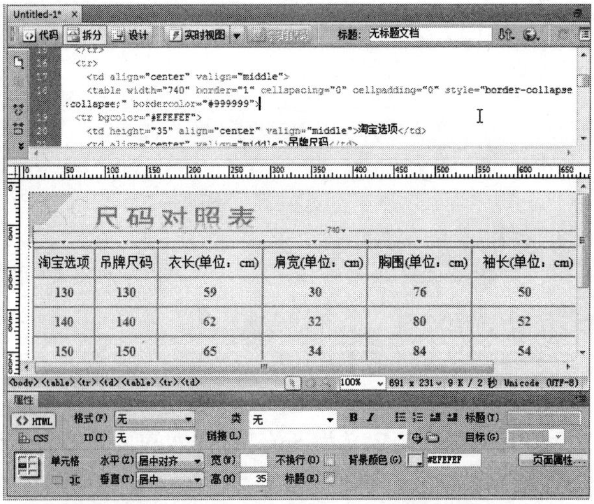

图 13-104

选中第 4 行，在第 4 行中插入一个 div 标签，并按照前面的操作，将代码粘贴到 div 标签中。

```
style="margin-left:2px;
        margin-top:5px;
        width:733;
        height:385px;
        border-right:1px solid #CFD2CF;
        border-left:1px solid #CFD2CF;
        border-top:1px solid #CFD2CF;
        border-bottom:1px solid #CFD2CF;
        line-height:385px;
        text-align:center;"
```

粘贴之后，将 div 标签中的文字删除，效果如图 13-105 所示。

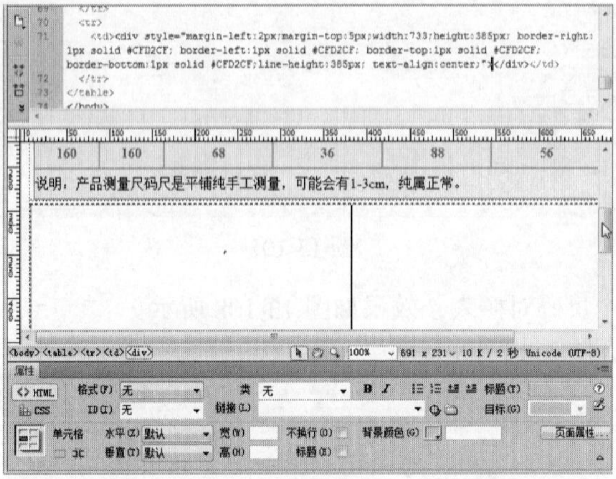

图 13-105

在设计区中，将光标定位在 div 标签中。使用插入图像菜单，将前面制作的衣服测量方法图片插入 div 标签中，如图 13-106 所示。

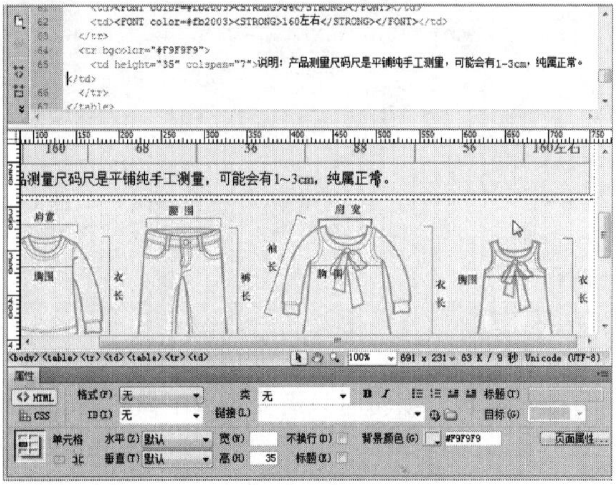

图 13-106

至此，尺码对照表的代码制作工作全部完毕，将这个 HTML 文件保存下来，并把相关代码用 TXT 格式保存，如图 13-107 所示。

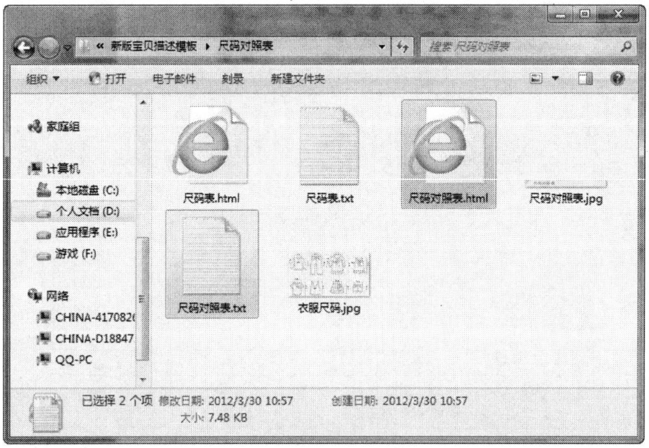

图 13-107

预览前面制作的这个尺码对照表，效果如图 13-108 所示。

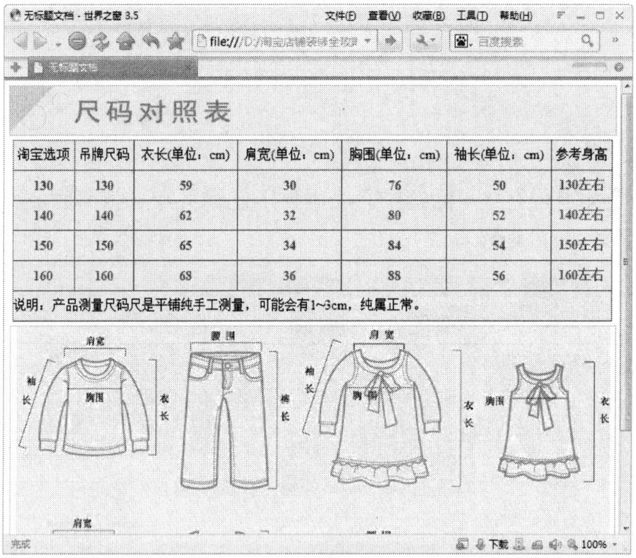

图 13-108

这个尺码对照表还可以随时编辑，编辑时只需要对数字做出变动，而不需要重新制作。

4．服务承诺代码制作

启动 Dreamweaver，新建一个空白 HTML 文件。在这个新建的 HTML 文件中插入一个 2 行 1

列，宽为 750 像素的无边框表格，如图 13-109 所示。

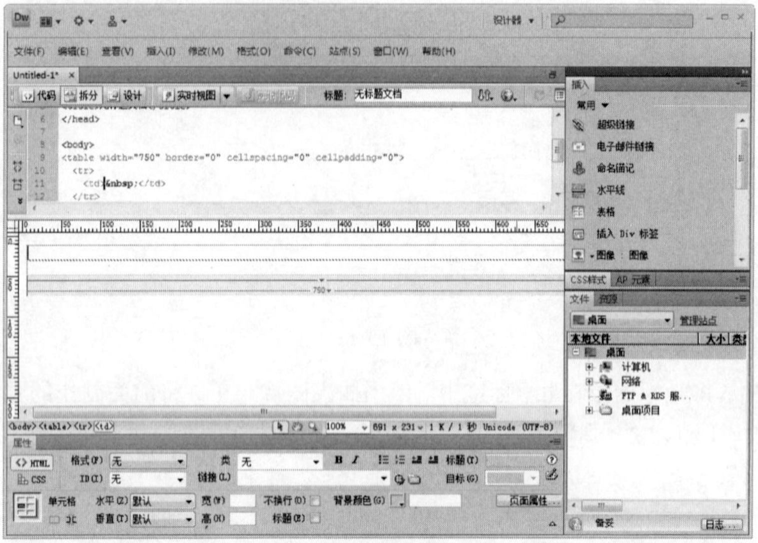

图 13-109

在设计区中选中第 1 行，使用插入图像功能，将制作的“服务承诺”抬头横幅插入其中，如图 13-110 所示。

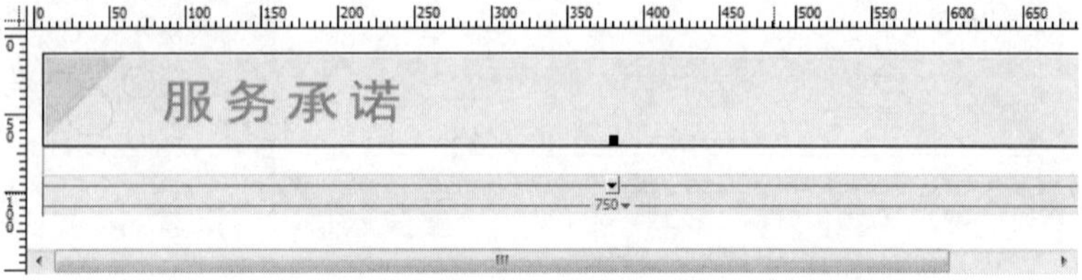

图 13-110

选中第 2 行，在第 2 行中插入一个 div 标签，按前面相同的操作方式，把下列代码粘贴到 div 标签中。

```
style="margin-left:2px;
       margin-top:5px;
       width:746;
       height:212px;
       border-right:1px solid #CFD2CF;
       border-left:1px solid #CFD2CF;
       border-top:1px solid #CFD2CF;
       border-bottom:1px solid #CFD2CF;
       line-height:212px;
       text-align:center;"
```

粘贴之后，将 div 标签中的文字删除，效果如图 13-111 所示。

图 13-111

在设计区中，将光标定位在 div 标签中。使用插入图像菜单，将前面制作的服务承诺图片插入 div 标签中，如图 13-112 所示。

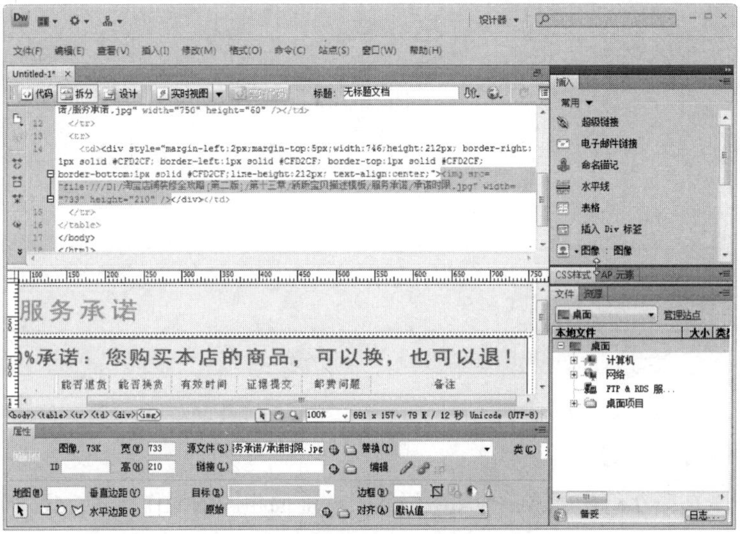

图 13-112

至此，服务承诺的代码制作工作全部完毕，将这个 HTML 文件保存下来，并将相关代码用 TXT 格式保存，如图 13-113 所示。

预览这个服务承诺图片，效果如图 13-114 所示。

5．细节展示代码制作

启动 Dreamweaver，新建一个空白 HTML 文件。在这个新建的 HTML 文件中插入一个 3 行 1 列，宽为 750 像素的无边框表格，如图 13-115 所示。

图 13-113

图 13-114

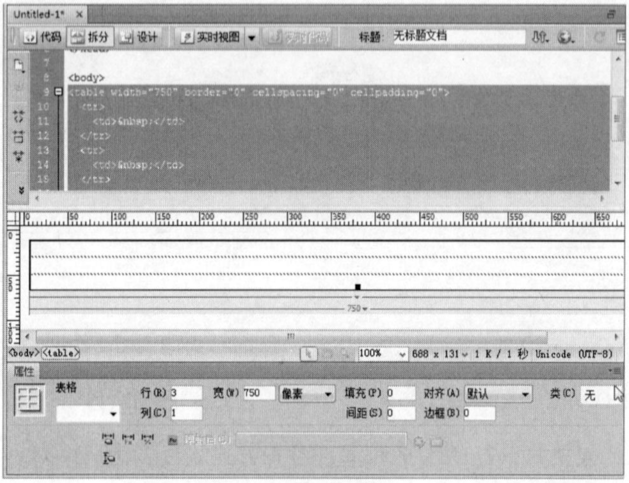

图 13-115

在设计区中选中第 1 行，使用插入图像功能，将制作的“细节展示”抬头横幅插入到其中，如图 13-116 所示。

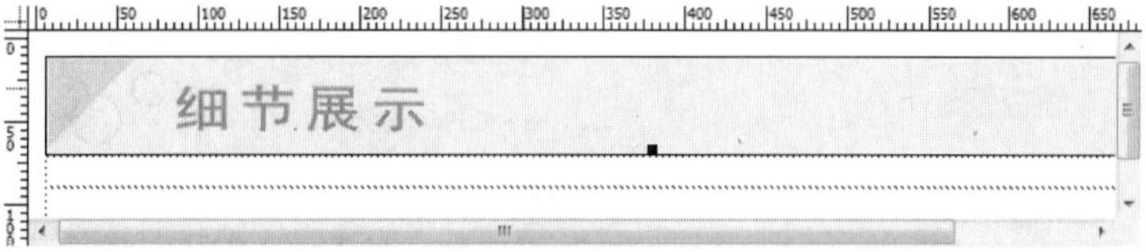

图 13-116

选中第 2 行，将该行的单元格列高设置为 5px。在代码区中，将单元格中的空格符“ ”删除，效果如图 13-117 所示。

在设计区中选中第 3 行，将该行的水平和垂直对齐方式均设置为居中。在插入面板中，单击“表格”选项，在弹出的“表格”对话框中按图 13-118 所示进行参数设置。

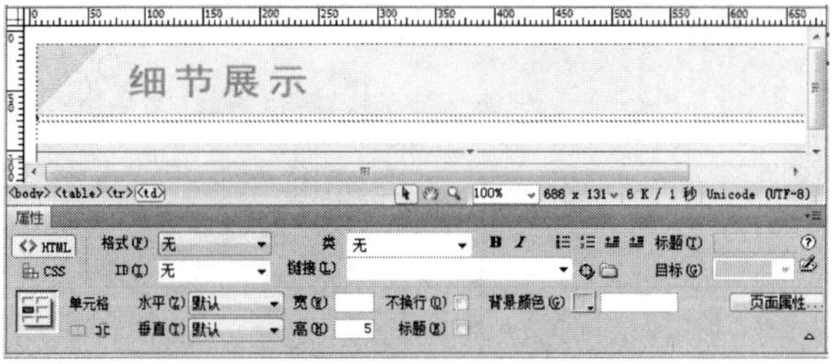

图 13-117

这里的行数可以根据自己宝贝图片的数量来变化。设置完毕后，单击“确定”按钮，此时会看到一个用来放置宝贝图片的表格已经插入到 HTML 文件中，如图 13-119 所示。

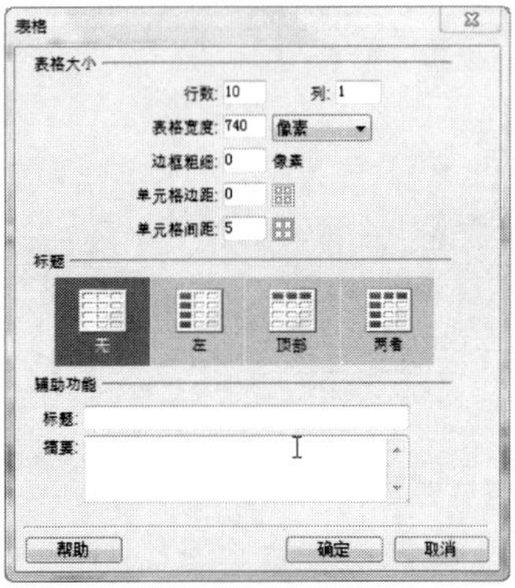

图 13-118

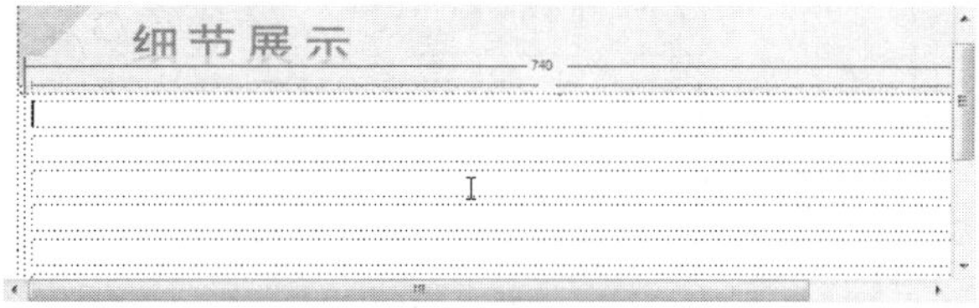

图 13-119

将这个刚刚插入的表格每一行的水平和垂直对齐方式均设置为居中对齐，并且为了使用方便，可以在每行中加入说明文字，如图 13-120 所示。

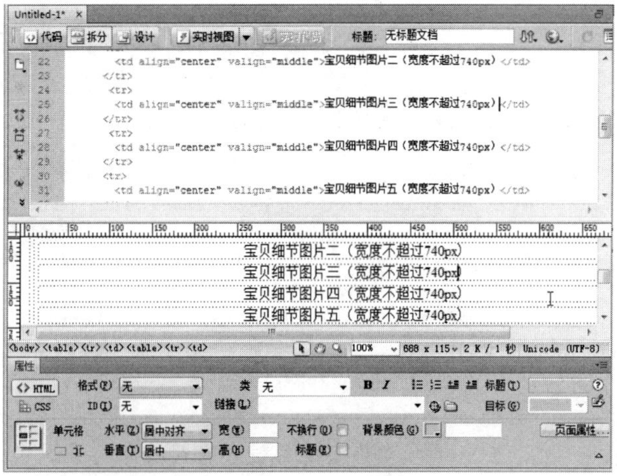

图 13-120

现在这个宝贝细节的代码制作工作全部完毕，将这个 HTML 文件保存下来，并把相关代码用 TXT 格式保存，如图 13-121 所示。

如图 13-122 所示即为这个细节展示的预览效果图。

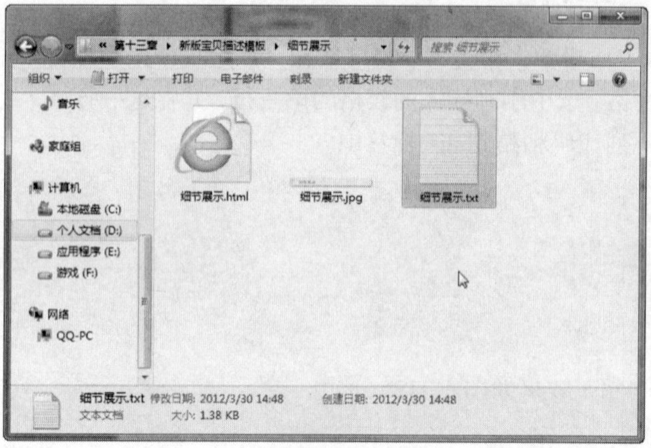

图 13-121

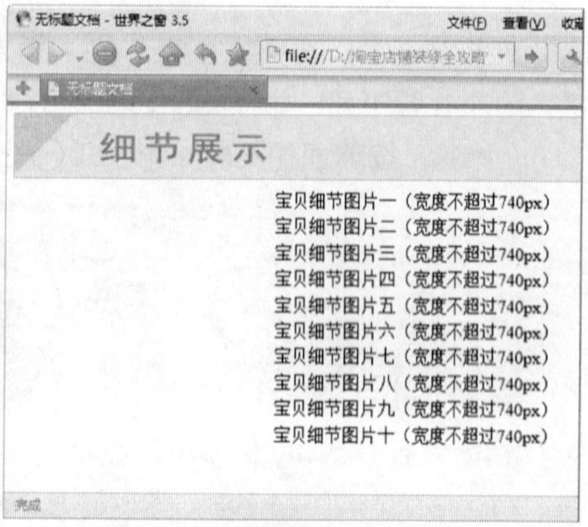

图 13-122

6．友情提醒代码制作

启动 Dreamweaver，新建一个空白 HTML 文件。在这个新建的 HTML 文件中插入一个 6 行 1 列，宽为 750 像素的无边框表格，如图 13-123 所示。

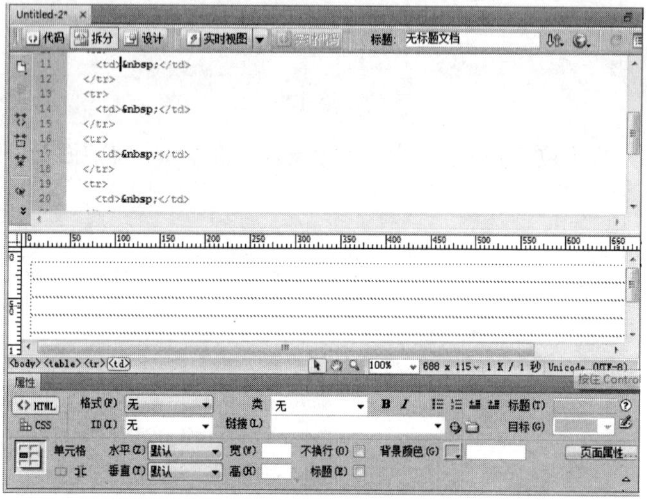

图 13-123

在设计区中选中第 1 行，使用插入图像功能，将制作的“友情提醒”抬头横幅插入其中，如图 13-124 所示。

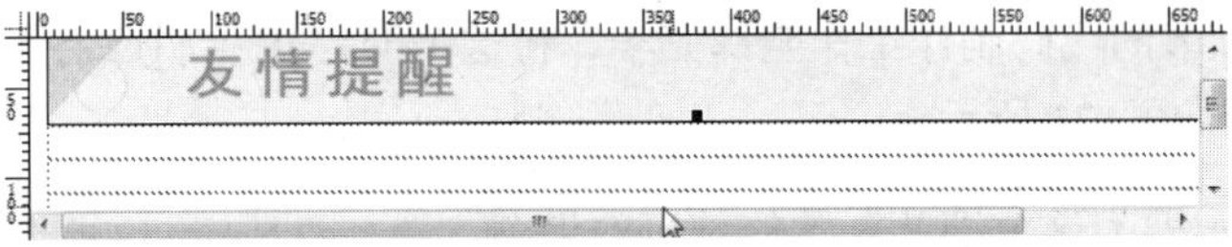
友情提醒

图 13-124

在设计区中，选择第 2 行。在“插入”面板中，单击“表格”按钮，在这里根据设计需要，插入一个 3 行 1 列，宽为 750px 的无边框表格。选中刚刚插入的表格的第一行，并在这一行插入一个 div 标签。按前面相同的操作方式，把下列代码粘贴到 div 标签中。

```
style="margin-left:1px;
margin-top:5px;
width:748;
height:48px
line-height:48px;
text-align:center;"
```

粘贴之后，将 div 标签中的显示文字删除，效果如图 13-125 所示。

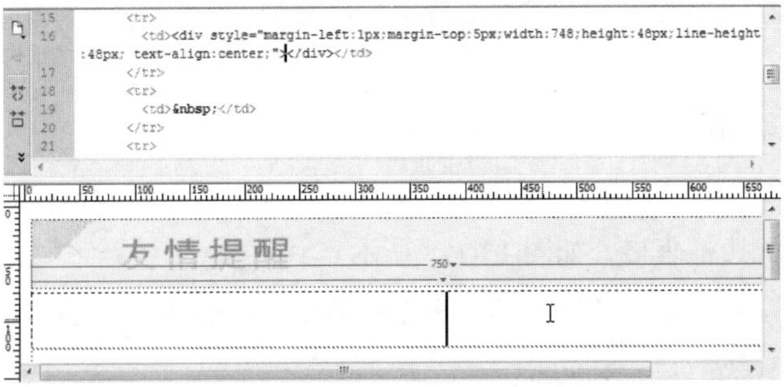
<tr>
<td><div style="margin-left:1px;margin-top:5px;width:748;height:48px;line-height:48px; text-align:center;"></div></td>
</tr>
<tr>
<td> </td>
</tr>
<tr>
友情提醒
750

图 13-125

在设计区中，将光标定位在 div 标签中。使用插入图像菜单，将前面制作的产品声明图片插入 div 标签中，如图 13-126 所示。

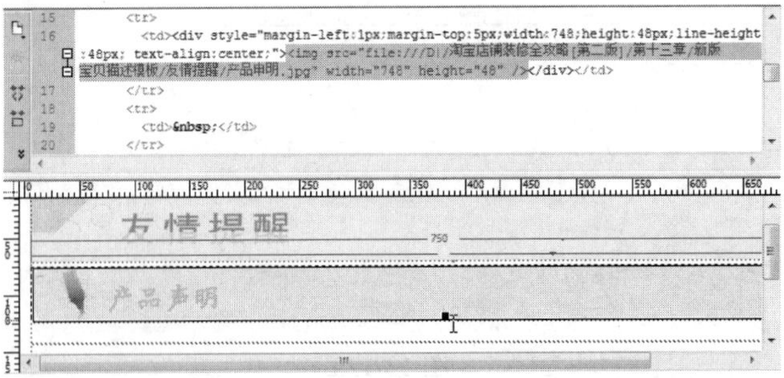
<tr>
<td><div style="margin-left:1px;margin-top:5px;width:748;height:48px;line-height:48px; text-align:center;"><img src="file:///D|/淘宝店铺装修全攻略[第二版]/第十三章/新版宝贝描述模板/友情提醒/产品申明.jpg" width="748" height="48" /></div></td>
</tr>
<tr>
<td> </td>
</tr>
友情提醒
750
产品声明

图 13-126

选中插入表格的第 3 行，输入产品声明的相关文字，并调整好格式，效果如图 13-127 所示。

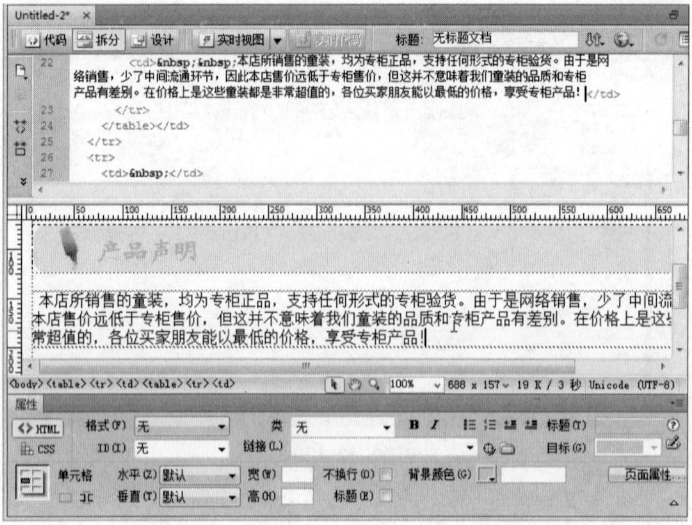
Untitled-2*
代码 拆分 设计 实时视图
标题: 无标题文档
<td> 本店所销售的童装，均为专柜正品，支持任何形式的专柜验货。由于是网络销售，少了中间流通环节，因此本店售价远低于专柜售价，但这并不意味着我们童装的品质和专柜产品有差别。在价格上是这些童装都是非常超值的，各位买家朋友能以最低的价格，享受专柜产品！</td>
</tr>
</table></td>
</tr>
<tr>
<td> </td>
产品声明
本店所销售的童装，均为专柜正品，支持任何形式的专柜验货。由于是网络销售，少了中间流
本店售价远低于专柜售价，但这并不意味着我们童装的品质和专柜产品有差别。在价格上是这
常超值的，各位买家朋友能以最低的价格，享受专柜产品！
<body><table><tr><td><table><tr><td>
100%
688 x 157
19 K / 3 秒 Unicode (UTF-8)
属性
HTML
CSS
格式(F) 无
ID(I) 无
类 无
链接(L)
标题(T)
目标(G)
单元格
水平(Z) 默认
垂直(T) 默认
宽(W)
高(H)
不换行(O)
标题(E)
背景颜色(G)
页面属性...

图 13-127

按照上面的操作方法，依次把事先设计的发货与运送方式、退换货规则、日常保养及关于评价等内容全部添加进去，如图 13-128 所示。

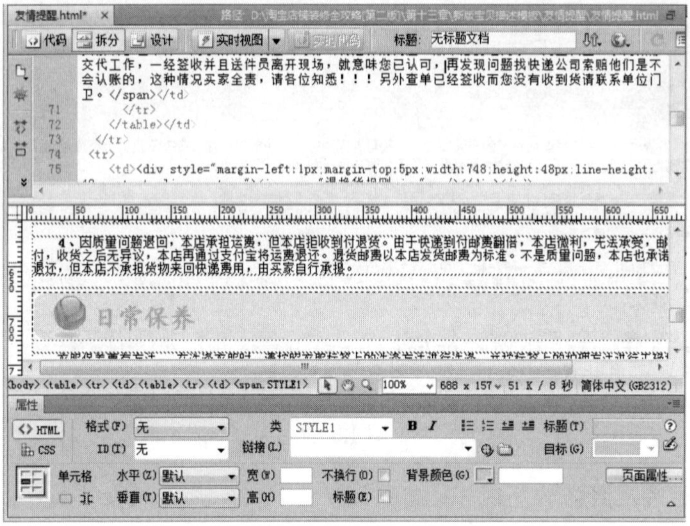
友情提醒.html*
代码 拆分 设计 实时视图
标题: 无标题文档
交代工作，一经签收并且送件员离开现场，就意味您已认可，再发现问题找快递公司索赔他们是不会认账的，这种情况买家全责，请各位知悉！！！另外查单已经签收而您没有收到货请联系单位门卫。</span></td>
</tr>
</table></td>
</tr>
<tr>
<td><div style="margin-left:1px;margin-top:5px;width:748;height:48px;line-height:
4、因质量问题退回，本店承担运费，但本店拒收到付退货。由于快递到付邮费翻倍，本店微利，无法承受，邮付，收货之后无异议，本店再通过支付宝将运费退还。退货邮费以本店发货邮费为标准。不是质量问题，本店也承诺退还，但本店不承担货物来回快递费用，由买家自行承担。
日常保养
<body><table><tr><td><table><tr><td><span.STYLE1>
100%
688 x 157
51 K / 8 秒 简体中文(GB2312)
属性
HTML
CSS
格式(F) 无
ID(I) 无
类 STYLE1
链接(L)
标题(T)
目标(G)
单元格
水平(Z) 默认
垂直(T) 默认
宽(W)
高(H)
不换行(O)
标题(E)
背景颜色(G)
页面属性...

图 13-128

全部添加完毕后，就可以把这个 HTML 文件保存下来，并把相关代码用 TXT 格式保存，如图 13-129 所示。

下面在浏览器中看一看这个友情提醒的预览效果，如图 13-130 所示。

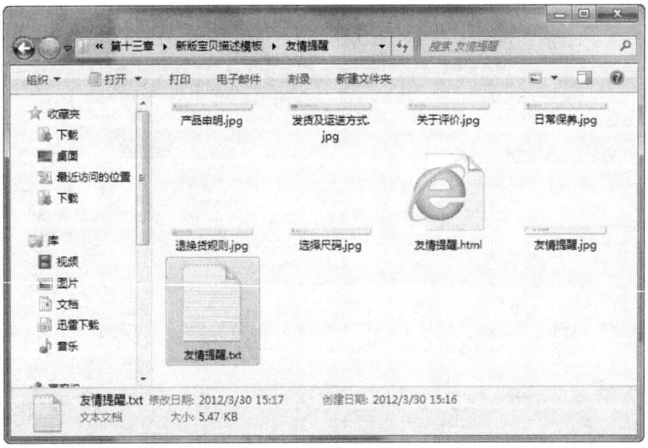
第十三章 ▸ 新版宝贝描述模板 ▸ 友情提醒
组织 打开 打印 电子邮件 刻录 新建文件夹
收藏夹
下载
桌面
最近访问的位置
库
视频
图片
文档
迅雷下载
音乐
产品申明.jpg
发货及运送方式.jpg
关于评价.jpg
日常保养.jpg
退换货规则.jpg
选择尺码.jpg
友情提醒.html
友情提醒.jpg
友情提醒.txt
友情提醒.txt 修改日期: 2012/3/30 15:17 创建日期: 2012/3/30 15:16
文本文档 大小: 5.47 KB

图 13-129

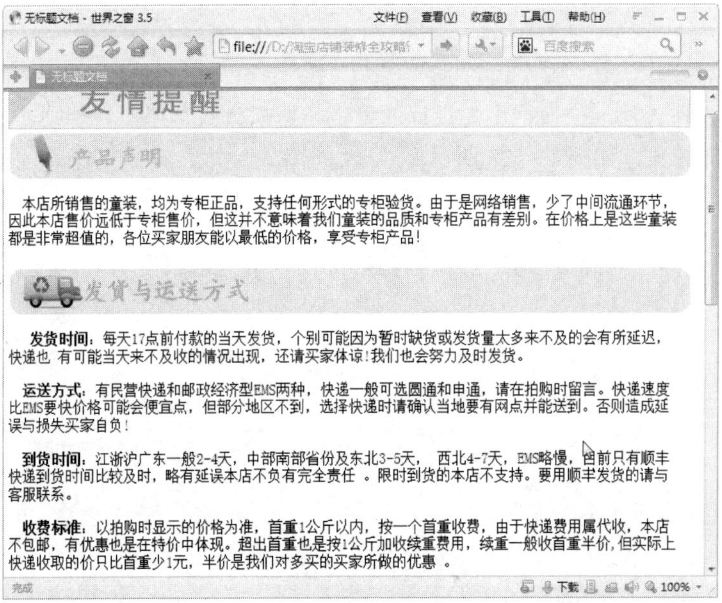
无标题文档 - 世界之窗 3.5
文件(F) 查看(V) 收藏(B) 工具(T) 帮助(H)
友情提醒
产品声明
本店所销售的童装，均为专柜正品，支持任何形式的专柜验货。由于是网络销售，少了中间流通环节，因此本店售价远低于专柜售价，但这并不意味着我们童装的品质和专柜产品有差别。在价格上是这些童装都是非常超值的，各位买家朋友能以最低的价格，享受专柜产品！
发货与运送方式
发货时间：每天17点前付款的当天发货，个别可能因为暂时缺货或发货量太多来不及的会有所延迟，快递也 有可能当天来不及收的情况出现，还请买家体谅！我们也会努力及时发货。
运送方式：有民营快递和邮政经济型EMS两种，快递一般可选圆通和申通，请在拍购时留言。快递速度比EMS要快价格可能会便宜点，但部分地区不到，选择快递时请确认当地要有网点并能送到。否则造成延误与损失买家自负！
到货时间：江浙沪广东一般2-4天，中部南部省份及东北3-5天， 西北4-7天，EMS略慢，目前只有顺丰快递到货时间比较及时，略有延误本店不负有完全责任 。限时到货的本店不支持。要用顺丰发货的请与客服联系。
收费标准：以拍购时显示的价格为准，首重1公斤以内，按一个首重收费，由于快递费用属代收，本店不包邮，有优惠也是在特价中体现。超出首重也是按1公斤加收续重费用，续重一般收首重半价，但实际上快递收取的价只比首重少1元，半价是我们对多买的买家所做的优惠 。
完成

图 13-130

7．模板代码组装及调整

经过一系列的代码制作工作，现在得到了一些相关代码，但要注意，前面得到的代码都只是这个宝贝描述模板代码中的一部分，并不是一个完整的宝贝描述模板代码。为了让这一系列的代码有机地组成一个完美的宝贝描述模板并付诸应用，还有一些工作要做。

（1）代码组装

启动 Dreamweaver，新建一个空白的 HTML 文件，根据设计需要，插入一个 11 行 1 列，宽为

750px 的表格，如图 13-131 所示。

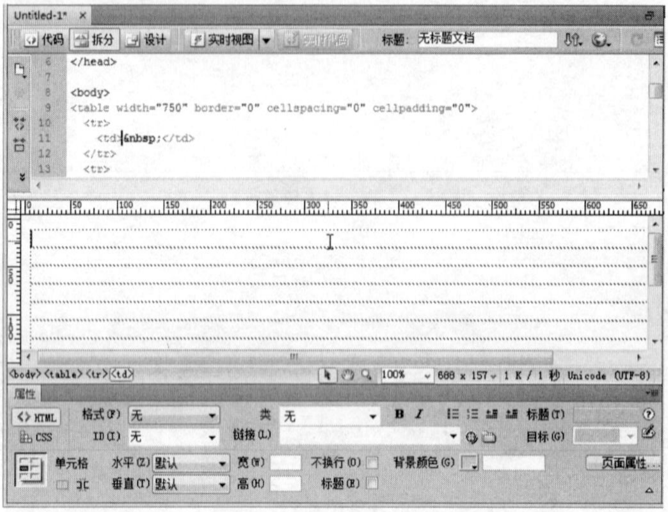

图 13-131

选中第 1 行，在代码区中，将光标定位在第 1 行单元格中。定位成功后，将前面以文本格式保存下来的宝贝说明代码粘贴到当前光标处。粘贴时一定要在代码区中进行，否则不可能得到正确的结果。粘贴代码之后的效果如图 13-132 所示。

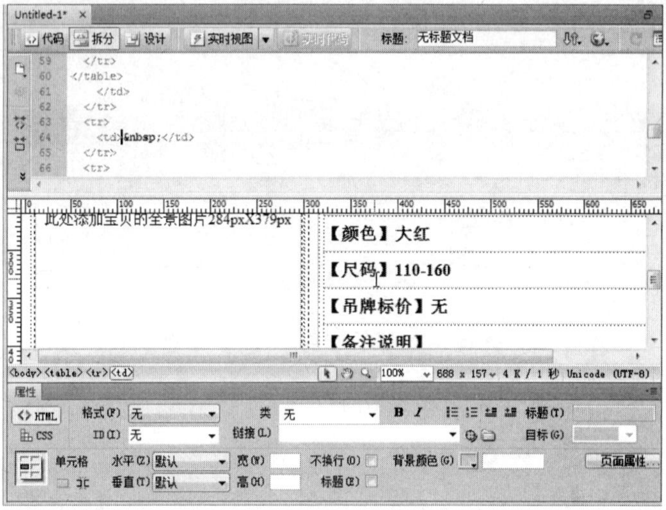

图 13-132

选中第 2 行，将该行单元格列高设置为 5px。在代码区中，将该单元格中的空格符“ ”删除，如图 13-133 所示。

图 13-133

重复上面的操作，把所有的代码一一组装起来，如图 13-134 所示。

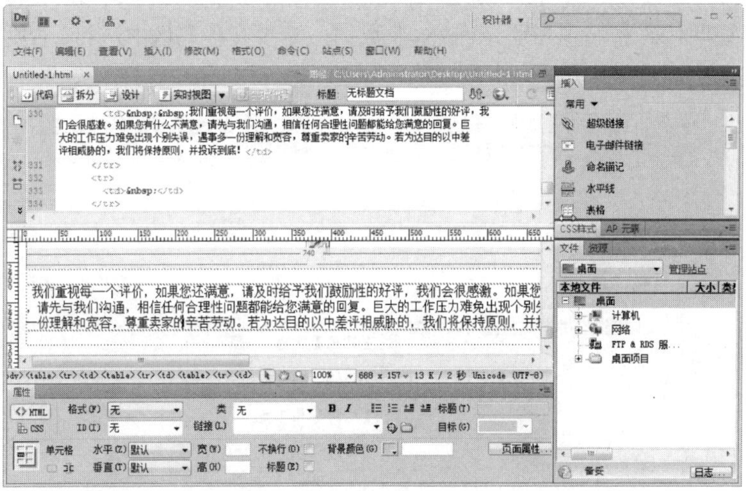

图 13-134

（2）代码调整

经过上面的组装，已经把模板各个部分组合在一起，形成一个有机的整体。然而，这并不意味着模板已经可以使用了。为什么呢？因为这个模板所使用的图片全部都是本地计算机上的图片，为了能在店铺中使用，必须将这些图片上传到图片空间中，并在制作的 HTML 文件中将图片一一替换。

首先，将和这个模板相关的所有图片上传到自己的图片空间中，如图 13-135 所示。

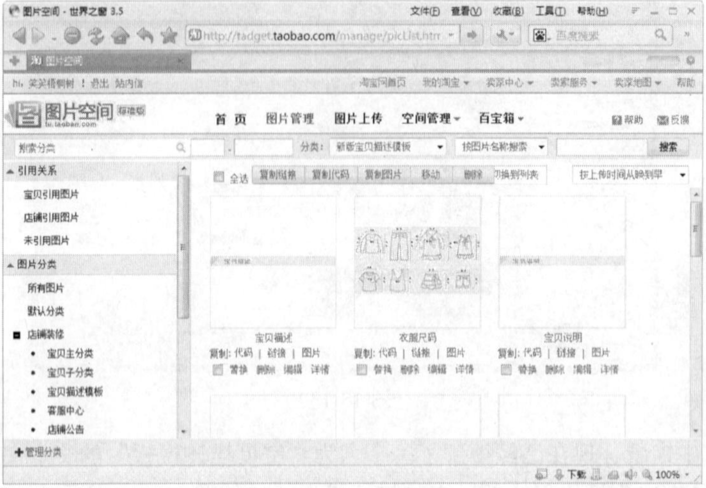

图 13-135

将图片空间中的图片地址一一复制，并在 Dreamweaver 中完成对应的图片替换工作，如图 13-136 所示。

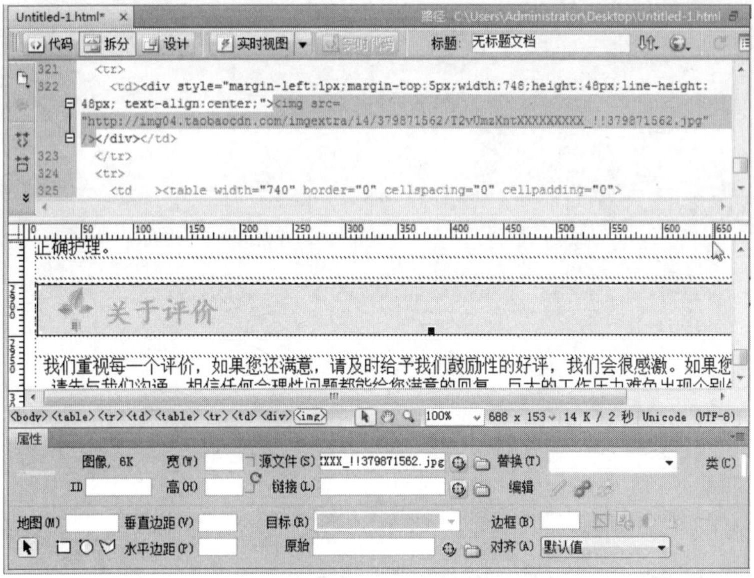

图 13-136

当最后一张图片被替换完毕后，这标志着整个宝贝描述模板的代码制作工作完毕。此时，一定要记得把这个宝贝描述模板保存下来，同时还要记得保存一份 TXT 格式，如图 13-137 所示。

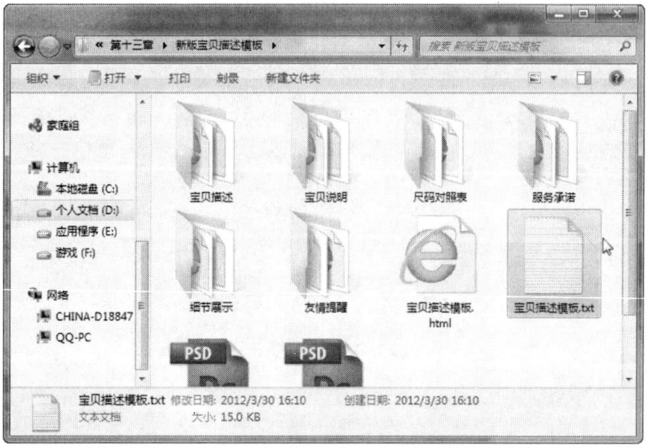

图 13-137

从图 13-137 中来看，现在已经得到了一个名为“宝贝描述模板”的文本文件。这个文件中的文本内容就是宝贝描述模板代码，新版宝贝描述模板效果如图 13-138 所示。

在制作这个模板时，不仅没有将图片切片，还减少了模板中无关图片的数量，更为重要的是，这个模板是一个高度自由化的组装模板，可以根据自己的需要随时进行组装变化。

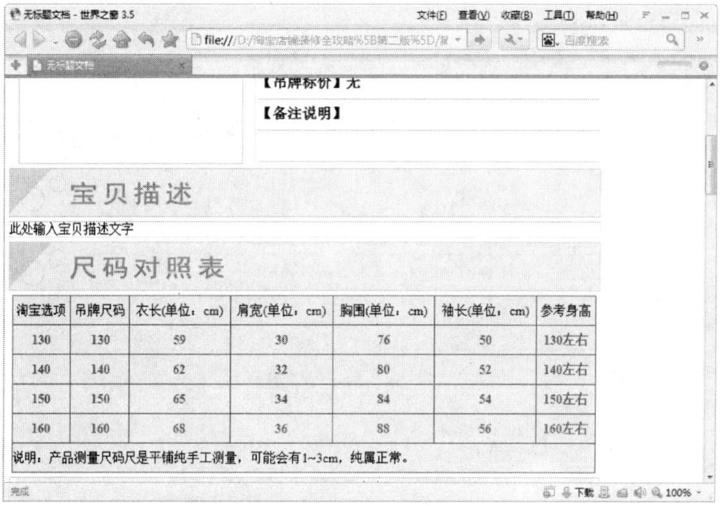

图 13-138

13.3.4 新版宝贝描述模板的代码应用

经过一番努力，我们现在已经顺利得到了新版宝贝描述模板的源代码，但这个模板并没有正式使用。

关于如何使用模板，在 13.3.3 节已经介绍过。只有两种情况下才可能会使用到宝贝描述模板，第一种情况是进行新品发布上架，第二种是对已有的宝贝进行修改。关于在第二种方式下使用宝贝描述模板已经进行说明了。下面以第一种方式，即利用发布新宝贝的方式为例来介绍使用新版宝贝描述模板。

有一点要事先说明，那就是发布新宝贝的方式。发布新宝贝主要有两种方式：一种是使用淘宝助理发布，另一种是直接通过单击卖家中心的“我要卖”按钮发布，这两种发布方式各有优劣，这里就不做具体阐述了。

在本节中演示模板使用时，是通过单击卖家中心的“我要卖”按钮来发布新宝贝的。

1．宝贝图片制作

在发布宝贝之前，首先要做的工作是把宝贝描述的各种图片都制作完毕。至于图片描述怎么制作，就要看自己想对买家介绍什么，在这里不过多地说明，但有一点要说明的是，图片的尺寸一定要符合模板的尺寸要求，否则，在模板应用的过程中，就会被撑破，破坏模板的整体效果。

由于这里只是演示模板的使用方法，事先已经把图片制作完毕，宝贝图片具体制作就不再说明。如图 13-139 所示，这些就是要发布的宝贝相关图片。

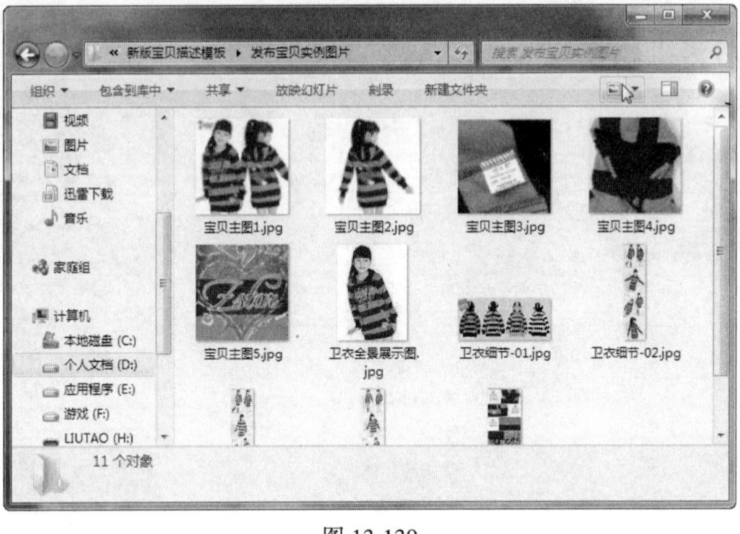

图 13-139

2．图片上传

使用“我要卖”功能发布宝贝，也需要将宝贝图片上传到图片空间中。上传时，只需要上传宝贝主图以外的图片就行了，宝贝主图不需要上传。

现在已经成功地将图片上传到图片空间中了，如图 13-140 所示。

图 13-140

3. 宝贝描述代码整理

启动 Dreamweaver，新建一个空白 HTML 文件。在代码区中，将前面制作的并以 TXT 格式保存下来的代码粘贴到<body>和</body>标签之间，如图 13-141 所示。

图 13-141

将图片空间中的图片插入到模板规定的位置，并完成文字的编辑工作，如图 13-142 所示。

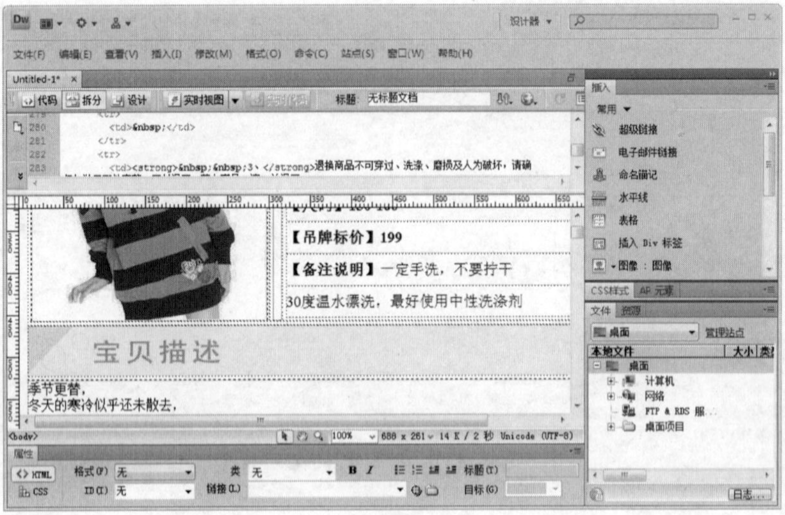

图 13-142

4．发布宝贝

登录淘宝，并进入卖家中心，如图 13-143 所示。

图 13-143

在卖家中心的左侧找到“我要卖”按钮，单击此按钮，进入出售中的宝贝发布页面。在这里，可以根据实际情况选择宝贝的发布模式（一口价、拍卖和个人闲置），系统默认为“一口价”模式，如图 13-144 所示。

图 13-144

这里一定要注意，不要将宝贝的所属类目搞错了，否则，店铺很快就会遭到淘宝的处罚。将各级类目都选择完毕，如图 13-145 所示。

图 13-145

单击“我已阅读以下规则，现在发布宝贝”按钮，正式进入宝贝发布页面，如图 13-146 所示。

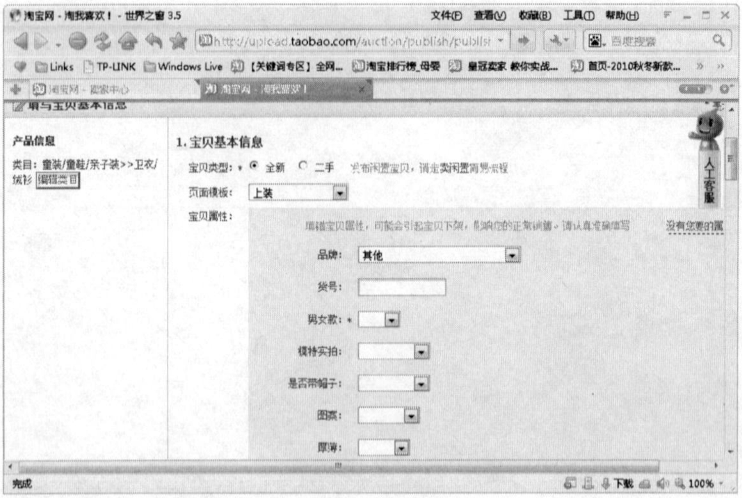

图 13-146

进入宝贝发布页面后将一些基本信息填充完毕。此时就可以看到宝贝描述界面了，如图 13-147 所示。

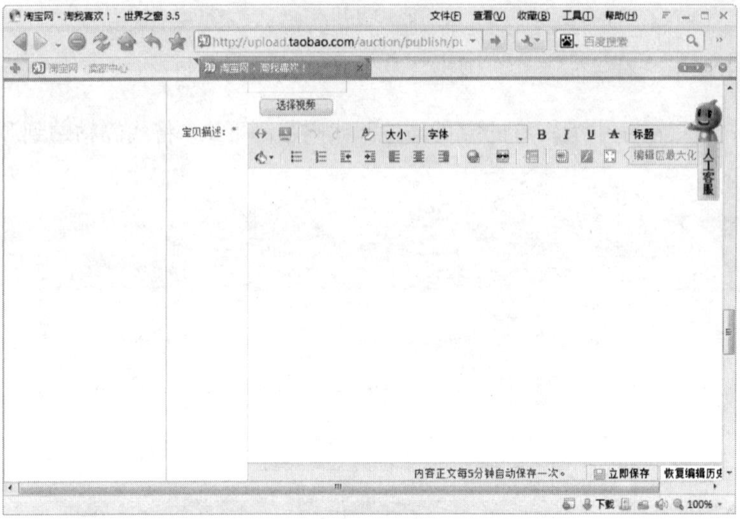

图 13-147

如图 13-147 所示即为宝贝描述界面。目前处于设计模式，由于已经得到了宝贝描述源代码，所以现在要切换到宝贝描述的源代码模式。

在宝贝描述界面中可以看到在宝贝详情编辑框最上方有一个“源码”按钮，如图 13-148 所示。单击此按钮，就会切换到源代码编辑模式之下，如图 13-149 所示。

图 13-148

图 13-149

现在整个编辑框中没有任何内容，因为这是一款新发布的宝贝。

将刚刚在 Dreamweaver 中编辑好的宝贝描述源代码复制下来。将代码粘贴到源代码编辑框中，如图 13-150 所示。

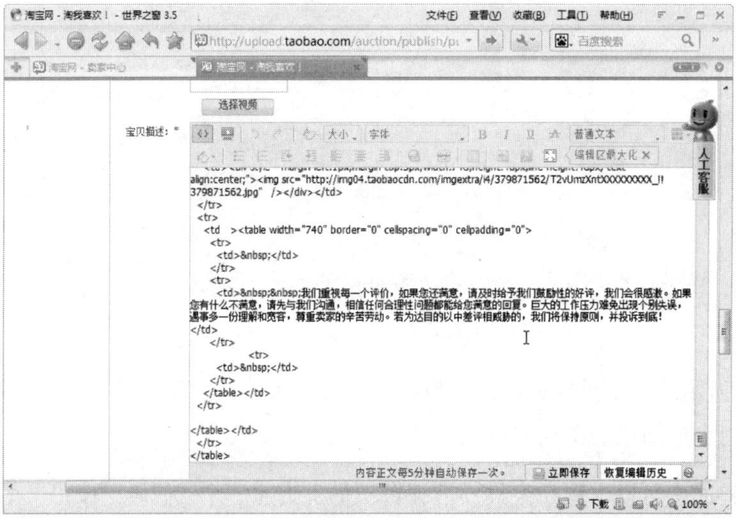

图 13-150

把这个新的代码粘贴进来之后，单击宝贝描述框上的“源码”按钮，再次回到设计模式，如图 13-151 所示。

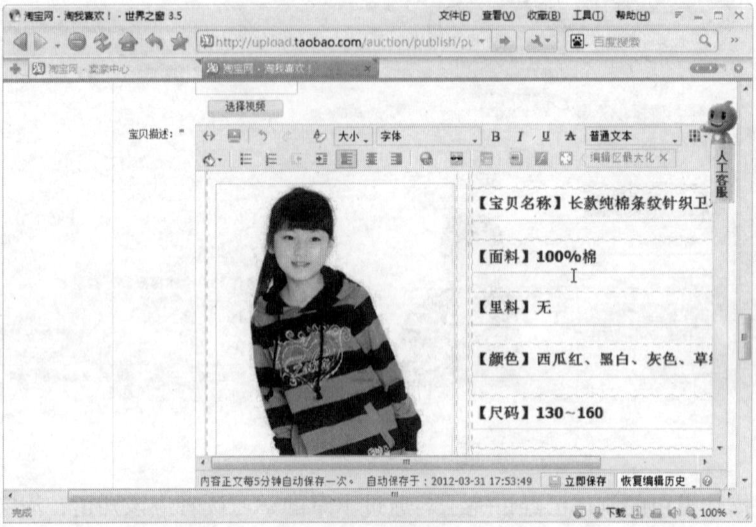

图 13-151

接下来把发布宝贝所需要的信息全部按要求填写完毕，确认信息没有问题，在宝贝编辑页面最下方单击“发布”按钮，如图 13-152 所示。

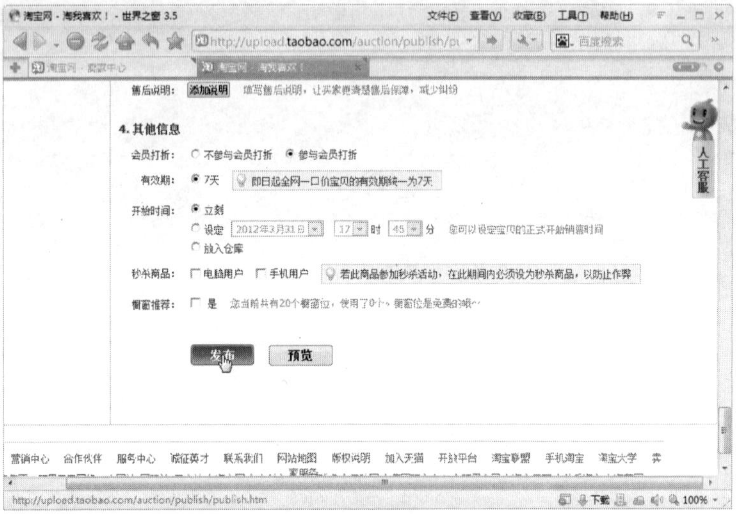

图 13-152

宝贝发布之后，模板就成功应用了。浏览一下应用了新型宝贝描述模板的宝贝详情页，效果如图 13-153 所示。

图 13-153

关于宝贝描述模板的制作已经讲完了。通过本章的学习读者应该知道，淘宝店铺中的宝贝描述模板不管是哪一种形式的模板，它都是由卖家来决定显示的内容，所以在店铺装修中，最能体现卖家创意的就在这个地方，只要你敢想，就一定能够做出来。

至于具体使用时应该选择哪一种形式的模板，并没有一定的准则，采用哪一种形式完全看卖家自己的选择。

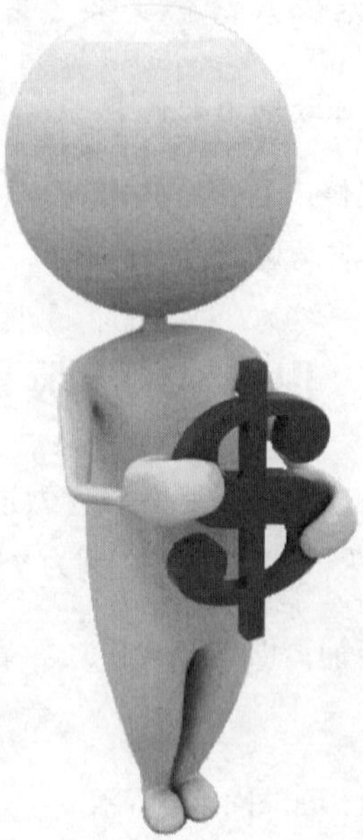

第 14 章 旺铺拓展版装修

在第 5 章中介绍了旺铺各种版本的基本特点，旺铺标准版提供了很多模块和扩展功能来解决卖家的需求，前面几章所讲的店铺装修都是以旺铺标准版为例来进行讲解的。

可以说，旺铺标准版已经是淘宝网中使用最为广泛的开店工具，但淘宝为了推广旺铺拓展版的使用，在最近一段时间对旺铺拓展版进行了升级。即将以前订购旺铺拓展版的套餐进行分解，现在可以单独订购旺铺拓展版，而不需要打包订购其他工具，费用就由原来的 98 元/月降低到 68 元/月。

由于旺铺拓展版是淘宝在原有旺铺标准版基础上给予了更高用户体验提升和自由度，让喜欢自己动手的用户更得心应手，更显专业性。因此，当订购费用降低后，再加上淘宝的宣传，许多卖家已经开始使用旺铺拓展版了。

基于这种状况，在本章有必要对旺铺拓展版的装修进行介绍，以便能帮助到有需要的卖家。其实，对于淘宝店铺装修而言，所有版本的旺铺装修都是通用的（这里的通用只是针对自己进行制作装修，并不包括购买他人 SDK 代码装修），只是在具体模块上的尺寸有所差别，这就意味着前面章节中所讲到的装修完全可以应用在旺铺拓展版中。

旺铺拓展版也有自己特有的装修内容，这些内容是旺铺标准版所没有的，因此，在本章后续内容中，主要讲解旺铺拓展版的特有装修内容。

14.1 旺铺拓展版页面布局

关于店铺的页面布局，在讲解旺铺标准版并没有做过多的说明，主要因为对于旺铺标准版而言，页面布局尺寸已经被锁定为左侧为 190px，右侧为 750px，不允许做任何更改。

而旺铺拓展版允许自行设置店铺页面的布局模式。下面来看一看如何实现店铺各页面的布局设计。

进入淘宝网店铺装修管理平台，如图 14-1 所示。

图 14-1

单击管理平台上的“布局“按钮布局，进入布局模块管理页面。如图 14-2 所示。

此时，默认显示的是店铺首页及首页的页面布局情况。如果想对其他页面进行布局管理，可以在当前装修页面下拉列表框中选择需要布局的页面，实现页面的切换，如图 14-3 所示。

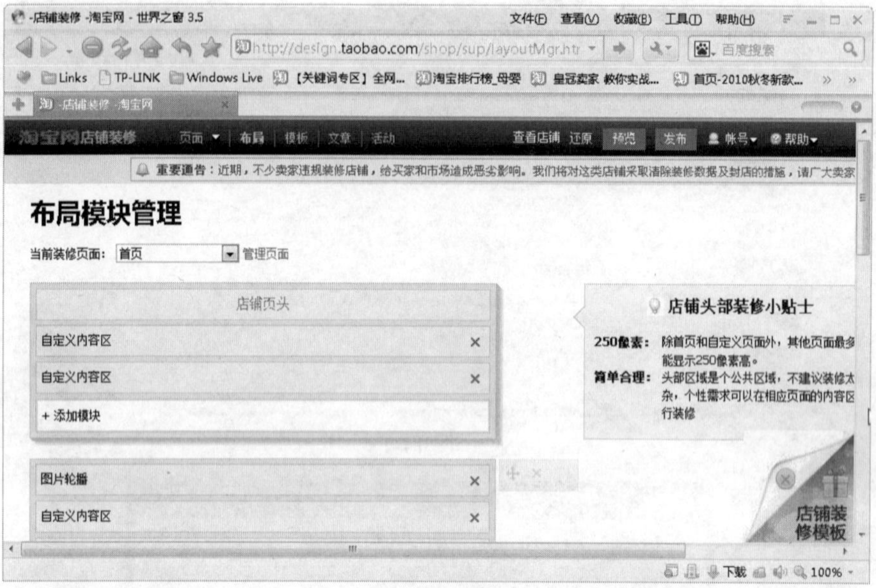

图 14-2

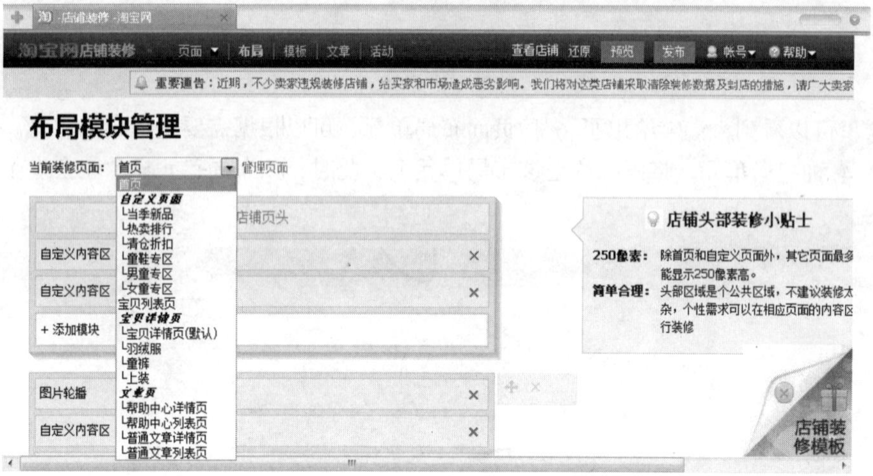

图 14-3

在这个布局页面中，所有的页面都由三部分构成，最上面的部分是店铺页头，这里的布局不能更改，只能添加模块；最下面的部分是店铺页尾，这里的布局也不能更改；中间部分就是留给我们自定义的，如图 14-4 所示。

如图 14-4 所示，当把鼠标移至中间部分时，可以将原来已有的布局单元进行位置移动或删除。在图 14-4 中可以看到有“添加布局单元”字样，单击此字样会打开一个布局管理选择框，如图 14-5 所示。

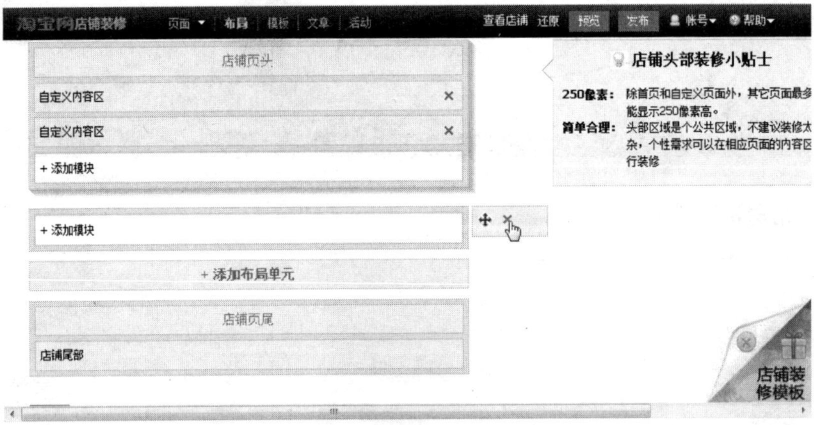

图 14-4

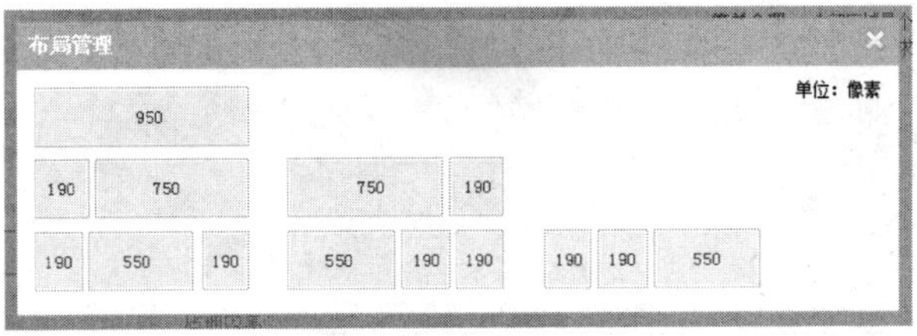

图 14-5

从这里可以看到，淘宝给出了 6 种页面布局单元，可以根据需要选择布局单元。例如，现在选择了第 4 种布局单元，将鼠标移至该布局单元上，此时，该布局单元显示就会发生变化，如图 14-6 所示。

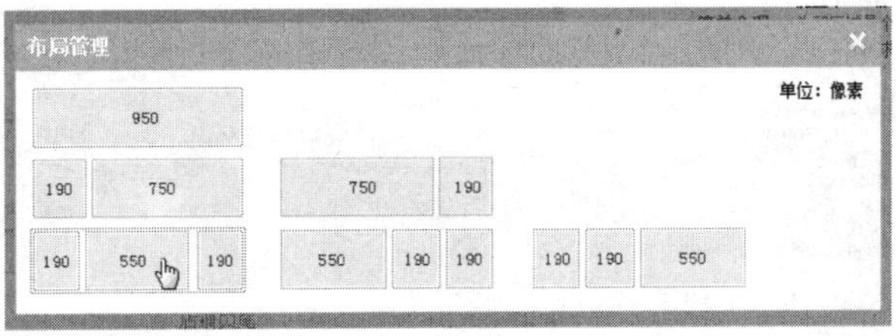

图 14-6

单击此布局单元按钮，在页面布局中可以看到这个布局单元被添加进来，如图 14-7 光标所指位置所示。这是一个左中右页面布局结构，加了这个布局单元之后，这一块内容显示就被分为左、中、右三块，并且左中右三块都可以独立添加具体的模块，从而充实页面的显示内容。

在这里，设置淘宝页面布局就像盖房子，页面布局单元就是房子结构框架，模块就是砖块，先要把框架搭起来，然后加模块，最后对模块进行装修。这里的布局单元可以添加很多，具体怎么添加可以根据自己的需要进行设置。

图 14-7

14.2　旺铺拓展版 Logo

在介绍旺铺拓展版 Logo 之前，先来看一看图 14-8 和图 14-9，这是两家店铺页首截图。

图 14-8

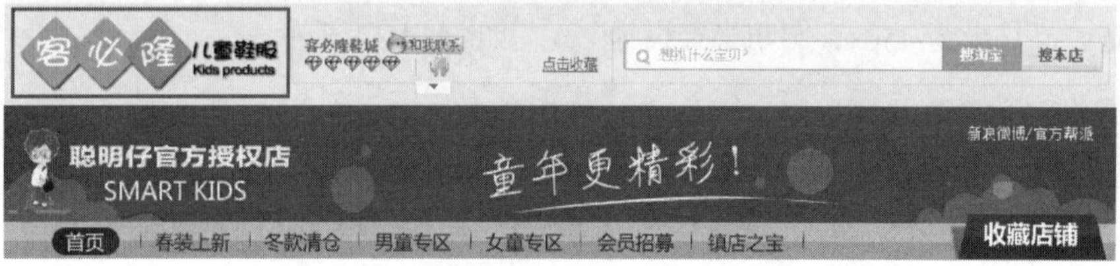

图 14-9

图 14-8 是旺铺标准版的页首，如图 14-9 所示是旺铺拓展版页首。两者有什么区别？看一看两图中方框所标示的位置。

所有旺铺标准版页首的该位置都显示为“淘宝网店铺”，但在旺铺拓展版页首的这个位置所显示的内容可以由自己设定。这个图片叫做旺铺拓展版的 Logo。

Logo 是人们在长期生活和实践中形成的一种视觉化的信息表达方式，具有一定含义并能使人理解的视觉图形。Logo 作为一种识别和传达信息的视觉图形，以其简约、优美的造型，体现着品牌的特点和企业的形象。

既然 Logo 如此重要，在这里就要好好设计一番。

14.2.1 Logo 设计与制作

作为具有传媒特性的 Logo，为了在最有效的空间内实现所有的视觉识别功能，一般通过图案和文字的组合，达到引导受众的兴趣、增强记忆等目的。

从表现形式来看，Logo 一般分为图案、文字和混合图案文字三种。完整的 Logo 设计，尤其是有中国特色的 Logo 设计，一般都应该考虑至少有中英文双语的形式，考虑中英文字的比例，一般要有中文图案、英文图案、中英文及单独的图案、中文及英文的组合形式。

由于 Logo 的设计具有专业性，好的 Logo 设计并不是轻易就能完成的。因此，在这里只以图 14-10 为例简单说明 Logo 的设计制作。

启动 Photoshop，新建一个宽为 230px，高为 70px，背景透明的新文档，如图 14-11 所示。

图 14-10

图 14-11

新建一个图层，并在图层面板中将该新建图层选定为当前工作图层，如图 14-12 所示。

在系统工具箱中选择圆角矩形工具。在圆角矩形工具选项栏中，将圆角矩形选项设置为固定大小，宽、高均设为 45px，圆角半径设为 2px，如图 14-13 所示。

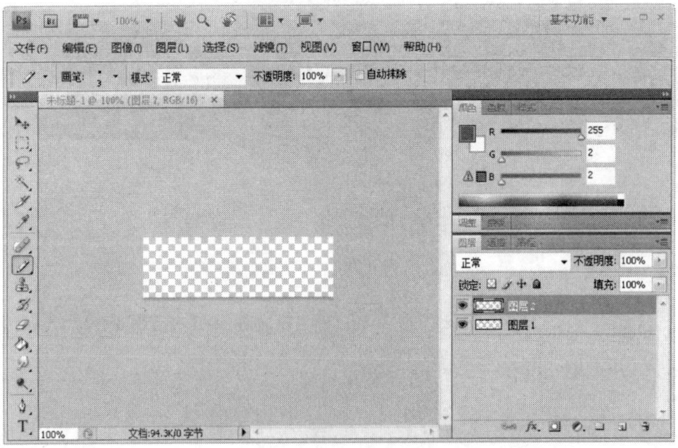

图 14-12

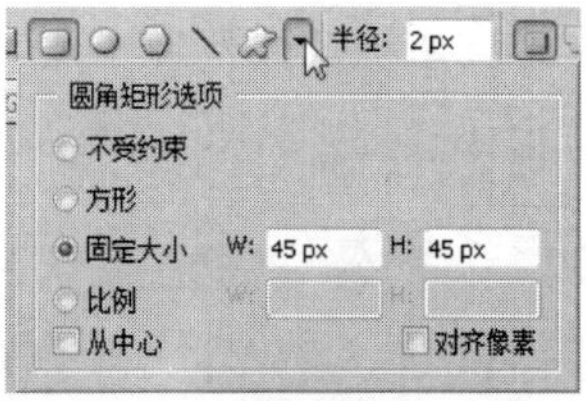

图 14-13

圆角矩形样式选定为默认样式，颜色设定为绿色（RGB 值分别为 147、206 和 48）。设定完毕后，圆角矩形选项栏如图 14-14 所示。

在当前工作图层上单击鼠标，此时会创建出一个指定大小的圆角矩形，如图 14-15 所示。

图 14-14

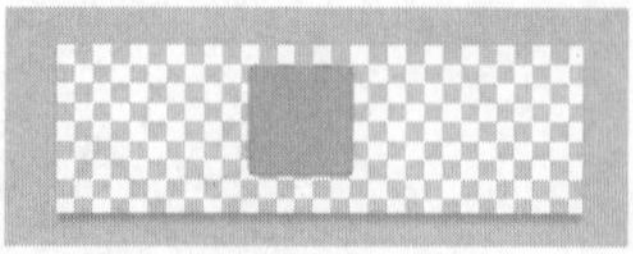

图 14-15

使用 Ctrl+T 组合键，激活 Photoshop 的自由变换功能。在自由变换选栏中，设定旋转角度为 45°，如图 14-16 所示。

按 Enter 键或双击鼠标确认此次自由变换操作。确认后，矩形方框旋转 45°角，如图 14-17 所示。

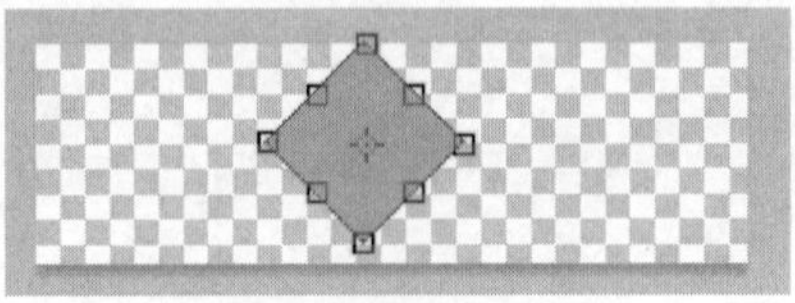

图 14-16

图 14-17

为了后续操作方便，在图层面板中选定刚刚旋转的圆角矩形所在的形状图层，单击鼠标右键，在弹出的右键菜单中选择"栅格化图层"命令，将此形状图层转换成普通图层，转换后的效果如图 14-18 所示。

按照同样的操作方式，分别绘制两个同样大小的橙色和蓝色圆角矩形，并进行栅格化，如图 14-19 所示。

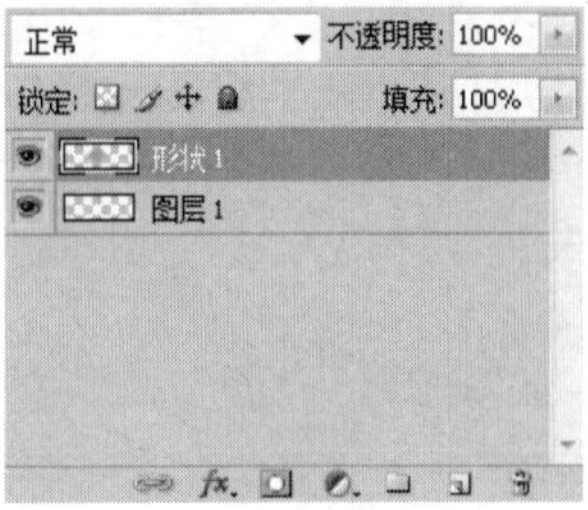

图 14-18

图 14-19

根据自己的设计，使用移动工具将这三个圆角矩形调整到合适的位置，如图 14-20 所示。

选定名为"形状 3"的图层，选择"图层→向下合并"命令，将"形状 3"、"形状 2"和"形状 1"三个图层合并为同一个图层，如图 14-21 所示。

在图层工作面板中，双击合并后的图层。此时弹出“图层样式”对话框。在此对话框中，选择投影样式，并按如图 14-22 所示设置投影参数。

图 14-20

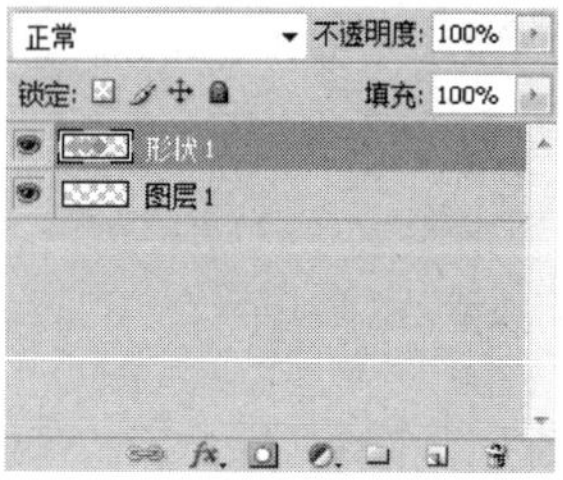

图 14-21

设定后，单击对话框中的“确定”按钮，此时可以看到该图层样式已发生变化，如图 14-23 所示。

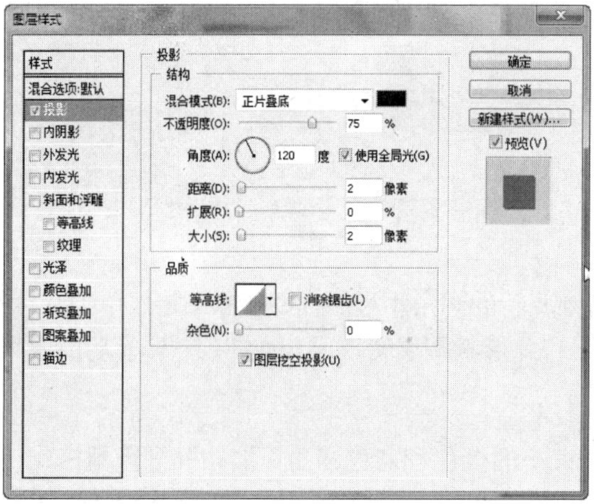

图 14-22

图 14-23

新建图层，在图层面板中将该新建图层选定为当前工作图层。在系统工具箱中，选择横排文字工具 T，并在横排文字工具选项栏中选择定体为“华康少女文字”，字体大小为“30 点”，消除锯齿方法为“浑厚”，文字颜色为“白色”，如图 14-24 所示。

图 14-24

设定完毕后，在当前图层上输入“客”字，并使用移动工具调整好文字的相对位置，如图 14-25 所示。

按照刚刚输入“客”字的操作方法，分别输入“必”和“隆”两个字，并调整文字的相对位置，调整后的效果如图 14-26 所示。

图 14-25

图 14-26

新建图层，在图层面板中将该新建图层选定为当前工作图层。在系统工具箱中选择横排文字工具T，在横排文字工具选项栏中选择定体为“华康少女文字”，字体大小为“18 点”，消除锯齿方法为“浑厚”，文字颜色为“黑色”，如图 14-27 所示。

图 14-27

设定完毕后，在当前图层输入“儿童鞋服”四个字，使用移动工具调整文字的相对位置，如图 14-28 所示。

在图层面板中，双击刚刚输入的文字图层，在弹出的“图层样式”对话框中，选择“投影”样式，并按如图 14-29 所示设置投影参数。

图 14-28

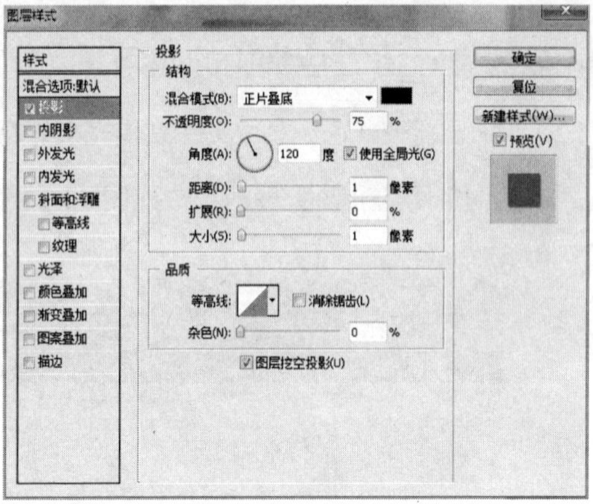

图 14-29

确定此次设置就可以看到文字图层的浮现效果，如图 14-30 所示。

图 14-30

再次新建图层，并将此新建图层选定为当前工作图层。在系统工具箱中选择横排文字工具T，在横排文字工具选项栏中选择定体为“Arial”，字体样式为“Regular”，字体大小为“11 点”，消除锯齿方法为“浑厚”，文字颜色为“黑色”，如图 14-31 所示。

图 14-31

设定完毕后，在当前图层中输入“Kids products”，使用移动工具调整文字的相对位置，如图 14-32 所示。

在图层面板中双击刚刚输入的文字图层，在弹出的“图层样式”对话框中，选择“投影”样式，并将投影距离和大小均设置为 1 像素，效果如图 14-33 所示。

图 14-32

图 14-33

这个图基本已经达到预先设计效果，把源文件保存，并把文件以“PNG”格式另存一份到指定位置，因为在下面将要在店铺中应用这个 Logo。

14.2.2 Logo 在店铺中的应用

在 14.2.1 节，已经把 Logo 图片文件制作完毕，现在就来把这个 Logo 加到自家店铺中。

首先，进入淘宝网店装修管理平台，如图 14-34 所示。

图 14-34

将光标移动到 Logo 区，此时该区域右上角会出现“编辑”按钮，单击此按钮，进入 Logo 设置界面，如图 14-35 所示。

在这里，淘宝会对 Logo 的使用准则做出说明。如果确保没有违反规则，10 秒钟之后单击“我知道了”按钮进入具体的编辑内容，如图 14-36 所示。

图 14-35

图 14-36

单击“浏览”按钮，弹出“选择要加载的文件”对话框。在这里找到 14.2.1 节制作的 Logo 文件，如图 14-37 所示。

选定图片文件后，单击“打开”按钮，回到编辑内容对话框，此时文件地址栏中填写完毕，如图 14-38 所示。

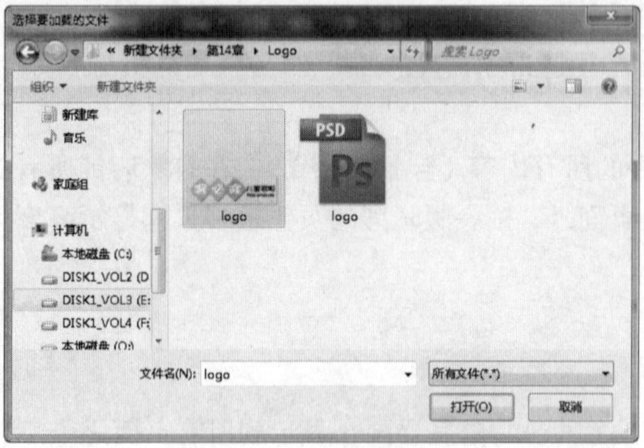

图 14-37

图 14-38

此时，单击“确定”按钮。系统会自动将这个 Logo 图片应用到店铺中，这里并不需要将制作好的 Logo 图片上传到图片空间中，如图 14-39 所示。

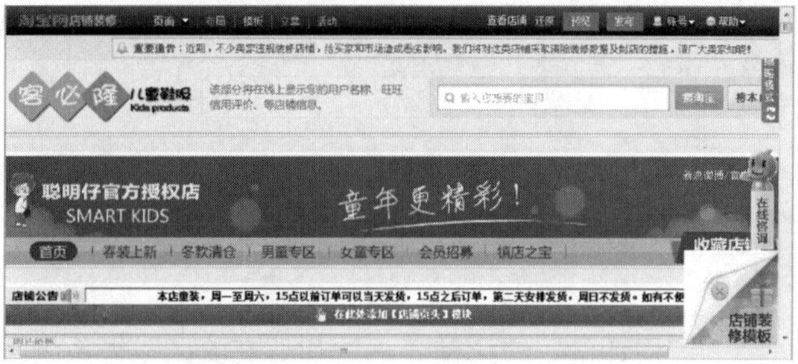

图 14-39

当然，要想这个 Logo 能够展示在买家面前，还少不了要对这个装修更改进行发布。成功发布 Logo 之后的效果如图 14-40 所示。

图 14-40

14.3 旺铺拓展版页头

页头是一个店铺公共区域，出现在这个区域中的所有内容（包括店招），会在自家店铺所有的页面上显示。但有一点要说明，除了首页和自定义页面外，拓展版旺铺的页头最多只能显示高度为 250px 的内容。

14.3.1 页头的一般使用

由于页头位置是店铺的公共显示区域，并且上面显示的信息会同步显示到所有页面之上。正是由于这个特性，在此区域不要进行过于复杂的装修，要简单合理。基于这一点，页头的使用主要侧重于两个方面。

第一个是自定义店招。在淘宝网中，除了普通店铺外，其他所有版本店铺都有一个店招区。关于店招区的装修，在前面详细介绍过。但是，如果在装修过程中使用系统提供的店招区，在店招上面总会有系统提供的导航页面，如图 14-41 所示。

图 14-41

在店招上有“首页”、“信用评价”、“店铺介绍”和“交流区”等系统页面导航，而这些导航页面的形式比较单一，效果不能令人满意。另外在系统的店招区中，也不能在其上添加相关功能链接。为了彰显店铺个性，现在大多数拓展版旺铺都会选择在店铺中删除系统店招模块，自行制作并添加一个自定义店招在店铺中。

第二个是在页头中添加店铺公告。因为页头区域的高度有限，在页头区添加自定义店招后，剩余高度不足以制作大幅面内容，因而很多卖家选择在这个区域添加一个店铺小广播区，让这个小广播区的内容可以全店展示，如图 14-42 所示。

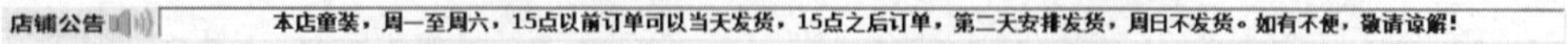

图 14-42

下面介绍在拓展版店铺中添加自定义店招和店铺小广播的操作过程。

14.3.2　旺铺拓展版自定义店招

如图 14-43 所示，这是一个简单自定义的店招。

图 14-43

在这个自定义店招中，去掉淘宝系统自带的店铺导航，取而代之的是自己定义的导航区。如果设计得好，可以和自家店铺的内容完全一致，让店铺显示效果更出众，更容易得到买家的青睐。

1．自定义店招的设计制作

下面的主要任务是制作一个类似如图 14-43 所示的自定义店招。

启动 Photoshop，新建一个宽为 950px，高为 129px 的白底空白文档，如图 14-44 所示。

在系统工具箱中，单击设置前景色，在弹出的“拾色器（前景色）”对话框中，将前景色按图 14-45 所示进行设置。

图 14-44

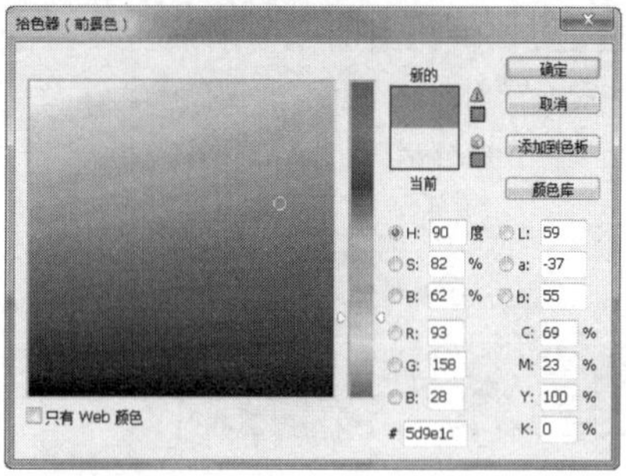

图 14-45

单击“确定”按钮。在工具箱中选择油漆桶工具，将新建的空白文档填充为选定的绿色，如图 14-46 所示。

新建图层，将该图层选定为当前工作图层。在工具箱当中选择矩形选框工具，在矩形选框工具选项栏中将羽化值设为 0px，样式选择固定大小，宽度设为 950px，高度为 30px。在新建图层上单击，生成一个指定大小的选择框，并用移动工具将这个选择框移动到如图 14-47 所示的位置。

图 14-46

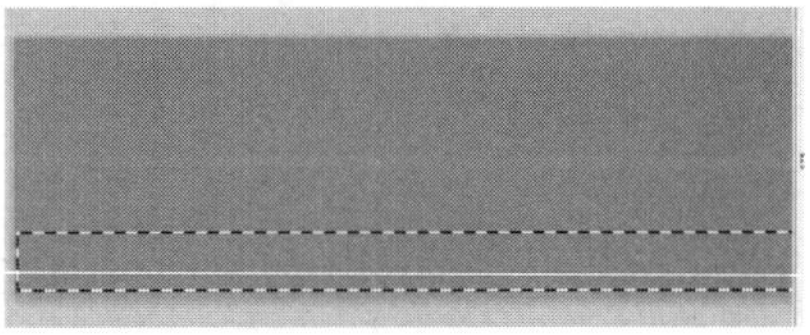

图 14-47

在系统工具箱中，单击“设置前景色”按钮，在弹出的“拾色器（前景色）”对话框中，将前景色按图 14-48 所示进行设置。在系统工具箱中选择油漆桶工具，将选择框填充为选定的黑色，如图 14-49 所示。

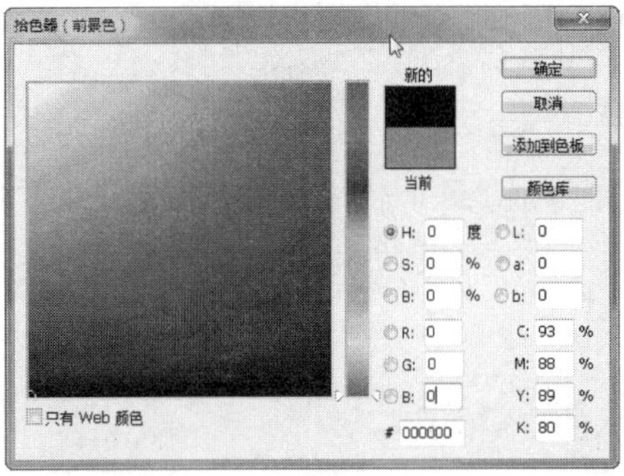

图 14-48

图 14-49

为了装点店招，将以前制作的一个店标粘贴过来，并使用缩放工具和移动工具调整店标，如图 14-50 所示。

新建图层，将此图层作为当前工作图层。在工具箱中选择横排文字工具，并在横排文字工具选项栏中选择字体为“微软雅黑”，字体样式为“Bold”，字号大小为 30 点，消除锯齿方式为“浑厚”，文字颜色为白色，如图 14-51 所示。

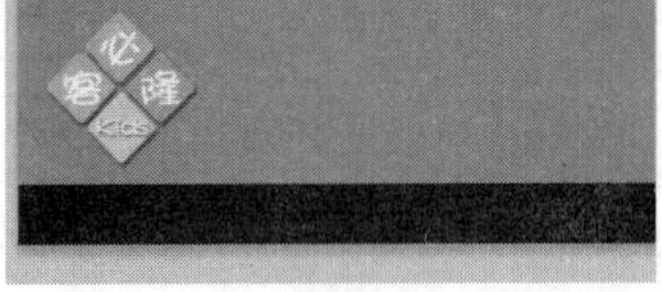

图 14-50

图 14-51

设置完毕后，在当前工作图层中输入“客必隆儿童鞋服”，使用移动工具调整文字在当前图层的相对位置，如图 14-52 所示。

为了增加文字显示效果，双击刚刚输入的文字图层，在弹出的图层样式对话框中，选择投影样式，设置距离为 2px，大小为 5px；再选择描边样式，设置大小为 1px，颜色为深灰色，效果如图 14-53 所示。

图 14-52

图 14-53

将此文字图层复制一份，并删除复制图层的图层样式，删除样式之后，使用移动工具将复制的图层内容移动到合适位置，并将复制文字栅格化，如图 14-54 所示。

使用“编辑→变换→垂直翻转”命令将复制图层进行垂直翻转，如图 14-55 所示。

图 14-54

图 14-55

在工具箱中选择矩形选框工具，并在矩形选框工具选项栏中将羽化值设置为 10px。设置完毕后，按如图 14-56 所示用鼠标在翻转后的图层上创建一个大小合适的选择框。

按 Delete 键，删除图像，最终效果如图 14-57 所示。

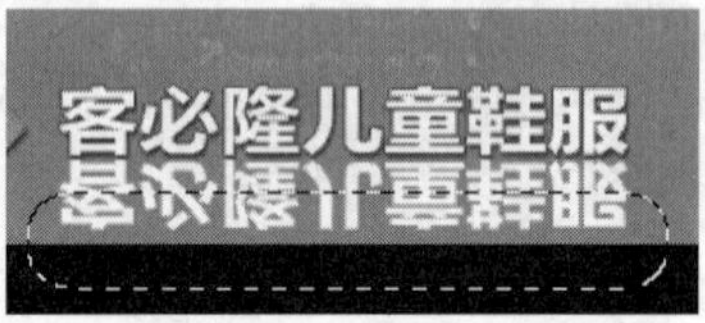

图 14-56

图 14-57

新建图层，将该图层选定为当前工作图层。在工具箱中选择矩形选框工具，在矩形选框工具选项栏中，将羽化值设为 0px，样式选择“固定大小”，宽度设为 130px，高度为 38px。在这个新建图层上单击，生成一个指定大小的选择框，如图 14-58 所示。

在工具箱中单击“设置前景色”按钮，在弹出的“拾色器（前景色）”对话框中，将前景色按如图 14-59 所示进行设置。

单击“确定”按钮。在系统工具箱中选择渐变工具，在渐变工具选项中选择“线性渐变”。将选择框用渐变黑色填充，如图 14-60 所示。

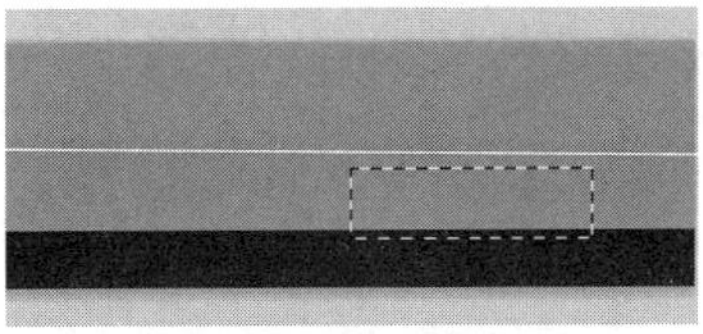

图 14-58

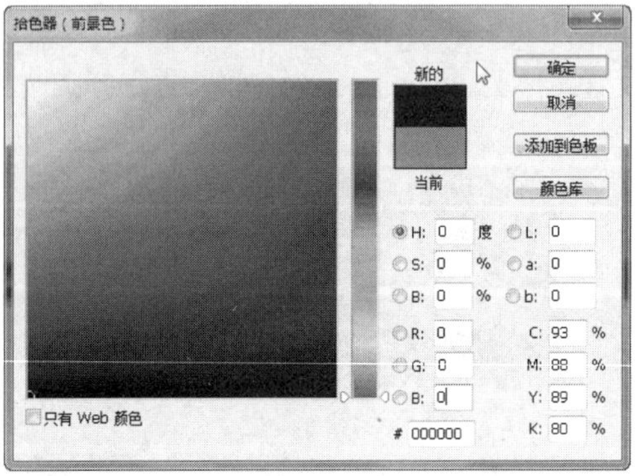

图 14-59

选择“编辑→变换→透视”命令，将渐变填充的图层进行变换，并使用移动工具将变换后的内容移动到合适的位置，如图 14-61 所示。

图 14-60

图 14-61

再次新建图层，将该图层选定为当前工作图层，在工具箱中选择矩形选框工具，在矩形选框工具选项栏中，将羽化值设为 0px，样式选择“固定大小”，宽度设为 130px，高度为 38px。在新建图层上单击鼠标，生成一个指定大小的选择框。在工具箱中单击“设置前景色”按钮，在弹出的“拾色器（前景色）”对话框中，将前景色设置为深灰色。

在工具箱中选择油漆桶工具，将选择框用前景色填充，如图 14-62 所示。

在图层面板中，将填充的图层放置在经过透视变换的图层之下，并使用移动工具将其移动到合适的位置。

选择“编辑→变换→斜切”命令，将渐变填充的图层进行变换，效果如图 14-63 所示。

图 14-62

图 14-63

为了让效果更明显，在图层面板中将斜切后图层的不透明度调整为 30%，如图 14-64 所示。

接下来输入文字。新建图层，将此图层作为当前工作图层，在工具箱中选择横排文字工具，在横排文字工具选项栏中设置文字相应的参数，如图 14-65 所示。

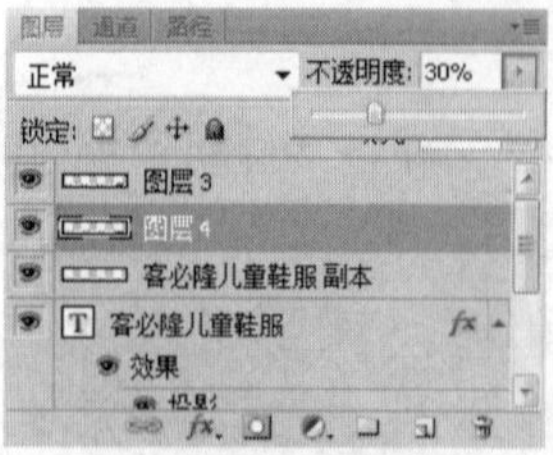

图 14-64

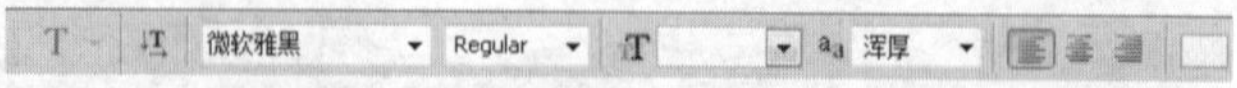

图 14-65

设置完毕后，在新建图层中输入“首页 HOME”，并调整文字的位置如图 14-66 所示。

图 14-66

按同样操作，依次输入相关导航文字，如图 14-67 所示。

图 14-67

为了增加显示效果，此时可以在此店招上根据需要添加一些辅助内容。这里在导航文字之间加了白色分隔线，并用水波纹效果画笔描绘出一个水滴波纹，效果如图 14-68 所示。

图 14-68

此时整个店招右侧区域显得过于空旷，可以根据产品特点，在右边添加一张装饰性的儿童图片，添加后要注意调整好图片的大小和位置，如图 14-69 所示。

图 14-69

再次新建一个图层，并将此新建图层作为当前工作图层。在系统工具箱中选择横排文字工具，选择后，在横排文字工具选项栏中选择字体为“微软雅黑”，字体样式为“Regular”，字号大小为“12点”，消除锯齿方式为“锐利”，并选择文字颜色为墨绿色，如图14-70所示。

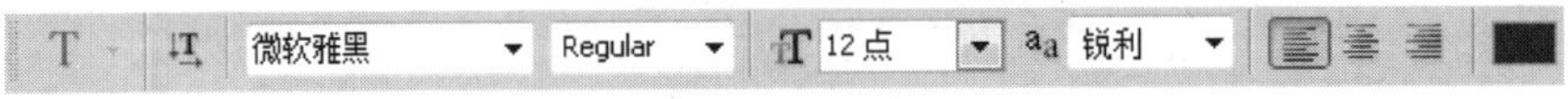

图 14-70

设置完毕后，在新建图层上输入广告语“伴随孩子成长每一天”，并将其移动到合适的位置，如图14-71所示。

图 14-71

到了这一步，自定义店招制作工作基本完成，记得一定要用PSD格式将此文件保存下来，因为接下来还要使用这个PSD源文件进行下一步工作。

2. 自定义店招的代码制作

由于自定义店招中有系统导航，故而并不能直接将图片展示在页头区域。为了实现这个系统导航，必须在这里对这个自定义店招加上相应的代码。

（1）切片

由于要在图片上加上链接，则需要对店招进行切片处理，以便针对每个区域的图片加上适合的链接，从而实现系统导航。

使用Photoshop打开上面设计制作的店招PSD源文件，并按如图14-72所示使用参考线对店招区进行划分并切片。

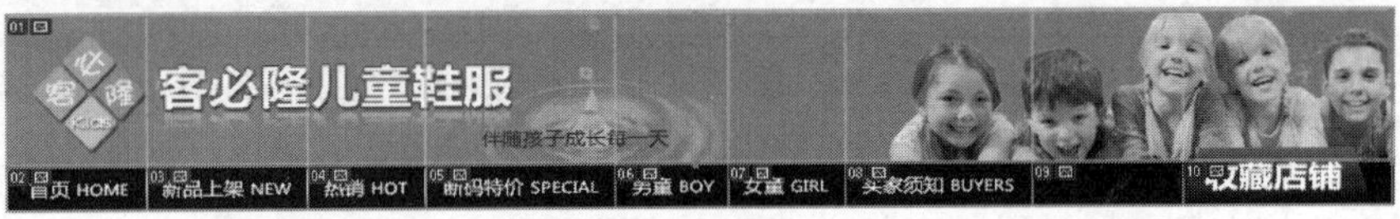

图 14-72

切片完毕后，单击“文件”菜单，在其中选择“存储为Web和设备使用格式”命令，在弹出的对话窗口中，将所有切片文件的格式选定为“JPEG”，如图14-73所示。

设定完毕，单击对话框上的“存储”按钮，在“将优化结果存储为”对话框中，指定切片文件的存储位置，并且一定要在保存类型中选择“HTML和图像(*.html)”，如图14-74所示。

图 14-73

指定文件的存储位置和保存类型，单击“保存”按钮，此时 Photoshop 就会在指定位置生成一个 HTML 文件和一个切片文件夹，如图 14-75 所示。

图 14-74

图 14-75

（2）切片文件上传

为了能够在页头区域显示自定义店招，必须要把这个店招切片文件全部上传到自己的图片空间中。成功上传之后的效果如图 14-76 所示。

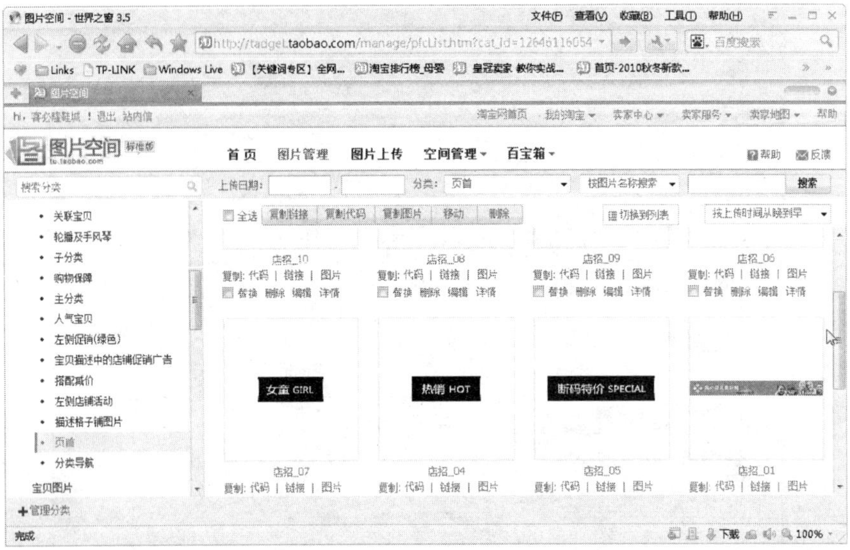

图 14-76

（3）代码整理

使用 Dreamweaver 打开刚刚切片生成的 HTML 文件，如图 14-77 所示。

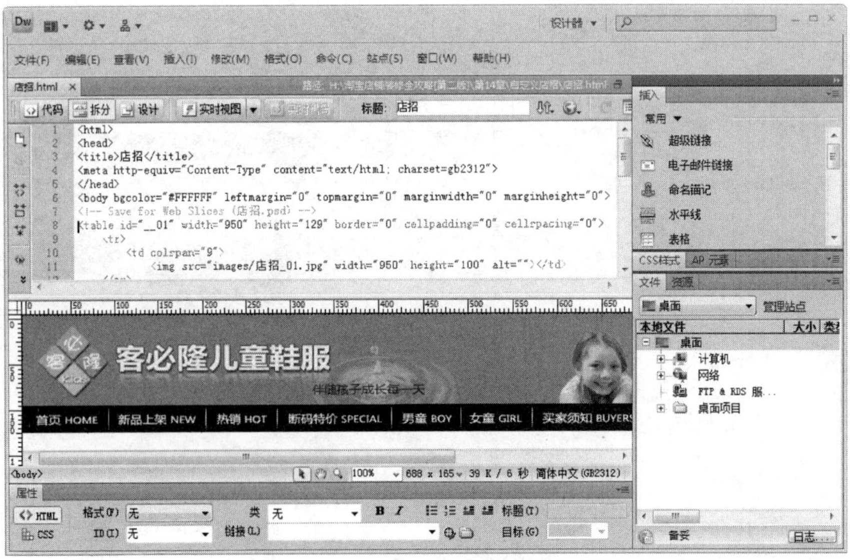

图 14-77

在设计窗口，分别选中每一个切片文件，在属性对话框中，将相应的切片文件在图片空间中的网络地址粘贴进来，以替换本地文件，如图 14-78 所示。

图 14-78

对于设计系统导航切片文件，还要将该切片所对应的链接地址粘贴到属性窗口中的链接文本框中，并设置目标为“_blank”，边框为“0”，如图 14-79 所示。

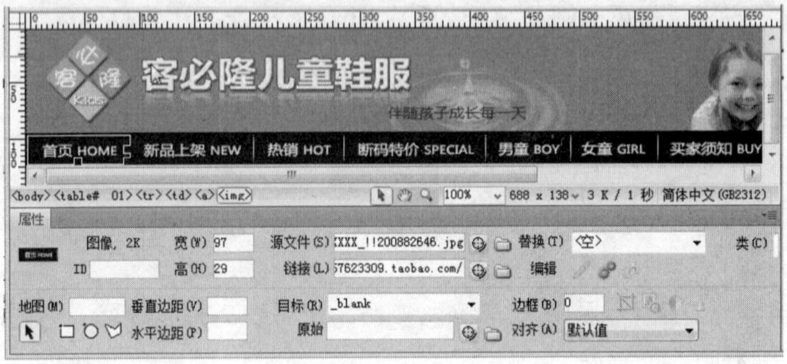

图 14-79

（4）代码保存

图片替换和链接添加完毕后，先将这个 HTML 源文件保存，以方便以后对此源文件进行修改。然后在 Dreamweaver 的代码区中，将<body>和</body>标签间的所有代码选中并复制，将其粘贴到记事本中以 TXT 格式保存下来，如图 14-80 所示。

图 14-80

3. 自定义店招代码的应用

进入淘宝网店铺装修管理平台，在页头区会看到原来店铺中已经存在的系统店招，如图 14-81 所示。

图 14-81

将鼠标移动到系统店招上，单击“删除”按钮，将系统店招区删除，并在店铺页头区添加一个自定义内容区，如图 14-82 所示。

图 14-82

按照前面进行自定义区装修的方法，将制作好的自定义店招代码粘贴到自定义内容区的源代码编辑窗口中并保存，如图 14-83 所示。

图 14-83

发布之后的自定义店招的显示效果如图 14-84 所示。

图 14-84

14.3.3　旺铺拓展版店铺小广播

由于页头区域是公共区域，可以在店铺所有页面上方位置显示，另外由于现在宝贝详情页面的宝贝描述上方，不允许添加自定义模块来公布一些店铺信息，所以页头区域就成为全店信息发布的唯一区域。

在使用公共区域时一定要注意公共区域的高度受限，淘宝规定店铺页头区域除了首页和自定义页面外，其他所有页面最多只能完整显示高度为 250px（包括系统店招部分）的内容，超过的部分不会显示出来。

然而根据实际使用经验来看，即使在店铺中删除了系统店招，这个页头区能在全店完整显示的最大高度只有 150px，至于另外的 100px 部分不能展示。

1. 店铺小广播背景图片制作

在制作之前，先要计算小广播背景图片的高度。在店铺中删除了系统店招，能在全店显示的公共区域高度只剩下 150px，在 14.3.2 节制作的自定义店招的高度是 129px，因此这个小广播的高度只能是 21px。

启动 Photoshop，新建一个宽为 950px，高为 21px 的白底空白文档，如图 14-85 所示。

在系统工具箱中单击“设置前景色”按钮，在弹出的拾色器窗口中按如图 14-86 所示的参数设置前景色。

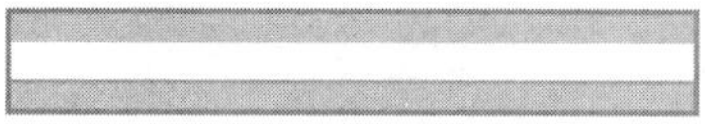

图 14-85

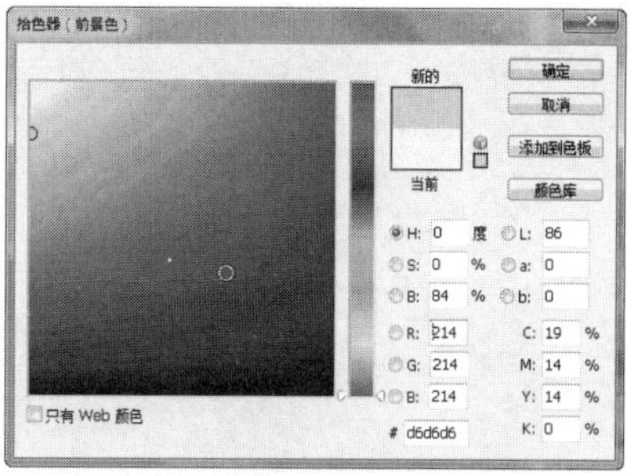

图 14-86

单击“确定”按钮。在工具箱中选择油漆桶工具，将空白文档填充为设定的灰色，如图 14-87 所示。

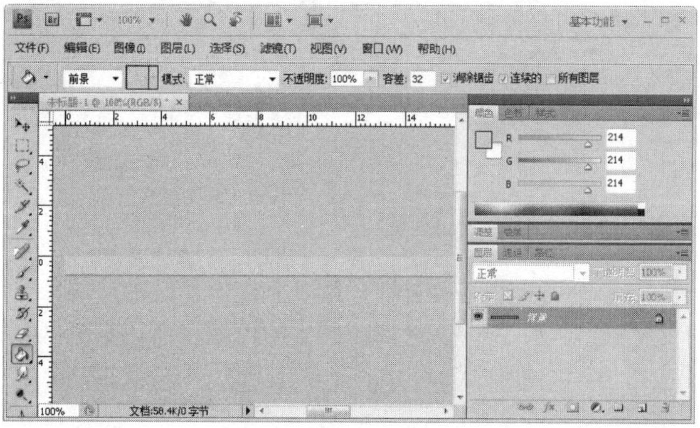

图 14-87

在系统工具箱中选择横排文字工具T，并在横排文字工具选项栏中选择字体设为“微软雅黑”、字体样式为“Bold”、字号大小为 12 点，消除锯齿方式为“平滑”，颜色为黑色，如图 14-88 所示。

设置完毕后，新建图层，在此新建图层上输入“店铺小广播”，使用移动工具将文字调整到合适位置，如图 14-89 所示。

图 14-88

图 14-89

新建图层，在系统工具箱中选择矩形选框工具，在新建图层中拖动鼠标创建一个大小合适的矩形选框，并使用油漆桶工具将此选框填充为黑色，如图 14-90 所示。

再次新建图层，在系统工具箱中选择矩形选框工具，在新建图层中拖动鼠标创建一个比刚才那个更大的矩形选框，也使用油漆桶工具将选框填充为黑色，如图 14-91 所示。

图 14-90

图 14-91

使用“编辑→变换→透视”命令，将这个黑色方框进行变形，如图 14-92 所示。

对这两个黑色方框进行适当处理，并组合在一起，制作出一个小喇叭形状，如图 14-93 所示。

图 14-92

图 14-93

再次新建图层，在工具箱中选择矩形选框工具，在矩形选框工具栏中，将羽化值设定为“0px”，样式选择“固定大小”，设置宽度为“850px”，高度为“19px”，如图 14-94 所示。

图 14-94

设定后在新建图层单击鼠标生成一个矩形选框，将此矩形选框移到合适位置，使用油漆桶工具将此选框填充为白色，如图 14-95 所示。

图 14-95

在图层面板中，双击此图层。在弹出的图层样式对话框中，选择“斜面和浮雕”样式，并在右侧结构中选择样式为“内斜面”，方法为“雕刻柔和”，方向为“下”，大小为 1 像素，软化为 0

像素，如图 14-96 所示。

确认此样式，再来看一看具体效果。一个白色的凹陷区域展现在眼前，这个区域就是广播文字内容出现的地方，如图 14-97 所示。

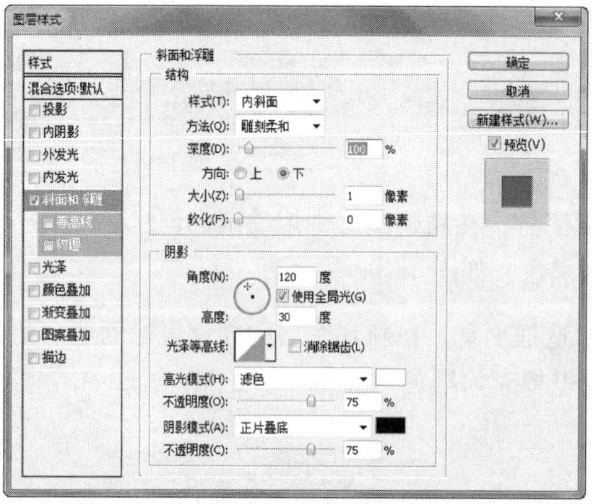

图 14-96

图 14-97

从整体上看，这个背景图片稍显单薄。再为这个小广播添加一些装饰效果。新建图层，选择椭圆选框工具，按住键盘上的 Shift 键，在新建图层上拖动鼠标创建一个大小合适的正圆形选框，使用“编辑→描边...”命令，将此正圆形选框用宽为 1px 的黑色居中描边，如图 14-98 所示。

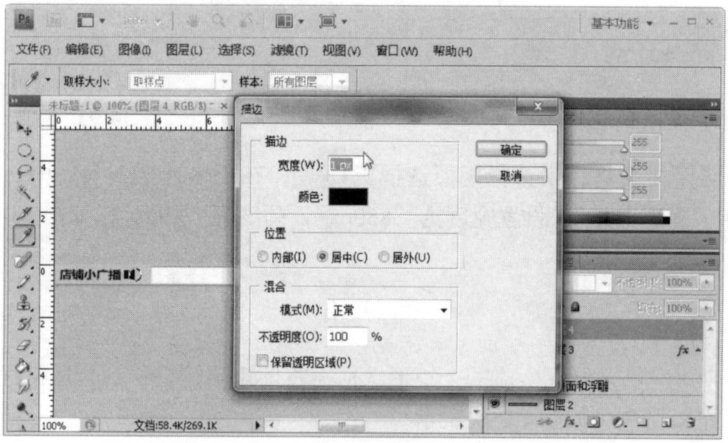

图 14-98

重复以上操作两次，依次描绘出两个半径渐增的黑色圆环，如图 14-99 所示。

选择橡皮擦工具，将三个圆环的部分图像擦除，并调整剩余部分的相对位置，形成声波传播效果，如图 14-100 所示。

图 14-99

图 14-100

现在这个效果还不能令人满意，再来优化一下。

选择“窗口→动画”命令，将动画窗口打开。在动画窗口中，单击“复制所选帧”按钮，将当前帧复制三次，如图 14-101 所示。

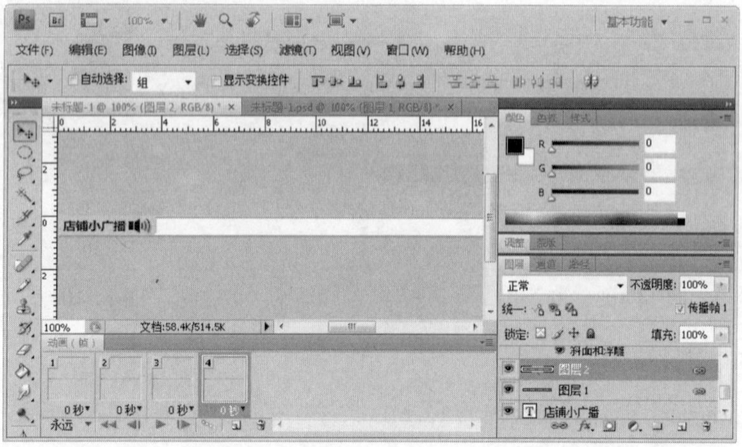

图 14-101

选择第 1 帧，在图层面板中将所有声波环图层隐藏起来，如图 14-102 所示。

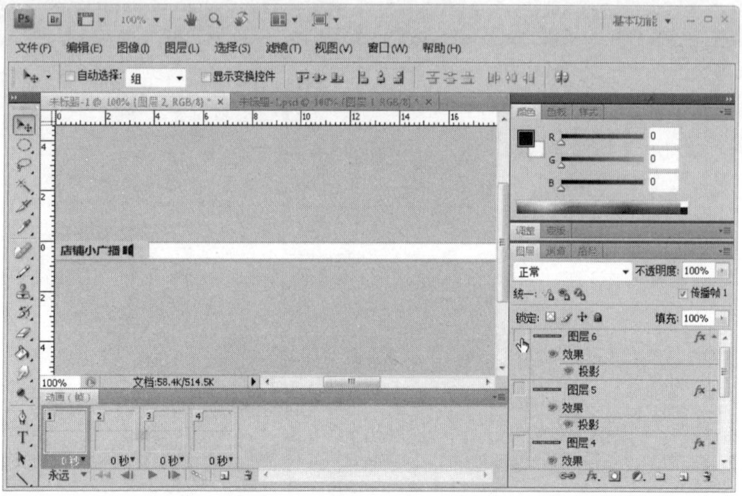

图 14-102

选中第 2 帧，将第一道声波环显示出来，其余两道声波不显示；选中第 3 帧，将第一、第二道声波环显示；选中第 4 帧，将全部声波环显示。设置完毕后，在帧动画控制窗口中将每帧动画延迟时间按图 14-103 所示时间进行调整。

至此，小广播背景图片制作完成，保存这个源文件，并把这个制作完成的动画图片以 GIF 格式在指定位置保存一份，如图 14-104 所示。

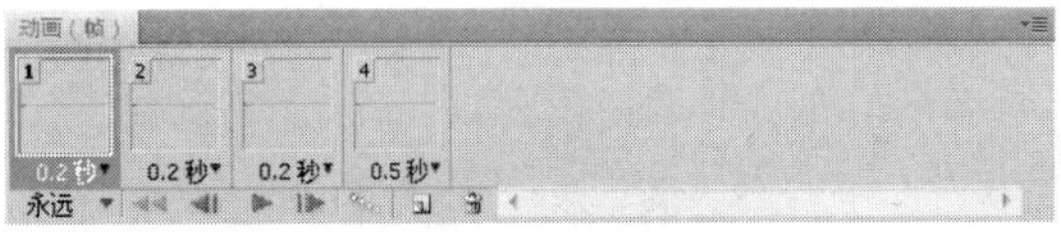

图 14-103

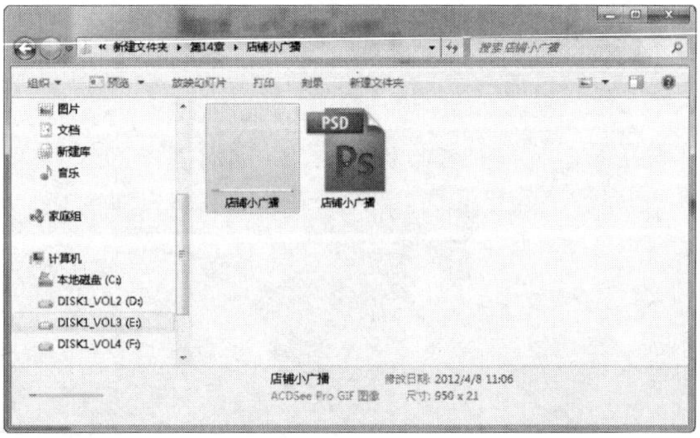

图 14-104

2. 店铺小广播代码制作

启动 Dreamweaver，新建一个空白的 HTML 文件。在空白文件中插入一个边框为 0 的单行单列，并设置宽为 950px，如图 14-105 所示。

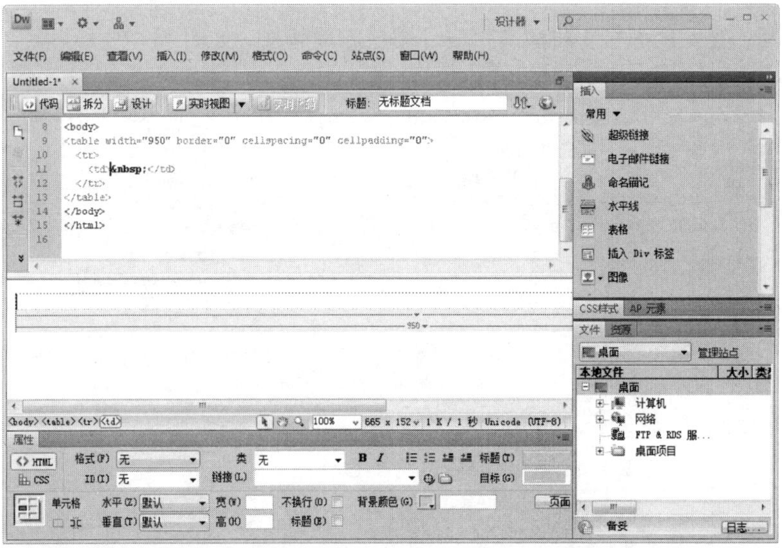

图 14-105

将前面制作的 GIF 文件作为这个单元格背景图片。在设计区中，选中单元格，在此单元格嵌套一个 3 列 1 行，边框为 0，宽为 950px 的表格，如图 14-106 所示。

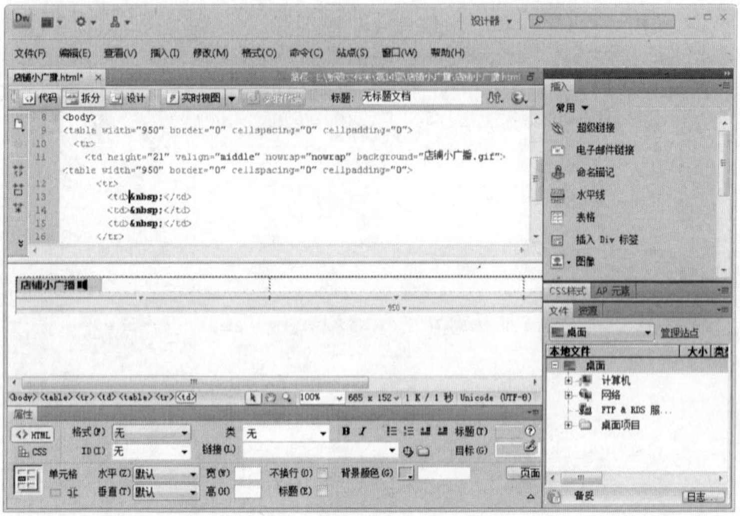

图 14-106

在设计窗口中，调整好各列的宽度，以让第二个单元格恰好处于背景图片的白色区域中，并将第二个单元格的垂直和水平对齐方式均设置为居中，如图 14-107 所示。

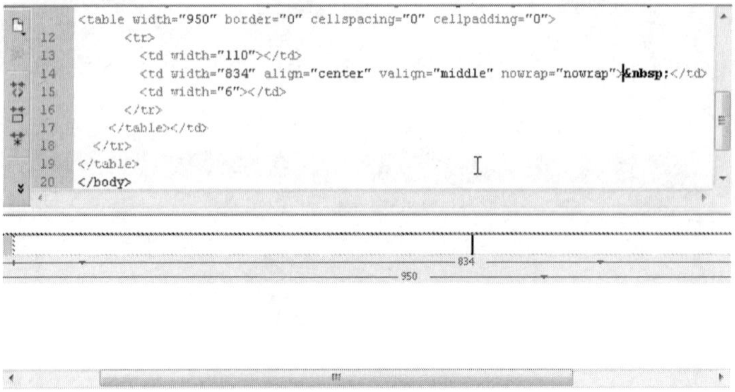

图 14-107

由于这个区域的宽度有限，为了显示更多文字内容，只能让文字左右滚动展示。要想实现这个效果，会使用到下列代码。

```
    <marquee direction="left" behavior="alternate" scrollamount="1" scrolldelay=
"0"  width="832" >
        <strong>广播内容</strong>
        </marquee>
```

其中 width 后面的参数要和单元格的宽度相符合，具体数据就看代码区中这个单元格的宽度。

在代码区中，将这段代码粘贴到第二个单元格的<td>和</td>标签中间，并加上想要广播的内容，如图 14-108 所示。

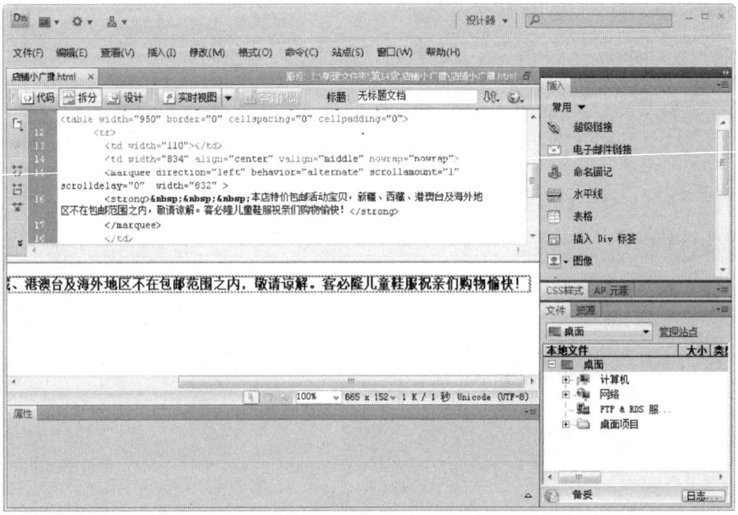

图 14-108

将背景图片文件上传到图片空间中，并在 HTML 文件中将这个本地文件替换掉，完成代码的制作任务。

在代码区中将<body>和</body>之间的代码全部选中，并以 TXT 格式保存在指定位置，作为备用，如图 14-109 所示。

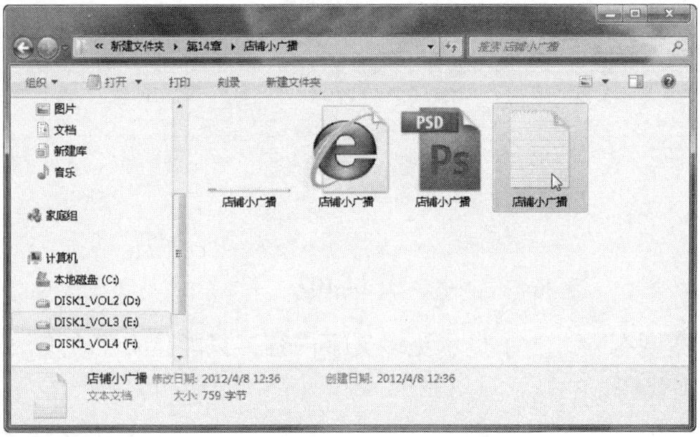

图 14-109

3．店铺小广播代码应用

进入淘宝网店铺装修管理平台。在店铺页头区域添加一个自定义内容区，如图 14-110 所示。

图 14-110

按照前面进行自定义区装修的方法，将制作好的小广播代码粘贴到自定义内容区的源代码编辑窗口中并保存，如图 14-111 所示。

图 14-111

将这个内容发布出来，效果如图 14-112 所示。

图 14-112

14.4　旺铺拓展版通栏自定义区

拓展版旺铺除了页头区域可以实现添加 950px 的通栏自定义区之外，另外在所有页面中都可以添加 950px 的通栏自定义区，这意味着在页面中投放超大版面的促销广告已经成为可能，这也是旺铺拓展版有别于旺铺标准版的地方。

14.4.1　通栏自定义区的一般使用

在前面介绍标准版旺铺的装修时，讲到过自定义区的装修，自定义区装修是店铺装修中的重点项目，也正是由于这个自定义区的存在，才让店铺多姿多彩。

其实，拓展版旺铺通栏自定义和以前标准版旺铺的自定义区在使用上是完全相同的，只不过它的宽度从标准版的 750px 增加到 950px，有了更大的空间来展示店铺。

通栏自定义区主要有三种应用方式。

（1）投放大幅面单品促销广告，如图 14-113 所示。

这里主要是制作大幅面的促销海报，给买家以强烈的视觉刺激，从而吸引买家。

（2）投放多宝贝促销展示广告，如图 14-114 所示。

图 14-113

图 14-114

说到底这里就是一个多图广告模板，可以达到用最少的自定义模块数目展示最多的广告位。

（3）宝贝分类导航，如图 14-115 所示。

图 14-115

现在很多卖家在拓展版旺铺装修中都大量使用了通栏自定义区。这种通栏的应用，从某种程度上来讲的确让店铺展示丰富多彩，但也带来了一个问题，即造成店铺宝贝分类缺失。

现在很多的拓展版店铺一进入店铺，展现在眼前的就是让人眼花缭乱的各种利用通栏进行装修的宝贝展示，有时无法让买家查看店铺中的其他宝贝，这种现象在店铺的首页尤为严重。为了弥补这个问题，也为了改变宝贝分类导航千篇一律的状况，在这里可以利用通栏自定义区制作宝贝分类导航，以方便买家在店铺中进行浏览，从而留住更多朋友。

在通栏自选区的三种主要应用方式中，第一种属于单图促销广告，第二种属于多图促销广告，关于这两种自定义区的使用，在第 12 章标准版旺铺右侧模块中已经做过说明，这里就不再叙述。第三种宝贝分类导航是以前没有接触的，下面就制作一个类似如图 14-115 所示的宝贝分类导航，并放置在自家店铺中。

14.4.2 宝贝分类导航

1. 宝贝分类导航设计与制作

（1）图片制作

从图 14-115 中来看，这里面每行分类之间都有一个虚线间隔。这种虚线可以用很多种方法来实现，但最简单的莫过于使用图片。

启动 Photoshop，新建一个 3px × 3px 空白文档，如图 14-116 所示。

新建图层，并在图层面板中将此新建图层选定为当前工作图层。在系统工具箱中选择铅笔工具，在铅笔工具选项栏中将画笔主直径调整为 1px，如图 14-117 所示。

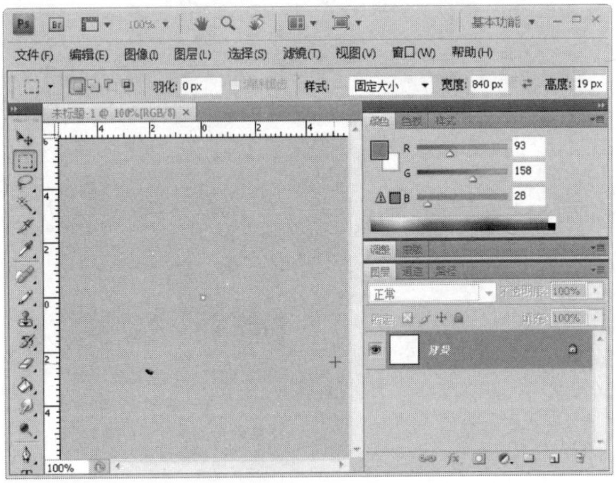

图 14-116

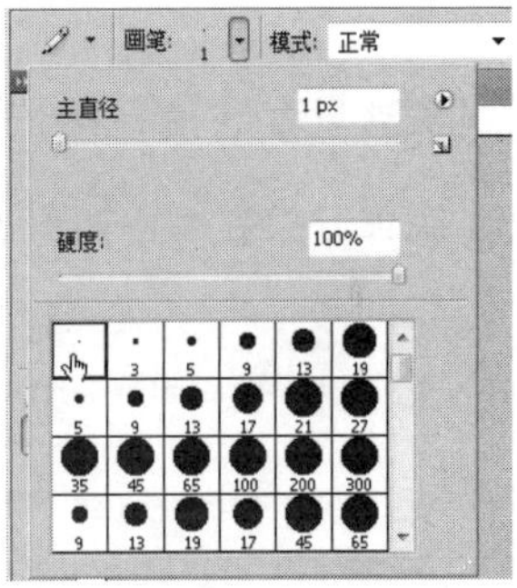

图 14-117

确定了铅笔的主直径为 1px 后，在工具箱中单击“设置前景色”按钮，设置前景色的 RGB 值为（161,161,161），然后用铅笔在新建图层中单击，如图 14-118 所示（这里为了方便观察，在 Photoshop 中将图层放大显示）。

将这个图片以 GIF 格式保存下来，以备使用。

（2）代码制作

启动 Dreamweaver，新建一个空白 HTML 文件。在“插入”面板中单击“表格”按钮，按如图 14-119 所示设置表格参数。

图 14-118

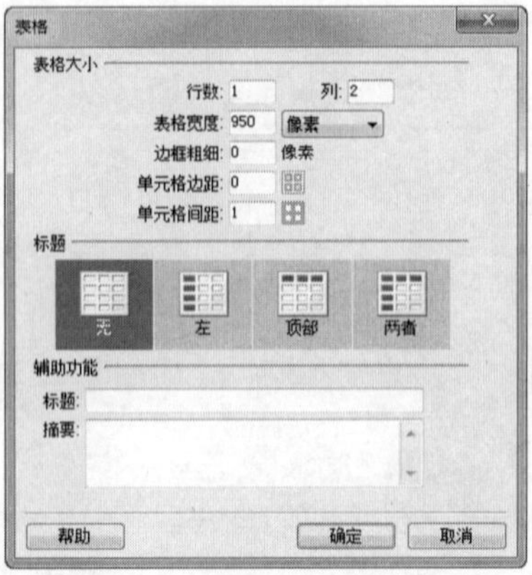

图 14-119

单击“确定”按钮，将此表格插入 HTML 文件中。在设计区中选中第一个单元格，在单元格属性中，设置垂直对齐方式为“顶端”，宽度为 690px，背景颜色为白色，并选择“不换行”复选框，如图 14-120 所示。

在第一个单元格中，在“插入”面板中单击“插入表格”按钮，按如图 14-121 所示参数设置插入表格的参数。

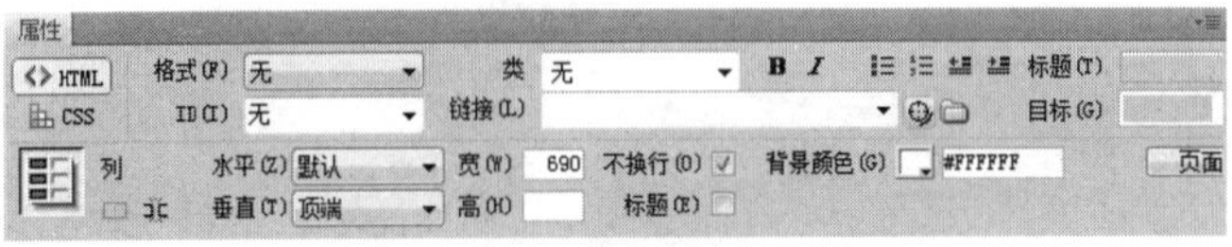

图 14-120

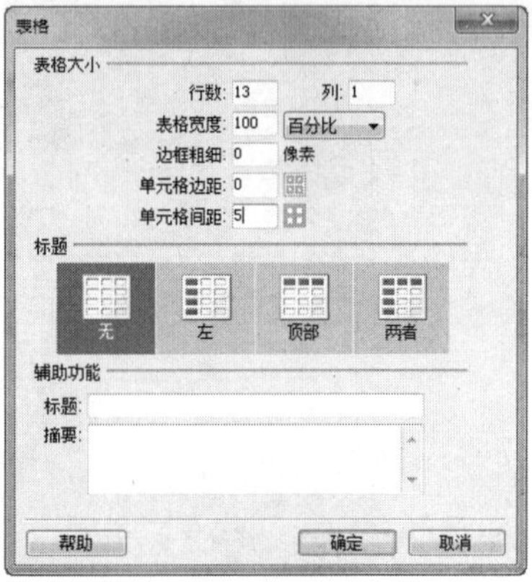

图 14-121

单击“确定”按钮，将表格插入 HTML 文件中，如图 14-122 所示。

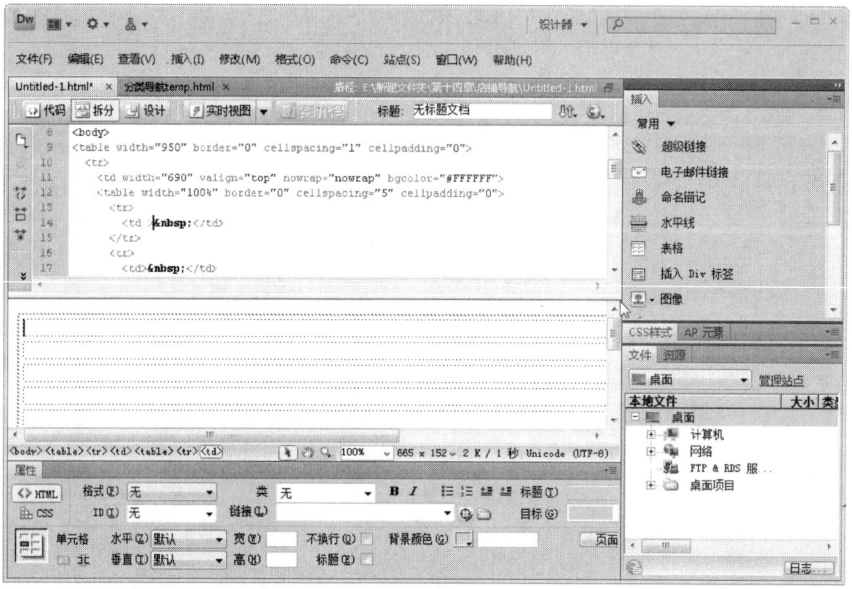

图 14-122

在设计区中，选择刚刚插入表格的第 1 行，将这一行的单元格背景设置为刚刚制作的虚线图片，同时将这个虚线图片直接插入到这一行单元格中。选中第 2 行，将这一列的单元格列高设置为 20px，如图 14-123 所示。

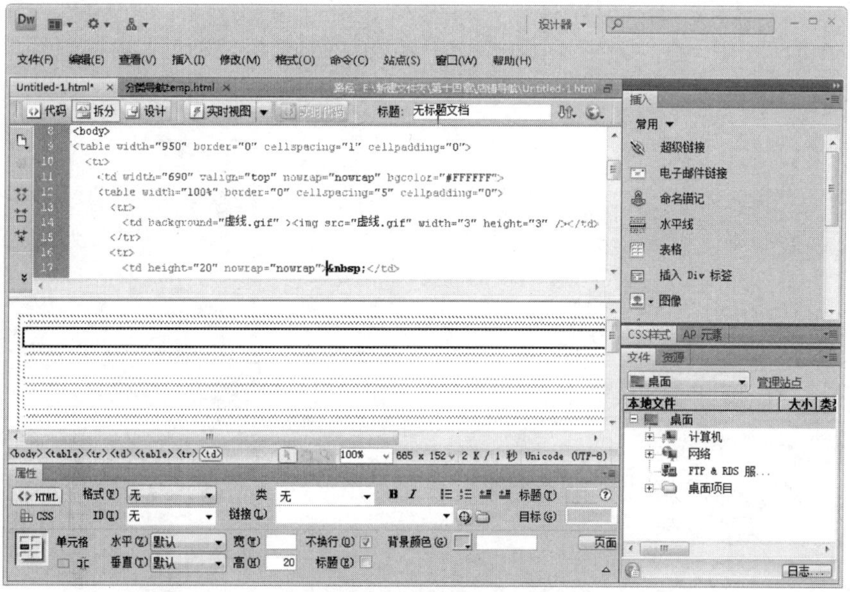

图 14-123

按照同样的方式，将这个表格的所有奇数行都按第一行的样式进行处理，将所有偶数行按第 2 行的样式进行处理。保存这个 HTML 文件，在浏览器中预览效果，如图 14-124 所示。

选中第 2 行的单元格。再次在“插入”面板中单击“表格”按钮，按如图 14-125 所示进行表格参数设置。

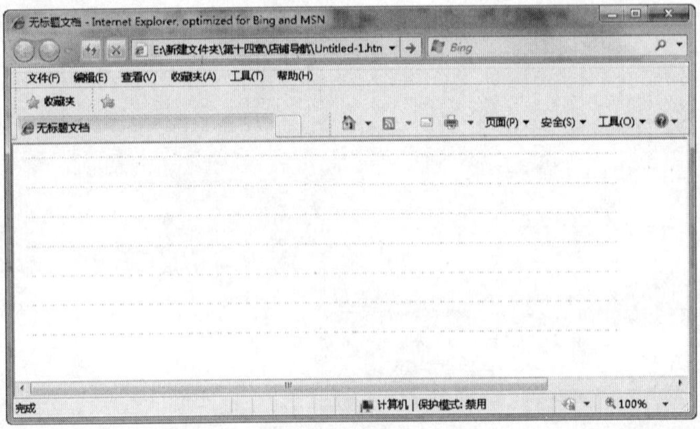

图 14-124

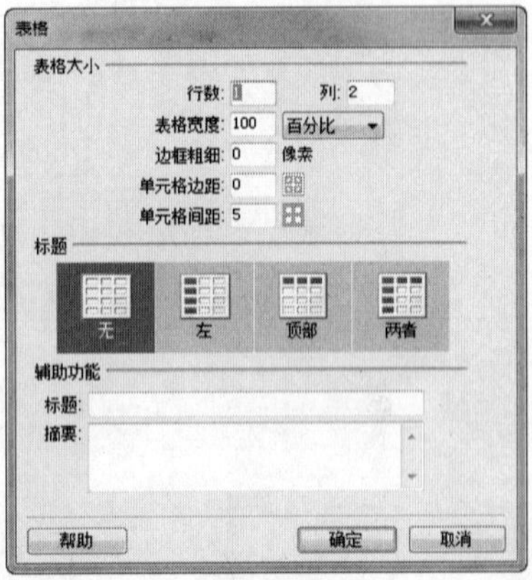

图 14-125

单击“确定”按钮，将此表格嵌套进来。在设计区中，选择刚刚嵌套的表格的第一个单元格，并在单元格属性中按如图 14-126 所示进行设置。

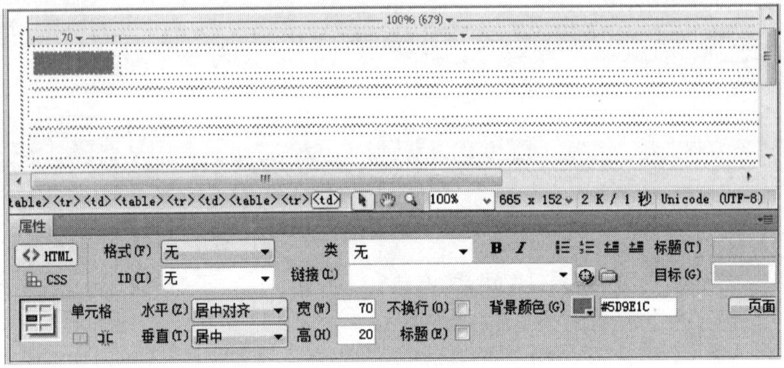

图 14-126

在这一个单元格中输入事先设计的文字“分类导航”，将文字加粗显示，并设置文字的颜色为白色。如下代码所示。

```
<strong><font style="COLOR: #ffffff">分类导航</font></strong>
```

选中同一行的第 2 个单元格，输入分类导航的相关文字内容，如图 14-127 所示。

按照同样的方式，将其他需要显示导航文字的行进行处理。处理完毕之后的效果如图 14-128 所示。

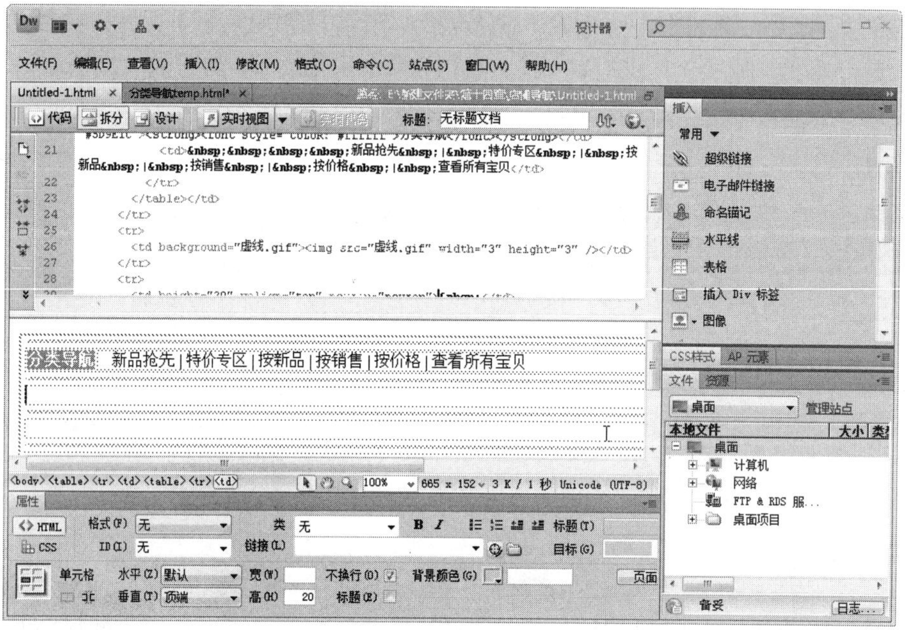

图 14-127

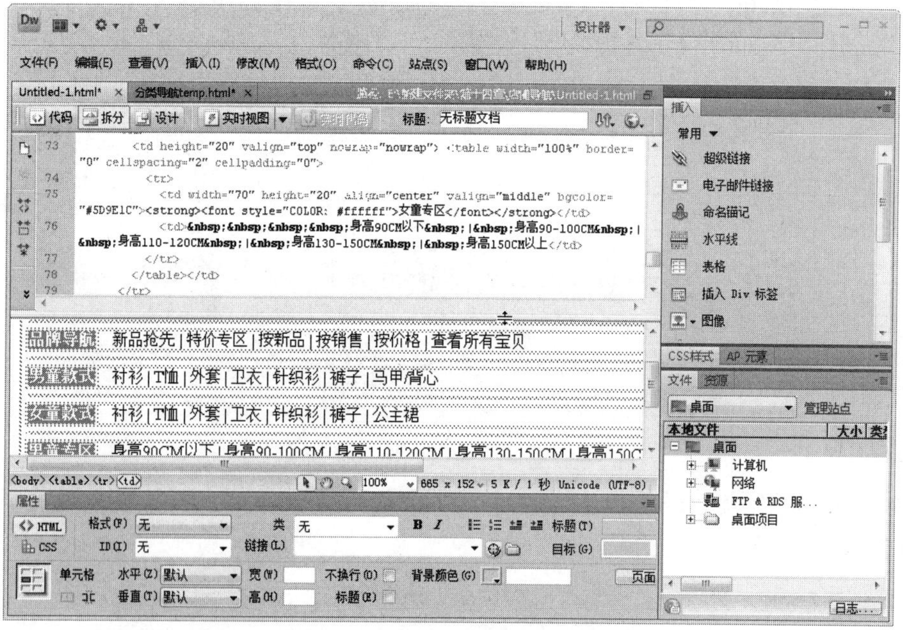

图 14-128

在设计区中，选择现在还没有处理的最大单元格，如图 14-129 所示。

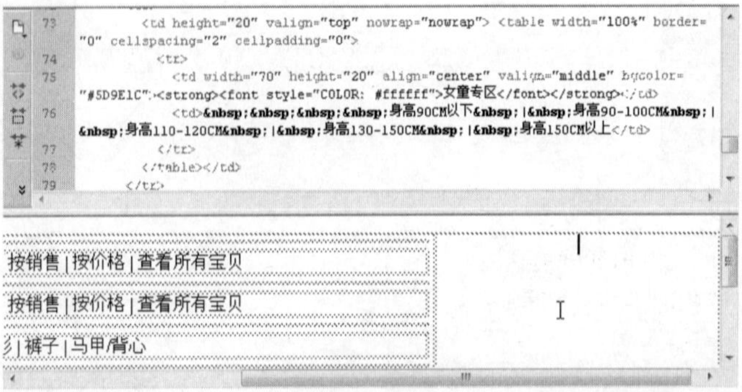

图 14-129

使用插入表格功能，插入一个单行单列、无间距、无边距、边框粗细为 1，且宽度为 100%的表格，具体参数如图 14-130 所示。

单击“确认”按钮，将此表格插入所选定的单元格中，如图 14-131 所示。

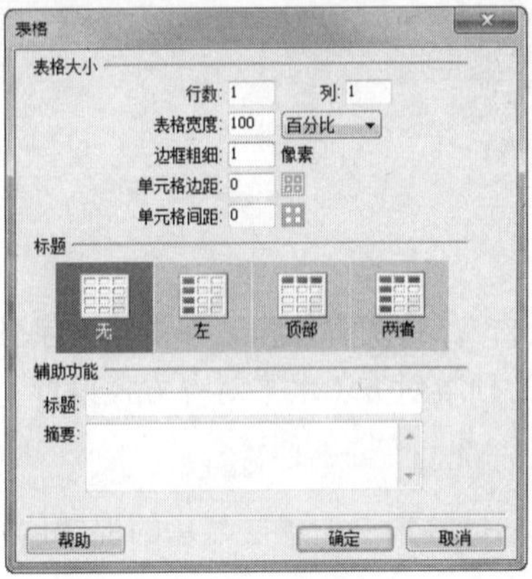

图 14-130

图 14-131

从图 14-131 中可以看到，这个边框线并不符合表格边框要求，我们需要一个灰色 1px 的实线边框，为了达到这个效果，要对表格的属性进行更改。如何更改呢？很简单，只需要在“<table”和“>”之间加上如下代码：

```
style="border-collapse:collapse;"  bordercolor="#BFBFBF"
```

再来看一看效果，如图 14-132 所示。

选定这个刚刚设定了边框的表格。在其中再次插入一个 2 行 1 列、无间距、无边距、边框粗细为 0，且宽度为 100%的表格。

将这个刚刚插入的表格第 1 行的行高设定为 36，水平和居中对齐方式设为居中，单元格背景设置为“#5D9E1C”，如图 14-133 所示。

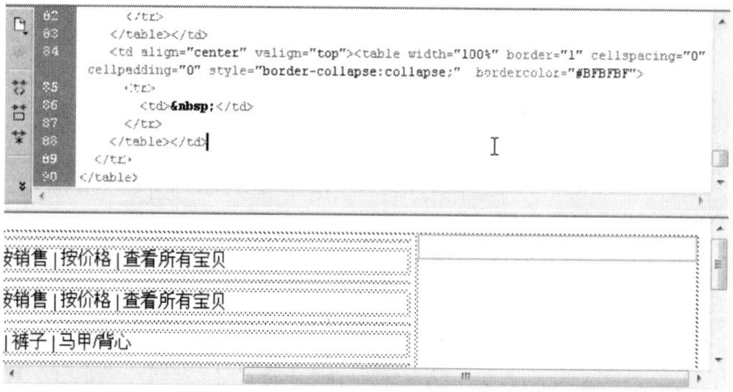

图 14-132

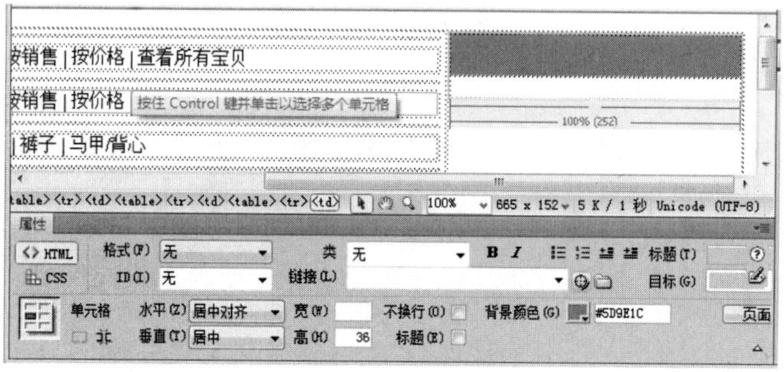

图 14-133

设定之后，在这个单元格中输入“店铺童装促销信息及公告”，将文字加粗，并设置文字颜色为白色。将第 2 行列高设置为 180px，并将垂直对齐方式设置为顶端对齐，水平对齐方式设置为左对齐，如图 14-134 所示。

在这个高为 180px 的空白区域里，使用<maquee></maquee>标签来添加想要显示的促销信息，如图 14-135 所示。

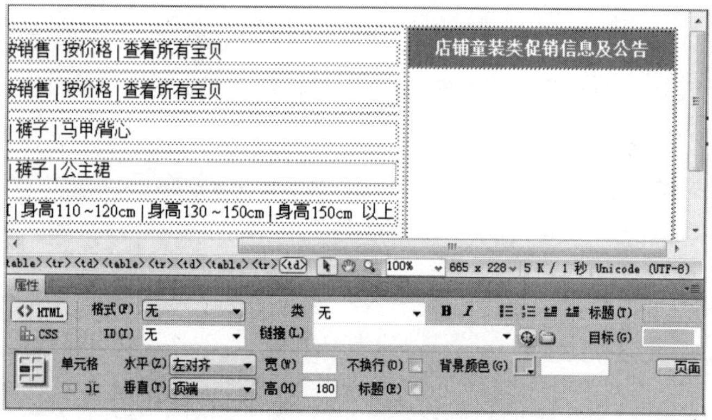

图 14-134

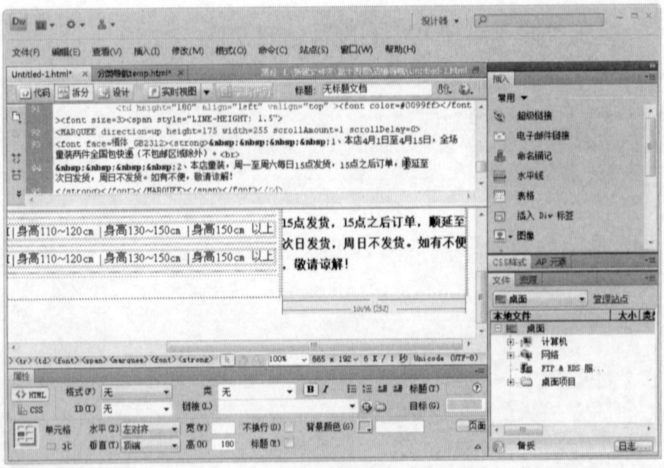

图 14-135

（3）代码调整

将制作的虚线图片上传到图片空间中，并将刚刚编写代码中的本地图片文件全部用上传图片进行替换，如图 14-136 所示。

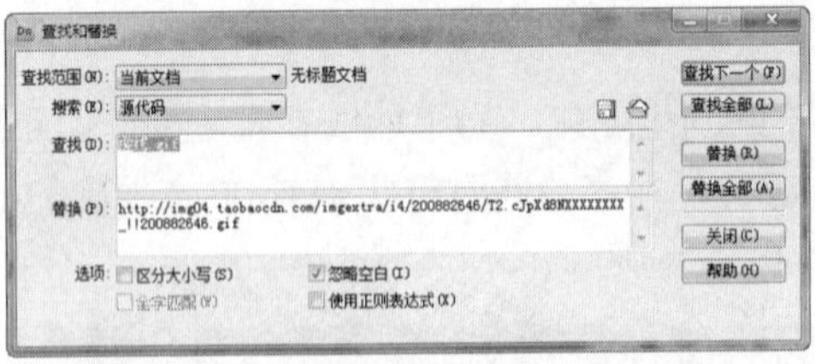

图 14-136

（4）链接添加

在设计区中，选中要添加链接的文字。在属性对话框中，将该文字的正确链接地址粘贴到链接文本框中，如图 14-137 所示。

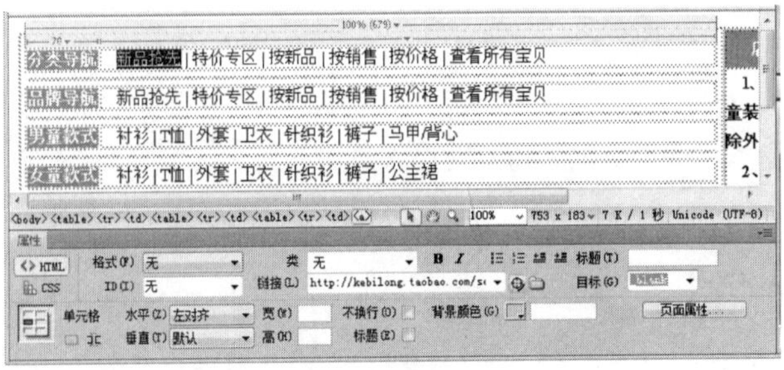

图 14-137

按照相同的方法，将所有的导航加上正确的链接，如图 14-138 所示。

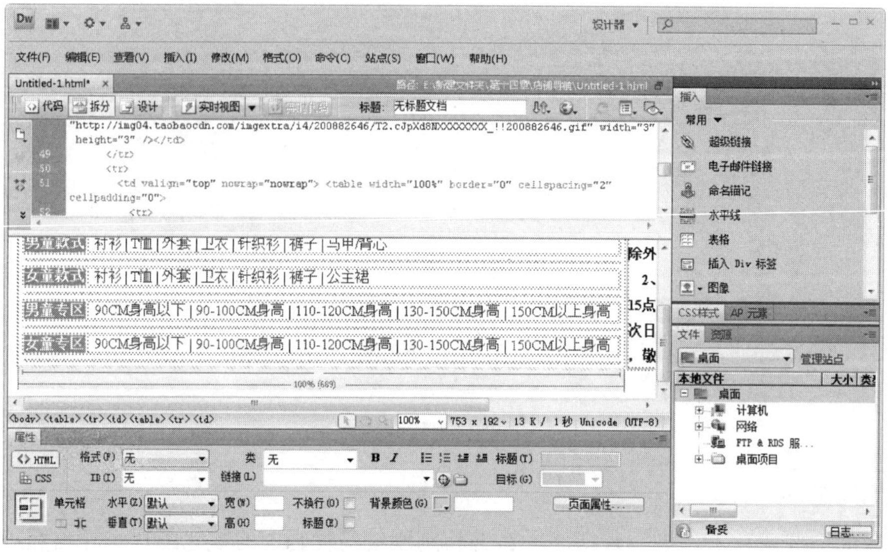

图 14-138

（5）代码保存

由于店铺中的分类可能不断发生变化，为了能够在发生变化时迅速在店铺中进行更换，还是要将这个制作完毕的 HTML 源文件保存，同时将此 HTML 文件中的<body>和</body>之间的代码以 TXT 格式保存一份，如图 14-139 所示。

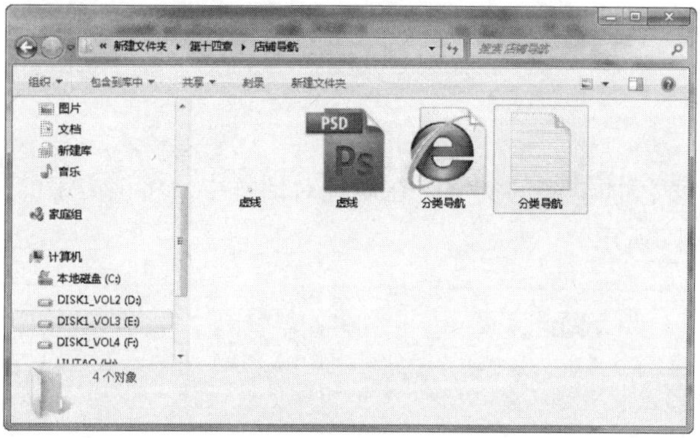

图 14-139

2. 宝贝分类导航的应用

前面已经通过 Dreamweaver 制作了一个有别于系统分类的宝贝分类导航，为了能让这个自制宝贝分类导航在店铺中使用，还必须把这段代码加到店铺中。

进入淘宝网店铺装修管理平台，在适当的布局单元中添加一个通栏自定义模块，并调整好这个模块在页面中的展示位置，如图 14-140 所示。

图 14-140

将鼠标移至这个模块的上方，单击“编辑”按钮，进入自定义模块编辑内容对话窗口，将此对话窗口切换到源代码编辑模式，并将前面以 TXT 格式保存下来的宝贝分类导航代码粘贴到源代码编辑框中，如图 14-141 所示。

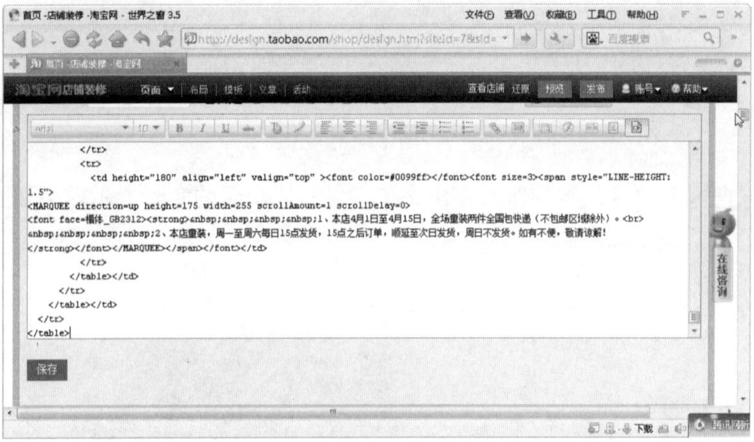

图 14-141

为了查看效果，代码粘贴完毕后，将自定义模块编辑内容对话窗口切换到设计模式，如图 14-142 所示。

如果觉得没有问题，可以单击编辑内容对话框上的“确定”按钮，确认添加的内容。系统保存成功后，效果如图 14-143 所示。

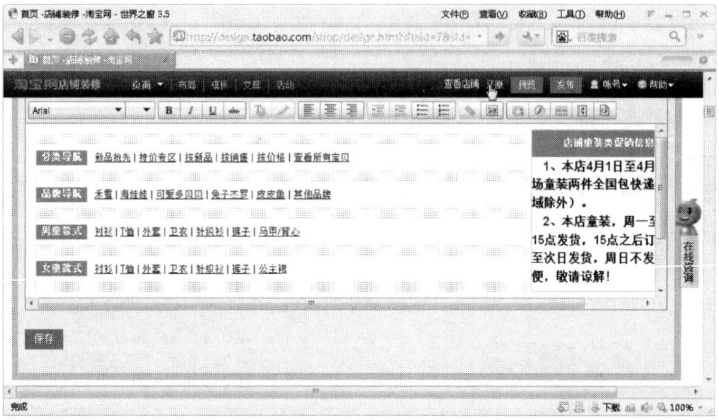

图 14-142

图 14-143

接下来就该把这个宝贝分类导航发布出来了，发布成功后的实际展示效果如图 14-144 所示。

春游记
时间：4月1日-15日
店铺童装类促销信息及公告
1、本店4月1日至4月15日，全场童装两件全国包快递（不包邮区域除外）。
2、本店童装，周一至周六每日15点发货，15点之后订单，顺延至次日发货，周日不发货。如有不便，敬请谅解！

图 14-144

14.5　旺铺拓展版页尾

对于旺铺拓展版而言，页尾也是一个公用固定区域，这个区域中的内容会出现在店铺中的每一个页面。然而在实际拓展版店铺装修中，很多卖家都只重视店招、促销和分类这些大的板块，往往忽略了页尾。

店招是店铺的头部，但是如果过于关注店招，而忽略了页尾，那就是真正的虎头蛇尾了。因此，一定要有这样的意识：拓展版支持设置统一页尾，全部页面都会显示这个页尾信息，一个干净利落的页尾，能体现整个店铺的完整性和统一性。

14.5.1　页尾图片的制作

由于页尾要体现整个店铺的完整性和统一性，在页尾设计时要确保和店铺的整体风格一致，例如字体尽量采用店铺统一的字体，如果整体店铺文字都采用阴影效果，那么在页面中出现的所有文字阴影效果应该完全一致，色彩尽量用同一色系。

接下来就来为店铺制作页尾图片。

启动 Photoshop，新建一个 950px × 45px 的空白文档。新建一个图层，选择圆角矩形工具。在圆角矩形工具选项栏中，将圆角矩形选项设定为“不受约束”，半径设为“3px”，样式设定为“1px 描边，0%填充不透明度”，如图 14-145 所示。

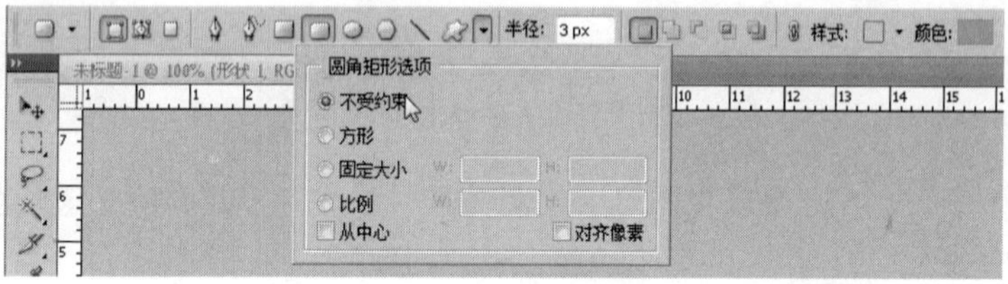

图 14-145

在新建图层中拖动鼠标创建一个大小合适的圆角矩形，将描边颜色选定为浅灰色，使用移动工具将这个圆角矩形移动到合适位置，如图 14-146 所示。

图 14-146

再次新建一个图层，在此图层上加入一个装饰素材，如图 14-147 所示。

使用横排文字工具，选择合适的字体和字号，输入如图 14-148 所示的文字。

图 14-147

图 14-148

按照同样的方法，将其他辅助素材和辅助文字依次添加，如图 14-149 所示。

图 14-149

将这个图片保存，以备在代码中使用。

再次在 Photoshop 中新建一个 950px × 150px 的空白文档。新建一个图层，选择圆角矩形工具。在圆角矩形工具选项栏中，将圆角矩形选项设定为“不受约束”，半径设为“3px”，样式设定为“1px 描边，0%填充不透明度”。

在新建图层中拖动鼠标创建一个大小合适的圆角矩形，将描边颜色选定为浅灰色，使用移动工具将这个圆角矩形移动到合适位置，如图 14-150 所示。

图 14-150

再次新建一个图层，在这个新建图层上将装饰素材添加进来并调整好这个素材的相对位置和大小，如图 14-151 所示。

使用文字工具并设置合适的字体及字号，输入相关的辅助文字，如图 14-152 所示。

图 14-151

图 14-152

按照同样的方法，把其他辅助素材和辅助文字依次添加，如图 14-153 所示。

图 14-153

页尾部分的图片制作完毕，记得要保存。

14.5.2　页尾代码的加工

使用 Photoshop 打开制作的上部分页尾图片，并按图 14-154 所示切片并保存。

图 14-154

保存完毕后，会在指定地方看到一个 HTML 文件和一个 images 文件夹，如图 14-155 所示。

启动 Dreamweaver，新建一个空白 HTML 文件，插入一个表格到 HTML 文件中，表格的设置如图 14-156 所示。

图 14-155

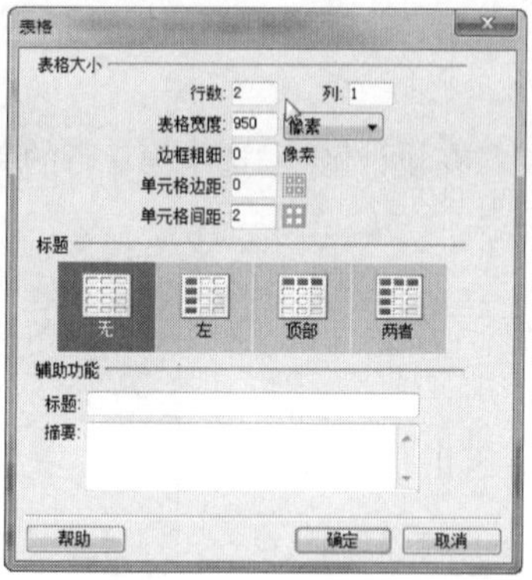

图 14-156

在设计区中，选中第 1 行单元格，并将当前光标定位到代码设计区的对应位置，如图 14-157 所示。

将刚刚保存的页尾上的部分代码粘贴到代码区的当前光标位置，粘贴后的效果如图 14-158 所示。

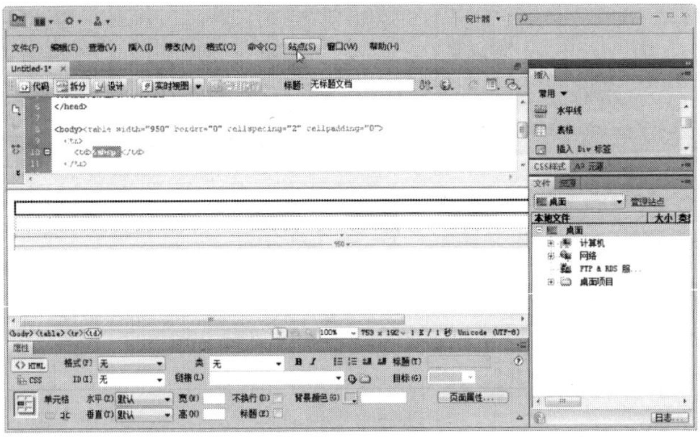

图 14-157

图 14-158

在设计区中，选中第 2 行的单元格，将刚刚保存的页尾下部分图片插入此单元格中，如图 14-159 所示。

图 14-159

在设计区中，选中“联系我们”图片，将这个图片设置为其所在单元格的背景图片，如图 14-160 所示。

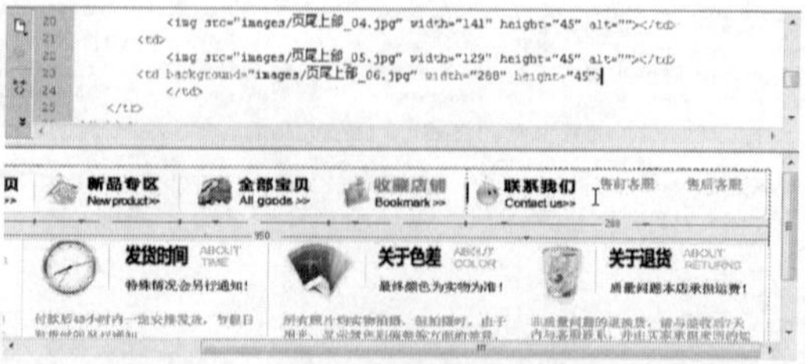

图 14-160

在这个有背景的单元格中，插入一个 2 行 3 列的表格，并用鼠标调整好各行各列的高度和宽度，如图 14-161 所示。

图 14-161

把客服在线的代码分别放置在这个表格的相应位置并调整位置，如图 14-162 所示。

图 14-162

选择返回首页图片，把店铺地址粘贴到属性的链接文本框中，将目标选择为“_blank”，边框设为“0”，如图 14-163 所示。

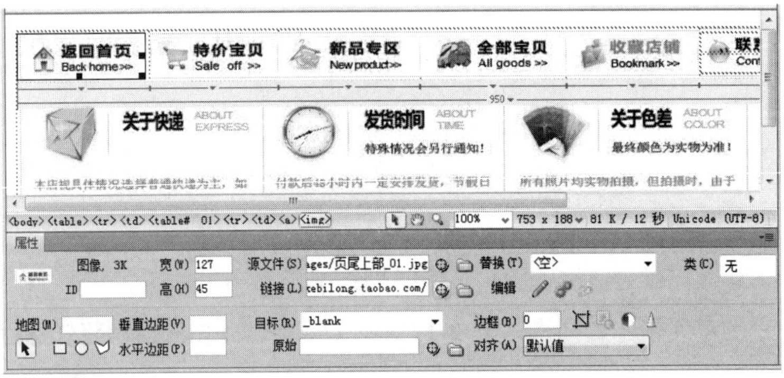

图 14-163

按照同样的方式，将“特价宝贝”、“新品专区”、“全部宝贝”及“收藏店铺”加上对应的链接。

将制作好的页尾图片全部上传到淘宝图片空间中，如图 14-164 所示。

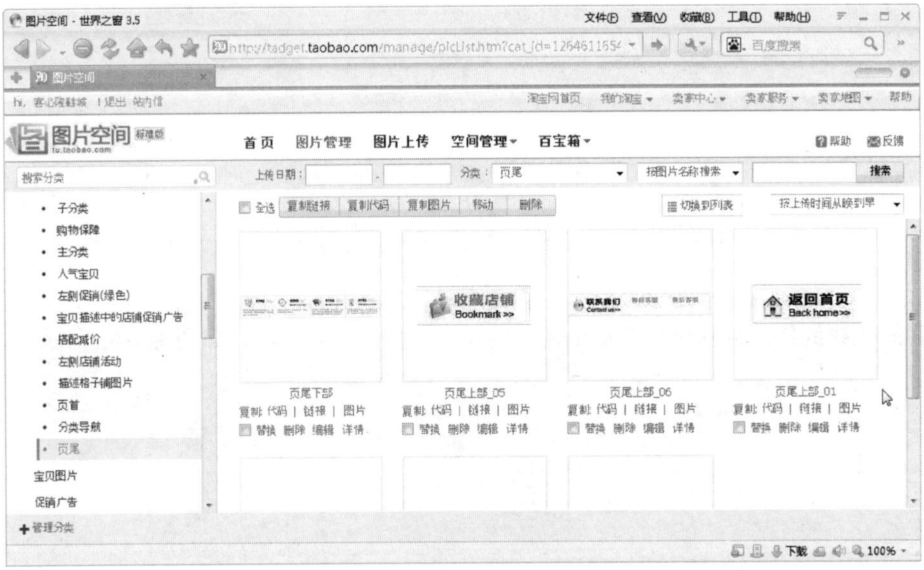

图 14-164

在 Dreamweaver 中，将刚刚制作的页尾代码中的本地计算机图片用上传到淘宝图片空间中对应的图片进行完全替换。

当最后一张图片替换完毕，这个页尾代码制作工作就结束了，不过此时要记得保存这个 HTML 源文件，因为可能还会以后会对此文件进行修改。

另外按照通常做法，将这个 HTML 文件的<body>和</body>标签之间的代码全部粘贴到记事本中，以 TXT 格式保存下来，如图 14-165 所示。

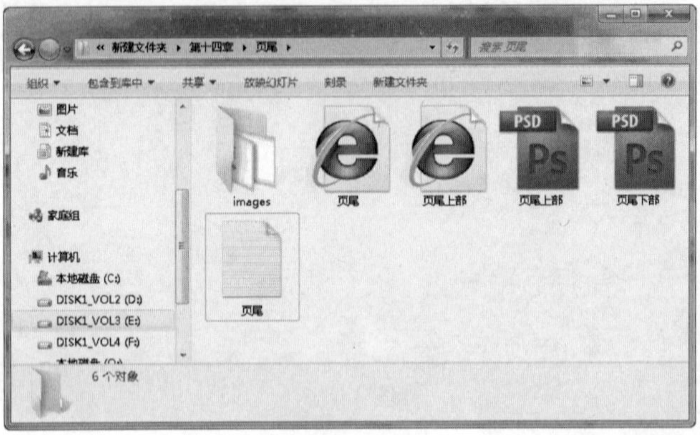

图 14-165

14.5.3 页尾代码在店铺中的应用

进入淘宝网店铺装修管理平台，并将页面滚动到最下方，如图 14-166 所示。

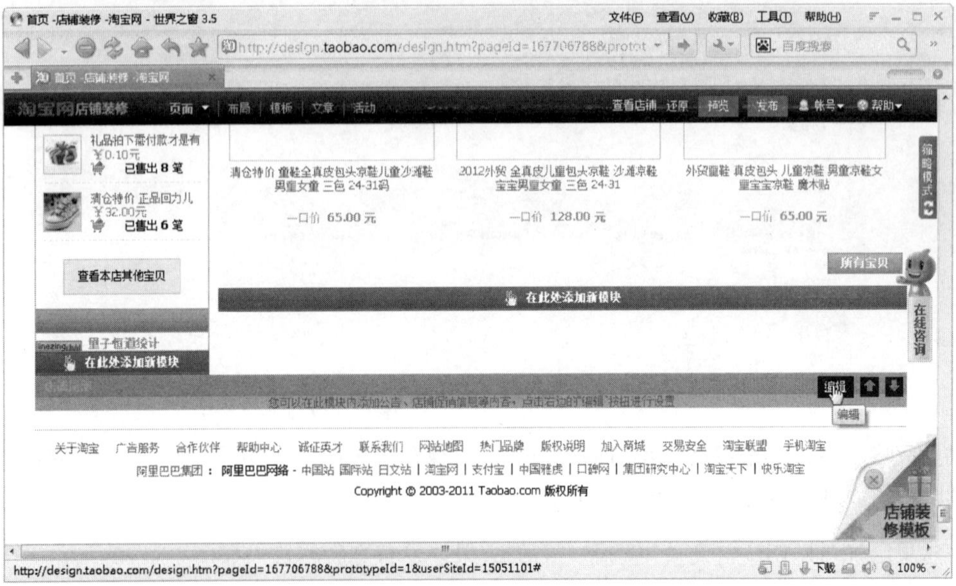

图 14-166

将鼠标放置在设置页尾模块之上，单击页尾模块上的“编辑”按钮，进入页尾编辑内容对话窗口，如图 14-167 所示。

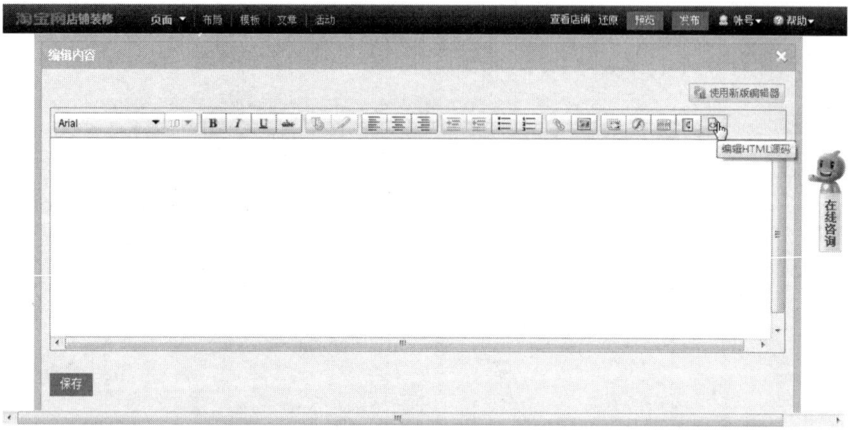

图 14-167

从图 14-167 中可以看出，这实际上就是一个通栏自定义区。单击对话窗口上的“编辑 HTML 源码”按钮，将对话窗口切换成源代码编辑模式。在此模式下，将制作好的 TXT 格式的页尾代码复制并粘贴到源代码编辑框中，如图 14-168 所示。

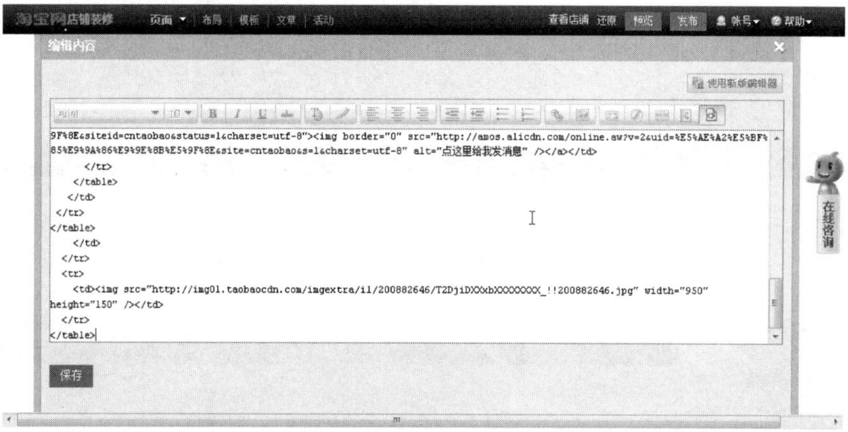

图 14-168

粘贴完毕之后，单击编辑内容对话窗口上的“保存”按钮。成功保存后，在店铺装修管理平台中可以看到页尾内容已经添加成功，如图 14-169 所示。

在这里已经可以初步看到页尾添加之后的效果，发布之后的效果如图 14-170 所示。

当这个页尾发布成功，旺铺拓展版的相关装修内容基本上全部制作完成。这里需要再次说明：对于淘宝店铺装修而言，所有版本的旺铺装修都是通用的（这里的通用只是针对自己制作装修，并不包括购买他人 SDK 代码装修），只是在具体模块上尺寸有所差别，这就意味着在前面章节中所讲的装修完全可以应用到旺铺拓展版中。

图 14-169

图 14-170

各位卖家在装修拓展版旺铺时，一定要根据拓展版旺铺的特点，进行有针对性的设计，从而在最大程度上美化自己的店铺，吸引买家。

第 15 章 店铺推广路路通

对于经营淘宝店铺而言，将自己的店铺装修得能够吸引买家只是成功的第一步。要知道，不管经营哪种产品，总会有数以万计的同类店铺和你竞争，在淘宝上是不可能垄断经营某些产品的。因此要想尽一切办法让买家知道自己并选择自己，在诸多竞争对手中脱颖而出，也就是要学会推广自己。如果推广的问题解决了，那你就已经成功了一半。

要想在淘宝中生存下去，就要记住以下两点。

第一，再好的商品，再漂亮的店铺，再优惠的活动，没有行之有效的推广方式，那就只能看着商品压在箱底，无人问津。

第二，不要等着别人从上亿个宝贝中找到你，这种概率太小了。

在淘宝中该如何进行推广呢？这个问题是仁者见仁，智者见智，并没有一定的说法。在论坛上，各路高手纷纷写下自己的推广心得，但作为卖家，要明确一点，任何成功的推广经验都是不可复制的，只能通过这些文章来了解别人的做法，从而为自己推广提供一种新的尝试途径。

成功的推广经验都是要经过长期摸索，并有可能付出沉重的代价才可能获得，并且这个经验并不具有普遍适用性。基于这个原因，本章主要讲一讲店铺推广的基本途径，至于实际运用，要靠自己在实践中积累，实现从量变到质变的飞跃。

15.1　淘宝直通车推广

淘宝直通车是由阿里巴巴集团下的雅虎中国和淘宝网进行资源整合推出的一种全新的搜索竞价模式。它的竞价结果不仅可以在雅虎搜索引擎上显示，还可以在淘宝网（以全新的图片+文字的形式显示）上充分展示。每件商品最多可以设置 200 个关键字，　卖家可以针对每个竞价词自由定价，并且可以预测自己的出价在淘宝网上的排名位置，并按实际被点击次数付费，它可以实现宝贝的精准推广。

15.1.1　直通车的作用

淘宝直通车能带来什么？淘宝直通车能给店铺中的宝贝以及整个店铺带来流量，提高宝贝和店铺的曝光率。这主要体现在以下几个方面。

（1）被直通车推广的宝贝，有机会被想来购买这种宝贝的人看到（被看到的概率大小和出价的高低有关，出价越高，排名越靠前，能够被买家看到的机会也越多），直通车推广会大大提高宝贝的曝光率，带来更多的潜在顾客。

（2）只有想买这种宝贝的人才能看到，带来的点击都是有购买意向的点击，带来的顾客都是有购买意向的买家。

（3）直通车能给整个店铺带来人气，虽然推广的是单个宝贝，但很多买家都会进入店铺去看，一个点击带来的可能是几笔订单，这种连锁反应是直通车推广的最大优势，久而久之店铺人气自然就高起来了。

（4）加入直通车后可以参加更多的淘宝促销活动，有不定期的直通车用户专享活动以及淘宝单品促销活动。

15.1.2　直通车广告展示位置

如果一个买家的购买意向明确，那么他在打开淘宝网首页之后，就会在搜索栏中输入自己想要购买的商品关键字（这个关键字对卖家来说就是卖家需要购买的关键词），这里输入“儿童包头凉鞋 男鞋”，然后单击“搜索”按钮，如图 15-1 所示。

之后，淘宝网就会根据自己的搜索规则将搜索结果展现在搜索结果页面中，如图 15-2 所示。

图 15-1

图 15-2

在这里要特别关注页面最右侧的“掌柜热卖”区域，这里显示的商品全部都是在直通车当中购买了“儿童包头凉鞋 男童”这个关键词的商品，并且根据卖家的出价来决定展示先后及次数。这里所展示的内容比搜索结果中所展示的内容要大而清晰，更具有诱惑力，这就是直通车广告的优势，如图 15-3 所示。

这个区域总共有 8 个展示位。此外，在搜索结果页面的最下方也有 5 个直通车展示位，如图 15-4 所示。

图 15-3

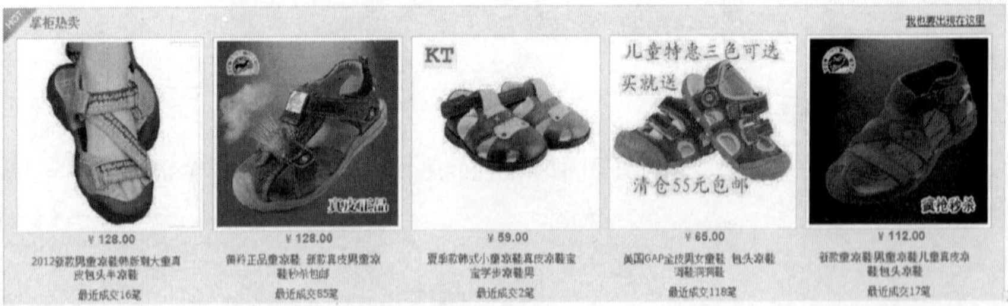

图 15-4

当然，还存在另一种情况。买家进入淘宝首页之后，并不在搜索框中输入关键词进行查找，而是直接单击类目中的子目录，在子目录中逐级寻找自己需要的宝贝。假定现在想要寻找童凉鞋，就在“母婴”大类下找到“婴幼服”类目，如图 15-5 所示。

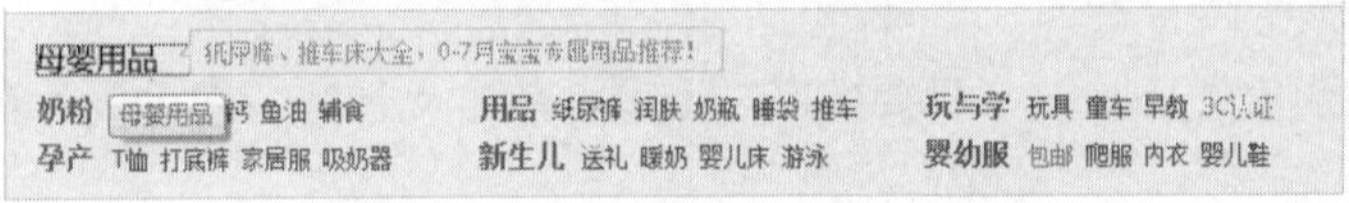

图 15-5

单击“婴幼服”子分类，系统会显示该子分类下的搜索结果，同时在搜索结果显示页的右侧出现 8 个广告位，下侧出现 5 个广告位。这些广告位也是直通车的广告位，如果在直通车中对此类目进行了出价，宝贝就可以展示在这些地方，如图 15-6 所示。

图 15-6

以上这些地方就是淘宝直通车的宝贝展现位置，宝贝如果出现在这些黄金位置，可以给买家带来直观的感受。并且无论买家通过何种方式来搜索自己中意的宝贝，只要购买了相应的关键词，并对相关类目进行了出价，宝贝都会在第一时间展现在买家面前。

15.1.3 直通车的实际操作

1．进入直通车

当进入卖家中心之后，在页面中央的面板上可以看到有一个商家推广面板，如图 15-7 所示。

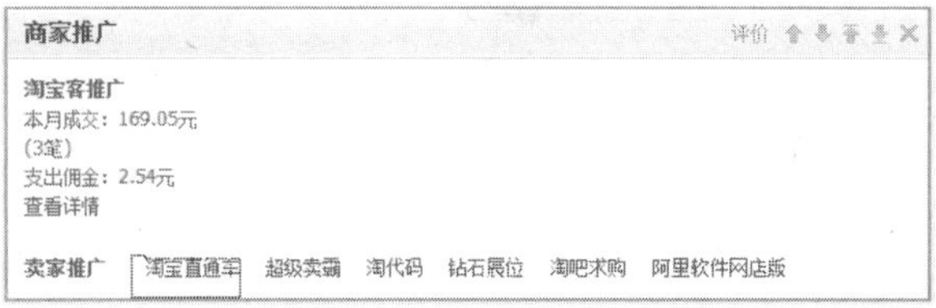

图 15-7

在这里有一个“淘宝直通车”超链接，点击此超链接即可进入直通车中。

当然也可以在卖家中心找到“我要推广”选项，单击此选项，即可进入卖家推广页面，如图 15-8 所示。

图 15-8

在这里找到淘宝直通车并单击之后，也可以进入直通车操作界面中。

不管是哪一种方式进入，都可以看到如图 15-9 所示的直通车操作界面。

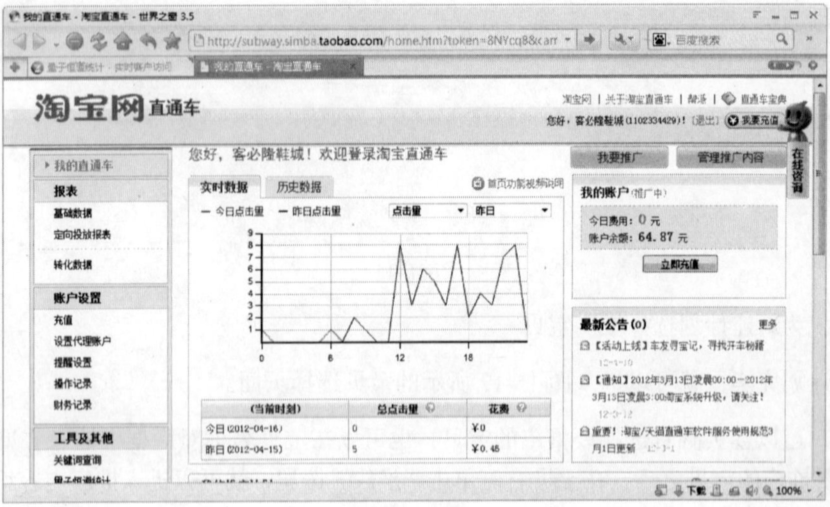

图 15-9

2．推广宝贝

现在直通车已经做了改版，要想推广一个宝贝大致要分为两个步骤。

第一步，新建推广计划

进入直通车的主界面之后，在界面右上方有两个醒目按钮，一个是“推广新宝贝”，另一个是“管理推广内容”。单击任何一个按钮，都可以看到如图 15-10 所示的界面。

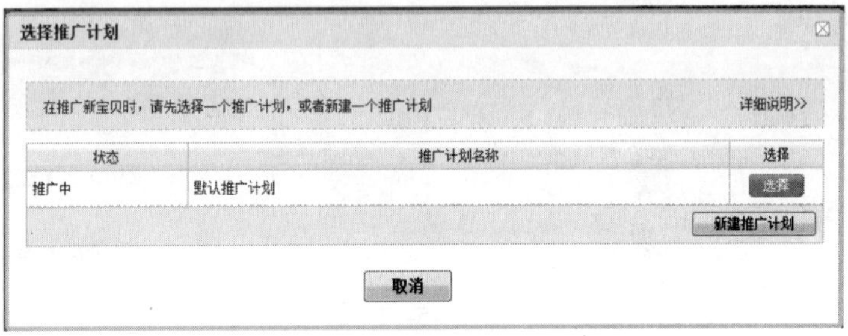

图 15-10

在这里，已经有一个默认的推广计划。“推广计划”是淘宝网根据用户推广的需求，专门研发的多推广计划的功能。通过推广计划，可以实现对所有推广宝贝进行分计划的针对性管理，使推广更有效更精准。在此功能中，目前可以创建 4 个推广计划，每个计划可以独立设置日限额、投放地域、投放时间、投放平台，选择相应的宝贝设置关键词及出价。在这里，选择新建推广计划，单击“新建推广计划”按钮，即可进入计划新建页面，如图 15-11 所示。

在文本框中，输入推广计划名称，并单击“保存并继续”按钮即可完成推广计划的新建。

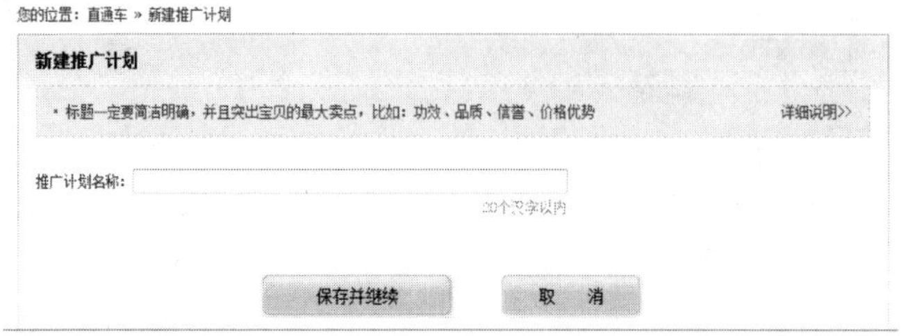

图 15-11

第二步，为新建计划选择推广宝贝

当新建计划完毕，就可以进入图 15-12 所示的宝贝选择页面。

在这里，可以逐页翻看选择要推广的宝贝，也可以在宝贝名称对话框中输入宝贝名称进行搜索。当选中要推广的宝贝之后，在宝贝右侧单击“推广”按钮，就可以进入推广内容编辑界面。推广内容编辑主要分成四部分。

图 15-12

（1）编辑直通车推广标题

这个标题和店铺中的宝贝标题并不是同一个概念。这个标题必须限定在 20 个汉字以内，并且要简洁明了，尽可能突出宝贝的最大卖点，如功效、品质、信誉和价格优势等，如图 15-13 所示。

（2）选择宝贝关键词

在这里要尽量从买家的角度出发，思考他们可能搜索什么关键词；另外关键词的选择范围要包括产品名称、品牌、型号、质地、功能等，具体参考推荐词表，并且在推荐词表中选择关键词时尽量选择相关度高的词；每个宝贝推荐至少设置 10 个以上的关键词，如图 15-14 所示。

图 15-13

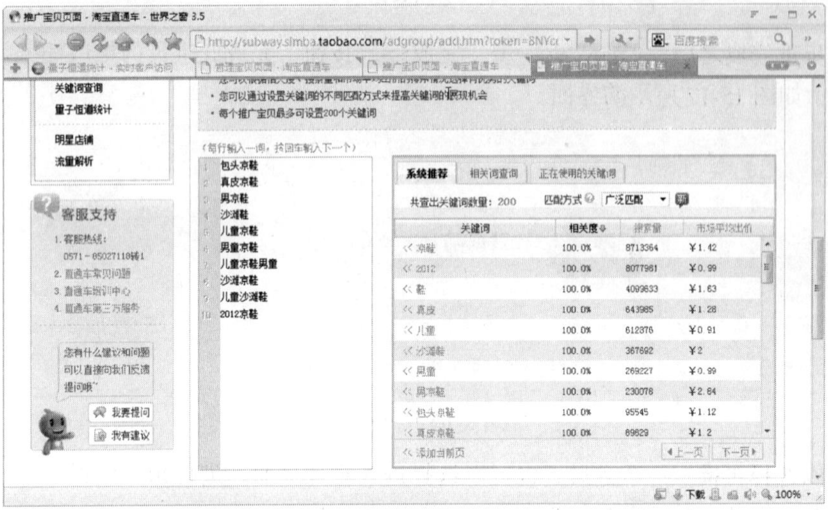

图 15-14

（3）选择是否启用类目出价

在前面说过，买家搜索宝贝时，有两种方式，一种方式是通过关键词进行搜索；另一种方式是通过类目搜索。有统计表明，有近半数的淘宝成交是来自类目浏览，如果不启用类目出价，就有可能损失一半的流量。为了让直通车达到最佳效果，这里还是要选择启用类目出价，如图 15-15 所示。

是否启用类目出价
· 近半数的淘宝成交来自类目浏览，启用类目出价，让更多买家看到您的宝贝
详细说明
启用类目出价（推荐）
不启用类目出价

图 15-15

（4）设置默认出价

为了方便操作，在这里首先将所选的关键词和类目进行统一出价，当推广完成之后，再逐一更改出价，如图 15-16 所示。

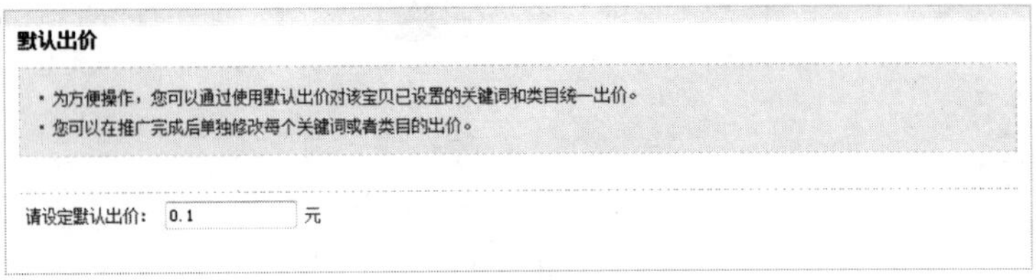
默认出价
· 为方便操作，您可以通过使用默认出价对该宝贝已设置的关键词和类目统一出价。
· 您可以在推广完成后单独修改每个关键词或者类目的出价。
请设定默认出价：
0.1
元

图 15-16

以上四步都完成之后，单击“下一步，完成>>”按钮，完成此宝贝的推广任务。单击之后，系统就会显示如图 15-17 所示的界面。

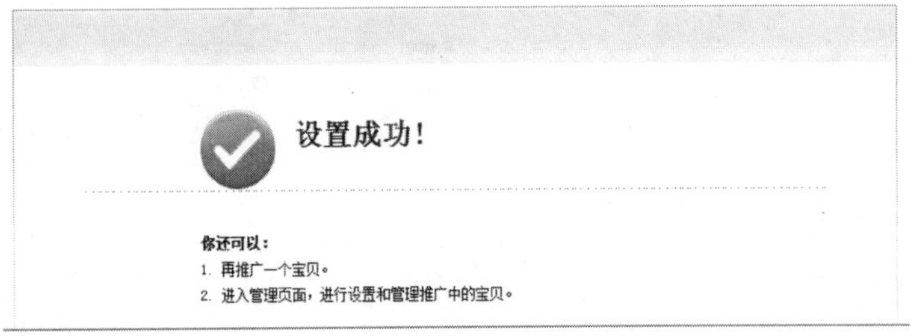
设置成功！
你还可以：
1. 再推广一个宝贝。
2. 进入管理页面，进行设置和管理推广中的宝贝。

图 15-17

此时可以选择再推广一个宝贝，也可以选择进入管理页面，进行相关设置。在这里，只是说明了基本操作，所以接下来就进入管理页面，进行相关设置。

3. 推广设置

在图 15-17 中单击“进入管理页面”超链接，即可进入推广设置页面，如图 15-18 所示。

在这里，可以进行新增推广宝贝、删除推广宝贝、暂停推广、参与推广及批量修改默认出价的操作。此外，还可以对某个宝贝的推广内容进行管理，方式就是单击相应宝贝右侧的“编辑”按钮 。单击此按钮之后，显示页面如图 15-19 所示。

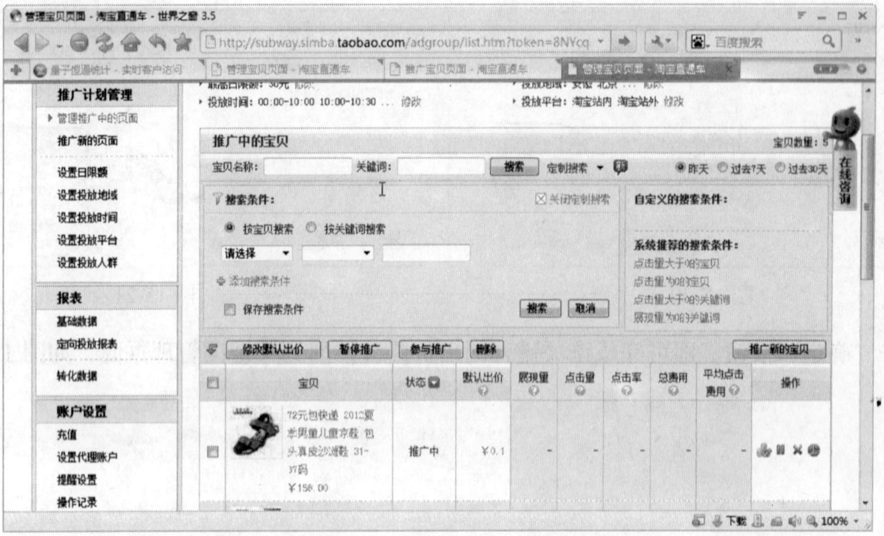

图 15-18

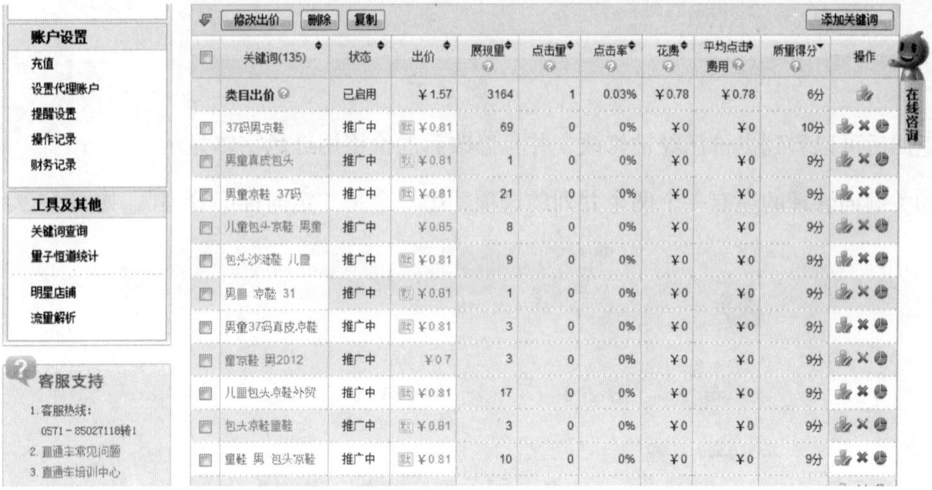

关键词(135)	状态	出价	展现量	点击量	点击率	花费	平均点击费用	质量得分	操作
类目出价	已启用	¥1.57	3164	1	0.03%	¥0.78	¥0.78	6分	
37码男凉鞋	推广中	¥0.81	69	0	0%	¥0	¥0	10分	
男童真皮包头	推广中	¥0.81	1	0	0%	¥0	¥0	9分	
男童凉鞋 37码	推广中	¥0.81	21	0	0%	¥0	¥0	9分	
儿童包头凉鞋 男童	推广中	¥0.85	8	0	0%	¥0	¥0	9分	
包头沙滩鞋 儿童	推广中	¥0.81	9	0	0%	¥0	¥0	9分	
男童 凉鞋 31	推广中	¥0.81	1	0	0%	¥0	¥0	9分	
男童37码真皮凉鞋	推广中	¥0.81	3	0	0%	¥0	¥0	9分	
童凉鞋 男2012	推广中	¥0.7	3	0	0%	¥0	¥0	9分	
儿童包头凉鞋外贸	推广中	¥0.81	17	0	0%	¥0	¥0	9分	
包头凉鞋童鞋	推广中	¥0.81	3	0	0%	¥0	¥0	9分	
童鞋 男 包头凉鞋	推广中	¥0.81	10	0	0%	¥0	¥0	9分	

图 15-19

在这里，可以对所选的关键词进行管理。比如对关键词进行删除、新增操作。实际上，更多的是根据自己对报表数据的分析，调整关键词的出价和类目价。调整方式也比较简单，想调整哪一个出价，就单击相应内容右侧的“编辑”按钮，即可进入编辑界面，如图 15-20 所示。

在图 15-20 所示的界面中，选择“自定义出价”就可以开始设定自己的出价，当然，还可以预测自己出价的排名，至于这个排名预测是否准确，那就不得而知了。在这里，将出价改为 0.88 元，如图 15-21 所示。

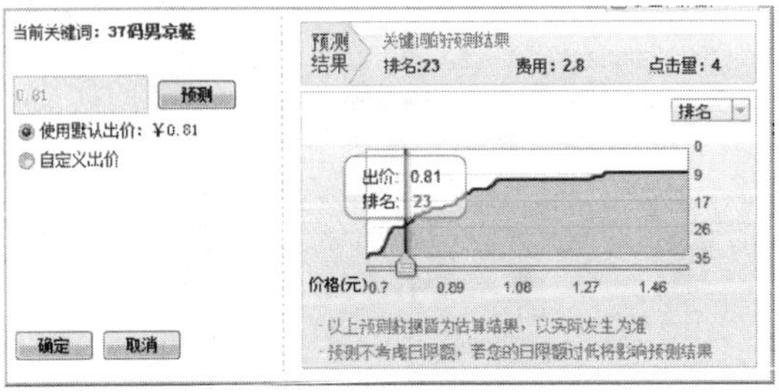

图 15-20

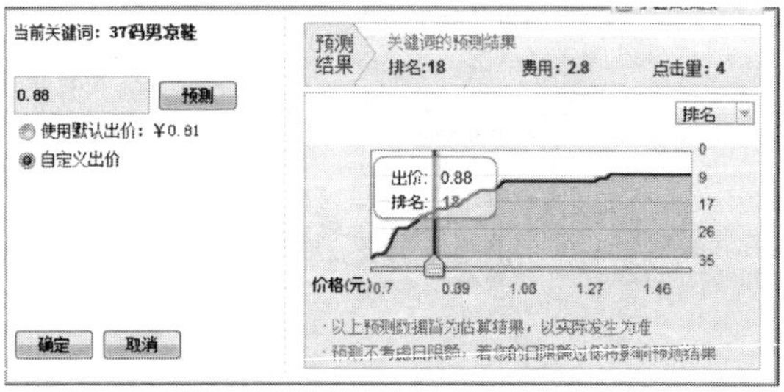

图 15-21

单击“确定”按钮，即可完成该关键词的出价修改，回到关键词管理页面，如图 15-22 所示。

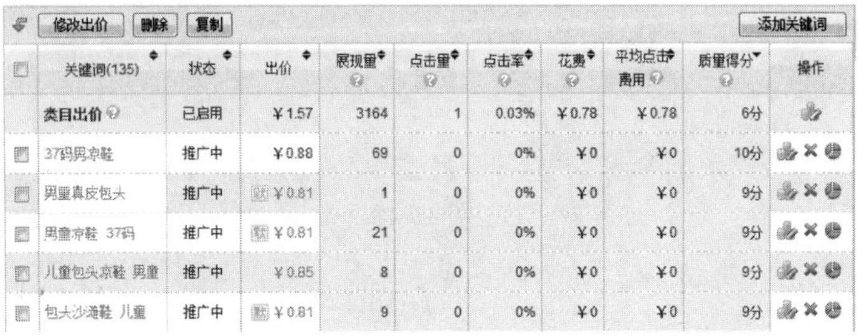
修改出价 删除 复制 添加关键词

	关键词(135)	状态	出价	展现量	点击量	点击率	花费	平均点击费用	质量得分	操作
	类目出价	已启用	￥1.57	3164	1	0.03%	￥0.78	￥0.78	6分	
	37码男凉鞋	推广中	￥0.88	69	0	0%	￥0	￥0	10分	
	男童真皮包头	推广中	￥0.81	1	0	0%	￥0	￥0	9分	
	男童凉鞋 37码	推广中	￥0.81	21	0	0%	￥0	￥0	9分	
	儿童包头凉鞋 男童	推广中	￥0.85	8	0	0%	￥0	￥0	9分	
	包头沙滩鞋 儿童	推广中	￥0.81	9	0	0%	￥0	￥0	9分	

图 15-22

返回后可以看到出价已经被修改，并且修改后的价格用红色字体显示。

和关键词管理的还有一个两个并列的选项，第一个是“定向推广管理”，如图 15-23 所示。

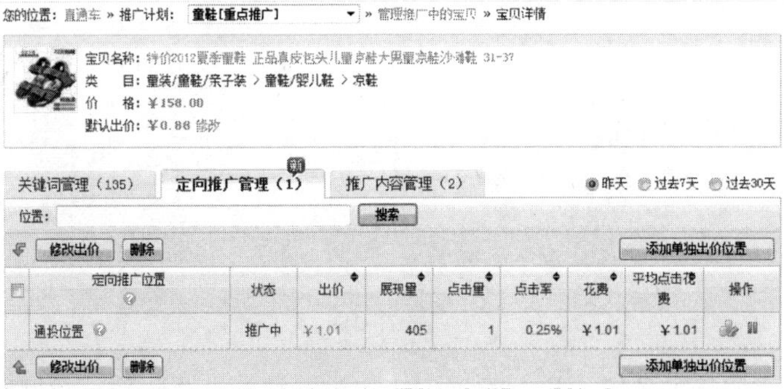

图 15-23

定向推广是继搜索推广之后的又一精准推广方式。它利用淘宝网庞大的数据库，通过创新的多维度人群定向技术，锁定目标客户，并将推广信息展现在目标客户浏览的网页上。

定向推广目前整合了淘宝站内及站外两部分展现资源。淘宝站内展现位置主要集中在买家浏览量较大的热门页面，覆盖到淘宝站内众多高流量、高关注度的买家必经之路，如旺旺买家版每日焦点、我的淘宝—已买到的宝贝、收藏夹等页面。除了淘宝网站内的热门页面外，淘宝直通车还整合了多家外部优质网站，帮助推广的宝贝覆盖到更多目标客户。

第二个是推广内容管理。单击“推广内容管理”选项，看一看会显示什么内容，如图 15-24 所示。

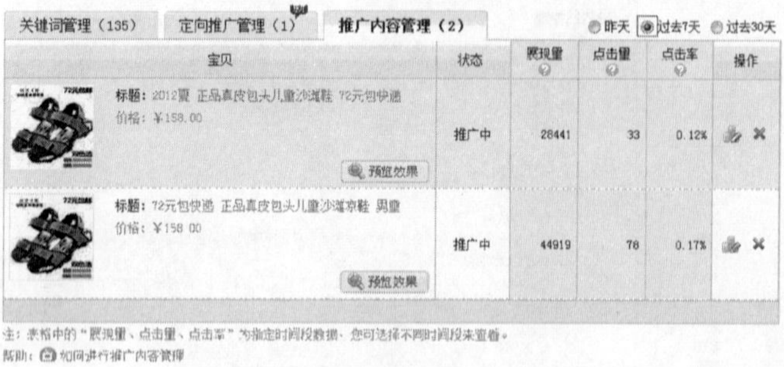

图 15-24

在这里可以修改直通车推广宝贝的推广内容，即推广标题。也可以对同一个推广宝贝添加多个推广标题，还可以修改推广宝贝的标题，当然，也可以删除一个推广内容。操作很简单，单击“添加推广内容”按钮 添加推广内容 ，就可以增加推广标题；单击“编辑”按钮就可以修改推广标题；单击“删除”按钮就可以删除推广标题。

15.1.4　直通车的推广成本控制

很多新手对直通车是又爱又恨。爱的是直通车可以进行精准的广告投放，恨的是直通车太浪费钱了。

作为卖家要有一个清醒的认识，直通车只是一个推广工具，它能够有效地带来流量，至于能不能成交，那就是卖家在店内应该做的事情了。当然，使用直通车也有一些减少开支的方法，只要使用得当，就可以以最小的代价让直通车带来最大的流量。下面介绍如何有效地控制直通车推广成本。

进入直通车管理界面中，选择一个推广计划，并进入推广计划管理页面，在该页面的最左侧有几个设置选项，如图 15-25 所示。

1．设置日限额

淘宝直通车的最高日限额是指淘宝直通车扣费每天的可用额度，如果你设置了最高日限额，每天的直通车扣费达到这个额度值之后，系统就会自动停止推广，这样可以有效控制推广的费用。

有了这个设置，就可以控制每天的广告成本，下面看一看如何设置最高日限额。在推广计划管理页面的左侧，单击“设置日限额”选项，就会出现如图 15-26 所示的界面。

在设置时要注意这样几个问题：日限额最少不能少于 30 元；一天之内可以多次设置日限额，但系统是以最后一次设置为准；当天直通车的总消耗达到限额时，所有的推广都会下线，第二天会自动上线。在这里可以根据自己的预算来决定最高日限额，从而有效控制成本。

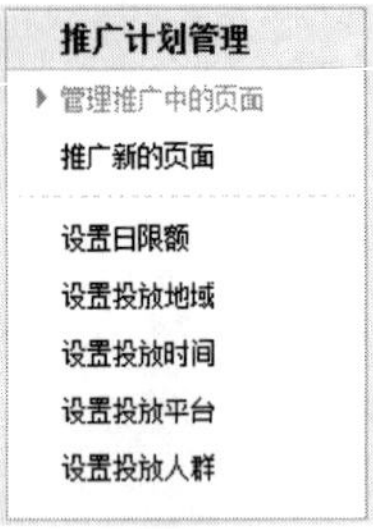

图 15-25

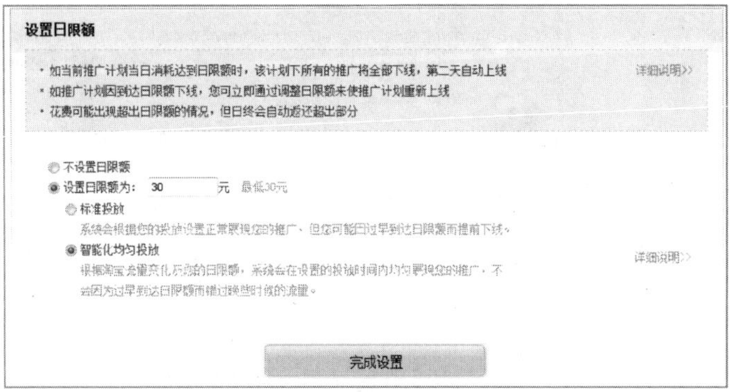

图 15-26

2．设置投放城市

如果推广计划中的宝贝具有地域性，如果不将直通车投放地域进行限制，会产生很多无效点击。要知道，直通车是按点击收费的，减少无效点击就是在降低推广成本。所以为了更好地将直通车广告投放到合适的地区，有必要对广告的投放区域进行设置。

至于要投放到哪些地方，或者说要重点投放到什么地方，卖家要考虑清楚。

下面介绍在直通车中如何选择广告的投放区域。在推广计划管理页面的左侧，单击“设置投放地域”选项，出现如图 15-27 所示的界面。

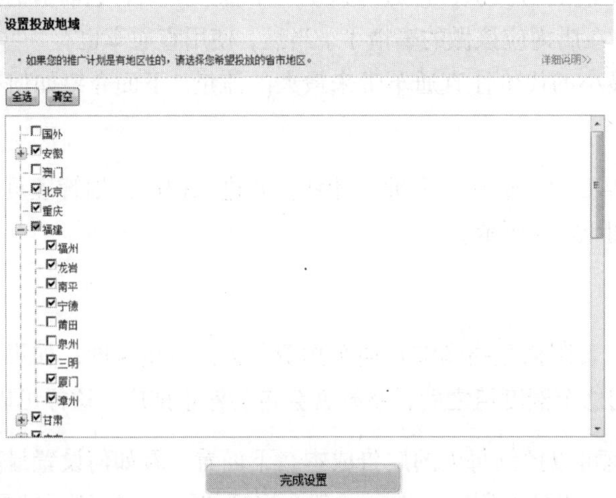

图 15-27

在这里，只需要选择想投放的区域（这个区域可以精确到地级市），并单击“完成设置”按钮即可完成直通车的广告投放区域选择。

3. 设置投放时间

如果宝贝是有时效性的，可以选择指定的时间段投放，这有利于提升推广实际效果。

另外对于众多中小卖家来说，由于经营规模有限，不可能做到全天营业，所以做直通车时可以在不营业时，停止直通车的推广，这样也可以节省自己的推广成本。利用直通车的分时推广功能可以实现此功能。下面来看一看如何设置直通车的推广时间。

在推广计划管理页面的左侧，单击“设置投放时间”选项，出现如图 15-28 所示的界面。

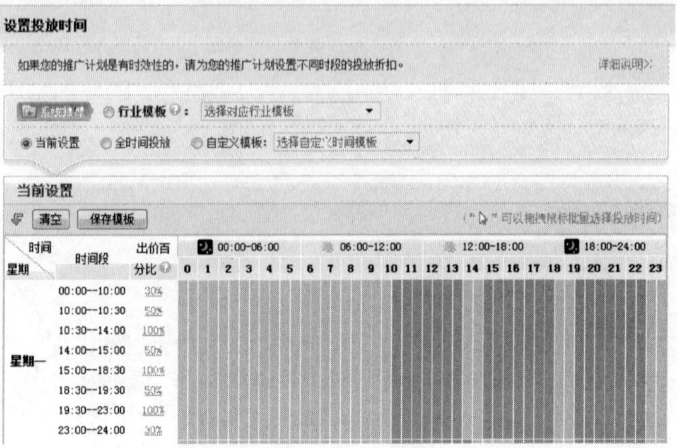

图 15-28

在这里系统默认全时间投放，如果店铺不能全天营业，直通车就可能多花费很多钱。现在对这个投放时间进行更改。

在这个时间表格中拖动鼠标在时间段中进行选择，自行设定广告的投放时间（最小时间间隔为 30 分钟），并且还可以设置此时间段内的出价折扣百分比，如图 15-29 所示。

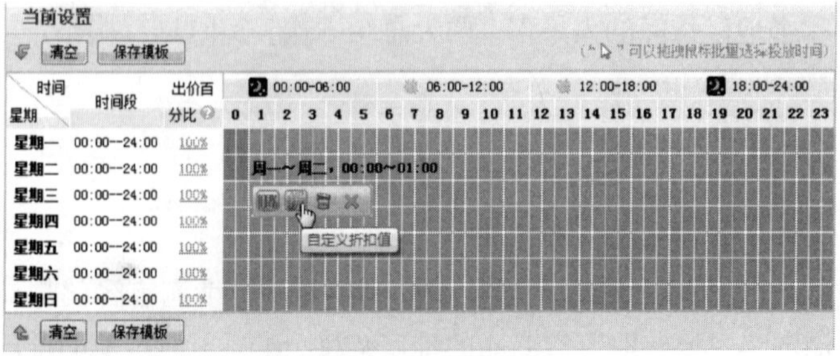

图 15-29

通过这种方式不仅可以限定广告的投放时间，还可以控制出价折扣百分比，当投放时间段设置完毕之后，一定要记得单击“完成设置”按钮，这样设置才能生效。

4. 设置投放平台

现在直通车中又推出了新的功能，即允许卖家选择广告的投放平台。当然，这种平台分为两种，一种是淘宝站内平台，这是所有宝贝必选的；第二种就是淘宝站外平台，如果将广告投放到淘宝站外，就有可能从站外引来流量，如图 15-30 所示。

图 15-30

通过上面的讲述，相信读者对直通车这种行之有效的推广方式已经有所了解。由于这是一个目的性很强、效果很好的一个推广方式，所以在关键词设置、投放时间设置、投放区域设置等方面要多用心，这里面的学问还是很大的。

另外直通车开通后每天都要关注买家的访问情况，注意买家通过哪个页面进入店铺的，通过哪些关键词找到的，哪个地区访问的人最多，两天总结一次，实时进行调整，每天的收获也是不一样的。

15.2 淘宝客推广

在说明淘宝客推广方式之前，要先明白什么是淘宝客。所谓淘宝客就是指帮助淘宝卖家推广商品赚取佣金的人。淘宝客只要获取淘宝商品的推广链接，让买家通过他的推广链接进入淘宝店铺购买商品并确认付款，他就能赚取由卖家支付的佣金。

了解了淘宝客之后，再来看一看什么是淘宝客推广。淘宝客推广是专为淘宝卖家提供淘宝网以外的流量和人力，以帮助卖家推广商品，成交后卖家才支付佣金报酬的一种推广方式。

这种方式对于淘宝卖家来说，最大的好处就在于展示、单击、推广全都免费，只在成交之后才向淘客支付佣金。并且作为卖家可以随时调整佣金比例，灵活控制支出成本，当然宝贝佣金比例过低是不会有淘宝客愿意为你推广的，所以要根据自己的实际情况对佣金比例作一个适当的设置。

15.2.1　进入淘宝客推广

进入卖家中心之后，在页面中央可以看到一个推广面板，如图 15-31 所示。

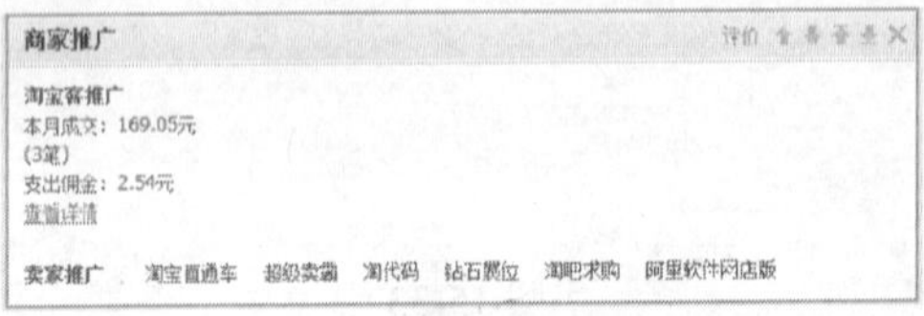

图 15-31

如果以前已经加入了淘宝客推广计划，这里就应该有一个“淘宝客推广”内容，单击“查看详情”超链接就可进入。

进入之后，可以见到如图 15-32 所示的淘宝客操作界面。

图 15-32

在这里单击“求推广”按钮，进入淘宝客推广计划管理页面，如图 15-33 所示。

图 15-33

15.2.2 淘宝客推广的设置

1. 类目佣金设置

由于每个淘宝客的推广习惯不同，有一些淘宝客比较喜欢推类目，基于这一点，可以选择自家店里商品所属的一些类目进行设置，设置之后如果有淘宝客推广了这个类目下的东西，那淘宝就会自动按照设置的比例把佣金划到淘宝客的个人账户中。在图 15-33 中，单击“修改”按钮，可以进入具体的推广计划管理页面，如图 15-34 所示。

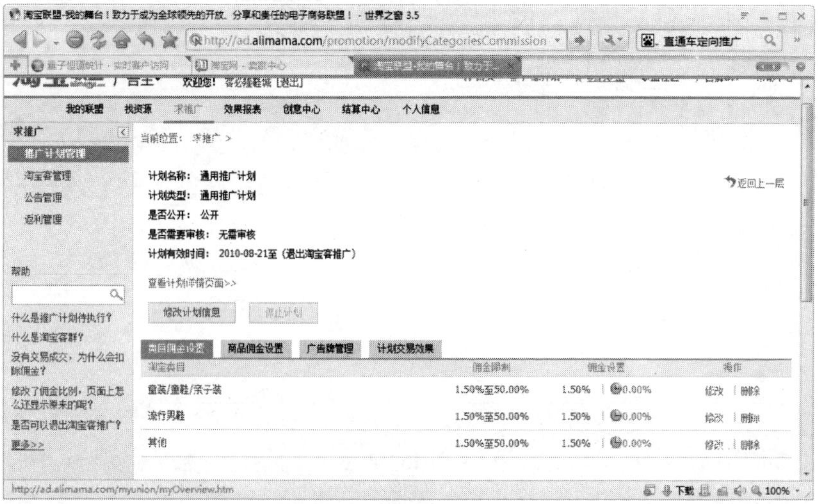

图 15-34

这时可以直接看到店铺中现在的类目，在这里可以对不同类目的出价进行修改或删除。操作方式很简单，只要单击相应类目右侧的“修改”或“删除”超链接即可进行相应的操作。单击“修改”按钮之后，就会出现如图 15-35 所示的界面。

图 15-35

在这里根据自己的实际情况设置完佣金比例之后，单击“保存”按钮即可完成修改。

2．主推商品

前面说了，由于淘宝客的习惯不一样，有的人喜欢推类目，而另外有的人喜欢推单品，所以为了能更好地推广自己的宝贝，要选择自己的主推商品。

单击“商品佣金设置”按钮，进入到商品佣金设置页面。进去之后就会看到店铺中已经加入淘宝客推广的产品列表，如图 15-36 所示。

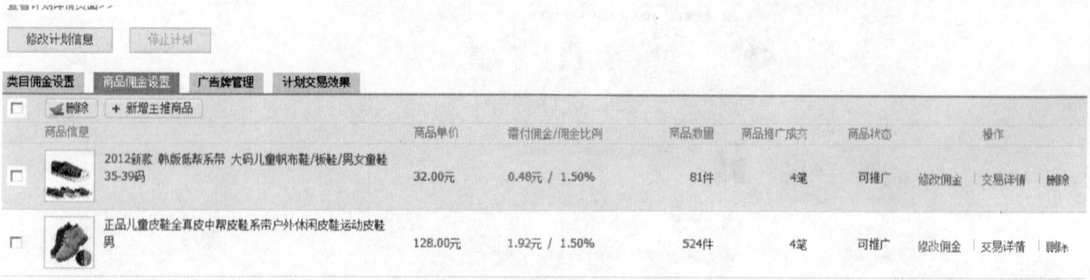

图 15-36

在这里，可以针对不同的宝贝进行佣金比例及主推宝贝的设置。佣金比例设置有很大的弹性空间，如果货源足够好，成本价比网络价便宜很多，或者你不怕亏钱做宣传，可以设置到 50%。这样的佣金比例对很多淘宝客都有非常大的吸引力，他们都会积极为你推广。

如果还想添加主推新品，单击“新增主推商品”按钮，此时就会显示店铺中的宝贝列表，如图 15-37 所示。

每一个宝贝最右边都会有一个“选择推广”超链接，单击该超链接后，该宝贝就会跳到页面最上方，等待下一步操作，然后再选择其他商品，在这里可选择 30 个产品，当然这里一定要选择店里销量最好的 30 个，否则淘宝客是不会对推广的宝贝感兴趣的，如图 15-38 所示。

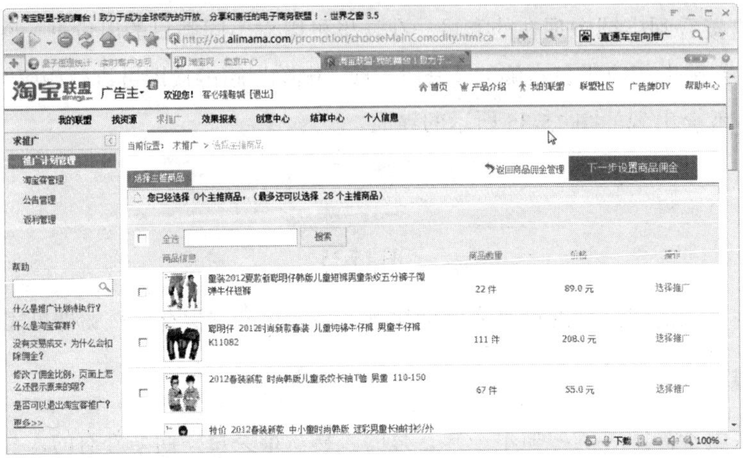

图 15-37

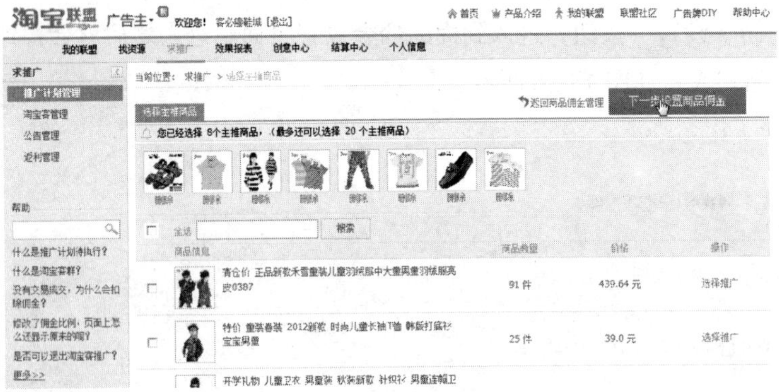

图 15-38

选择完主推产品之后，单击页面最上方面“下一步设置商品佣金”按钮，如图 15-39 所示。

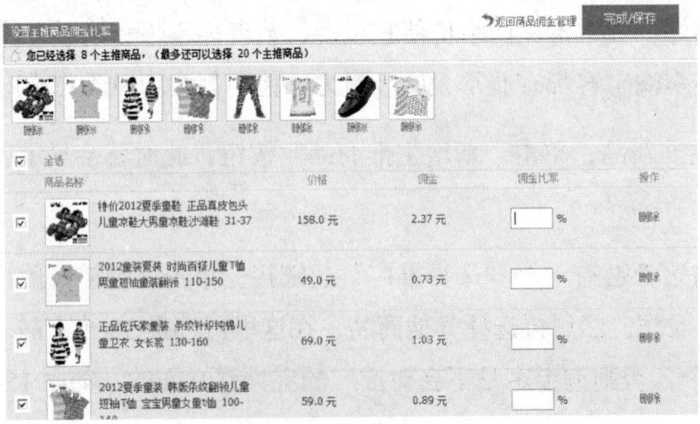

图 15-39

按照自己的需要设置好佣金比率，单击“完成/保存”按钮，此时新增的主推宝贝就会展示出来，如图 15-40 所示。

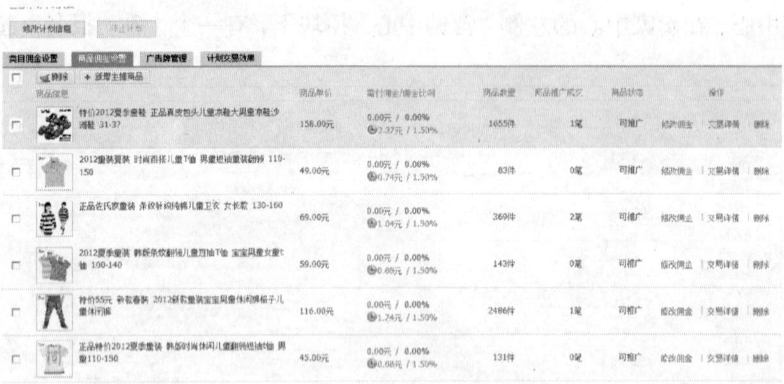

图 15-40

佣金比例设置越高，付出的就越多，对淘宝客的吸引也就越高。设置越低，效果相反。如何在这两者之间找到平衡点，在付出最少的情况下对淘宝客保持足够的吸引力呢？一般来说，将佣金比例设成 15%～20%就可以了，这样对淘宝客的吸引力已经足够大，不必设置太高。

15.3　淘宝的各项活动推广

淘宝网经常有一些促销活动，由于是淘宝官方举行的活动，所以这些活动页面享有淘宝网最好的推广资源，当然也有一些活动会在淘宝站外进行推广，如图 15-41 所示。

图 15-41

假如我们的宝贝能出现在这样的宣传页面中，就能被更多的买家看到。如果宝贝真的很有吸引力，想不引人注目都难。

怎样才能参加这些淘宝的促销活动呢？当然，要想参加这些活动必须先报名，通过审核之后才能参加。下面来看一看报名的方式。

进入卖家中心，在卖家中心的左侧“营销中心”模块下，有一个“活动报名”选项，如图 15-42 所示。

图 15-42

单击“活动报名”选项，就会进入淘宝的活动报名页面，如图 15-43 所示。

图 15-43

从图 15-43 可以看出，这里的活动主要分成促销类活动、招商类活动、培训类活动、店铺街活动和其他活动五种。不管哪一种活动，在页面中都列出了活动的基本说明，如图 15-44 所示。

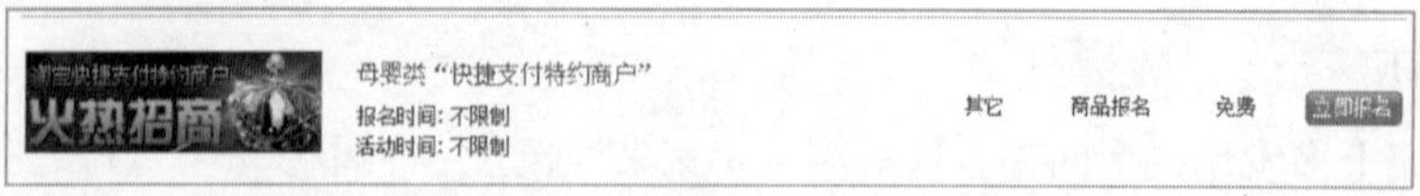

图 15-44

如果想更加详细地了解该活动，单击"活动详情"按钮，系统会引导你到达活动详情的说明页面。当你觉得自己满足参加活动的条件，可以单击"我要报名"按钮去报名。

不过，在这里要提醒读者注意，现在很多淘宝促销活动都只针对消保卖家开放。如果你还不是消保卖家，赶紧去加消费者保障计划吧！加入消费者保障计划之后还可以提高买家对你的信任，从而提高成交率。

虽然参加淘宝促销活动可以提高店铺的浏览量和店铺的知名度，进一步提高店铺的销售业绩，但并不是报了名就一定能通过，必须要等淘宝小二审核批准后才能通过，不过只要有机会还是要积极去争取。

15.4　自主推广

如果说淘宝网上所有的店铺是一片海洋，那我们的店铺在淘宝里就相当于大海里的一滴水，如果不注意推广宣传，再加上商品又没有特色，那就会淹没在茫茫无际的"淘海"中，买家自然很难搜索到我们的店铺。如果买家搜索不到我们的店铺，自然也就没有生意了。

在前面已经介绍了几种推广方式，但这些方式还是远远不够的，还要另辟途径多方宣传。

1. 找熟人帮忙

第一时间告诉所有亲戚、所有朋友、所有同学、所有同事及所有认识的人，说不定这些人都是我们潜在的客户，更重要的是这些人又能够告诉他们认识的人，这样一传十、十传百，不就达到了宣传效果吗？

2. 利用 QQ 来帮忙

使用 QQ 进行交流已经是趋势，可以利用 QQ，将 QQ 的个人签名改成：我的淘宝店是 http://shop57623309.taobao.com 欢迎光临帮忙，如图 15-45 所示。然后在加入的群中发布这条消息，这样就能进行宣传。另外，要好好经营自己的 QQ 空间，在空间中上传自己的宝贝图片，并写下一些介绍自家店铺的日志，这样也是一种推广方式。

图 15-45

3．论坛推广

在淘宝论坛上多发帖，多回帖，这对淘宝卖家来说也是一种非常重要且行之有效的推广方式。在淘宝社区发帖最好是原创帖，并且要尽可能地使自己的原创帖成为精华帖。因为原创帖被“加精”，就会获得淘宝网的银币奖励，获得银币之后，就可以去抢淘宝的广告位，这对卖家来说又是一个绝佳的推广宣传机会。除此以外，如果原创帖能够被“加精”，精华帖每天都会有很多人浏览，即使只有十分之一的人到你店里看一看，也能起到一定的宣传作用。

如果你认为自己不能写出精华帖，那也没关系。至少还可以认真地回帖，如果回帖的内容正是其他人需要的，还怕他们不到店铺中看一看吗？不过回帖也要抢位置，如果回帖的时候能抢到“沙发”、“板凳”或者“第 15 楼”的位置，那就更好了，这样所有想给帖子回复的人，都能在回帖时看到你的信息。回帖也要有所选择，最好能抢到精华帖的好位置，那效果就更好了。

4．友情链接

要主动出击，找一些经营比较成功的网店，主动和他们进行友情链接。因为很多顾客在他们的家店铺买了东西之后，说不定就会通过友情链接到达我们的店铺。如果你能给自家的店铺取一个响亮的好名字，并在其他店铺中做了友情链接，那就等于在别人的店铺里投放了自己的广告，他们的一部分客户就有可能成为你的客户。

5．广告宣传单宣传

随时随地都可以发宣传单给合适的对象，进一步加大宣传力度。注意，宣传单最好设计成通用的展示模式，这样不容易过期。

6．百度知道

在百度知道里面搜索待解决的问题，然后用心回答，回答完问题后，就会发现下面有一个参考资料栏，可以在这里输入自家的店铺网址和经营范围等。如果回答被评为最佳答案，那就最好不过了，因为下次不管是谁搜索同样的问题，就一定可以看到你的答案，而在这个答案下面就有你的店铺网址。

7．信用评价

进入店铺的买家是非常关注店铺的信用评价的，因为他们可以通过这里了解卖家的信用状况。在给别人评价的时候也要记得顺便添上自家店铺的相关信息，其他人看到你留下的那么有吸引力的评价，也有可能来你的店里看一看。

8．发货宣传

千万别以为把买家的货交给快递公司整个交易就结束了。因为这个买家的亲戚、朋友及同事都有可能是你的潜在顾客。如果在包裹里面放上自己店铺的名片、宣传单，或者定做一些印有店铺广告的办公用品作为赠品，那么当赠品使用时被客人的朋友或者同事看见，这又是一次无形的广告宣传。